Hartmann von Aue
Ereck

Hartmann von Aue

Ereck

Texte sämtlicher Handschriften – Übersetzung –
Kommentar

2., überarbeitete Auflage

Herausgegeben von
Timo Felber, Andreas Hammer und Victor Millet

unter Mitarbeit von
Lydia Merten, Katharina Münstermann
und Hannah Rieger

DE GRUYTER

ISBN 978-3-11-079757-2
e-ISBN (PDF) 978-3-11-079937-8

Library of Congress Control Number: 2022938181

Bibliografische Information der Deutschen Nationalbibliothek
Die Deutsche Nationalbibliothek verzeichnet diese Publikation in der Deutschen
Nationalbibliografie; detaillierte bibliografische Daten sind im Internet über
http://dnb.dnb.de abrufbar.

© 2022 Walter de Gruyter GmbH, Berlin/Boston
Einbandabbildung: ›Ambraser Heldenbuch‹, Wien, Österreichische Nationalbibliothek,
Sammlung von Handschriften und alten Drucken, Cod. ser. nova 2663, fol. XXVIIIr
Satz: Dörlemann Satz GmbH & Co. KG, Lemförde
Druck und Bindung: CPI books GmbH, Leck

www.degruyter.com

Vorwort zur Studienausgabe

Die Neuauflage von Hartmanns *Ereck* nach der Handschrift des *Ambraser Helden-buches* als Studienausgabe gibt uns die Gelegenheit, einige Korrekturen, Verbesse-rungen und Ergänzungen einzuarbeiten, die sich gegenüber der ersten Ausgabe als notwendig erwiesen haben. Unser Dank gilt daher ganz besonders allen Rezensen-tinnen und Rezensenten sowie allen Fachkolleginnen und -kollegen, die uns in kri-tischen Diskussionen und Beiträgen auf Fehler und Unstimmigkeiten aufmerksam gemacht haben. Die kritische Revision betrifft Text, Übersetzung und Kommentar, wo wir deren Anregungen aufgenommen und Fehler korrigiert haben.

Abgesehen von diesen punktuellen Besserungen bleibt der Text der Ausgabe aber der gleiche. Das betrifft insbesondere die frühneuhochdeutsche Textgestalt, wie sie im *Ambraser Heldenbuch* vorliegt, und den Verzicht auf eine Rückübersetzung in ein nor-malisiertes Mittelhochdeutsch. Über die Bedingungen, Möglichkeiten und Einschrän-kungen rekonstruktivistischer Verfahren in der mediävistischen Editionswissenschaft ist in diesem Zusammenhang viel diskutiert worden; schließlich ist die Rekonstruktion eines möglichst autornahen Textes für die meisten mhd. Texteditionen weiterhin die maßgebliche Maxime. Die Berechtigung einer solchen Herangehensweise samt ihrer Methodik soll daher auch keineswegs generalisierend in Abrede gestellt werden – zumal die Konjekturalkritik des 19. Jahrhunderts mit ihren teils apodiktischen Setzun-gen in der Editionsphilologie mittlerweile entsprechende Korrektive und Modifikati-onen erfahren hat, um editorische Entscheidungen nachvollziehbarer und evidenter zu machen. Wenngleich sich diese philologischen Verfahrensweisen in mancherlei Hinsicht durchaus bewährt haben: Für den *Ereck* ist eine Rekonstruktion des (ver-meintlichen) Originals schlichtweg nicht mehr möglich oder zumindest mit so vielen Unbestimmtheiten versehen, dass sie kaum mehr zu plausibilisieren ist.

Wer den Text des *Ambraser Heldenbuches* ernst nehmen will, kann ihn daher nur als Rezeptionszeugnis des 16. Jahrhunderts lesen und edieren. Da unsere Ausgabe dem vermeintlichen Text des Hartmannschen Originals also gerade *nicht* nahezu-kommen versucht, entbehren auch jene probaten philologischen Hilfsmittel wie sprachlich-stilistische Untersuchungen oder das Heranziehen einer Reimgrammatik einer entsprechenden Grundlage, denn solche Instrumente dienen dazu, einen frühe-ren Wortlaut wiederherzustellen und sich dem Werk in seiner ‚ursprünglichen‘ Form zu nähern (wobei ‚ursprünglich‘ dann meist mit ‚hartmannisch‘ gleichgesetzt wird); auf eine solche Rekonstruktion jedoch kommt es unserer Ausgabe eben nicht an. Unser Text gibt daher zwar nicht das ‚Original‘ Hartmanns wieder, dennoch handelt es sich sehr wohl um Hartmanns *Ereck*, wie nicht zuletzt der Überlieferungskontext zeigt: Denn im *Ambraser Heldenbuch* ist dieser Text zum Abschluss eines Hartmann-Oeuvres überliefert und im fingierten Dialog des Erzählers mit einem Zuhörer mit Hartmanns Namen verbunden (V. 8474).

Will man der Überlieferung gerecht werden und den Riedschen Text ernst nehmen, ist es methodisch unumgänglich, auch die sog. ‚Mantel‘-Erzählung in die

Ausgabe einzubeziehen. Denn so – als Texteinheit – präsentiert das *Ambraser Heldenbuch* die Erzählung. Ohne an dieser Stelle auf das (hier eigentlich notwendige) Verständnis von Autor- und Werk ausführlich eingehen zu können, soll damit keineswegs behauptet werden, auch der ‚Mantel'-Teil sei zwangsläufig Hartmanns Werk: Wenngleich zwar auch das Gegenteil nicht bewiesen werden kann, ist dies doch eher unwahrscheinlich. Darauf kommt es freilich auch nicht an, entscheidend ist vielmehr, dass der Text in dieser Gestalt, d.h. mit der Erzählung vom ‚Mantel' am Beginn, im *Ambraser Heldenbuch* als *Ereck* Hartmanns aufgefasst und von Hans Ried eingetragen worden ist. Das ist das einzig Sichere, was gesagt werden kann, und nur so, als Zeugnis der Hartmann-Rezeption, können wir den Text behandeln. Bei all dem bleibt die Erzählung dennoch weiterhin Hartmanns *Ereck*: Zum einen, weil dieser sich darin selbst nennt; zum anderen, weil der Text im Überlieferungskontext weiterer Werke Hartmanns steht. Es handelt sich weder um eine andere Fassung (wie der mitteldeutsche ‚Erek', den die Wolfenbütteler und Zwettler Fragmente nur mehr bruchstückhaft zeigen) noch um eine revidierte Neufassung des Spätmittelalters wie etwa die Prosaauflösungen Ulrich Füetrers.

Überhaupt ist das mittelalterliche Verständnis von Autor und Werk viel weitreichender als das der Moderne; damit verbunden ist die Lizenz zu teilweise umfassenden Bearbeitungen, ohne dadurch die eigentliche Autorschaft in Frage zu stellen, wie es sich nicht zuletzt an Hartmanns Erzähltexten immer wieder zeigt. Erinnert sei an dieser Stelle nur an die umfangreichen Diskussionen um die *Iwein*-Schlüsse: Inzwischen ist man sich einig, dass die beiden Schlussfassungen (mit oder ohne Laudines Kniefall) nicht in Kategorien wie ‚echt' oder ‚unecht' eingeteilt werden können; ob nun die eine oder die andere Fassung eine Bearbeitung ist oder gar beide Schlüsse auf Hartmann zurückgehen, ist aus heutiger Perspektive nicht zu entscheiden. Ebensowenig würde man auf die Idee kommen, etwa die in den Hss. p und z präsentierten (Kurz-)Fassungen des *Iwein* vollkommen vom Autor Hartmann von Aue zu lösen. Natürlich ist in solchen Fällen stets der Gestaltungswille eines Bearbeiters im Spiel, aber hier wie dort zeigt sich darin der produktive Umgang in der Rezeption der Werke Hartmanns. Selbst wenn man Hans Ried keinerlei redaktionelle Kompetenz zuschreiben möchte (was mit Blick auf die programmatische Anlage des *Ambraser Heldenbuchs* zumindest diskussionswürdig wäre), so ist doch unabhängig vom dahinterstehenden Gestaltungswillen, dessen Intention oder Entstehungsgeschichte – die allesamt im Dunkeln liegen – der Werkcharakter des Ganzen unbestritten, da uns der Text allein so, nämlich als Rezeptionszeugnis von Hartmanns *Ereck*, im *Ambraser Heldenbuch* erhalten ist.

Aus dem gleichen Grund folgen wir der Überlieferung auch in der Schreibung des Titelhelden, denn die Schreibweise ‚Ereck' ist die weitaus häufigste; nicht nur bei Hans Ried im *Ambraser Heldenbuch*, sondern auch in der übrigen handschriftlichen Überlieferung jener Texte, in denen diese Figur ebenfalls auftaucht (insbesondere im *Iwein* und im *Parzival*). Während die Philologen des 19. Jahrhunderts keine einheitliche Schreibweise verwendeten, aber überwiegend vom ‚Erek' sprachen (so auch die vorherrschende Schreibung in den Fragmenten W und Z), gibt es für die spätestens mit Albert Leitzmanns Ausgabe eingebürgerte frz. Schreibweise ‚Erec‘ in der gesamten deutschsprachigen Überlieferung keinen Beleg. Es gibt daher auch keinen Grund (außer der Gewohnheit), an dieser Schreibweise festzuhalten, vielmehr sollte wie beim *Iwein*, wo der Unterschied zur afrz. Schreibung *Yvain* ebenfalls der hsl. Überlieferung folgt, auch hier die Differenz zu Chrétiens Artusroman klar betont werden.

Die vorliegende Studienausgabe gibt den Text des *Ambraser Heldenbuches* sowie sämtlicher Fragmente des Ereck in einer vorsichtigen Normalisierung wieder. Die Normalisierung dient nicht zuletzt auch der Leserfreundlichkeit; die beigegebene Übersetzung soll das Verständnis des Textes erleichtern. Verwiesen sei an dieser Stelle noch auf die Seite des Hartmann-Portals, wo sich eine Reihe von Digitalisaten und Transkriptionen der Handschrift und teilweise auch der Fragmente abrufen lassen, freilich nicht immer vollständig (vgl. *http://www.hva.uni-trier.de*). Eine Gesamttranskription des *Ambraser Heldenbuches* in 11 Teilbänden hat neuerdings Mario Klarer vorgelegt (*Ambraser Heldenbuch. Gesamttranskription mit Manuskriptbild*). Der Teilband 3 (*Hartmann von Aue: ‚Erec‘. ‚Der Mantel‘*) beinhaltet eine diplomatische Transkription des Ambraser *Ereck*. Das Digitalisat des *Ambraser Heldenbuches* schließlich ist auch auf den Seiten der Österreichischen Nationalbibliothek einsehbar (*https:// onb.digital/result/100277D3*).

Kiel, Konstanz, Santiago de Compostela im Mai 2022

Vorwort zur ersten Auflage

Die vorliegende Ausgabe wurde in hohem Maße aus Mitteln der Deutschen Forschungsgemeinschaft finanziert. Für diese finanzielle Unterstützung, die unsere Arbeit und Edition erst möglich gemacht hat, danken wir der Deutschen Forschungsgemeinschaft ebenso wie für den großzügigen Druckkostenzuschuss. Bei der Einrichtung der Arbeitsstelle in Santiago de Compostela war der Beitrag der Landesregierung von Bedeutung (Xunta de Galicia, 10PXIB204194PR). Zu danken haben wir auch dem Verlag Walter de Gruyter und seinem Lektor Jacob Klingner, der die ursprünglichen, mit Heiko Hartmann und dem Akademie-Verlag getroffenen Vereinbarungen bereitwillig übernommen hat.

Großen Dank schulden wir außerdem Ines Hansen, Hartmut Hombrecher und Maria Arce für ihre Mitarbeit und Mühe.

Inhaltsverzeichnis

Einleitung

Der Ereck-Roman Hartmanns von Aue, der nach einer französischen Vorlage von Chrétien de Troyes etwa im letzten Viertel des 12. Jahrhunderts entstanden ist, gilt als die erste deutschsprachige Artusdichtung. Die zeitgenössische Wirkung, die sich in der fruchtbaren Kontinuität der Gattung, in Zitaten und Anspielungen in Werken des Hoch- und Spätmittelalters und in Anerkennung von Dichterkollegen spiegelt, war groß. Auch die Germanistik hat der literaturgeschichtlichen Bedeutung, die einer solch innovativen Leistung im mittelhochdeutschen Sprachraum – seiner Vorreiterrolle als erster deutschsprachiger Artusroman – zukommt, hohe Bedeutung beigemessen und dem Werk in Forschung und Lehre seit jeher einen hohen Rang eingeräumt. Angesichts dieser Wertschätzung nimmt sich die Überlieferung des *Ereck* geradezu gegensätzlich aus. Der einzige nahezu vollständige Textzeuge ist bis heute das von Kaiser Maximilian I. in Auftrag gegebene *Ambraser Heldenbuch*, das der Zöllner Hans Ried in den Jahren 1504–16 nach älteren Handschriftenvorlagen angefertigt hat. Der unikale Überlieferungszeuge stammt somit aus der Frühen Neuzeit und ist über 300 Jahre nach der Entstehung des Werkes entstanden. Nur ein paar Fragmente zeugen von einer früheren Überlieferung: zwei davon stammen noch aus dem 13., eines aus dem 14. Jahrhundert; ihr Text läuft zu dem des *Ambraser Heldenbuchs* parallel. Darüber hinaus existieren Fragmente, die einen *Ereck*-Text bieten, der nicht mit dem Hartmanns übereinstimmt – es scheint also noch eine zweite Version dieses Stoffes gegeben zu haben, von der aber so gut wie nichts mehr erhalten ist.

Zur prekären Überlieferungssituation trägt ebenfalls bei, dass auch der Textbestand im *Ambraser Heldenbuch* offenbar nicht ganz vollständig ist. Es findet sich sowohl im Anfangsteil (nach V. 994) wie in der Mitte der Erzählung (nach V. 5616) jeweils eine Stelle, in der eine kleinere Partie Text ausgefallen zu sein scheint; die spätere Stelle wird teilweise durch die Wolfenbütteler Fragmente W III–VI gedeckt, die frühere durch keinen der Textzeugen. Zudem ist der Anfang der Erzählung anders gestaltet als in der französischen Vorlage. Der Haupthandlung des *Ereck* geht im *Ambraser Heldenbuch* eine dort nicht enthaltene Erzählung um eine Tugendprobe am Artushof voraus, die dann übergangslos in die Ereck-Handlung, wie sie bei Chrétien steht, mündet. Die Forschung hat bisher stets erst an dieser Stelle den Anfang von Hartmanns Erzählung ansetzen wollen und den Verlust eines Prologs und des Handlungsauftaktes vermutet, da alles andere nicht mit Chrétiens Vorlage vereinbar wäre. Mit dieser Ausgangssituation muss sich also die *Ereck*-Philologie auseinandersetzen und auf die Fragen Antwort geben, welche ihre Prinzipien und ihre Grenzen sein müssen, wo der Roman beginnt und welchen Aussagewert der Ambraser Text sowie die Fragmente haben können.

1 Prinzipien und Grenzen der *Ereck*-Philologie

Der außerordentliche Stellenwert von Hartmanns *Ereck* in der Literatur des Mittelalters und insbesondere in der germanistischen Mediävistik zeigt sich nicht zuletzt daran, dass dieses Werk derzeit in drei unterschiedlichen Ausgaben – einer kritischen Edition und zwei Leseausgaben – präsent ist.[1] Allen dreien liegen jeweils eigenständige Editionsprozesse zugrunde, sie unterscheiden sich darum auch in einigen Details, grundsätzlich jedoch präsentieren sie alle einen Text, den es so vermutlich gar nicht gegeben hat: Sie übertragen den überlieferten *Ereck* des *Ambraser Heldenbuchs* in ein normalisiertes Mittelhochdeutsch, eine Kunstsprache, die auf ein Postulat der Philologie des 19. Jahrhunderts zurückgeht.

Als Moriz Haupt 1839 die erste Edition des *Ereck* vorlegte, war die Überlieferungslage zwar noch dünner, stellte aber dennoch die damals erst im Anfang stehende Textkritik vor erhebliche Probleme. Bekannt war bis dahin einzig das *Ambraser Heldenbuch*, eine Sammelhandschrift hochmittelalterlicher volkssprachiger Literatur, die 25 literarische Werke vereint, welche allesamt ins 12./13. Jahrhundert datiert werden (darunter höfische Dichtung, Artusromane, Heldenepen sowie Versnovellen) und von denen fünfzehn unikal dort überliefert sind. Es ist *communis opinio* der Forschung, dass Hans Ried für seine Arbeit generell auf gute bis sehr gute Vorlagen zurückgreifen konnte, obwohl diese in keinem Fall bekannt oder erhalten sind.[2] Der *Ereck* bildet darin den Abschluss eines Komplexes von Texten aus dem Œuvre, das offensichtlich Hartmann von Aue zugerechnet wurde. Da aber Hans Ried seine Texte bei der Abschrift den sprachlichen und stilistischen Gepflogenheiten des 16. Jahrhunderts angepasst hat,[3] ist es kaum verwunderlich, dass eine Editionsphilologie, die in ihrem Ideal dem Original des Dichtergenies möglichst nahezukommen trachtet, im *Ambraser Heldenbuch* einen äußerst unzuverlässigen Textzeugen sah.[4] Um dem

---

1 Es sind dies: Gärtner 2006; Scholz 2004; Mertens 2008a. Die Ausgabe von Okken 2000a ist im Selbstverlag erschienen und daher kaum zugänglich.

2 Vgl. zuletzt die Darstellung und genaue Handschriftenbeschreibung von Schubert 2008. Eine ausführliche Beschreibung der Überlieferung sowie eine computergestützte Analyse der Ambraser *Ereck*-Handschrift bietet Edrich-Porzberg 1994. Vgl. ferner Janota 1978. Die Anzahl der Texte und Unika hängt von Diskussionen über die Zusammengehörigkeit von Texten ab, wie hier in unserem Fall dem Ereck- und dem sog. Mantel-Teil; dazu s. u.

3 Zu den sprachlichen Eigenheiten Rieds, die bei der Umwandlung in eine frnhd. Sprachstufe und in den Tiroler Schriftdialekt zu beobachten sind, vgl. Thornton 1961. Thornton kommt zu dem Schluss, dass Ried „sich stark dem Kanzleistil anschließt" (S. 53). Thorntons Untersuchung bietet freilich „eine zu schmale Vergleichsbasis", wie Gärtner 2007, hier S. 207, bemerkt.

4 Unzuverlässigkeit warf man insbesondere auch dem Schreiber vor. Vgl. das vernichtende Urteil von Schröder 1931, hier S. 239, der Ried als nur „leidlich zuverlässigen, aber doch höchst ungleichmäßig arbeitenden Kopisten" einschätzte, dessen „Lässigkeiten" nicht nur bezüglich der sprachlichen Anpassungen ans 16. Jahrhundert „uns durchaus das Recht geben da einzugreifen, wo es die Kunst des Dichters zu schützen und damit seine Stellung in der Litteraturgeschichte zu festigen gilt".

vorgeblichen Original Hartmanns gerecht zu werden, schien es der an den Prinzipien ihres Begründers Karl Lachmann ausgerichteten Textkritik geboten, zum einen die bei Chrétien nicht vorhandene Episode von der Tugendprobe mit dem zauberhaften Mantel zu streichen, zum anderen den Text des *Ambraser Heldenbuchs* konsequent in ein normalisiertes Mittelhochdeutsch zurück zu übersetzen, sprachlich und metrisch zu glätten sowie vermeintlich offenkundige Fehler des Schreibers zu verbessern. Noch hundert Jahre später drückte Albert Leitzmann, der Herausgeber der bis heute maßgeblichen Ausgabe, diese Zielsetzung folgendermaßen aus: es gelte, „alles unkraut, das die blumen der alten poesie überwuchert hat, bis zum letzten auszurotten"[5] – eine Aufgabe, die er allerdings selbst nicht für vollkommen machbar hielt.

An dieser Herangehensweise der Editionsphilologie an den *Ereck* hat sich bis heute wenig geändert, wie nicht zuletzt ein Blick in die kritischen Apparate der neueren Editionen zeigt: Weit über die Hälfte der Eingriffe gehen bereits auf die Erstausgabe durch Moriz Haupt zurück,[6] andere sind später hinzugekommen. Auf diese Weise ist ein künstlicher Text entstanden, der auf Vorannahmen, Rekonstruktionen und vielfach subjektivem Stilempfinden beruht, sich aber kaum auf die Überlieferung stützen kann – allenfalls auf die anderer Werke Hartmanns (namentlich den *Iwein*), aus denen heraus man sprachlich-stilistische Kriterien zu gewinnen hofft, während die wenigen Fragmente des *Ereck* (insgesamt zeigen sie eine Parallelüberlieferung von kaum mehr als 700 Versen) eine allzu schmale Vergleichsbasis bieten. Zwar kann durch den Fund der Fragmente aus Koblenz und St. Pölten (dazu s. u.) die Qualität und Sorgfalt des Ried'schen Textes punktuell bestätigt werden, zwar kann die erschließbare Textlücke in der Mitte der Handlung durch die Wolfenbütteler Fragmente zumindest teilweise gedeckt werden, doch bleibt das *Ambraser Heldenbuch* der bedeutendste, ja beinahe einzige Textzeuge. Allerdings handelt es sich um ein Zeugnis aus der Frühen Neuzeit, das, mit welchen Sprüngen oder Kontinuitäten auch immer, über drei Jahrhunderte Textgeschichte repräsentiert. Das macht, mehr noch

---

5 Leitzmann 1935, hier S. 149. Leitzmann stufte allerdings die Überlieferung des Ried'schen Textes als weitaus genauer ein; sein Urteil über den Schreiber des *Ambraser Heldenbuchs* fiel weniger vernichtend aus als etwa das von Edward Schröder, der Ried als „raffinierte[n] Faulpelz" (Schröder 1931, S. 213) sah, welcher, um die Vorteile dieses Dienstes möglichst lange genießen zu können, die Fertigstellung der Handschrift immer länger herauszögert habe. Dieses harte Urteil revidierte Leitzmann zwar in Teilen, sah sich gleichwohl aber ebenfalls nach den Maßgaben der Textkritik immer wieder zu erheblichen Eingriffen genötigt.

6 Vgl. auch die Vorbemerkung Gärtners zur jüngsten Auflage: „Der kritische Text der 7. Auflage weicht nur in begrenztem Maße [...] von der Fassung ab, die Albert Leitzmann in der Erstauflage geboten hat" (Gärtner 2006, S. XXVIII). Die Neuausgabe Leitzmanns aus dem Jahr 1939 war die erste, die direkt die Handschrift des *Ambraser Heldenbuchs* konsultierte und sich nicht nur auf eine unsichere Abschrift stützen konnte. Dennoch folgte Leitzmann wie selbstverständlich den textkritischen Prinzipien Haupts und übernahm einen Großteil der Emendationen und Konjekturen aus dessen Erstausgabe sowie aus der sich daran anschließenden Forschungsdiskussion. Zur Geschichte und Vorgehensweise der bisherigen Ausgaben vgl. den Überblick bei Gärtner 2006, S. XXIII–XXVIII.

als bei allen anderen Werken des Mittelalters, deutlich, dass die Rekonstruktion eines vermeintlichen ‚Originaltextes' faktisch unmöglich ist. Umso mehr ist es daher verwunderlich, wie beharrlich die *Ereck*-Philologie bis heute an den editionsphilologischen Prinzipien eines derartigen Rekonstruktionsgedankens festhält. Denn die apodiktische Annahme, spätere Schreibereingriffe hätten den Text zu weit von seinem Original entfernt, und der daraus abgeleitete ‚Auftrag' der Philologie, einen autornahen Text wiederherzustellen, konstituieren eine Position, die letztlich die eigene Rekonstruktion höher einschätzt als den tatsächlichen handschriftlichen Befund,[7] auch wenn die moderne Philologie die Vorgaben Lachmanns in manchen Punkten revidiert oder modifiziert hat und grundsätzlich skeptisch geworden ist, was die Möglichkeit betrifft, auf wissenschaftlich fundierter Basis am Postulat der Rekonstruktion eines überlieferungsgeschichtlichen Archetypus oder gar Originals festzuhalten.

Die Umsetzungen des *Ereck*-Textes aus dem *Ambraser Heldenbuch* in ein normalisiertes Mittelhochdeutsch mit ihrer Fülle von Eingriffen orientieren sich an jener Sprachform, die die einschlägigen Wörterbücher aus dem 19. Jahrhundert wiedergeben. Es darf allerdings nicht vergessen werden, dass gerade diese Wörterbücher gleichermaßen von der fraglichen Überzeugung ausgingen, es habe auch im Mittelalter eine Art beständiges Hochdeutsch gegeben, in das sich die jeweilige Dichtersprache (deren stilistische Eigenarten man ebenfalls problemlos rekonstruieren zu können glaubte) nur mit geringfügigen dialektalen Einfärbungen eingepasst hätte. Die Wörterbücher von Georg Friedrich Benecke / Wilhelm Müller / Friedrich Zarncke sowie von Matthias Lexer[8] fixierten ihre auf ein solches Kunstprodukt einer mittelhochdeutschen Hochsprache ausgerichteten Lemmata freilich nicht nach der Auswertung des handschriftlichen Materials, sondern nach den damaligen, der Textkritik Lachmanns verpflichteten Ausgaben mit ihren Rückübersetzungen, Normalisierungen und Konjekturen, kurzum: die Wörterbücher basieren zumeist auf Vorannahmen, welche sie aus ihrem Belegmaterial stützen wollen, das jedoch gleichermaßen auf eben jenen Vorannahmen beruht – ein Zirkelschluss.[9]

---

7 Vgl. besonders die Überlegungen von Leitzmann 1935. Mit welchem Anspruch die Philologie auch noch bis weit in die zweite Hälfte des 20. Jahrhunderts an diesen Maßgaben festhielt, verdeutlicht die resignierte Aussage von Wapnewski 1979, S. 41: „Den tatsächlichen Wortlaut [...] wird man kaum je wiedergewinnen können".

8 BMZ: Mittelhochdeutsches Wörterbuch. Mit Benutzung des Nachlasses von Georg Friedrich Benecke ausgearbeitet von Wilhelm Müller und Friedrich Zarncke. Nachdruck der Ausgabe Leipzig 1854–1866 mit einem Vorwort und einem zusammengefaßten Quellenverzeichnis von Eberhard Nellmann sowie einem alphabetischen Index von Erwin Koller, Werner Wegstein und Norbert Richard Wolf, Stuttgart 1990; Lexer: Mittelhochdeutsches Handwörterbuch von Matthias Lexer. Zugleich als Supplement und alphabetischer Index zum Mittelhochdeutschen Wörterbuch von Benecke-Müller-Zarncke. Nachdruck der Ausg. Leipzig 1872–1878 mit einer Einleitung von Kurt Gärtner, Stuttgart 1992.

9 Das führt bisweilen zu kuriosen Stilblüten wie dem Eintrag des Lemmas *wongezimber* im Lexer, ein Wort, das einzig auf eine Konjektur von Karl Bartsch in dessen Ausgabe des *Partonopier* Konrads von

Daneben stehen Eingriffe aus metrischen bzw. stilistischen Erwägungen, die ebenfalls das Resultat einer Normalisierung und Rückübersetzung sind und die bis heute einen Großteil der Emendationen sämtlicher bisheriger Ausgaben des *Ereck* darstellen: Verse werden mit weiteren Füllwörtern ausgestattet, um sie einem zuvor postulierten Versmaß anzupassen, Ausdrücke, die als ,Nicht-Hartmannisch' gelten, werden durch andere ersetzt.[10] Als besonders problematisch erweisen sich allerdings Eingriffe, die zusätzlich zu solchen Erwägungen auch inhaltliche Veränderungen vornehmen. Das zeigt repräsentativ die Diskussion um den sogenannten *saelden wec*: Während der handschriftliche Text des *Ambraser Heldenbuchs* Erecks Entscheidung, den linken Weg einzuschlagen und damit nach Brandigan und zu seinem finalen Abenteuer zu gelangen, mit den Worten *ich weste wol, der selbig weg/ gienge in der welt etswo* (V. 9502 f.) erläutert (diesem Wortlaut folgen auch noch die beiden Ausgaben Haupts), wurde auf einen Vorschlag Fedor Bechs gegen die Lesart der Handschrift die Emendation *der saelden wec* eingeführt. Dieser Eingriff ist erst seit der Bestätigung der Ambraser Lesart durch das Koblenzer Fragment K wieder aus den maßgeblichen Ausgaben getilgt (er ist sogar noch in der 6. Auflage des kritischen Textes durch Kurt Gärtner von 1985 beibehalten worden und erst in der 7. Auflage daraus verschwunden) – nicht ohne in der Zwischenzeit erhebliche Forschungsdiskussionen ausgelöst zu haben.

Auch an anderen Stellen hat die Textkritik gegen die Handschrift Ergänzungen oder Veränderungen vorgenommen, die bis heute in sämtlichen Ausgaben des *Ereck* weitergeführt werden. Dazu nur zwei Beispiele: Die Beschreibung von Enites Pferd, ein Geschenk Guivreiz' im zweiten Handlungsabschnitt, nimmt großen Raum in der

---

Würzburg zurückgeht (Bartsch 1871, V. 522) und keinen einzigen handschriftlichen Beleg im Mittelhochdeutschen hat (freundlicher Hinweis von Holger Runow). Ein vergleichbarer Fall ist auch für den *Ereck* zu verzeichnen: Im Lexer (Bd. III, Sp. 845) wird unter dem Lemma *widermüete* als Adj. nur ein Beispiel aus dem *Ereck* angeführt, ohne zu berücksichtigen, dass es sich um eine Konjektur nach der zweiten Ausgabe Haupts (dort V. 6347) handelt, während der Ambraser Text hier *widermût* (V. 7331) bewahrt, wie schon Bechstein 1880, S. 322 f., kritisch bemerkte. Das BMZ geht mit diesem Nachweis dagegen wesentlich differenzierter um (vgl. BMZ, Bd. 2, Sp. 267b). Umgekehrt hat Haupts Konjektur von V. 7552 *Si stůnd im vil verre* in *sî stuont von im vil verre* dem BMZ, Bd. 2, Sp. 570, „zum Beweise der Präposition *von* bei *stân*" (Bechstein 1880, S. 325, Anm.) gedient. Zur grundsätzlichen Problematik des Konstrukts eines ,Normalmittelhochdeutsch' vgl. auch Kragl 2015.

10 Vgl. als besonders auffällige Beispiele die Diskussion zu V. 7215 (V. 6231 der alten Ausgaben) bei Bechstein 1880, S. 319–321, der die fünf damals schon vorliegenden, vom handschriftlichen Text abweichenden Rekonstruktionsversuche allesamt verwirft, um seinen eigenen, sechsten Vorschlag als „richtig Hartmannisch" (S. 321) zu profilieren. In ähnlicher Manier Müller 1862, der S. 137, bemerkt, das Wort *belangen* (V. 9388) „wird der Schwabe Hartmann schwerlich gebraucht haben". Für weitere Beispiel vgl. u. a. Pfeiffer 1859, S. 206 (zu V. 3180), S. 215 (zu V. 4842), S. 221 (zu V. 6842 ff.) u. ö. Am deutlichsten formuliert diese Haltung vielleicht Leitzmann 1935, der nicht nur im *Ereck*, sondern auch im *Parzival* bereit ist, Konjekturen zu setzen, „selbst auf die Gefahr hin, wolframischer als Wolfram gewesen zu sein" (S. 230).

Erzählung ein. Die Darstellung des kunstvollen Sattels wird, folgt man den bisherigen Ausgaben, folgendermaßen eingeleitet:

> ez hete geworht vil manegen tac
> der wercwîseste man
> der satelwerkes ie began,
> ein meister, hiez Umbrîz
> (Lange hatte daran der kunstfertigste Handwerker gearbeitet, der je Sättel gemacht hat: ein Meister namens Umbrîz).[11]

Der *wercwîseste man* ist jedoch eine Konjektur, die bereits Moriz Haupt in seiner Erstausgabe vornahm und die bis heute alle gängigen Editionen bewahrt haben, obwohl der Wortlaut der Handschrift einen ganz anderen Erschaffer des Sattels angibt:

> es het geworcht vil manigen tag
> der zwerg wiste man,
> der Satel werches je began
> Ein maister hiess umbris (V. 8448–51)
> (Der weiseste Zwerg, dem je die Herstellung eines Sattels oblag, hatte unzählige Tage daran gearbeitet: Ein Umbris genannter Meister).

Der Ambraser Text proklamiert damit also den weisesten Mann der Zwerge als denjenigen, dem die Herstellung des Sattels oblag, was auch insofern Sinn macht, als kurz zuvor die Rede davon war, dass Guivreiz das Pferd einmal einem Zwerg abgenommen habe (vgl. V. 8375 ff.). Einen ersichtlichen Grund für einen Eingriff an dieser Stelle gibt es nicht, der Text der Handschrift ist ohne weiteres verständlich und auch handlungslogisch nachvollziehbar. Offensichtlich hat Haupt seine Konjektur unter Bezugnahme auf den *weltweisen man* gesetzt, von dem knapp hundert Verse vorher im Rahmen der Beschreibung des Pferdes die Rede ist. Diese Gegenüberstellung von Handwerkskunst und Dichtkunst ist zwar apart, passt zum anschließenden Dialog des sich nun selbst Hartmann nennenden Erzählers (die einzige Autorennennung im *Ereck*) und hat in der Folge eine rege Diskussion über den in der gesamten Passage reflektierten Stellenwert des Künstlers und seiner Schaffenskraft ausgelöst (bis hin zur Vermutung, im *meister umbris* müsse eigentlich der Dichter selbst gelesen werden) – ist aber keineswegs konform mit der Überlieferung.[12]

Ein weiteres Beispiel findet sich nach Erecks und Enites Ausritt bei der Begegnung mit dem namenlosen Grafen, der Enite ein Heiratsangebot macht, wobei er ihr vorschlägt, Ereck nachts im Schlaf zu überwältigen. Enite kann den aufdringlichen

---

11 Zitiert nach der Ausgabe von Gärtner 2006, V. 7467–70, Übersetzung nach Mertens 2008a; den gleichen Wortlaut haben auch die Ausgaben von Scholz 2004 und Mertens 2008a.
12 Zu dieser Forschungsdiskussion vgl. zusammenfassend den Kommentar in der Ausgabe von Scholz 2004, S. 910 f., dessen Edition ebenfalls an der Konjektur festhält.

Grafen jedoch überlisten, indem sie Ereck bereits in der Nacht zum vorzeitigen Aufbruch drängt. Der Graf verschläft fast den Zeitpunkt des Überfalls, schreckt dann aber mit dem Ausruf hoch: *stille schrai Er: „waffen!"* (V. 5028). Stets hat man das Wort *stille* ins Gegenteil verkehrt und den Vers metrisch ergänzt in: *vil lûte schrei er: wâfen!* Doch spiegelt der leise Ausruf, der stille Schrei, nicht gerade die ganze Heimlichkeit der Szenerie wider? Schließlich geht es dem Grafen darum, den schlafenden Ereck im Bett zu beseitigen, in dem Glauben, Enite habe diesem sein Schwert genommen. Man könnte ebensogut der Lesart OKKENs folgen, der darin einen Ausdruck der Performanz sieht: *„stille"* schrei er, *„waffen!"* Der Hausherr würde sich demnach erst Ruhe bei seinen Gefolgsleuten verschaffen, um sie dann zu den Waffen zu rufen.[13] So oder so jedoch ist klar: Ein Eingriff an dieser Stelle ist nicht notwendig.

Diese Beispiele zeigen exemplarisch, wie zahlreiche Eingriffe von Moriz Haupt in seinen beiden Ausgaben, die vielfach Vorschlägen Karl Lachmanns folgen, bis heute in der *Ereck*-Philologie präsent sind.[14] Zwar hat sich bereits an die Erstausgabe durchaus eine intensive Forschungsdiskussion angeschlossen, in der kontrovers über weitere Emendationen in den Text des *Ambraser Heldenbuchs* nachgedacht worden ist und die sich in den neueren Ausgaben auch durchaus abbildet. An dem allgemeinen Ziel, den Text auf ein vermeintlich Hartmann'sches Original zurückzuführen, hat sich jedoch bis heute kaum etwas geändert.[15] Wie stark selbst die Ausgaben des 21. Jahrhunderts noch diesem rekonstruktivistischen Verfahren verpflichtet sind, lässt sich nicht zuletzt daran ablesen, dass dort Verse ergänzt werden, wo zwar aufgrund fehlender Reimbindung ein Versausfall im *Ambraser Heldenbuch* vermutet werden kann, deren Sinngehalt oder gar Wortlaut jedoch nicht mehr erschließbar sind. Dass derartige Waisen, wie sie der Ried'sche Text überliefert, tatsächlich originär auf Hartmann

---

13 Vgl. OKKEN 2000b, hier S. 182. OKKENs Vorschlag diskutiert kritisch SCHOLZ 2004, S. 268 f., der anmerkt: „Zwar geben die Wörterbücher für *schrîen* auch die Bedeutung ‚rufen' an, doch ein *lîse schrîen* oder *stille schrîen* habe ich nirgends gefunden. Darf OKKENs Deutung nur deshalb verworfen werden, weil ein Imperativ *stille!* in den Wörterbüchern nicht verzeichnet ist?" Erneut offenbart sich hier das schwierige Verhältnis von Textkritik und Wörterbüchern: Als textkritisch relevant werden v. a. Befunde eingestuft, die sich in den Beständen der einschlägigen Wörterbüchern finden, die Wörterbücher wiederum stützen ihre Belege auf textkritische Editionen.

14 Für weitere Beispiele vgl. HAMMER 2015, hier S. 429–431.

15 Vgl. etwa die Darstellung der Editionsgeschichte des *Ereck* bei GÄRTNER 2006, S. XXIII–XXVIII, die zeigt, wie weit LEITZMANNs bis heute maßgebliche Ausgabe weiterhin an der von Moriz HAUPT orientiert bleibt. Selbst die Ausgabe von SCHOLZ 2004, die viel stärker den Wortlaut des *Ambraser Heldenbuchs* berücksichtigt, übernimmt dennoch eine große Zahl von Konjekturen nach der Ausgabe von HAUPT und versucht mit Normalisierung und Rückübersetzung gleichermaßen, einen mutmaßlichen Hartmann-Text zu rekonstruieren, anstatt dem vorhandenen Text des 16. Jahrhunderts Geltung zu verschaffen. Ähnlich verfährt auch die kaum zugängliche Ausgabe OKKENs 2000a, die zwar in teils abenteuerlichen Überlegungen den Wortlaut des Ambraser Textes weitgehend beizubehalten versucht, ihn jedoch ebenso rückübersetzt und metrisch glättet – als ob der ursprüngliche Wortlaut Hartmanns sich hier weiterhin abbilde und lediglich die sprachlichen und metrischen Eigenschaften durch die lange Rezeptionsgeschichte transformiert worden seien.

zurückgehen, ist zwar wenig plausibel,[16] ob diese Verse in einer möglichen Vorlage des *Ambraser Heldenbuchs* aber noch vorhanden gewesen sind und vor allem, wie sie sie gelautet haben, entzieht sich notgedrungen unserer Kenntnis. Während Moriz Haupt in seinen beiden Ausgaben diese Stellen noch mit Auslassungszeichen gekennzeichnet hatte, füllte bereits Fedor Bech[17] konsequent derartige Verse auf; die späteren Editionen haben diese Ergänzungen übernommen. Inwieweit es sich hierbei um mehr oder weniger willkürliche ‚Erfindungen‘ ganzer Verse handelt, zeigt exemplarisch die ‚Ergänzung‘ der Waise von V. 2422. Im Kontext der Beschreibung von Enites erstem Pferd heißt es im Wortlaut des *Ambraser Heldenbuchs* folgendermaßen:

> Es was ze michel noch ze kranck,
> sein varb recht Harmlblanck,
> sein man recht tief und prait,
> mit gantzem gepaine
> zu gros noch ze claine [...] (V. 2420–24).

Dem Vers 2422 fehlt ein in einer Reimpaarversdichtung erwartbares Pendant, doch weder die syntaktische Konstruktion der Handschrift noch die Semantik des Satzes ist in irgendeiner Weise dadurch beeinträchtigt; die Beschreibung des Pferdes ist problemlos nachzuvollziehen und entsprechend zu übersetzen: „Es war weder zu kräftig noch zu schwächlich, sein Fell war hermelinweiß, seine Mähne dicht und voll, mit gutem Knochenbau, weder zu groß noch zu klein [...].“ Bechs Ausgabe fügt dennoch einen Zusatzvers (im normalisierten Mhd.) ein, um die Reimbindung wiederherzustellen: *sîn man tief unde breit/ [als uns diu âventiure seit]/ mit ganzem gebeine [...]*.[18] Seit der Ausgabe von Albert Leitzmann ergänzen sämtliche Editionen bis heute diesen Vers (auf einen Vorschlag von Erich Schönbach zurückgreifend) mit den Worten *sîn brust starc unde breit*, um den Anschluss an die Pferdebeschreibung zu wahren – die Ergänzung bemüht sich zwar um nachvollziehbare Kriterien, bleibt aber dennoch pure Spekulation.

Insgesamt weist der *Ereck* im *Ambraser Heldenbuch* 17 Waisen auf, die alle aktuellen Ausgaben durch entsprechende Ergänzungen füllen.[19] Dabei reißt kein einziger

---

16 Vgl. zur entsprechenden Überlegung von Okken 2000b, S. 186, der Dichter habe an derartigen Stellen absichtliche „Kunst-Fehler“ gemacht, die Gegenargumente von Scholz 2007, S. 270 f. Dennoch sollte die Tatsache, dass nicht nur die Wolfenbütteler Fragmente, sondern auch das Fragment K Dreireime aufweisen, zu bedenken geben, ob der Paarreim wirklich stets eine zwingende Norm war oder vielmehr ein Usus, der hier und dort auch abgewandelt werden konnte.

17 Vgl. Bech 1867.

18 Ebda., V. 1427–29.

19 Davon fünf in der Mantelepisode und zwölf innerhalb der Ereck-Handlung. Einen Sonderfall bildet die Passage um V. 7503 ff., wo seit der Erstausgabe Haupts ein Versausfall vermutet wird, der bei näherem Hinsehen und unter Beachtung der Reimpunkte, wie sie in der Handschrift gesetzt sind, jedoch gar keiner ist, sofern man sich nicht an dem unreinen Reim *slůg – plůt* stört (solche sind im Ambraser *Ereck* freilich zahlreich).

dieser vermuteten Versausfälle eine tatsächlich substantielle, sinnentstellende Lücke in den Erzähltext – nicht einmal die Waise an der postulierten Bruchstelle zwischen der Mantel-Episode und Erecks Ausritt mit Ginover während der Jagd auf den Weißen Hirschen.[20] Vielmehr ist der *Ereck* des *Ambraser Heldenbuchs* auch ohne diese zusätzlichen Verse problemlos verständlich, was zeigt, dass dem Schreiber Hans Ried, wenn er diese Lücken nicht schon in seiner Vorlage vorgefunden haben sollte, derartige Auslassungen offensichtlich nur an solchen Stellen unterliefen, an denen sie keine wesentlichen Konsequenzen für das Verständnis des Erzählten hinterließen. Eine Ergänzung derartiger Verse ist daher weder nötig noch irgendwie abzusichern.

Dass sich dieser Umgang mit der handschriftlichen Überlieferung nicht erst seit den Diskussionen um die sogenannte ‚New Philology' geändert hat, braucht hier nicht im Detail ausgeführt zu werden.[21] Angemerkt sei lediglich, dass in den letzten Jahrzehnten die wissenschaftliche Herangehensweise an und das Verständnis für einen mittelalterlichen Text zunehmend von der Wahrung des historisch bezeugten Wortlauts und der Berücksichtigung des Überlieferungskontextes geprägt ist. Methodisch gilt der überlieferte Text einer modernen Editionsphilologie als einzig legitimer Ausgangspunkt für die Texterstellung.[22] Dies gilt umso mehr für den Text eines so akkuraten Schreibers wie Hans Ried, dem eingehendere Untersuchungen immer wieder große Sorgfalt attestiert haben.[23] Die Editoren der neueren *Ereck*-Ausgaben sind daher

---

20 Volker MERTENS 2008a geht in seiner Ausgabe sogar so weit, hier einen ‚ersten' Vers des *Ereck* hinzuzudichten: Die Stelle, an der die bisherige Forschung den Übergang zwischen zwei Texten, dem ‚Mantel' und dem ‚Ereck', vermutet hat, ist durch keinerlei kodikologische Kennzeichnung etwa im Layout zu erkennen, auffällig ist lediglich ein inhaltlicher Sprung und zugleich eine Störung des Reimes, weshalb seit BECH und der zweiten Auflage HAUPTs alle Editionen den *Ereck* mit dem Vers *bî ir und bî ir wîben* beginnen lassen. MERTENS stellt diesem postulierten Beginn noch einen postulierten „Vers 0" voran: [*sô muoste er belîben*].

21 Vgl. zur New Philology u. a. die verschiedenen Artikel von NICHOLS 1990, FLEISCHMANN 1990, WENZEL 1990, PATTERSON 1990, CERQUIGLINI 1990 und STROHSCHNEIDER 2002.

22 Vgl. nur die umfangreichen Überlegungen Joachim BUMKES zur *Nibelungenklage* sowie dessen synoptische Edition: BUMKE 1996; ders. 1999. BUSBY 2002.

23 Vgl. schon SCHÜTZNER 1930, der konstatiert, dass Ried „seine Aufgabe sehr genau und gewissenhaft erfüllt" (S. 1) habe. Vgl. auch FUCHS-JOLIE / MILLET / PESCHEL 2013, S. 698, die zum gleichen Urteil gelangen, sowie THORNTON 1961. Hans Ried erweist sich als getreuer Kopist, der seine Texte äußerst gewissenhaft abschrieb – dieses Bild zeichnet sich durch zahlreiche Textvergleiche immer ab. Bewusste Eingriffe in die Textgestalt seiner Vorlagen dürften daher praktisch ausgeschlossen sein, sieht man einmal von der Übertragung der mhd. Texte in Rieds frnhd. Mundart ab. Das hat zur Folge, dass er auch manche Brüche und Ungereimtheiten seiner Vorlagen übernahm und gewissermaßen konservierte; ein Paradebeispiel hierfür ist der unorganische ‚Übergang' von der Mantel- zur eigentlichen Ereck-Handlung (was aber nicht unbedingt heißen muss, dass es sich hierbei um einen ‚Defekt' handelt, s. u.). Trotz aller Sorgfalt ist natürlich auch zu konstatieren, dass Hans Ried immer wieder Wörter oder Passagen seiner mhd. Vorlagen nicht oder falsch verstanden hat, was manchmal leicht zu erkennen ist (z. B. durch fehlerhaft durchgeführte nhd. Mono- oder Diphthongierung), manchmal aber auch größere Schwierigkeiten in der Sinnherstellung nach sich zieht (ein besonderes Problem dieser Art bildet der Namenkatalog des *Ereck*). Genaueren Aufschluss über den Umgang Rieds mit

auch weniger geringschätzig mit dem Wortlaut des *Ambraser Heldenbuchs* umgegangen, was sich in einer spürbaren Reduktion der Eingriffe manifestiert.[24] Doch das ist nur ein gradueller Unterschied; es bleibt bei der Problematik einer Rückübertragung des Ried'schen Texts in ein normalisiertes Mittelhochdeutsch und das weiterhin recht eng geknüpfte Netz von Emendationen zugunsten eines modernen und normativen Metrik- und Stilempfindens. Darüber hinaus füllen auch sie die vermeintliche Leerstelle des Beginns mit einer Wiedergabe von Chrétiens *Erec* und setzen damit von Anfang an voraus, dass die Überlieferung des *Ambraser Heldenbuchs*, welches die Mantel-Handlung voranstellt, von vornherein fehlerhaft sei.[25] Anstatt aber zu versuchen, die (vermeintlichen) Fehler des Schreibers zu korrigieren und eine etwaige ‚originale' Textgestalt wieder herzustellen, geht es der vorliegenden Ausgabe darum, den Text als Rezeptionszeugnis wahrzunehmen, das zeigt, wie Hartmanns Werk am Beginn des 16. Jahrhunderts verstanden (oder vielleicht auch nicht mehr verstanden) wurde: Dies gilt es zu erfassen, während uns ein Zugang zu Hartmanns Originaltext durch das *Ambraser Heldenbuch* wie auch die spärliche Fragmentüberlieferung weitgehend verwehrt bleibt.

Dringendstes Desiderat der *Ereck*-Forschung ist somit eine Edition, die die handschriftliche Überlieferung und damit primär Hans Rieds *Ambraser Heldenbuch* ernst nimmt und in den Mittelpunkt stellt. Der Anspruch früherer Textkritik, einen autornahen Text herstellen zu können, scheitert ganz besonders bei einem Werk wie dem *Ereck*, der uns, sieht man von den wenigen Fragmenten ab, eben nur in der handschriftlichen Gestalt dieses Codex aus dem 16. Jahrhundert überliefert ist. Von dort führt kein Weg zurück zu Hartmann von Aue im 12. Jahrhundert. Wir haben es mit einem entgrenzten Text zu tun, der sich längst aus seinen kulturellen Kontexten gelöst hat, in neue Funktionszusammenhänge eingerückt ist und sprachlich, vielleicht auch inhaltlich modernisiert wurde. Der Textbestand des 12. Jahrhunderts dürfte sich in seiner Entgrenzung längst unentwirrbar mit kleineren oder größeren Transformationen im Laufe der Überlieferungsgeschichte verwoben haben. Welche das sind, wird nicht feststellbar sein. Dies betrifft auch und gerade den Beginn des *Ereck*.

---

seinen Vorlagen könnte der Vergleich aller mehrfach überlieferten Texte im *Ambraser Heldenbuch* mit denen in anderen Textzeugen erbringen. Vgl. dazu die Überlegungen von HOHMEYER / KNOR 2015.

24 Vgl. die Übersicht von SCHOLZ 2007, hier besonders S. 262–267. SCHOLZ vergleicht den Umgang der bisherigen Editoren mit dem Text des *Ambraser Heldenbuchs* anhand von gut dreißig Versen.

25 So die Ausgaben von SCHOLZ 2004 und MERTENS 2008a. Auch mit den knapp tausend Versen der Mantelepisode wurde bisher unter den gleichen editionsphilologischen Prinzipien der Textkritik verfahren wie mit dem *Ereck*, vgl. SCHRÖDER 1996 (S. 130), der sich bei seinen Editionsprinzipien ausdrücklich nach den Maßgaben LEITZMANNS für dessen *Ereck*-Ausgabe richtet.

2 Das Problem des *Ereck*-Beginns

Bislang lautete die Prämisse der *Ereck*-Philologie, Hartmann müsse den Anfang seiner Erzählung ähnlich wie Chrétien gestaltet haben, mit einem Prolog und einem Handlungsbeginn wie in der altfranzösischen Fassung. Diese seien jedoch irgendwann in der dreihundertjährigen Überlieferungsgeschichte verloren gegangen oder (gar von Hans Ried selbst?) bewusst gestrichen worden. Stattdessen, möglicherweise sogar als Ersatz für den vermeintlich fehlenden Anfang des mutmaßlichen Hartmann'schen Originals, finde sich im Ambraser Codex die Erzählung vom ‚Mantel', die auf eine anonyme französische Erzählung vom Ende des 12. oder Anfang des 13. Jahrhunderts zurückgehe.[26] ‚Mantel' und ‚Ereck' aus dem *Ambraser Heldenbuch* werden deswegen seit jeher als zwei unterschiedliche Texte betrachtet, „jener ohne den Schluss und dieser ohne den Anfang",[27] und der sogenannte ‚Mantel' wurde in der Literaturgeschichtsschreibung des 19. und 20. Jahrhunderts stets getrennt vom *Ereck* behandelt.

Doch diese Prämisse ist schlicht unbeweisbar und kann daher nicht als Grundlage für eine editorische Entscheidung wie die Tilgung von beinahe 1000 Versen des einzigen Überlieferungszeugen herhalten. Denn die Anlage der Handschrift weist in die entgegengesetzte Richtung: Mitten im Satz, mitten in der Zeile, ohne Reim und durch nichts kenntlich gemacht, setzt unvermittelt die Handlung des *Ereck* ein, wie sie aus Chrétiens Vorlage bekannt ist. Das *Ambraser Heldenbuch* verklammert die Handlungsstränge unter einer Überschrift, und inhaltliche Korrespondenzen zwischen ihnen legen eine planvolle Texteinheit nahe. Es ist immerhin auffällig, um nur ein Beispiel zu nennen, dass die einzige unter den Frauen am Artushof, die diese Mantelprobe mit nur ganz kleinen Einschränkungen besteht, ausgerechnet Erecks Frau Enite ist – und zwar entgegen der mutmaßlichen französischen Vorlage, die einen Auftritt dieser Figur gar nicht kennt. Dies hat bereits Joachim Bumke zu dem Vorschlag geführt, „den umfangreichen ‚Mantel'-Prolog [...] als sekundär hinzugedichteten ‚Erec'-Prolog zu lesen."[28]

---

26 Vgl. Gärtner 2006, S. XIX: Die Lücken würden „von Ried nicht durch redaktionelle Zusatzverse verdeckt, sondern der zusammenhanglos und damit unverständlich gewordene Text wird treu kopiert und damit der Defekt konserviert". Vgl. auch Cormeau 1981; Schubert 2008, S. 107 und 111; Mertens 2005, S. 51; Scholz 2004, S. 596 f. Immer wieder ist auch vermutet worden, dass etwa ein Seitenausfall in Rieds Vorlage, genau an der Stelle, an der sich der Schluss des *Mantels* und der Anfang des *Ereck* befunden hätten, die Ursache gewesen sei, und man hat Hans Ried sogar unterstellt, er habe „wohl gar nicht bemerkt, dass hier ein neues Werk begann" (Honemann 1999, hier S. 90). Ersteres mag möglich oder gar wahrscheinlich sein, letzteres ist Unterstellung: Was für die Forschung nicht zusammenpasst, darf eben auch nicht zusammengehören.

27 Johnson 1999, S. 257. Die Möglichkeit einer gezielten Umarbeitung des *Mantels* im Hinblick auf den *Ereck* hat zuletzt Bumke 2006, S. 12, in die Diskussion eingebracht. Bumke hält es zudem für „wahrscheinlich, dass Ried die Verbindung von *Mantel* und *Erec* nicht selbst vorgenommen hat, sondern bereits in seiner Vorlage vorfand" (ebda., S. 11).

28 Bumke 2006, S. 12.

Angesichts der Überlieferungslage also handelt es sich im *Ambraser Heldenbuch* um *einen* Text. Das soll kein textgenetisches Urteil sein: Es ist durchaus denkbar, dass die Mantelepisode und die Ereck-Geschichte ursprünglich getrennt voneinander entstanden und in einer uns nicht mehr fassbaren Zeit verschmolzen wurden. Doch der Befund in der einzig vollständigen Handschrift lässt allein ihre Behandlung als Einheit zu; auch wenn es einen kleinen inhaltlichen Bruch gibt zwischen der am Artushof spielenden Handlung um den Mantel und dem Ausritt der Königin Ginover mit Ereck, ab dem die Erzählung dann der Version Chrétiens folgt, und auch wenn gerade an dieser Stelle eine Reimbindung fehlt.[29] Dass an dieser sogenannten Nahtstelle Text verlorengegangen ist, ist wahrscheinlich; doch dieser mutmaßliche Verlust, der nur durch Parallelüberlieferung zu sichern wäre (wie im Fall der ‚Lücke' hinter V. 5616) kann nicht ein Argument dafür sein, gegen den historischen Befund eine Texteinheit in zwei unterschiedliche Werke zu zerteilen. Es wäre müßig, über die Gründe dieser Anlage zu spekulieren – ob beispielsweise der Anfang des Hartmann'schen *Ereck* verloren gegangen und durch die Erzählung vom Mantel ersetzt worden ist, lässt sich ebenso wenig rekonstruieren, wie die Frage zu beantworten ist, ob es sich bei der mhd. ‚Mantel'-Erzählung um einen ursprünglich eigenständigen Text gehandelt hat oder ob die altfranzösische Verserzählung *Du mantel mautaillé* nur als Folie diente, um einen neuen oder anderen Anfang für den *Ereck* zu schaffen. Selbst die Möglichkeit, dass der *Ereck* mit Mantelepisode bereits von Hartmann von Aue stammt, ist zumindest nicht völlig auszuschließen; einem Dichter, der seiner Bearbeitung z. B. 500 Verse Pferdebeschreibung hinzufügt, wäre immerhin durchaus zuzutrauen, in 1000 Versen auch einen neuen Anfang zu gestalten. Bemerkenswert ist auch, dass die Mantelprobe am Artushof einen literarischen Nachhall in Ulrichs von Zatzikhoven *Lanzelet* gefunden hat, und gerade in diesem Kontext wird Erecks Frau Enite zum einzigen Mal in diesem Werk erwähnt. Dabei fällt auf, dass Enite die Probe, ähnlich wie im *Ereck*, beinahe besteht, wenngleich natürlich letztlich Iblis, die Geliebte des Protagonisten, als Siegerin aus dem Frauenvergleich hervorgeht.[30] Diese Koinzidenz legt nahe, dass bereits Ulrich von Zatzikhoven einen *Ereck* mit Mantelepisode gekannt haben könnte.[31] Natürlich gibt es gewichtige Gegenargumente: Der ‚Mantel'-Teil ist stilistisch, im Reimwortschatz etc. anders gestaltet als der Ereck-Teil,[32] die Handlung stimmt zunächst nicht mit der dann maßgeblichen Vorlage Chrétiens überein. Ob also die knapp 1000

---

29 Dass aber auch diese vermeintliche ‚Nahtstelle' semantisch durchaus sinnvoll aufzufassen ist, hängt, wie unsere Ausgabe zeigt, nicht zuletzt von der Interpunktion ab. Da ein fehlender Reim im Text des Ambraser *Ereck* auch an anderen Stellen nicht ungewöhnlich ist, bleibt neben der etwas unüblichen Initialensetzung an dieser Stelle nur noch der besagte inhaltliche Sprung der Handlung vom Hof zum Ausritt Erecks mit den Frauen als Indiz übrig, hier den Übergang zwischen zwei vormals getrennten Texteinheiten zu sehen.

30 KRAGL 2006, V. 6095–6098 (Hs. P).

31 Vgl. zu dieser Diskussion Timo REUVEKAMP-FELBER 2016.

32 Vgl. dazu MANUWALD 2015.

Verse über die Mantelprobe zum Kernbestand von Hartmanns *Ereck* gehören, können wir nicht sicher wissen; ganz ausschließen dürfen wir es aber auch nicht. Ausschlaggebend für die editorische Entscheidung, die Texteinheit von ‚Mantel'- und ‚Ereck'-Handlung in der Ausgabe entsprechend abzubilden, ist ohnehin nicht die Frage, ob diese Texteinheit bereits auf Hartmann von Aue zurückgeht (was wie gesagt äußerst unwahrscheinlich ist), sondern die Tatsache, dass diese Texteinheit in der Rezeption des 16. Jahrhunderts, die für uns die einzig greifbare bleibt, so dargestellt wird.

Bei näherer Betrachtung wird auf jeden Fall deutlich, dass die Texteinheit des *Ambraser Heldenbuchs* keineswegs auf Zufall beruht, sondern Mantel- und Ereckhandlung einen gemeinsamen Text bilden. Das lässt sich zum einen bereits am Prolog ablesen, der, würde man den ‚Mantel' als eigenständige Erzählung auffassen, mit 90 Versen reichlich lang für eine dann sehr knappe Erzählung wäre (sie dürfte, orientiert man sich an dem französischen Text, nur etwas mehr als 1000 Verse umfassen).[33] Darüber hinaus weist der Prolog an einigen Stellen Parallelen zu Hartmanns *Iwein*-Prolog auf, einerseits in der Gegenüberstellung von *frümbkeit* und Untugend hier bzw. *saelde* und *êre* dort, andererseits in der Vorstellung einer Wiederkehr von König Artus und dessen literarischem Weiterleben, wobei der *Iwein*-Prolog die arthurische Vorbildhaftigkeit für die Gegenwart betont, während der des *Ereck* gerade den Verlust dieser Tugenden beklagt.[34]

Wichtigstes Indiz einer Zusammengehörigkeit von Mantel- und Ereckhandlung ist jedoch nicht der Prolog, sondern der Ausgang der Mantelprobe, die ja damit endet, dass der zauberhafte Mantel bei Enite einzig den geringen Schönheitsfehler aufweist, dass der Saum lediglich drei Finger breit zu kurz ist und sie sich damit als die Treueste am ganzen Hof erweist. Dieses Ende der Mantelprobe beinhaltet ein Steigerungspotential, das direkt zur Handlung des *Ereck* führt, in der die Treue bekanntlich das zentrale Thema ist.[35] Hinzu kommt, dass unmittelbar danach (und damit direkt vor dem Übergang zwischen den beiden Textteilen) das Lästermaul Kaie geschmäht und diese Figur dann dem (künftigen) Protagonisten Ereck gegenübergestellt wird, was in der *Ereck*-Handlung (im Rahmen der Zwischeneinkehr Erecks am Artushof) eine weitere Parallele findet.[36] Auf diese Weise erscheint die Mantel-Handlung als gezieltes Vorspiel des *Ereck*: Enites unkommentiertes Bestehen der Tugendprobe, die eigentlich eine Treueprobe ist, setzt eine nachfolgende Erklärung voraus, die durch die nun folgende Handlung des *Ereck* gegeben wird. Die Erzählung vom ‚Mantel' würde auf diese Weise die Handlung des *Ereck* quasi von ihrem Ende, dem Resultat der erwiesenen Treue Enites her aufgreifen, die sich in der Mantelprobe ein weiteres Mal bestätigt.[37]

---

33 Vgl. zum Prolog HESS 2011, hier besonders S. 159 ff.

34 Vgl. HAMMER 2015, S. 433 ff. Daneben gibt es inhaltliche Anbindungen der Leitgedanken des Prologs an die jeweilige Handlung des *Iwein* bzw. *Ereck*.

35 Vgl. HESS 2011, S. 170–173, mit einem Vergleich zur frz. ‚Mantel'-Fassung.

36 Vgl. ebda., S. 174 f.

37 Vgl. HAMMER 2015, S. 437.

Diese einheitliche Komposition unterstreicht das *Ambraser Heldenbuch* auch durch die gemeinsame Überschrift, die wie die übrigen Titel des ersten, von höfischen Texten geprägten Teils der Handschrift (mit einem Schwerpunkt auf Hartmanns Œuvre) wohl von Ried selbst stammt. In typisch ausführlicher Manier der Frühen Neuzeit sind die Titeleien zumal der längeren Texte eher kurze Inhaltszusammenfassungen von dem, was in den ersten ca. 250 Versen in der Erzählung geschieht. Dies ist gerade bei Hartmanns *Iwein* (fol. 5ᵛ) oder auch beim *Mauritius von Craûn* (fol. 2ᵛ) kennzeichnend. Das führt dann dazu, dass Iwein als Protagonist der Handlung kaum erkennbar und Mauritius in der entsprechenden Überschrift nicht einmal erwähnt wird (lediglich in der etwas längeren Angabe in der Tabula des *Ambraser Heldenbuchs* ist er an letzter Stelle genannt). Ähnlich verfährt zunächst auch die Überschrift des *Ereck* (fol. 28ʳᵇ), indem sie zunächst ausschließlich das Geschehen der Mantel-Episode referiert, jedoch schon die gesamte Erzählung um die Mantelprobe im Blick hat und dabei bereits Gawein, Kaie und eben auch Ereck nennt, der ja erst sehr spät in der Handlung auftaucht. Sodann aber setzt die Überschrift gewissermaßen noch einmal neu an mit den Worten: *Súnderlich von Erick und seiner hausfrauen ein tail ain schön lesen.* Darin zeigt sich einerseits, dass Hans Ried (anders als die Forschung) davon ausgeht, einen Gesamttext Hartmanns vor sich zu haben, der die Abenteuer des jungen Ritters Ereck profiliert. Andererseits wird aber auch deutlich, dass Ried mit diesem Nachsatz in der Überschrift die Ereck-Handlung nochmals eigens als die eigentliche Haupthandlung markiert.[38]

Ob diese Texteinheit genuin war oder erst durch sekundäre Kompilation entstand, spielt für die vorliegende Ausgabe indes keine Rolle. Entscheidend ist die Tatsache, dass im deutschen Sprachraum zumindest des 16. Jahrhunderts (und wahrscheinlich auch bereits früher) dieser Befund als einzig greifbare Überlieferung vorliegt und offenbar in der Rezeption auch so wahrgenommen wurde, wie Einrichtung der Handschrift und Überschrift zeigen. Gerade in diesem Punkt gilt es daher, den Textbestand des *Ambraser Heldenbuchs* ernst zu nehmen. Die bisherige Loslösung des *Mantels* vom Rest der *Ereck*-Handlung ließ diesen als extrem fragmentarisches, geradezu verstümmeltes Werk erscheinen, das kaum interpretierbar erschien und stets an seiner mutmaßlichen französischen Vorlage gemessen wurde.[39] Hält man sich hingegen an die Überlieferungssituation und betrachtet den Ambraser *Ereck* als einheitliches Werk, das über eine umfassende Tektonik verfügt und in dem sich zahlreiche innertextuelle

---

38 Vgl. ebda., S. 439 f. Von einem Versehen Rieds bei der Zusammenführung beider Erzähleinheiten, wie es immer wieder unterstellt worden ist, kann also keinesfalls die Rede sein.

39 Abgesehen davon wurde der hypothetisch eigenständige ‚Mantel‘ vom Erstherausgeber Otto WAR-NATSCH 1883, S. 7 und passim, aufgrund wenig stichhaltiger Parallelen mit der *Crône* deren Verfasser Heinrich von dem Türlin zugeschrieben (dieser Zuordnung folgt auch noch das VL), vgl. dagegen die Argumente von KRATZ 1977, der u. a. nachweisen kann, dass entsprechende Stellen der Mantelepisode, die WARNATSCH für seine Argumentation anführte, bereits mit Blick auf die *Crône* von ihm konjiziert wurden.

und motivliche Korrespondenzen zwischen der Anfangsepisode und dem Rest der Erzählung finden, so lässt sich eine ganz andere Ausgangslage für die Interpretierbarkeit dieses Textes schaffen. Erst wenn man nämlich der Texteinheit auch editorisch Rechnung trägt, lassen sich die Bezüge, Querverweise und Anspielungen auswerten und die bereits von Bumke gestellte Frage beantworten, inwieweit der Prolog nicht nur für eine hypothetische Manteldichtung, sondern als Prolog des Textganzen zu interpretieren ist. Dieser Text aber steht in der Handschrift unter dem Namen Hartmanns von Aue, einmal weil er in der Gruppe der Werke Hartmanns verortet ist, zum anderen weil der Autor sich in ihm selbst so nennt. Aus diesem Grund steht der Autorname auch auf dem Titelblatt der vorliegenden Edition. Ein Postulat, ein bestimmter Dichter dieses Namens habe am Ende des 12. Jahrhunderts genau den Text gedichtet, der hier ediert wird, ist damit gerade nicht verbunden, da es uns nicht um die Rekonstruktion des Autororiginals geht. Aus dem gleichen Grund geben wir den Namen des Helden stets als ‚Ereck‘ wieder. In der erhaltenen Überlieferung erscheint er sowohl als ‚Ereck‘ (die mit Abstand häufigste Schreibung im *Ambraser Heldenbuch*) wie auch als ‚Erek‘ (in den Fragmenten), aber kein einziges Mal als ‚Erec‘, wie ihn die Editionen in Anlehnung an Chrétien immer schreiben.

3 Die Fragmente

Dass die Editionen, die den Lachmann'schen und Leitzmann'schen Kriterien der Textkritik verpflichtet sind, den tatsächlichen handschriftlichen Verhältnissen der *Ereck*-Überlieferung nicht gerecht werden, betrifft nicht nur das *Ambraser Heldenbuch*, sondern auch die Fragmente. Bis heute sind zusätzlich zur so gut wie vollständigen Handschrift A noch vier verschiedene bruchstückhaft überlieferte Textzeugen des *Ereck* bekannt geworden (sieht man einmal von den Exzerpten im *Friedrich von Schwaben* ab). Zwei davon dürften noch aus der ersten Hälfte des 13. Jahrhunderts stammen: das 1970 erstmals beschriebene Koblenzer Fragment (K) sowie die Wolfenbütteler Fragmente (W), von denen zunächst nur zwei Doppelblätter bekannt waren, bis 1978 ein weiteres unvollständiges, in neun Streifen zerschnittenes Blatt auftauchte – allerdings mit einem Text, der im Unterschied zu den zunächst aufgefundenen Fragmenten keinerlei Parallelen mit dem des *Ambraser Heldenbuchs* aufweist. Deutlich jünger ist das aus dem letzten Drittel des 14. Jahrhunderts stammende Fragment aus St. Pölten (V), das nur einseitig beschrieben ist und die letzten Verse des *Ereck* überliefert. Aufsehen erregt haben zuletzt die Funde von mittlerweile elf Pergamentstreifen im Kloster Zwettl (Z), die wie die zweiten Wolfenbütteler Fragmente einen *Ereck*-Text wiedergeben, der keine Gemeinsamkeiten mit dem des *Ambraser Heldenbuchs* aufweist.

Einen mit dem *Ambraser Heldenbuch* gemeinsamen Text enthalten somit die Fragmente K und V sowie die zuerst entdeckten Wolfenbütteler Fragmente (W III–VI), zusätzlich füllt W III–VI teilweise die bereits erwähnte Lücke im Text des *Ambraser*

Heldenbuchs nach V. 5616. Die Fragmente K und V zeigen einerseits, dass der Versbestand des *Ambraser Heldenbuchs* ganz augenscheinlich kaum von dem der früheren Überlieferung abweicht und bestätigen zahlreiche Lesarten von Hans Ried wie den bereits erwähnten *selbig weg* (V. 9502). Nur einmal weist K einen Dreireim auf; solche sind in A grundsätzlich nicht zu finden. Auch sonst sind die inhaltlichen Gemeinsamkeiten relativ hoch, im konkreten Wortlaut zeigen sich andererseits auch immer wieder einige Abweichungen, vgl. etwa: A 8587: *da stúnd die menschlich schaft* gegen K: *da stunden tier in islicher schaft*, oder A 9519: *daz ich hie vinde sölich spil* gegen K: *daz ich finde ein sælic spil*; ebenso der letzte Vers der Erzählung, der in A 11116 lautet: *hie hat ditz gedicht ein ende*, in V dagegen: *hie hat daz lied ein ende*. Die Differenzen sind aber nur selten für Interpretation und Textverständnis relevant. Bisweilen weisen die Fragmente auch Lesarten auf, die den Text besser verständlich machen, als das in A der Fall ist, vgl. z. B. die nur mit Mühe verständliche Lesart von A 8523 f.: *Er músset darúndter,/ denn got in besonder*, der gegenüber die Lesart von K (*Er muoste dar under/ den goltlim besunder*) sicherlich den verständlicheren Text bietet.

Es ist faktisch unmöglich, aus K, V und W aufgrund ihrer größeren zeitlichen Nähe zur Entstehung von Hartmanns Text Hinweise auf die ursprüngliche Gestalt des Originals zu gewinnen, wie es textkritische Auswertungen versuchen.[40] Zu viele Unsicherheiten sind damit verbunden: Die Fragmente bieten zu wenig Vergleichstext. Die formalen Divergenzen zwischen den Bruchstücken tun ein übriges: Die Wolfenbütteler Fragmente W III–VI haben zwar insgesamt 317 Verse mit A gemeinsam und schließen mit 58 Versen teilweise die erwähnte Lücke nach V. 5616,[41] doch neben ihren mitteldeutsch gefärbten sprachlichen Besonderheiten weisen sie auch einige bemerkenswerte Unterschiede zu A sowie zu K und V auf. Zum einen enthält W auffällig viele Dreireime, die in A gar nicht und in K nur ein einziges Mal zu finden sind.[42] Zum anderen weichen vor allem die Namensformen eklatant von den Schreibweisen der übrigen Textzeugen ab, allen voran die Schreibung Walwein für Gawein.[43]

Die Rolle der Wolfenbütteler Fragmente ist durch den späteren Fund des dritten, zerschnittenen Blattes (W I/II) noch schwieriger zu beurteilen: Dieses Blatt stammt vom gleichen Schreiber und gehört der gleichen Handschrift an wie die Fragmente

---

40 Vgl. die Einschätzung von Gärtner 2006: Die Gegenüberstellung von A mit den Fragmenten K und V habe „auch gezeigt, wie leicht durch geringfügige Abweichungen von der Vorlage in einer so jungen Hs. der ursprüngliche Text stark verändert werden kann und dann [...] auch nicht mehr rekonstruierbar ist." (S. XX). Zum textkritischen Wert der Fragmente bemerkt er S. XXI ferner: „Die durch den Sprachwandel bedingte Differenz zwischen der Sprache Hartmanns und der des Schreibers ist besonders in K minimal"; V stehe, da es jünger sei, „den weitgehend der klassischen Norm entsprechenden Sprachformen, die K ziemlich ausgeprägt repräsentiert, doch schon erheblich ferner" (ebda., S. XXII).

41 Allgemein wird angenommen, dass bereits in der Vorlage von Ried eine Doppelseite gefehlt haben könnte, so dass man mit insgesamt 78 ausgefallenen Versen rechnet, vgl. Gärtner 2006, XIX.

42 Vgl. dazu Achnitz 2000.

43 Zu den Namensformen vgl. Gärtner 1982, hier S. 416–424.

W III–VI, weist jedoch keine Gemeinsamkeiten mit dem Text des *Ambraser Heldenbuchs* auf. Es handelt sich, so der gegenwärtige Stand der Forschungsdiskussion, anscheinend um eine selbständige, im mitteldeutschen Raum entstandene Bearbeitung des *Ereck*, die zumindest stellenweise stärker an der altfranzösischen Fassung Chrétiens orientiert ist. Die Möglichkeit einer zweiten, wahrscheinlich unabhängig von Hartmann im 13. Jahrhundert entstandenen Bearbeitung des Ereck-Stoffes untermauern zuletzt auch die im Kloster Zwettl in Niederösterreich aufgefundenen Fragmente Z. Sie sind zwar kaum mehr lesbar, weil es sich um kleine Pergamentschnipsel handelt, die zur Verstärkung eines Buchrückens mit Leim verklebt wurden, doch was sich entziffern lässt, zeigt einen Text, der dem *Erec* Chrétiens ebenfalls näher steht, als das im *Ambraser Heldenbuch* der Fall ist.[44] Dies bestätigt auch das erst kürzlich gefundene und erstmalig in dieser Ausgabe berücksichtigte Fragment Z18.[45] Woher diese zweite Version stammt, ist eine Frage, die wohl niemals vollständig zu klären sein wird.[46] Denkbar ist, dass die mitteldeutsche Fassung nur an bestimmten Stellen in den Hartmann'schen Text eingriff und ihn, unter Rückgriff auf Chrétien, umgestaltete, oder aber, dass die mitteldeutsche und die oberdeutsche Version in irgendeiner Form kompiliert oder kombiniert wurden. Sogar die Möglichkeit, dass Hartmann nicht nur einen Konkurrenten, sondern vielleicht sogar einen Vorläufer hatte und der erste Artusroman in deutscher Sprache womöglich gar nicht ihm zuzuschreiben wäre, ist zu bedenken, ebenso ist aber auch nicht vollständig auszuschließen, dass der Text dieser Bruchstücke eine divergierende Fassung darstellt, die ebenfalls mit der Autorschaft Hartmanns verbunden ist. Die Wolfenbütteler Fragmente zeigen jedenfalls, dass eine Verbindung beider Fassungen – auf welcher Grundlage und mit welcher Autorenzuschreibung auch immer – bereits im 13. Jahrhundert problemlos

---

44 Vgl. KLEIN 2007; GÄRTNER 1982; NELLMANN 1982; NELLMANN 2004; GLAUCH 2009.

45 Vgl. die Beschreibung und Einschätzung bei HAMMER / REUVEKAMP-FELBER 2014.

46 Im Text des *Ambraser Heldenbuchs* findet sich nur an einer einzigen Stelle eine Autorennennung, nämlich in V. 8474 im Rahmen des fiktiven Dialogs des Erzählers mit seinem Publikum (die zweite Namensnennung in V. 10150, die alle bisherigen Ausgaben beinhalten, ist eine auf Lachmann zurückgehende Konjektur). Andere Hinweise auf den Dichter Hartmann gibt es weder dort noch in den Fragmenten; Hartmann von Aue wird als Dichter des *Ereck* allerdings auch in anderen mittelalterlichen Werken genannt. Bereits das Auftauchen der zweiten Wolfenbütteler Fragmente hat zu der These geführt, dass hierfür eine Autorschaft Hartmanns weniger wahrscheinlich sei als eine unabhängige, zweite *Ereck*-Version (vgl. ausführlich dazu NELLMANN 1982, S. 53 ff.), die durch die Zwettler Funde noch verstärkt wurde, zumal beide Fragmente sprachlich in den md. Raum weisen. Überraschend ist, dass die älteren Wolfenbütteler Fragmente, im Gegensatz zu den jüngeren, jedoch parallel zum (Hartmann'schen) Text des *Ambraser Heldenbuchs* stehen (dass W ursprünglich zwei unterschiedliche Versionen vollständig enthalten haben könnte, ist schon von der Anlage der Hs. her auszuschließen). Ob allerdings auch die Überlieferung von K und V gleichermaßen wie W an anderer Stelle einen von Hartmann (bzw. vom *Ambraser Heldenbuch*) abweichenden und näher an Chrétien orientierten Text beinhaltet haben, ist indes weder auszuschließen noch zu belegen, da die entsprechenden Fragmente hierüber keine Auskunft mehr geben können.

möglich gewesen ist. Doch für solche oder ähnlich weitreichende Rückschlüsse ist das Material schlicht zu dürftig; man muss sich damit begnügen, den Befund zweier *Ereck*-Fassungen im 13. Jahrhundert, die nach Ausweis mindestens eines Textzeugen sogar in irgendeiner Weise miteinander verbunden sind, zu konstatieren.[47]

Da die textkritischen Editionen die Fragmentüberlieferung vor allem zur Bestätigung ihres rekonstruktiven Verfahrens herangezogen haben, ist deren Text in den Apparat verbannt und damit kaum mehr nachvollziehbar. Weist man jedoch jenseits aller stemmatischen Spekulationen zugunsten autorzentrierter Rekonstruktionsversuche den einzelnen Textzeugen keine unterschiedlichen Gewichtungen mehr zu, sondern jeweils den gleichen Stellenwert innerhalb der Überlieferung und Rezeption des *Ereck*, so ist die einzig mögliche Lösung eine Paralleledition sämtlicher Textzeugen. Erst eine allein an der handschriftlichen Überlieferung gewonnene und an der Textgeschichte ausgerichtete Edition ermöglicht es, die Rezeption des *Ereck* und damit seine faktische Erscheinungsform im mittelalterlichen Literaturbetrieb zu dokumentieren. Sämtliche Fragmente, und dazu gehören mit denen aus Wolfenbüttel und Zwettl auch die der ‚zweiten‘ Fassung, sind Rezeptionszeugnisse einer deutschsprachigen *Ereck*-Überlieferung, die nach jahrzehntelanger Entstellung grundsätzlich neu aufgearbeitet und ausgebreitet werden muss.

Daher ist es ein vorrangiges Anliegen der vorliegenden Ausgabe, diese Textgeschichte der *Ereck*-Überlieferung in ihrer Gesamtheit abzubilden, um einerseits die vorhandenen Fassungsdivergenzen vorzuführen, andererseits die immensen Veränderungen aufzuzeigen, denen der Text vom 12./13. bis ins 16. Jahrhundert unterworfen war, wobei das *Ambraser Heldenbuch* selbst schon als Zeugnis einer frühneuzeitlichen Mittelalterrezeption gelten kann und auch vorrangig als solches betrachtet werden sollte.[48] Sämtliche Textzeugen mit den verschiedenen Fassungen, die sie repräsentieren, müssen gleichberechtigt nebeneinander stehen: Diejenigen Fragmente, die einen gemeinsamen Textbestand mit dem *Ambraser Heldenbuch* aufweisen, sollen parallel zum Ambraser *Ereck* abgedruckt werden, um einen direkten Vergleich der verschiedenen Versionen zu ermöglichen. Auch wenn K und V keine Rückschlüsse auf eine gemeinsame Vorstufe der Vorlage Rieds zulassen, so werden in ihnen doch bis zu einem gewissen Grad die sprachlichen und semantischen Veränderungen sichtbar, die die Übertragung des Textes vom Mittelhochdeutschen ins Frühneuhoch-

---

47 Für weitere Überlegungen zu den Fragmenten W I/II und Z vgl. die Vorbemerkung im Anhang.
48 Die *Ereck*-Exzerpte aus dem *Friedrich von Schwaben* sind demgegenüber Rezeptionszeugnisse völlig anderer Art: Die mehrfache Übernahme einzelner Partien des *Ereck* (im Umfang von meist wenigen, maximal 38 zusammenhängenden Versen) bilden kein eigenständiges Textzeugnis dieses Erzählstoffes, sondern weisen auf dessen literarische Weitertradierung hin. Überlieferungsgeschichtlich ist zwar bemerkenswert, dass auch diese Zitate mit der Fassung des *Ambraser Heldenbuchs* konvergieren (vgl. dazu GÄRTNER 1984), als nicht-eigenständiger Textzeuge sind die Exzerpte jedoch für die vorliegende Edition nicht von Relevanz.

deutsche nach sich zieht. Unsere Edition möchte das Nebeneinander der z. T. völlig
unterschiedlichen Textzeugen bewusst stehen lassen und daher nicht zugunsten
einer Fragment-Lesart in den Text von A eingreifen: Solange der dort präsentierte Text
in irgendeiner Weise verständlich bleibt und damit die Möglichkeit bietet, so von Ried
bzw. seinen Lesern verstanden worden zu sein, sollen sämtliche Lesarten von A in
der Edition auch beibehalten werden. Demgegenüber zeigen die ‚neuen' Wolfenbütteler sowie die Zwettler Fragmente im Anhang die enormen Fassungsdivergenzen auf,
denen der Stoff im Mittelalter unterworfen war. Die Übersetzung folgt ausschließlich
A und dient zusammen mit dem Kommentar vor allem der Verständnishilfe und der
Erklärung philologischer Entscheidungen (vgl. dazu auch unten, zu den Editionsprinzipien).

Die vorliegende Ausgabe ist daher eine grundsätzliche Antwort auf die bisherigen
Editionen mit ihrer weitreichenden Problematik, indem sie gerade nicht die vermeintliche Originalität einer ursprünglichen Überlieferung wiederherzustellen versucht,
sondern die Eigenheiten mittelalterlicher Textualität und Medialität, die Unfestigkeit
der Texte und den je unterschiedlichen Umgang mit stofflichen Gegebenheiten in der
Ereck-Überlieferung erfasst. Nur so ist es möglich, den *Ereck* in seiner Geschichtlich-
keit und seiner Rezeption vom 13. bis zum frühen 16. Jahrhundert zu begreifen und als
kulturgeschichtliches Zeugnis zu betrachten.

Überlieferung

A Wien, Österreichische Nationalbibliothek, Cod. ser. nova 2663 ‚Ambraser Heldenbuch', fol. 28rb–50vb

Gestalt: Sammelhandschrift. Pergament, 238 Blätter, 460 x 360 mm, Bozen 1504–1516/17. Vorsatzblätter Papier. Lagen meist Quaternionen. Lateinische Foliierung, fol. 128 fehlt (kein Textverlust), fol. 153 zweimal gezählt.

Schrift: Schriftraum: 360 x 234–245 mm, dreispaltig, 66–68 Zeilen. Verse nicht abgesetzt, Reimpunkte (auch als Doppelpunkte). Maximilianische Kanzleischrift, eine Hand (Hans Ried). Rote Überschriften und Großinitialen zu Beginn der Texte. Initialen und rote Tituli für Textabschnitte. Abwechselnd rote und blaue, meist dreizeilige Lombarden zur Markierung von Absätzen oder Strophen. Titelbild (fol. V^v): zwei Ritter. Farbige Randdekorationen (Menschen, Pflanzen, Tiere, Putti, Ornamente), vor allem auf den Titelseiten. Goldschnitt.

Einband: Pappdeckel mit braunem Kalbleder (Mitte 19. Jh.), beklebt mit Resten des alten Ledereinbands, vorne und hinten Rollenmuster in Blinddruck (teils 19., teils 16. Jh.) Rücken: *Das Heldenbuch. 1517. N. 73* (der Illuminator hat im Querbalken der E-Initiale fol. 177vb und in dem Bild am rechten Rand von fol. 215^r die Jahreszahl 1517 eingetragen).

Entstehung: Geschrieben von Hans Ried († 1516) im Auftrag Kaiser Maximilians I. Aus der Bibliothek Erzherzog Ferdinands von Tirol auf Schloss Ambras bei Innsbruck; erstmals erwähnt 1596. Mit anderen Werken aus der Ambraser Bibliothek nach Wien gebracht, zuerst ins Obere Belvedere, 1891 ins Kunsthistorische Museum; seit 1936 in der Österreichischen Nationalbibliothek.

Schreibsprache: Bairisch gefärbtes Frühneuhochdeutsch.

Inhalt: *Tabula des Heldenpůchs* fol. I*^{r}–IV*^{v}; Der Stricker: *Die Frauenehre* fol. 1ra–2rb; *Moriz von Craun* fol. 2va–5^{vc}; Hartmann von Aue: *Iwein* fol. 5^{vc}–22^{rc}; Hartmann von Aue: *Die Klage* (‚1.Büchlein') fol. 22^{rc}–26va; *Das Büchlein* (‚2. Büchlein') fol. 26va–28rb; Hartmann von Aue: *Ereck* (mit Mantel-Episode) fol. 28rb–50vb; *Dietrichs Flucht* fol. 50^{vc}–75ra; *Rabenschlacht* fol. 75rb–92rb; *Nibelungenlied* fol. 95ra–127va; *Klage* fol. 131va–139vb; *Kudrun* fol. 140ra–166ra; *Biterolf und Dietleib* fol. 166rb–195^{vc}; *Otnit* fol. 196ra–205vb; *Wolf Dietrich* fol. 205vb–214^{vc}; *Die böse Frau* fol. 215ra–216vb; Herrand von Wildonie: *Die treue Gattin* fol. 217ra–217va; Herrand von Wildonie: *Der betrogene Gatte* fol. 217vb–218^{rc};

Herrand von Wildonie: *Der nackte Kaiser* fol. 218^{rc}–219^{vc}; Herrand von Wildonie: *Die Katze* fol. 219^{vc}–220va; Ulrich von Liechtenstein: *Frauenbuch* fol. 220va–225rb; Wernher der Gartenære: *Helmbrecht* fol. 225rb–229rb; Der Stricker: *Pfaffe Amis* fol. 229rb–233vb; Wolfram von Eschenbach: *Titurel* fol. 234ra–235rb; *Brief des Priesterkönigs Johannes* fol. 235va–237^{vc}.

Literatur: UNTERKIRCHER 1954; THORNTON 1961; JANOTA 1978; BECKER 1977, S. 153–155; SCHUBERT 2008.

Abbildungen: UNTERKIRCHER 1973; Digitalisat: http://archiv2.onb.ac.at:1801/webclient/DeliveryManager?application=DIGITOOL-3&owner=resourcediscovery&custom_att_2=simple_viewer&pid=3332756

K Koblenz, Landeshauptarchiv, Best. 701 Nr. 759,14b

Gestalt: Pergament, 1 Doppelblatt, 225 x 150 mm, das drittinnerste einer Lage (nach BROMMER 1976)

Schrift: Schriftraum: 175 x 125 mm, einspaltig zu 35 Zeilen. Abwechselnd rote und blaue Initialen zur Markierung der nicht abgesetzten Abschnitte; Versenden jeweils durch einen Punkt gekennzeichnet. Keine Illustrationen. Schrift an manchen Stellen (durch Abrieb und durch einen Wasserfleck auf fol. 2) nur noch schwer zu entziffern.

Entstehung: 1. Hälfte 13. Jh. Das Blatt diente vermutlich im 15. Jahrhundert als Einband eines Amtsbuches (Register). Kein Besitzervermerk, aber Eintragungen auf fol. 2r (*Heppingen*) und 2v (*Heyppingen und Wylhelm Aeleff eydom zu Loyrstoerff und anlangen Heppingen und dero*) deuten auf die Herkunft aus einem Archiv der Herrschaft Landskron.

Schreibsprache: „rheinfränkische Abschrift einer (ost)oberdeutschen Vorlage" (KLEIN 1988, S. 145).

Inhalt: *Ereck*, V. 8503–8686 und V. 9417–9585.

Literatur: BROMMER 1976; KLEIN 1988, hier S. 145; OVERGAAUW 2002, S. 433.

Abbildungen: BROMMER 1976, nach S. 190 (fol. 1v); Digitalisat (fol. 1v): http://hvauep.uni-trier.de/kb_erec.php?q=manuscripts&manu=K#

V St. Pölten, Niederösterreichisches Landesarchiv, Hs. 821

Gestalt: 1 Blatt, Pergament, nur einseitig beschrieben (recto-Seite), 330 x 245 mm

Schrift: Schriftraum: 263 x 170 mm, einspaltig, 45 Zeilen, von denen nur 31 beschrieben sind. Verse nicht abgesetzt. Textualis, eine Hand.

Ursprünglich zweispaltig eingerichtet, aber einspaltig über den Spaltenzwischenraum hinweg beschrieben. Verse durch Reimpunkte getrennt, Anfänge der Reimpaare in Majuskeln, Versanfänge zumeist durch rote Auszeichnungsstriche gekennzeichnet. Keine Illustrationen.

Entstehung: Südostdeutschland, letztes Drittel 14. Jh. 1559 als Umschlag für Akten der Herren von Walpersdorf verwendet (GÄRTNER 2006, S. XIV).

Schreibsprache: Bairisch-Österreichisch (KLEIN 1988, S. 146).

Inhalt: *Ereck*, V. 11028–11116 (Schluss des *Ereck*).

Literatur: VANCSA 1944/48; LACKNER 2000, S. 205 f.

Abbildungen: VANCSA 1944/48, S. 411–415; LACKNER 2000, S. 24 f. u. 205 f.; Digitalisat: http://hvauep.uni-trier.de/kb_erec.php?q=manuscripts&manu=V#

W Wolfenbüttel, Herzog August Bibliothek, zu Cod. Guelf 19.26.9 Aug. 4°

Gestalt: 2 nicht ganz vollständige Doppelblätter + 9 Querstreifen eines weiteren Doppelblattes; ursprünglich ca. 210–220 x 135–140 mm

Fol. III–VI **Die „alten Fragmente"** (durch HEINEMANN 1898 erstmals bekannt gemacht): Zwei unregelmäßig beschriebene Doppelblätter, Textverlust durch Beschnitt: fol. IIv am linken Rand in Breite von ca. 2 Buchstaben, fol. IIIr am rechten Rand in Breite von ca. 6 Buchstaben, fol. IVv am linken Rand in Breite von ca. 9–10 Buchstaben, fol. III + VI am unteren Rand jeweils 2 Textzeilen, fol. IV + V am oberen Rand jew. 5 Zeilen. Jetzige Größe 146–150 x 207–210 mm.

Schrift: Schriftraum: ursprünglich ca. 170 x 100 mm. Eine Hand. Einspaltig, 23 Zeilen, Verse fortlaufend, aber durch Reimpunkte getrennt. Raum ausgespart für nicht ausgeführte Lombarden (zweizeilig) zur Markierung der nicht abgesetzten Abschnittsanfänge.

Entstehung: Um 1250 bis drittes Viertel 13. Jh. Die Blätter wurden als Makulatur für den Einband von Cod. Guelf 19.26.9 Aug. 4° verwendet (Vor- und Nachsatzblatt, Falze), einer 1433 datierten Papierhs. (Predigtsammlung des Peregrinus von Oppeln). Schenkungsvermerk aus dem 15. Jahrhundert auf fol. 1r, aus dem hervorgeht, dass der Codex vom Kleriker Johannes Redeken an das Nonnenkloster Frankenberg verschenkt wurde, von wo er dann von Herzog August erworben wurde.

Schreibsprache: Mitteldeutsch/Niederdeutsch. Orientierung an die thüringisch-hessische Schreibsprache, aber von einem nd. Schreiber verfasst (nach KLEIN 1988, S. 147, und KLEIN 2007, S. 233).

Inhalt:	317 weitgehend mit A übereinstimmende Verse zwischen V. 5536 und 5819 des *Ereck*, davon 58, die an V. 5616 in A anschließen und eine Sinnlücke dort teilweise schließen. Die Textgestaltung weist charakteristische Unterschiede zu A (sowie zu K und V) auf, so sind wiederholt in unregelmäßigen Abständen Dreireime zu beobachten, außerdem sind die Namensformen divergierend (u. a. Walwein statt Gawein).
Fol. I/II	**Die „neuen Fragmente"** (erstmals beschrieben von MILDE 1978): 9 Streifen eines zerschnittenen Doppelblattes, ca. 210 x 10 mm (etwa 2/3 eines Blattes). Lagenzeichnung *IX* auf fol. IIv. Die Streifen waren als Falze zur Verstärkung des Einbands in Cod. Guelf 19.26.9 Aug. 4° eingeklebt.
Schrift:	Schriftspiegel nur aus den ‚alten' Fragmenten erschließbar; alle weiteren Kennzeichen wie dort. Eine nicht ausgeführte einzeilige Lombarde auf fol. Ir.
Inhalt:	157 ganz oder z. T. äußerst bruchstückhaft erhaltene Verse eines Textes, der völlig unabhängig von A ist und zwei Episoden präsentiert, die inhaltlich viel näher an Chrétiens *Erec* orientiert sind und somit die Existenz eines zweiten *Erec*-Romans belegen, der, wie W III–VI zeigen, mit der Version, wie sie A (mutmaßlich Hartmanns Text) präsentiert, kompiliert wurde.
Literatur:	HEINEMANN 1900/1966, S. 281 (Nr. 3206); LINKE 1968, S. 171 (Nr. 3); GÄRTNER 1982; MILDE 1982; NELLMANN 1982; KLEIN 2007.
Abbildungen:	MILDE 1978 nach S. 362 (Abb. 1 u. 2); MILDE 1982 nach S. 200; NELLMANN 1982 nach S. 40 (Abb. 1–3); SCHNEIDER 1987: Tafelband, Abb. 116. Digitalisat: http://diglib.hab.de/mss/19-26-9-aug-4f-a/start.htm

Z Stift Zwettl, Stiftsbibliothek, ohne Signatur, Fragm. Z 8–18

Gestalt:	11 Pergamentstücke, unregelmäßig in Schreibrichtung beschnitten (fol. 14 quer zur Schreibrichtung), 6 Stücke ca. 40x75 mm, 4 Stücke ca. 40x30 mm, 1 Stück 72 x 35 mm groß; zwischen 5 und 14 Schriftzeilen sind noch erhalten.
Schrift:	Verse fortlaufend, durch Reimpunkte abgetrennt, einige Versanfänge mit Majuskeln gekennzeichnet, einspaltig (Schriftspiegel um die 30 Zeilen), eine Hand. Charakteristika mittel- und niederdeutscher Hss. und Einflüsse der Urkundenschrift. Auf Blatt 14v ist Raum für eine nicht ausgeführte Lombarde ausgespart.
Entstehung:	2. Viertel bis Mitte 13. Jh. Vermutlich Reste eines Doppelblatts, das zur Verstärkung des Einbands eines Barockbuches makuliert wurde;

Provenienz unklar. Die Stücke wurden bereits in den 1960er Jahren aus dem Trägerband entfernt, auf Zeitungspapier in eine Schachtel gelegt und dann vergessen; erst 2002 erneut gefunden; fol. 18 ist erst 2013 aufgetaucht. Der Zustand der Fragmente ist daher ausgesprochen schlecht: Durch Verleimung und Abschabungen, Abklatsch u. a. von Zeitungspapier, Feuchtigkeitsflecken, Risse, Knicke etc. ist die Lesbarkeit sehr stark beeinträchtigt und meist nur noch unter UV-Licht möglich, einzelne Buchstaben sind an manchen Stellen gar nicht mehr erkennbar.

Schreibsprache: Mitteldeutsch mit niederdeutschen Einflüssen, ähnlich wie W von einem niederdeutschen Schreiber, der sich an der thüringisch-hessischen Schreibsprache orientierte (KLEIN 2007, S. 239).

Inhalt: Bruchstücke eines *Ereck*-Romans, der wie W I/II keine Gemeinsamkeiten mit A aufweist und sich viel stärker an Chrétiens Fassung orientiert. Neben der inhaltlichen Ausrichtung an Chrétien sprechen v. a. die gemeinsame Schreibsprache und auch hier zu rekonstruierende Dreireime dafür, dass W und Z in engem Zusammenhang stehen und möglicherweise sogar auf eine gemeinsame Vorlage zurückgehen.

Literatur: GÄRTNER 2004; NELLMANN 2004; SPRINGETH et al. 2005; KLEIN 2007; GLAUCH 2009; HAMMER / REUVEKAMP-FELBER 2014, S. 419–426.

Abbildungen: ZIEGLER 2002, S. 43–59 und Abb. 8–17; SPRINGETH et al. 2005 (qualitativ schlechte Abb.), HAMMER / REUVEKAMP-FELBER 2014 (Abb. von Z 18).

Editionsprinzipien

Die Darlegungen zur Konzeption der Ausgabe in der Einleitung machen deutlich, dass es trotz oder gerade wegen aller philologischen Fortschritte keinen wissenschaftlich fundierbaren Weg gibt, sich von der überlieferten Gestalt des Textes zu lösen und vermeintlich ältere oder gar ursprüngliche morpho-syntaktische Formen herzustellen, mutmaßlich genuine Reime zu rekonstruieren oder ein geglättetes, weil angeblich ursprünglicheres Metrum einzurichten. Zum einen weil die Maßstäbe zur Rekonstruktion, sei es in sprachlicher, sei es in metrisch-formaler Hinsicht, schlicht nicht hinreichend bekannt sind; zum anderen weil eine rekonstruierende Rückübersetzung, wie sie der *Ereck*-Philologie zwei Jahrhunderte lang als einzig zulässig galt, auf höchst unsicheren sprachhistorischen und formal-metrischen Regeln fußt. Zudem besteht dringend der Verdacht eines gewissen Zirkelschlusses: es gibt eindeutige Belege dafür, dass von den Philologen des 19. Jahrhunderts rekonstruierte Formen oder gar konjizierte Wörter zuweilen rasch Eingang in die Lexika fanden und dadurch die Herstellung den Charakter eines historischen Belegs erhielt und zur Norm wurde. Ganz zu schweigen von der Tatsache, dass bei Rekonstruktionen sehr oft subtile Details der sprachlichen Formung verlorengehen, wo es doch eine wesentliche Aufgabe von Edition ist, eben diese Besonderheiten zu bewahren und sie den Lesern zugänglich zu machen. Ziel dieser Ausgabe ist somit die Wiedergabe und Aufarbeitung von Hans Rieds *Ereck*-Text in seiner Vollständigkeit (also einschließlich der Anfangsepisode, die üblicherweise getrennt wird) und vom Text der Fragmente in seiner überlieferten Form.

Um der Dominanz von A im Überlieferungskontext als einzigen weitestgehend vollständigen Textzeugen Rechnung zu tragen, stellen wir diesen Text in den Mittelpunkt unserer Edition und geben ihn (abgesehen von den weiter unten vermerkten Eingriffen) in der Gestalt wieder, in der er uns überliefert ist. Da wir gleichzeitig die Fragmente, die ja ebenfalls wertvolle Textinformation liefern, nicht unterbewerten möchten, drucken wir diejenigen, die einen mit Hs. A vergleichbaren Text enthalten (K, V und W III–VI), parallel zu A ab. Das bedeutet, dass wir auch eine neue Verszählung einführen, die zum einen die ‚Mantel‘-Episode einbezieht, zum anderen die von der Forschung hinzugefügten Verse nicht mit transportiert. Die traditionelle Verszählung setzen wir an den rechten Rand. Da sich unsere Edition an A orientiert, fügen wir zwar die Zusatzverse der Fragmente von W III–VI ein, geben ihnen jedoch eine untergeordnete Zählung. Nur die beiden Fragmente, die offenbar eine andere Fassung der Ereck-Geschichte wiedergeben (WI/II und Z) verschieben wir in einen Anhang.

Neben dem Prinzip der treuen Wiedergabe des überlieferten Materials ist es jedoch ebenso eine wichtige Aufgabe von Editionen, die Reproduktion historischer Werke dem Benutzer in Form eines lesbaren Textes zur Verfügung zu stellen, der sich ohne spezielle Einarbeitung in die Besonderheiten mittelalterlicher Schriften oder in die Schreibsprache der Handschrift verstehen lässt. Die frühneuhochdeutschen Graphien und Schreibgewohnheiten Hans Rieds im *Ambraser Heldenbuch* sind einerseits in vielerlei Hinsicht überraschend exakt und konstant (er unterscheidet z. B. recht systematisch zwischen der Konjunktion *daz* und dem Artikel *das*, sowie zwischen lokalem *da* und temporalem *do*), andererseits aber auch regellos, häufig experimentierend und absichtlich variierend (z. B. fol. 26rb, Zeile 1: *Awbe auwe vnd awe*, für das, was normalisiert *owê, owê und owê* wäre) und oft auch anscheinend kalligraphisch-ästhetisch motiviert; eine moderne Vorstellung von ‚Orthographie' ist ihm unbekannt. Nicht alles kann wiedergegeben werden; einem modernen, nicht-spezialisierten Leser sind Kürzel, Kringel, drei oder vier verschiedene Grapheme für dasselbe Phonem und dergleichen Phänomene nicht zuzumuten – ganz abgesehen von der Schwierigkeit, diese mit modernen Drucktypen nachzubilden.

Unsere Edition ist daher bei allem Bemühen um Treue zum überlieferten Text zugleich pragmatisch an Lesbarkeit und Benutzbarkeit orientiert. Das bedeutet eine Gratwanderung zwischen Pragmatik und Historizität, und es bedeutet, dass man Kompromisse schließen muss, deren Regeln nicht alle objektivierbar sind und auf unserer Vorstellung von Lesbarkeit beruhen. Vollständige Konsequenz ist nicht zu erreichen. Unser Bestreben dabei ist es, einerseits Verwechslungsmöglichkeiten zu vermeiden und Verstehbarkeit ohne Detailkenntnisse in historischer Dialektologie oder Schreibsprachenkunde zu erreichen, anderseits aber in die Sprache und ihre vermutliche Phonetik so wenig wie möglich einzugreifen. Wo wir schwer lesbare oder lesehinderliche Graphien finden, deren phonetische Bedeutung wir nicht sehen können, vereinfachen wir; wo wir phonetische Bedeutung in Varianten oder ungewöhnlichen Graphien finden oder vermuten, lassen wir diese bestehen, auch wenn sie von einem gewohnten und einheitlichen Lesebild abweichen.

Unserem Bemühen um Verstehbarkeit dient auch die parallel gesetzte Übersetzung. Sie soll nicht ein bloßer Notbehelf für Lernende und Nicht-Germanisten sein, sondern ist integraler Bestandteil unserer Edition: Sie erübrigt oft Kommentierung von Wörtern und Ausdrücken und vor allem führt sie überall dort, wo wir entgegen jahrzehntelangem Usus nicht emendieren oder ergänzen, vor, wie wir den überlieferten Text verstehen und warum wir ihn daher bewahren. Sie erleichtert damit erheblich den Kommentar, dem außer den philologischen Problemen nur noch vereinzelt die Besprechung oder Klärung schwieriger Konstruktionen oder Wortformen zukommt. Die Übersetzung will mittelalterliche Sprache nicht nachbilden, sie vereinfacht daher öfters verschachtelte syntaktische Strukturen mittelalterlicher Verssprache. Sie erhebt auch keinen ästhetischen Anspruch, sondern möchte lediglich den Text so auf Neuhochdeutsch wiedergeben, dass er möglichst genau Sinn und Nuancen erfasst. Die Übersetzung folgt A und lässt die Fragmente unberücksichtigt.

Selbstverständlich hat auch ein so sorgfältiger Schreiber wie Hans Ried Fehler gemacht, wenn auch erstaunlich wenige, wenn man als Maßstab nicht eine subjektive (oder kollektive) Vorstellung von klassischer mittelhochdeutscher Dichtung und von Hartmann'scher Sprache wählt, sondern allein die Verständlichkeit des überlieferten Textes. Wo Sätze keinen Sinn ergeben oder deutlich widersprüchlich sind, wo Worte vorkommen, die nicht weiter belegt sind und deren Bedeutung sich nicht erschließen lässt, haben wir korrigierend eingegriffen. Es handelt sich um wenige Dutzend Fälle. Der Apparat verzeichnet die Lesung der Handschrift. Die Fragmente erhalten dort, wo sie abgedruckt werden, ebenfalls einen Apparat, der gesondert unter den ersten gestellt wird.

Unser Stellenkommentar diskutiert und rechtfertigt problematische Stellen oder editorische Entscheidungen. Er setzt sich somit naturgemäß auch immer wieder mit den Eingriffen auseinander, welche die bisherigen Editionen durchgeführt haben.

Im Einzelnen bestehen unsere Regulierungen erstens in einer Einrichtung des Textes die weitgehend (aber nicht ausschließlich) den Lesegewohnheiten eines gedruckten Buches entspricht:
- Wir drucken den Text in abgesetzten Versen ab. Die Versgrenzen der Reimpaare werden in der Regel durch sogenannte Reimpunkte angegeben: In A durch einen auf halber Zeilenhöhe stehender einzelner Punkt · beim ersten Vers und einem Doppelpunkt : beim zweiten Vers des Paares; in den Fragmenten stets nur durch den einfachen Punkt.
- Wir nummerieren die Verse durch, führen somit eine neue Zählung ein, die den ‚Mantel‘-Teil, der ja integraler Bestandteil des Ambraser Textes ist, einschließt. Die alte Verszählung der *Ereck*-Ausgaben wird am rechten Rand mitgeführt.
- Ebenfalls rechts neben dem Text sind in römischen Ziffern und in eckigen Klammern die Spalten- und Seitenwechsel der Handschrift angegeben; der genaue Ort des Wechsels ist im Text durch einen senkrechten Strich | markiert.
- Initialen und Lombarden der Handschrift, markieren wir durch Fettdruck. Eine Initiale findet sich nur zu Beginn unseres Textes (V. 1). Lombarden, also kleinere, farbig markierte ‚Initialen‘ oder Großbuchstaben am Anfang einer Zeile, meist in dreizeiliger Höhe und abwechselnd in blauer und roter Tinte gemalt, stehen in unregelmäßigen Abständen und markieren Absätze unterschiedlicher Länge und Art; eine inhaltliche Logik lässt sich meist, wenn auch nicht immer erkennen, sie mag zuweilen auch nur ästhetischer Natur gewesen sein.
- Wir verwenden moderne Buchstabentypen und vereinheitlichen die zum Teil verschiedenen Graphien, wenn es sich nach unserer Einschätzung um denselben Lautwert handelt (etwa verschiedene Formen von <s> oder <r> oder <d> oder <z>).
- Wir respektieren die Groß- und Kleinschreibung der Handschrift. Um von Majuskeln zu reden, muss nach unserer Einschätzung der Schriftzug anders sein als bei der Minuskel – die Entscheidung ist auch so manchmal grenzwertig. Trotzdem scheint es uns wichtig zu dokumentieren, dass es so etwas wie Groß- und Kleinschreibung gibt, die nicht nur ornamentalen, sondern auch semantischen oder syntaktischen Wert hat (etwa die tendenzielle Großschreibung von Pronomina, von Namen oder von zentralen Termini der Hof- und Adelsgesellschaft, aber auch die Unterscheidung von Wortklassen: Pronomen *In* gegen Präposition *in*); vgl. ROTZAL 2011.

- Die Getrennt- und Zusammenschreibung folgt der Handschrift (wobei der handschriftliche Befund nicht immer eindeutig ist). Nur in ungewöhnlichen Fällen greifen wir ein, z. B. bei eindeutigen Komposita, die auseinander geschrieben werden (*augen wayde*, *verch wunder*), bzw. umgekehrt bei ungewöhnlichen Zusammenschreibungen, deren Kompositum-Charakter fraglich erscheint (*zeknechte*, *verlornnerfunden*); und immer nur, sofern wir keine semantische oder syntaktische Relevanz erkennen. Wir markieren diese Eingriffe nicht, weil wir sie als ‚Normalisierung' betrachten, vermerken jedoch im Apparat die Schreibung der Handschrift. Häufige Ausdrücke, bei denen aber Zusammen- und Getrenntschreibung stark schwanken, wie *beinamen / bei namen*, *zehant / ze hant*, *sovil / so vil*, *zesamen / ze samen*, *wolgeschach / wol geschach* usw. folgen stets der Schreibung Rieds.
- Wir lösen Kürzel auf. Im Ambraser *Ereck* finden sich nur zwei Typen von Kürzeln: Nasalstrich (der im Deutschen eher als Lautergänzungsstrich zu bezeichnen wäre, weil er im Unterschied zum lateinischen Schriftwesen nicht *m* oder *n* ersetzt sondern den dazugehörigen Vokal) wird zu *n* oder *en* oder *e* aufgelöst; *r*-Kürzel (aufwärtsweisender, nach links gebogener Kringel, ausgehend vom Wortende) wird zu *r* oder *er* oder *re* aufgelöst, gemäß den nicht mit Kürzel geschriebenen Formen der Handschrift (*hrn* + Kürzel > *herren*; *hr* + Kürzel > *herr*; *her* + Kürzel > *herre*).
- Interpunktion setzen wir nach modernen Regeln und entsprechend unserem Verständnis des Textes. Am Verseende großzügig, im Versinneren deutlich vorsichtiger. Zuweilen verwendet Ried den Reimpunkt im Versinneren offenbar als Interpunktionszeichen, was wir übernehmen. *Constructio apo koinou* ist durch fehlende Satzzeichen deutlich, so auch in der Übersetzung. Direkte Rede wird durch Anführungszeichen markiert; nach *inquit*-Formeln setzen wir Doppelpunkt.
- Wir setzen keine Längenzeichen über Vokale (^). Wir gehen davon aus, dass eine anzunehmende Vokallänge vom Nhd. her für das Textverständnis richtig erkannt werden kann. Zum Teil ist bei Hans Ried Vokallänge durch Doppelvokal markiert (etwa *eere* = mhd. *êre*; *wee* = mhd. *wê*), was wir belassen. Problematisch ist lediglich die Graphie *an*, die sowohl die Präposition *an* wie auch die Konjunktion *ohne* (mhd. *âne*) bezeichnen kann; oft (aber nicht immer) ist die Konjunktion durch ein Diakritikum über dem *a* markiert: wir geben sie in diesen Fällen als *ān* wieder. Wo Ried auf *an* kein Diakritikum setzt fügen wir dies nicht hinzu; der Übersetzung lässt sich in diesen Fällen leicht entnehmen, ob es als Präposition oder als Konjunktion zu lesen ist. Zweimal schreibt er *one* mit Diakritikum auf dem *o*; wir drucken es parallel zum vorigen Fall als *ōne* ab.

Zweitens bestehen unsere Regulierungen in einer Systematisierung der Graphie des Textes:
- Den für mittelalterliches und frühneuzeitliches Schrifttum typischen, unsystematisch wechselnden Gebrauch von <u> und <v> regulieren wir: <u> bezeichnet

den Vokal (*vnd* > *und*), <v> den Konsonanten (*graue* > *grave*). Der Frikativ /f/ ist bei Ried wechselnd durch <v> oder <f> bezeichnet – hier folgen wir der Hs.

–   Den ebenso typischen, unsystematisch wechselnden Gebrauch von <i> und <j> regulieren wir nach nhd. (wie ‚normal'-mhd.) Gewohnheit: <i> setzen wir, wo der Vokal bezeichnet ist (*jmmer* > *immer*), <j> wo der Halbvokal gemeint ist (*ia* > *ja*; *iammer* > *jammer*).

–   <y> (auch oft als <ÿ>) hat eindeutig immer den Lautwert des Vokals /i/, daher schreiben wir es als <i> (*sÿ* > *si*; *-ay-* > *-ai-*).

–   Die im Fnhd. häufigen Doppelkonsonanten (<ck> / <gk> / <dt> / <sz> / <ss> / <tz>) bewahren wir, auch das Spross-*b* in <-mt-> und <-mk->Verbindungen (*kumbt* oder *frumbkait*); sogar ein <tz-> im Anlaut (*tzwang*) haben wir beibehalten. Demgegenüber vereinfachen wir Digraphen (zwei gleiche Konsonanten hintereinander), wenn sie sich im Nhd. nicht durchgesetzt haben (*hilffe* > *hilfe*; *kemmenate* > *kemenate*; *gefanngen* > *gefangen*; *anntwurt* > *antwurt*; *miette* > *miete*; *fünff* > *fünf*), denn der Lautwert bleibt für einen modernen Leser derselbe und die Schreibung irritiert unnötig. Hingegen lassen wir jene Digraphen unberührt, die sich im Nhd. durchgesetzt haben (*erkannt, hetten, nimmer*). Eine Ausnahme machen wir nur bei Worten, deren Bedeutung sich zum Nhd. verschoben hat, wodurch es zu Missverständnissen kommen könnte: aus einem *ellenden man* machen wir keinen *elenden man*.

–   Eigennamen regulieren wir graphisch nach diesen Regeln. Doch im übrigen behalten wir die Form bei, in der sie in der Hs. stehen. Die *Ereck*-Philologie hat zwar große Leistungen bei der Identifizierung der Namen im Vergleich mit anderen deutschen oder französischen Texten erbracht. Wir verzichten jedoch auf eine Rekonstruktion von Namensformen, die auch so, wie sie überliefert sind, oft sprechend und interessant genug sind. In der Übersetzung verwenden wir meist einheitlich die häufigste Namensform; nur bei den Figuren Keie und Gawein bewahren wir vereinzelt Varianten der Handschrift, wo sie uns mehr oder weniger eindeutig sprechend erscheinen oder wo sie erhebliche Differenzen aufweisen (*Walwein* – *Gawein*).

–   Das Graphem <w> in den Diphthongen <ew> und <aw> geben wir als <u> wieder (>*eu*, >*au*). Zu den oft vorkommenden diakritischen Zeichen (<ú> oder <ẃ>) vgl. weiter unten im Abschnitt zu den Diakritika.

–   Das Spross-*e* (= paragogisches oder epithetisches <e>, Fnhd. Gramm. § L 41), insbesondere das Spross-*e* in der 3. Pers. Ind. Prät. (*er gienge, er schiede*), behalten wir bei; dazu Frnhd. Gramm. § M 91.

–   Ried markiert öfters die a- und (seltener) die u-Umlaute von konjunktivischen Verbformen nicht. Manchmal ist die Form dennoch als Konjunktiv erkennbar (*si die schöneste ware*); in diesen Fällen greifen wir nicht ein, vgl. Fnhd. Gram. § L 18, Anm. 4. In den Fällen aber, in denen die überlieferte Form mit dem Indikativ verwechselt werden kann (*so waren sie im entritten gar*), stellen wir den Umlaut her und markieren den Eingriff durch Kursivierung im Text.

– Öfter sind die *i*-Punkte nach rechts verrutscht. In der Regel erscheint die Auflösung unproblematisch (z. B. *uistieren* statt *iustieren*) und wird stillschweigend hergestellt. In Zweifelsfällen (z. B. *luige ich*, 5053, statt *liuge ich*) halten wir die Lesung der Handschrift im Apparat fest, kursivieren aber den Text nicht.

– Die Behandlung der diakritischen Zeichen über Vokalen und Halbvokalen verdient eine etwas längere Erklärung. Ried benutzt eine große Fülle solcher Zeichen und Diakritika, und die Schwierigkeit für den Leser besteht darin, dass verschiedene Zeichen Gleiches bedeuten können wie auch gleiche Zeichen Verschiedenes. So ist der Laut /üe/ etwa als <ŭe> und <ůe> und <ue> und <űe> geschrieben; jedes von diesen vieren kann auch /uo/ meinen. /uo/ kann aber auch als <ű> oder <ů> oder einfaches <u> geschrieben sein. Umlaute sind grundsätzlich durch diverse diakritische Zeichen markiert, zuweilen aber werden sie auch mit dem Buchstaben ohne jedes Diakritikum geschrieben. Ein Vokalgraphem mit Diakritikum markiert häufig keinen Umlaut oder Diphthong, sondern ersichtlich den Grundvokal, so vielfach bei /u/ oder vokalisch zu lesendem /v/, zuweilen auch bei /o/. Da eine Systematik nicht oder nur im Ansatz zu erkennen ist und keine sicheren Entscheidungen über den von Hans Ried gemeinten phonetischen Wert getroffen werden können, regulieren wir wie folgt:

• <a> und <o>: jedes Zeichen über diesen Vokalen macht aus ihnen einen Umlaut, und dieser wird als <ä> bzw. als <ö> wiedergegeben. Ausnahme ist das Wort *óne*; vgl. dazu oben, was zu Längenzeichen über den Vokalen gesagt wurde.

• <e>: ein Umlautzeichen verwandelt dieses Graphem in das Phonem /ä/ und wird auch als <ä> wiedergegeben.

• <u> und <v>: ein eindeutiges Trema über diesen Graphemen (Ried benutzt einerseits doppelte Strichelchen, die er bindet und die einst als kleines a gedeutet wurden, sowie andererseits ein reguläres, wenn auch nach rechts ansteigendes Trema) deuten wir und schreiben wir als <ü>; einen eindeutigen geschlossenen Kringel (<ů> bzw. <v̊>) geben wir als <ů> wieder; bei allen anderen Zeichen über diesen Graphemen schreiben wir schlicht <ú>.

• <w>: Zeichen über diesem Graphem lassen wir weg, weil wir glauben, dass sie keinen Lautwert haben.

• <au>, <aw>, <eu>, <ew>: aus demselben Grunde streichen wir diakritische Zeichen über dem zweiten Graphem dieser Diphthonge (auf dem ersten kommen sie nicht vor) und schreiben <au> und <eu>. Nur in den seltenen Fällen, in denen ein *aú* oder ein *aẃ* möglicherweise einen /oi/-Diphthong meinen könnte (*raúbere*) behalten wir die Markierung.

Diese Vielfalt und starke Variation der Diakritika (die an Beliebigkeit grenzt) könnte mit dem Schreibprozess in Verbindung stehen: Sie sind sichtlich mit weniger Tinte und sehr fein geschrieben, offenbar mit einer anderen Feder; das bedeutet, dass der Schreiber wahrscheinlich zunächst eine Partie Text schrieb und danach die Feder wechselte und die Zeichen nachtrug. So erklärt sich die fehlende phonetische Systematik, ja auch das Ausbleiben und die Verschiebung diakritischer Zeichen oder i-Punkten, weil einerseits leicht Verwechslungen entstehen können und anderseits sichtlich graphisch-kalligraphische Gesichtspunkte eine Rolle spielten.

Für die Fragmente, die parallel zum Text des *Ambraser Heldenbuchs* gedruckt erscheinen, gelten die gleichen Prinzipien, wenn auch dort die für das frühe 16. Jahrhundert typischen Schreibformen, die in A vorkommen, nicht präsent sind. Spezifisch für die Fragmente ist nur folgende graphische Regulierung zu verzeichnen:
– Den für deutsche Handschriften des 13. Jahrhunderts typischen, unregelmäßigen Gebrauch von <c> für <z> (/ts/) vereinheitlichen wir, auch aus Gründen der Lesbarkeit, zu <z>. Die Kürzel *dc* lösen wir auf zu *daz*.
Für die Fragmente im Anhang verweisen wir auf die Einleitung zu ihnen.

Jeder Eingriff in den überlieferten Wortlaut, der über diese Einrichtungsregeln hinausgeht, wird im Text kenntlich gemacht, indem die veränderten oder hinzugefügten Buchstaben oder Worte kursiv gesetzt werden. Bei Auslassungen werden die Buchstaben davor und danach kursiviert. Im Apparat steht die exakte Lesung der Handschrift.

Bei der Einrichtung des Parallelsatzes bedeutet ein senkrechter Strich auf Zeilenmitte, dass der Vers im entsprechenden Überlieferungsträger ohne materiellen Verlust nicht existiert. Die zahlreichen Lücken in den Fragmenten sind, wo es vertretbar erschien, in eckigen Klammern (bei vollständigem Verlust durch Beschnitt) oder in Kursivdruck (bei Unlesbarkeit) rekonstruiert, um eine höhere Lesbarkeit zu bieten.

Ereck

A

Aber von künig Artus und seinem Hofgesind,
auch Helden und handlúngen, Als von herrn
Gabein, khai, Irecke, eins Mantls halben, so
künig Artus hausfrau und ander Frauen anlegen
múesten, dardurch man Innen ward Irer treu.
Súnderlich von Erick und seiner hausfrauen ein
tail ain schön lesen. |

Es doch nicht verdeit,   XXVIIIrc
  was zu dheiner frümbkait
  gezeuhet und gestat.
  wo das denn vergat,
5 der tugent und freude treit,
  das ist im ein hertzelaid,
  daz man im freude nimbt,
  Wann gůt den guten zimpt.
  was aber die bösen beschwäret,
10 das ist leichte bewaret,
  wann In tugent nie gezam,
  wann schanden hort und eren scham.
  nu sehent, wie ungeleiche Si ziehent,
  wann daz die bösen fliehent,
15 das minnet aber die guten.
  möchte man sein gemůten
  und geleich vereinen,
  so daz Si gemeinen
  miteinander wolten:
20 daz wir des gern solten,
  da missetäten wir an.
  wie wolt Ir, daz ein böser man
  tugende kundt gephlegen
  und daz Si underwegen
25 der frume lass*e* lassen?
  In kan da nicht gemazzen,
  wann die bösen die bosen;
  so wil Ich In zerlosen.
  Der künig Artus, so man sait,
30 der je krone der frümbkait

---

25 lassen

Übersetzung

Erneut von König Artus und seinen Hofleuten, auch von Helden und von Taten, so von den Herren Gawein, Kai, Ereck – wegen eines Mantels, den die Ehefrau des König Artus und andere Damen anziehen mussten, wodurch man ihre Treue erkennen konnte. Besonders von Ereck und seiner Frau ein Großteil und schöne Lektüre.

Sie verschweigt keinesfalls,
was zur Tüchtigkeit
führt und gehört.
Wo das Erzählen zu Ende geht,
5 schmerzt es denjenigen von Herzen
(weil man ihm die Freude nimmt),
der ein edles Wesen hat und in Freude lebt,
denn Gutes entspricht den Guten.
Was aber die Bösen betrübt,
10 ist einfach ersichtlich,
denn ihnen entsprach nie ein edles Wesen,
sondern ausschließlich Schande und Ehrlosigkeit.
Nun seht, wie ungleich sie streben:
was die Bösen meiden,
15 das lieben hingegen die Guten.
Würde man sie voller Kühnheit
miteinander kreuzen,
sodass sie sich
zusammen verbänden:
20 Wir würden falsch handeln,
wenn wir das begehrten.
Oder möchtet ihr etwa, dass ein böser Mensch
ein edles Wesen besitzen könnte
und der Tüchtige dieses manchmal
25 aufgeben wollte?
Sie sind nicht zu vergleichen,
denn die Bösen die sind böse.
Das werde ich ihnen erläutern:
Man sagt, dass das Leben des König Artus,
30 der damals zu seiner Zeit

    trúg in seinen zeiten,
    davon noch so weiten
    sein nam ist bekant,
    des leben noch vil wol bewant
35 Bei disen zeiten ware,
    wann daz uns der märe
    sovil behalten hat sein hail.
    so was der ein michel tail,
    der wir wurden geteuret,
40 Wann das bas steuret
    gůtes mannes wirdikait,
    daz man gesihet, dann daz man sait.
    doch hilfet jetweders wol,
    wann aines dem andern helfen sol;
45 es daugt anders nicht:
    wann was dem man geschicht,
    was taugt Ir einem das,
    Er sag es auch denn fúrbas?
    so mag es zu frummen kumen.
50 was ich davon han vernumen,
    des wil ich euch gewern,
    Wann ich wil auch des gern,
    wer freude hat und geit,
    wann daran wil ich mein zeit
55 schon an laster wenden
    und wil damit enden
    meine zeit nach der salden los,
    daz Ich valbe freuden plos.
    Ein abenteure da geschach
60 in den zeiten, die gesprach
    einen auf ze roilant:
    künig artus, der Engelant
    Und Britanie wielt,
    daz Er so behielt,
65 also noch ist ze bekennen.
    man höret In heut nennen
    nicht anders, dann Er heute lebe.
    sein tugent von der sälden gebe
    hat im das gefúeget,
70 Wann In nie genüeget,
    was ze werden freuden stůnd,
    als uns noch ze wissen tůnd

der Tüchtigste war,
weswegen noch sein Name
in vielen Ländern bekannt ist,
auch noch
35 heutzutage vorbildlich ist,
weil uns die Erzählungen
so viel von seinem Wohlergehen überliefert haben.
So gab es viele von ihnen,
die uns gebessert haben,
40 doch verhilft einem guten Menschen
eher das zur Tugendhaftigkeit,
was man sieht, als das, was man erzählt.
Doch hilft beides gut,
wenn es sich ergänzt.
45 Anders taugt es nicht,
denn welche Erfahrung ein Mensch auch macht:
was nutzt diese einem anderen,
wenn er sie nicht weitergibt?
Nur so kann sie nützlich werden.
50 Was ich darüber gehört habe,
das will ich mit euch teilen,
denn ich möchte auch
Freude haben und schenken,
sowie meine Zeit
55 bis zu meinem Lebensende
schicksalhaft und ohne Schande
damit verbringen,
nicht freudlos zu altern.
Ein Abenteuer
60 ergab sich damals, das von einem
aus den Königslanden handelte:
von König Artus, der über England
und Britannien herrschte,
die er so regierte,
65 wie noch zu sehen sein wird.
Wenn sein Name heutzutage genannt wird
dann nicht anders, als lebe er noch heutzutage.
Sein vom Schicksal verliehenes edles Wesen
hat ihm das eingebracht,
70 denn er konnte nie genug bekommen
von herrlichen und freudvollen Zeiten,
wie wir es aus zahlreichen

vil manige abenteure,
die von seiner teure
75 uns vil manige tugent sagent.
Mich wúndert, daz nicht enklagent
die leut mit gemainem rŭf,
daz es got je geschúf,
daz aller tugent orthabe
80 uns ist so gezugket abe,
daz | er nicht immer leben solte.   XXVIIIva
daz merer tail aber das verdolde,
dann ob Er wäre, daz Er nicht sei.
wie mochten si im der wercke bei
85 gesteen, da si den namen
fliehen? Ich wäne, Si schamen
In täten oder mere.
des mocht Ir dhein sein Eere
bei diser Zeit gezeigen.
90 des ist Er wol ze wainen.
War er für, der künig Artús,
da stúend jedoch hie sein hus,
mit aller schlachte beraitschaft,
meide oder knechte,
95 allen nach Ir rechte,
als ob Er ware an ainer stat,
on die Er dar pat
und ān frömbds gesinde,
wann Er die leute minde,
100 des zoch im deste mer zú.
denselben Siten mag man nú
sehen an einem milten man,
der niemand nicht versagen kan
und der so wirt vermäret.
105 den die gabe nicht beschwäret,
der vindet Ir genŭg, die si nement,
so si den willen von im vernement.
des alles noch vil erget.
einen andern site der kunig het:
110 als Er gesprach die hochzeit,
wohin si dann ward geleit,

---

79 ort habe   **90** zewainen   **91 Wär**   **93** aller-
schlachte

Abenteuergeschichten kennen,
die von seinem Wert
75 uns sehr viel Außerordentliches erzählen.
Mich verwundert es, dass die Menschen
nicht alle gemeinsam beklagen,
dass Gott es jemals zuließ,
dass der Urheber alles Edelmuts
80 uns so genommen wurde
und nicht ewig leben sollte.
Die meisten Menschen aber ertragen das,
als ob er nicht wäre, was er ist.
Wie konnten sie ihm in den Werken
85 zustimmen, wo sie doch seinen Namen
meiden? Ich glaube, Sie würden
ihn beschämen oder noch Schlimmeres antun.
Deshalb könnte keiner von ihnen sein Ansehen
heutzutage vorweisen.
90 Deshalb ist er wohl zu betrauern.
Wohin König Artus auch zog,
so stand dort sein Wohnsitz
mit aller Art Ausstattung –
Mägden und Knechten
95 in ihren Gewohnheiten –,
als ob er in einer Stadt wäre,
sogar ohne die, die er eigens dorthin befahl,
und ohne Besucher des Hofes.
Weil er die Menschen liebte,
100 suchten sie ihn umso häufiger auf.
Dasselbe lässt sich heutzutage
bei einem freigebigen Menschen wahrnehmen,
der niemandem etwas abschlagen kann
und deshalb bekannt wird.
105 Der gerne gibt, findet viele,
die die Gabe nehmen,
wenn sie von seiner Absicht hören.
Das alles geschieht noch heutzutage oft.
Eine andere Gewohnheit hatte der König:
110 Sobald er festgelegt hatte,
wo ein Fest stattfinden sollte,

Zehant gepot man Vieren,
die si mit kroieren
solten künden in die lant.
115 der site was so erkant,
wo die potschaft ward vernomen,
die mûsten alle darkomen
mit Ir Freundinen.
wo man des ward innen,
120 daz Si sich wolten entslagen,
da múessen Si beclagen
vil teure darnach,
Wann In die puesse geschach
von Im darumbe leiden,
125 daz sis vermeiden
Zu einem andern male kunden.
so stuend es umb die kunden.
Künig Artus, von dem ich sage,
der het an dem Phingstage
130 gepoten ein hochzeit,
daz Ee noch seit
nie kain grössere ward gesehen,
als ich fürware hor jehen
der abenteure zal,
135 wann Er si úberal
in die land verkünden hiess.
die künigin auch nit liess,
Si hiess si kunden anderswa.
also ward Si hie und da
140 mit vleisse hart wol gepoten.
das warben so Ir baider poten,
daz Si des waren ungeschant,
wann Si bekant und unbekant
prachten dar mit grosser kraft.
145 Frauen und Ritterschaft
mocht man da sehen wúnder.
kunder und unkúnder,
die alle waren kumen dar
nach gewonhait site, sam alle Jar,
150 zu der Edlen massenie
kam jeglichs an müe.

————

150 malsenie

befahl man vier Boten,
dieses in den Ländern
mit lautem Schall zu verbreiten.
115 Die Gewohnheit war weithin bekannt.
Alle, die die Botschaft vernahmen,
mussten mit ihren Gefährtinnen
dorthin kommen.
Wenn man es gewahr wurde,
120 dass sie der Einladung nicht Folge leisten wollten,
kam ihnen das anschließend
sehr teuer zu stehen,
denn er legte ihnen die
leidvolle Strafe auf,
125 es beim nächsten Mal
zu unterlassen.
So erging es den Landsleuten.
König Artus, von dem ich erzähle,
hatte zu Pfingsten
130 ein solches Fest veranstaltet,
dass weder früher noch später
jemals ein größeres zu sehen war,
wie ich es in der Tat
Abenteuererzählungen entnehmen kann,
135 denn er befahl, es überall
in den Ländern anzukündigen.
Auch die Königin unterließ es nicht,
es andernorts bekannt zu machen.
Folglich wurde es überall
140 mit großem Nachdruck ausgerufen.
Die Boten der beiden
warben erfolgreich,
denn sie brachten eine Vielzahl
bekannter und unbekannter Menschen dorthin.
145 Eine unglaubliche Menge an Edeldamen
und Rittern ließ sich dort sehen.
Bekannte und Unbekannte
waren alle wie in jedem Jahr
nach der Macht der Gewohnheit dorthin gekommen;
150 zu der edlen Hofgesellschaft
gelangte jeder ohne Mühe.

Des dauchte under den ein zage,
da si an dem Sambstage
alle versamlet waren.
155 Wie kunde da geparen
ein böser under der tugende schar?
er mús werden schamfar.
auch was der frauen da so vil,
daz ich die zal daran hil;
160 hie kunden si alle nicht getzeln.
man möchte úbel auserwelen
die bösen under In.
Nu gie die künigin,
der tugent ein voller nam,
165 die sich davon nie genam,
was schönen frauen tochte;
Si kúnde noch mochte
sich davon belaiten,
Si hiess Ir beraiten | XXVIIIvb
170 klaider und klainat nach Irem site:
da emphieng si Frauen mite.
der bereite man vil beider
in maniger weis klaider
von púnt und von gra.
175 dhaine was so arm da,
man klaidet si, wie Si wolte.
darnach trúg man von golde
lauter geprant und rot
vil manig gút klainot:
180 Vingerlin, häftl und riemen.
Ich wäne wol, daz jeman
Ir je sovil gesahe,
so reiche und so wahe,
da si Si mit emphie.
185 dise Cleinete músten si,
was si der wolten, nemen
darnach, und si Ir kunden gezämen.
Artus, der Eeren stam,
der hiess den Rittern sam
190 gewaffen geben und klaid,
ross bedeckt und berait
ze turnei und ze Joste,
als es In nicht enkoste,

Deshalb schmuggelte sich ein Unwürdiger in die Hofgesellschaft hinein,
als sie alle an dem Pfingstsamstag
versammelt waren.
155 Wie könnte sich ein Böser
in dieser ehrenwerten Gesellschaft benehmen?
Er muss doch schamrot werden.
Auch gab es da so viele Edeldamen
dass ich deren Zahl nicht nennen kann:
160 dort konnte sie keiner zählen.
Man könnte nicht wirklich
die Bösen unter ihnen ausmachen.
Nun kam die Königin,
edel bis ins Mark,
165 die sich nie von dem abwendete,
was schönen Damen gefiel;
sie konnte nicht noch wollte
sie sich damit ausstatten,
wenn nicht zugleich Kleider und Schmuck
170 nach ihrem Geschmack zurecht gelegt wurden,
mit denen sie die Damen empfangen konnte.
Man legte für sie
vielerlei bunte und
graue Kleider zurecht.
175 Egal wie arm eine Frau war:
Man kleidete sie nach ihren Wünschen ein.
Danach trug man sehr viele
kostbare Schmuckstücke aus
rein gebranntem und rotem Gold herbei:
180 Ringe, Broschen und Armreife.
Ich glaube, dass niemand
jemals zuvor so viele
wert- und kunstvolle gesehen hat,
womit sie die Edeldamen empfing.
185 Was sie an Schmuckstücken haben wollten,
mussten sie nehmen,
wenn sie zu ihnen passten.
Artus, der Vater der Ehre,
befahl ebenso, den Rittern
190 Waffen und Kleider zu geben,
gesattelte und ausgerüstete Streitrösser
für das Turnier und die Tjost,
damit es weder den Reichen

bede reich und arm,
195 Er lies sich nicht erparmen:
man gab Ine Ross und klaider.
der arme was da nicht laider
ze nemen weder der reiche.
man gab In allen geleiche
200 nach preise und nach rûme.
es ward nie grosser reichtúme
zu einer hochzeit vertan.
des sol Er wol genade han.
Er tet es nicht verporgen:
205 mer was sein sorgen,
daz sein ze lútzel wäre,
darumb was sein schwäre.
Artus und G*inive*,
als ich han gesagt ee,
210 die waren voller wirte.
daran si nicht Irte,
wo es Irn halben stúnd,
Wann es manig tausent phúndt
koste zum ringesten
215 an dem tage zu phingsten.
da was komen die zeit,
als der hof was geleit,
daz si gesament waren dar.
da mocht ein zage nemen war
220 und sehen bilde.
und war er ab Ir wilde,
der tugent, gewesen Eer,
Er mochte komen ze beker,
ob es solte werden,
225 das tugent untugent bekerten,
des lútzel jeman geschicht,
es geschehe von geschicht.
Si sint also geschaiden,
daz under In baiden
230 kain ainúng werden mag.
daz disem zimpt, das ist jenen ungemach,

---

noch den Armen etwas kostete.
195 Er ließ sich nicht davon abbringen:
Man gab ihnen Streitrösser und Kleider.
Dem Armen war es da nicht
unangenehmer zu nehmen als dem Reichen.
Man gab ihnen allen gleichermaßen
200 nach Ruhm und Wert.
Es wurde nie ein größeres Vermögen
bei einem Fest ausgegeben.
Dafür muss man ihm danken.
Er machte es nicht heimlich.
205 Er sorgte sich vielmehr darum,
dass es zu wenig sein könnte:
darunter litt er.
Wie ich bereits gesagt habe:
Artus und Ginover
210 waren vollendete Gastgeber.
Es machte ihnen nichts aus –
stand es an ihnen, das Fest auszurichten –,
wenn es mindestens
viele 1000 Pfund
215 zu Pfingsten kostete.
Als der Hof sein Lager aufschlug,
war es so weit,
dass sie sich alle dort versammelten.
Da konnte ein Unwürdiger
220 Vorbilder wahrnehmen;
und hätte er aber zuvor
kein edles Wesen besessen,
könnte er ein Anderer werden,
wenn es so sein sollte,
225 dass die Edlen die Unedlen bekehren können,
was jedoch äußerst selten geschieht,
es sei denn zufällig.
Sie sind so verschieden,
dass es zwischen ihnen beiden
230 nichts Verbindendes geben kann.
Was diesem gefällt, finden jene schrecklich,

daz disem niene wirret,
damit ist jener verirret.
Chäi des gúte pilde geit,
235 der seines alters zeit
vertet under diser schar,
was im bekerunge bar.
sein tugent was doch kleine,
wann Er je mit meine
240 was also geflissen,
daz sein ungewissen
der hof aller forchte.
Er was also geworchte,
daz an Im schein
245 untugent und mein,
der tugende flüst,
spot und haimküst,
des het er genůg,
das – als in des úbertrůg,
250 daz Er in dem hofe beleib –
der tugende schat in vertreib
von Ir heimeliche.
wie her und wie reiche
Er ware darundter,
255 doch het er besonder
einen tisch, da er sass:
Ze der Taveln er nicht ass.
als nu Zu dem hofe schein,
alles ding|es was er ein;   XXVIIIvc
260 sam was Er der site,
Er was nit geklaidet mite
hochlich an der fúr.
von porten ein schnůr
lies er nider hangen,
265 das het sein har befangen,
zu einem zopfe geflochten.
dabei In wol mochten
die frömbden bekennen.
wer In horte nennen,
270 der erkom von der sunder scham.

---

236 ver tet

was diesen nicht beunruhigt,
das verstört jenen.
Kai, der sein ganzes Leben
235 in dieser Gesellschaft zugebracht hatte,
ist dafür ein gutes Beispiel,
war ihm doch jeder Wandel zum Besseren fremd.
Sein Edelmut war schwach ausgebildet,
denn er beging stets
240 kleine Bösartigkeiten,
sodass der ganze Hof
seine Gewissenlosigkeit fürchtete.
Er war so gestrickt,
dass sein unedles Wesen und seine Falschheit
245 an ihm erkennbar waren;
ihn zeichneten
die Verachtung des Edelmuts,
Spott und Heimtücke aus,
sodass – als ihm das eintrug,
250 am Hof bleiben zu können –
der Verlust des Anstands ihn
aus ihrer Geselligkeit ausschloss.
Wie vornehm und mächtig
er auch war,
255 musste er dennoch an einem Tisch sitzen,
der abseits stand:
an der gemeinsamen Tafel aß er nicht.
In allen Angelegenheiten
war er am Hof ein Außenseiter:
260 So zog er sich nicht
seine besten Kleider im Gefolge an,
wie man es für gewöhnlich tat.
Mit einer Schnur aus Bändern,
die ihm vom Kopf hing,
265 bändigte er seine Haare,
die er zu einem Zopf geflochten hatte.
Daran konnten ihn die Fremden
gut erkennen.
Wer seinen Namen hörte,
270 wurde von einer unvergleichlichen Scham gepackt.

Si fluhen alle seinen nam,
Wann der manigem laide sprach,
wenn Er den recht ersach,
der erkom vil harte.
275 es entwichen seinem warte
alte und junge,
seiner aitermailigen zunge
getorste niemand genahen,
so Si In aller verriste sahen,
280 da entwichen si im alle,
wann seines hertzen galle
kunde mit rede wol vergeben.
also stuend je sein leben.
Nu waren si ensambt,
285 als es taugt Ritterambt,
die kurtzweile begúnden;
des phlagen si zu allen stúnden.
einander si schúnden,
so si best kúnden,
290 daz si des phlagen,
daz si icht erlagen.
Si begunden etwas,
davon Ir mút gefreut was:
darnach Si alle rúngen.
295 dise liefen, jene sprúngen,
dise zuelaufens, jene von stete,
so spilten die auf dem prete,
Vale und Alt, wurfzabels,
dise lagen auf dem Schachzagels,
300 Jene tailten Ir spil an den val,
so schlúgen dise den pal,
die liefen die pare,
hie mit gahe, dort mit harre,
so schussen jene zu dem zile.
305 man tailte hie einander spile,
da schussen Si den schaft,
so redeten dise von Ritterschaft,
die andern von den frauen,
Jene, wie Ir Schilde waren verhauen,

---

298 wurf Zabels

Sie mieden alle seinen Namen,
denn dieser betrübte sie;
wer ihn leibhaftig sah,
erschrak fürchterlich.
275 Aus seiner Gesellschaft flohen
die Alten und die Jungen;
niemand traute sich,
seinem eiterbefleckten Mund nahezukommen;
wenn sie ihn in weiter Ferne sahen,
280 strebten sie in eine andere Richtung,
denn die Bosheit seines Herzens
konnte mit Worten völlig vergiften.
So war es schon immer mit ihm.
Wie es für Ritter üblich ist,
285 versammelten sie sich,
um Spaß miteinander zu haben;
das machten sie ständig.
Sie quälten sich,
wo es nur ging,
290 aber nur so,
dass keiner dadurch zu Tode kam.
Sie machten,
was ihnen große Freude bereitete:
danach rangen sie alle miteinander,
295 diese machten einen Wettlauf, jene Weitsprung,
diese übten sich im Hinlaufen, jene im Weglaufen,
andere – die Alten und die Greisen –
machten Brett- und Würfelspiele,
diese spielten Schach,
300 jene begannen ihr Spiel mit dem Würfelbecher,
so spielten diese Schlagball,
die machten Hürdenlauf,
hier mit Schnelligkeit, dort mit Hindernissen,
wieder andere übten sich im Bogenschießen.
305 Man spielte hier miteinander:
da übten sie sich in Speerwurf,
so erzählten diese vom Rittertum,
die anderen von Edeldamen,
jene, wie ihre Schilde zerschlagen wurden,

310 Nu von tumbhait, Nu von sinnen,
hie von kündikait, da von minnen,
von der welt in maniger weise,
die von weibes lones, jene von preise,
die andern von der liechten zeit,
315 dise súngen widerstreit,
die andern wurfen den stain.
sünst was Ir dhain,
Er het sein spil getzaiget,
und die Súnne was genaiget.
320 **D**es morgens frú waren berait
die knaben nach gewonhait,
die Vier horn pliesen.
dabei man solte kiesen
und zu einem zaichen verstan,
325 daz Si zu dem munster solten gan.
der künig und die kunigin,
die frauen und die Ritter nach In
und die massenie gar
zu dem múnster in einer schar,
330 liecht und wol geklait,
als Si davor sint gesait.
da was manig unmút gefreut,
do dise strasse also was gestreut.
Gros was der Ritter schauen
335 an den gemaiten frauen,
gros was Ir loben und Ir preisen,
nu die tumben, nu die weisen,
nu die gehebede, nu die genge,
nu die kürtze, nu die lenge,
340 nu von Ir tugent, nu von Ir stäte,
was | die liesse, was die täte,   XXIXra
Nu von der schöne, nu von der geschicht,
der aine fraget, der ander spricht,
der sprach sein lieb, jener spehet,
345 ein ander sprach dabei: „nu sehet
dort lachende augen und gra,
dise hie braune augenpra.“
so preiset der an frauen die site,

---

347 augen pra

310 dann von Narreteien, dann von Erkenntnissen,
hier von List, da von Liebe,
in vielfältiger Art von weltlichen Freuden:
die vom Lohn der Frauen, jene vom Ruhm,
die andern vom Frühling,
315 diese führten einen Sängerwettstreit,
die anderen übten Steinweitwurf.
Es gab dort keinen,
der nicht gespielt hätte,
bis die Sonne unterging.
320 Am frühen Morgen
waren vier Knappen wie üblich bereit,
die Signalhörner zu blasen.
Das sollten alle hören
und als Aufforderung verstehen,
325 in das Münster zu gehen.
Der König und die Königin,
nach ihnen die Edeldamen und die Ritter
sowie die ganze Gesellschaft
gingen in einer Gruppe zum Münster,
330 leuchtend und prachtvoll bekleidet,
wie ich es bereits erwähnt habe.
Da wurde manch ein Nörgler erfreut,
als die Straße so geschmückt war.
Mit großem Interesse schauten die Ritter
335 die schönen Edeldamen an;
sie lobten und priesen sie mit großen Worten,
da die Dummen, da die Klugen,
da die Makellosen, da die Gewöhnlichen,
da die Kleinen, da die Großen,
340 da von ihrer Vollkommenheit, da von ihrer Treue,
was diese nicht macht, was diese tut,
da von der Schönheit, da vom Wesen,
der eine fragt, der andere antwortet,
der sprach über seine Liebe, jener guckte nur,
345 ein weiterer sagte: „Schaut nur!
Die dort hat lachende graue Augen,
jene da braune Augenbrauen!"
So rühmte dieser jenes Verhalten der Edeldamen,

der die ander, der die dritte,
350 der den hals, der die hende,
nu den můnd, nu das gepende,
nu der leib, süesse und klar,
nu gleich golde ein har,
nu von den frauen, nu von den maiden,
355 die mit lob von diser schaiden,
nu die gapärde, nu den leib.
„ditz ist das schöneste weib“,
sprach ein ander, so sties der den:
„nicht“, sprach der, „sechst die jene?
360 die ist die schönest under In.“
„Nain, dich treuget dein sin!
sihest du jene in dem Samit?“
hie verendet sich der strit,
úntz si komen damit
365 an daz munster, da churie
der Ertzbischof sang,
einen gotlichen anfang,
der was geordnet mit gesange
in dem kreutzgange.
370 **D**o das was gelaiste,
daz von dem heiligen gaiste
Fron Ambt ward an gehaben,
die kamerer reichlich gaben
zu opher, wers wolte,
375 ein untze von golte,
die Milkem ist genant,
in einem kopfe, den an der hant
trúg Ir jetzlicher.
Es ward nie opfer reicher,
380 wann es was so reich und so gros,
daz es den bischof verdros
und sein nicht erleiden macht.
da hiess ers setzen unbedacht
Zu des Altars seiten,
385 daz si des opfers mochten erpeiten,
beide alte und junge.

---

365 churit

dieser ein anderes, dieser ein drittes,
350 dieser den Hals, dieser die Hände,
da den Mund, da den Kopfschmuck,
da den zierlichen und schönen Körper,
da das Haar wie Gold,
da die Damen, da die Jungfrauen,
355 die sich lobenswert von den Damen abheben,
da das Benehmen, da die Figur.
„Diese ist die Schönste",
sagte einer und provozierte den Nächsten:
„Keineswegs", sagte der, „siehst du nicht diese?
360 Die ist die Schönste von allen."
„Nein, deine Sinne sind benebelt!
Siehst du nicht jene im Samtkleid?"
So verläuft der Streit,
bis sie alle
365 zum Münster gelangen, wo
der Erzbischof das Kyrie sang,
ein göttlicher Anfang,
der mit Gesang im Kreuzgang
platziert war.
370 Als das Hochamt
vom Heiligen Geist
anhob,
brachten die Kämmerer reichlich
Opfer dar: wer wollte,
375 eine Unze Gold,
die Milkem genannt wird,
in einem Becher, den jeder von ihnen
in den Händen trug.
Es gab nie ein größeres Opfer,
380 denn es war so wertvoll und groß,
dass es den Bischof schwer zu schaffen machte,
der es nicht ertragen konnte.
Da befahl er, die Opfergabe offen
zu den Seiten des Altars zu platzieren,
385 sodass alle
sie dort ablegen konnten.

da griffe der Bischof zu der wandlúnge
den heiligen leichnamen.
da si die messe vernamen
390 und sich entwaffent der Bischof,
da belait Er wider ze hof
vol Siboroi in eilin.
Im gieng nach die künigin
und mit Ir die frauen all.
395 Anderhalb in den Sal
künig Artus gieng nach gewontem site
und das gesinde damite.
Der künig vaste so lang nach abenteure,
untz daz die essen bei dem feure
400 jetzo verdurben.
die kuchen maister wurben,
daz man sasse zum essen.
Artus wolte nicht vergessen,
untz er abenteure pite.
405 Ine daucht es noch unzeite,
daz Er dannoch ässe
oder daz niemand sässe,
wie lang es wäre gar,
durch daz Er abenteure empar.
410 des verdros die ritter alle,
also noch in sölhem schalle
villeichte mag geschehen.
die Ritter giengen sehen
alle an die warte.
415 Si erpiten vil harte
und mainten es da mit nahen,
ob si jemand sahen,
der unkunder märe
vollaist wäre.
420 **D**o Ir dhainer niemand sach,
Gawein zu zwaien sprach:
„warumb isset der künig nicht?
wann solt uns herkomen icht,
das wäre so zehant hie.“
425 Chai zu | dem künig gie   XXIXrb
Und sprach: „Herre, was sol das,
daz dise Ritter unas
sitzent also lange?

Der Bischof führte
das Sakrament der Wandlung aus.
Nachdem die Messe gelesen war
390 und der Bischof seine Soutane abgelegt hatte,
führte er das volle Ziborium in Eile
zum Hof.
Ihm folgte die Königin
mit all ihren Hofdamen.
395 Wie es seine Gewohnheit war,
ging König Artus auf die eine Seite des Saals,
begleitet von seinem Gefolge.
Der König hungerte so lange nach Abenteuern,
bis die Mahlzeiten auf den Herdfeuern
400 allesamt anzubrennen drohten.
Die Köche forderten alle auf,
sich zum Essen an die Tische zu setzen.
Doch Artus wollte es nicht lassen,
auf ein Abenteuer zu warten.
405 Er fand, dass es noch nicht an der Zeit wäre
zu essen
oder zu sitzen,
egal wie lang es noch dauern würde,
weil er ein Abenteuer vermisste.
410 Das missfiel allen Rittern.
Wie es vielleicht auch noch heutzutage
geräuschvoll geschehen kann,
liefen die Ritter alle zum Ausguck,
um ins Land hinaus zu sehen.
415 Sie warteten ungeduldig
und hofften darauf,
jemanden näher kommen zu sehen,
der ein Überbringer
unbekannter Neuigkeiten wäre.
420 Als keiner von ihnen einen solchen Beistand entdeckte,
sagte Gawein zu zwei anderen:
„Warum isst der König nicht?
Sollte uns etwas erreicht haben,
wäre es schon längst hier."
425 Kai ging zum König
und sagte: „Herr, was soll das?
Warum müssen diese Ritter
so lange hungrig herumsitzen?

Ich wäne, si belange
430 und es úbel verfahen.
nu ist vil nahen
Mitter tag vergan
und hant die Ritter sich zelan;
seumelichen wellen reiten von hin.
435 auch zürnet die künigin.
Wellt Ir essen, sein ist zeit.
An Gawein ist solher streit
daz er dienet untz ze nacht."
„Hei Chai, wie unsanft du macht",
440 sprach der künig, „erpeiten.
also túst du zu allen zeiten:
dich múet, daz du peiten mŭst.
du túst mir, sam du túst
aller der welt. nu wisse,
445 daz Ich bei disem tage nicht isse
noch trinckens bekor,
Ich han nach gewontem site vor
etlich abenteure."
under die durch ein gemeure
450 Rait ein knab die strasse.
wann dann die rechten masse
von erste wären ein,
Mein herre Gawein,
der rüeft den Rittern zú:
455 „gehabt euch wol, man isset nŭ,
wann Ich sihe her eilen
vil vaste underweilen
einen knaben in der gepäre,
als es gern hie wäre,
460 die strasse, die In zu der porten tragt,
der uns neue märe sagt."
Dise red traib sich also verre,
úntz daz der Júnckherre
kam in den hof geriten.
465 nú was komen, des Si piten.
genúg im entgegen giengen,
die im das ross emphiengen.

———

433 ze lan **441** allenntzeiten **447** gewoñtm

Ich glaube, es bekümmert sie
430 und sie rechnen es Euch schlecht an.
Nun ist der Mittag
beinahe schon vorüber
und die Ritter haben sich zerstreut;
viele wollen fortreiten.
435 Auch die Königin ist erbost.
Wollt Ihr essen, dann ist jetzt Zeit.
Allein Gawein würde bis
in die tiefste Nacht hinein ausharren."
„Ho Kai, wie schlecht du abwarten
440 kannst", sagte der König.
„So ist es immer mit dir:
Du kannst einfach nicht abwarten.
Du bist zu mir wie zu
allen anderen. Sei gewiss:
445 Ich werde heute weder essen
noch trinken,
wenn ich nicht – wie es meine Gewohnheit ist –
viele Abenteuer zu sehen bekomme."
Währenddessen kam ein Knappe
450 die Straße entlang durch das Burgtor geritten.
Weil zum ersten Mal die Bedingungen
hätten erfüllt sein können,
rief mein Herr Gawein
den Rittern zu:
455 „Freut euch, jetzt gibt's gleich Essen,
denn ich sehe gerade eben
einen Knappen auf der Straße herbeieilen,
die ihn zur Pforte führt.
Er schaut so aus,
460 wie wir es erhofft haben,
und wird uns die ersehnten Neuigkeiten bringen."
Diese Nachricht verbreitete sich,
bis der edle Knappe
auf den Hof geritten kam.
465 Nun war erschienen, worauf sie gewartet hatten.
Viele gingen ihm entgegen,
um ihm das Pferd abzunehmen.

da Er darvon erpeiszte,
da was Es sere geschweiszte;
470 er het es verre gestrichen.
des waren im entwichen
die praten von den gofen.
das sach man und was offen.
auch mocht man In wol preisen
475 als den, der sich beweisen
kan an allen dingen wol,
was zu tugenden getzeigen sol,
sovil als jeman bedarf.
seinen mantel Er auf das Ross warf.
480 **D**o Er des Mantels stúnd súnder,
da mochte man wunder
kiesen an gehebede.
Ich wäne, daz icht lebte,
daz im wäre geleich
485 an geschicht und an wackerleich.
er was schöne und lang,
damiten dem und kranck,
anders gros und starch.
was das gewant innen barch,
490 das leuchte und schain,
sein fel liecht und klain,
wolgestalt nasen, augen gra,
wol geschicht anderswa,
gewissen, karg und erforchte,
495 so daz die nature nie geworchte
vleissiklicher an einem man,
dann si an In hette getan.
Gúter rede het Er genúg,
darzú allen den gefueg,
500 der rechter gewissenhait zimpt.
der sich das alles annimpt,
der ist allenthalben wert,
hat er dartzú der sölden schwert,
als diser knabe si nie verlie.
505 Er sprach gewissenliche:
„got, der gnadenriche,
der da die welt geschaffen hat,
an dem unser leben stat
und leben in seiner magencraft,

Als er vom Pferd abstieg,
war dieses voll Schweiß.
470 Es war von weit her gekommen.
Daher war ihm das Fleisch
von den Knochen gefallen.
Das war deutlich zu sehen.
Man konnte den Boten wirklich rühmen,
475 weil er sich in allen solchen Angelegenheiten
sehr gut zu benehmen wusste,
die ein edles Wesen voraussetzen:
er verhielt sich tadellos.
Seinen Mantel warf er über das Pferd.
480 Als er ohne Mantel dastand,
konnte man seine makellose Erscheinung
bestens erkennen.
Ich glaube, dass nichts leben könnte,
was im gleich käme
485 an Aussehen und Ausdruck.
Er war schön und groß,
in der Taille schlank und zierlich,
ansonsten breit und stark.
Unter seinem Gewand
490 leuchtete und schien seine Haut
hervor: hell und glatt;
die Nase war gerade, die Augen grau,
der Körper wohlgestaltet,
kräftig, stark und furchteinflößend,
495 sodass die Natur keinen Mann
jemals besser ausgestattet hatte
als ihn.
Er war ausgesprochen wortgewandt;
zudem besaß er alles,
500 was einen verständigen Mann auszeichnet.
Wer so ist,
ist in allem herausragend,
wenn er zusätzlich das Schwert des Glücks hat,
wie es bei diesem Knappen der Fall war.
505 Er sagte mit fester Stimme:
„Gott, der Gnadenreiche,
der die Welt geschaffen hat,
in dessen Hand unser Leben liegt
und in dessen Herrlichkeit wir leben,

510 der grúesse dise gesellschaft.“
*D*ie Ritter im genaten
und In Zu | Ine paten XXIXrc
sitzen und sagen me.
„Nain“, sprach Er, „Ich sol ee
515 den künig Artus besprechen,
das getar ich nicht ze prechen.
da höret Ir sölhe märe,
die etlichem schwäre
und seumelichen freude peren
520 und etlichen des gewern,
des Si darnach emparen
und gerne von In waren.“
*D*er die mare gern hort,
Er sprach: „secht, wo Er dort
525 sitzet auf einer panck.“
von Rittern ein gros gedrang
het In umbestanden.
do si den poten nicht erkanden,
Si entwichen alle dan
530 und hiessen In fúr den kunig gan.
Er sprach: „got behalde
in ewigklichem gewalte
künig Artus, den herren,
und müesse von im verren,
535 was Im widerwärtig sei;
alles laides thue Er In frei
und geb im leben schone,
als der lesten krone,
die je ward und immer wirt.
540 in allen eren, hauswirt:
*N*u ist recht, daz ich laiste,
darumb ich allermaiste
heer zu euch gesant bin
untz dem gesinde herin.
545 ein frau hat mich heer gesant
von verren landen in eur land
umb ein gabe, der Si begert.

––––––––

511 *Lombarde nicht ausgeführt* **516** zeprechñ

510 segne diese Gesellschaft!"
Die Ritter näherten sich ihm
und baten ihn, sich zu ihnen zu setzen
und mehr zu reden.
„Nein", sagte er, „ich muss vorher
515 mit König Artus sprechen,
davon werde ich nicht ablassen.
Da könnt ihr solche Neuigkeiten hören,
die vielen Leid
und manchen Freude verschaffen werden
520 und in etlichen danach den Wunsch freisetzen,
sie hätten sie nie gehört
und wären sie gerne wieder los."
Einer, der die Neuigkeiten gerne hören wollte,
sagte: „Seht, dort sitzt er
525 auf einer Bank!"
Viele Ritter drängten
sich um ihn.
Als sie den Boten nicht zum Sprechen bringen konnten,
wichen sie alle zurück
530 und wiesen ihn zum König.
Er sprach: „Gott schütze
mit seiner ewig währenden Macht
König Artus
und möge von ihm fernhalten,
535 was dieser verabscheut;
er befreie ihn von allem Unglück
und gebe ihm ein schönes Leben
sowie die ewige Krone,
die seit jeher war und immer sein wird.
540 In allen Ehren, Herr des Hauses:
Nun ist es soweit, dass ich das tue,
weshalb ich vor allen Dingen
hierher zu Euch und
Eurem Gefolge gesandt wurde.
545 Eine edle Dame hat mich von weit her
in Euer Land geschickt
wegen einer Gabe, die sie begehrt.

got gebe, daz Si gewert
der werde ān wal.
550 wann auch sis zu disem mal
von Eu nicht gehaben mag,
so vordert sis nimmer tag.
auch wirt euch von mir nit bekant
meiner frauen nam und Ir lant,
555 Ee daz ich fúr wais,
ob mir meiner gabe gehaiss
werden mag oder nicht.
der zwaier doch aines geschicht.“
Aber sprach der Júngeling:
560 „ich wil euch sagen ein ding,
Ze gúte solt Irs vernemen:
Ir mügt kain schaden nemen
noch laster sölher pete.“
Gawein die ersten red tete,
565 Er sprach: „man mag es wol vertragen.
wer solt solhe gabe versagen,
der niemant wirt gladen
von schanden noch schaden?“
Artus der gůte
570 lobete mit gútem múte,
daz Er In gewerte
alles, des Er begerte.
der knab im des genate
und einen peutel drate
575 tet Er auf von Samit,
der was kaum einer spannen weit,
daraus Er einen mandtl nam,
der des tages manige scham
gab den Frauen leiden.
580 dem werche noch den seiden
künde sich nicht geleichen,
so das in allen reichen
je dhain man gesahe
so guetes, des Er Jahe,
585 wann In ein fein durch frauen neid
worchte vor der hochzeit.

---

577 nam̄

Gebe Gott, dass sie diese
mühelos erhält.
550 Wenn sie die Gabe dieses Mal
nicht von Euch erhält,
so wird sie diese niemals mehr erbitten.
Zudem werde ich Euch nicht
den Namen meiner Herrin und ihres Landes nennen,
555 bevor ich nicht sicher weiß,
ob ich meine versprochene Gabe
erhalte oder nicht.
Eins von beiden wird geschehen."
Weiter sagte der junge Mann:
560 „Ich will Euch etwas sagen,
das Ihr mit Wohlwollen aufnehmen sollt:
Ihr werdet wegen meiner Bitte
weder Schaden noch Schande erfahren."
Gawein sprach zuerst;
565 er sagte: „Man kann sich das durchaus anhören.
Wer sollte eine solche Gabe nicht machen,
die niemanden mit Schande
oder Schaden bedroht?"
Artus, der Gute,
570 versprach voll Zuversicht,
dass er dem Boten alles gewähren würde,
was dieser wollte.
Der Knappe dankte ihm dafür
und machte schnell einen
575 Samtbeutel auf,
der nicht ganz eine Spanne groß war,
und nahm einen Mantel heraus,
der noch an diesem Tag
den Edeldamen große Beschämung zu erdulden gab.
580 Die Verarbeitung und die Seide
waren so unvergleichlich,
dass in allen Ländern
niemals ein Mensch behaupten konnte,
so etwas Gutes gesehen zu haben,
585 denn eine Fee hatte ihn aus Hass auf die Edeldamen
vor dem Fest eigens hergestellt.

„die fein worchte den phelle
so getane weis, daz Er welle,
Welhe frau den mantl trait.
590 hat Si mit kainer valschait
Zu Ir manne missetan,
der stet der Mantl zwerchs an.
dasselb Er den frauen tůt,
die mit werche oder mit můt
595 Irn man gefelschet hat:
der Mantl Ir minder rechte stat.
Er sei ze kurtze oder ze lang:
sünst | meldet Er valsche minne
 kranckh.“   XXIXva
Do Er hette beschaiden,
600 wie Er under baiden
nach valscher minne gezame
und wie ungenäme
Er zu tragen wäre,
der valber mút päre
605 unstäte an der minne,
er sprach: „habt Ir hie Inne
vil frauen und maide,
die süllen vor Eu baide
den Mantl anlegen,
610 seit daz so ist gewegen
mein gabe, den ich beger:
darumb ich bin kumen heer.“
Den Mantel schauten Si gemaine.
„Herre mein“, sprach Gaweine,
615 „dise gabe ist wol schone
man mag Ir an hane
beide gern und gewern.
Herr, Ir sult nicht empern:
sendet nach meiner frauen,
620 die mag vil lútzel trauen,
wie es umb den Mantel stee.
gepietet, daz si ze hofe gee
und die frauen mit Ir neme.
da secht Ir wol, welher Er gezeme
625 und welhe da gevallen,
wenn von In allen
der mantl wirt angeleit.“

„Die Fee hat das Kleidungsstück so hergestellt,
dass dieses selbst bestimmt,
welcher Frau der Mantel passt.
590 Hat sie mit irgendeinem Betrug
ihren Ehemann hintergangen,
liegt der Mantel ihr unpassend an.
Ebenso verfährt er mit Edeldamen,
die in Gedanken oder Werken
595 ihren Mann herabgesetzt haben:
der Mantel passt ihnen nicht richtig.
Egal ob er zu kurz oder zu lang ist:
mit beidem zeigt er betrügerische Liebe an.“

Nachdem er erklärt hatte,
600 in welcher Weise der Mantel
betrügerische Liebe anzeigte
und wie verhasst er jener
Trägerin sein müsste,
die sich wegen ihres Wankelmuts
605 als untreu in der Liebe erwiesen hatte,
sagte er: „Habt ihr hier am Hof
Edeldamen und junge Frauen,
so sollen diese vor euren Augen
den Mantel anziehen,
610 denn dann habe ich die Gabe erhalten,
die ich mir wünsche:
deswegen bin ich hergekommen.“
Den Mantel schauten sie alle an.
„Mein Herr“, sprach Gawein,
615 „diese Gabe ist wirklich geziemend:
Man kann sie, ohne Spott fürchten zu müssen,
sowohl begehren als auch gewähren.
Herr, Ihr sollt nicht auf sie verzichten.
Sendet nach meiner Herrin,
620 die kann gefahrlos überprüfen,
was es mit dem Mantel auf sich hat.
Befiehlt, dass sie an den Hof komme
und die Edeldamen mit sich bringe.
Dann könnt Ihr genau sehen, welcher er passt
625 und welche da zu Fall kommen,
wenn alle
den Mantel anziehen müssen.“

„khai mainet Ir sind seit –
Und Engrewin, Ir zwene
630 sült nach den frauen geene,
und bringet si herin,
als lieb als ich euch bin.
Nu vergesset da dhainer,
weder zwaier noch ainer,
635 durch liebe noch durch laide,
der frauen noch der maide,
der reichen noch der schönen.
da wanden sich mit hönen
die andern und trúgen euch hasz.
640 nu wisset, daz si dann das
täten von schulden.“
„herre, bei Euren hulden,
was ich da der frauen la,
der mag Ich nit vinden da,
645 daz Ir noch heut wol ersecht.“
„Mein herr khai, Ir túet In recht:
Si hazzent euch hie, dieweil si lebent,
Irn grůs si euch mit valsche gebent,
Ir hertze eu kaines gůten gan.“
650 „das ist ein streit, den ich han,
und gefride In nimmer dhain frist,
dieweil die sele in mir ist.“
Chai und Engrewin,
die giengen under In Zwein
655 da si die frauen westen.
die was mit Iren gesten
enmitten gesezzen,
als Si wolten essen.
da wurben Si Ir potschaft.
660 da muesse die wirtschaft
beleiben underwegen,
der si da solten phlegen.
Mit züchten sprach die künigin:
„get, Ir herren, bede hin,
665 wie schier Ir nu wellet.
seit es dem künige gevellet,
so komen wir hinach.“
dem herren Chai was gach
und gieng spottende in den sal.

„Kai, Ihr habt Euch schon immer an ihren Sünden ergötzt,
und Engrewin – ihr beiden
630 sollt zu den Edeldamen gehen
und sie hierher bringen,
wenn ich Euch lieb bin.
Aber vergesst dort keine
– weder aus Freude noch aus Sorge –
635 von den Edeldamen und jungen Frauen,
den Reichen und den Schönen,
nicht mal eine oder zwei.
Denn sonst würden die anderen denken,
man behandele sie ungerecht, und beginnen Euch zu hassen.
640 Wisst, dass sie das dann
zurecht täten.“
„Herr, mit Eurer Erlaubnis:
Ich lasse Frauen nur da,
die ich nicht finden kann.
645 Das werdet Ihr heute noch bemerken.“
„Mein Herr Kai, Ihr seid gerecht zu Ihnen.
Sie hassen Euch, solange sie leben:
wenn sie Euch grüßen, meinen sie es nicht aufrichtig;
Ihr Herz gönnt Euch nichts Gutes.“
650 „Das ist ein dauernder Kampf, den ich führe,
und werde keinen Frieden schließen können,
solange ich auf Erden wandle.“
Kai und Engrewin
gingen zusammen
655 zur Königin.
Die saß
zwischen ihren Gästen,
weil sie essen wollten.
Da überbrachten sie ihre Botschaft.
660 Daher mussten sie das
gemeinsame Mahl
unterbrechen.
Würdevoll sprach die Königin:
„Geht hin, ihr Herren,
665 so schnell ihr wollt!
Da es der König wünscht,
kommen wir hinterher.“
Der Herr Kai hatte es eilig
und ging spottend in den Saal zurück.

670 Er freuet sich auf der frauen val.
Under die das was worden,
da kam dort fúr mit orden
die künigin künigkliche,
Je zwo und gleiche
675 miteinander an der schar.
ein Schäpel von golde gar
trůg Ginive, die kunigin. | XXIXvb
daz geferte nicht besser dorfte sein:
da lag inne manig guet rubein,
680 die geparen vast liechten schein.
Nu het si befangen
einen ring langen
der frauen, die Ir giengen bei,
küniginne, Gravinne und frei,
685 die waren von Adel wolgeborn,
so vil, so Si ze vorn
dem künige hetten genügen,
daz erste aus dem kamere sigen,
die an dem ende waren:
690 so langen ring si baren.
Nu steend si zu ainem ringe.
Chai sprach zu dem jüngelinge:
„knab, leihet uns heer den Mantl.
Si ist ane wandl,
695 die in húte gewinnet.
von den pesten ist Si geminnet,
der er ist beschert,
daz Er sich Ir nicht erwert.“
Mit der rede er In nam
700 und sprach: „er ist lobesam
einer künigin ze tragen.
Ir frauen solt genade sagen
Im, der in habe bracht:
Er hat eur wol gedacht.“
705 so Zeiget Er In besonder,
kunder und unkunder,
daz si In schauten.
der frauen vil drauten,

---

686 zeuorn   **701** zetragen   **708** dróten

670 Er freute sich auf das Verderben der Edeldamen.
    Während das geschah,
    kam auch schon die Königin
    in einem geordneten Aufmarsch königlich dorthin:
    Immer zwei Damen gingen
675 zusammen in der Gruppe.
    Einen goldenen Kranz trug
    Ginover, die Königin.
    Das Geschmeide konnte nicht besser sein:
    Viele kostbare Rubine waren hineingearbeitet,
680 die sehr hell erstrahlten.
    Nun bildeten die Edeldamen,
    die zu ihr gingen,
    einen großen Kreis um sie:
    Es waren so viele adlige und hochgeborene
685 Königinnen, Gräfinnen und Freigeborene,
    dass die vorne sich bereits
    vor dem König verneigt hatten,
    als diejenigen gerade erst aus der Kammer strömten,
    die ganz hinten waren:
690 Einen so großen Ring gaben sie ab.
    Schließlich standen sie im Kreis.
    Kai sagte zu dem Jüngling:
    „Knappe, gebt uns den Mantel!
    Diejenige, die ihn heute gewinnt,
695 ist ohne jeden Makel.
    Diejenige, die ihn anziehen kann,
    ohne dass er seine Form verändert,
    wird von den Besten des Reiches bewundert."
    Mit diesen Worten nahm er ihn
700 und sagte: „Er ist es wert,
    von einer Königin getragen zu werden.
    Ihr Damen solltet demjenigen danken,
    der ihn an den Hof gebracht hat:
    Er hat vor allem an Euch gedacht."
705 Dann zeigte er ihn herum,
    den Klugen und den Unklugen,
    sodass sie ihn betrachten konnten.
    Viele Edeldamen waren zuversichtlich,

den *sein* lenge was geleich,
710 daz In vil gewislich
der mantel belibe.
Si gedachten, wer In Ze gibe
dar hette gesant.
jegliche het In da ze hant
715 vil gern angeleit.
der farbe si hart erplaichet,
die si In mit reuen abe tet.
der nu aber sprach: „meine pet,
Herre kunig, sol ich han.“
720 Si zwene gaben den mantl an
der kunig*in* wider erst,
umb das, wann si die hörest
da was und die peste.
Si wäre vil gerne die leste
725 darnach gewesen, mochte es sein,
daz nim Ich auf die treue mein.
Do si sich verstúnd,
wie es umb den mantl stúnd,
die künigin In an nam.
730 wie wol Ir der mantl zam,
das lass ich euch wissen:
und het man In zerissen
oder mit messern zeschniten,
Er war Ir nicht wol enmitten
735 niderkomeń an das pain,
wie In die Ritter doch gemain
mit ziehen nider nöeten.
Chai sprach: „man solt In beschröten,
ein tail ist noch ze lang.
740 der disen abe schwang,
abname ein spanne,
so stúend Er Ir rechte danne.
Mein frau hat sich wol behuet,
Ir treu sind gewesen guet
745 wider meinen herren, als Ir seht.
des ist Ir der Mantel recht.“

---

709 sÿ **721** kunig **741** ab name

dass ihnen der Mantel
710 nach der Anprobe gehören könnte,
denn seine Größe stimmte mit ihren Maßen überein.
Sie überlegten, wer ihn als Geschenk
an den Hof geschickt haben könnte.
Jede hätte ihn da sofort
715 sehr gern angezogen.
Allerdings erbleichten diejenigen,
die ihn später voller Reue auszogen.
Erst aber einmal sagte der Jüngling:
„Herr König, erfüllt mir meinen Wunsch!"
720 Kai und Engrewin gaben den Mantel
zuerst der Königin,
weil sie dort die Höchste
und die Vornehmste war.
Sie wäre im Nachhinein sicher gern
725 die Letzte gewesen, hätte das sein können;
dessen bin ich mir sehr sicher.
Nachdem sie verstanden hatte,
dass man den Mantel gewinnen konnte,
zog sie ihn bereitwillig an.
730 Wie gut ihr der Mantel passte,
lasse ich euch nun wissen:
Auch wenn man ihn zerrissen
oder mit Messern zerschnitten hätte,
wäre er ihr nicht mal
735 bis zum Knie gegangen,
wie sehr ihn auch die Ritter gemeinsam
herunterzuziehen versuchten.
Kai sagte: „Man sollte ihn beschneiden,
er ist noch ein wenig zu lang.
740 Wenn man ihn kürzen würde,
eine Spanne wegnähme,
dann stände er ihr genau richtig.
Meine Herrin hat gut auf sich aufgepasst,
sie ist meinem Herrn außerordentlich
745 treu gewesen, wie ihr sehen könnt.
Deshalb passt ihr der Mantel so gut."

Der kunig ward des ungefreut,
daz der mantl so ouget
an der künigin solhe untreu,
750 und het sein taugen reu.
in seinem hertzen ers verschwaig,
wann sein zorn in dartzú naig,
daz Er sprach also vil:
„der mantl zaiget wunderspil
755 an Eu, frau künigin, ze sehen.
man möcht wol durstig jehen
eurn treuen wandl bei.
Ich sprich doch nicht, daz es sei;
auch húetet euch | hinfúr bas.   XXIXvc
760 Mit rechten treuen rat ich das.
Frau mein, nú thúet In ab
und leihet In hie eurn gespilen.“
das tet si zwar mit gútem willen.
Die schame machet die künigin rot,
765 mere, dann die nature gepot,
und ward darnach plaich,
so das an varbe Ir entwaich
gegebens und gewunnens tail.
do si sach Ir treuen mail
770 an dem mantl schinen,
„we geschech den augen seinen“,
sprach si, „der dich machte.“
Artus der lachete
taugen in der leide.
775 die frauen und die maide
begúnden taugenlich ringen
sorgsam mit disen dingen
und gedachten, was es wurde.
ditz was die schwäriste purde,
780 die Ir dhaine je getrúg.
die rede si vonme schimphe schlúg,
daz si niene westen,
wie si sich solten vesten
vor des mantels valle.
785 Nu sorgent si alle,
wie si sich entschlagen;
da half dero klagen,
daz si kamen dar.

Dem König missfiel es,
dass der Mantel die Untreue
der Königin so offenbarte,
750 und litt still vor sich hin.
Er zeigte seine Betrübnis nicht,
allerdings führte seine Wut dazu,
dass er Folgendes bemerkte:
„Der Mantel zeigt wundervolle Dinge,
755 wie man an Euch, Frau Königin, erkennen kann.
Mit etwas Kühnheit könnte man Euch deshalb
wohl Euren treuen Lebenswandel zuerkennen.
Ich sage jedoch nicht, dass es so ist;
doch passt in Zukunft ein wenig besser auf Euch auf.
760 In großer Zuneigung rate ich Euch dazu.
Liebe Frau, nun zieht ihn aus
und gebt ihn an Eure Freundinnen weiter!"
Das tat sie wahrlich bereitwillig.
Die Königin wurde schamrot,
765 mehr als es von Natur aus möglich war,
und erbleichte danach,
sodass sie ihre von der Natur verliehene
und die durch den Mantel gewonnene Hautfarbe gänzlich verlor.
Nachdem der Mantel
770 den Schandfleck ihrer Treue angezeigt hatte,
sagte sie: „Wer dich gemacht hat,
möge erblinden!"
Artus lachte heimlich
in seinem Unglück.
775 Die Edeldamen und jungen Frauen
wurden wegen des Vorgefallenen
sehr nachdenklich
und überlegten, was weiter geschehen würde.
Dies war die schwerste Last,
780 die jemals eine von ihnen zu tragen hatte.
Die Angelegenheit gab sie dem Spott preis,
sodass sie nicht wussten,
wie sie sich vor dem Mantel des Verderbens
wappnen sollten.
785 Alle sorgten sich nun,
wie sie davon kommen könnten;
da nutzte kein Klagen,
dass sie nur zu Besuch am Hofe weilten.

     die frembde sprach: „nempt war,
790 wie bin ich hie kumen zů.
     ach laides me, was Ich thů.“
     Dise sprach: „Ich wirdes nimmerfro.“
     so wurden mit einander zwo
     geschweuflich Ir missetat
795 und sůchten von einander rat
     mit Ir taugen peichte.
     grosse schulde und leichte
     ward dhaine weis verschwigen.
     vil manige was unbezigen:
800 die růgte da Ir taugen
     an aller schlachte laugen,
     die begunde Ir selber phlegen
     vil taugenlich mit den prüsten slegen.
     dise not was In gemain.
805 Anderhalb Engrewain
     und Chai des Mantels phlagen.
     es stůnd auf ein wagen
     so hohe, daz es ere galt.
     das tete si mer blöde denne bald.
810 **D**och was ein sache,
     die zu disem ungemache
     Si allermaiste zwang:
     daz Si die erste múessen sein.
     Si gedachte: „khai ist der veint mein,
815 das richet Er an mir alsan
     und leget mir den mantel an.“
     das was Ir aller trauren.
     von schulden můs in sauren
     der hochzeite hochfart.
820 des hails slůssel in verspart
     freude und brachte si an das zil,
     da sorge was und laides vil.
     Die des tages Ir ere verlos,
     die schin seit lang freudenlos
825 und mochte von schulden traurig wesen.
     Artus wolte nicht entwesen,
     der mantl wurde angelait.
     da was der knab vil berait,
     der der gabe het gepeten.
830 die künigin wolt auch vertreten

Eine Besucherin sagte: „Das kann nicht sein.
790 Warum bin ich bloß hierhergekommen?
O weh! Was auch immer ich tue: es stürzt mich ins Unglück."
Eine andere sagte: „Ich werde dadurch niemals mehr froh."
Da begannen zwei wegen ihrer Missetat
zu taumeln
795 und klammerten sich durch ihre heimlichen Beichten
Hilfe suchend aneinander.
Große und geringe Vergehen
wurden nicht länger verschwiegen.
So manche war nicht geständig:
800 Ihr Schweigen klagte sie an,
ohne dass sie auf vielerlei Weise log;
die strafte sich heimlich selbst
mit Schlägen auf die Brüste.
Alle waren sie in derselben Notlage.
805 An anderer Stelle beschäftigten sich
Engrewin und Kai mit dem Mantel.
Es stand nun auf der Kippe,
ob es an ihre Ehre ging.
Das machte sie mehr mutlos als kühn.
810 Doch gab es etwas,
dass sie als größte
Last empfanden:
dass sie als erstes an der Reihe sein könnten.
Jede dachte: „Kai ist mein Feind,
815 er rächt sich an mir
und legt mir den Mantel an."
Deswegen tauerten sie alle.
Zu Recht muss ihnen
die Hoffart des Festes bitter werden.
820 Der Schlüssel des Glücks passte nicht
auf das Schloss der Freude, sondern brachte
sie dorthin, wo die Sorge und das Leid regierten.
Diejenige, die an diesem Tag ihr Ansehen einbüßte,
blieb für lange Zeit ohne jede Freude
825 und konnte zu Recht traurig sein.
Artus wollte nicht darauf verzichten,
dass der Mantel angezogen wurde.
Dem Knappen,
der um die Gabe gebeten hatte, war das sehr recht.
830 Zudem wollte die Königin durch die weitere Anprobe

hiemit Ir laster
und úebetz dester vaster.
Chai gepot In besúnder.
kaine was da under,
835 die In wolte emphahen,
wann daz si widersahen
vil jamerlich zusamen.
Artus nannte si bei namen
und vorderte si fúr.
840 Ir jetsliche verkür
sein hulde untz an Ir todt,
Es wäre, | daz Si kraft not   XXXra
fürbrächte oder Zwancksal:
der beder hette der künig wal.
845 khaien des beschwärete,
wann Er Ir Eeren verräte
und je gehass allen weiben.
er wande, daz es beleiben
der künig also liesse.
850 er betrachte, wie Er stiesse
darundter sein kündikait,
Wie es Ir jedoch wäre laid,
daz Er sein wolte beginnen
mit seiner freundinne.
855 Er sprach: „Ir sült nu die erste sein,
liebe Freundine mein.
Wo seit Ir? nu geet dar!
Ir waret je in der pesten schar.
wiewol ich euch heut des gan.
860 geet heer, leget den Mantl an
und schaidet den streit,
wann Ir die getreueste seit.“
Hie legt man Ir den mantl an.
nu flůchet Ir der gemaine wan,
865 alle die da waren,
mit inniklichen geparen:
mochte Ir das geschaden icht,
des geprast Ir von In allen nicht.
von kainem kam Ir das,
870 daz si het Ir aller has.
ob Er Ir missezame,
wer wänt Ir, das daz neme

von ihrer eigenen Schande ablenken
und verlangte diese umso dringlicher.
Kai befahl ihnen auseinanderzugehen.
Da gab es keine unter ihnen,
835 die den Mantel anziehen wollte;
sie warfen sich nur gegenseitig
jammervolle Blicke zu.
Artus sprach sie namentlich an
und forderte sie auf, nach vorne zu kommen.
840 Jegliche von ihnen verlöre
seine Gunst bis an ihr Lebensende,
es sei denn, sie könnte auf eine Nötigung
oder Vergewaltigung verweisen:
Diese beiden Situationen ließ der König als Möglichkeit zu.
845 Kai ärgerte das,
denn er hasste von jeher alle Frauen
und wollte ihr Ansehen zerstören.
Er glaubte, dass der König auf diese Weise
die Frauen entkommen ließ.
850 Er überlegte, wie er es listig
anstellen könnte, damit es weiterginge,
und kam zu dem Entschluss,
mit seiner Freundin beginnen zu wollen,
wie unglücklich sie auch darüber wäre.
855 Er sagte: „Ihr werdet nun die Erste sein,
meine geliebte Freundin.
Wo seid Ihr? Nun kommt her!
Ihr gehörtet immer zu den Edelsten!
Wie sehr ich Euch das heute gönne!
860 Kommt her, zieht den Mantel an
und gewinnt den Wettkampf,
denn Ihr seid die Treueste!“
So legte man ihr den Mantel an.
Nun verwünschten sie alle,
865 die da waren,
mit inbrünstigem Flehen.
Auch wenn ihr das nicht schaden konnte,
mangelte es ihr nicht an Verwünschungen.
Nur einem einzigen hatte sie es zu verdanken,
870 dass sie alle hassten.
Wenn er ihr auch missfallen hätte,
was glaubt ihr, wen das

in seinem mût für schwäre?
es ware In hart unmäre.
875 das kom von seiner hochfart.
der mantel Ir den leib bart,
untz daz der gürtl lag.
mues es sein, daz Si einen sack
des tages solte haben getragen,
880 das hette herr Chai bas verklagen.
Nu stet si in der gürtl bare,
der namen der Ritter alle ware
und getorstens nicht melden.
Si forchten, daz ein schelten
885 von Cheien In das gulte,
ob man Ir laster schuldte.
Wann ein, der hiess der Unsefte,
der sprach: „wo ist kai, der Ee
sovil von Ir treuen sait?
890 Er verwalt nicht an Ir warhait.
es mag wol sein, als Er gicht:
Si bestaubet uns mit dem mantl nicht.
Si ist an treuen unervaret:
daz der Mantl wol bewaret,
895 ob ichs recht erkenne.
Ich wän, si etwenne
Ir treu vil úbel deckhet,
davon Ir der Ars so hinden pleckhet.“
Khai hort und sach,
900 was man von seiner freundine sprach.
Er lie die scham seiner hant.
Engrew*in* so die seinen nant
und hiess si fur den künig gan.
Er sprach: „Si sol den Mantl an
905 nach meiner Frauen legen,
wil si gesellschaft phlegen,
daz wir zwen gesellen sein
Und si die Amie mein.“
So stuend die fraue
910 geklait, als ich traue,

---

902 Engrewın **908** Amıe

ernsthaft interessiert hat?
Es war ihnen total egal.
875 Das kam von seinem Hochmut.
Der Mantel reichte ihr den Körper
entlang bis zum Gürtel.
Hätte sie an diesem Tag
einen Sack anziehen müssen,
880 so hätte der Herr Kai das besser verschmerzt.
Nun steht sie da vom Gürtel ab nackt,
was die Ritter zwar alle sahen,
was sie sich aber nicht zu sagen trauten.
Sie fürchteten, dass Kai ihnen
885 das mit einer Spottrede heimzahlte,
wenn man ihr ein Vergehen vorwarf.
Nur einer namens Unruh
sagte: „Wo ist denn jetzt Kai, der zuvor
so viel von ihrer Treue erzählte?
890 Er hat nicht gelogen.
Es ist genauso, wie er behauptet:
Sie streut uns mit dem Mantel keinen Sand in die Augen.
Sie ist absolut treu:
das zeigt der Mantel zuverlässig an,
895 wenn ich es richtig erkenne.
Ich glaube, sie verdeckt nur gelegentlich
sehr schlecht ihre Treue,
weswegen ihr Arsch hinten entblößt ist.“
Kai hörte und sah,
900 was man über seine Freundin sagte.
Er ballte vor Scham die Faust zusammen.
Engrewin rief seine auf
und befahl ihr, vor den König zu treten.
Er sagte: „Sie soll den Mantel
905 wie meine Herrin anziehen,
will sie unsere Beziehung so weiterführen,
dass wir zwei ein Paar sind
und sie meine Geliebte.“
Schließlich war die Edeldame
910 in einer Weise gekleidet,

des si gerne empäre,
ob es an Ir wal wäre.
der Mantl die gürtl kaum bereichet,
so daz si me geleichet.
915 sein weite sich in valde,
er ware so mit gewalde
kaum recht gewesen kinden.
Er spien sich so hinden,
daz si vorn placke.
920 Si kunde noch machte
dhein weis gefúegen nicht.
Si gedaucht es alle ungeschickht.
Es múesset ein andre für zehant,
die der künig selber | nannt: XXXrb
925 Gawins Amien,
die zwen Edel freien
schone für belaiten.
den mantl si Ir anlaiten,
daz Er zu baiden seiten
930 Ir an der weiten
nicht getzam noch an der lenge:
hinden kurtz und gar zu enge,
aus der masse vor ze lang.
Khai sprach: „disen kranckh
935 kan ich wol erfinden.
secht, wo der Mantl hinden
Irem freundt zaiget unverholen,
daz sis im hinden hat verstolen."
Gaweine gab das kumber.
940 niemand wäre so túmber,
der erkannte sein frümkait,
es ware im für In lait.
Der kunig do nit lenger empeit:
jedoch es In allen ware leid,
945 den frauen Er dar gepot.
des wurden Si vil schamrot.
was half? dann músse sehen
an dem mantl, was geschehen
wär Ir jeglicher,

------

923 ze hant **925** Amıen **948** geſehen

die sie gern vermieden hätte, wie ich glaube,
wenn ihr die Wahl überlassen worden wäre.
Der Mantel ging gerade so bis zum Gürtel,
sodass dieser noch mehr Gefallen fand.
915 Rundherum schnürte er sie ein:
so hätte auch mit Gewalt
nicht mal ein Kind richtig hineingepasst.
Er spannte sich hinten so,
dass sie vorn nackt dastand.
920 Sie konnte in keiner Weise
an ihrer Situation etwas ändern.
Alle anderen fanden es unpassend.
Eine andere musste sogleich vortreten,
die der König selber auswählte:
925 Gaweins Geliebte,
die zwei Edelfreie
freundlich nach vorne führten.
Den Mantel zogen sie ihr so an,
dass er zu beiden Seiten
930 weder in der Weite
noch in der Länge passte:
hinten war er zu kurz und zu eng,
vorne unförmig und zu lang.
Kai sagte: „Diese Unvollkommenheit
935 kann ich genau erklären.
Seht nur: Der Mantel zeigt
ihrem Freund ganz offen,
dass sie ihn von hinten betrogen hat."
Gawein machte das zu schaffen.
940 Keiner, der wusste, wie tüchtig er war,
wäre so einfältig gewesen,
nicht mit ihm zu leiden.
Der König wartete daraufhin nicht länger:
Obwohl sie alle darunter leiden mussten,
945 befahl er den Edeldamen vorzutreten.
Deswegen wurden sie rot vor Scham.
Was half es? Denn man sollte
am Mantel sehen, was jeder von ihnen
passiert war,

950 und ware Si nu reicher
dann je künigine ward.
Si flůcheten alle der fart,
die der knab dar thete,
wann es was an Ir pete.
955 Nu was es an den zeiten,
daz Eerech frauen eniten
fúr den künig prachte,
der Im des gedachte,
ob Si den mantl annäme,
960 daz Er Ir wol gezäme.
enmitten fur den künig stete
den mantl si anhette
und lie sich bewaren.
mocht er si erfaren,
965 das sahe man harte kaume.
Ir geprast an dem saume
kaum dreier vinger:
sovil was ringer
Ir schulde denn der davor.
970 doch het si in das vinster spor
getreten, als Si kai zech,
der Ir den mantl an lech.
Was je Chai darúndter reit,
das was spot und was In leid
975 und kundens nicht understeen.
doch liessen Si also fürgeen,
als es In unmäre
in Irem hertzen wäre.
er tet sein so minner:
980 es geschach nie nicht so inner,
Es kome wol ze liechte.
beschwärt es si ansechte,
das můsse also beleiben.
Si kundens vertreiben
985 mit dro noch mit flehe
nicht hoher dann ein slehe.
grosse boshait an im lag,
Wann er je des siten phlag,
daz er das sagt von dem man,
990 wo Er In am maisten beschwärte an.
sölhe site Er nie verchos.

950 auch wenn Sie die mächtigste Königin
aller Zeiten gewesen wäre.
Sie fluchten alle über
die Ankunft des Knappen,
den sie nicht dorthin gebeten hatten.
955 Nun war es an der Zeit,
dass Ereck Frau Enite
zum König brachte,
der durchaus erwog,
dass der Mantel ihr gut passen könnte,
960 wenn sie ihn anzöge.
Genau vor dem unnachgiebigen König
zog sie den Mantel an
und unterzog sich der Prüfung.
Dass er einen Makel an ihr entdecken konnte,
965 sah man so gut wie nicht.
Am Saum fehlten ihr an der perfekten Länge
nicht einmal drei Finger breit:
Um so viel war ihre Schuld geringer
als die der anderen.
970 Doch war auch sie auf die dunkle Spur geraten,
wie Kai es ihr vorwarf,
der ihr den Mantel anzog.
Was auch immer Kai zu ihnen sagte:
Es waren Spottworte, die sie verletzten,
975 ohne dass sie es verhindern konnten.
Doch ließen sie das über sich ergehen,
als ob es ihnen
gleichgültig wäre.
Er spottete dann umso weniger.
980 Dieses Verhalten hatte er jedoch niemals so verinnerlicht,
dass sein altes nicht wieder zutage getreten wäre.
Auch wenn es sie offensichtlich bedrückte,
das ging so immer weiter.
Sie konnten es
985 weder mit Drohungen noch mit Bitten
auch nur ein wenig abstellen.
Zutiefst bösartig war er,
denn er verhielt sich stets so,
dass er das über einen Menschen sagte,
990 was diesen am meisten verletzte.
Ein solches Verhalten legte er stets an den Tag.

Er was also zuchtlos,
des mocht In niemand entziehen.
seine wort mûst man fliehen
995 bei Ir und bei Ir weiben. 1
ditz was Erech Vilderoilach,
der baiden frumbkait und salden phlag.
Durch den die rede erhaben ist.
nu riten si unlange frist 5
1000 nebeneinander baide,
Ee daz si úber die haide
verre In allen gahen
zureiten sahen
ein Ritter selb dritten, 10
1005 vor ein Gezwerg, da einmitten
ein Júnckfrauen gemait,
schon und wolgeklait.
und wundert die kunigin,
wer | der Ritter möchte sein. XXXrc 15
1010 Er was ze harnasch wol,
als ein gût knecht sol.
Eregk, der junge man,
sein frauen fragen began,
ob ers erfarn solte. 20
1015 die frau des nicht wolte.
Si bat In da bei Ir tweln.
ein Junckfrau begund si auswelen,
die si mochte senden dar.
Si sprach: „reit und erfar, 25
1020 wer der Ritter müge sein
und sein geferte, das mägetlein.“
Die Junckfrau hûb sich an die fart,
als Ir gepoten ward,
da si das gezwerg reiten sach. 30
1025 mit zúchten si zu Im sprach:
„Got grüesse euch, geselle,
Und vernemet, was ich welle:
Mein frau hat mich heer gesant.
die ist künigin úber das landt. 35
1030 durch Ir zucht gepot si mir,
daz ich euch grúeste von Ir,
und wiste gern märe,
wer der Ritter wäre

Niemand konnte ihn davon abhalten,
so rücksichtslos zu sein.
Vor seinen Worten bei ihr und ihren Frauen
995 musste man fliehen.
Dies war Ereck Vilderoilach,
der sowohl tüchtig als auch gütig war.
Seinetwegen ist die Erzählung begonnen worden.
Sie ritten beide nicht lange
1000 nebeneinander her,
als sie sahen,
dass in großer Eile
über die Heide
ein Ritter mit zwei Begleitern auf sie zuritt:
1005 vor ihm war ein Zwerg, zwischen ihnen
eine junge und gut gelaunte Edeldame,
die schön und prachtvoll gekleidet war.
Die Königin fragte sich,
wer dieser Ritter sein könnte.
1010 Er war in voller Rüstung,
wie es sich für einen guten Kämpfer gehört.
Ereck, der junge Mann,
fragte seine Herrin,
ob er es in Erfahrung bringen sollte.
1015 Die Herrin wollte es nicht.
Sie bat ihn, bei ihr zu bleiben.
Eine junge Edeldame wählte sie aus,
die sie dort hinschickte.
Sie sagte: „Reite hin und bring in Erfahrung,
1020 wer der Ritter
und seine Begleiterin sind!"
Die junge Edeldame machte sich auf,
wie es ihr befohlen worden war,
und ritt auf den Zwerg zu.
1025 Freundlich sagte sie zu ihm:
„Grüß Gott, Freund,
vernehmt mein Anliegen:
Meine Herrin hat mich zu Euch geschickt.
Sie ist Königin über dieses Land.
1030 Freundlich, wie sie ist, beauftragte sie mich,
Euch von ihr zu grüßen;
zudem wüsste sie gern,
wer der Ritter

und dise maget wolgetan. 40
1035 mügt Ir mich das wissen lan?
ān schaden Ir das tůt.
man fraget núr durch gůt."
Das gezwerk wolt Ir nicht sagen
und hiess Si stille dagen 45
1040 und daz si In vermitte.
Si wiste, warnach si rite:
die magt lie nicht umb das,
si wolt reiten furbas,
den Ritter fragen märe 50
1045 selbs, wer Er wäre.
das gezwerg weret Ir den weg.
das sach die künigin und Eregk,
daz es si mit der gaisl schlůg,
die es in der hant trůg, 55
1050 úber haubt und úber hende
ze seiner miswende,
daz si mal davon gewan.
mit solher abenteur schied si dann
wider zu Ir frauen 60
1055 und lies si schauen,
wie sere si was geschlagen.
das begunde si vil teure klagen,
daz es Ir so nahen was geschehen,
daz sis múste ansehen. 65
1060 **E**regk da achten began,
der Ritter wär nit ein frúm man,
daz Er es vor im vertrůg,
daz sein Getzwerg die magt schlůg.
Er sprach: „ich wil reiten dar, 70
1065 daz ich euch die märe erfar."
die frau sprach: „nu reitend weg."
zehant húb sich Eregk,
und als Er In so nahen kam,
daz ditz getzwerg die red vernam, 75
1070 Er sprach: „nu mugt Ir weniger man mir
    gesagen,
warumb habt Ir die magt geschlagen?

———————
1037 mein

und dieses schöne Mädchen sind.
1035 Könnt Ihr mir das verraten?
Ihr könnt es sagen, ohne etwas befürchten zu müssen.
Man fragt nur im Guten."
Der Zwerg wollte ihr das nicht sagen
und befahl ihr, zu schweigen
1040 sowie ihn in Ruhe zu lassen.
Sie wusste, wohin sie reiten wollte:
das Mädchen ließ sich nicht davon abhalten,
wollte weiterreiten
und den Ritter selbst fragen,
1045 wer er wäre.
Der Zwerg versperrte ihr den Weg.
Die Königin und Ereck sahen,
dass der Zwerg sie mit einer Peitsche,
die er in der Hand hielt,
1050 zu seiner Schande
ins Gesicht und auf die Hände schlug,
sodass sie Striemen davontrug.
Mit solch einem Abenteuer kehrte sie von dort
wieder zu ihrer Herrin zurück
1055 und ließ sie sehen,
wie heftig sie geschlagen worden war.
Heftig beklagte sich die Königin,
dass dies derart in ihrer Nähe geschehen war
und sie es mit ansehen musste.
1060 Ereck erkannte,
dass der Ritter kein guter Mensch wäre,
weil er es zugelassen hatte,
dass sein Zwerg das Mädchen vor seinen Augen geschlagen hatte.
Er sagte: „Ich werde zu ihm reiten,
1065 um seinen Namen in Erfahrung zu bringen."
Die Königin sagte: „Dann reitet!"
Sofort machte sich Ereck auf den Weg.
Als er so nahe heran war,
dass ihn der Zwerg verstehen konnte,
1070 sagte er: „Könnt Ihr Winzling mir sagen,

warum Ihr das Mädchen geschlagen habt?

Ir habt sere missetan.
Ir soltend es durch eur zucht lan.
Euren herren solt Ir mir nennen.   80
1075 mein frau wolt In erkennen
Und das schöne Magetlin."
das getzwerch sprach:
  „las dein claffen sin.
Ich sag dir anders nicht,
Wann daz dir alssam geschicht.   85
1080 was wolt si der märe,
wer mein herr wäre?
Ir seit nicht weise leute,
daz Ir sovil heute
gefraget von meinem herren.   90
1085 es mag euch wol gewern.
Wildu, daz Ich dichs erlazze,
so reit dein strasse
und sabe dich, der sunnen hasz."
Ereck der wolt auch furbas,   95
1090 wann daz im das gezwerg nit vertrůg.
mit der gaisl es | In schlůg,   XXXva
Als es der Magt het getan.
auch wolt Er sich gerochen han,
wann daz Er weislichen   100
1095 seinem zorn kunde entweichen:
der Ritter het im genomen den leib,
Wann Eregk was plos als ein weib.
Er gelebt im nie laidern tag
dann umb den gaislschlag   105
1100 und schamet sich nie so sere,
wann daz dise unere
die künigin mit Iren frauen sach.
als im der gaislschlag geschach,
mit grosser scham er wider rait.   110
1105 also klagt Er sein laid.
Schamfar ward Er under seinen augen:
„Frau, ich mag des nicht verlaugen,
Wann Ir es selbs habt gesehen,
mir sei vor eu geschehen   115
1110 ein schande also grosse,
daz Ir nie dhain mein genosse
eines hares nie gewan,

Ihr habt Euch verfehlt.
Ihr hättet es, da Ihr doch gut erzogen seid, nicht tun sollen.
Nennt mir Euren Herrn!
1075 Meine Herrin möchte seinen
und den Namen des schönen Mädchens kennen."
Der Zwerg sagte: „Hör mit deinem Geschwätz auf!

Ich sage dir nichts anderes,
als dass es dir genauso ergehen wird.
1080 Warum wollte sie in Erfahrung bringen,
wer mein Herr ist?
Ihr seid nicht sehr klug,
dass ihr hier ständig
nach dem Namen meines Herren fragt.
1085 Es kann Euch schlecht bekommen.
Wenn du willst, dass ich dich verschone,
so mach kehrt
und scher dich fort, du Dreckskerl!"
Dennoch wollte Ereck weiterreiten,
1090 doch ließ dies der Zwerg nicht zu.
Mit der Peitsche schlug er ihn
wie schon zuvor das Mädchen.
Dafür hätte Ereck sich gerächt,
doch konnte er klugerweise
1095 seinen Zorn unterdrücken:
Der Ritter hätte ihn getötet,
denn Ereck war unbewaffnet wie eine Frau.
Er erlebte nie einen leidvolleren Tag
als diesen mit dem Peitschenhieb
1100 und hatte sich nie zuvor so sehr geschämt,
denn seinen Ehrverlust
sahen die Königin und ihre Edeldamen.
Nach dem Peitschenhieb
kehrte er schamvoll zurück.
1105 Er klagte sein Leid,
während seine Wangen sich schamrot färbten:
„Herrin, ich kann es nicht leugnen –
denn Ihr habt es selbst gesehen –,
dass mir vor Euren Augen
1110 eine so große Schande widerfahren ist,
wie sie einer meiner Standesgenossen
nie zuvor auch nur annähernd erlebt hat:

daz mich ein sünst wenig man
so lästerlichen hat geschlagen   120
1115 und ich im das můst vertragen:
des scham Ich mich so sere,
daz ich euch nimmermere
fürbas getar schauen
Und dise Junckfrauen,   125
1120 und waiss nit, wartzů mir das leben sol.
es sei denn, daz ich mich des erhol,
das mir vor euch geschehen ist,
Ich ersterbe in kurtzer frist.
so sol ichs versůchen.   130
1125 Frau, Ir solt gerůchen,
daz ich in Eurn hulden far.
der himelkaiser bewar,
frau, eur ere.
Ir gesecht mich nimmermere,   135
1130 Ich gereche mich an disem man,
von des getzwerge ich mal gewan.
Ist, daz mich got so geeret,
daz Er mein hail meret,
daz mir daran gelinget,   140
1135 so doch mein můt gedinget,
so kum ich über den dritten tag,
ob ich vor siechtúm mag.“
Der künigin was vil laid,
daz er also junger rait   145
1140 auf so grosse fraise.
Si bat In lan die raise.
so lang er do urlaubes begerte
und daz si Ins gewerte.
auch gedachte der Junckherre,   150
1145 im wäre das ze verre,
ob er zu denselben zeiten
hinwider wolte reiten,
da Er seinen harnasch hette,
und daz Er also drate   155
1150 In nimmer genäme,
wie er widerkäme,
so waren si im entriten gar,
und eilte In nach also par.
da Er In begunde gahen na,   160

dass mich ein so kleiner Kerl
so schändlich geschlagen hat,
1115 und ich ihm das durchgehen lassen musste.
Deswegen schäme ich mich so sehr,
dass ich Euch
sowie diesen jungen Edeldamen
nie wieder in die Augen schauen kann,
1120 und nicht weiß, wozu mir das Leben noch gut ist.
Wenn ich das nicht zurückzahle,
was mir vor Euren Augen geschehen ist,
werde ich in Kürze tot sein.
Also werde ich es versuchen.
1125 Herrin, gestattet bitte,
dass ich mit Eurer Erlaubnis fortreite.
Der Himmelskaiser möge
Euer Ansehen bewahren, Herrin.
Ihr seht mich nie mehr wieder,
1130 es sei denn, dass ich mich an dem Mann rächen werde,
von dessen Zwerg ich die Striemen erhielt.
Wenn Gott mich so ehrt,
dass er mir Glück schenkt,
mir es also gelingt,
1135 wie mein Herz es erhofft,
dann komme ich, wenn mich eine Verletzung
nicht daran hindert, in drei Tagen zurück."
Die Königin machte sich Sorgen,
weil er sich so jung
1140 in so große Gefahr begab.
Sie bat ihn, auf die Reise zu verzichten.
Doch bat er immer wieder um ihre Erlaubnis,
sodass sie ihm diese schließlich erteilte.
Auch dachte der junge Edelmann daran,
1145 dass der Ort,
wo er seinen Harnisch hatte,
zu weit entfernt lag,
um noch dorthin zu reiten,
und er nicht schnell genug dort wäre,
1150 um ihn zu holen;
da sie, bis er wieder zurückgekommen wäre,
fortgeritten wären,
eilte er ihnen ungerüstet hinterher.
Als er denen hinterherhetzte,

1155 da kam er recht auf Irn schla,
     von den In schade was geschehen.
     vil schiere begunde er si ansehen.
     Zů In was Im nicht ze gach:
     Er rit In also verre nach,   165
1160 daz er si sach und si In nicht.
     er tet als der, dem da laid geschicht:
     der vleisset sich dick dartzů,
     wie er es mit fuege wider thúe.
     Si komen auf dem wege   170
1165 aus seiner augen phlege
     des vil langen tags nie,
     untz daz der abent ane gie.
     Nu sahe Er, wo gegen Im schein
     ein haus gehaissen Dulimein,   175
1170 der wirt der Hertzog Imain.
     da rait der Ritter vor Im in.
     da ward er emphangen wol,
     so | man zu freundes hause sol   XXXvb
     Und als dem wirt wol gezam.   180
1175 Ich sag euch, durch was er kam
     mit seiner freundin:
     es het der Hertzoge Ymain
     Hochzeit da vor zwai Jar;
     sagt die abenteure war,   185
1180 so het Er si da zu dem dritten.
     an ein wise enmitten
     het er hoch an ein stat
     einen Sparber aufgesat
     auf ein stange silbrein.   190
1185 ditz můst Järlich sein
     zu freuden seiner landtdiet.
     von der rede er niemand schiedt:
     nun daz gleiche
     arm und reiche,   195
1190 Alt und junge
     durch schöne handlunge
     zu seiner freude kamen,
     wenn sis vernamen.
     Wes freundinne den streit   200
1195 behielt zu seiner hochzeit,
     daz si die schöneste ware,

1155 die sie verletzt hatten,
folgte er ihrer Spur.
Sogleich hielt er Ausschau nach ihnen.
Er hatte es nicht eilig, zu ihnen zu gelangen,
sondern ritt ihnen in einiger Entfernung hinterher,
1160 sodass er sie sehen konnte, sie ihn aber nicht.
Er handelte wie derjenige, dem Leid zugefügt wird:
der bemüht sich oft darum,
wie er es auf passende Weise heimzahlen kann.
Den ganzen Tag lang
1165 ließ er sie auf ihrem Weg
nicht aus den Augen,
bis die Dunkelheit hereinbrach.
Nun sah er den Lichtschein
einer Burg, die Tulimein hieß,
1170 und ihr Hausherr der Herzog Imain.
Dort hinein ritt der Ritter.
Der wurde dort empfangen,
wie es in der Burg eines Freundes üblich ist
und wie es dem Hausherrn ziemte.
1175 Ich sage euch, warum er
mit seiner Freundin dorthin kam:
zwei Jahre zuvor hatte der
Herzog Imain ein Fest veranstaltet;
sagt die Erzählung die Wahrheit,
1180 veranstaltete er es nun zum dritten Mal.
Mitten auf einer Wiese
hatte er auf einem Hügel
einen Sperber
auf einer silbernen Stange platziert.
1185 Dies musste jährlich
zur Freude seiner Leute geschehen.
Von der Einladung schloss er niemanden aus,
sodass gleichermaßen
Arme und Reiche,
1190 Alte und Junge
wegen der sehenswerten Ereignisse
zu seiner Freude herbeiströmten,
wenn sie davon hörten.
Wessen Freundin den Wettkampf,
1195 wer die Schönste wäre,
auf dem Fest für sich entscheiden konnte,

die näme den Sparbare.
den het der Ritter genomen.
zwar auch was er komen,   205
1200 daz Er In zu dem dritten näme.
und ob es also kame,
so het er In immermere
an streit mit voller ere.
Nu sagt man das märe,   210
1205 daz da manig weib schöner wäre
dann des Ritters freundin.
da was sein frumbkait daran schein:
Er was also forchtsam,
daz Er In mit gewalte nam.   215
1210 In getorste da niemand bestan,
Streites ward er gar erlan.
Nu weste Eregk nicht
umb dise geschicht,
wann daz Er im durch sein laid   220
1215 auf abenteur nach rait.
Nu begunde sigen der tag.
ein marckt under dem hause lag:
da kam er geriten In.
die Burg mite er durch den sin,   225
1220 daz Er sein icht wúrde gewar,
dem Er het gevolget dar.
Nu er súchende rait,
Wer In durch sein frümbkait
des nachtes name in sein phlege.   230
1225 Nu vant er an dem wege
von den leuten grossen schal.
die heuser waren úberall
beherberget vaste.
der sich sein zu gaste   235
1230 wolt underwinden,
den kunde Er nindert vinden.
auch was Er habelos da gar.
Er het sich nicht gewarnet dar,
Wann In kom die rais gächs an,   240
1235 als Ich euch davor gesagt han.
Er het da nicht mere
– das bekümbert In da sere –,
Wann das phärd und sein gewant.

durfte den Sperber mitnehmen.
Den hatte der Ritter bereits gewonnen.
Dennoch war er wahrhaftig wiedergekommen,
1200 um ihn zum dritten Mal zu gewinnen.
Und wenn ihm dies gelänge,
könnte er ihn für alle Zeiten
ohne Wettkampf in größtem Ansehen behalten.
Nun erzählt man aber,
1205 dass da manche Frau schöner gewesen wäre
als die Freundin des Ritters.
Daran wurde seine Tüchtigkeit deutlich:
Er wurde so gefürchtet,
dass er ihn gewaltsam gewann.
1210 Niemand traute sich, gegen ihn anzutreten;
er musste gar nicht kämpfen.
Nichts davon
war Ereck bekannt;
er war ihm allein wegen seines erlittenen Unrechts
1215 in Aussicht auf ein Abenteuer hinterher geritten.
Nun ging der Tag zu Ende.
Ein Marktflecken lag unterhalb der Burg:
dorthin ritt er.
Die Burg mied er in der Absicht,
1220 den Verfolgten
nicht auf sich aufmerksam zu machen.
Nun ritt er einher und suchte jemanden,
der ihn aus edler Gesinnung
für die Nacht in seine Obhut nähme.
1225 Nun befanden sich auf der Straße
überall lärmende Menschen.
In sämtlichen Häusern waren
zahllose Gäste einquartiert.
Er konnte niemanden finden,
1230 der ihn als Gast
aufnehmen wollte.
Zudem war er völlig mittellos.
Er hatte sich nicht darauf vorbereiten können,
da er die Reise – wie ich euch bereits erzählt habe –
1235 sehr plötzlich auf sich nehmen musste.
Er hatte nicht mehr bei sich –
das machte ihm Kummer –
als das Pferd und sein Gewand.

auch was Er da unerkant,   245
1240 daz Im niemand zů sprach
noch ze gůte ansach.
Die gassen waren spils vol,
als es ze hochzeiten sol.
Nu rait Er also weislos,   250
1245 untz daz Er verre vor Im kos
ein altes gemeure.
do im die so teure,
die herberg, waren,
eines weges begund Er varen,   255
1250 der In dar brachte,
wann Er im gedachte
des nachtes beleiben da,
wann er möchte anderswa.
das haus er begunde   260
1255 und mainet nit, daz Er funde
jemand darinne.
das freuet sein sinne.
Er gedacht: „mein ding, das vert nu wol,
wann ich *in e*inen winckel sol   265
1260 beleiben hinne üntz | an den tag,   XXXvc
seit ich nicht wesen pesser mag.
des gunne man mir doch an streit.
Ich sihe wol, daz es öde leit.“
Als er in das haus kam   270
1265 und er der winckel war genam,
welher im dartzů dochte,
da Er inne beleiben mochte,
da sahe Er sitzen da
einen Man, der was gra,   275
1270 sein hare von alter schnee weis;
des het Er dannoch gůten vleiss,
daz ers nach rainem site phlag:
vil wol gestrält es lag
uber sein achsel ze tal.   280
1275 nach der abenteure zal
so het derselb altman

—————
1259 meinen

Auch war er dort unbekannt,
1240 sodass ihn niemand ansprach
oder ihm einen freundlichen Blick schenkte.
In den Gassen ging es lustig zu,
wie es bei einem Fest sein soll.
Nun ritt er also ziellos herum,
1245 bis er weit vor sich
ein altes Gemäuer erblickte.
Nachdem die Herbergen
nicht in Frage kamen,
ritt er auf einen Weg,
1250 der ihn zu dieser Ruine führte,
denn er wollte
diese Nacht dort verbringen,
wenn er nicht anderswohin könnte.
Er erkundete das Haus
1255 und glaubte nicht,
jemanden darin zu finden.
Das freute ihn.
Er dachte: „Meine Sache entwickelt sich gut,
denn ich werde bis zum Tagesanbruch
1260 in diesem Versteck bleiben,
da ich keine bessere Unterkunft gefunden habe.
Diese wird man mir nicht streitig machen.
Ich sehe doch, dass sie verlassen daliegt."
Als er das Haus betrat
1265 und das Versteck inspizierte,
das ihm geeignet schien,
die Nacht darin zu verbringen,
sah er einen Greis
dort sitzen,
1270 dessen Haare aufgrund seines Alters schneeweiß waren.
Dennoch bemühte er sich sehr darum,
es tadellos zu pflegen:
Es fiel ihm ordentlich gekämmt
über die Schultern auf den Rücken.
1275 Gemäß der Erzählung
hatte der alte Mann

ein Schafkursen an
und desselben auf einen hůt.
die waren baide also gůt, 285
1280 als In sein stat leite.
Ern phlag nicht reichete,
sein gepärde was vil herlich
eines Edlen mannes glich.
ein krucke was sein steure, 290
1285 der da sass in dem gemeure.
ditz was Ereck laid,
wann er vorchte die gewonhait,
er solt In ausgetriben han,
als im vor was getan. 295
1290 das phärd Er ze stete pant,
darauf legt er sein gewant.
seine hende habt Er für sich,
einem wolgezognem manne glich,
und gieng, da Er den alten sach. 300
1295 mit zweifel er zu im sprach:
„Herre, mir ware der herberg not.“
die pete machet In schamrot.
Als In der alte het vernomen,
Er sprach: „nu seit mir gros
willekomen 305
1300 zu dem und ich nu haben mag.“
des genadet Im Ereck Filderoilach.
Nu het Er ingesindes
nun eines kindes
– die was ein die schoneste magt, 310
1305 von der uns je ward gesagt –
und der hausfrauen.
daran mocht man schauen,
daz Er reiches můtes wielt,
daz Er den gast so arm enthielt. 315
1310 dem kinde rüeft er dar.
Er sprach: „gee und bewar
ditz herren phärd, tochter mein,
der unser gast gerůchet sein,
und begieng es so ze vleisse, 320
1315 daz ich dirs icht verweise.“
Si sprach: „herre, das tůn ich.“
der magde leib was loblich.

ein Schafsfell an
und trug einen Hut aus demselben Material.
Beide waren so gut,
1280 wie es seine Lage erlaubte.
Auch wenn er nicht in Reichtum lebte,
war sein Verhalten doch sehr vornehm,
gleich dem eines Adligen.
Eine Krücke hielt der Bewohner
1285 des Gemäuers in den Händen.
Ereck betrübte es,
denn er fürchtete,
dass er nun vertrieben würde
wie zuvor.
1290 Das Pferd band er an,
darauf legte er sein Gewand.
Seine Hände hielt er vor sich,
wie es ein gut erzogener Mensch tun sollte,
und ging auf den Alten zu.
1295 Ohne Hoffnung sprach er ihn an:
„Herr, ich benötige dringend eine Unterkunft."
Die Bitte machte ihn schamrot.
Nachdem der Alte dies vernommen hatte,
sagte er: „Dann seid mir herzlich willkommen

1300 bei allem, was ich jetzt noch habe."
Dafür dankte ihm Ereck Filderoilach sehr.
Nun hatte er als Bedienstete
allein ein Kind –
das war eines der schönsten Mädchen,
1305 von dem uns jemals erzählt wurde –
und seine Ehefrau.
Daran, dass er trotz seiner Armut den Gast aufnahm,
konnte man erkennen,
dass er über reichlich Edelmut verfügte.
1310 Das Kind rief er zu sich.
Er sagte: „Geh und versorge
das Pferd dieses Herren, meine Tochter,
der unser Gast sein wird,
und mache dies so sorgfältig,
1315 dass ich dich dafür nicht tadeln muss!"
Sie sagte: „Herr, das mache ich."
Das Mädchen war unglaublich schön.

der Rock was grüener varbe,
*ge*zieret beigarbe,   325
1320 abhar überal.
darunder was Ir hemede sal
und auch zebrochen etswo.
so schain die leiche do
durch weis als sam ein schwan.   330
1325 man sagt, daz nie kind gewan
ein leib so gar dem wúnsche geleich.
und war si gewesen reich,
so gepräst nicht Irem leibe
Ze loblichem weibe.   335
1330 Ir leib schain durch Ir salbe wat
als sam die lilie, da si stat
under schwartzen dornen weis.
Ich wäne, got seinen vleiss
an si hette gelait   340
1335 von schöne und von salikait.
Erecken müet auch Ir ungemach.
zu Irem vater er sprach:
„Wir süllen es die Junckfrauen erlan.
Ich wän, si es selten hab getan: 345
1340 es gezimbt mir selbs vil bas.“
da sprach der alte das:
„man sol dem wirte lan |
seinen willen, das ist guet getan.   XXXIra
uns gepristet der knechte: 350
1345 von des wegen tůt sis mit rechte.“
die junckfrau des nicht enliess:
si tette, als Si Ir vater hiess.
das phärd begieng ze vleisse
Ir hende vil weisse.   355
1350 und wäre, daz got hie auf erde ritte,
Ich wän, In genüegte damitte,
ob er solhen marstaller hette.
wie si schin in schwacher wate,
so waiss ich, daz weib noch man   360
1355 süessern schiltknecht nie gewan
dann Ereck Filderoilach,
da si seines phärdes phlag.

1319 giezieret

Ihr Kleid war grün,
gänzlich verziert,
1320 doch überall abgeschabt.
Ihr Hemd darunter war schmutzig
und hier und da zerrissen.
Deshalb schien dort die Haut durch,
die weißer war als ein Schwan.
1325 Man sagt, dass kein Kind
je zuvor einen solch makellosen Körper hatte.
Und wäre sie reich gewesen,
hätte ihr zu einer vortrefflichen Ehefrau
nichts gefehlt.
1330 Ihr Körper schimmerte durch ihre schmutzige Kleidung
wie die Lilie, wo sie weiß
unter schwarzen Dornen hervorleuchtet.
Ich glaube, Gott
hat sich um ihre Schönheit und ihre Anmut
1335 besonders bemüht.
Ihre Mühe tat Ereck leid.
Zu ihrem Vater sagte er:
„Wir sollten dies der jungen Edeldame nicht aufbürden.
Ich könnte mir vorstellen, dass sie es noch nie getan hat:
1340 es ist viel eher meine Aufgabe.“
Da sagte der Alte Folgendes:
„Man soll dem Hausherrn seinen Willen
lassen. Das ist nur richtig so.
Uns fehlen die Knechte:
1345 daher macht sie es zu Recht.“
Die junge Edeldame weigerte sich nicht:
sie tat das, was ihr Vater ihr aufgetragen hatte.
Mit glänzend weißen Händen
versorgte sie sorgfältig das Pferd.
1350 Und wäre es so, dass Gott hier auf Erden ritte,
glaube ich, dass er zufrieden wäre,
einen solchen Pferdeknecht zu haben.
Auch wenn ihre Kleidung armselig war:
ich weiß, dass niemand zuvor
1355 einen reizenderen Schildknecht gewann
als Ereck Filderoilach,
denn sie versorgte sein Pferd.

Im gezam von solhem knechte
sein Fúter wol mit rechte.   365
1360 Hie ward der gast beraten,
als si des stat haten:
gût tepich gespreit
und darauf geleit
also reiche pettewat,   370
1365 so si die welte peste hat,
mit samite betzogen,
dem das golt was unerlogen,
daz das pete ein man nie mochte erwegen
und selb vierde múste legen,   375
1370 und daruber gepreit
nach grosser herren wirdikait
golter und zendale,
reich und gemale:
die waren bei dem feure   380
1375 des abents vil teure.
Si gelaisten wol ein rain stro,
darúber genúegte si do
eines petes an vleiss,
das bedackht ein leilach weis.   385
1380 auch was da Ritters speise:
wes ein man vil weise
mochte in seinem mûte
erdenckhen ze gûte,
des hetten si uber craft   390
1385 und volleklich wirtschaft.
doch man es auf den tisch nit trûg.
In gab der raine wille genúg,
dann man da ze hause vant,
wann er ist aller güete ein phant.   395
1390 Nu múgt Ir hören märe,
Wer diser alte wäre,
daz Er den gast so wol emphie
und er es nicht durch sein armût lie.
Er het davor gehabt ee   400
1395 gûtes und auch eren me.
Er was ein grave reiche,
vil gar unlasterleiche
seines erbes verstossen
von seinen úbergenossen.   405

Das ließ sich von einem solchen Knecht
zu Recht das Füttern gefallen.
1360 Hier wurde der Gast versorgt,
wie es ihnen möglich war:
Edle Decken ausgebreitet
und die prachtvollste Bettwäsche
darauf gelegt,
1365 die es auf Erden gibt,
mit Samt überzogen
und so sehr mit Gold durchwirkt,
dass ein einzelner Mann das Bett nicht anheben hätte können
und es vier Männer bedurft hätte, es auszulegen;
1370 und darauf lagen
wie in vornehmen Haushalten
prächtige und bunte
Steppdecken und Seidenstoffe –
die waren an diesem Abend
1375 am Feuer nicht vorhanden.
Sie konnten ein sauberes Strohlager anbieten,
darauf genügte ihnen da
ein einfaches Bett,
das von einem weißen Laken bedeckt war.
1380 Zudem gab es ein ritterliches Mahl:
Alles, was ein ausgesprochen kluger Mann
sich an Speisen ausdenken
und für angemessen halten könnte,
hatten sie im Überfluss
1385 und in reichlicher Auswahl.
Dennoch tischte man es nicht auf.
Ihnen gab der bloße Wunsch mehr,
als man dort im Hause hatte,
denn er ist die Voraussetzung alles Guten.
1390 Nun sollt ihr erfahren,
wer dieser Alte ist
und warum er den Gast
trotz seiner Armut so vollendet empfing.
Früher besaß er
1395 mehr Geld und Ansehen.
Er war ein wohlhabender Graf gewesen,
völlig unverschuldet
von Mächtigeren
um sein Erbe gebracht.

1400 In het dhein sein poshait
      in dise armůt geleit.
      es was von urloge kumen.
      Im het die úbercraft genomen
      alles, daz er je gewan.   410
1405 so vil was dem reichen man
      grosser Eeren nicht verlan,
      daz er einen knecht mochte han.
      Nu trúg Er dise Armůt
      und die hausfrau gůt   415
1410 in Ir alter mit listen.
      und wo Si der hab misten,
      Ir not si bedachten
      mit züchten, wo Si mochten,
      daz mans icht wúrde gewar.   420
1415 daz auch Ir je also gar
      die armůt úberhant gewan,
      das weste lützel jeman.
      dem wirte was die arbait,
      die Er von grosser armůt laid,   425
1420 dawider süesse als ein met.
      da entgegen im die scham tet.
      der alte wirt hiesse Coralus
      und die hausfrau sus:
      Lar sine fide,   430
1425 Ir tochter Enide.
      Wen dise edel armen
      nicht wolten erparmen,
      der was herter dann ein stain. | 434
      der Junckhfrauen Öheim   XXXIrb
1430 was der Hertzoge Imain,
      des die Hochtzeit solt sein,
      der herre von dem lande.
      Ir gepurd was ān schande.
      Nu sagen wir auch dabei,   440
1435 von weu die rede erhaben sei.
      do das phärd was begangen
      – nu last euch belangen –,
      sprach der wiert zu dem gaste.

1426 Wenn

1400 Seine Armut hatte er
      nicht selbst verschuldet.
      Eine Fehde war schuld daran.
      Die Übermacht hatte ihm alles genommen,
      was er jemals besessen hatte.
1405 Nun hatte der einst wohlhabende Mann
      nicht einmal mehr genug,
      um sich einen einzigen Knecht zu leisten.
      Doch ertrugen seine Ehefrau und er
      diese Armut
1410 in ihrem Alter sehr weise.
      Wo auch immer es ihnen an Besitz mangelte,
      verbargen sie ihre Notlage – wenn sie es vermochten –
      durch ihr würdevolles Verhalten,
      damit man sie nicht bemerkte.
1415 So wusste kaum jemand,
      dass die Armut sie
      in ihrem Würgegriff hatte.
      Dem Hausherr war die Not,
      die er aus großer Armut erlitt,
1420 süß wie Honigwein
      im Vergleich zu seiner Schande.
      Der alte Hausherr hieß Coralus
      und seine Ehefrau
      Lar sine fide,
1425 ihre Tochter Enite.
      Wen diese adligen Armen
      nicht erbarmen konnten,
      hatte ein Herz aus Stein.
      Der Onkel der jungen Edeldame
1430 war der Herzog Imain,
      der Landesherr,
      der das Fest veranstaltete.
      Ihre Abkunft war makellos.
      Nun schildern wir,
1435 warum das alles erzählt worden ist.
      Als das Pferd versorgt worden war
      – lasst euch das nun erläutern –,
      sprach der Hausherr mit dem Gast.

Erecken müete vaste 445
1440 sein schade, den Er davon gewan.
den wiert er fragen began,
was der schal von den leuten
möchte bedeuten,
den Er in dem Marckht het gesehen. 450
1445 da begunde im der wirt jehen,
wie es umb die rede was getan,
als ich euch gesagt han:
baide umb die Hochzeit
und auch des sparbers streit. 455
1450 Als er Im gesagt das,
da fraget aber fürbas
von dem Ritter märe,
Ob er weste, wer Er wäre,
der vor Im auf das haus reit, 460
1455 als ich euch Ee hab gesait,
und hal In doch sein ungemach.
der Alte süst sprach:
„In erkennet alles ditz land:
Er ist Yders fihmůt genant" 465
1460 und sagt sein geverte gar
und daz er kome dar
mit seiner Amien ware
ze nemen den Sparbare.
also schiere Er ditz vernam, 470
1465 mit frage er fürbas kam,
untz im der wirt tet erkant,
wie es umb sich selbs was gewant.
als er uns die gabe jach,
Ereck stúnd und sprach: 475
1470 „gnade, wirt und herre,
daz es mir icht gewerre.
seidt es so umb euch stat,
so sůche ich hilf und rat.
auf die gnade so si euch bejehen: 480
1475 mir ist ein laid von im geschehen,
das Ich immer clagen sol,
es sei dann, daz ich mich erhol.
sein getzwerg mich hart ser schlůg.
daz ich im durch not vertrůg: 485
1480 Er was gewaffent und ich plos.

Ereck betrübte seine Schande,
1440 von der er durch die Unterhaltung erfuhr.
Er fragte seinen Gastgeber,
was die Ausgelassenheit der Leute
zu bedeuten hätte,
die er in dem Ort gesehen hatte.
1445 Da sagte der Hausherr ihm all das,
was ich euch auch schon
über das Geschehen erzählt habe:
sowohl über das Fest
als auch über den Sperberkampf.
1450 Als er ihm das gesagt hatte,
fragte Ereck weiter
nach dem Ritter,
ob er den Namen dessen wüsste,
der vor ihm auf die Burg geritten war
1455 – was ich euch zuvor berichtet habe –,
verschwieg ihm jedoch sein Leid.
Der Alte sprach Folgendes:
„Ihn kennt das ganze Land:
Er wird von allen Yders Rindvieh genannt"
1460 und berichtete weiter von seiner Ausfahrt:
dass er mit seiner Freundin
dorthin gekommen wäre,
um den Sperber zu erringen.
Sobald er dies gehört hatte,
1465 fragte Ereck weiter,
bis ihm sein Gastgeber erzählte,
wie er in diese Lage gekommen war.
Als er uns die Gegebenheit erzählt hatte,
stand Ereck auf und sagte:
1470 „Ich bitte Euch, mein Herr und Gastgeber,
dass Ihr mir meine folgenden Worte nicht übel nehmt.
Weil es Euch so geht,
suche ich Euren Rat und Eure Hilfe.
In Hoffnung auf Euer Wohlwollen sei Euch Folgendes erzählt:
1475 Mir ist ein Leid von ihm zugefügt worden,
das ich mein ganzes Leben klagen werde,
es sei denn, dass ich mich rächen kann.
Sein Zwerg schlug mich sehr hart.
In meiner Notsituation musste ich dies hinnehmen:
1480 Der Ritter war bewaffnet und ich ungerüstet.

des ich doch bei namen genos:
gros laster můst ich da vertragen.
das sol mein hertze immer klagen.
mir gefüege got noch den tag,   490
1485 daz ich es gerechen mag.
Auf sölher abenteure wan,
als ich nu gesagt han,
so bin ich im her nach geriten.
rates můs ich euch piten: 495
1490 baide hilfe und hail
stat vil gar an tail,
herre, in eur handt.
mochtend Ir mir umb eisen gewant
getůn ainicher schlachte rat,   500
1495 Ich sag euch, wie mein můt stat:
so wurd er streites nicht vermiten.
mit meinem rosse bin ich wol beriten.
so solt Ir mich lassen reiten
mit eur tochter Eneiten   505
1500 auf dieselben hochzeit.
Ich behab den streit,
daz si schöner wäre,
und näme den sparbäre,
den des Ritters freundin.   510
1505 nu secht, ob es můge sin,
und tuet es auf das gedinge,
ob mir also gelinge,
daz mir der sig beleibe,
so nim ich si zu weibe.   515
1510 darumbe durft Ir es nicht lan:
Si hat an | mir nicht missetan.   XXXIrc
Es mag wol mit eren sein.
Ich künde euch den vater mein:
der ist der künig lag genant.   520
1515 baide leut und lant,
leib und alles, daz ich han,
mache ich Ir undertan,
daz si des můs walten."
die begunde dem alten   525
1520 von jamer vil taugen
trüeben die augen,
Wann sein hertze ward ermant

Das hatte ich wahrlich davon:
eine große Schande erwuchs mir daraus.
Diese muss mein Herz das ganze Leben lang beklagen,
wenn Gott mir nicht den Tag schenkt,
1485 an dem ich sie rächen kann.
Wegen dieser Hoffnung auf einen guten Ausgang,
von der ich Euch gerade erzählt habe,
bin ich ihm hierher nachgeritten.
Um Unterstützung muss ich Euch bitten:
1490 Sowohl die Hilfeleistung als auch der glückliche Ausgang
liegen völlig
in Eurer Hand, Herr.
Könntet Ihr mir irgendwie
mit einer Rüstung aushelfen,
1495 sage ich Euch, welche Absicht ich habe:
er müsste kämpfen.
Ein gutes Pferd besitze ich.
Lasst mich daher
mit Eurer Tochter Enite
1500 auf dieses Fest reiten.
Ich würde im Kampf erweisen,
dass sie schöner ist,
und nähme den Sperber an mich,
den noch die Freundin des Ritters besitzt.
1505 Räumt mir diese Möglichkeit ein
und seid sicher,
dass ich sie zu meiner Frau nehme,
wenn es mir gelingt,
das Turnier zu gewinnen.
1510 Aus folgendem Grund müsst Ihr es tun:
Ich bin keine schlechte Partie.
Unsere Verbindung ist ehrenwert.
Ich sage Euch, wer mein Vater ist:
Er heißt König Lac.
1515 Mein Volk und meine Länder,
mein Leben und alles, was ich besitze,
unterstelle ich ihr,
sodass sie darüber herrschen wird."
Die Rede trieb dem Alten
1520 vor Kummer heimlich
die Tränen in die Augen,
denn sein Herz wurde bewegt

mit diser rede so zehant,
daz er kaum fúrbrachte 530
1525 die rede, der Er gedachte.
Er sprach: „herre, disen spot
solt Ir lassen durch got.
Eur rede ist vil verlassenlich.
nu hat got über mich 535
1530 verhenget, wes Er wolte.
anders dann es solte,
so ist mein leben nu getan.
das wil ich von gote han.
des gewaltes ist also vil: 540
1535 er macht ain reich, wenn er wil,
dem armen geleichen
und den Armen gereichen.
sein gewalt ist an mir worden schein.
durch got solt Ir erpeten sein, 545
1540 daz diser schimph beleibe.
Ir getüet zu weibe
meiner tochter wol rat,
wann si des gůtes nicht hat.
wie grossen presten ich nu doll, 550
1545 doch sült Ir mir gelauben wol:
Ich han gesehen den tag,
daz Eur vater, der künig lag,
mich gesellen nante.
wir namen in seinem lande 555
1550 bede miteinander schwert.
daz Ir nu meiner tochter gert,
mich entriege mein wan,
das habt Ir durch schimph getan.“
Eregk ward von der rede rot. 560
1555 Er sprach: „herre, welhe not
zwinget euch auf den wan,
daz ichs durch schimph hab getan?
das solt Ir aus dem múte lan
und meine wort fúr ernst han. 565
1560 was solt mir hie zů der spot?
Ja pit ich, mir sol helfen got
zu sele und ze leibe.
daz ich mir zu weibe
eur tochter gern nemen wil, 570

sofort durch diese Rede,
sodass er kaum die Antwort,
1525 die er sich überlegt hatte, hervorbringen konnte.
Er sagte: „Herr,
hört um Gottes willen auf zu spotten.
Eure Worte sind sehr rücksichtslos.
Gott hat nun mal mit mir angestellt,
1530 was er wollte.
Anders, als es hätte sollen,
ist mein Leben nun verlaufen.
Die Entscheidung Gottes werde ich hinnehmen.
Dessen Macht ist so groß:
1535 Er macht einen Reichen, wenn er will,
dem Armen gleich,
und er kann den Armen reich machen.
Seine Macht hat sich an mir gezeigt.
Um Gottes willen bitte ich Euch darum,
1540 den Spott zu unterlassen.
Ihr könnt gut auf meine Tochter
als Ehefrau verzichten,
denn sie besitzt nichts.
Wie große Armut ich jetzt auch erdulden muss,
1545 dennoch könnt Ihr mir glauben:
Es gab eine Zeit,
als Euer Vater, der König Lac,
mich einen Freund nannte.
Wir wurden beide in seinem Land
1550 zum Ritter geschlagen.
Wenn ich mich nicht sehr irre,
spottet Ihr nur mit Eurem Wunsch,
meine Tochter zu ehelichen.“
Ereck schämte sich wegen dieser Worte.
1555 Er sagte: „Herr,
wie kommt Ihr nur darauf,
dass ich dies aus Spott gesagt habe?
Das solltet Ihr nicht glauben,
sondern mein Versprechen ernst nehmen.
1560 Wie könnte mir hier Spott weiterhelfen?
Ja, ich bitte darum, dass Gott
meiner Seele und meinem Leben gnädig ist.
Ich werde Eure Tochter
spätestens zur Frau nehmen –

1565 des gib ich euch kain lenger zil,
wann an dieselben hochzeit,
daz sich endet der streit,
ob mir nu eur hilfe frümbt,
daz mir mein ding zu haile kumbt.   575
1570 Ir armůt höre Ich euch klagen.
der sült Ir stille gedagen.
es schadt euch nicht gegen mir,
wann Ich Irs gůts wol empir.
auch het ich einen schwachen můt,   580
1575 näme ich fúr meinen willen gůt.
nu gedenckhet dartzů:
seidt daz der streit sol wesen frů,
so saůmbt uns nicht mere.
an Euch stet gar mein ere   585
1580 und wisset recht ān wan:
ich laiste, als ich gelobt han.“
Der alte was der rede fro.
er sprach: „seidt Ir es mainet also,
so haben wir hie ze hant   590
1585 vil schöns eisengewant,
baide behende und gůt.
des kunde mich die armůt
noch nie bezwingen
noch auf den Zweifel bringen,   595
1590 daz ich wurde ane.
ich behielte es nach dem wane,
ob es meinem frúnde wurde not;
derselb wille | mirs gepot,   XXXIva
daz ich es im leihen solte.   600
1595 Und mirs got gunnen wolte,
so het ich einen sit,
daz ich im selbs damit
vil williklichen was berait,
üntz mir das alter ān gestrait.   605
1600 das hat mir gar die kraft benomen.
nu ist es uns ze staten komen,
daz es uns frombder pet erlat
und tůt uns unwirde rat.
auch hab ich üntz her   610
1605 beide schilt und sper
ensampt behalten.“

1565 dies sei Euch versichert –,
wenn das Turnier
auf diesem Fest zu Ende geht
und mir Eure Hilfe zuteilwird,
sodass meine Angelegenheit gut ausgeht.
1570 Ihr klagt wegen ihrer Armut.
Die könnt Ihr getrost verschweigen.
Ihretwegen habt Ihr keinen Nachteil,
denn ich kann auf ihren Besitz gut verzichten.
Auch hätte ich eine niedrige Gesinnung,
1575 wäre ich käuflich.
Entschließt Euch schnell:
Weil der Kampf bereits morgen früh ausgetragen wird,
sollten wir nicht länger zögern.
In Eurer Hand liegt mein ganzes Ansehen;
1580 und seid gewiss:
ich werde mich an mein Versprechen halten."
Der Alte freute sich über die Worte.
Er sagte: „Da Ihr es aufrichtig meint,
gebe ich Euch eine schöne Rüstung,
1585 die ich besitze:
sie ist gut zu handhaben und brauchbar.
Die Armut konnte
mich nie zwingen
oder in Versuchung führen,
1590 sie abzugeben.
Ich behielt sie in der Hoffnung,
einen Freund in einer Notlage mal helfen zu können;
dann hätte ich
sie ihm ausleihen können.
1595 Wenn Gott es mir hätte gönnen wollen,
hätte ich mich dazu entschlossen,
ihm selbst mit der Rüstung
zu Hilfe zu eilen,
solange das Alter es mir erlaubt hätte.
1600 Doch hat mir das meine Kräfte gänzlich geraubt.
Nun haben wir von ihr den Nutzen,
dass wir nicht auf die Hilfe eines Fremden angewiesen sind
und uns diese Erniedrigung erspart bleibt.
Zudem habe ich bis heute
1605 sowohl Schild als auch Speer
zusammen gehalten."

des gnadet Er dem alten.
Er bat im sölhs zaigen dar,
auf daz er näme war,   615
1610 ob es im recht wäre,
zu enge noch ze schwäre:
da was es im behende und gůt.
des gewan er vil reichen můt,
Filderoilach Eregk.   620
1615 vil schiere gieng auf der tag,
daz si solten reiten
hin zu den hochzeiten.
da der tag wol erschain,
da riten si auf Dulmain,   625
1620 da hiess Si der Hertzoge Imain
gros willekumen sein.
Irs kumens nam In wunder.
nu namen si In besunder
und sagten im Ir geverte gar,   630
1625 warumb Ereck was kumen dar,
und paten In rates dartzů.
Er sprach: „ich sag euch, was ich thů.
baide leib und gůt
und williklicher můt   635
1630 sol euch dartzů sein berait,
Herre gast, durch eur frumbkait
und durch meiner nifteln ere.
auch volget meiner lere
und lasset mich si vassen bas."   640
1635 Ereck der widerredt das.
Er sprach: „des sol nit geschehen.
er het hart missejehen,
Wer ein weib erkande
nur bei dem gewande.   645
1640 man sol einem weibe
kiesen bei dem leibe,
ob si ze lobe stat,
Und nicht bei der wat.
Ich lasse euch heut schauen,   650
1645 Ritter und Frauen,
und wär si nagte sam mein handt
und schwertzer dann ein prant,
daz mich sper und schwert

Dafür sagte er dem Alten Dank.
Ereck bat ihn, die Rüstung zu zeigen,
damit er sehen könne,
1610 ob sie ihm passen würde
und weder zu eng noch zu schwer wäre:
tatsächlich war sie gut zu handhaben und brauchbar.
So gewann er schnell Zuversicht,
Ereck Filderoilach.
1615 Bald schon brach der Tag an,
sodass sie zum Fest
losreiten mussten.
Als die Sonne ganz aufgegangen war,
ritten sie auf die Burg Dulmain,
1620 wo sie der Herzog Imain
standesgemäß begrüßte.
Über ihr Kommen wunderte er sich sehr.
Daher nahmen sie ihn beiseite
und klärten ihn über den Grund ihres Kommens auf,
1625 weshalb Ereck dorthin gekommen war,
und baten ihn um Unterstützung.
Er sagte: „Ich sage Euch, was ich tun werde.
Ich werde Euch materiell
und mit meinem Willen
1630 in Eurem Vorhaben unterstützen,
Herr Gast, wegen Eurer Tüchtigkeit
und des Ansehens meiner Nichte.
Folgt zudem meinem Ratschlag
und lasst sie mich besser einkleiden.“
1635 Ereck widersprach.
Er sagte: „Das soll nicht passieren.
Derjenige urteilt schlecht,
der eine Frau allein
nach ihrem Kleid bewertet.
1640 Man soll wegen des Aussehens
einer Frau entscheiden,
ob sie zu loben ist,
und nicht wegen der Kleidung.
Folgendes demonstriere ich Euch,
1645 den Rittern und den Damen heute:
Selbst wenn sie nackt wie meine Hand wäre
und schwärzer als ein Stück Kohle,
werden mein Speer und mein Schwert

volles lobes an Ir wert,   655
1650 ob ich verleuse das leben.“
„got sol euch gelúck geben“,
Sprach der Hertzoge Ymain.
„auch solt Ir des gewiss sein,
daz Eur ellenthafter můt   660
1655 Eu gefüeget alles gůt.“
Mit diser red si kamen,
da si messe vernamen
von dem heiligen geiste.
des phlegen Si allermeiste,   665
1660 die ze Ritterschefte sinnent
und Turniern minnent.
da was berait der imbis.
man dienet In mit allen vliss.
als der do ergie,   670
1665 meniclich zu freuden vie
darnach, als In dauchte gůt
und in lernte sein můt.
Ir spil was umb die stat,
da der Sparber aufgesat.   675
1670 Nu namen si all besonder war,
wenn Yders vilmůt dar
mit seiner Amien käme
und den Sparber näme,
als Er auch Ee het getan.   680
1675 Nu Si dort zú gan,
Eregk mit frauen Eniten,
Er fueret si | an seiner siten   XXXIvb
Hin, da er den sparber sach.
Zu des Ritters gehörde er sprach: 685
1680 „Frau, löset die pandt
und nemt den sparber auf die handt,
Wann das ist war on streit:
hie ist niemand schöner dann Ir seit.“
dem Ritter was das ungemach.   690
1685 vil unwirdiklichen er sprach:
„lat den sparber stan!
es sol euch nicht so wol ergan,
Ir dürftigine.
wo hin tuet Ir eur sinne?   695
1690 lant In Ir, der Er bas getzäme

ihren Ruhm erstreiten,
1650 auch wenn ich mein Leben verlieren sollte."
„Gott schenke Euch Glück",
sagte der Herzog Imain.
„Auch könnt Ihr sicher sein,
dass Eure Tapferkeit
1655 Euch alles zum Guten wenden wird."
Mit diesen Worten kamen sie dorthin,
wo sie die Messe
vom Heiligen Geist vernahmen.
So machen es diejenigen am häufigsten,
1660 die nach Ritterschaft trachten
und das Turnieren lieben.
Danach war das Essen zubereitet.
Man bediente sie mit größter Aufmerksamkeit.
Nach dem Essen
1665 vergnügten sich viele:
Sie taten das, woran sie Freude hatten
und was ihnen angemessen schien,
an jenem Ort,
wo der Sperber auf der Stange saß.
1670 So konnten sie alle besonders gut beobachten,
wenn Iders, der sehr mutige,
mit seiner Freundin dorthin käme
und den Sperber nähme,
wie er es auch zuvor gemacht hatte.
1675 Als sie dort hinkamen,
Ereck mit Frau Enite,
führte er sie in seiner Begleitung
dorthin, wo er den Sperber erblickte.
Er sagte, sodass es der Ritter hören konnte:
1680 „Meine Dame, löst die Bänder
und nehmt den Sperber auf die Hand,
denn das ist auch ohne Kampf wahr:
Hier ist niemand schöner als Ihr."
Der Ritter ärgerte sich darüber.
1685 Sehr ungehalten sagte er:
„Lasst den Sperber, wo er ist!
So gut soll es Euch nicht ergehen,
Ihr Bettlerin!
Wie ist es um Euren Verstand bestellt?
1690 Überlasst ihn derjenigen, der er besser ansteht

und die In von recht neme:
daz ist hie mein freundin,
der sol Er billichen sin.“
Ereck sprach: „herre, gůt knecht,   700
1695 Ir habt den Sparber on recht
genomen dise zwei Jar.
Nu wisset recht fürwar:
es mag nicht mer geschehen:
sein wellen die leute jehen.   705
1700 es můs under uns baiden
die Ritterschaft schaiden.“
Er sprach: „Jüngeling, ob euch wäre
der leib leicht märe,
so liesset Ir entzeit   710
1705 eurn kintlichen streit,
wann Ir In nu schier wirser lat,
so es an den leib gat.
Ich sag euch bevor, wie euch geschicht.
Ir erparmet mir nicht,   715
1710 als ich euch nu gesige an:
des ich nie zweifl gewan.
also stet hin zů euch mein můt,
daz ich dann kain gůt
näme fúr eurn leib.   720
1715 weder mann noch weib
Eu dise rede geraten hat:
der minnet, ob eu missegat.“
Ereck sprach: „herre,
Ich han mich also verre   725
1720 nu der rede ausgetan:
Ich wil Ir nicht wandel han.“
zehant schieden si sich da
und waffenten si sich sa:
der Ritter, als im wol tochte,   730
1725 Eregk, als er mochte.
Yders was wol worden gar,
wann er het sich gewarnet dar,
als ein man ze ritterschaft sol.
seine sper waren gewarnet wol.   735
1730 Er was gezimieret,

1730 gezinrieret

und die ihn rechtmäßig nehmen kann:
Das ist meine Freundin hier,
der soll er von Rechts wegen gehören."
Ereck sagte: „Herr, edler Mann,
1695 Ihr habt den Sperber ohne Recht
die letzten beiden Jahre mitgenommen.
Nun sollt Ihr wissen:
es wird nicht wieder geschehen,
dass die Leute ihn Euch zugestehen.
1700 Zwischen uns beiden wird
der Ritterkampf die Sache entscheiden."
Der andere sagte: „Jüngelchen, wenn Euch
das Leben lieb wäre,
ließet Ihr schnell
1705 von Eurer kindlichen Streiterei ab,
denn Ihr werdet sie bald unter schlechteren Voraussetzungen
unterlassen, wenn es Euch an den Kragen geht.
Zuvor aber sage ich Euch, was passieren wird.
Ich werde kein Erbarmen mit Euch haben,
1710 sobald ich Euch besiegt habe,
woran ich nicht eine Sekunde zweifle.
Seid gewiss,
dass ich kein Lösegeld
für Euer Leben nehme.
1715 Wer immer Euch geraten hat,
diese Herausforderung auszusprechen:
der liebt es, wenn Ihr scheitert."
Ereck sagte: „Herr,
ich habe alles gesagt,
1720 was ich zu sagen hatte:
Ich werde kein Wort zurücknehmen."
Sogleich trennten sie sich
und bewaffneten sich folgendermaßen:
der Ritter, wie es ihm am besten nützte,
1725 Ereck, wie er es vermochte.
Iders hatte sich bestens vorbereitet,
denn er hatte sich dort ausgerüstet,
wie man es für einen Ritterkampf sollte.
Seine Speere waren bereits vorbereitet.
1730 Er war herausgeputzt,

sein ross was gezieret
mit reicher cobertuire.
die was Eregk tuire.
sein wappenrock alsam was   740
1735 Samit grúen als ein gras,
mit reichen porten unbestalt.
als uns die abenteure zalt,
so was sein harnasch lobelich,
Er selber einem gůten Ritter glich.   745
1740 Eregk auch dört zú rait.
sein schilt was alt, schwäre, lang und prait,
seine sper unbehende und gros,
halb Er und ross blos,
als ims sein alter schwecher lech.   750
1745 glücke und seiner hilf nicht verzech
under allen den leute.
„got gebe dir hail heute",
sprach ein gemainer mund.
nu raumpte man In aus ze stund   755
1750 Ze einem weiten ringe.
Eregk, dem Jüngelinge,
gezam vil wol sein ritterschaft:
sein ellen gab Im grosse craft.   759
Si | fůerte baid ein grozzer zorn: XXXIvc
1755 die ross si namen mit den sporn.
da sach man schinckel fliegen.
da begunde jenen triegen
sein hochfertiger wan:
Er wänet, ein kind bestanden han.   765
1760 Zesammen liessen si streichen.
da befant Er warleichen,
Daz Ereg degens ellen trůg.
mit der just er In schlůg
den Schilt an das haubt.   770
1765 davon ward Er betaůbt,
daz Er kaumb gesaz.
vil selten geschach im das.
der just ward so kreftiklich,
daz die ross hinder sich   775
1770 an die hächsen gesassen.
der můte was erlassen
der Ritter Yders üntz an die stůnd.

sein Pferd war mit
einer prächtigen Schabracke geschmückt –
Ereck besaß eine solche nicht –,
sein Waffenrock war ebenso prächtig:
1735 samtgrün wie Gras,
mit prächtigen Borten eingefasst.
Die Erzählung berichtet davon,
dass seine Rüstung lobenswert war
und er selbst einem edlen Ritter glich.
1740 Ereck ritt auch dorthin.
Sein Schild war alt, schwer, lang und breit,
seine Speere unhandlich und lang,
er und sein Pferd zur Hälfte unbedeckt,
so wie ihn sein alter Schwiegervater ausgerüstet hatte.
1745 Das Glück versagte seine Hilfe nicht
vor allen Leuten.
„Gott schenke dir heute den Erfolg“,
sprachen sie wie aus einem Mund.
Nun machte man ihnen schnell Platz
1750 für eine weitläufige Kampfbahn.
Ereck, dem Jüngling,
stand die Ritterschaft gut:
sein Mut verlieh ihm große Kraft.
Beide wurden von ihrem großen Zorn beherrscht:
1755 Sie gaben den Pferden die Sporen.
Da flogen die Schenkel auf und ab.
Da täuschte jenen
seine hoffärtige Einbildung:
Er glaubte, gegen ein Kind zu kämpfen.
1760 Sie prallten aufeinander.
Da merkte er wahrlich,
dass Ereck den Mut eines Recken besaß.
In der Tjost schlug er ihm
den Schild an den Kopf.
1765 Davon schwanden ihm die Sinne,
sodass er fast vom Pferd gestürzt wäre.
Das war ihm nie zuvor geschehen.
Die Tjost war so heftig,
dass die Pferde
1770 auf die Hinterhand zu sitzen kamen.
Eine solche Bedrängnis war
dem Ritter Iders bislang erspart geblieben.

da ward im sein gar kund.
die schäfte flugen In von der hand,   780
1775 zerprochen uber des Schildes rant.
So von In geleiche
vil gar lobleiche
wol die fünfte just ergie,
daz Ir dweder verwalte nie,   785
1780 wann daz si die sper aufstachen,
daz si gar zerprachen,
da het Ir Eregk nicht mere.
des gesaumbt Er sich sere,
doch het er das alte spere   790
1785 seines Schwehers gehalten here
üntz an die jungsten fart.
darumb het er es dar gespart:
gros und gedigen was der schaft.
auch het er seines leibes craft   795
1790 vil wol enthalten dar,
schone und vil gar.
Als Er das sper ze handt genam –
sein Schilt im wol ze halse gezam –,
er begunde ein wenig reiten   800
1795 aus entgegen der Frauen Eneiten,
da Er si wainende sach.
úber des Schildes rant Er sprach:
„gehabt euch wol, guet fraue magt.
Ich bin noch vil unvertzagt.   805
1800 Eur sorg sol sich enden.“
das ross begunde er wenden,
da es In gegen dem Ritter trůg,
das sper under den arm *er* slůg.
der Ritter im entgegen kam   810
1805 wol gewarnet alsam.
Si liessen zesamen streichen
also kreftikleichen,
so Si maiste von Irn sinnen
aus den rossen mochten gewinnen;   815
1810 so sere zusamen stachen,
daz dem Ritter prachen

—————

1803 armen

Doch jetzt lernte er ihn richtig kennen.
Die Schäfte flogen ihnen aus der Hand,
1775 an den Schilden zersplittert.
Nachdem beide
sehr rühmenswert
bereits die fünfte Tjost geritten waren,
ohne dass einer von ihnen besiegt wurde,
1780 sondern mit den Speeren stets so trafen,
dass sie völlig zersplitterten,
da besaß Ereck keine weitere mehr.
Deswegen zögerte er lange,
doch hatte er die alte Lanze
1785 seines Schwiegervaters bis
zum letzten Aufeinandertreffen zurückgehalten.
Deshalb hatte er sie bis dann aufgespart:
Groß und fest war der Schaft.
Auch hatte er sich
1790 kräftemäßig noch keineswegs
verausgabt.
Als er die Lanze in die Hand nahm –
sein Schild hing gut um seine Schulter –,
ritt er Frau Enite
1795 ein Stück dorthin entgegen,
wo er sie weinen sah.
Über den Rand des Schildes hinweg sagte er:
„Seid zuversichtlich, edle Frau Jungfrau!
Ich bin noch sehr zuversichtlich.
1800 Eure Sorge wird ein Ende haben."
Er wendete das Pferd zum
Ritter um;
die Lanze klemmte er unter den Arm.
Der Ritter kam ihm
1805 in gleicher Weise bewaffnet entgegen.
Sie ritten so kräftig
aufeinander zu,
wie sie ihre Pferde
maximal antreiben konnten,
1810 und stießen so heftig zusammen,
dass dem Ritter

die darmgürtl baide –
da gelebt er im nie so laide –,
Surzúngl und fürpüege.   820
1815 doch er gůten ellen trůge,
Eregk In von dem rosse schied
ze spotte aller der diet.
Als Eregken da so wol geschach,
daz Er den Ritter nider stach,   825
1820 von im enthielt er höher bas.
das tet Er umb das,
daz jemand des möchte gejehen,
daz im die schande wäre geschehen,
daz er In ligende het erschlagen.   830
1825 er wolt besser wort bejagen.
Er erpeiste und liess In aufstan.
Zesamen liessen Si die gan.
da sach man Si fechten
gleich zwaien gůten knechten.   835
1830 das feure In aus den Helm floch.
Si fachten, als den leuten toch,
die es die grimme not bat,
wann Si hetten gesat
umb den sig vil hohes phant.   840
1835 es galt ze geben da ze handt |
minder noch mere   XXXIIra
Wann baide leib und ere.
dem teten Si vil geleich.
Ir fechten was mannleich.   845
1840 des triben Si vil und genúg
und daz Yders Erecken slůg
auf den Helm, daz er gie
von dem slage auf die knie.
Also da die frau Enite das ersach,   850
1845 gros ward Ir ungemach.
Si begunde Irn gesellen klagen.
Si mainet, er wär erslagen
und er belibe des slages da.
auf sprang Er und begunde sa   855
1850 den schilt ze rucke wenden

1850 de

beide Sattelgurte rissen,
Obergurte und Vorderriemen
– in solchen Schwierigkeiten war er noch nie.
1815 Obwohl er sich tapfer zeigte,
stach Ereck ihn zur Belustigung
aller Zuschauer vom Pferd.
Als es Ereck gelang,
den Ritter zu Boden zu werfen,
1820 blieb er abseits von ihm stehen.
Das tat er,
damit niemand sagen konnte,
dass er den Liegenden
schändlich erschlagen hätte.
1825 Er wollte einen besseren Ruf erringen.
Er stieg ab und ließ ihn aufstehen.
Man ließ sie aufeinander zugehen.
Da sah man sie
wie zwei edle Recken fechten.
1830 Die Funken sprühten von ihren Helmen.
Sie fochten wie Menschen,
die eine schreckliche Not dazu zwang,
denn sie hatten einen hohen Preis
auf den Sieg ausgesetzt.
1835 Es ging dort um nicht
mehr oder weniger
als um ihr Leben und ihre Ehre.
Entsprechend verhielten sie sich.
Sie fochten männlich.
1840 Dies trieben sie so lang,
bis Iders Ereck auf den Helm
schlug, sodass dieser
von dem Schlag in die Knie ging.
Als Frau Enite das sah,
1845 litt sie sehr.
Sie fing an, ihren Begleiter zu beklagen.
Sie glaubte, der Schlag
hätte ihn getötet.
Doch sprang er sofort auf,
1850 warf den Schild auf den Rücken,

und gab ze baiden henden
das schwert mit grimmen můte
und facht, sam er wúte.
Er machet In des schildes par   860
1855 und hauet im den von der handt gar.
des im vil lútzel der vertrůg,
der slag entgegen slag schlůg.
seidt daz Er Im entlich sein gůt,
das galt er, als iener tůt,   865
1860 der da mer entnemen wil.
Si bede spilten ein spil,
das leicht den man beraůbet
der Fünftzehen auf das haubet.
auch wurden Si etwen gegeben   870
1865 baide dafür und auch da enneben.
mit grimme Si verbunden.
einer ellenlanger wúnde
mocht Er vil wol sein bekomen,
der das phantrecht solt han genomen. 875
1870 da ward vil manig gepot gelait
und dem ein widergelt gesait.
Ir jetweder wolt es lassen,
wann dem ware verwasen
baide sein Eere und auch das leben. 880
1875 darnach so ward das spil gegeben
mit manigem feurem slag
von frúe úntz hin nach mittemtag,
daz In der gepot zeran
so sere, daz die zwen man   885
1880 múeden begunden.
si mochten noch enkunden
Ir mit kreften nicht gelegen
noch die Arme also geregen,
als si teten úntz dar.   890
1885 nu hetten si sich also gar
erwúetet und erfochten,
daz Si nicht mer mochten:
Ir slege weiplichen sigen.
so gar waren Si erwegen,   895
1890 daz davon nit schade geschach.
Iders do zu Ereck sprach:
„enthalt dich, edel Ritter gůt.

nahm das Schwert grimmig
in beide Hände
und kämpfte, als ob er wütete.
Er zerschlug ihm
1855 den Schild an der Hand.
Iders stand ihm in nichts nach
und entgegnete Schlag auf Schlag.
Weil dieser ihm sein Geld lieh,
zahlte jener es zurück wie jemand,
1860 der sich noch mehr leihen will.
Sie beide spielten ein Spiel,
das den Mann schnell
fünfzehn auf den Kopf kostet.
Auch wurde ihnen von vorn
1865 und von der Seite ausgeteilt.
Mit Wut verkeilten sie sich ineinander.
Derjenige hätte durchaus eine
ellenlange Wunde davontragen können,
dem der Gewinn zugestanden haben sollte.
1870 Da wurde so manches Gebot abgegeben
und durch ein Gegengebot übertroffen.
Keiner von ihnen wollte damit aufhören,
denn sonst hätte derjenige
seine Ehre und auch sein Leben eingebüßt.
1875 Deswegen wurde das Spiel
mit so manchem hitzigen Schlagabtausch
von morgens bis zum Nachmittag fortgesetzt,
bis ihnen die Einsätze
so vollständig ausgingen, dass
1880 die zwei Männer müde wurden.
Sie konnten in keiner Weise mehr
ihre Einsätze kraftvoll machen
oder die Arme so bewegen
wie bis dahin.
1885 Schließlich hatten sie sich
durch das Kämpfen und Wüten so sehr verausgabt,
dass sie nicht mehr konnten:
Ihre Schläge fielen weiblich aus.
So schwach waren sie,
1890 dass sie nicht länger Schaden anrichten konnten.
Iders sagte zu Ereck:
„Hör auf, edler, guter Ritter!

wir velschen baide Ritters můt
damit und wir je mitten tůn.   900
1895 es ist sonder preis und on rům:
unser blödes vechten
gezimt nicht gůten knechten.
unser schlege geent nicht mannlichen:
Wir vechten lästerlichen.   905
1900 ob es eur můt nit vervacht
für zaghait, so ist mein rat,
daz wir ditz blöde vechten lan
und ein weile ruen gan."
da was Eregk der rede fro.   910
1905 ze rue sassen Si do.
Ir haubt Si enpúnden.
und als Si des emphúnden,
daz si gerůet haten,
zusamen si do dratten   915
1910 und griffen an Ir altes spil,
als Ich euch nu sagen wil:
mit gůter kunst, mit neuer craft
und mit also gleicher maisterschaft
Si spilende beliben,   920
1915 da si es vil lange getriben,
daz witzige und tumbe,
die erstunden darumbe,
mit nicht erkiesen kunden
weder zu den stunden | 925
1920 eines augen wäger hatte.   XXXIIrb
ditz belib lange state.
wederem geviel der gewin,
das was zweifel under In,
üntz daz Eregk, der junge man,   930
1925 begunde denckhen daran,
was im auf der haide
Ze schanden und ze laide
von seinen getzwerg geschach.
und als Er darzue ansach   935
1930 die schone frau Eniten,
das half im vast striten,
wann davon gewan Er do
seiner krefte recht zwo.
auf den Helm er verpant   940

Mit dem, was wir tun,
entwerten wir beide unsere ritterliche Art.
1895 Es ist weder ehrenvoll noch rühmenswert:
Unser kraftloses Fechten
ziemt nicht edlen Recken.
Unsere Schläge fallen nicht männlich aus:
Wir fechten schandhaft.
1900 Wenn Ihr es nicht
für Feigheit haltet, so rate ich dazu,
dass wir dieses kraftlose Fechten lassen
und uns eine Weile ausruhen."
Ereck war über diese Worte froh.
1905 Da setzten sie sich und ruhten.
Sie nahmen die Helme ab.
Nachdem sie sich
aber ausgeruht fühlten,
kamen sie wieder zusammen
1910 und führten ihr altes Spiel fort,
wie ich es euch jetzt erzählen werde:
Mit guter Kunst, mit neuer Kraft
und mit derselben Meisterschaft
betrieben sie ihr Spiel weiterhin dort,
1915 wo sie es bislang getan hatten,
sodass keiner von den Kundigen und Unkundigen,
die um sie herumstanden,
mit Bestimmtheit sagen konnte,
ob nun einer der Kämpfer
1920 ein Auge mehr gewürfelt hätte.
Dies blieb lange der Fall.
Sie zweifelten daran,
wem der Sieg zufallen würde,
bis Ereck, der junge Mann,
1925 daran zu denken begann,
was ihm auf der Heide
zu seiner Schande und seinem Leidwesen
von Iders Zwerg widerfahren war.
Und als er zusätzlich noch
1930 die schöne Frau Enite anblickte,
half ihm das sehr im Kampf,
denn davon gewann er
doppelt so viel Kraft.
Bereitwillig spielte

1935 mit vil williger handt.
doch jener die pesten würfe warf,
der dhain zabellare bedarf,
da half disen, daz er In nie
aus den slegen komen lie, 945
1940 und gewan es ein weile
so sere mit der eile,
üntz doch er das spil verlos
und gelag vor im sigelos:
seinen gaiselstraich er rach. 950
1945 als er im den helm abprach,
da lóest Er im auch das hüetelin,
als er solte erschlagen sin,
Wann das er *da* gerůchte,
daz er genade suechte: 955
1950 „durch got erparm dich,
Edel ritter, über mich.
Eere an mir alle weib
und las mir den leip
und gedencke daran, 960
1955 daz Ich dir, tugenthafter man,
sölher hertzenlaid nicht han getan.
du magst mich wol beleiben lan.“
Des abenteurt In Ereck do.
Er sprach: „wie redt Ir nu so? 965
1960 Ir spottend mein on not.
Ja wolt Ir nun meinen tod?
so stúende euch ze ringe
eur fürgedinge
und eur grosser úbermůt. 970
1965 Ja nemet Ir kain gůt
an disem streite fúr mein leben?
doch hat mir got die sälde geben,
daz sich die rede verkert hat.
secht, nu getú ich gůten rat, 975
1970 daz ich dhain miete
fúr mein leib piete,
wie mirn got anderswo bewar.
Ich bins vor euch sicher gar.

1948 die

1935 er auf den Helm seines Gegners.
Auch wenn jener die besten Zahlen würfelte,
die man als Würfelspieler benötigt,
so half es diesem, dass er ihn
niemals aus dem Schlaghagel entkommen ließ
1940 und dadurch mit seiner Schnelligkeit
den entscheidenden Moment gewann,
in dem jener das Spiel verlor
und besiegt vor ihm lag:
So rächte er den Peitschenhieb.
1945 Nachdem er ihm den Helm abgenommen hatte,
entfernte er auch seine Haube,
als ob er ihn erschlagen wollte,
doch entschied sich Iders zuvor,
die Gnade des Siegers zu suchen:
1950 „Bei Gott, zeig Erbarmen
mit mir, edler Ritter!
Schenk mir das Leben
und ehre dadurch alle Frauen
und denke daran,
1955 dass ich dir, guter Mann,
ein solch großes Leid nicht zugefügt habe.
Du kannst mich am Leben lassen."
Darauf forderte Ereck ihn heraus.
Er sagte: „Wie redet Ihr denn jetzt?
1960 Ihr verspottet mich ohne Grund.
Ja, wollt Ihr nicht mehr meinen Tod?
Eure Vermessenheit
und Euer großer Übermut
passen nicht mehr wirklich zu Euch.
1965 Ja, nehmt Ihr nun immer noch in diesem Kampf
kein Lösegeld für mein Leben?
Doch hat Gott mir das Glück verliehen,
dass sich Eure Worte ins Gegenteil verkehrt haben.
Seht, nun bin ich in der guten Situation,
1970 kein Lösegeld für mein
Leben bieten zu müssen:
Gott möge mich auch anderswo schützen.
Ihr könnt mir jedenfalls nichts mehr tun.

hettend Ir eur hochfart   980
1975 ein lützel bas an mir bewart,
secht, das ware eu nu gůt.
nu hat euch eur übermůt
heut hie gevellet
und den schaden gesellet."   985
1980 er sprach: „wie nembt ir das?
ich gediente nie eurem hass,
Wann ich euch nie mer gesach."
Ereck aber da sprach:
„nu schamt euch durch mein pete,   990
1985 als ich mich gester tette,
da ich von eurn schulden
die scham můste dúlden,
die meinem hertzen nahen gie.
auch gehaisse ich euch hie,   995
1990 daz eurs getzwerges tuck
und sein grosse unzucht
nimmer also vil gefrümbdt,
so si euch heut zu schaden kúmbt."
der Ritter aber do sprach: 1000
1995 „geschach euch je ungemach
von meinen schulden, das ist mir laid.
auch hat mich eur frümbkait
derselbe schulde hie ze stat
wol ze puesse gesat.   1005
2000 Nu gerůche mir den leib lan.
und hab ich icht des getan,
des ich von recht entgelten sol,
das widerdiene ich hart wol."
Eregk erparmet sich do. | 1010
2005 Zu dem Ritter sprach er so: XXXIIrc
„Nu wil ich euch leben lan:
des het Ir mir nit getan."
Nu gab er im des sicherhait,
daz er im ware berait   1015
2010 Ze laisten, was er In hiess,
daz er In leben liess.

2003 wider diene

Wäret Ihr mir gegenüber
1975 nicht so hochfärtig gewesen,
käme Euch dies nun zugute.
Jetzt hat Euch Euer Übermut
hier und heute zu Fall gebracht
und Euch Schaden zugefügt."
1980 Iders sagte: „Wie meint Ihr das?
Ich habe Euren Hass nicht verdient,
da ich Euch noch nie zuvor begegnet bin."
Aber Ereck erwiderte daraufhin:
„Nun schämt Euch, bitteschön,
1985 wie ich es gestern tat,
als ich wegen Eurer Schuld
eine Schande ertragen musste,
die mir sehr nahe ging.
Weiter versichere ich Euch hier,
1990 dass die Tücke Eures Zwerges
und seine große Boshaftigkeit
Euch niemals so viel nutzen wird,
wie sie Euch heute schadet."
Daraufhin sagte der Ritter:
1995 „Habe ich es jemals verschuldet,
dass Euch Leid zugefügt wurde, so bedaure ich das.
Zudem hat Eure Tüchtigkeit mich
hier an diesem Ort für meine Schuld
heftig büßen lassen.
2000 Lass mich nun am Leben!
Sollte ich etwas getan haben,
für das ich gerechterweise büßen muss,
so werde ich das vollständig wiedergutmachen."
Daraufhin erbarmte sich Ereck.
2005 Zu dem Ritter sagte er:
„So will ich Euch leben lassen:
Mir gegenüber hättet ihr Euch nicht so verhalten."
Dann versprach Iders ihm,
alles zu tun,
2010 was er von ihm verlangte,
damit er ihn am Leben ließ.

Als die sicherhait was getan,
da hiess er In aufstan.
und als si zu den stunden   1020
2015 Ir haubte baid empúnden,
Er sprach: „nu solt Ir gewern,
des wil ich nicht empern,
es múesse mein frau, die kunigin,
wider Irs lasters geeret sin.   1025
2020 Ir putend Ir gros ungemach,
daz Ir nie laider geschach.
wider si so habend ir vil getan.
des solt Ir Ir ze hause stan,
wann sis vil sere klaget: 1030
2025 Eur getzwerg slůg Ir maget
gestern umb dise zeit;
auch schlúg es mich alsam seit,
daz ich dise mal gewan.
secht, ich bins derselbe man.   1035
2030 auch het ich euch immer nachgeriten,
Ee Ir des waret vermiten,
Ich wurde an euch gerochen,
daz ich bin sünst zeprochen
under meinen augen."   1040
2035 da mocht ers nicht gelaugen.
„und daz eur getzwerg je
sölhe unzucht begie,
daz es die magt hat geslagen,
das wil ich nicht vertragen.   1045
2040 von recht sol es garnen das
und sag euch umb was:
Ja thet im sein unzucht so wol,
daz man ims belonen sol.
Ich wil mich aus der achte lan,   1050
2045 es solts der magt nit haben getan.
Ich wils disem hunde geben ein phant:
das ist nún sein handt,
daz es immer mere
bas Frauen ere."   1055
2050 das hette doch der guete

2030 nÿmmer

Als er dies geschworen hatte,
befahl Ereck ihm, aufzustehen.
Und als sie danach
2015 ihre Köpfe entblößten,
sagte er: „Ihr werdet nun –
darauf will ich nicht verzichten –
meiner Dame, der Königin,
als Genugtuung für die erlittene Schmach Ehre erweisen.
2020 Ihr fügtet ihr ein so großes Leid zu,
wie sie es nie zuvor erleben musste.
Ihr habt ihr viel angetan.
Weil sie Folgendes beklagt,
sollt ihr sie zu Hause aufsuchen:
2025 Euer Zwerg schlug gestern
um diese Zeit ihre Hofdame;
auch schlug er mich danach genauso,
sodass ich diese Striemen davontrug.
Seht, dieser Mann bin ich!
2030 Daher wäre ich Euch zeitlebens hinterher geritten,
bevor ich mich nicht
an Euch dafür hätte rächen können,
dass mein Gesicht
so entstellt wurde.“
2035 Das konnte Iders nicht leugnen.
„Und dass Euer Zwerg
die Bösartigkeit besaß,
das Mädchen zu schlagen,
werde ich nicht hinnehmen.
2040 Gerechterweise soll er dafür bezahlen,
und ich sage Euch auch, warum:
Ja, seine Bösartigkeit hat ihm so großen Spaß gemacht,
dass man ihn dafür belohnen soll.
Ich will von mir gar nicht reden,
2045 aber dem Mädchen hätte er das nicht antun sollen.
Ich werde diesem Hund dafür einen Preis überreichen:
und zwar nichts als seine eigene Hand,
damit er in Zukunft
die Damen besser ehre.“
2050 Dies zu tun,

nicht in seinem můte,
daz er also tůn solte,
wann daz er gern wolte
das Getzwerg warnen damitte,   1060
2055 daz es darnach vermitte,
und liess es an grosse pet,
daz Er im des nicht entet.
doch rach er ze rechte:
Er hiess es zwen knechte   1065
2060 auf einen tisch recken
und wol durchstreckhen
mit gůten spisholtzen,
daz es auf seinem rúgke schain
darnach wol Zwelf wochen.   1070
2065 sein unzucht ward gerochen,
daz das plůt ab im ran.
Nu begunde weib und man
under Ine gemeinlichen jehen,
Im wäre gar recht geschehen: 1075
2070 Seidt mans in solher unzucht vant,
es was Maledicur genannt.
Eregk do zu dem Ritter sprach,
sein welen was im ungemach:
„Nu waiss Ich, wes Ir pitend,   1080
2075 daz Ir nicht ritend
zů meiner frauen, der künigin.
Ir solt nu geriten sin.
in Ir gewalt solt Ir euch ergeben
und lebt, wie si euch haiss leben.   1085
2080 sagt Ir recht, wer Ir seit
und umb unsern streit
und wer euch dartzů hab gesant.
also bin ich genant:
Eregk Filderoilach.   1090
2085 Ich kum morgen, ob ich mag.
ich reite zu meiner weile.
dar sint nur Siben meile. |
Nu gedenket an eur sicherhait."   XXXIIva

2061 durch streckhñ

hatte der Gute jedoch
gar nicht im Sinn,
doch wollte er gern
den Zwerg damit warnen,
2055 niemals wieder so etwas zu machen;
Ereck tat ihm nichts an,
ohne dass der andere ihn anflehen musste.
Dennoch rächte er sich gerechterweise:
Er befahl zwei Kämpfern,
2060 ihn auf einen Tisch zu spannen
und ihn richtig durchzuprügeln
mit guten Spießruten,
sodass man es wohl noch zwölf Wochen später
an seinem Rücken erkennen konnte.
2065 Seine Bosheit wurde so gerächt,
dass das Blut an ihm herablief.
Da sagten Frauen und Männer
übereinstimmend,
dass es ihm ganz recht geschehen wäre:
2070 Weil er so bösartig war,
nannte man ihm Maledicur.
Ereck sagte dann zu dem Ritter,
dessen Verbleiben ihn ärgerte:
„Nun ist mir nicht klar, worauf Ihr noch wartet,
2075 dass Ihr nicht losreitet
zu meiner Dame, der Königin.
Ihr solltet schon weg sein.
In ihre Gewalt sollt Ihr Euch begeben
und so leben, wie sie es Euch befiehlt.
2080 Sagt ihr wahrheitsgemäß, wer Ihr seid,
und erzählt von unserem Kampf
und wer Euch zu ihr geschickt hat.
Dies ist mein Name:
Ereck Filderoilach.
2085 Ich komme morgen nach, wenn ich es schaffe.
Ich reite, wenn es für mich an der Zeit ist.
Dorthin sind es nur sieben Meilen.
Nun denkt an Euer Versprechen."

      Der Ritter do den weg rait, 1095
2090 Er und sein freundin
und das getzwerglin,
gegen dem kunig Artús.
nu was Er zu seinem hus
wider entwichen in das landt, 1100
2095 das was karadiga genant,
da der Hirs was gejaget,
als euch Ee ist gesaget.
nu was es also ergangen,
daz den hirs het gefangen 1105
2100 der kunig Artus mit seiner handt.
das recht, daz davon ward benant,
daz was im gevallen,
daz er under den magden allen
eine kussen solte, 1110
2105 welhe Er wolte.
      Do si ze karadigan waren komen,
da wolt der kunig han genomen
sein recht nach der gewonhait,
da es im ze rechte warde gesait. 1115
2110 da bat In die kunigin,
daz es gefristet muesse sin,
untz si im gesagte märe,
wie es ergangen wäre
und was Ir geschach ze laide 1120
2115 von dem ritter auf der haide,
und sagte im vil rechte, wie
es Ir desselben tages ergie.
Si sprach: „geselle, ich wil dir klagen:
sunst und so ward mein magt 1125
    geschlagen
2120 Und Eregk vilderoilach.
umb denselben Gaiselschlag
schiede Er von laid
von mir auf der haid.
Er sprach ‚gelaubte fraue mein, 1130
2125 ich wil euch immer frombde sein
ze Britanie in dem lande.
ich gereche dann mein schande;
und ob ich mich errechen mag,
so kumb ich uber den dritten tag.' 1135

Daraufhin machte sich der Ritter auf den Weg,
2090 er und seine Freundin
sowie das Zwerglein,
zu König Artus.
Der war in der Zwischenzeit von seiner Burg
in das Land mit Namen
2095 Karadigan gezogen,
wo der Hirsch gejagt worden war,
wie euch zuvor berichtet worden ist.
Nun war es so gekommen,
dass Artus den Hirsch
2100 eigenhändig gefangen hatte.
Das daraus resultierende Recht
war ihm zugefallen,
nämlich dass er unter allen jungen Frauen
eine nach seiner Wahl
2105 küssen durfte.
Nachdem sie nach Karadigan gelangt waren,
wollte der König sein Vorrecht
gemäß dem Brauch wahrnehmen,
da es ihm als rechtens dargestellt worden war.
2110 Dort bat die Königin ihn,
es aufzuschieben,
bis sie ihm erzählt habe,
wie es ihr ergangen
und welches Leid ihr
2115 von dem Ritter auf der Heide zugefügt worden war.
So berichtete sie ihm genau, wie
es ihr an diesem Tag ergangen war.
Sie sagte: „Liebster, ich muss mich bei dir beklagen:
einfach so wurden meine Hofdame

2120 und Ereck Vilderoilach geschlagen.
Wegen dieses Peitschenhiebs
trennte er sich leidvoll
von mir auf der Heide.
Er sagte: ‚Meine gerühmte Herrin,
2125 ich werde niemals mehr zu Euch
in das Land Britannien zurückkommen,
es sei denn, dass ich meine Schande rächen werde.
Wenn ich es schaffe, mich zu rächen,
komme ich in drei Tagen zurück.'

2130 Herre, der ist morgen.
gedingen und sorgen
han ich umb den Jüngeling,
wie nu steen seine ding.
Ich mochte In nie erwenden, 1140
2135 got welle In uns senden.
Geselle, nu pit ich dich
durch sein lieb und auch durch mich,
daz du deines rechtes nicht nemest,
Ee daz du dann vernemest, 1145
2140 wie im sein ding ergangen sei.
mir ware lieb, er wär auch darbei.
nu peite nún üntz morgen frů:
gelinget im, er kumbt dartzů."
dise pete waren getan 1150
2145 auf dem hause ze karadigan.
da het Walwan und der freundt sin,
der Drugksässe Cain,
sich ze handen gefangen
und waren gegangen 1155
2150 neulich von den frauen
für das Castel schauen.
baide si da sahen
disen Ritter zú gahen
verre aus dem walde. 1160
2155 nu teten sis balde
der küniginne chúnt.
aufstůnd si ze stund,
Ir frauen si zu Ir nam,
an ein venster si kam, 1165
2160 daz si war näme,
wer da geriten käme.
da stúnd si und die Ritterschaft
bei einander zweifelhaft,
wer der Ritter möchte sein. 1170
2165 da sprach die kunigein:
„Es ist bei namen der | man, XXXIIvb
Als ich verre kiesen kan
und als mir mein gemüete sait,
dem Eregk da nachrait. 1175
2170 nu secht, Ir sind drei:
daz getzwerg und sein Amie

2130 Herr, das ist morgen.
Ich habe Hoffnung und sorge
mich um den jungen Mann,
wie es ihm nun gerade geht.
Ich konnte ihn nicht davon abbringen,
2135 Gott möge ihn uns zurückbringen.
Liebster, ich bitte dich –
ihm und auch mir zuliebe –,
dass du dein Recht nicht wahrnimmst,
bevor du nicht in Erfahrung bringst,
2140 wie es ihm ergangen ist.
Mir wäre es lieb, wenn er auch dabei sein könnte.
Nun warte nur bis Morgenfrüh:
Wenn es ihm gelingt, wird er dann da sein."
Diese Bitte trug Ginover
2145 auf der Burg in Karadigan vor.
Darauf gingen Walwan und
sein Freund,
der Truchsess Kain,
Hand in Hand
2150 von den Damen fort
und hielten von der Burg Ausschau.
Beide sahen sie da
einen Ritter vom fernen Wald
auf die Burg zueilen.
2155 Umgehend meldeten
sie das der Königin.
Die erhob sich sofort
und ging mit ihren Edeldamen
zu einem Fenster,
2160 um nachzusehen,
wer da angeritten käme.
Die Ritter und sie
standen voll Zweifel beieinander
und fragten sich, wer dieser Ritter sein könnte.
2165 Da sagte die Königin:
„Es ist wirklich der Mann,
dem Ereck nachgeritten ist,
soweit ich das aus der Ferne beurteilen kann
und wie mir mein Gefühl sagt.
2170 Seht nur hin, es sind drei:
der Zwerg und seine Freundin

reitend mit Im dort heer.
es ist niemand wann Er.
Ja vert er, sam er reite   1180
2175 aus einem streite.
es mag euch darbei sein erkant:
Im ist der Schilt untz an die hant
vil nach verhauen gar,
sein harnasch aller plútfar.   1185
2180 Ich wil euch zwar sagen:
Er hat Eregken erschlagen
und ist durch rúmb heerkomen,
umb das er den sig hat gewunnen.
und hat den ritter gesant   1190
2185 Sigelosen in ditz land
durch unsers hofes ere –
desselben gedinge ich sere."
nu sprachen si alle der kunigin,
der aintweders mochte wol sin.   1195
2190 die rede ware getan.
Iders auf karadigan
gegenwúrtig úber den hof rait
zu ainem stain, der was prait,
ein wenig auf an ein stat   1200
2195 von der rede gesat;
der was gemachet auf dem hause,
daz der kunig Artause
da erpeiste und auch aufsass.
der ritter gedacht, wo er bas   1205
2200 erpeissen möcht dann auch da:
bei dem staine erpeist Er sa.
Als man im die ross emphie,
mit dem getzwerg er do gie
und mit seiner freundin   1210
2205 mit zúchten für die künigin.
die pot im herrlichen grůs.
nu viel er Ir an den fůss.
Er sprach: „frau reiche,
nu emphahet gnediklichen   1215
2210 in eur gewalt einen man,
dem got kainer eren gan.
den Ich da maine, das bin ich.
wider euch vergähet ich mich.

reiten gemeinsam mit ihm hierher.
Es ist niemand sonst als dieser Ritter.
Ja, er sieht aus, als käme
2175 er geradewegs aus einem Kampf.
Ihr könnt es daran erkennen,
dass sein Schild
gänzlich zerstört
und sein Harnisch voller Blut ist.
2180 Wahrlich, ich sage euch:
Er hat Ereck erschlagen
und ist hergekommen, um sich dessen zu rühmen,
dass er den Kampf gewonnen hat.
Wenn aber Ereck den Ritter
2185 nach dessen Niederlage hierher geschickt hat,
um das Ansehen unseres Hofes zu mehren,
hoffe ich das sehr."
Darauf bestätigten alle der Königin,
dass eins von beiden wohl zutreffen müsse.
2190 Soweit das Gespräch.
Währenddessen ritt Iders
über den Hof auf Karadigan
zu einem breiten Stein,
der ein wenig erhöht dort stand,
2195 wo diese Unterhaltung stattfand.
Der war in der Burg aufgestellt worden,
damit der König Artus
dort vom Pferd ab- und aufsteigen konnte.
Der Ritter dachte, dass er nirgends besser
2200 absteigen könnte als genau dort:
so stieg er folglich dort vom Pferd.
Nachdem man ihm die Pferde abgenommen hatte,
trat er mit dem Zwerg
und seiner Freundin
2205 respektvoll vor die Königin.
Die grüßte ihn hoheitsvoll.
Darauf fiel er ihr zu Füßen.
Er sagte: „Machtvolle Dame,
nehmt jetzt gnädig
2210 einen Mann in Eure Herrschaft auf,
dem Gott jede Ehre versagt.
Damit meine ich mich.
Ich habe mich Euch gegenüber verfehlt.

       des zwang mich kain not,   1220
2215 Wann daz mirs mein schalckait gepot.
       des sol ich euch ze puesse stan,
       wann ich daran gevolget han
       thumbes hertzen rate.
       nu reuet es mich ze spate.   1225
2220 Ja warne ich mich ze unzeit,
       sam der hasz, so Er in dem netze leit.
       des ist mein reu worden prait.
       es ist etwen, als man da sait,
       daz unrechter hochmůt   1230
2225 dem manne leicht schaden tůt.
       des han ich mich entstanden
       nach grossen meinen schanden
       und bins an ein ende komen,
       wann Er het mir nach benomen   1235
2230 zu den eren das leben.
       ich wil mich schuldig ergeben.
       Nu ist von mir geschehen laid:
       Ich pins der euch widerrait
       gester auf der haide.   1240
2235 Das ist mir komen ze laide,
       daz ich die unzucht vertrůg,
       daz mein getzwerg die magt schlůg.
       der unfúre umb den Gaislschlag
       hat mich Eregk Filderoilach   1245
2240 wol ze půsse gesat,
       als In mein ware schuld pat.
       Er geweltigt mich mit seiner handt
       und hat mich, | Frau, her gesant,   XXXIIvc
       daz ich derselben schulde   1250
2245 gewinne eur hulde
       und gar in eurer stee.
       dannoch sag ich euch me:
       Ir dúrfet umb In nicht sorgen,
       Er kumbt euch selbs morgen   1255
2250 und bringet mit Im ein maget,
       daz euch niemand saget,
       daz er dhain schönere hab gesehen,

2246 ewrem

Nicht aus Notwehr habe ich gehandelt,
2215 sondern allein getrieben von meiner Bösartigkeit.
Weil ich den Einflüsterungen
meines törichten Herzens gefolgt bin,
dürft Ihr nun über mich verfügen.
Ich bedaure das jetzt zu spät.
2220 Ja, ich bin zur falschen Zeit aufmerksam
wie der Hase, wenn er bereits im Netz gefangen zappelt.
Dies bereue ich daher zutiefst.
Es ist so, wie man es sagt:
Ungerechtfertigte Überheblichkeit
2225 schadet schnell dem Menschen.
Das habe ich nach meiner
großen Schandtat nun verstanden
und werde so etwas nie wieder tun,
denn er hätte mir beinahe nicht nur
2230 die Ehre, sondern auch das Leben genommen.
Ich gebe mich schuldig in Eure Hand.
So habe ich Leid verursacht:
Ich bin derjenige, der Euch
gestern auf der Heide begegnet ist.
2235 Weil ich das Verbrechen zuließ,
dass mein Zwerg das Mädchen schlug,
muss ich nun leiden.
Wegen der Ungeheuerlichkeit des Peitschenhiebs
legte mir Ereck Filderoilach
2240 eine Buße auf,
um die meine große Schuld bettelte.
Er besiegte mich
und hat mich, meine Dame, hierher gesandt,
damit ich wegen dieser Schuld
2245 Eure Verzeihung gewinne
und an Eurem Hof bleibe.
Noch mehr sei Euch mitgeteilt:
Ihr braucht Euch nicht um ihn zu sorgen,
er kommt morgen zu Euch
2250 und bringt ein Mädchen mit.
Niemand kann behaupten,
dass er je eine schönere Frau gesehen hat,

er mües der warhait jehen.“
Von disen mären wurden do   1260
2255 vil hertzlichen fro
Artůs und die kúnigin
und lobten sein unser trechtin,
daz im also jungen
so schon was gelůngen   1265
2260 und daz im sein erste Ritterschaft
mit lobelicher hailes craft
Jedoch also gar ergie,
Wann er begúnd es vor nie.
oder es wäre   1270
2265 gar ein neidere,
so trůg im da niemand hass.
es ward niemand geminnet bas
von einem ingesinde,
wann er het es von kinde   1275
2270 umb si gedienet so,
daz si des alle waren fro.
Zu dem Ritter sprach die künigin:
„eur půsse die sol ringer sin,
dann Ir doch gearnet hat: 1280
2275 Ich wil, daz Ir hie bestat
und unser ingesinde seit.“
das můst auch wesen on streit.
Als die rede geschach,
der künig zu den Rittern sprach: 1285
2280 „nu sullen wir In ze lone
emphahen vil schone.
Wir süllen mit rechte einen man,
der es so wol gedienen kan,
aller eren gunnen.   1290
2285 er hat es wol begunnen,
daz Er ze loben sol geschehen.“
des begunden Si da alle jehen.
Da es also was komen,
als Ir davor habt vernomen,   1295
2290 daz Eregken so wol gelang,
daz Er iders betzwang
auf dem hause ze Tulmain,
der je ein warer degen schain,
Und da die frau Enite   1300

ohne zu lügen.“
Über diese Nachricht
2255 freuten sich Artus und die Königin
von ganzem Herzen
und lobten um seinetwillen unseren Schöpfer,
dass er in so jungen Jahren
bereits solchen Erfolg hatte
2260 und seine erste Rittertat ihn
durch das Glück des Tüchtigen
zum Ziel führte,
denn er hatte dies nie zuvor unternommen.
Niemand missgönnte ihm dies,
2265 außer jemand hätte
den Charakter eines Neiders besessen.
Niemand wurde mehr
von einer Hofgesellschaft geliebt,
denn er hatte sich von klein auf
2270 so um sie verdient gemacht,
dass sie sich alle über seinen Erfolg freuten.
Zu dem Ritter sagte die Königin:
„Eure Wiedergutmachung soll geringer sein,
als Ihr es erwartet habt:
2275 Ich will, dass Ihr hier bleibt
und zu unserer Hofgesellschaft gehört.“
Dieses Urteil wurde von niemandem angezweifelt.
Nach diesen Worten
sagte der König zu den Rittern:
2280 „Nun werden wir ihm verdientermaßen
einen prächtigen Empfang bereiten.
Zurecht sollen wir einem Mann,
der es so sehr verdient,
höchste Ehren erweisen.
2285 Er hat es so gut gemacht,
dass man ihn loben muss.“
Alle stimmten dem zu.
Nachdem es so gekommen war,
wie ihr zuvor vernommen habt,
2290 dass es Ereck gelang,
auf der Burg Tulmein
Iders zu besiegen,
der immer als wahrer Held gegolten hatte,
und nachdem Frau Enite

2295 behertet ward mit streite,
seines gelückes waren do
vil hertzenlich fro
Arme und reiche
und jahen all geleiche,   1305
2300 da ware kain zweifel an,
er ware der teuriste man,
der je kam in das land.
da was niemand zehandt,
dem sein sig wäre laid.   1310
2305 Si preiszten sein manhait.
Ir spil begunden Si meren
do zu seinen eren:
gros buhurt húb sich da
und tantzten anderswa.   1315
2310 In entwaffend der Hertzog ymain.
In Ir schos legt In
das kind frau Enite,
ze rue nach dem streite.
Ir gepärd was vil pleuchlich,   1320
2315 einer magde gleich:
Si geredet im nit vil mite,
wann das ist Ir aller site,
daz si zu dem ersten schamig sindt
und pleig sam die kind.   1325
2320 darnach ergreifen si den list,
daz si wol wissen, was In gút ist,
und daz In lieb wäre,
daz si nu dúncket schwäre,
und daz si nämen,   1330
2325 wo si sein recht bekämen,
einen súessen kuss für einen schlag
und zwo guete | nacht für einen
    üblen tag.   XXXIIIra
Da bat In der Hertzog Imain,
daz Er die nacht gerůchte sin   1335
2330 mit Im durch alle minn
mit seiner fründin,
und pat es auch den Geschwien.
des begunde In Ereck verlihen.
sunst antwurt er im do: 1340
2335 „herre, wie tet ich dann so,

2295 im Kampf verteidigt worden war,
freuten sich von Herzen
Arme und Reiche
über sein Glück
und sprachen übereinstimmend davon,
2300 dass es keinen Zweifel geben könnte,
dass er der tapferste Mann wäre,
der jemals dieses Land bereist hätte.
Es gab dort niemanden,
der ihm den Sieg nicht gegönnt hätte.
2305 Sie rühmten seine Tapferkeit.
Ihr Fest verlängerten sie
danach ihm zu Ehren:
dort gab es einen großen Buhurt,
an anderer Stelle wurde getanzt.
2310 Der Herzog Imain nahm ihm die Waffen ab.
Die junge Frau Enite
legte ihn nach dem Kampf
in ihren Schoß, damit er sich ausruhen konnte.
Sie verhielt sich sehr schüchtern,
2315 wie es junge Mädchen so tun:
Sie redete nicht viel mit ihm,
denn alle verhalten sich so,
dass sie sich am Anfang schämen
und verlegen wie Kinder sind.
2320 Später jedoch
wissen sie ganz genau, was ihnen gut tut,
und mögen das,
was ihnen zu Beginn noch unangenehm ist,
und zögen
2325 einen süßen Kuss einem Schlag
und zwei gute Nächte einem schlechten Tag vor,
wo auch immer sie dieses bekommen könnten.

Da bat der Herzog Imain Ereck,
er möge ihm zuliebe
2330 die Nacht mit seiner Freundin
auf der Burg verbringen,
und bat auch seinen Schwager um Erlaubnis.
Daraufhin legte ihm Ereck Folgendes dar.
So antwortete er ihm:
2335 „Herr, wie käme ich dazu,

solt ich meinen wirt lan,
der mir vil gůtes hat getan?
Er emphieng mich gester,
Er und Schwester,   1345
2340 in grosser unkunde wol
und so, daz ich es dienen sol.
Ich wais wol, bas möcht Er:
er gab mir sein tochter.
durch das so lat es on Zorn: 1350
2345 Er wirt von mir so nicht verborn.
solt ich nu von im wencken,
So mocht er wol gedencken,
Er entgulte seiner armůt,
des Er, wais got, niene tůt.   1355
2350 Ich sol mit im vil gerne sein,
mein stäter wille wirt im schein
und süllen wir leben halbes Jar,
Ich mach In reicher, das ist war.
mir gepreste dann des gůtes,   1360
2355 mir zerrinnet nicht des mútes:
ich bring In auf die fart,
daz Er nie *reicher* wart."
Da sprach der Hertzog Ymain:
„seidt Ir mir nicht wellet sin,   1365
2360 so süllen wir bei euch besteen,
mit euch ze herbergen geen."
des gnadet im vil verre
Eregk der herre,
und sein Sweher tet also.   1370
2365 aufstuenden si do,
bei handen si sich viengen,
zu herbergen si giengen
und fuerten die frau Eniten
da entzwischen an Ir siten.   1375
2370 da het Si wúnnen genúg,
Wann Si auf Ir handt trůg
den gewúnnen sparbare;
das was wol freudbare.
Es het die magt   1380

2357 reicher *nicht in A*

meinen Gastgeber jetzt zu ignorieren,
der so gut zu mir gewesen ist?
Er und Eure Schwester
empfingen mich gestern freundlich,
2340 obwohl sie mich nicht kannten;
dafür werde ich mich erkenntlich zeigen.
Ich weiß genau, dass er mich nicht hätte besser aufnehmen können:
Er gab mir seine Tochter.
Akzeptiert es deshalb, ohne zornig zu werden:
2345 Ich werde ihn nicht auf diese Art missachten.
Würde ich mich nun von ihm abwenden,
so könnte er doch denken,
dass er dies seiner Armut zu verdanken habe,
was er jedoch bei Gott nicht tut.
2350 Ich werde sehr gerne bei ihm bleiben;
ich werde ihm meine Treue erweisen,
und wenn wir noch das nächste halbe Jahr erleben,
mache ich ihn reicher, glaubt es mir.
Auch wenn es mir dann an einem Vermögen mangeln sollte,
2355 so gebe ich die Absicht in keinem Falle auf:
ich werde ihn so ausstatten,
dass er nie zuvor reicher war.“
Da sagte der Herzog Imain:
„Da Ihr mir nicht angehören wollt,
2360 werden wir Euch
zu Eurer Unterkunft geleiten.“
Dafür dankten ihm
der Herr Ereck
und sein Schwiegervater.
2365 Sie standen auf,
nahmen einander bei den Händen,
gingen zur Unterkunft
und führten die Frau Enite
mit sich.
2370 Sie war überglücklich,
denn auf ihrer Hand
saß der gewonnene Sperber;
das war durchaus ein Grund zur Freude.
Das Mädchen

2375 seligklich bejagt
von lobe michel ere,
doch freute si sich mere
von schulden Ir lieben man,
den si des tages da gewan: 1385
2380 Ein man, den freuden nie verdros,
des kurtzweile was vil gros.
zu den herbergen was grosser schal:
da mủst er die pesten on zal
under Rittern und undern frauen 1390
2385 den Abent schauen,
Wann si ladeten gar
alle, die nur komen dar,
zu den hochzeiten.
der Vater frauen Eniten 1395
2390 mocht es nicht erzeuget han;
Es mueste an dem Hertzogen stan.
von seinem hause man dar trúg
speise eben genủg.
Als im erschain der ander tag, 1400
2395 Eregk vilderoilach
der wolt da nicht lenger tweln.
sein unmủsse begunde Er Zeln
und sprach, er múeste reiten
und fúeren die frauen Eneiten. 1405
2400 da bat In Ir Öheim,
der hertzoge von Tulmein,
daz Er si mueste vassen bas;
Ereck dawider redte das.
golt und Silber er im pot; 1410
2405 Er sprach, | des wäre im unnot. XXXIIIrb
baide ross und gewant:
dartzủ besloss Ereck die handt,
wann daz Er ein phärd nam,
daz Ir zereiten gezam, 1415
2410 von Ir nifteln, einer magt;
die was, so man sagt,
mit dem Hertzogen da
und sein niftel na.
vil guetlich Si Ins bat, 1420
2415 also lang üntz auf die stat,
daz er es von Ir emphie.

2375 hatte glücklich durch das Lob der Anderen
große Ehre errungen,
doch freute sie sich zu Recht
mehr über ihren liebenswerten Mann,
den sie an diesem Tag dort gewonnen hatte;
2380 ein Mann, der Freude nicht als störend empfand,
der großen Spaß hatte.
Bei den Unterkünften ging es hoch her:
Da musste er unzählige vornehme
Ritter und Edeldamen
2385 am selben Abend noch begrüßen,
denn sie luden wirklich
alle, die dorthin gekommen waren,
ein, mit ihnen zu feiern.
Der Vater Enites
2390 hätte das Fest nicht ausrichten können;
dies blieb dem Herzog überlassen.
Aus seiner Burg trug man
reichlich Speisen dorthin.
Am nächsten Morgen
2395 wollte Ereck Vilderoilach
dort nicht länger bleiben.
Von seiner Verpflichtung (Iders an den Artushof zu folgen) erzählte er
und sagte, dass er losreiten
und Frau Enite mit sich führen müsse.
2400 Da bat ihn ihr Onkel,
der Herzog von Tulmein,
sie besser einkleiden zu dürfen;
Ereck sprach sich dagegen aus.
Gold und Silber bot Imain ihm;
2405 Ereck sagte, dass er dies nicht nötig habe.
Sowohl Pferde als auch Gewänder
lehnte Ereck ab,
doch nahm er ein Reitpferd,
das ihr zu reiten gut anstand,
2410 von ihrer Cousine, einer jungen Frau;
die war, so wird es erzählt,
im Gefolge des Herzogs
und nah mit ihm verwandt.
Sehr freundlich und so lange
2415 hatte sie Ereck darum gebeten,
bis er es schließlich von ihr annahm.

und wisset wol, daz vor der nie
in der welt kain man
schöner phärd je gewan.   1425
2420 Es was ze michel noch ze kranck,
sein varb recht Harmlblanck,
sein man recht tief und prait,
mit gantzem gepaine   1430
zu gros noch ze claine,
2425 sein haubt trúg es ze recht hoch,
Es was senfte und fro,
mit langen seiten,
man mocht es vil gereiten,   1435
Rugke und fuess gút genúg,
2430 Hei, wie recht sanft es trúg!
es gieng vil drate uber velt,
schon sam ein schef enzelt.
dartzú und es sanfte gie,   1440
so gestrauchet es doch nie.
2435 der Satel was alsam,
daz es dem phard wol gezam;
das geschmeide sam es solte
von rotem golte.   1445
was solt daz lange märe,
2440 wie das geworcht wäre?
des mús Ich euch vil verdagen,
wann sol ich es euch alles sagen,
so wurde der red ze vil.   1450
den lob ich euch enden wil
2445 mit vil kurtzen worten:
die darmgürtl waren von porten.
Als es eingezogen ward,
die raise ward nicht mer gespart.   1455
die Frau Enite urlaub nam,
2450 als einem kinde wol getzam,
vil haisse wainende,
ze reiten in ellende
von Ir lieben múter.   1460
die sprach: „reicher got vil gúter,
2455 du gerúch meines kindes phlegen.“
mit treuen lenger ward der segen.
Nu errachte das schaiden
manigen trahen In baiden   1465

Seid gewiss, dass zuvor
niemals irgendjemand
ein schöneres Pferd erhalten hatte.
2420 Es war weder zu kräftig noch zu schwächlich,
sein Fell war hermelinweiß,
seine Mähne dicht und voll,
mit gutem Knochenbau,
weder zu groß noch zu klein,
2425 seinen Kopf trug es vorbildlich aufrecht,
es war sanft und freundlich,
mit langen Flanken versehen,
es war ausdauernd,
Rücken und Beine waren sehr belastbar,
2430 he, wie sanft es seinen Reiter trug!
Es lief schnell,
gleichmäßig wie ein Schiff im Tölt.
Zusätzlich zu seinem sanften Gang
strauchelte es nie.
2435 Der Sattel
passte zum Pferd;
die Beschläge waren, wie sie zu sein hatten,
aus rotem Gold.
Was nutzt ein ausführlicher Bericht,
2440 wie das verarbeitet war?
Darüber muss ich schweigen,
denn wenn ich dies alles erzählen sollte,
würde es die Geschichte unnötig verlängern.
Ich will das Lob
2445 mit wenigen Worten zu Ende bringen:
Die Sattelgurte waren Riemen.
Als das Pferd bereit war,
wurde die Abreise nicht länger hinausgezögert.
Frau Enite nahm Abschied,
2450 wie es einem Mädchen entsprach,
das in die Fremde hinweg
von ihrer geliebten Mutter reitet:
heiße Tränen weinend.
Die Mutter sagte: „Mächtiger, gütiger Gott,
2455 mögest du mein Kind schützen!"
Aus Treue wurde der Abschiedswunsch so lang.
Die Trennung führte dann dazu,
dass beide heftig weinten;

und dartzů Ir Vater.
2460 unsern herren pat er,
daz Er Ir můste walten.
Eregk saget dem alten,
wann Im sein pote kame,   1470
was Er von dem vernäme,
2465 daz Er darnach täte,
wann Er den willen hätte
Ze tůn seiner armůt půs.
da naigt Er Im an den Fůss   1475
und was des gedingen fro.
2470 Urlaub namen si do
von allem dem gesinde da
und schieden sich sa
und riten von dann.   1480
Ereck wolt niemand
2475 mit Im von stat reiten lan.
mit haile pat Er si da bestan.
Also si da baide
komen auf die haide,   1485
Ereck begunde schauen
2480 sein Junckfrauen.
auch sahe Si vil dicke an
Pleuchlich Irn man.
da wechselten Si vil dicke   1490
die freuntlichen plicke.
2485 Ir hertze ward der minne vol,
Si gefielen baide einander wol
und je bas | und bas.   XXXIIIrc
da vant neid noch hass   1495
ze bleiben dhain vass:
2490 treu und stä*te* si besass.
Nu riten si vil drate,
Wann Er gelobt hatte
Ze komen an dem selben tage.   1500
nach der künigin sage
2495 so wissten die gůten knechte
alle vil rechte
die zeit, wann Er sol kumen.

————
2490 stä= *am Zeilenende*

ihrem Vater erging es ebenso.
2460 Unseren Herrgott bat er,
über sie zu wachen.
Ereck teilte dem Alten mit,
dass er einen Boten schicken werde;
was er von diesem hören würde,
2465 solle Coralus tun,
denn er hätte die Absicht,
ihn von seiner Armut zu erlösen.
Darauf fiel er Ereck zu Füßen
und war glücklich über diese Aussicht.
2470 Dann nahmen sie Abschied
von allen Hofleuten,
brachen auf
und ritten davon.
Ereck wollte nicht,
2475 dass ihn jemand begleitete.
Mit besten Wünschen bat er sie, dort zu bleiben.
Als sie beide
durch das Land zogen,
schaute Ereck sich
2480 seine junge Edeldame an.
Ebenso blickte sie sehr oft
schüchtern ihren Mann an.
Dort wechselten sie sehr oft
verliebte Blicke.
2485 Ihre Herzen waren von Liebe erfüllt;
sie gefielen einander sehr
und immer mehr und mehr.
Weder Neid noch Hass
fanden dort irgendeinen Platz:
2490 Treue und Zuneigung füllten sie ganz aus.
So ritten sie sehr zügig dahin,
denn er hatte versprochen,
noch am selben Tag zurückzukommen.
Aufgrund der Mitteilung der Königin
2495 wussten alle edlen Kämpfer
ganz genau,
wann er kommen sollte.

auch hetten si es vernumen 1505
von dem Ritter, der da kam,
2500 an dem Er den sig nam.
Die ross waren In berait.
da genosse Er seiner frümkait:
mit dem kunig Artuse 1510
riten von dem huse
2505 Gawein und Persevans
und ein herre genant alsus:
der kúnig Ielsz von Galoes,
und Torsvilrojares, 1515
Lucans der Schencke schain in der
    schar,
2510 dartzů die Massenie gar,
daz si emphiengen alle
mit ritterlichem schalle,
geselliklichen und wol, 1520
als man lieben Frundt sol,
2515 der verlorner funden ist.
gegen Im was zu derselben frist
über den hof gegangen,
daz Er wurde emphangen, 1525
mein Frau, die künigin.
2520 Si hiess In wilkomen sin,
seiner abenteure was si fro.
die Frauen Eniten nam si do,
Si sprach: „Frau magt wol getan, 1530
diser Claider sült Ir wandel han."
2525 Nu füerte si die reiche
in Ir heimeleiche,
da was Ir ein pad berait
und ward nach Ir arbait 1535
gepadet vast schon.
2530 die Frau mit der kron
Irn lieben gast Si klaidet,
wann da was beraitet
vil reiches gewant. 1540
Si näet selbs mit Ir handt
2535 in ein hemede das magedin,

2515 verlornnerfunden

Auch hatten sie es aus dem Mund
des Ritters erfahren, der dorthin gekommen war
2500 und den Ereck besiegt hatte.
Die Pferde wurden ihnen bereitgestellt.
Da wurde er für seine Tüchtigkeit belohnt:
Zusammen mit König Artus
ritten von der Burg
2505 Gawein und Persevans
und ein Adliger mit Namen
König Jelsz von Galoes
und Torsvilrojares,
der Mundschenk Lucans gehörte zu der Gruppe,

2510 dazu das ganze Gefolge,
um sie mit
prächtigem Jubel zu empfangen,
freundschaftlich und froh,
wie es einem engen Freund zusteht,
2515 der wieder aufgetaucht ist, nachdem er verloren schien.
Zur gleichen Zeit
ging ihm meine Herrin, die Königin,
über den Burghof entgegen
und empfing ihn.
2520 Sie hieß ihn willkommen
und freute sich über sein bestandenes Abenteuer.
Enite nahm sie bei der Hand
und sagte: „Junge schöne Dame,
Ihr sollt neue Kleider bekommen!"
2525 Dann führte die Königin sie
in ihre Gemächer,
wo ein Bad für sie vorbereitet wurde
und sie nach ihren Strapazen
sehr entspannt gebadet wurde.
2530 Die gekrönte Edeldame
kleidete ihren lieben Gast
mit einem der vielen
bereit gelegten Gewänder ein.
Sie nähte eigenhändig
2535 das Mädchen in ein

das was weiss seidin.
das hemede Si bedackte,
daz man es loben machte,   1545
mit einem rock wol geschniten
2540 nach karlischen siten,
weder ze eng noch ze weit:
der was ein grüener sameit
mit spanne praiter liste,   1550
daz si sich in priszte,
2545 mit gespúnnem golde,
baidenthalbe so man solde,
von jetweder hende
an der seiten ende.   1555
auch ward der Frauen Eniten
2550 gegúrt umb Ir siten
ein rieme von Iberne,
den tragen die frauen gerne.
für Ir prust ward gelait   1560
ein heftel, wol handes prait,
2555 das was ein gelfer Rubin.
doch überwant Im seinen schin
die magt vil beigarbe
mit Ir liechten varbe.   1565
der rockh was bevangen,
2560 mit Mantl behangen,
der im ze masse mochte sein:
das gefille härmelein,
das dach ein reicher sigelat.   1570
dise künigkliche wat
2565 was gezobelt auf die handt.
ein porte Ir har zusamen pant,
der was ze masse prait,
kreutzweise úber das haubt gelait.   1575
so gůt was des schäppeli schein,
2570 es mocht von porten nit pesser sein.
Ir klaid was reich, si selber gůt, |
Nu bedacht die frau armůt   XXXIIIva
von grosser scham das haubt,   1580
wann si was beraubt
2575 Ir stat vil frävenlichen;
Si můst dan entwichen.
von Irem hause Si floch,

weißes Seidenhemd ein.
Das Hemd stand ihr
außergewöhnlich gut,
dazu ein Kleid
2540 nach französischer Art,
das weder zu eng noch zu weit war:
Es bestand aus grünem Samt
mit einem spannenbreiten Saum,
aus gesponnenem Gold,
2545 mit dem sie zu beiden Seiten
vollständig eingerahmt wurde,
wie man dies
tun sollte.
Außerdem erhielt Enite
2550 einen Hüftgürtel
aus Iberne,
den die Damen so gerne tragen.
Über ihre Brust wurde
eine handbreite Brosche befestigt:
2555 diese bestand aus einem leuchtenden Rubin.
Doch übertraf ihn in seinem Glanz
bei weitem das Mädchen
mit ihrer hellen Haut.
Das Kleid wurde von
2560 einem passenden
Mantel umhüllt:
das Futter aus Hermelin,
der Oberstoff ein prächtiger Brokatstoff.
Diese königliche Kleidung
2565 war am Saum des Ärmels mit Zobel besetzt.
Ein schmales Band,
das kreuzförmig über ihren Kopf lief,
hielt ihr Haar zusammen.
Der Kopfschmuck war so schön,
2570 dass es aus Bändern keinen besseren geben konnte.
Ihr Aufzug war prächtig, sie selber edel;
nun bedeckte Frau Armut
schamvoll ihr Haupt,
denn man hatte ihr ihre Heimat
2575 auf dreiste Weise weggenommen.
Sie musste von dort fliehen.
Aus ihrem Haus entwich sie,

reicheit si *in ir* gesazze zoch.   1585
also schon schain die maget
2580 in schwachen klaidern, so man saget,
daz si in so reicher wat
nu vil wol ze lobe stat.
Vil gerne ich wolte   1590
loben, als ich solte.
2585 nu bin ich nicht so weiser man:
mir gepreste daran,
solher sin ist mir unkunt.
auch hat sich so manig weiser mund   1595
in weibes lobe geflissen,
2590 daz ich nicht mochte wissen,
welhen lob ich Ir munde.
es sei von diser stunde
bas gesprochen weiben: 1600
Si múss von mir beleiben
2595 ungelobt nach Ir rechte,
Wann das gepristet mir túmben knechte.
doch beschaid ichs, so ich peste kan
und als ich es vernomen han.   1605
so was ausser streite:
2600 es was die frau Eneite
die aller schöneste magt,
die je, so man sagt,
in des kuniges hof kam.   1610
die küniginne si nam
2605 freuntlichen bei Ir handt
und gienge, da si den künig vandt
sitzen nach seinem rechte
mit manigem gúten knechte   1615
d*a* zu der tavelrunde.
2610 die zu derselben stunde
da gesassen oder seidt,
der het einer ane streit
an lobe den pesten gewin,   1620
des jahen Si alle under In,
2615 wann Er nach sage nie
kain boshait begie

2578 sÿ mir gésazze   **2609** daz

den Reichtum setzte sie an ihren Platz.
Man erzählt, das Mädchen
2580 sei in ärmlichen Kleidern bereits schön gewesen,
doch war sie nun in prächtiger Kleidung
erst recht rühmenswert.
Ich würde sie sehr gern so
rühmen, wie sie es verdient hätte.
2585 Allerdings bin ich nicht ein solch großer Künstler:
mir mangelt es daran,
solche Fähigkeiten besitze ich nicht.
Auch haben sich bereits viele große Dichter darum bemüht,
Frauen adäquat zu loben,
2590 sodass ich nicht mehr weiß,
welche Preisungen ich ihr zusprechen könnte.
Von jetzt an soll
über Frauen besser gedichtet werden:
Ich kann sie jedenfalls nicht
2595 adäquat loben,
denn diese Fähigkeit besitze ich beschränkter Kerl nicht.
Doch beschreibe ich sie, so gut ich es eben kann
und wie ich es gehört habe.
Folgendes war unbestritten:
2600 Frau Enite war
das allerschönste Mädchen,
das jemals, so wird berichtet,
an den Königshof kam.
Die Königin nahm sie
2605 freundlich an die Hand
und ging zum König,
der mit vielen edlen Kämpfern
an der Tafelrunde saß,
wie es ihm zustand.
2610 Von denen, die damals
oder seitdem dort saßen,
wurde einer zweifellos
am höchsten gerühmt,
das behaupteten sie alle gemeinsam,
2615 denn er hatte, wie erzählt wird, niemals
irgendeine Bosheit begangen

und tugent so manigvalt,
daz man In noch zalt 1625
zu einem dem teuristen man,
2620 der stat da gewan;
des het er zu dem sedes gůt recht,
Gawine, der gůt knecht.
da bei Ereck Vilderoilach 1630
und Lanzelot von Arlach
2625 und Gornamans von Grohaiss
und Libels Coaiss
und Lais hardis
und Melians von Liss 1635
und Maldwitz Lisages
2630 und der wilde Todines
und der gůte Gandelus,
bei dem sass Esus,
darnach der Ritter Brien 1640
und Ywain Filarcis Urien
2635 und zu allen eren schnell
Ywan von Lonel.
auch sass Ir da mer
Ywan von Lafulter 1645
und Onam von Galiot
2640 und Gasosin von Strangot.
auch sass da zehandt
der mit dem guldin poge genant,
Tristram und Garel, 1650
Bliobleherim und Titurel,
2645 Garedeas von Brebas,
Gues von strauss und baulas,
Gaveros von Rabedick
und des küniges Sún von Ganedick, 1655
Lis von quinte cardus,
2650 Isder von Mundolerous,
Iher Gaheries,
Maunis und der kale Gales,
Glangodoans und Gareles, 1660
und Estos Filares,
2655 Galagaundris und Galoes

2636 Lo / nel

und war so tüchtig,
dass man ihn auch heute noch
für den besten Mann hält,
2620 der jemals dort Platz genommen hatte;
daher saß dort ganz zu Recht
Gawein, der gute Kämpfer.
Neben ihm saßen Ereck Vilderoilach,
Lanzelot von Arlach,
2625 Gornemans von Grohaiss,
Libels Coaiss,
Lais Hardis,
Meljans von Liss,
Maldwitz Lisages,
2630 der wilde Todines
und der edle Gandelus,
neben dem Esus saß,
daneben der Ritter Brien
und Iwain Filarcis Urien
2635 sowie der stets auf sein Ansehen bedachte
Iwan von Lonel.
Da saßen noch mehr:
Iwan von Lafulter,
Onam von Galiot
2640 und Gasosin von Strangot.
Außerdem saßen da
Der mit dem goldenen Bogen,
Tristram und Garel,
Bliobleherim und Titurel,
2645 Garedas von Brebas,
Guess von Strauss und Baulas,
Gaveros von Rabedick
sowie der Sohn des Königs von Ganedick,
Lis von Quinte Cardus,
2650 Isder von Mundolerous,
Iher Gaheries,
Maunis und der kahle Gales,
Glangodoans und Gareles,
Estos Filares,
2655 Galagaundris und Galoes

und Fildon giloles, |
Lohút fil roi artus,   XXXIIIvb
Saigremors und Praveraus,   1665
Blerios und Garredomech schin,
2660 los und Troi marlomech schin,
Brien lingo mathel
und Equinot Filcont von Haterel,
Lernfras fil Gain   1670
und Henec Suctellois fil Gawin,
2665 Le und gahillet,
von Hochturäsch Maneset
und Gatuain Batewain,
filroi Cäbcaflir,   1675
Galopamúr, das ist war,
2670 Fil Ysabon und schonebar
Lanfal und Brantrivier,
Malirliot von Gattelange und Barcinier,
der getreue gothardelen,   1680
Gangier von Neranden
2675 und Stos, der Brůder sein,
der kuene Lespint,
und Machmerit, Parcefal von glois
und Seckmur von rois,   1685
Inpripalenot und Estravagaot,
2680 Peh pimerot und Lamendragot,
Orvogodelet
und Affibla delet,
Arderoch Amander   1690
und Ganatulander,
2685 Lermebion von Jarbes,
Filmur defemius aquaterbardes.
Nu han ich euch genent gar
die tugenthafte schar.   1695
Ir was nach der rechten zal
2690 Viertzigk und Hundert úberal.
Nu fúerte si die künigin
gegen der menigin.
der wunsch was an Ir garwe,   1700
als der Rosenvarbe

2661 lingo

Fildon Giloles,
Lohut, fil roi Artus,
Saigremors und Praveraus,
Blerios und Garredomech Schin,
2660 Los und Troi Marlomech Schin,
Brien Lingo Mathel,
Equinot Filcont von Haterel,
Lernfras fil Gain,
Henec Suctellois fil Gawin,
2665 Le und Gahillet,
Maneset von Hochturäsch,
Gatuain, Batewain,
filroi Cäbcaflir,
Galopamur, das ist wahr,
2670 fil Ysabon und Schonebar,
Lanfal und Brantrivier,
Malirliot von Gattelange und Barcinier,
der getreue Gothardelen,
Gangier von Neranden
2675 und Stos, sein Bruder,
der kühne Lespint,
Machmerit, Parcefal von Glois,
Seckmur von Rois,
Inpripalenot und Estravagaot,
2680 Peh Pimerot und Lamendragot,
Oruogodelet,
Affibla Delet,
Arderoch, Amander,
Ganatulander,
2685 Lermebion von Jarbes,
Filmur Defemius Aquaterbardes.
Nun habe ich euch die Namen aller
tüchtigen Versammelten genannt.
Genau genommen waren es
2690 insgesamt einhundertvierzig.
Nun brachte die Königin
Enite vor diese Versammlung.
Vollkommen war sie,
so als gösse man die Rosenfarbe

2695 under weisse Lilien gusse,
und daz zesamen flusse,
und daz der mundt begarbe
ware von Rosenvarbe,   1705
dem geleichte sich Ir leib.
2700 man gesach nie ritterlicher weib.
also si do under si
von ersten zu dem Turn ingie
und si sitzen gesach,   1710
scham tet Ir ungemach:
2705 die rosenvarbe Ir entweich.
nu rot und dann pleich
ward si da vil dicke
von dem anplicke,   1715
ze gleicher weise, als ich euch sage,
2710 als die Sunne in liechtem tage
Irn schein vil volliklichen hat
und gahes dafür gat
ein Wolken dünne und nicht prait,   1720
so ist Ir schein nicht so berait,
2715 als man In vor sach.
süst leit kurtzen ungemach
die Junckfrau Enite
von schame unlange zite,   1725
do si zu dem Turn ingie.
2720 Ir schönes antlitz gevie
der wunneklichen varbe me
und ward schöner dann ee.
Ei wiewol es Ir gezam,   1730
da Ir varbe wandel nam.
2725 von grosser schame das geschach,
wann Si niemer gesach
sitzen versambt so manigen helt,
von gantzen tugenden auserwelt.   1735
do die magt ingie,
2730 Von Ir schöne erschracken die
zu der tavelrunde sassen,
so daz Si Ir selber vergassen
und gaften die magt an.   1740
da was kain man,
2735 Er begunde Ir die schöneste verjehen,
die Er hette gesehen.

2695 zu dem Weiß der Lilie,
sodass beides zusammenflösse
und allein der Mund
gänzlich rosenfarbig wäre:
diesem Farbenspiel glich ihr Körper.
2700 Man sah nie eine stattlichere Frau.
Als sie in den Turm hinein
erstmals vor sie trat
und sie alle dort sitzen sah,
brachte ihre Schamhaftigkeit sie in Bedrängnis:
2705 Sie verlor ihre Rosenfarbe.
Rot und kreidebleich
wurde sie abwechselnd
wegen des Anblicks
in gleicher Weise, wie ich euch erzählen kann,
2710 wie die Sonne, die an einem strahlenden Tag
erst mit aller Kraft scheint
und danach von einem kleinen Wölkchen,
das plötzlich vor sie zieht,
ein wenig von ihrem Schein einbüßt,
2715 den man zuvor wahrnehmen konnte.
Ihre Schamhaftigkeit stürzte
die junge Edeldame Enite
einen kurzen Moment lang in eine solche Bedrängnis,
als sie in den Turm hineinging.
2720 Ihr schönes Antlitz
erhielt eine noch wundervollere Farbe
und wurde schöner als zuvor.
Oh, wie gut stand es ihr,
als sie errötete und erbleichte!
2725 Sie schämte sich sehr,
weil sie niemals zuvor
so viele herausragende und auserwählte Helden
versammelt gesehen hatte.
Als das Mädchen vor sie trat,
2730 erschraken die Ritter der Tafelrunde
vor ihrer Schönheit,
sodass sie sich selbst vergaßen
und das Mädchen angafften.
Da gab es keinen Mann,
2735 der nicht gesagt hätte, dass sie die Schönste sei,
die er je gesehen habe.

der künig gegen Ir gie,
bei der handt Er si vie, 1745
die Frauen Eniten,
2740 und satzt si an sein siten
und anderhalb sein |
die tugenthaften künigein. XXXIIIvc
Nu gedaucht auch den künig zeit, 1750
daz Er den Ritterlichen streit
2745 zehant enden wolte.
Ir wisset, daz Er solte
sein recht han genomen,
das habt Ir Ee wol vernomen. 1755
dieweil im so wol ergie,
2750 daz Er den weissen hiers gefie,
da mit gleichem märe
die schoniste da wäre,
daz Er die kuste an Irn múnd; 1760
des het Er üntz an die stúnd
2755 durch die künigin erpiten.
nu ward nicht dawider gestriten:
Si war die schöneste da
und úber die welt auch anderswa. 1765
wann ich sag euch recht, wie
2760 Ir schöne für die andern gie:
als ob einer vinstern nacht
die Sterne waren uberdackt,
daz man si mochte wol gesehen, 1770
so múszt man von schulden jehen,
2765 Si ware wol genäme,
ob In nicht schöner käme.
Und so den mannen Ir zeit
in der nacht herfür geit, 1775
so het man die wolgetanen
2770 Ze nicht bei den mannen;
Si dauchten lobebare,
ob der Mann inne wäre
und ob Er Si nicht enlaschte 1780
mit seinem liechten glaste.
2775 süst verschwachte Ir varbe
die Frauen all bei garbe.
auch fúr der künig ungepeit
zu behalten sein gewonheit, 1785

Der König ging ihr entgegen,
nahm Frau Enite
bei der Hand
2740 und setzte sie neben sich,
während auf seiner anderen Seite
die außerordentliche Königin saß.
Nun dachte der König, dass es Zeit sei,
den ritterlichen Wettstreit
2745 auf der Stelle zu beenden.
Ihr wisst ja noch, dass er
sein Recht wahrnehmen durfte –
das habt ihr bereits zuvor erfahren:
Als es ihm gelungen war,
2750 den weißen Hirsch zu fangen,
hatte er sich das Recht erworben,
diejenige auf den Mund zu küssen,
die nach Meinung aller die Schönste am Hof wäre;
dies hatte er bis zu diesem Moment
2755 wegen der Königin hinausgezögert.
Nun gab es keine zwei Meinungen:
Sie war die Schönste am Hof
und auch sonstwo auf der ganzen Welt.
Ich sage euch genau,
2760 wie ihre Schönheit die der anderen übertraf:
als ob in einer finsteren Nacht
die Sterne verdeckt wären,
man Enite dennoch gut sehen könnte;
dann würde man zu Recht behaupten,
2765 sie wäre sehr schön,
wenn den Frauen nichts noch Schöneres entgegenträte.
Denn wenn den Männern
in der Nacht ihre Stunde schlägt,
so hält man die Schönen
2770 gegenüber den Männern für nichts;
sie schienen rühmenswert,
solange der Mann abwesend wäre
und sie nicht mit seinem
hellen Glanz überstrahlte.
2775 So setzte Enites Aussehen
alle Frauen ganz und gar herab.
Sodann schritt der König unverzüglich
fort, sein Recht wahrzunehmen,

als im si sein vater liess
2780 – sein vater Urpandragon hiess –,
daz Er den kuss name da
und auch nindert anderswa,
wann wo es im die gůten knechte   1790
gesagen ze rechte.
2785 aufstůnd der kunig do:
sein recht nam Er so
von seines Neven freundin.
das mocht wol on hass sin,   1795
Wann Ereck was sein kunde.
2790 nu hůb sich michel wunne
auf dem hause ze karadigan,
das was ze liebe getan
Im und seiner freundin.   1800
wo mochte grosser freude sin,
2795 denn man da het zu aller Zeit?
Si vlissen sich widerstreit,
alle die da waren,
zu frolichen geparen.   1805
Da gedacht der tugentreiche
2800 Ereck vil Ritterleiche
an seines Schwehers Armůt
und sant Im schöns gůt
bei seinem poten in sein haus.   1810
das gab im der künig Artaus:
2805 Zwen Summare
– die purde was vil schwäre,
Si trůgen Silber und golt,
wann Er was der Tochter holt –,   1815
daz Er sich schon klaidte
2810 und Er sich wol beraite
ze varen in seines Vaters landt,
das was Destregales genant.
bei seinem poten pat er   1820
den kúnig Lach, seinen Vater,
2815 daz Er seinem Sweher alten
Zwaier heuser liesse walten,
die Er im benannte
in seinem Lande,   1825
und daz Si wären sein aigen;
2820 mit namen begunde Er si zaigen,

wie es ihm sein Vater vererbt hatte –
2780 sein Vater hieß Urpandragon –,
dass er nämlich den Kuss dort abholen sollte,
wohin ihn die edlen Kämpfer
zu Recht wiesen,
und nirgends sonst.
2785 Schließlich erhob sich der König:
Sein Recht nahm er auf diese Weise dann
bei der Freundin seines Verwandten wahr.
Dies konnte ohne Probleme geschehen,
weil Ereck aus seinem Geschlecht stammte.
2790 Nun begann eine großartige Zeit
auf der Burg zu Karadigan.
Dies geschah aus Verbundenheit
zu ihm und seiner Freundin.
Wo könnte es eine größere Freude geben,
2795 als man sie allzeit dort besaß?
Alle, die da waren,
lieferten sich einen Wettstreit
um Fröhlichkeit.
Da dachte der tugendhafte Ereck
2800 sehr ritterlich
an die Armut seines Schwiegervaters
und schickte ihm Kostbarkeiten
durch einen Boten nach Hause,
die ihm der König Artus gab:
2805 Zwei Packpferde –
deren Last war schwer,
sie trugen Gold und Silber,
denn er war seiner Tochter verbunden –,
damit er sich schön kleiden
2810 und ausrüsten konnte,
um in das Land von Erecks Vaters zu reisen,
das man Destregales nannte.
Durch einen Boten bat Ereck
seinen Vater, den König Lac,
2815 dass er seinem alten Schwiegervater
zwei Burgen überlassen möge,
die er ihm in seinem Land
zuweisen
und als Eigenbesitz schenken solle;
2820 er schlug die Burgen

Montreuel und Roadan.
das was alles getan. 1829
als Er die heu|ser Zu Im nam, XXXIVra
Da ward der Edlman
2825 ergetzet, was im je gewar.
unotig ward Er gar:
man tet In also reiche,
daz Er sich herrleiche 1835
mit In pigeen mochte,
2830 als seinem adl tochte.
Nu greifen wir wider an die fart,
davon der rede begunnen ward,
da Ereck hin ze hofe kam 1840
und der kunig sein recht genam.
2835 die frau Enite raitzt das,
die dort als ein Engl sass
mit schöne und auch mit güete,
daz Eregk sein gemüete 1845
vil hertzlichen nach Ir rang.
2840 der tage daucht In ze lang,
daz Er ze lengern zeiten
Ir minne solte peiten,
dann üntz an die nachsten nacht. 1850
auch trúg si im bedacht
2845 einen willen dem gleich.
das were wagleich,
und het es niemand gesehen,
daz da were geschehen 1855
ein vil fruntliches spil.
2850 Zwar ich euch das sagen wil:
da was der minne gewin.
die minne sich senet under In
und füegte In grossen ungemach. 1860
da aines das ander ansach,
2855 da was In baiden nicht bas
dann einem habiche, der im sein mas
von geschichten ze augen bringet,
so In der hunger zwinget: 1865
und als es im getzaiget wirdt,

2829 piegen

Montreuel und Roadan vor.
Diesem Vorschlag folgte der Vater.
Als er die Burgen in Besitz nahm,
wurde der Edelmann für alles
2825 entschädigt, was ihm widerfahren war.
Ohne Not konnte er nun leben:
Man machte ihn so reich,
dass er standesgemäß
mit ihnen Umgang pflegen konnte,
2830 wie es seinem Adel zukam.
Nun springen wir wieder zurück
zum Anfang dieser Episode,
als Ereck zum Hof kam
und der König sein Recht wahrnahm.
2835 Frau Enite reizte ihn dazu,
die dort engelsgleich
an Schönheit und Güte saß,
sodass sich Ereck
aus ganzem Herzen nach ihr sehnte.
2840 Ihm schien es kaum aushaltbar,
noch länger
als bis zur nächsten Nacht
auf ihre Liebe warten zu müssen.
Ihr erging es in aller Heimlichkeit
2845 ganz genauso.
Es wäre gewagt gewesen,
dass es da zum Austausch von Zärtlichkeiten
gekommen wäre,
auch wenn es keine Zuschauer gegeben hätte.
2850 Wahrlich, eins kann ich euch versichern:
die Liebe fuhr da reiche Ernte ein.
Die Liebe sehnte sich nach ihnen und schaffte Sehnsucht zwischen ihnen
und fügte ihnen großes Leid zu.
Als sie einander anblickten,
2855 erging es ihnen beiden nicht besser
als einem Habicht, der
sich zufällig sein Futter vor Augen stellt,
wenn ihn der Hunger peinigt;
sobald es ihm gezeigt wird,

2860 was Er es dafür mer empirt,
davon můs Im wirsz geschehen,
dann ob ers nit het gesehen.
also tet Im das peiten wee, 1870
zu der massen und dannoch mee.
2865 Ir baider gedanck stůnd also:
„Ja wirde ich nimmer fro,
Ich gelige dir noch bei
Zwo nacht oder drei." 1875
Es begerten Ir Sinne
2870 andere minne,
darnach und Si gemasset sind,
also da ein sonders kind
sich nach seiner můter senet, 1880
die es gůtes hat gewenet,
2875 so si im Irn grůs bedeutet
und im die hende peutet
von dem, da Im laid geschicht.
mit verre begerten si des nicht, 1885
des si doch gewůnnen seit.
2880 **N**u was auch prautens zeit,
wann es ware In baiden lieb getan.
Nú wolte In des nicht erlan
der tugenthaft Artaus, 1890
Er praute in seinem haus
2885 ze freuden seinem Lande.
zehand Er aussande,
wo Er mochte geraichen,
briefe und warzaichen, 1895
daz im die fürsten kamen
2890 und alle, die es vernamen,
von allen landen weiten
zu seinen hochzeiten.
die prautlaufte ward gesprochen 1900
in der Phingstwochen.
2895 **N**u nenne ich Euch die graven gar
und auch der Fürsten schar,
die zu den hochzeiten kam, 1904
Da Ereck Frau | Eniten nam. XXXIVrb
Es waren reich geste:
2900 der Grave Brandes von Doleceste,
der Bracht in seiner schar

2860 aber man es ihm weiter vorenthält,
wird es ihm schlechter gehen,
als wenn er es gar nicht erst gesehen hätte.
Genauso quälte ihn das Warten
und sogar noch mehr.
2865 Beide dachten gleichermaßen:
„Ja, ich werde niemals wieder glücklich werden,
wenn ich nicht zwei oder drei Nächte
mit dir verbringen kann."
Sie begehrten eine andere
2870 Form der Liebe,
die ihnen mehr entspricht,
als wenn ein verlassenes Kind
sich nach seiner Mutter sehnt,
die sich ihm immer liebevoll zugewendet hat,
2875 wenn diese ihm ihre Zärtlichkeit erweist
und seine Händchen von dem
abhält, was ihn verletzen kann.
Aus der Ferne begehrten sie allerdings nichts von dem,
was sie später dann bekamen.
2880 Jetzt war der Tag der Hochzeit da,
auf den beide sich sehr freuten.
Der tugendhafte Artus
bestand darauf,
sie zur Freude seines Landes
2885 in seiner Burg trauen zu lassen.
Sogleich sandte er überall dorthin,
wo er hingelangen konnte,
Briefe mit Sigeln aus,
damit die Landesfürsten
2890 und alle, die die Nachricht erhielten,
aus allen fernen Ländern
zu seinem Fest kämen.
Der Termin der Hochzeit
wurde auf die Pfingstwoche gelegt.
2895 Nun nenne ich euch alle Grafen
und auch die Schar der Landesfürsten,
die zum Fest kamen,
auf dem Ereck Frau Enite ehelichte.
Sie hatten mächtige Gäste:
2900 der Graf Brandes von Doleceste,
der in seiner Gruppe

Fünfhúndert gesellen dar,
der Getzeug was gar lobeliche,   1910
zu Im geklait alle geliche.
2905 Und Marggrave Margún,
geporn von glufuin,
die herren von alte Montanige,
das ist nahend bei Britanie,   1915
und der Grave libers von Treferain
2910 mit zehen zechgesellen sein;
der Reich herre Grave Gundregoas
und der herre maeloas,
von dem Glesine werde genant: 1920
sünst stúnd es umb sein landt,
2915 daz darumb bei namen nie
kain ungewiter ergie,
auch waz da grosser gemach,
wann man da nie kain wurm gesach,   1925
da ward nie kalt noch haiss,
2920 als man es von der warhait waiss.
Gresmúrs fine posterne,
den sahe man gerne,
und sein Brueder, Gimoers genant;   1930
der werdt nach lone hiess sein lant,
2925 des sälde was nicht klaine,
wann Er minnet ein feine,
die hiess Marguel.
auch kam dar Dauid von Luntaguel,   1935
der Hertzoge Buelgnezins kom dar
2930 mit herlicher schar,
der hocheben, so hisz sein gewalt.
Nu sind Euch die Hertzogen gezalt
und die Graven úberal.   1940
Nu vernement auch der künige zal:
2935 Ir waren zehen, so man zalt,
Fünf Jûnge und Fünf alt,
all geweltiklich und reich.
besonder hetten Si sich   1945
gesellet Ritterlichen,
2940 die Jungen zu Iren gelichen,

2938 seich

fünfhundert Gefolgsleute mit sich führte,
deren Aufzug sehr rühmenswert war,
da sie alle genauso gekleidet waren wie er.
2905 Dann waren da noch der Markgraf Margun,
geboren zu Glufuin,
die Herren vom Alte Montanige,
das liegt gleich neben Britannien,
und der Graf Libers von Treferain
2910 mit zehn seiner Saufkumpane;
der mächtige Graf Gundregoas
und der Herr Maeloas,
genannt von der Glesine:
In seinem Land
2915 gab es wahrhaftig
niemals ein Unwetter,
zudem war es dort sehr angenehm,
weil es keine Drachen gab;
es war dort weder zu kalt noch zu heiß,
2920 wie man ganz sicher weiß.
Gresmurs Fine Posterne
sah man gerne
und seinen Bruder mit Namen Gimoers,
dessen Land die ‚Insel der Belohnung‘ hieß;
2925 sein Glück war groß,
denn er liebte eine Fee,
deren Name Marguel war.
Auch kamen David von Luntaguel
sowie der Herzog Buelgnezins
2930 mit seinem prächtigen Gefolge dorthin,
die Hochebene hieß sein Herrschaftsgebiet.
Nun habe ich euch alle
Herzöge und Grafen aufgezählt.
Nun vernehmt die Zahl der Könige:
2935 Man erzählt, dass es zehn waren,
fünf junge und fünf alte,
alle mächtig und reich.
Die hatten sich
ritterlich zusammengefunden,
2940 die Jungen unter ihresgleichen,

die alten zu den alten.
die mazze ward behalten:
die jungen waren, so man sait,   1950
geleich geriten *u*nd geclait,
2945 die alten waren recht alsam
zu der masse, als auch In gezam.
nu brüefe ich júngen wat:
Samat und Sigelat   1955
zesamen gebarrieret,
2950 mitten gezieret
mit fehem geville,
vil recht nach Irem wille
zu eng noch ze weit geschniten,   1960
gar schwartz sam ein raben.
2955 die kunden nicht traben:
dise ritten vor in das Landt.
Ir jeglicher fûrt auf der handt   1965
Vier mause ein Sparbere.
die schar was lobpare:
2960 Ir brachte jeglicher dar
Dreuhúndert gesellen in seiner schar.
an Ir wat was der vleiss.   1970
der erste künig Carneis,
Schorces sein lant hiess,
2965 und der kunig von den Schoten
Angwisiess
mit zwaien Sünen sein,
genant was einer Choein   1975
und der ander Goasilroet,
und künig behals von Gomoret.
2970 **D**itz was die Junge Ritterschaft.
Nu komen dar mit herrschaft
Fünf alte künige reiche,   1980
die waren auch geleiche
bede geriten und auch geklait.
2975 Si hetten an sich gelait
Irem alter ein gezäme wat,
als man es von | In vernomen   1985
hat.   XXXIVrc

——————

2944 geriten so man vnd

die Alten bei den Alten.
Die Harmonie wurde gewahrt:
die Jungen waren, so erzählt man es,
gleich beritten und gekleidet,
2945 die Alten zeigten ein genauso
harmonisches Erscheinungsbild, wie es zu ihnen passte.
Nun schaue ich mir die Kleidung der Jungen genauer an:
Samt und Brokat
waren verarbeitet,
2950 in der Mitte verziert
mit gefärbtem Pelz,
genau nach ihren Wünschen
weder zu eng noch zu weit geschnitten,
ganz schwarz wie die Raben.
2955 Die konnten nicht traben:
sie ritten zuerst herbei.
Jeder von ihnen hielt
einen vierjährigen Sperber auf der Hand.
Die Schar war lobenswert:
2960 Jeder von ihnen führte noch
dreihundert Begleiter mit sich dorthin.
Ihre Kleidung war aufwändig hergestellt.
Der erste war König Carneis,
Schorces hieß sein Land,
2965 der König der Schotten, Angwisieß,

mit seinen beiden Söhnen,
von denen einer Choein
und der andere Goasilroet hieß,
sowie der König Behals von Gomoret.
2970 Dies war die junge Ritterschaft.
Nun kamen aber auch noch dorthin
fünf alte, mächtige Könige mit Gefolge,
die auch übereinstimmend
beritten sowie gekleidet waren.
2975 Man hat von ihnen gehört,
dass sie sich Kleidung angezogen hatten,
die ihrem Alter entsprach:

den pesten praunen Scharlach,
  so man vant,
uber alles Engelant;
2980 die geville waren gra,
daz niemand anderswa
kain pessern mochte han,   1990
ze Reussen noch ze polan.
Si was lang und prait:
2985 allenthalben darauf gelait
dick plech von golde,
das geworchte als es solde,   1995
gůt und wahe
und also spahe,
2990 daz man es wol preisen mús,
gezöbelt preit auf den fůss.
der zobel was, daz nie kain man   2000
dhainen pessern gewan
noch teurern vant
2995 uber alles Convelant;
des Landes phleget der Soldan,
wann es ist im undertan,   2005
es ist lang und weit.
Conve beslossen leit
3000 zwischen den landen baiden,
den kriechen und Haiden.
der peste zobel kumet von dann,   2010
den die welt je gewan.
ditz was der fürsten claid.
3005 darundter hetten si gelait
reiche peltze alsam,
als es der obern wat getzam.   2015
Ir jegliches hůt
was von zobel guet.
3010 **B**eriten waren si vil wol,
als ich euch sagen sol:
Ir phärd planck schneweiss.   2020
An In was aller der vleiss,
der reichen alten wol gezam.
3015 Ir geraide gůt alssam,
von gútem golde was sein schein.
daz das geschmeide solte sein,   2025
das was von Silber durchslagen,

den besten braunen Scharlach,

den es in ganz England gab;
2980 der Pelz war grau,
niemand hätte einen
besseren in Russland oder Polen
besitzen können.
Die Kleidung war lang und weit,
2985 überall mit reichlich
Goldblech versehen,
kunstvoll gestaltet,
edel und prächtig
sowie so schön,
2990 dass man sie wirklich loben muss,
am unteren Saum mit breitem Zobel besetzt.
Der Zobel war dergestalt, dass
man keinen besseren
oder kostbareren
2995 in ganzen Land Conve finden konnte;
dort herrschte der Sultan,
denn das weite und große Land
ist ihm untertan.
Conve liegt
3000 eingeschlossen zwischen
Griechenland und dem Reich der Muslime.
Der beste Zobel, den die Welt kennt,
kommt von dort.
Aus diesem bestand das Oberkleid der Fürsten.
3005 Darunter hatten sie
ebenso kostbare Pelze angelegt,
passend zum Oberkleid.
Jeder von ihnen trug
einen Hut aus edlem Zobel.
3010 Sie waren sehr gut beritten,
das kann ich euch berichten:
Ihre Pferde waren ganz schneeweiß.
Sie waren von der Art,
wie es den mächtigen Alten entsprach.
3015 Ihr Reitzeug war ebenso edel,
es glänzte von reinem Gold.
Die Schmiedearbeiten
waren mit Silber beschlagen

mit golde úbertragen,
3020 Ir darmgurtl von porten prait.
da dise schar rait
ze Britanie in das Landt, 2030
Ir jeglichem auf der handt
ein schoner Habich sass,
3025 Sechs mause oder bas.
da was gút kúrtzweile
des weges drei meile. 2035
Si fúnden gute peisse da:
baide päche und la
3030 lagen antvogl vol;
was ein Habich vahen sol,
des fúnden si da vil. 2040
man gesach auch nie so vil federspil
so manigen schonen flúg getún.
3035 **Den** äntvogl und das hůn,
den Raiger und den Fasan,
sahen Si vor In aufstan, 2045
den kranich an dem gevilde
und die gans wilde.
3040 auch fůrten Ir knaben
des tages von den trappen
Ir sätel wol behangen, 2050
wann da was gar gefangen,
was In ward gestobet.
3045 vil gare beraubet
ward das gevilde:
wo der hasz erschrecket ward, 2056
das was sein jüngste vardt.
Da si nach der peisse riten
3050 und fruntlichen stritten,
súnder was ein beschaiden hass: 2060
Ir jeglicher wolte, daz da bas
sein Habich geflogen hätte,
als man auch noch täte.
3055 **Nu** rait der künig Artaus
gegen In von seinem haus 2065
mit seiner Massenie gar
und emphieng die herrlichen schar |
mit vil grosser wirdikait.   XXXIVva
3060 Irs komens was Er vil gemait.

und mit Gold überzogen,
3020 ihre Sattelgurte waren breite Riemen.
Als diese Schar
in das Land Britannien ritt,
saß jedem von ihnen
ein Habicht auf der Hand,
3025 der sechs Jahre oder älter war.
Da hatten sie auf ihrem
drei Meilen langen Weg gute Unterhaltung.
Sie fanden dort eine gute Beizjagd:
sowohl Bäche als auch Teiche
3030 waren voller Enten;
was immer ein Habicht fangen kann,
fanden sie dort im Überfluss.
Man hatte auch nie zuvor
so viele schön fliegende Jagdvögel gesehen.
3035 Die Ente, das Rebhuhn,
den Reiher, den Fasan,
den Kranich auf dem Feld
und die Wildgans
sahen die alten Ritter auffliegen.
3040 Die Sättel ihrer Knappen
hingen an diesem Tag
voll mit Trappgänsen,
denn alles wurde gefangen,
was aufgestöbert worden war.
3045 Gänzlich beraubt
wurde das Land:
Wo der Hase aufgeschreckt wurde,
war es sein letzter Lauf.
Als sie auf Beizjagd ritten
3050 und freundlich miteinander konkurrierten,
gab es außerdem einen sportlichen Wettstreit:
Wie auch noch heutzutage
wollte jeder von ihnen,
dass sein Habicht erfolgreicher wäre.
3055 Nun ritt der König Artus
ihnen von seiner Burg
mit seiner ganzen Gefolgschaft entgegen
und empfing die auserwählte Schar
mit allen Ehren.
3060 Er freute sich sehr über ihr Kommen.

Es wurden die gůten knechte   2070
emphangen nach Ir rechte
und vil bas behalten.
Nu nenne Ich euch die alten:
3065 das was der kunig Lervis
von Riesz, biderb und weiss,   2075
der brachte mit Im dar
ein lobeliche schar:
Dreuhundert gesellen.
3070 der höret alter zelen:
In was daz haupt gar   2080
und der part schnefar
nider gewachsen also tief,
daz Er In auf die gurtl schwief.
3075 der aller jüngest, das ist war,
der het Viertzig und Hundert Jar.   2085
Nu vernemet, was Ir mer sei:
der Getzwerg künig Bilei
und sein Brůder, Brians genant;
3080 Xuripodes hiess Ir landt.
Es wurden einer můter kind,   2090
die Brueder geheissen sind,
nie ungeleicher dann si.
Brians und Bilter
3085 uns sagent das war märe,
daz Brians lenger wäre   2095
dann jemands bei seinen zeiten
in allen landen weiten
anderhalbe spanne.
3090 so saget man uns danne,
daz kain zwerg wäre noch sei   2100
kurtzer den Bilei.
was im am wachsen geprast,
das het der wenige gast
3095 wol an dem můte.
auch vant man an dem gůte   2105
nit vil seiner ebenreichen.
Er kom dar herrleichen,
sein gesellschaft was gros.
3100 Er pracht dar zwen sein genos,
auch Herren uber der Gezwerg landt, 2110
die waren also genant:

Die edlen Kämpfer wurden
empfangen, wie es ihnen gebührte,
und sehr gut aufgenommen.
Jetzt nenne ich euch die Alten:
3065 Da war der König Lervis von Rieß,
anständig und weise,
der mit sich dorthin
eine rühmenswerte Schar brachte:
dreihundert Gefährten.
3070 Hört, wie alt sie waren:
Sowohl ihre Haare als auch
ihr Bart waren schneeweiß
und reichten ihnen
bis zum Gürtel.
3075 Der allerjüngste, das ist wahr,
war hundertvierzig Jahre alt.
Nun vernehmt, wer noch dorthin kam:
König Bilei, der Zwergenkönig,
und sein Bruder mit Namen Brians;
3080 Xuripodes hieß ihr Land.
Niemals gab
es ungleichere
Brüder als sie.
Brians und Bilter
3085 geben uns die verlässliche Auskunft,
dass Brians damals
anderthalb Spannen größer war
als jeder andere Mensch
auf der Welt.
3090 Andererseits erzählt man uns,
dass es keinen kleineren Zwerg
als Bilei gab und gibt.
Was ihm an der Körperlänge fehlte,
machte der kleine Gast
3095 mit seinem Wesen wett.
Auch war kaum jemand
so vermögend wie er.
Er kam in prächtigem Aufzug dorthin,
mit vielen Begleitern.
3100 Er führte zwei Gefährten mit sich,
ebenfalls Herrscher im Land der Zwerge,
die Grigorff

Grigorff und Gleodolan.
die künige ich genant han.
3105 **N**u emphieng der künig Artaus
ze Garadigan in seinem haus   2115
dise reiche geste,
so Er mocht peste.
Nu was kumen der tag,
3110 daz Ereck vilderoilach
solte nemen frauen Eneiten.   2120
wes mochten Si lenger peiten,
wann Si waren des baide fro?
Zesamen gab Si do
3115 eines Bischofes handt
von Catwarje aus Engelant.   2125
so húb sich da hochzeit,
daz Ir vollen lob geit.
da erschain kain armůt,
3120 da was so manig Ritter gůt,
daz Ich euch zu einer masse   2130
wil sagen von Ir frazze:
wann Si achteten mere
auf ander ere,
3125 dann si frassen vil.
davon ich euch kurtzen wil   2135
ze sagen von der wirtschaft.
da was alles des úbercraft,
des leute und ros solten leben,
3130 des ward In on masse gegeben,
Wann daz man des name,   2140
als es mannlich gezame.
Da hurt, tantzen hůb sich hie,
so der imbis ergie,
3135 und werdt úntz an die nacht;
so ward da trauren bedacht.   2145
also si des verdros,
so was je freude süst gros:
Zu den Frauen Si giengen, |
3140 die Si schon emphiengen.   XXXIVvb
da was die handlúng gůt,   2150
dartzů freiet In den můt,
das vil süesse Saitenspil
und ander kurtzweil vil:

und Gleodolan hießen.
Damit habe ich alle Könige benannt.
3105 Damals empfing der König Artus
auf seiner Burg Karadigan
diese mächtigen Gäste
so gut er es konnte.
Schließlich war der Tag gekommen,
3110 an dem Ereck Filderoilach
Frau Enite heiraten sollte.
Weshalb hätten sie noch länger warten sollen,
da doch beide froh darüber waren?
Getraut wurden sie
3115 von einem Bischof
aus Canterbury in England.
So begann da ein Hochzeitsfest,
das von allen gerühmt wird.
Armut wurde dort nicht sichtbar:
3120 Da waren so viele edle Ritter,
dass ich euch nur wenig
von ihren Mahlzeiten erzählen werde,
denn sie hatten
andere ehrenvolle Tätigkeiten im Sinn,
3125 als viel zu fressen.
Daher werde ich es sehr kurz machen,
wenn ich euch von der Bewirtung berichte.
Alles, wovon Menschen und Pferde sich ernähren,
gab es dort im Überfluss;
3130 das erhielten sie auch,
doch nahmen die Gäste nur so viel davon,
wie es dem männlichen Anstand geziemt.
Als noch gegessen wurde,
wurde bereits hier und da schon
3135 bis spät in die Nacht gekämpft und getanzt;
so wurde da die Traurigkeit vertrieben.
Wenn sie das langweilte,
fanden sie eine Freude wie nie zuvor:
Sie gingen zu den Damen,
3140 die sie anmutig empfingen.
Da behandelte man sie gut;
zudem erfreuten sie
die schöne Musik
und viele andere Arten der Unterhaltung:

3145 Sagen und singen
und schnelliklichen springen. 2155
da was aller kunst kraft,
von allen Ambtern maisterschaft:
die aller pesten Spilman,
3150 die die welt je gewan
und die maister waren genant, 2160
der was da zehant,
dreutausent und mere.
Es geschach nie grosser ere,
3155 weder vor dem noch seit,
dann zu derselben hochzeit. 2165
Was der diete darkam,
der gůt umb Eere nam,
der tet man aines nicht rat,
3160 denn gleich varendes volck hat:
wo man ainem vil geit 2170
und dem andern nicht, des hat Er neid
und flůchet der hochzeit.
des kam da niemand in den streit,
3165 wann Si wurden da reiche
alle geleiche. 2175
man gab da vil starche:
von golde Dreissig marcke,
die gab man da vil manigem man,
3170 der vor nie gewan
eines halben phundes wert. 2180
Si wurden alle so gewert,
des warlichen nimmermer ergeet.
baide ros und wat
3175 gab man der Schwachen diet,
die vor niemands beriet. 2185
also ward das wol behůt,
daz niemand umb gůt
dem andern nit trůg.
3180 man gabe In allen genůg.
da ward niemant gesant, 2190
man gab In allen zehant.
emphahens zerran In nie,

3159 aines

3145 Erzählen und Singen
und wilde Sprünge.
Da gab es vielfältige Kunstformen,
Meisterschaft auf allen Gebieten:
von den besten Spielleuten,
3150 die es auf der Welt gab
und Meister genannt wurden,
gab es dort
dreitausend oder mehr.
Weder vor noch nach
3155 diesem Fest
gab es jemals eine größere Ehrerbietung.
Wie viele auch von den Leuten dorthin kamen,
die Geld für ihre Ehrerbietung nahmen,
von denen machte man nicht nur einen reich,
3160 denn das Fahrende Volk achtet auf seine Gleichheit:
Wo man einem viel
und dem anderen nichts gibt,
neidet letzterer dies und verflucht das Fest.
Aus Neid stritt jedoch hier niemand,
3165 denn sie wurden alle gleichermaßen
auf dem Fest reich gemacht.
Man gab hier eine Menge:
dreißig Goldmark
gab man hier so manchem Mann,
3170 der zuvor niemals
ein halbes Pfund verdient hatte.
Sie wurden alle so entlohnt,
wie man es heute wahrlich nicht mehr tut.
Sowohl Pferde als auch Kleidung
3175 gab man den Armen,
die zuvor niemand beschenkt hatte.
So wurde sichergestellt,
dass niemand einem anderen
seinen Besitz neidete.
3180 Man gab ihnen allen reichlich.
Niemand wurde hier entehrt,
ohne Zögern machte man ihnen allen Geschenke.
Das Entgegennehmen von Geschenken hörte

úntz daz die hochzeit zergie,
3185 úntz an den viertzehenden tag.
Súnst lange praute Eregk Vilderoilach. 2195
Also die prautschaft nam ende.
nu schied mit reicher hende
vil frolichen von dann
3190 manig wolsprechender Spilman,
die sprachen alle 2200
mit gleichem schalle
wol von hochzeiten;
Erecken und Frauen Eneiten
3195 wúnschten Si aller sälikait.
die was im doch nu berait 2205
lang und manig Jar.
Ir wunsch ward wol völliklich war,
wann zwai gelieben wurden nie
3200 úntz es der tod undervie, 2210
der alles lieb laidet,
so der leib von liebe schaidet.
auch wolten urlaub han genomen
die Fúrsten, die dar waren komen.
3205 Nu lenget die hochzeit
der wirt Viertzehen nacht seidt; 2215
Ereck ze liebe tet Er das,
wann Er in seinem hertzen sass,
und auch durch frauen Eneiten.
3210 zu der andern hochzeiten
stúnd Ir freude alsam auch Ee, 2220
Ir ward nicht minder, Ir wurd mee.
Nu sprachen das genůge,
es ware on fuege,
3215 ob also gut man
solt schaiden von dann, 2225
da wurd ein turnei genomen,
seidt Si durch freud waren komen
Ze Britanie in Ir lant.
3220 des antwurt Gawin zu handt,
die solten auch Si vinden da. 2230
Einen Turnei nam Er sa
wider dise vier | gesellen, XXXIVvc
der hörent zelen:
3225 Entreferich und Tenebroch,

bis zum Ende des Festes nicht auf,
3185 das vierzehn Tage dauerte.
So lange feierte Ereck Filderoilach Hochzeit.
Als die Hochzeit zu Ende ging,
entfernten sich mit vollen Taschen
fröhlich von dort
3190 viele wortgewandte Spielleute,
die alle
im Einklang
lobend über das Fest sprachen;
Ereck und Frau Enite
3195 wünschten sie alles Glück der Welt.
Das hatte er nun für lange Zeit
und viele Jahre in Aussicht.
Ihr Wunsch bewahrheitete sich wohl völlig,
denn nie gab es zwei Menschen, die sich mehr liebten,
3200 bis es der Tod schließlich beendete,
der jede Freude in Leid verwandelt,
wenn der Körper sich von seiner Freude trennen muss.
Auch die Fürsten, die dorthin gekommen waren,
wollten sich verabschieden.
3205 Doch verlängerte der Gastgeber
das Fest um vierzehn Nächte;
er tat dies Ereck zuliebe,
denn den trug er in seinem Herzen,
und auch wegen Frau Enite.
3210 Auf dem zweiten Fest
hatten sie genauso viel Freude wie zuvor;
sie wurde nicht geringer, sondern größer.
Danach äußerten viele,
dass es unangebracht wäre,
3215 so edle Männer
fortgehen zu lassen,
ohne ein Turnier zu veranstalten,
da diese um der Unterhaltung willen
in ihr Land nach Britannien gekommen wären.
3220 Daher antwortete Gawein sogleich,
diese Unterhaltung sollten sie dort auch geboten bekommen.
Er turnierte
gegen folgende vier Gefährten;
vernehmt deren Aufzählung:
3225 Entreferich und Tenebroch,

Melis und Meljadoch. 2235
Der Túrnei ward gesprochen
über drei wochen
von dem nachsten Montage.
3230 nach der abenteure sage
so solt der Turnei sein 2240
entzwischen Tarebron und Eturein,
das was In gleich wol gelegen,
In beden zu halben wegen.
3235 Nu schieden von dann
mit urlaub dise vier Mann, 2245
daz si sich beraiten dartzů,
wann es was In nicht ze frů.
Ereck vilderoilach
3240 maniger gedancke phlag,
wie Er dar so käme, 2250
als seinem namen gezäme,
wann Er vor der stúnde
Turnierens nie begunde.
3245 vil dicke gedacht Er daran,
in welhem were ein Júnger man 2255
in den Ersten Jaren stat,
daz Er das immer gerne hat.
Er vorchte den langen itewitz.
3250 dest grössern vliss
gaben seine rate, 2260
wie Er es da wol getäte.
Da was Er nit so reiche,
daz Er vollikleiche
3255 mochte mit dem gůte
voltziehen seinem můte. 2265
was aber im des geprast,
Er mainet, daz er was da ein gast:
sein landt was im verre.
3260 Artus der herre
gab im, was Er vor sprach, 2270
doch was Er im daran gemach,
daz es In icht bevilte.
er entwaich seiner milte
3265 mit pete wo Er mochte,
als seiner scham tochte. 2275
Er het wunder getan,

Melis und Meljadoch.
Es wurde abgemacht, dass das Turnier
vom nächsten Montag an
in drei Wochen sein sollte.
3230 Wie die Erzählung zu berichten weiß,
sollte das Turnier zwischen
Tarebron und Eturein stattfinden,
das genau auf halbem Wege
zwischen ihnen lag.
3235 Darauf nahmen
diese vier Männer Abschied,
um sich auf das Turnier vorzubereiten,
denn dies schien ihnen an der Zeit.
Ereck Filderoilach
3240 dachte angestrengt darüber nach,
wie er dorthin kommen könnte
und ob es seiner Reputation entspräche,
denn er hatte nie zuvor
an einem Turnier teilgenommen.
3245 Immer wieder dachte er daran,
dass die Wehrhaftigkeit, die ein junger Mann
sich in seinen ersten Ritterjahren erwirbt,
ihn für immer begleiten wird.
Er fürchtete sich vor lange währenden Schmähungen.
3250 Umso mehr Überlegungen stellte
er daher an,
wie er dort erfolgreich sein könnte.
Doch war er nicht vermögend genug,
sich genauso
3255 ausstatten zu können,
wie er es sich vorstellte.
Dass es ihm an Vermögen mangelte,
führte er darauf zurück, Gast an diesem Hof zu sein:
Sein eigenes Land war weit weg.
3260 Artus, der Landesherr,
schenkte ihm, was er sich wünschte,
doch hielt er sich andererseits zurück,
um Ereck nicht zu kränken.
Der wies nämlich seine Gaben,
3265 wo immer dies möglich war, höflich zurück,
weil er sich schämte.
Ereck hätte Wunder vollbracht,

mocht Er gehabt han
nach seinem willen volle hant.
3270 als es im nu was gewant,
darnach satzt Er seinen mŭt.   2280
sein harnasch was nicht so gŭt,
noch solich sein geselschaft,
als ob er hette des gutes craft.
3275 nach seiner macht vieng er es an.
nu brŭefte der junge man   2285
drei schilte geleich
und dreu geraite alsameleich
mit einem waffen garbe.
3280 doch schiet Si die varbe:
der einem hurtlich genŭg was,   2290
aussen ein liechtes spieglglas,
vil verre glaste der schein.
darauf mowe guldein
3285 zu der masse so si solte,
innen gar von golte.   2295
der ander von Cinober rot,
darauf er slahen gepot
ein mowen von Silber weiss,
3290 die was geworcht in sölhem vleiss,
daz man si so kurtzer stunden   2300
nicht bas ertzeugen kunden
und nienen dem erenen geleich,
der was genŭg Ritterleich.
3295 also ward der dritte var
von golde aussen und innen gar,   2305
darauf ein mowe zobelin,
daz die nicht besser mochte sin,
darúber ein Bugkel geleit,
3300 von Silber schon zerpreit,
die risz ze preit noch ze schmal,   2310
Si bevieng das prete úberal.
des bestund die mowe.
innerhalb ein fraue
3305 an dem; vor dem orte
der Schilt ein rieme porte   2315
mit gŭtem gesteine.
des was Er nicht eine:
Si waren alle innen geleich,

hätte er nach seinen Wünschen
aus dem Vollen schöpfen können.
3270 Nun passte er seine Wünsche
den Möglichkeiten an.
Weder seine Rüstung
noch seine Gefolgschaft waren so edel,
als wenn er über sein eigenes Vermögen verfügt hätte.
3275 Nach seinen Möglichkeiten machte er sich daran.
So wählte der junge Mann
drei gleiche Schilde aus
und ebenso drei Reitzeuge
mit demselben Wappen.
3280 Doch hatten die Schilde alle eine andere Farbe:
der eine war sehr massiv,
außen spiegelblank,
sodass er hell leuchtete –
darauf ein goldfarbener Ärmel
3285 von genau der richtigen Größe –,
und innen ganz goldfarben.
Der zweite war Zinnoberrot;
auf den ließ er einen
silberweißen Ärmel anbringen,
3290 der so sorgfältig gearbeitet war,
dass man es in der kurzen Zeit
nicht besser hätte machen können,
und dem metallenen überhaupt nicht ähnlich:
der war unglaublich prächtig.
3295 Der dritte schließlich war
sowohl außen als auch innen goldfarben,
darauf ein Ärmel von Zobel,
wie er nicht besser sein konnte,
darüber ein Buckel angebracht,
3300 schön aus Silber gearbeitet,
die Spangen weder zu breit noch zu schmal,
das Brett umfasste sie vollständig.
Daran war der Ärmel befestigt.
An diesem Schild war innen
3305 das Bild einer Dame; an der Spitze
hatte der Schild einen Riemen
bestickt mit Edelsteinen.
Das war nicht nur bei ihm so:
Innen sahen sie alle gleich aus,

3310 die riemen all sameleich.   2319
nu brúefte Er | nach der achte,   XXXVra
so Er behendiklichest machte,
drei Panier samenlich,
einem jeglichen schilte sein gelich.
3315 dartzů Ereck der Junge man
mit Artus hilfe gewan   2325
(des künigs von Britanie)
Fünf ross von Spanie,
Helm von Portiers,
3320 Halsperge von Schamliers,
Issercossen von glenis,   2330
der herre Júng und auch weis.
zu einem jeglichen rosse fůrt Er
von lofainge zehen sper,
3325 von Etelburg die schafte,
gefärbet zu Ritterschafte.   2335
seinen Helm gezieret schone
Ein Engl zu einer krone,
von golde geworcht schon.
3330 wappenrock und Cowerture allain,
baide genůg kintlich,   2340
grüener samit und phelle rich,
zesamen geparrieret,
mit porten wol gezieret.
3335 Fünftzehen knaben Er gewan,
so behende daz kain man   2345
dhain teure vant
Ze Britanie úber das landt.
des jegliches harnasch was gůt,
3340 ein pantzer und ein Eisenhůt
und ein k*eu*le wol beschlagen.   2350
sein sper trůg wagen,
hin da der túrnei solt sein,
Zwischen Tarebron und Prurein,
3345 Ee dann Eregk wurde berait.
als ich Ee han gesait,   2355
da was auch Turnieres zil.
gueter Ritter komen dar vil.

3341 kinle

3310 ebenso die Riemen.
Dann wählte er mit Bedacht,
so sorgfältig er konnte,
drei gleiche Banner;
jedes entsprach einem seiner Schilde.
3315 Zusätzlich erhielt Ereck, der Jüngling,
dank der Hilfe von Artus,
des Königs von Britannien,
fünf spanische Rösser,
einen Helm aus Poitiers,
3320 einen Brustschutz aus Schamliers,
Beinschienen aus Glenis.
Der junge und doch weise Herr
führte mit jedem Pferd
zehn Lanzen aus Lofainge,
3325 die Schäfte aus Etelburg,
gefärbt für den Ritterkampf.
Ein Engel in einer Krone,
aus Gold schön gewirkt,
verzierte seinen Helm.
3330 Waffenrock und die einzige Schabracke,
beide sehr jugendlich,
waren aus grünem Samt und kostbarer Seide
zusammengesetzt
und mit Borten verziert.
3335 Fünfzehn Knappen erhielt er,
die so geeignet waren, dass niemand
in ganz Britannien
tüchtigere hätte finden können.
Ihre Rüstungen waren vortrefflich:
3340 Sie hatten einen Brustpanzer und einen Helm
sowie eine gut beschlagene Keule.
Noch bevor Ereck aufbruchsbereit war,
beförderte ein Wagen seine Lanzen dorthin,
wo das Turnier stattfinden sollte:
3345 zwischen Tarebron und Prurein.
Wie ich bereits zuvor erwähnt habe,
lag dort der Turnierplatz.
Viele edle Ritter kamen dorthin.

und als Er wolte reiten,
3350 von der Frauen Eneiten
da begunde schaiden, 2360
von den gesellen baiden
ein getreue wandlúnge ergie
und sag euch rechte wie:
3355 der vil getreue man,
Ir hertze fûrt Er mit Im dan, 2365
das sein belib dem weibe
versigelt in Irn leibe.
an der Sambstag nacht
3360 kom mit aller seiner macht
der künig Artús dar. 2370
Er bracht seine Massenie gar.
nu wurden die pesten da ze wege
beherbergt nach Ir phlege,
3365 die uebten Ritterlichen schal.
die herberg waren úberal 2375
mit liechter bestackht:
das war alle die nacht.
Ereck beherberget dort
3370 von den andern an ein ort.
dhaines schalles Er began: 2380
Er lebet als ein wol karger man
ungeudeklichen
und wolt sich nicht gelichen
3375 einem gûten knechte
und von allem rechte. 2385
geudens urlaub mocht Er han,
des Er dicke für In hette getan.
Er dauchte sich nicht wolkomen,
3380 noch an seiner manhait vernomen,
daz es im erlaubet mochte sein. 2390
welhe der gesellen sein
durch gesellschaft gerûchte,
daz Er seine herberg sûchte,
3385 der ward schon emphangen da
mit grûs bas dann anderswa. 2395
an welhen andern dingen

3363 zewege

Als er schließlich aufbrechen wollte
3350 und sich von Frau Enite
verabschiedete,
tauschten die beiden Liebenden
etwas aus
(ich erzähle euch, wie das vor sich ging):
3355 Der treue Mann
führte ihr Herz mit sich fort,
das seine behielt die Frau
versiegelt in ihrer Brust.
Am Samstagabend
3360 kam der König Artus
mit seiner ganzen Heeresmacht dorthin.
Er brachte sein ganzes Gefolge mit.
Darauf fanden die Edelsten auf diesem Zug
eine ihnen gemäße Herberge.
3365 Sie machten einen ganz schönen Lärm.
Die Herbergen wurden
die ganze Nacht hindurch
durch Lichter erhellt.
Ereck übernachtete
3370 abseits der anderen.
Er lärmte nicht,
sondern verhielt sich wie ein besonnener
sowie bescheidener Mann
und wollte nicht so auftreten
3375 wie ein berühmter Kämpfer;
völlig zurecht verhielt er sich so.
Auf seine sonst übliche Prahlerei vor den anderen
konnte er sehr gut verzichten.
Er fühlte sich nämlich keineswegs so willkommen
3380 und hatte seine Männlichkeit auch noch nicht unter Beweis gestellt,
dass er sich das hätte erlauben können.
Wer auch immer von seinen Gefährten
ihn aus Verbundenheit
in seiner Herberge aufsuchte,
3385 wurde besser als anderswo
mit offenen Armen empfangen.
Auch wenn er in manchen Angelegenheiten

er es nicht mochte bringen,
da schain sein will also,
3390 daz Ir jeglicher was fro,
wo Er Im ze loben geschach: 2400
In minnet alles, daz In sach.
Er tet als sam der selige sol,
man spreche im anders nicht so wol.
3395 **N**u lebet dise Ritterschaft
mit gewonlicher freuden craft, 2405
als man ze túrniern phlag.
morgen an dem Sún|tag XXXVrb
Täten si, als In was gewant:
3400 Si hiessen Ir eisen gewant
fegen und riemen. 2410
da was lützl jeman,
wann den Turnierens wol getzam.
also dafür kam
3405 vil kaume mittertag,
Eregk vilderoilach 2415
der waffent sich so,
jemand anderswo,
daz Er die ersten just neme
3410 und In fürkäme,
wo Er des stat fůnde. 2420
nu waren auch zu der stunde
fürkomen auf denselben můt
gesellen zwen, Ritter gůt,
3415 und als si In gesahen,
zu im begunden si gahen 2425
auf vil gewissen sin:
der ain justierte wider In,
denselben Er von dem rosse stach,
3420 dem andern also geschach.
Ir ross Er niene růchte, 2430
wann das Er furbas sůchte
Ritterschaft mere.
da geviel im die Ere,
3425 die In on lobe zierte,
daz Er Funfstúnd gejustierte, 2435
also daz nie Ritter bas.
Zwo gnade fůgten im das:
also grosse wirdikait,

nicht ganz vollkommen war,
wurde sein guter Wille doch deutlich,
3390 sodass jeder von ihnen sich glücklich schätzte,
wenn er ihn andernorts loben konnte:
Alle, die ihn sahen, mochten ihn.
Er verhielt sich so, wie man es als Glücklicher soll,
sonst hätte man nicht so gut über ihn geredet.
3395 Nun unterhielt sich diese Ritterschar
mit den üblichen Vergnügungen
bei Turnieren.
Am Sonntagmorgen
taten sie das, was sie immer taten:
3400 Sie ließen ihre Rüstungen
reinigen und mit Riemen versehen.
Da gab es niemanden,
der nicht am Turnierkampf gefallen gefunden hätte.
Als es schließlich kaum
3405 Mittag war,
bewaffnete sich
Ereck Filderoilach
(jemand anderswo auch),
um die erste Tjost auszutragen,
3410 wo auch immer er die Möglichkeit dazu fand,
und den Anderen zuvorzukommen.
Nun waren zur selben Zeit
zwei Gefährten und edle Ritter
auf dieselbe Idee gekommen;
3415 und als sie ihn sahen,
eilten sie in großer
Zuversicht auf ihn zu:
den ersten, der mit ihm tjostierte,
stach er vom Pferd,
3420 dem zweiten widerfuhr dasselbe.
Um ihre Pferde kümmerte er sich nicht,
sondern suchte sogleich
weitere Ritterkämpfe.
Danach fiel ihm die Ehre zu,
3425 die ihn auch ohne Ruhmesworte aufwertete,
noch fünfmal zu tjostieren,
besser als jeder andere Ritter.
Zwei Begnadungen verhalfen ihm dazu:
seine große Tüchtigkeit

3430 die het got an In gelait.
Dise just het Er genomen,   2440
Ee jemand ze velde ware komen,
wann si was genůg frů.
doch riten si enmitten zů
3435 von jetwederm taile.
zu grossem seinem haile   2445
meniclich die ross sach,
da Er die Ritter von stach,
da si da luffen hin und her.
3440 Si sprachen alle: „Ja herre, wer
mag dise ross erledigt han?   2450
Es hat beinamen Eregk getan!"
Vil wol ward Er gepreiset da.
nu hůb sich auch sa
3445 vil reich die Vespereide
enmitten auf der heide.   2455
des ward vil gůt die Ritterschaft,
daz jetwederm halb Ir craft
was wol geleiche.
3450 da ward ritterleiche
genůg gejustieret   2460
und wol gepungieret
und geslagen mit dem schwerte.
dieweil der Turnei werte,
3455 Eregk vilderoilach
grosser unmasse phlag.   2465
wer im gewartet solt han,
der dorfte die augen nit rúen lan.
man sach In dort – und nu hie:
3460 bas geturnierte Ritter nie.
Si namen alle sein aines war,   2470
Er was der erste dar
und der jungste von dan.
Eregkh den preis gewan
3465 des Abentes ze baiden seiten;
des jahen si one streiten.   2475
Er rait, üntz im die nacht benam.
da mäniclichen zu herberg kam,
an diser rede da niemand phlag,
3470 wann: „Ereck Filderoilach,
der ist der bas tůnde man,   2480

3430 und dass Gott diese ihm verliehen hatte.
Diese Zweikämpfe hatte er geführt,
bevor ein anderer den Turnierplatz aufgesucht hatte,
denn es war noch sehr früh gewesen.
Doch nun ritten
3435 sie aus allen Richtungen herbei.
Zu seinem großen Glück
sahen viele die Pferde,
deren Reiter er besiegt hatte,
hin- und herlaufen.
3440 Alle sagten gleichermaßen: „Mein Gott, wer
hat die Pferde ihrer Reiter beraubt?
Das hat sicher Ereck getan.“
Dafür wurde er sehr gelobt.
Dann begann sogleich
3445 mitten auf dem Feld
das eindrucksvolle Vorturnier.
Der Ritterkampf gelang so gut,
weil beide Gruppen
kräftemäßig ausgeglichen waren.
3450 So wurden da ritterlich
viele Zweikämpfe ausgetragen,
mit den Pferden angegriffen
und mit den Schwertern gefochten.
Während des Turniers
3455 verhielt sich
Ereck Filderoilach überaus maßlos.
Wer ihn beobachten wollte,
durfte mit seinen Augen nicht verweilen.
Man sah ihn dort und im nächsten Moment hier:
3460 nie zuvor kämpfte ein Ritter besser im Turnier.
Alle nahmen nur ihn wahr.
Er war als Erster dort
und ritt als Letzter fort.
Ereck wurde auf beiden Seiten
3465 zum Sieger des Abends gekürt.
Dies verkündeten beide Gruppen einträchtig.
Er ritt so lange im Turnier, bis es dunkel wurde.
Als die Kämpfer zu ihren Herbergen zurückkehrten,
sagten sie alle nichts anderes
3470 als: „Ereck Filderoilach
ist der beste Akteur

den unser landt je gewan
von seinen jaren.
Er mocht nit bas geparen!“
3475 der ward groslichen gejehen.
im was des Abends geschehen,   2485
wann der den preis bejagte.
Morgen als tagte,
Er aufmachet sich.
3480 sein erste vart was Ritterlich:
zu der kirchen Er gie   2490
und ergab sich im, dem noch nie
volle genaden | zeran.   XXXVrc
Es ward auch nie gar frůmer man,
3485 an Im stůnde sein rat,
wann der In vor Im hat   2495
an allen seinen dingen,
der versehe sich gelingen.
Ereck tauret In vil sere
3490 umb sein Ritterliche Eere,
daz Er der gerůchte phlegen.   2500
als sich endet der segen,
Schilt und ross was im berait.
nú dauchte mich die gnedikait
3495 lobelich und gros,
daz Er on waffen plos,   2505
daz Er ane und gesell los ze velde kam,
wann daz Er fünf knaben zu Im nam,
der jetzlicher fúrte dreu sper.
3500 dieselben vertet er
ze rechter Just und par,   2510
daz des niemand ward gewar
von seinem taile.
nach disem haile
3505 stal Er sich wider In,
als es nindert wäre umb In.   2515
nu het die frau melde
Früe gesant ze velde,
ein Carzún zu besehen,
3510 was Erecken wär geschehen.

———

3482 dem noch] demnach

seines Alters,
der jemals in unserem Land lebte.
Er hätte nicht mehr leisten können."
3475 Von seinen Taten wurde viel erzählt.
Am Abend hatte er es geschafft,
gerühmt zu werden.
Als am Morgen die Sonne aufging,
brach er wieder auf.
3480 Sein erster Gang war ihm als Ritter angemessen:
Er ging zur Kirche
und übereignete sich demjenigen,
der es noch nie an Gnade hat fehlen lassen.
Es gab noch nie einen tüchtigen Menschen,
3485 dem er nicht geholfen hätte,
denn wer ihn in allen Angelegenheiten
vor Augen hat,
der kann zuversichtlich sein, alles zu schaffen.
Ereck pries Gott sehr,
3490 damit dieser seine
ritterliche Ehre beschützte.
Als die Messe mit dem Segen zu Ende ging,
standen Schild und Pferd für ihn bereit.
Nun schien mir die Kühnheit
3495 rühmenswert und groß,
dass er ohne Rüstung,
und dass er außerdem allein und ohne Gefährten zum Turnierplatz kam;
nur fünf Knappen führte er mit sich,
von denen jeder drei Lanzen dabei hatte.
3500 Diese verstach er
ungerüstet in einer richtigen Tjost,
ohne dass dies jemand aus
seiner Mannschaft bemerkt hätte.
Nach diesem glücklichen Erfolg
3505 stahl er sich wieder fort,
als hätte er damit gar nichts zu tun gehabt.
Doch hatte die Dame Nachricht
in der Frühe einen
Pagen auf den Turnierplatz geschickt, um zu schauen,
3510 was Ereck an Ehre und Ruhm

ze Eeren und zu preise, 2520
das tet wortweise
dem kunig Artause zehant:
die Er ligende noch vant,
3515 die begunde er strafen
und berüefen umb Ir schlafen. 2525
Er sprach: „wes liget Ir hie?
wer bejagt noch je
mit schlafe dhein Eere?
3520 heut hat Ereck sere
gurwort sper und schwert. 2530
got geb im hail! wann Er sein begert,
Ich wil im nimmer gutes jehen.
Ich han an Im ersehen
3525 also mannlich getat,
des Er immer Eere hat.“ 2535
süst machet Er Im frunde me
und stúnde ze preise bas dann Ee.
Sein kurtze rů Er da nam,
3530 wann als schier Er wider In kam,
da waren Si alle wider aufkomen 2540
und hetten messe vernomen,
als si es beginnen solten,
die turniern wolten.
3535 ein lútzel ass Er und getranck.
vil liesse In der gedanck, 2545
deren Er hinwider hatte.
vil wunderliche drate
waffent sich da mannlich,
3540 alsam tet er sich.
das geschach nie so schiere, 2550
so daz si die gesellen viere
– Entreferich, Tenebroch,
Melis und Meljadoch –
3545 uber Jenes veld sahen
mit Ir paner gahen. 2555
Si hetten grosse craft
und genedige Ritterschaft,
manige Paner reiche
3550 von varbe miszleiche.
Ereck und Gawein, 2560
und was da Ritterschefte schein,

widerfahren wäre.
Der Wortgewandte machte Folgendes
sogleich im Namen des König Artus:
Die er noch im Bett vorfand,
3515 beschimpfte er
und tadelte sie, weil sie noch schliefen.
Er sagte: „Warum liegt ihr hier herum?
Wer hat denn jemals
im Schlaf Ansehen errungen?
3520 Heute hat Ereck mit
Lanze und Schwert Großes vollbracht.
Gott schenke ihm Glück! Wenn einer auf ihn losgehen möchte,
dem will ich nichts Gutes voraussagen.
Ich habe solche
3525 Mannestaten von ihm gesehen,
dass ihm ein guter Ruf für immer sicher ist.“
Auf diese Weise gewann er für Ereck noch mehr Freunde,
und sein Ansehen war größer als zuvor.
Er machte eine kurze Pause,
3530 denn als er zu den Herbergen zurückkam,
waren sie alle wieder aufgebrochen,
um die Messe zu hören,
wie die es tun sollten,
die turnieren wollen.
3535 Ein wenig aß und trank er.
Der Gedanke, wieder auf den
Kampfplatz zurückzukehren, ließ ihn nicht viel essen.
Unglaublich schnell
bewaffnete sich da jeder;
3540 so auch er.
Kaum war das geschehen,
als sie schon die vier Gefährten
Entreferich, Tenebroch,
Melis und Meljadoch
3545 mit ihren Bannern
über den Kampfplatz kommen sahen.
Sie strotzten vor Kraft,
und wurden von einer kühnen Ritterschar begleitet,
die prächtige Banner
3550 in bunten Farben mit sich führten.
Ereck und Gawein
und auch alle anderen Ritter

aufmacheten si sich sa.
da hort man da
3555 michel kragieren
von den Panieren. 2565
Ereck der Erste an si kam,
als einem Ritter getzam:
Wappenrock und sein krone
3560 machte In aus schone
und so, das da zehant 2570
dhain ritter was so verre erkant.
Ereck der Herre
kam In für so verre,
3565 daz Er Justierens stat gewan.
entgegen rait ein frummer man, 2575
der hochvertige Lando
saumet Justierens si do:
der het es vor die ane wan
3570 also dick wol | getan, XXXVva
daz man In nannte 2580
Zu dem pesten in seinem lande.
Ereck do so wol geschach,
daz Er In von dem rosse stach.
3575 Er urborte sich sere,
Wann dannoch vertet Er mere 2585
zwelf Sper zwischen den scharen,
des můst In sein grosse tucht bewaren,
daz er unbekümbert da belaib.
3580 also lang er das traib,
untz man Im den schilt zerstach 2590
und mit slegen da zerprach,
daz Er Im ze nichte tochte.
als Er gewerlichist mochte,
3585 so staphete er aus von In.
Schilt und ross gab Er hin, 2595
auf ein anders er gesass
und warnet sich mit schilte bas
und mit neuen paniere.
3590 das tet Er mer so schiere,
Ee er die seine zů sach varen. 2600

3591 zůsach

machten sich sogleich auf.
Dann hörte man dort
3555 aus Richtung der Banner
laute Kampfschreie.
Ereck griff sie als erster an,
wie es sich für einen Ritter gehört:
Der Waffenrock und seine Krone
3560 waren seine prachtvollen Erkennungszeichen;
keinen anderen Ritter
konnte man von weitem so gut erkennen.
Herr Ereck
war so weit vor den anderen,
3565 dass er den Kampfplatz erreichte.
Ihm ritt ein tüchtiger Mann entgegen,
der hochmütige Lando
hinderte die anderen daran, zu tjostieren:
Er hatte wirklich vor den Anderen
3570 so oft gut tjostiert,
dass man ihn zu den Besten
im Land zählte.
Ereck aber gelang es,
ihn vom Pferd zu stechen.
3575 Er tat sich sehr hervor,
denn danach verstach er
noch weitere zwölf Lanzen zwischen den Mannschaften.
Seine große Fähigkeit bewahrte ihn davor,
verletzt zu werden.
3580 Dies trieb er so lange,
bis man seinen Schild zerstach
und mit Hieben so zerstörte,
dass dieser unbrauchbar war.
So vorsichtig er konnte,
3585 verließ er den Turnierplatz.
Schild und Pferd tauschte er aus,
schwang sich auf ein anderes
und versorgte sich mit einem besseren Schild
und mit einem neuen Banner.
3590 Das tat er so schnell,
bevor er die anderen seiner Mannschaft auf sich zukommen sah.

nu mochte Er zwischen den scharn
gejustiern mere.
nu ward da vil sere
3595 geslagen und gestochen,
manig sper zerprochen, 2605
die bedenthalben die Ritterschaft
mit so williger kraft
zusamen liessen streichen.
3600 nu mocht sich geleichen
der schal von den schäften, 2610
wann da von wintes kreften
ein wald begúnde vallen.
da tet Er es vor In allen:
3605 Eregk vilderoilach,
wann Er an dem Montag 2615
maniges ros erlediget da.
da liess Er von der hant sa,
daz Er Ir dhaines nam,
3610 wann Er dar niene kam
auf gutes gwin. 2620
daran kerte er seinen sin,
ob er den preis möchte bejagen.
Ich wil auch euch zwar sagen:
3615 sein leib ward da lützel gespart.
da der Turnei steende wardt, 2625
do sach man In so dicke
nindert als in der dicke,
da er mûste emphahen und geben.
3620 man sahe In manlich leben.
Als Er gejustierte genúg 2630
und mit dem schwerte geschlûg,
untz daz Er mueden began,
durch rû entweich Er von In dan.
3625 als Er von dem rosse gesass,
ein scholdiers nam das 2635
und saget Im es genade und danck.
sein rû *het* Er unlangk:
als Er den helm abe gepant,
3630 sein knaben waren da zehant

3602 dauon **3628** het *nicht in A*

Danach konnte er zwischen den Gruppen
weiter tjostieren.
Dort wurde dann heftig
3595 geschlagen und gestochen
sowie viele Lanzen zerbrochen,
die die Ritterscharen auf beiden Seiten
mit großer Kraft
aufeinanderprallen ließen.
3600 Der Lärm von den zerberstenden
Lanzenschäften klang genau so,
als ob durch die Kräfte des Windes
ein Wald niedergemacht würde.
Einer stach aus allen hervor:
3605 Ereck Filderoilach,
weil er an diesem Montag
viele Pferde ihrer Reiter entledigte.
Doch ließ er alle sogleich frei
und führte keines fort,
3610 weil er nicht dorthin gekommen war,
um Beute zu machen.
Ihm stand nur der Sinn danach,
den größten Ruhm zu erringen.
Ich kann euch wahrhaftig berichten:
3615 er schonte sich nicht.
Als die Gruppen sich ineinander verkeilten,
sah man ihn nirgends anders
als im größten Getümmel,
wo er Schläge einstecken musste und austeilen konnte.
3620 Man konnte ihn seine Männlichkeit ausleben sehen.
Nachdem er genug tjostiert
und mit dem Schwert gekämpft hatte,
sodass er zu ermüden begann,
verließ er seine Mitstreiter, um sich auszuruhen.
3625 Nachdem er vom Pferd abgesessen war,
nahm das ein Söldner,
bedankte sich dafür und wünschte ihm Glück.
Nur kurz ruhte er aus:
Als er den Helm abband,
3630 standen sogleich seine Knappen bereit

und löesten im das húetelein, 2640
als Er erkuelt solte sein;
des im doch nicht stat geschach,
wann Er die seinen sach
3635 flüchtiklichen entweichen,
und doch múessikleichen, 2645
so ruckten si je bas und bas.
Nu begúnde In beduncken das,
Si waren enschimpfieret nach.
3640 zu rosse ward Im also gach,
daz Er des Helms vergass: 2650
mit plossem haubet er aufsass.
von geschichten begreift Er
baide Schilt und Sper.
3645 da ward nicht lenger gepiten,
schon kome in geriten 2655
mit seiner Paniere.
ware Er nicht schiere
den seinen ze hilfe kumen,
3650 Si müesten schaden han
genumen | 2659
und enschimpfieret sein. XXXVvb
das was daran wol schein,
Si waren alle entwichen dan.
zu were enthielt sich niemand
3655 vor *der* Massenie
nun drei: 2665
Herre Gawin, der edel man,
der doch nie lasters tail gewan
und aller tugende wielt;
3660 Vildon Gilules bei im hielt
und Seigremors: dise drei 2670
enthielten vast under sei.
Si teten es, da wisset das,
so nie drei Ritter bas,
3665 wann si mit stichen noch mit slegen
von stete nimmer mochte erwegen. 2675
doch můsten si sein gefangen,
und wär das ergangen

3655 oder

und nahmen ihm die Haube ab,
damit er Abkühlung finden konnte;
dies war ihm jedoch nur kurz möglich,
denn er sah, wie sich seine Gruppe
3635 zur Flucht wandte,
allerdings sehr gemächlich,
sodass sie nur schrittweise zurückwichen.
Folglich bekam er den Eindruck,
dass sie bald unterliegen würden.
3640 Er hatte es so eilig, auf sein Pferd zu kommen,
dass er vergaß, seinen Helm wieder aufzubinden:
Er schwang sich helmlos in den Sattel
beiläufig schnappte er sich
Schild und Lanze.
3645 Er zögerte nicht länger,
sondern ritt sofort mit
seinem Banner ins Kampfgetümmel hinein.
Wäre er seinen Leuten nicht
so schnell zu Hilfe geeilt,
3650 wäre dies zu ihren Lasten gegangen

und sie hätten den Kampf verloren.
Das wurde daran deutlich,
dass sie mittlerweile alle geflohen waren.
Niemand leistete noch Gegenwehr
3655 gegen die angreifende Schar
bis auf drei Kämpfer:
der edle Herr Gawein,
der sich nie schändlich verhielt,
sondern sich stets vorbildlich zeigte;
3660 Vildon Gilules befand sich neben ihn
und Segremors: diese drei
hielten dem Ansturm stand.
Dies taten sie, seid dessen gewiss,
erfolgreicher als jemals drei Ritter zuvor,
3665 denn sie konnten weder mit Stichen noch mit Hieben
aus ihrer Stellung vertrieben werden.
Doch wären sie über kurz oder lang
aufgrund der großen Übermacht,

von der grossen úbercraft,
3670 die aller ding ist maisterschaft,
wider si nimmer nicht mag,   2680
wann daz Ereck vilderoilach
schon ingeriten kam,
als frombde an der not gezam,
3675 recht sam des windes dos.
sein manhait was so gros,   2685
daz Er si alle drate
umbkert hatte.
noch můst er es emplanden
3680 grimme den handen,
sein ware anders nicht geschehen.   2690
als ditz die sein haben ersehen,
Nu kerten si wider da zehant.
wider In justierte Boidurant:
3685 den Edeln Ritter ensatz Er
auch mit seinem sper   2695
gůt wort bejaget Er da.
die veinde enschůmpfet Er sa,
er eine in kurtzer weile
3690 wol drittail einer meile.
dar kom im sein gesellschaft   2700
ze hilfe mit Ir craft
und taten si an wider streit
vast untz an Ir handt.
3695 das dritte ross gab Er hin.
vil schönen gewin   2705
hette sein geselleschaft getan,
des an In nicht wäre getan.
Sein genos des tages manig man,
3700 der von im da vil gewan.
gros was Ir bejaget.   2710
des ward im da genad gesaget
und gezam si dest mere
ze sprechen sein ere.
3705 da dauchte von im Fulden gros,
daz er durch sein haupt blos   2715
von ungewarhait nicht vermeid,

————

3669 v́ber crafft **3688** vemde **3692** zehilfe

die sich schlussendlich immer als überlegen erweist,
3670 weil keiner ihr auf Dauer standhalten kann,
in Gefangenschaft geraten,
doch kam Ereck Filderoilach
schnell wie der Wind
herbeigeritten,
3675 wie man mit Feinden in der Kampfesnot verfahren soll.
Seine Tapferkeit war so beeindruckend,
dass er alle geflohenen Mitstreiter schnell
zur Rückkehr bewegen konnte.
Allerdings musste er sich
3680 voll Grimm alles abverlangen,
sonst hätte er dies nicht geschafft.
Als seine Mitstreiter dies gesehen hatten,
kehrten sie sofort wieder um.
Gegen ihn tjostierte Boidurant:
3685 den edlen Ritter stach er
mit seiner Lanze aus dem Sattel.
Anfeuerungsrufe gewann er dadurch.
Auf diese Weise schlug er die Feinde zurück,
er alleine in kurzer Zeit
3690 rund eine Drittelmeile.
Danach unterstützte ihn seine Mannschaft
mit ihrer Macht
und drängte die Gegenpartei ohne Gegenwehr
bis an ihren Ausgangspunkt zurück.
3695 Auch das dritte Pferd verschenkte er.
Einen großartigen Sieg
hatte seine Mannschaft errungen,
was ohne ihn nicht möglich gewesen wäre.
An diesem Tag profitierte von ihm manch ein Mann,
3700 der durch ihn großen Gewinn machte.
Ihre Beute war ansehnlich.
Deshalb dankten sie ihm
und hatten umso mehr Grund,
ihn zu ehren.
3705 Da schien die Fülle der Ehre groß zu sein,
insofern als er sich von seiner Helmlosigkeit
nicht davon hatte abhalten lassen,

daz Er schone inreit
und so gnediclichen
3710 die veinde tet entwichen.
Gawin tet es des tages da   2720
güt wie auch anderswa
und nach seiner gewonhait,
da – was so man sait,
3715 daz nimmer dhain man gesach –
wo es im zetůn geschach,   2725
daz man Ritterschaft erpote.
er schain da je in dem worte,
daz es niemand fur In täte:
3720 des ist sein lob noch stete.
vil Ritterlichen stůnd sein můt,   2730
an Im erschain nichts wann gůt.
Reiche und Edel was er genůg,
sein hertze niemand nichts entrůg.
3725 Er was getreue
und milte on reu,   2735
stät und wolgetzogen,
seine wort unbetrogen,
starch, schon und manhaft.
3730 an Im was aller tugent craft.
mit schonen züchten waz er fro.   2740
der wůst het In gemaistert | so,   XXXVvc
Als wir es mit warhait haben vernomen,
daz niemant so volkomen
3735 an des künig Artus hofe bekam.
wie wol Er im zu gesinde getzam.   2745
auf ere legt er arbait,
vil grosse manhait
ertzaiget er den tag:
3740 an Eregken Vilderoilach
so bejaget er da niemand mere,   2750
wann Er bejaget da gůt und ere.
Zwen Ritter vienge Er da zehant:
der ein Ginses was genant,
3745 der ander Gandin demontain;   2755
dise vieng Gabin.

3730 tugentcrafft

       schnell in den Kampf zurückzureiten
       und so glücklicherweise
3710 die Feinde in die Flucht zu schlagen.
       Gawein hatte an diesem Tag
       wie sonst auch gut gekämpft;
       dies war für ihn dort üblich,
       wo er sich im
3715 Ritterkampf beweisen konnte –
       was, so erzählt man,
       keiner jemals anders gesehen hatte.
       Alle waren sich darin einig,
       dass niemand besser gewesen wäre als er:
3720 deshalb ist sein Ruf auch heute noch vorzüglich.
       Sehr ritterlich war er,
       an ihm sah man nur Gutes.
       Er war außerordentlich reich und anständig,
       niemandem trug er etwas nach.
3725 Er war treu
       und gerne freigebig,
       verlässlich und gut erzogen,
       seine Worte wahr,
       er selbst stark, gutaussehend und männlich.
3730 Großartige Fähigkeiten besaß er.
       Ansehnlich und froh war er.
       Wie uns wahrheitsgemäß berichtet wurde,
       hatte das Kampfgetümmel ihn so geformt,
       dass niemand so vollkommen
3735 zum Hof des König Artus zurückkehrte.
       Der konnte sich glücklich schätzen, ihn zur Hofgesellschaft zählen zu können.
       Er bemühte sich, Ehre zu erlangen,
       und stellte seine vortreffliche Männlichkeit
       an diesem Tag unter Beweis:
3740 außer Ereck Filderoilach gab es niemanden,
       der ein größeres Ansehen erringen konnte,
       denn er hatte hier Besitz und Ehre errungen.
       Zwei Ritter nahm er hier gefangen:
       einer von ihnen hieß Ginses,
3745 der andere Gandin Demontain;
       diese beiden fing Gawein.

Ereck vilderoilach
den lasse ich vor den ainen tag;
fürbas getar ich:
3750 wann man saget, sein glich
ze Britanie chome nie.   2760
kome aber er dar je,
das mocht Ereck wol sein:
das was an seinen tugenden schein.
3755 **D**o da waren getan
Ir veinde in väncknús,
  als ich gesaget han,   2765
Ereckh fragen began,
ob heraus dhain man
wolt justiern mere
3760 durch seiner Amien ere.
da sprach ein Ritter zehant,   2770
der was Roiderodes genant,
daz er justiern wolte,
ob es mit freuden wesen solte.
3765 des was Ereck fro,
fride gelobt Er im do.   2775
gegen Im Er ze velde rait,
wann Er an seiner manhait
was vil unervaret:
3770 das het Er dick bewaret.
zu einander was In ger: 2780
ān välen zwelf sper
vertet Ir jetweder da.
nu erpeisset von seinem Ross sa
3775 der tugenthaft Ereck
und gab das enweg.   2785
auf das Fünfte er da sass,
berait was im das.
sein ernste des gedachte,
3780 daz Er auch volbrachte:
Er wolt es nicht mer saumen,   2790
pat auszeraumen.
das Sper Er under den arm schlúg,
gueter wille Si zusamen trůg.
3785 nu errit er In, daz ers emphandt
zu den vier nageln gegen der hant.   2795
also sere Er In stach,

Ereck Filderoilach
ziehe ich nur diesen einen Tag vor
(wahrhaftig, das traue ich mich),
3750 denn man sagt, einen wie Gawein
hätte man noch nie in Britannien gesehen.
Hätte man aber so jemanden gesehen,
dann hätte das nur Ereck sein können:
das wurde an seinen Fähigkeiten deutlich.
3755 Nachdem dann ihre Feinde
wie ich schon berichtet habe, gefangen worden waren,

fragte Ereck herum,
ob noch irgendjemand
für das Ansehen seiner Liebsten
3760 tjostieren wolle.
Ein Ritter namens Roiderodes
sagte daraufhin sofort,
er wolle tjostieren,
wenn es zum Vergnügen erfolgen könne.
3765 Darüber war Ereck erfreut
und versprach ihm einen freundschaftlichen Wettkampf.
Er ritt ihm auf dem Turnierplatz entgegen,
denn seine Tapferkeit
war noch nicht aufgebraucht:
3770 das hatte er hier bereits genügend erwiesen.
Sie stürmten aufeinander los:
jeder von ihnen verstach zwölf Speere,
ohne vom Pferd zu stürzen.
Daraufhin saß der tüchtige Ereck
3775 von seinem Pferd ab
und verschenkte es.
Er schwang sich auf das fünfte,
das schon für ihn bereit stand.
Entschlossen fasste er einen Plan,
3780 den er auch in die Tat umsetzte:
Er wollte die Entscheidung nicht länger hinauszögern
und bat darum, den Kampfplatz freizuräumen.
Den Speer klemmte er unter den Arm,
in Hoffnung auf Erfolg trafen sie aufeinander.
3785 Dann traf Ereck den Gegner
genau in der Mitte seines Schildes.
Der Stoß war so heftig,

daz im das fürpüege prach,
darmgurtl und Surzengel brast,
3790 sam es ware ein faules past.
im belib ein schwaches phant: 2800
der zaum zerbrochen in der hant.
Er viel, do im misselang,
von dem Rosse wol dreier schäfte lang.
3795 daz er in dem Satel gesass,
Vil sere briefte Ereck das,   2805
Wann Er het es ere.
dann was zetůn nimere.
Nu hat der Turnei ende.
3800 on missewende
schiedt die Massenie dan.   2810
Ereck, der tugenthaft man,
ward zu vollem lobe gesagt.
den preis het Er da bejagt,
3805 und den so volliklichen,
daz man begunde glichen   2815
seinen weiszthumb Salomone,
an schöne Absolone,
an stercke Sambsonis genos.
3810 sein milte dauchte Si so gros,
die gemasten niemand ander   2820
wann dem milten Alexander.
sein Schilt was zerbrochen,
mit speren so zerstochen,
3815 man het Feuste dardurch |
  geschoben.   XXXVIra
Sünst verdiente Ereck sein loben.   2825
Do das märe kam
und es Frau Enite vernam,
so grosse tugent zelen
3820 von Ereck, Irem gesellen,
da was Ir sin manhait   2830
baide lieb und lait:
daz Ir laides daran geschach,
das was, daz man im wol sprach.
3825 daz si laides daran gewan,

3788 für püege

dass ihm Brust- und Bauchriemen zerriss
und der Obergurt brachen,
3790 als wären sie aus faulem Bast.
Ihm blieb nur ein wertloses Pfand:
In der Hand hielt er den zerrissenen Zügel.
Durch sein Missgeschick flog er
drei Lanzenschäfte weit hinter das Pferd.
3795 Dass er noch im Sattel saß,
beobachtete Ereck sehr genau
denn er gewann dadurch an Ansehen.
Danach gab es nichts mehr zu tun.
Jetzt ist das Turnier zu Ende.
3800 Ohne Schande
verließ die Gesellschaft den Turnierplatz.
Der tüchtige Ereck
wurde außerordentlich gelobt.
Den Sieg hatte er so
3805 gänzlich errungen,
dass man seine Weisheit
mit der Salomons verglich,
seine Schönheit mit der Absalons,
seine Stärke mit der Samsons.
3810 Seine Freigebigkeit schien den anderen so groß,
dass sie ihn keinem anderen gleichstellen konnten
als dem freigebigen Alexander.
Sein Schild war zerbrochen
und von Lanzen so durchlöchert,
3815 dass man Fäuste hätte dadurch stecken können.

Auf diese Weise hatte Ereck verdient, gelobt zu werden.
Als die Nachricht sich verbreitete
und Frau Enite hörte,
welch große Fähigkeiten
3820 man Ereck, ihrem Geliebten, zusprach,
da freute sie sich über seine Mannhaftigkeit
und war doch auch traurig:
Sie litt darunter,
dass man Vortreffliches von ihm erzählte.
3825 Sie litt darunter,

das was, si weste wol Ir man 2835
in so getanem můte,
sein wolte got mit hůte
gnediclichen bestan,
3830 Si vorchte In so unlange han,
Wann Er den leib auf Eere 2840
solte wagen sere.
und wann er es versůchte,
so ein zage enrůchte,
3835 weder man im spräche übel oder gůt.
auch het sich vil schnelle Ir můt 2845
der zwaier zweifel aines bewegen:
daz Ir ze manne wäre ein degen
lieber dann ein arger zage,
3840 und liess schwache klage
und was seiner manhait 2850
baide stoltz und gemait.
da der Turnai was ergan,
der künig rait auf karadigan
3845 mit seiner massenie.
Ir jegliches amie 2855
emphieng den Irn mit freuden do.
auch tet also
die frau Enite.
3850 unlange zite
beliben Si zu hofe da. 2860
Urlaubes gert Er sa
von dem künig Artause,
zu reiten haim ze hause
3855 in seines vater lant:
das was Destregales genant. 2865
des mocht In dunckhen grosse zeit,
wann er was dar nicht komen, seit
daz Er was kindelein.
3860 wie mocht es bas zeit sein?
Als im da zemůte ward 2870
umb die haimfart,
da nam er an sich
Sechtzig gesellen, die gleich

3855 vaterlant

weil sie wusste, dass ihr Mann
von der Art war,
dass sie, wenn Gott ihn nicht in seiner Gnade
in Schutz nähme,
3830 fürchten musste, ihn zu verlieren,
wenn er auf diese Weise für die Ehre
sein Leben aufs Spiel setzen würde.
Und während es einem Feigling egal war,
war es ihm wichtig,
3835 ob man schlecht oder gut von ihm redete.
Jedoch entschied sich Enite sehr schnell,
eine von beiden Sorgen besser ertragen zu können:
Ihr war ein Held als Ehemann lieber
als ein großer Feigling,
3840 und so klagte sie nicht weiter,
sondern war stolz und
freute sich über seine Mannhaftigkeit.
Nachdem das Turnier vorüber war,
ritt der König mit seiner Hofgesellschaft
3845 zurück nach Karadigan.
Alle Kämpfer wurden dort
mit Freuden von ihren Freundinnen empfangen.
Ebenso hielt es
Frau Enite.
3850 Nur kurze Zeit
blieben sie dort am Hof.
Er wollte schon bald
von König Artus Abschied nehmen,
um nach Hause
3855 in das Land seines Vaters zu reiten:
das hieß Destregales.
Die Zeit der Heimkehr genoss er sehr,
denn er hatte Destregales zuletzt besucht,
als er noch ein Kind war.
3860 Welcher Zeitpunkt hätte sich besser geeignet?
Nachdem er den Entschluss gefasst hatte,
in die Heimat zu fahren,
scharte er sechzig Gefährten
um sich, die er

3865 zu im klaite
und wol beraite. 2875
die fůrt der tugenthaft man
zu gesellschaft dan.
seinen poten er sande
3870 voran heim ze lande,
der es seinem Vater tete kúnt. 2880
auch rant Er da ze stúnt
hin gegen Garnant,
also was Ir haubtstat genant,
3875 und vant den künig da
und saget im sa, 2885
was im sein Sun empot.
des emphieng Er reiches potenprot,
Wann es gelebet der künig Lach
3880 nie frölichern tag
dann den, da Er vernam, 2890
daz im sein lieber Sun kam.
Er was rüemig und fro.
vil drate besant Er do
3885 baide maget und man,
daz Er Fünfhundert gewan, 2895
und rait gegen im drei tage
nach der abenteure sage.
so emphienge Si alle geleiche
3890 und gar frůntliche
Erecken mit seinem weibe. 2900
Es bedorfte frauen leibe
bas erpoten werden nie,
dann auch Ir, do man Si emphie.
3895 der alte künig Lach
vil grosser freuden phlag, 2905
wann Si gaben in baide
schöne augenwaide,
Ereck mit frauen Eniten. |
3900 Zu weder seiner seiten XXXVIrb
Er seinhalb sach, 2910
so freiet er sich doch,
Wann Ir baider leib was wúnneklich:

————

3898 augen waýde

3865 gut ausstattete
und genauso kleidete wie sich selbst.
Die nahm der Tüchtige
als Reisegesellschaft mit.
Vorab sandte er einen Boten
3870 in die Heimat,
um seinem Vater sein Kommen anzukündigen.
Dieser eilte also sogleich
nach Garnant,
so hieß ihre Hauptstadt,
3875 traf den König dort an
und sagte ihm,
was sein Sohn ihm mitzuteilen hatte.
Dafür wurde er großzügig entlohnt,
denn der König Lac
3880 hatte nie einen glücklicheren Tag erlebt
als diesen, an dem er hörte,
dass sein geliebter Sohn zu ihm käme.
Er war beschwingt und glücklich.
Unverzüglich versammelte er daraufhin
3885 fünfhundert junge Frauen
und Männer
und ritt ihm nach Aussage der Erzählung
drei Tage entgegen.
Sie alle empfingen
3890 Ereck und seine Frau
überaus freundlich.
Niemals ist eine Dame
besser aufgenommen worden
als Enite beim Empfang in der Heimat ihres Mannes.
3895 Der alte König Lac
freute sich sehr,
denn sie waren beide,
sowohl Ereck als auch Enite,
seinen Augen eine Zierde.
3900 Egal auf welche Seite
er blickte,
er konnte sich freuen,
denn beide waren wunderschön:

sein Sún geviel Im wol,
3905 als einem Mann sein kindt sol,
der schon wol geraten hat
und also gar ze lobe stat; 2915
doch geviel im Frau Enite bas.
wol bescheinde Er Im das:
3910 Er fůrte Si heim ze Garnant
und gab sein lant
in Ir baider gewalt, 2920
daz Er zu künig wér gezalt
und daz Si wer künigin.
3915 Er hiesz Si baid geweltig sin.
Eregk was biderb und gůt,
Ritterlich stúnd sein můt, 2925
Ee er weib gename
und hin haim kame.
3920 nu so Er haim kumen ist,
da keret Er allen seinen list
an Frauen Eniten minne. 2930
sich vlizzen seine sinne,
wie Er alle sein sache
3925 wente ze gemache.
sein site Er wandeln begann,
als Er nie warde der man, 2935
also vertrib Er den tag:
des morgens Er nider lag,
3930 daz Er sein weib traute,
untz daz man messe laute.
so stůnden si auf geleiche 2940
vil müessikleiche,
zehanden Si sich viengen,
3935 zu der kapellen Si giengen.
da was Ir wellen also lang,
untz daz man messe gesang: 2945
ditz was sein maiste arbait.
So was der imbis berait.
3940 **Wie** schiere man die tische auszoch,
mit seinem weibe Er do floch
ze pete von den leuten. 2950
da hůb sich aber treuten.
von danne kam Er aber nie,
3945 untz er ze nacht zu tische gie.

sein Sohn gefiel ihm gut,
3905 wie einem Mann sein eigenes Kind gefallen soll,
das sehr schön geraten ist
und das Lob aller verdient;
dennoch gefiel ihm Frau Enite besser.
Das zeigte er ihm durchaus:
3910 Er führte sie heim nach Garnant
und unterstellte sein Land
ihrer beider Herrschaft,
sodass Ereck König
und Enite Königin wurde.
3915 Er übertrug ihnen beiden die Herrschaft.
Ereck war tüchtig, edel
und ritterlich,
bevor er geheiratet hatte
und nach Hause gekommen war.
3920 Nachdem er aber nach Hause gekommen war,
wollte er nur noch
Frau Enite lieben.
Er dachte immerzu daran,
wie er es möglichst
3925 bequem haben könnte.
Er veränderte sich;
als ob er nie ein Mann geworden wäre,
auf diese Weise vertrieb er sich die Zeit:
Morgens legte er sich ins Bett,
3930 um mit seiner Frau zu schlafen,
bis man zur Messe läutete.
Dann standen sie beide
in aller Ruhe auf
und gingen Hand in Hand
3935 zur Kapelle.
Dort blieben sie genau so lange,
bis die Messe vorbei war:
dies war Erecs größte Anstrengung.
Danach gab es eine Mahlzeit.
3940 Sobald man die Tische abgedeckt hatte,
floh er mit seiner Frau
weg von den Leuten ins Bett.
Abermals begannen sie ihr Liebesspiel.
Aus dem Bett kam er nicht heraus,
3945 bis es Abendessen gab.

do Eregk vilderoilach
Ritterscheft verwag, 2955
der tugende Er dannoch wielte,
da Er schon anbehielte,
3950 wie Er dhainen Turnai sůchte,
daz Er doch berůchte
sein gesellen all geleiche, 2960
daz Si vil vollikleiche
von In selbs mochten varn.
3955 Er hiess Si also wol bewaren,
als ob Er selbs mit In rite.
Ich lobe an Im denselben site. 2965
Ereck wante seinen leib
grosses gemaches durch sein weib.
3960 die minnet Er so sere,
daz Er aller ere
durch Si aine verphlag, 2970
untz daz Er sich so gar verlag,
daz nieman dhain achte
3965 auf In gehaben machte.
da begunde mit rechte
Ritter und knechte 2975
da ze hove betragen.
die vor der freude phlagen,
3970 die verdros vil sere da
und raumbten ims sa,
Wann es het weib noch man 2980
dhainen zweifel daran,
er múeste sein verdorben:
3975 den lob het Er erworben.
Ein wandelung an Im geschach:
daz man im Ee so wol sprach, 2985
das verkerte sich ze handen
wider die, die In erkanten.
3980 In schalt die welt gar,
sein hof ward aller freuden par
und stůnd nach schanden. 2990
In dorfte aus frömb|den Landen XXXVIrc
durch freude niemand sůchen.
3985 des begunde flůchen,
die In an wúnden
und im gůtes gúnden. 2995

Als Ereck Filderoilach
seine Ritterschaft aufs Spiel setzte,
handelte er dennoch vorbildlich
und hielt daran fest,
3950 allen seinen Gefährten
zu ermöglichen,
sehr gut ausgestattet
Turnierfahrten zu unternehmen,
auch wenn er selbst dies unterließ.
3955 Er befahl, sie so gut auszustatten,
als ob er selber mit ihnen ritte.
Für diese Eigenschaft lobe ich ihn.
Ereck selbst aber wollte
wegen seiner Frau nur noch in Bequemlichkeit leben.
3960 Enite liebte er so sehr,
dass er seinen vorzüglichen Ruf
allein um ihretwillen aufgab,
bis er so sehr auf der faulen Haut lag,
dass ihm keiner mehr
3965 Respekt entgegenbrachte.
Da langweilten sich zurecht
Ritter und Knappen
dort an seinem Hof.
Die zuvor in Freude lebten,
3970 waren nun dort sehr frustriert
und verließen daher seinen Hof,
denn keiner zweifelte
daran,
dass er zugrunde ginge:
3975 diesen Ruf hatte er sich erworben.
Sein Status veränderte sich:
was man früher Gutes von ihm zu berichten wusste,
verkehrte sich augenblicklich ins Gegenteil
bei denen, die ihn kannten.
3980 Alle Menschen sprachen schlecht von ihm,
sein Hof verlor alle Freude
und war schlecht angesehen.
Aus anderen Ländern brauchte
ihn niemand, der nach Freude strebte, aufzusuchen.
3985 Deshalb begannen diejenigen,
die ihm angehörten
und ihm Gutes gönnten, zu fluchen.

Si sprachen all: „wee der stůnd,
daz uns mein frau wurde kundt!
3990 des verdirbet unser herre!"
dise red geschach so verre,
daz si die Frauen ankam.   3000
also Si den itwitz vernam,
des ward vil reuig Ir můt,
3995 Wann Si was biderb und guet
und gedachte an manigen enden,
wie Si mochte erwenden   3005
also gemainen hasz.
auch gerúchte Si erkennen das,
4000 daz es Ir schult wäre.
Si begunde dise schware
vil weiblichen tragen.   3010
Erecken getorst sis nit klagen:
Si vorchte In da verliesen mite.
4005 nu kam es also nach Ir site,
daz Er umb einen mittentag
an Irm arme lag.   3015
Nu getzam des wol der sunnen schein,
daz er dienste můste sein,
4010 wann Er den gelieben zwein
durch ein venster glas schein
und het die kemenaten   3020
liechtes wol beraten,
daz Si sich mochten undersehen.
4015 des Ir von flůchen was geschehen,
da begunde Si dencken an.
vil gähes rugkte Si hindan: 3025
Si wänet, daz er sliefe.
einen seuftzen nam Si tiefe
4020 und sahe In vast an.
Si sprach: „wee dir, du vil armer man,
und mir ellendem weibe,   3030
daz Ich meinem leibe
so manigen flůch vernemen sol!"
4025 da vername Ereck die red wol.
Als si der rede het verdaget,
Ereck sprach: „Frau Enite, saget,   3035
was sind Eure sorgen,
die Ir da klaget verborgen?"

Sie alle sagten: „Verflucht sei die Stunde,
in der wir unsere Herrscherin kennenlernten!
3990 Ihretwegen geht unser Herr zugrunde."
Diese Worte fielen so häufig,
dass sie schließlich auch Enite zu Ohren kamen.
Als sie die Vorwürfe hörte,
bereute sie zutiefst,
3995 denn sie war tüchtig und edel,
und dachte intensiv darüber nach,
wie sie der Feindseligkeit aller Höflinge
entgegentreten könnte.
Schließlich glaubte sie zu erkennen,
4000 dass es ihre Schuld sei.
Dieses Leid
trug sie in typisch weiblicher Manier.
Sie traute sich nicht, es Ereck zu sagen,
weil sie fürchtete, ihn damit verlieren zu können.
4005 Eines Tages lag er
– wie es ihre Gewohnheit war –
mittags in ihren Armen.
Nun sah es der Sonnenschein wohl als seine Aufgabe an,
ihnen zu Diensten zu sein,
4010 denn er fiel für die beiden Liebenden
durch ein Fenster
und versorgte die Kemenate
ausreichend mit Licht,
sodass sie sich gut erkennen konnten.
4015 Enite begann daran zu denken,
wie sie verflucht worden war.
Eiligst rückte sie von ihm ab.
Sie glaubte, er läge im Schlaf.
Ein tiefer Seufzer entfuhr ihr,
4020 und sie sah ihn eindringlich an.
Sie sagte: „O weh, du armer Mann
und ich elende Frau:
dass ich so oft
verflucht werde!"
4025 Da hörte Ereck die Worte deutlich.
Als sie wieder schwieg,
sagte Ereck: „Frau Enite, sagt,
was Ihr für Sorgen habt,
die ihr da heimlich beklagt!"

4030 nu wolte sis gelaugnet han.
Ereck sprach: „lat die rede stan.
des nemet euch ein zil,   3040
daz ich die rede wissen wil!
Ir müesset mir bei namen sagen,
4035 was Ich euch da horte klagen,
daz Irs vor mir sünst habt verschwigen.“
Si vorchte, daz si wurde gezigen   3045
von Im andre dinge,
und saget im es mit gedinge,
4040 daz Er Ir das gehiesse,
daz er es on zorn liesse.
als Er vernam die märe,   3050
was die red wäre,
Er sprach: „der rede ist genúg getan.“
4045 Zehant hiess Er si aufstan,
daz si sich wol klaite
und an laite   3055
das peste gewate,
daz si indert hatte.
4050 seinen knaben er sagte,
daz man Im sein ross beraite
und Ir phärd der frauen Eniten.   3060
Er sprach, er wolt riten
aus kurtzweilen.
4055 des begunden Si doch eilen.
da wappnet Er sich verholne
und trůg verstolne   3065
under der wate sein Eisengewant.
sein helme Er aufpant
4060 úber das haubt also plos.
sein vleiss was zu verhelen gros:
Er tet, als sam der karge sol.   3070
er sprach: „mein helm ist nicht wol
    geriemet,
mir ist lieb, daz ich es han ersehen.
4065 und wäre mir sein not geschehen,
so wär Ich | gar geirret.   XXXVIva
Ich sag euch, was im gewirret: 3075
man sol In bas riemen.“
da was aber nieman,
4070 der sich des mochte verstan,

4030 Als sie leugnen wollte, sich beklagt zu haben,
sagte Ereck: „Bleibt bei Euren Worten!
Seid sicher,
dass ich wissen will, was Ihr gesagt habt!
Ihr müsst Eure Klageworte wiederholen,
4035 die ich gehört habe
und die ihr bislang vor mir verschwiegen habt."
Sie fürchtete, wegen anderer
Dinge von ihm angeklagt zu werden,
und wiederholte daher alles in der Hoffnung,
4040 dass er ihr danach sagen würde,
nicht mehr wütend auf sie zu sein.
Als er sie berichten hörte,
was sie zuvor gesagt hatte,
sagte er: „Geredet ist jetzt genug!"
4045 Sogleich befahl er ihr, aufzustehen,
um sich schön anzuziehen
und das beste Kleid
anzulegen,
dass sie besaß.
4050 Seinen Knappen befahl er,
sein Streitross und
das Pferd Enites bereitzustellen.
Er sagte ihnen, er wolle
einen kurzen Ausflug machen.
4055 Daher beeilten sie sich.
Er aber bewaffnete sich heimlich
und trug versteckt
unter seiner Kleidung seine Rüstung.
Er befestigte seinen Helm
4060 auf dem ungeschützten Kopf
und bemühte sich sehr, seine wahren Absichten zu verbergen:
Er handelte so, wie man es von einem listigen Menschen erwarten kann,
und sagte: „Der Riemen meines Helmes ist rissig.

Gut, dass ich das entdeckt habe.
4065 Wäre ich dadurch in Schwierigkeiten geraten,
hätte es mir sehr geschadet.
Es wäre nötig,
ihn mal mit einem neuen Riemen zu versehen."
Am Hof gab es danach niemanden,
4070 der gewusst hätte,

wie sein gemúete was getan.
an einer want nam Er   3080
baide Schilt und sper
und begunde krogieren,
4075 als er wolt purdiern.
Ritter und knechte
wolte sambt mit rechte   3085
mit Ir herren riten.
da hiess Er si da piten.
4080 gen kuchen sant Er zustund,
daz man den köchen täte kundt,
daz si des war nämen,   3090
wie schiere daz si kämen,
daz In das essen wäre berait.
4085 mit sölher rede er auszrait
und gepot seinem weibe
nun bei dem leibe,   3095
der schönen Frauen Eniten,
daz si mûst für reiten,
4090 und gepot Ir das zestúnd,
daz ze sprechen Ir múnd
zu der raise icht aufkäme,   3100
was Si verneme
oder gesähe.
4095 dise kumberliche spähe
mûst si geloben do,
wann Si vorchte sein dro.   3105
nu ritten si baide
ān holtz nun haide,
4100 üntz daz si der tag verlie.
da die nacht ane gie
– schon schin der Man –,   3110
nach abenteure wan
rait der gûte knecht Eregk.
4105 nu weiste Si der weg
in einen kreftigen walt.
den hetten mit gewalt   3115
drei raubare.
zu schwär In ware

4093 ver/neme

welche Absichten Ereck hegte.
Von einer Wand nahm er
Schild sowie Lanze ab
und erhob einen Kampfruf,
4075 als ob er turnieren wollte.
Die Ritter und Knappen
wollten zusammen
mit ihrem Herrn ausreiten.
Doch befiehl er ihnen, dazubleiben.
4080 Sogleich schickte er jemanden zur Küche
und ließ den Köchen mitteilen,
dass sie darauf achten sollten:
sobald sie zurückkämen
sollte das Essen bereitstehen.
4085 Nach diesen Worten ritt er hinweg
und befahl seiner Frau,
der schönen Frau Enite,
wenn ihr das Leben lieb wäre,
vorauszureiten,
4090 und dazu auch noch,
kein Wort auf
der Reise zu sprechen,
egal was sie hören
oder sehen werde.
4095 Diesen kummervollen und seltsamen
Eid musste sie leisten,
denn sie fürchtete seine Drohung.
So ritten sie beide
den ganzen Tag lang
4100 nicht durch Wald, nur über Heide.
Als die Nacht anbrach
– der Mond war bereits aufgegangen –,
ritt der edle Kämpfer Ereck weiter
und hoffte auf Abenteuer.
4105 Da führte sie der Weg
in einen dichten Wald.
Drei Räuber
trieben dort ihr Unwesen.
Zu jenen Zeiten war es ihnen zu beschwerlich,

4110 Zu den zeiten wider riten.
dem si mochten han gestriten,
so hetten si den weg behüet,   3120
daz si Im umb das gůt
namen Eere und leib.
4115 die ersach von erste das weib,
Wann si verr vor rait.
ditz was Ir erstes hertzenlaid,   3125
daz Ir zu der ferte geschach,
wann si an Irn gepärden sach,
4120 daz si rauber waren.
Si wolt ims mit geparen
gern kunt haben getan.   3130
da mocht ers nicht verstan,
auch het ers selbs ersehen.
4125 des was im nach schade geschehen.
Frau Enite wardt do
baide traurig und unfro,   3135
wann si sach die fraise,
daz si forchten wurden waise
4130 des allerliebsten man,
den je frau gewan,
wann es stúnd im angstlichen.   3140
was mochte sich gelichen
so nahen gen der rů,
4135 die si durch Ir treu
durch Ir mannes liebe laid,
do si in sölhem zweifl rait,   3145
ob si ims dorfte gesagen
oder solte gedagen.
4140 nu redet si in Irem múte:
„Reicher got der gůte,
Zu deinen gnaden sůche ich rat.   3150
du waist es allaine, wie es mir stat.
meiner sorgen der ist vil,
4145 wann mir ein unsanftes spil
in einer so kurtzen frist
ze gahe vor getailet ist.   3155
nu kan ich des wagisten nicht ersehen.
was sol mir armen geschehen?

———

4115 er sach

4110 demjenigen offen entgegenzutreten,
mit dem sie kämpfen wollten.
Deswegen hatten sie sich auf dem Waldweg auf die Lauer gelegt,
um jedem Reisenden wegen seines Besitzes
Ehre und Leben zu nehmen.
4115 Enite sah sie zuerst,
denn sie ritt weit voraus.
Zum ersten Mal geriet sie auf der Fahrt
in großen Kummer,
denn sie erkannte an ihrem Verhalten,
4120 dass es Räuber waren.
Sie versuchte, Ereck mit Handzeichen
vor der Gefahr zu warnen.
Doch verstand er ihre Gebärden nicht,
obwohl er sie genau sehen konnte.
4125 Deshalb wäre ihm beinahe ein Unglück zugestoßen.
Frau Enite wurde
traurig und verzweifelte,
denn sie sah die Gefahr,
den allerliebsten Mann
4130 zu verlieren,
den jemals eine Edelfrau hatte,
denn es sah furchtbar für ihn aus.
Was ließe sich
mit dem Schweigen vergleichen,
4135 woran sie in Treue
wegen der Liebe ihres Mannes litt,
als sie zweifelte,
ob sie ihn warnen dürfte
oder besser schweigen sollte.
4140 Zu sich selbst sagte sie:
„Mächtiger, guter Gott,
ich suche Hilfe in deiner Gnade.
Du allein weißt, wie es um mich steht.
Meine Sorge ist groß,
4145 denn es bleibt mir nichts anderes übrig,
als in kurzer Zeit viel zu übereilt
eine schreckliche Wahl zu treffen.
So kann ich nicht erkennen, was das Beste wäre.
Was wird mir Elenden widerfahren?

4150 wann weders mir kiese,
daz ich doch verliese:
wann ich mein lieben man,   3160
da nim Ich schaden an,
Wann so han Ich den leib verloren;
4155 wirt aber die warnúng |
    verborgen,   XXXVIvb
das ist meines gesellen todt.“
Ja ist einer sölichen not   3165
weibes hertze ze kranck.
nu kam der mút in Iren gedanck:
4160 „besser ist verlorn mein leib,
ein als unklagpar weib,
dann ein also vorder man,   3170
wann da verlür maniger an.
Er ist edel und reiche:
4165 wir wegen ungeleiche.
fúr In wil ich sterben.
Ee ich In sihe verderben,   3175
es ergee mir, wie got welle.
Es sol mein geselle
4170 das leben so nicht enden,
untz ich es mag erwenden.“
Herumbe si zu Im sach   3180
vorchtlichen und sprach:
„sihe auf, lieber herre,
4175 auf gnad verre
wil ich dir durch treu sagen –
deinen schaden mag ich nit verdagen: 3185
dir sein ritter nahend bei,
die dir schade mügen sein,
4180 Unser herr sei, der dich nere!“
da satzte Ereck sich ze were.
Nu sprach ein raubere: 3190
„Ich sag euch liebe märe,
davon uns wol mag geschehen“,
4185 der hette Si von erst ersehen.
„Ich sihe dort reiten einen man;
als ich es verre kiesen kan,   3195
Er fúrte ein frauen.“

4158 zekranck

4150 Denn egal, was ich wähle,
ich verliere doch:
Wenn ich meinen Liebsten ermahne,
schadet mir das,
denn dann werde ich sterben;
4155 warne ich ihn aber nicht,

so stirbt mein Geliebter."
Das Herz einer Frau ist
für eine solche Not nicht gemacht.
Doch fasste sie einen Entschluss:
4160 „Besser wäre es, ich sterbe,
eine Frau, die keiner beklagt,
als ein so hervorragender Mann,
denn das wäre für viele ein Verlust.
Er ist edel sowie vermögend
4165 und ist wertvoller als ich.
Für ihn werde ich mich opfern.
Bevor ich zusehe, wie er sich ins Verderben stürzt,
lege ich mein Schicksal in die Hand Gottes.
Das Leben meines Geliebten
4170 wird nicht so enden,
solange ich dies abwenden kann."
Sie blickte ängstlich
zu ihm zurück und sagte:
„Pass auf, lieber Herr,
4175 in der Hoffnung, dass du dich gnädig zeigst,
spreche ich aus Treue mit dir –
dein drohendes Unheil kann ich nicht verschweigen:
ganz in deiner Nähe sind Ritter,
die dein Unglück sein können,
4180 es sei denn, unser Herr schütze dich."
Daraufhin bereitete Ereck sich auf den Kampf vor.
Währenddessen sagte ein Räuber:
„Ich überbringe euch eine frohe Botschaft,
die uns gut tun könnte."
4185 Er hatte sie als erstes gesehen.
„Ich sehe einen Mann auf einem Pferd;
soweit ich es aus der Entfernung mit Sicherheit sagen kann,
führt er eine Dame mit sich."

„Ir mugt wol schauen
4190 an Ir güete. sint si reich?“
„Ir klaider sint herleich!
hie endet sich unser armůt: 3200
mich dunckht, si füeren michel gůt.
Nu sült Ir herren sein genant
4195 – daz euch die treu sei erkannt,
was wir under uns zwain gelobet han –
Und sült *mir* die wal lan 3205
an disem raube
und daz mir erlaube
4200 von Eu eur baider múndt
die ersten just hie zestúnd,
die wider disen Ritter sol geschehen, 3210
wann ich si von erste han gesehen.
Ist, daz Ich im benim den leib,
4205 so wil ich nun das weib.
seiner hab beger ich nicht mer.“
da gewerten si In der Eer. 3215
den Schilt Er da zu halse nam,
als im Eregk ze nahent kam,
4210 das Ross nam Er mit den sporn.
Er sprach: „herre, Ir habt verlorn
baide leib und gůt.“ 3220
Ereck durch seinen grimmen můt
Im kain antwurt empot
4215 und stach In von dem rosse tot.
sein geselle wolt In gerochen han:
dem ward also getan; 3225
In waren pain und Arm plos,
des Ereck an dem sige genos.
4220 Si waren gewaffent slechte
nach der Rauber rechte.
das was Erecken gůt. 3230
Ir jeglicher het einen eisen hůt
zu einem pantzere.
4225 des het Er si schiere
zu einander geleit.
da Im von seiner frümbkait 3235

4197 wir   wallan   **4208** dazu

„Ihr könnt wohl ihre
4190 Vortrefflichkeit erkennen. Sind sie reich?"
„Ihre Kleider sind prachtvoll!
Unsere Armut hat jetzt ein Ende:
ich glaube, sie führen großen Besitz mit sich.
Nun sollt ihr zu den Edelleuten gezählt werden,
4195 sodass ihr wisst, was Treue ist
und was wir untereinander vereinbart haben,
und sollt mir die erste Wahl
bei der Beute lassen
und mir gleichermaßen
4200 zugestehen,
als erster
mit dem Ritter hier tjostieren zu dürfen,
denn ich habe sie auch zuerst entdeckt.
Kann ich ihn töten,
4205 will ich nur die Frau.
Mehr von seinem Besitz begehre ich nicht."
Darauf gewährten sie ihm die Ehre des ersten Kampfes.
Den Schild nahm er hoch,
als Ereck ganz nah heran war,
4210 dem Pferd gab er die Sporen.
Er sagte: „Herr, sowohl Euer
Leben als auch Euren Besitz habt Ihr verloren!"
In seinem Zorn
antwortete Ereck ihm nicht,
4215 sondern stach ihn tot vom Pferd.
Sein Gefährte wollte ihn rächen:
dem erging es genauso;
sie waren an Beinen und Armen ungeschützt,
was Ereck den Sieg erleichterte.
4220 Zudem hatten sie nur – wie es bei Räubern
üblich ist – unzureichende Waffen.
Das kam Ereck zugute.
Jeder von ihnen trug als Rüstung
lediglich einen Helm.
4225 Deshalb hatte er sie umgehend
nebeneinander niedergestreckt.
Nachdem er sich durch seine Tüchtigkeit

                also recht wol geschach,
                Zu der frauen Eniten er da sprach:
4230   „Wie nu, Ir wunderliches weib?
                Ja verpot ich euch an den leib,
                daz Ir nicht solte sprechen.   3240
                Wer hiess euch das gepot prechen?
                daz Ich von weiben han vernomen,
4235   das ist war. des bin ich komen
                wol an ein ende hie:
                was man In üntz her noch je   3245
                also teure verpot,
                darnach ward In also not,
4240   daz Si mûsten bekorn.
                es ist doch vil gar verlorn, | 3249
                Waz man euch meiden haisset,   XXXVIvc
                Wann daz es euch raitzet,
                daz Irs nicht müget vermeiden.
4245   des sült Ir laster leiden.
                was ein weib nimmer getate,
                der Ir es immer verpoten hatte,   3255
                nicht lenger Si das verpirt,
                wann untz es Ir verpoten wirt:
4250   so mag sis lenger nit verlan.“
                Si sprach: „herre, hette ichs nit getan
                durch eurs leibes gewarhait,   3260
                Ich hette es euch nie gesait.
                Ich tet es durch mein treu.
4255   welt Ir nu, daz es mich reu,
                so vergebet mirs durch eur er.
                Es geschicht mir nimmermer.“   3265
                Er sprach: „Frau, das sei getan.
                Ich wil ditz ungerochen lan.
4260   ob es Eu immermer geschicht,
                Ich vertrag es euch nicht.
                doch kumet euch ditz nicht zu haile: 3270
                Ich reche mich an einem taile.
                Ich lasse euch nicht underwegen:
4265   Ir múest der Ross phlegen
                wol und rechte.

        ——————
        4237 v́ntzher

belohnt hatte,
sagte er zu Frau Enite:
4230 „Was denn, Ihr wundersame Frau?
Habe ich Euch nicht bei Eurem Leben verboten,
zu sprechen?
Wer hat Euch erlaubt, das Verbot zu übertreten?
Was ich über Frauen gehört habe,
4235 ist wahr. Das konnte ich hier
mit eigenen Augen erkennen:
Was auch immer man ihnen
unter Strafandrohung verboten hat,
danach gelüstete es ihnen so sehr,
4240 dass sie es haben mussten.
Es ist doch völlig vergebens,
euch etwas zu verbieten,
denn es reizt euch so sehr,
dass ihr es nicht meiden könnt.
4245 Deshalb müsst ihr üble Nachrede ertragen.
Was eine Frau niemals täte,
wenn es ihr erlaubt ist,
das tut sie,
wenn man es ihr verbietet:
4250 dann kann sie nicht länger darauf verzichten."
Sie sagte: „Herr, hätte ich es nicht getan,
um Euer Leben zu retten,
so hätte ich nie mit Euch gesprochen.
Ich tat es aus Treue.
4255 Wenn Ihr wollt, dass ich das bereue,
dann vergebt es mir, bei Eurer Ehre!
Es wird nie mehr wieder geschehen."
Er sagte: „Meine Dame, so sei es!
Ich werde dies nicht bestrafen.
4260 Sollte es Euch allerdings erneut geschehen,
werde ich es nicht verzeihen.
Doch so einfach kommt Ihr nicht davon:
Ein wenig Strafe muss sein.
Ich lasse Euch nicht davonkommen:
4265 Ihr kümmert Euch
mit großer Sorgfalt um die Pferde.

Ich wil Eur ze knechte 3275
Zu diser raise nicht entwesen."
„Herre mein, das sol wesen",
4270 sprach die vil gůte,
wann es si nicht můte.
vil weiblichen si da laid 3280
dise ungelernet arbait
und dartzů, was Ir geschach,
4275 an Irem hertzen ungemach.
der Rosse si sich underwant,
die zaume nam si in Ir hant 3285
und rait vor an den weg.
ditz gebot Eregk.
4280 der phärde Si da phlag,
darnach als ein fraue mag,
baz dann si kunde 3290
so zu der stunde.
kaum ein weile,
4285 nun drei meile
riten si baide,
Ee daz Ir aber laide 3295
von sorgen geschach,
wann si vor Ir ligen sach
4290 Fünf raúbere.
man saget, daz es wäre
ein gesellschaft under In 3300
und daz si tailten Irn gewin
mit den, die Ereck het erschlagen.
4295 der aine begunde es den andern sagen.
dise Fünf und Jhene drei man,
von den ich euch vor gesagt han, 3305
die hetten den wald in Ir phlege
und lagen bei dem wege:
4300 wer einen vermite,
daz Er den andern ritte.
Ereck waz für die drei kumen 3310
mit Eren, als Ir habt vernomen.
als er do disen also nahen kam,
4305 als sein der aine war genam,
der verre von den andern lag
und Er der Schilte wachent phlag, 3315
seins zůreitens was er fro.

Ihr müsst mir als Knecht
auf dieser Reise dienen."
„Mein Herr, so soll es sein",
4270 sagte die Gute,
denn dies bekümmerte sie nicht.
In weiblicher Art ertrug
sie diese ungewohnte Arbeit
und dazu auch das Herzeleid,
4275 das ihr widerfuhr.
Sie kümmerte sich um die Pferde,
nahm die Zügel in die Hand
und ritt vorweg den Weg entlang.
Dies hatte Ereck ihr befohlen.
4280 So gut eine adlige Frau dies vermag,
kümmerte sie sich um die Pferde,
jedenfalls besser, als sie es
bis dahin konnte.
Kurze Zeit später,
4285 gerade einmal drei Meilen
waren sie beide geritten,
geriet Enite erneut
in eine Notsituation,
denn sie bemerkte fünf Räuber,
4290 die vor ihr im Hinterhalt lagen.
Man erzählt, es wären Kumpane
derjenigen gewesen,
mit denen sie stets ihre Beute geteilt hatten
und die Ereck erschlagen hatte.
4295 Der eine teilte diese Neuigkeit den anderen mit.
Diese fünf und jene drei Männer,
von denen ich euch zuvor erzählt habe,
sahen den Wald als ihr Revier an
und lagen neben dem Weg auf Lauer,
4300 sodass jemand, der die erste Gruppe umging
auf die andere treffen musste.
Ereck war den dreien ehrenvoll
begegnet, wie ihr gehört habt.
Als er daraufhin diesen so nahe kam,
4305 dass allein derjenige ihn sehen konnte,
der weit vor den anderen auf Lauer lag,
um Wache zu halten,
freute sich dieser über sein Kommen.

Zu seinen gesellen sprach Er do:
4310 „gehabt euch fröliche,
wir werden alle reiche!
Ich sihe leute reiten, 3320
den wir wol gestreiten.
Es ist nun ein man,
4315 als ich es kiesen kan.
er füert ein Ritterliches weib,
der ist bekümbert Ir leib. 3325
Si füeret dreu Ross an der handt.
Si ist, han ich es recht erkant,
4320 dem Ambt ungezäm.
mich wundert, wo Er näm
so seltzamen Schiltknecht. 3330
man sol ims nemen: das ist recht.
als ich es verre mag gespehen,
4325 Ich han nie schoner weib gesehen.
Ir herren, die sült Ir | mir lan,   XXXVIIra
Wann ich si von erst ersehen han.“ 3335
da sprachen si alle geleiche,
Si wurde im billeiche.
4330 „**Vernemet**“, sprach sein geselle,
„was ich des raubes welle:
nún sein eisen gewant.“ 3340
die andern tailten da ze hant
die Fünf ross under sich.
4335 das was doch ungenediclich,
wann es diente von rechte
Erecken, dem gůten knechte, 3345
Wann er kunde es wol geniessen.
auch verluren si Ir liezen.
4340 Erecken was die rede unkunt.
nu beraite sich ainer da ze stúnd
gegen im, da Er In sach. 3350
vil sorgklichen ungemach
Frau Enite gewan.
4345 Si gedachte: „warne ich meinen man,
so priche ich aber sein gepot.
Er lat es durch Ere noch durch got, 3355

4334 vnndersich

Daraufhin sagte er zu seinen Gefährten:
4310 „Freut euch,
wir werden alle reich.
Ich sehe Leute auf uns zureiten,
die wir erfolgreich bekämpfen können.
Es ist nur ein Mann
4315 nach meinem Dafürhalten.
Er führt eine schöne Frau mit sich,
die traurig ausschaut.
Sie hält drei Pferde am Zügel.
Wenn ich es richtig einschätze,
4320 ist dies nicht die richtige Tätigkeit für sie.
Mich wundert es, wo er
einen so seltsamen Knappen aufgetrieben hat.
Es ist nur richtig, sie ihm wegzunehmen.
Wie ich es aus der Ferne beurteilen kann,
4325 ich habe nie eine schönere Frau gesehen.
Ihr Herren, die sollt ihr mir überlassen,
weil ich sie zuerst gesehen habe.“
Alle sagten übereinstimmend,
dass er sie zu Recht erhalte.
4330 „Hört“, sagte sein Freund,
„was ich von der Beute haben möchte:
nur seine Rüstung.“
Die anderen teilten sogleich
die fünf Pferde unter sich auf.
4335 Das war doch unbarmherzig,
denn es diente zu Recht
Ereck, dem guten Kämpfer;
nur er konnte es gut gebrauchen.
Zudem setzten sie sich mit ihrer Aufteilung nicht durch.
4340 Ereck wusste nicht, worüber sich diese unterhielten.
Einer von ihnen wandte sich sofort
gegen ihn, als er ihn sah.
Dies stürzte Frau Enite
in einen sorgenvollen Kummer.
4345 Sie dachte: „Warne ich meinen Mann,
breche ich abermals sein Gebot.
Er wird weder wegen seiner Ehre noch wegen Gott davon absehen,

Er näme mir den leib.
Owe, ich seldenlos weib!
4350 wär Ich nun núr todt,
das näme ich für dise not.
so wär mir verre bas geschehen. 3360
sol ich den schlahen sehen,
der mich von grosser armůt
4355 ze frauen schůf über michel gůt,
davon ich schon geeret bin
– Ich haisse ein reiche kunigin –, 3365
das sol mich gereuen,
wann so muss von meinen untreuen
4360 mein seele verderben
und von rechte ersterben
gleiche mit dem leibe. 3370
got, rat mir armen weibe,
Wie ich es anefach,
4365 daz ich mich nicht vergach.
Ich wän, es solte verdagen.
entraun nicht: ich sol *ims* sagen, 3375
Zu welher not es mir ergee,
es wirt gewaget alsam ee."
4370 **V**il drate si hinúmbe sach,
zu Erecken si mit vorchten sprach:
„Herre, durch got vernim mich: 3380
bewar es oder man slecht dich.
Ich sihe fünf gesellen,
4375 die dich slahen wellen."
als schiere si ims saite,
zu were Er sich beraite. 3385
Ir einer het sich ausgenomen
und was den andern fürkumen,
4380 daz Er Justierte wider In
auf sein selbs ungewin,
Wann In stach Ereckh Vilderoilach, 3390
daz Er under dem Rosse tot lag.
dannoch waren Ir viere,
4385 der aine schiere
auch toten vom Rosse stach,

4367 mis   **4381** seinselbs

mir das Leben zu nehmen.
O weh, ich unglückselige Frau!
4350 Ich zöge im Moment den Tod
dieser Notlage vor.
Dann wäre mir etwas weitaus besseres widerfahren.
Muss ich zusehen, wie der erschlagen wird,
der mich aus großer Armut errettete
4355 und mich zur Herrscherin über einen gewaltigen Besitz machte,
wodurch ich außerordentlich geehrt bin
– ich bin eine mächtige Königin –,
werde ich das bereuen,
denn dann wird durch meine Untreue
4360 meine Seele zugrunde gehen
und zu Recht gemeinsam
mit dem Körper absterben.
Gott, hilf mir armer Frau,
was ich tun soll,
4365 um nicht übereilt zu handeln.
Ich glaube, es wäre besser zu schweigen.
Nein, niemals: Ich werde es ihm sagen,
welches Leid ich auch erdulden muss;
ich wage es wie vorhin.“
4370 Sehr schnell drehte sie sich um
und sagte ängstlich zu Ereck:
„Herr, hör mir um Gottes willen zu:
Bereite dich vor, oder man erschlägt dich!
Ich sehe fünf Kumpane,
4375 die dich erschlagen wollen.“
Sobald sie ihm das gesagt hatte,
machte er sich kampffertig.
Einer von ihnen war vorausgeeilt
und ritt vor den Anderen auf ihn zu,
4380 sodass er zum eigenen Schaden
gegen Ereck Vilderoilach tjostierte,
denn dieser traf ihn so,
dass er tot unter seinem Pferd zum Liegen kam.
Dennoch blieben weitere vier,
4385 von denen er einen
auch tot vom Pferd stach,

und daz sein sper zerbrach.   3395
da enbliente ers dem schwerte.
der streit unlang werte:
4390 Er begunde vellen
die drei zu Iren gesellen.
Also do der aine man   3400
den Fünften sig an den gewan
und Er wolte reiten,
4395 Er sprach zu Frauen Eneiten:
„sagt, Ir weib vil ungetzogen,
Warumb habt Ir aber gelogen?   3405
wann ich es euch von erste vertrůg,
nu dauchte euch daran nit genůg,
4400 Ir tet es aber mer.
und möchte man dhain Eer
an weiben began,   3410
es solte nicht so ringe stan,
Ich näme euch hie zehant den leib.“
4405 „gnad, herre“, sprach das weib.
„Ir sült mich des geniessen lan,
daz ich durch treu han getan. | 3415
Noch dulte ich bas euren Zorn,   XXXVIIrb
dann Eur leib wäre verloren,
4410 was mir nu von euch geschicht.
und hette ich gepiten icht,
Herre, so wärdt Ir erslagen.   3420
nu wil ich immer gerne dagen.
nu vergebet mir ditz durch got.
4415 zerbrich ich immer mer eur gepot,
das rechet da zestúnd.“
Ereckh sprach: „Frau, ich tůn euch
    kúnt: 3425
Ir gewinnet an eurem streite
nur ubel zeite,
4420 Ir bleibet nicht rache gar frei.
wie es dann eu gedacht sei,
so můss es euch ergan.   3430
Ich wil euch ze knechte han,
die weil wir sein auf disem wege.

———

4423 zeknechte

wobei seine Lanze entzweibrach.
Da überließ er es dem Schwert.
Der Kampf dauerte nicht lange:
4390 Alle drei
schickte er zu ihren Kumpanen auf den Boden.
Nachdem er alleine
auch noch den Fünften besiegt hatte
und weiterreiten wollte,
4395 sagte er zu Frau Enite:
„Sagt mir, Ihr dermaßen ungehorsame Frau:
Warum habt Ihr abermals gelogen?
Weil ich es Euch beim ersten Mal nachgesehen hatte,
schien es Euch jetzt nicht prekär,
4400 erneut so zu handeln.
Könnte man bei Frauen
Ehre gewinnen,
würde es nicht unterbleiben,
dass ich Euch hier sogleich das Leben nähme."
4405 „Gnade, Herr", sagte die Frau.
„Ihr sollt es mir zum Guten anrechnen,
dass ich aus Treue gehandelt habe.
Was auch immer mir jetzt von Euch geschieht:
besser, ich dulde Euren Zorn,
4410 als dass Ihr Euer Leben verlöret.
Hätte ich gezögert, Herr,
so wäret Ihr erschlagen worden.
Von nun an werde ich immer mit Vergnügen schweigen.
So vergebt es mir um Gottes willen.
4415 Werde ich jemals wieder gegen Euer Gebot verstoßen,
sollt Ihr das sogleich rächen."
Ereck sagte: „Frau, ich sage Euch:

Ihr erlangt durch Euren Widerspruch
nur eine schlechte Zeit
4420 und bleibt von Strafe nicht ganz verschont.
Wie es Euch zugedacht ist,
so wird es Euch widerfahren:
Ich werde Euch als Knecht in den Dienst nehmen,
solange wir uns auf dieser Fahrt befinden.

4425 nu nemet die ross in eur phlege
und bewart si also schone,
daz ich euch mit úbel icht lone. 3435
und wirt aines verloren,
Ir múest dulden den zorn.
4430 des Ir gerne empäret,
ob Ir weise wäret.“
Frau Enite nam die do. 3440
vor den waren Ir dreu,
Nu wurden aller Achte.
4435 Si fůrte si, als si machte:
Si kunde nit wol damite.
wie verre es wider frauen sitte 3445
und wider Ir recht ware,
si lidt on schwäre
4440 und senften gemüete:
das lert si Ir gúete.
die frau grossen kumber laidt, 3450
wann daz si ze liebe ir laidt
in Ir hertzen verkerte,
4445 als si Ir diemút lerte.
wer es recht achten wil,
so hetten si daran hart vil 3455
ze tůn, Vier knechte,
solten si zerechte
4450 Acht ross füeren und bewaren:
si ainig mŭst mit faren.
wann frau selde Ir was berait 3460
und daz die gotes hofweishait
ob meiner frauen schwebete
4455 und da wider strebete,
daz Ir nie dhain gross ungemach
von den rossen niene geschach, 3465
so were kumberlich Ir fart.
des ward die frau wol bewart.
4460 auch müesten durch einen solhen knecht
die ross gerne und durch recht
Ir ungestuémes streben lan 3470
und senftiklichen mit gan.

4448 zetůn **4451** mitfaren **4455** dawider

4425 Nun passt auf die Pferde auf
und behandelt sie so fürsorglich,
dass ich Euch nicht strafe.
Geht auch nur eines verloren,
werdet Ihr meinen Zorn erdulden müssen.
4430 Wenn Ihr weise wärt,
würdet Ihr darauf gerne verzichten."
Frau Enite nahm sie daraufhin.
Vor diesen besaß sie drei,
jetzt waren es zusammen acht.
4435 Sie führte sie, so gut sie konnte.
Allerdings kannte sie sich mit Pferden nicht wirklich aus.
Auch wenn die Arbeit für Damen
ungeeignet und nicht schicklich war,
erlitt sie diese mühelos
4440 und ausgeglichen.
Das kam von ihrer Güte:
Die Edelfrau erlitt zwar großen Kummer,
doch verwandelte sich in ihrem Herzen
ihr Leid in Liebe,
4445 so wie ihre Demut ihr dies eingab.
Wenn man es recht betrachten möchte,
so hätten vier Knechte
sehr viel Arbeit damit,
wenn sie aufmerksam
4450 acht Pferde führen und pflegen sollten:
damit musste sie alleine fertig werden.
Wenn Frau Saelde ihr nicht geholfen
und die höfische Bildung Gottes
nicht über meiner Herrin geschwebt
4455 und verhindert hätte,
dass die Pferde ihr
zur Last gefallen wären,
so wäre ihre Fahrt leidvoll gewesen.
Davor wurde die Frau gut bewahrt.
4460 Auch müssten die Pferde bei einem solchen Knecht
gerne und zu Recht
ihre Wildheit aufgeben
und sanftmütig folgen.

     Da begunden si balde
4465 gahen von dem walde.
     vil schon der tag aufgie.
     als si do die nacht verlie, 3475
     da sach für sich Ereck,
     wo In weisete der weg:
4470 Zu einem hause nicht verre,
     da des landes herre,
     ein reicher grave, aufsass. 3480
     nu waren si baide one mass
     alle die nacht geriten
4475 und hetten kumber erliten.
     des hauses waren si fro,
     Wann si gedachten do 3485
     da zerůben über tag
     in einem marckt, der darundter lag,
4480 Si begunden hin gahen,
     da si den marckt sahen.
     Nu bekam im auf dem wege 3490
     ein knab, der het in seiner phlege
     gesoten schultern und prot,
4485 ingewunden, als im gepot,
     und bewart ze vleisse
     in eines diebes weise. 3495
     ein kanndl fůrt Er an der hant
     mit weine. wem ditz ward gesant,
4490 des ist mir nicht gesait.
     da diser knab zůrait,
     ze vleisse begunde er schauen 3500
     die | bekümberten Jůnckfrauen. XXXVIIrc
     Ir gevertes In gros wunder nam.
4495 als Er zu Ir geriten kam,
     Si grüeste In vil schone.
     da neigt Er Ir ze lone. 3505
     fürbas weiste In der wege.
     nu gab im Ereck
4500 mit grusse gůten morgen.
     under Helme verborgen
     der knab In da wol sach, 3510

————

4489 wein

Kurz danach
4465 verließen sie den Wald.
Der Tag brach wundervoll an.
Nachdem die Nacht vergangen war,
sah Ereck vor sich,
wohin ihn der Weg führte:
4470 zu einer nicht weit entfernten Burg,
wo der Landesherr,
ein mächtiger Graf, lebte.
Nun waren sie beide ohne Pause
die ganze Nacht hindurch geritten
4475 und hatten Kummer erlitten.
Über den Anblick der Burg freuten sie sich,
denn sie wollten sich
in einem Marktflecken, der unter der Burg lag,
über Tag ausruhen.
4480 Sie beeilten sich,
dorthin zu kommen.
Nun kam ihm auf dem Weg
ein Knappe entgegen, der
Kochschinken und Brot mit sich führte,
4485 eingewickelt – wie man es ihm aufgetragen hatte –
und sorgsam aufbewahrt
in der Art eines Diebes.
Ein Kännchen Wein hielt er in der Hand.
Für wen dies gedacht war,
4490 ist mir nicht erzählt worden.
Aufmerksam betrachtete
der heranreitende Knappe
die betrübte junge Dame.
Über ihre Erscheinung wunderte er sich sehr.
4495 Als er auf sie zuritt,
grüßte sie ihn sehr freundlich.
Darauf verneigte er sich;
der Weg trug ihn vorbei.
Nun grüßte Ereck
4500 und wünschte ihm einen guten Morgen.
Obwohl Erecks Gesicht unter dem Helm verborgen war,
sah der Knappe sehr genau,

daz Er grossen ungemach
die nacht het erliten
4505 und gewaffent was geriten,
und beweget In ir arbait.
Er sprach: „herre, und wer es euch
   nit lait,   3515
Ich fraget euch märe,
wo Eur wille wäre.
4510 saget mirs durch eur diemůt:
ich frag euch nur durch gůt.
mich dunckht, Ir seit gast hie.   3520
so was ich in dem lande je
und bin des graven knecht.
4515 mich bedunck gefuege und recht
und bitte euch des verre,
daz von eu mein herre   3525
damit sei geeret,
daz Ir auf sein haus keret
4520 und gerubet nach Eur arbait: .
man ist euch dienstes da berait.
und bit euch mere   3530
durch gotes ere:
mich dunckt, daz Ir habt geriten
4525 und grosse arbait erliten,
und twinge euch dhain Hungernot,
Ich fúere hie Schultern und prot   3535
und vil gůten wein.
nu lat es in eurn hulden sein
4530 und haisset die frauen peiten
und wider reiten
und enpeisset hie an diser stat.“   3540
Ereck tet, als In der knab pat.
des was der knecht fro.
4535 hinfúr zu der Frauen eilte Er do,
daz Er Ir die ross emphie.
wider zu Irem gesellen si do gie.   3545
Der knecht die Ross zusamen pant,
dartzů legt Er sein gewant.
4540 seinen hút nam Er in die handt

4526 Hunger not

dass er in der Nacht große Mühsal
erlitten hatte
4505 und in voller Rüstung geritten war;
ihre Beschwernis erregte sein Mitleid.
Er sagte: „Herr, wenn es Euch recht ist,

würde ich gerne wissen,
wohin Ihr unterwegs seid.
4510 Seid so gut und sagt es mir!
Ich frage nur in guter Absicht.
Mir scheint, Ihr seid hier fremd.
Dagegen bin ich hier geboren
und Gefolgsmann des Grafen.
4515 Ich glaube, es wäre nur richtig,
und bitte Euch daher inständig darum,
dass Ihr meinen Herrn
mit Eurem Besuch
auf seiner Burg beehrt
4520 und Euch nach Eurer Beschwernis ausruht:
Man wird Euch dort bereitwillig dienen.
Um mehr bitte ich Euch
bei der Ehre Gottes:
Mir scheint, dass Ihr während
4525 Eures beschwerlichen Ausritts leiden musstet;
wenn Euch nun der Hunger plagt,
so habe ich hier bei mir Schinken und Brot
sowie sehr guten Wein.
Nun nehmt es freundlich auf
4530 und befehlt der Edelfrau, auszuharren
und hierher zurückzureiten,
um hier an Ort und Stelle zu speisen.“
Ereck tat, worum ihn der Knappe bat.
Darüber freute sich der Bursche.
4535 Er eilte daraufhin zu der Edelfrau,
um ihr die Pferde abzunehmen.
Anschließend ging sie zurück zu ihrem Geliebten.
Der Bursche band die Pferde zusammen
und legte seinen Umhang auf den Boden.
4540 Seinen Hut nahm er in die Hand

und gieng, da Er wasser vant.
In baiden Er so vil trúg, 3550
daz man hende getzwúg.
die zwehel legt Er nider auf das gras,
4545 darauf die speise, die da was,
fleisch, prot und wein:
es mochte nie mer sein. 3555
als si da genúg assen
und wider auf gesassen,
4550 Ereck sprach zu dem knechte:
„knab, Ir sult von rechte
ettlichen lon emphan, 3560
des Ir zu uns habt getan.
Ir habt minne wol verschult.
4555 nu han ich Silber noch golt,
da ich euchs gelone mite.
geselle, nu tůt, des ich euch pitte, 3565
und nemet die wal
under der Rosse zal
4560 aines, daz euch das liebste sei,
und seit gewiss dabei:
kúmpt uns immer der tag, 3570
daz ich euch bas gehandeln mag,
des geprist euch nicht an mir.
4565 das phardt solt nemen Ir
durch unser pete.“
der knab das vil gerne tete. 3575
Er hiet si Im alle gegeben,
Wann daz der frauen leben
4570 damit gesenft wäre.
Er liess durch Ir schwäre.
Als Er do ein ross genäm, 3580
des In aller peste gezam,
da gnadet Er im verre.
4575 Er sprach: „lieber herre,
nu gewert mich, des ich euch pitte, 3584
da handelt | Ir mich wol mite: XXXVIIva
die frau leidet arbait
mit disen rossen, michel laidt –

4542 souil   4547 nÿmer

und ging Wasser holen.
Er trug so viel herbei,
dass sie sich beide die Hände waschen konnten.
Das Tuch legte er auf die Wiese,
4545 darauf die vorhandene Speise:
Fleisch, Brot und Wein;
eine Mahlzeit konnte nicht üppiger sein.
Nachdem sie reichlich gegessen hatten
und wieder auf ihren Pferden saßen,
4550 sagte Ereck zu dem Burschen:
„Knappe, Ihr sollt zu Recht
großen Lohn für das erhalten,
was Ihr für uns getan habt.
Ihr habt unsere Freundschaft erworben.
4555 Doch habe ich weder Silber noch Gold,
womit ich Euch belohnen könnte.
Freund, nun tut, worum ich Euch bitte
und wählt unter den Pferden
dasjenige aus,
4560 das Euch am besten gefällt,
und seid sicher:
Kommt jemals die Zeit,
in der ich Euch besser entlohnen kann,
werde ich dies tun.
4565 Nun nehmt nach unseren Wünschen
das Pferd."
Der Knappe tat dies sehr gern.
Er hätte sie ihm alle geschenkt,
doch wollte er nicht, dass es
4570 die Dame zu einfach hätte.
Er ließ es, damit sie es schwer hatte.
Nachdem der Knappe darauf das Pferd genommen hatte,
das ihm am besten gefiel,
dankte er ihm vielmals.
4575 Er sagte: „Lieber Herr,
nun gewährt mir den Wunsch,
dass ich die Pferde führe
– damit entlohnt ihr mich vorzüglich:
die Dame leidet nämlich sehr

4580 daz ich si füeren müesse,
der dienst ist mir süesse."
Ereck sprach: „knab, das sult Ir lan. 3590
Ja, ist es doch nicht getan
gar ane sache.
4585 Si můss mir ungemache
leben zu disen zeiten."
Er sprach: „so wil ich reiten. 3595
got vergelte eu gnad und gůt!
Eur ere sei von im behůt,
4590 daz Ir mit sälde müesset leben!"
„knab, nů reitet got ergeben!"
seiner gabe was er fro. 3600
widerumb reiten begunde Er do.
von freuden was im vil gach.
4595 Ereck reitet müessiklichen nach.
Nu ersach In sein herre
und erkannte In verre, 3605
wann er was fur das Burgetor
gegangen: da sass er vor.
4600 vil michel wunder In des nam,
daz Er so schiere widerkam,
und fraget In märe, 3610
wes das ross wäre,
daz er da fůrt an der hant.
4605 vil schiere tet er im erkant
die rede an ein ende gar.
Er sprach: „herre, nu nemet war, 3615
wo si zu eu reitend.
nu waiss ich, wes Ir peitend,
4610 daz Ir nu nicht zu der strasse gat.
Ir missetůt auch, ob Irs lat.
Ja mügt Ir an der frauen 3620
das schöniste weib schauen,
die wir je gesahen."
4615 Zu dem wege Er do hingie,
mit schönem grus er In emphie. 3625
Als Er si zureiten sach,
Er gieng gegen im und sprach:
„willekomen, Frau und herre",
4620 und bat si vil verre,
daz si In damit erten 3630

4580 an ihrer Mühe mit diesen Pferden.
      Dieser Dienst würde mir sehr gefallen."
      Ereck sagte: „Knappe, dies erlaube ich nicht!
      Ich habe ihr die Mühen
      doch nicht grundlos auferlegt.
4585 Sie muss momentan meinetwegen
      die Mühen ertragen."
      Der Knappe sagte: „So will ich fortreiten.
      Gott vergelte Eure Freundlichkeit und Euer Geschenk!
      Möge er Eure Ehre behüten,
4590 sodass Ihr glücklich leben werdet."
      „Knappe, nun reitet mit Gott!"
      Über Erecks Geschenk freute der Knappe sich.
      Er ritt zurück.
      Die Freude verlieh ihm Flügel.
4595 Ereck reitet gemächlich hinterher.
      Nun erblickte sein Herr den Knappen
      und erkannte ihn von weitem,
      denn er war vor das Burgtor
      getreten: dort hatte er sich hingesetzt.
4600 Er wunderte sich sehr,
      dass der Knappe so rasch zurückkam,
      und fragte ihn,
      wem das Pferd gehörte,
      dass er am Zügel führte.
4605 Rasch erzählte der Knappe,
      was ihm widerfahren war.
      Er sagte: „Herr, schaut,
      sie reiten zu Euch!
      Ich weiß gar nicht, warum Ihr zögert,
4610 zur Straße zu gehen.
      Ihr handelt falsch, wenn ihr dies nicht tut.
      Die Edeldame ist ja
      die schönste Frau,
      die wir je gesehen haben."
4615 Der Graf ging daraufhin auf den Weg
      und grüßte Ereck freundlich.
      Als sie näher ritten,
      ging er Ereck entgegen und sagte:
      „Willkommen, Dame und Herr"
4620 und bat sie nachdrücklich,
      ihn mit ihrem Besuch

und auf sein haus kerten
und daz si wolten da bestan.
„Herre, des sült Ir uns erlan",
4625 Sprach der Ritter Ereck.
„uns hat der lange weg 3635
getan unhofewär:
von müede sein wir schwär.
Euren genaden sein genigen
4630 und ditz mit hulde vertzigen.
Ir sült uns ze disen zeiten 3640
zu gemache lassen reiten."
Urlaubes begunden si da begern,
üntz Er si můste gewern.
4635 Ein knaben er sich da weisen pat
Zu dem teuristen wirt in die Stat. 3645
da entwaffent er sich do.
Frau Enite was vil fro
der růe, der si da bekam,
4640 da man Ir die ross benam.
Ir was als der sele, 3650
der von Michaele
wirt der helleweitze rat,
die lang da gepauen hat.
4645 ein pad hiess Er bereiten,
wann Er von arbaiten 3655
von dem gewaffen auf der fart
schwaissig und ramig wart.
des beluste Er den leib.
4650 als er gepadet und sein weib,
das essen was berait. 3660
als In das sait,
den tisch er da richten hiess.
die frau Eniten er nicht liess
4655 mitsambt im essen,
wann er was gesessen 3665
besonder hie und si dort |
von Im an der Zweheln ort. XXXVIIvb
Nu begunde den Graven reuen
4660 und gedacht wider sein treuen,
daz Er die frauen verliess, 3670
daz er im si nicht nemen hiess.
manigvalt ward sein gedanck,

auf seiner Burg zu beehren
und dort zu bleiben.
„Herr, erlasst uns dies",
4625 sagte der Ritter Ereck,
„uns hat die lange Fahrt
hofuntauglich gemacht:
ermattet und müde sind wir.
Wir danken für Euer großzügiges Angebot
4630 und bitten um Verzeihung, dass wir dieses nicht annehmen.
Lasst uns jetzt bitte
weiterreiten, damit wir uns ausruhen können."
Sie baten so eindringlich um die Erlaubnis zu reiten,
dass der Graf seine Zustimmung geben musste.
4635 Ereck ließ sich von einem Knappen
zum besten Gasthaus im Ort bringen.
Dort legte er endlich seine Waffen ab.
Frau Enite freute sich sehr
über die Rast.
4640 Als man ihr die Pferde abnahm,
erging es ihr wie der Seele,
die lange in der Hölle schmorte
und deren Qualen durch Michael
gelindert wurden.
4645 Ereck ordnete an, ein Bad vorzubereiten,
denn er war von den
Kampfesanstrengungen auf der Reise
verschwitzt und schmutzig.
Deshalb verwöhnte er seinen Körper.
4650 Nachdem er und seine Frau gebadet hatten,
war das Essen fertig.
Als man ihnen das mitteilte,
ordnete er an, den Tisch zu decken.
Frau Enite erlaubte er nicht,
4655 gemeinsam mit ihm zu essen,
denn er saß abgesondert
hier und sie dort,
am anderen Ende des Tisches.
In der Zwischenzeit bereute der Graf
4660 entgegen seinem eigentlich anständigen Wesen,
dass er die Dame hatte fortreiten lassen
und nicht befohlen hatte, sie zu ihm zu bringen.
Viele Pläne entwarf er

als In der frauen schön zwang,
4665 wie Er si mocht gewinnen.
untreu riet seinen sinnen, 3675
daz Er dar so kame,
daz Er im si benäme:
das was doch rechte,
4670 daz er dem gůten knechte
sein weib wolt han genomen, 3680
da er in sein lant was komen,
da Er befriden solte,
ob im jemand schaden wolte.
4675 der můt was im von minne komen,
Wann wir haben vernomen 3685
von dem Graven märe,
daz er beinamen wäre
baide piderb und gůt,
4680 an seinen treuen wol behůt
üntz an dieselbe stúnd: 3690
da tet im untreu kunt
die kreftige minne
und benam Im rechte sinne,
4685 wann an der minne stricke
vahet man vil dicke 3695
einen also kargen man,
den niemand sünst gewinnen kan.
vil manigen man die welt hat,
4690 der nimmer *an* dhain missetat
seinen fůss verstiesse, 3700
ob In sein die minne verliesse.
und gebe Si nit so reichen můt,
so were der welt site so gůt
4695 noch so rechte wage,
so ob man Ir verphlage. 3705
nu hat aber niemant solhe kraft,
und ergreifet In Ir maisterschaft,
er musse Ir entweichen.
4700 wer aber Ir gewisleichen
ze rechte kunde gephlegen, 3710
den liesse si nicht under wegen:

4690 an *nicht in A*

– dazu zwang ihn die Schönheit der Dame –,
4665 wie er sie erobern könnte.
Verrat flüsterte ihm ein,
dass er es schaffen könnte,
sie Ereck wegzunehmen:
Es war doch nicht rechtmäßig,
4670 dass er dem edlen Streiter
seine Frau wegnehmen wollte,
als dieser in sein Land gekommen war,
wo er Rechtsfrieden zu gewährleisten hatte,
wenn jemand Ereck einen Schaden zufügen wollte.
4675 Diese Absicht hatte die Liebe verursacht,
denn wir wissen aus Berichten
von dem Grafen,
dass er wahrhaftig
anständig und gut war,
4680 in seiner Aufrichtigkeit unerschütterlich
bis zu diesem Moment:
Da verleitete die mächtige Liebe
ihn zum Verrat
und raubte ihm seinen Anstand,
4685 denn mit den Fallstricken der Liebe
fängt man sehr oft
einen eigentlich charakterfesten Mann,
den niemand sonst verleiten kann.
Es gibt so manchen Mann auf Erden,
4690 der keinen Fehltritt
beginge,
wenn ihn die Liebe nur verschonen würde.
Und gäbe sie nicht ein solches Hochgefühl,
so wäre das Leben nicht so wundervoll
4695 und schön,
wie wenn man ohne sie lebte.
Nun hat aber niemand solche Kraft,
dass er ihr entgehen könnte,
wenn sie Besitz von ihm ergreift.
4700 Wer aber mit ihr gewissenhaft
und richtig umgehen kann,
den lässt sie nicht im Stich:

Im ware der lon von Ir berait,
daz In sein arbait
4705 nicht dorfte reuen,
hüete er seiner treuen 3715
bas, dann der Grave täte.
der was daran nicht stäte,
wann In frau minne betzwang
4710 auf einen valschen gedanck,
daz er den vil biderben mann 3720
sein weib zu nemen můt gewan.
Vier Ritter er zu im nam.
als er zu den herbergen kam,
4715 ob dem tisch er si vant.
von im legt er sein gewant, 3725
mit grůsse begunde er fúr si stan.
da hette Eregk dhain wan,
daz Er im schaden solte,
4720 als er doch gern wolte.
den Graven nam gros wunder, 3730
daz si so besúnder
an dem tische sazzen
und nicht miteinander assen.
4725 er sprach in seiner valschait:
„Herre, were es euch nicht laid, 3735
so solt Ir mich wissen lan,
warumb ditz sei getan.
Ist dise frau eur weib?
4730 der ist wunneklich Ir leib
und so wol genäme, 3740
daz si bas bei euch zäme
dann dort an Jener stat.
warumb habt Ir Si von euch gesat?“
4735 sünst antwurt im Ereck do:
„Herre, mein gemüet stet also.“ 3745
der Grave bat In fürbas,
daz er es liesse on has,
ob Er | zu Ir sässe, XXXVIIvc
4740 die weile daz man ässe.
des antwurt im Ereck do: 3750
„geruchet Irs, herre, ich bins fro.“
Er sprach, als er zu Ir gesass:
„ich sag euch, frau, umb was

Er erhält von ihr eine solche Belohnung,
dass er seine Anstrengung
4705 nicht zu bereuen braucht,
wenn er seinen Anstand
nur besser bewahrt als der Graf.
Der schaffte dies nicht,
denn Frau Minne zwang ihm
4710 verräterische Überlegungen auf,
sodass er beabsichtigte,
dem vortrefflichen Mann seine Frau zu rauben.
Vier Ritter nahm er mit.
Als er zum Gasthof kam,
4715 fand er sie bei Tisch.
Er legte seinen Mantel ab,
ging zu ihnen und grüßte sie.
Ereck ahnte nicht,
dass der Graf ihm schaden würde
4720 und wie er dies mit Vergnügen plante.
Der Graf wunderte sich sehr,
dass sie voneinander getrennt
am Tisch saßen
und nicht miteinander speisten.
4725 Er sagte in seiner Falschheit:
„Herr, wenn es Euch nichts ausmacht,
solltet Ihr mich wissen lassen,
warum dies geschieht.
Ist diese Dame Eure Ehefrau?
4730 Sie ist so wunderschön
und so vortrefflich,
dass sie besser bei Euch
als dort hinten sitzen sollte.
Warum habt Ihr sie von Euch weggesetzt?“
4735 Dies antwortete ihm Ereck:
„Herr, ich will dies so.“
Der Graf fragte ihn darauf,
ob er etwas dagegen hätte,
wenn er sich zu ihr setzen würde,
4740 solange man bei Tisch sei.
Folgendes antwortete Ereck:
„Wünscht Ihr das, Herr, erfüllt es mich mit Freude.“
Nachdem er sich zu ihr gesetzt hatte, sagte der Graf:
„Ich verrate Euch, edle Frau, warum

4745 ich her zu euch kumen bin:
ein tail durch eurn gewin 3755
und beinamen durch eur Eer.
mir erparmet nie so sere
weder man noch weib
4750 als eur wackerlicher leib.
seit ich euch heut leiden sach 3760
als missezamen ungemach,
der einer frauen nie gezam,
vil nahend si meinem hertzen kam
4755 und euch auch noch dick leiden tůt.
eur grosse armůt, 3765
die verweise ich euch durch úbel nicht,
wann daz mir laide daran geschicht.
nun zamet Ir warlichen
4760 ze frauen wol dem reichen.
wer gab euch armen sölhen man, 3770
der mag noch kan
Euch gern ze rechte?
er hat euch zu einem knechte,
4765 derselb eur geselle.
daz In got velle! 3775
der vleisset sich dartzů,
was er euch laides getů.
und hett euch eur got gewert,
4770 Ir wäret besser eren wert.
welt Ir noch, euch geschicht alles gůt. 3780
ich sag euch, frau, mein můt.
und ist, daz Ir noch so weise seit,
so lat es on widerstreit:
4775 Ich wil euch kumbers schaffen rat.
ich sag euch, wie mein ding stat: 3785
ich bin ditz lande herre.
nahend noch verre
vand ich noch das weib,
4780 die mir gezäme, 3790
daz ich si näme.
nu gevallet Ir mir so wol,
daz ich euch gern machen sol
ze frauen disem lande.
4785 so habt Ir one schande 3795
wol verwechselt eur leben.“

4745 ich zu Euch gekommen bin:
einmal, um Eure Lage zu verbessern,
vor allem aber wegen Eurer Ehre.
Ich hatte noch nie solch großes Mitleid
mit einem Menschen
4750 wie mit Euch, Edle.
Seitdem ich heute sah,
welch unwürdige Mühsal Ihr ertragen musstet,
die einer Dame niemals zugemutet werden darf,
ging mir Eure Ehre sehr zu Herzen.
4755 Und auch Eure große Armut
lässt Euch sehr leiden:
die werfe ich Euch wegen des Unrechts, das Euch widerfahren ist, nicht vor,
aber sie stimmt mich traurig.
Ihr solltet wahrhaftig
4760 die Ehefrau eines mächtigen Mannes sein.
Wer gab Euch Armer einen solchen Mann,
der Euch nicht
angemessen zu lieben versteht?
Dieser Euer Gefährte
4765 behandelt Euch wie einen Knecht.
Gott möge ihn zu Fall bringen!
Er bemüht sich doch allein darum,
was er Euch an Leid antun kann.
Wenn Euer Gott dies für Euch vorgesehen hat,
4770 so hättet Ihr größere Ehre verdient.
Aber wenn Ihr dies noch wollt, wird für Euch alles gut.
Ich sage Euch, meine Dame, was ich vorhabe.
Wenn Ihr klug seid,
lasst Ihr es ohne Widerrede geschehen:
4775 Ich werde Euren Kummer beenden
und sage Euch, wer ich bin:
Ich bin der Herr dieses Landes.
Nirgendwo fand ich
bislang die Frau,
4780 die zu mir passt,
sodass ich sie heiraten würde.
Aber Ihr gefallt mir so gut,
dass ich Euch gern
zur Landesherrin machen würde.
4785 Dann hättet Ihr ohne Schande
Euer Leben zum Guten verändert."

„meine frauen músse eu got geben",
sprach das tugenthafte weib,
„die eur land und Eurn leib,
4790 das zerechte ziere.   3800
es múest euch recht schiere
von recht gereuen
und were wider mein treuen.
als es die welt vernäme
4795 und es Ir fürkäme,   3805
so wäre es núr Ir spot.
auf das so lat die rede durch got,
wann euch von rechte bas geschicht.
ich entaug zu gravinne nicht:
4800 ich han gepurd noch das gůt.   3810
was auch mir mein geselle tút,
das dulte ich mit rechte.
ze weibe und ze knechte
und zu frau er mich wil han:
4805 des bin ich im alles undertan.   3815
herre, was mag ich sprechen me?
wann ich wolt erwelen ee,
daz ich lebende hie zehant
zu pulfer wurde verprant
4810 und man den zesate,   3820
Ee ich es immer getate.
unser achte stat geleich:
wir sein baide nit reich,
wir kumen wol ze masse.
4815 got mir In leben lasse!"   3825
als Er dise antwurt genam
und Irn willen vernam,
Er sprach: „ich sag euch meinen můt,
darnach beweget euch, was Ir tůt.
4820 welt Ir nicht güetlichen   3830
meiner pet entweichen,
so geschicht es under eurn danck.
Eur were ist mir hie | ze
    kranck.   XXXVIIIra
Eur geselle
4825 far, wo Er welle;   3835
Ir müesset hie mit mir bestan.
die rede sol ein ende han."

„Gott möge Euch meine Herrin zur Frau geben",
sagte die Untadelige,
„die Eurem Land und Euch,
4790 diesen beiden angemessen wäre.
Wenn Ihr mich nähmet, würdet
Ihr dies zu Recht schon bald bereuen;
zudem verstieße es gegen meine Loyalität.
Sobald die Menschen von unserer
4795 Vermählung erfahren,
würden sie nur spotten.
Deshalb schweigt um Gottes willen,
denn Euch kann Besseres widerfahren.
Ich tauge nicht zur Gräfin:
4800 ich bin Euch weder ebenbürtig noch reich.
Egal was mir mein Gefährte antut,
das erdulde ich zu Recht.
Egal ob er mich wie seine Ehefrau, seinen Knecht
oder seine Gebieterin behandeln möchte:
4805 in allem folge ich ihm.
Herr, was soll ich noch sagen?
Denn ich würde eher
auf der Stelle lebendig
zu Asche verbrannt
4810 und verstreut werden wollen,
bevor ich ihn verließe.
Wir gehören demselben Stand an
und sind beide nicht wohlhabend;
wir passen gut zueinander.
4815 Gott möge ihn schützen!"
Als er diese Antwort hinnehmen musste
und ihre Absichten vernahm,
sagte er: „Ich sage Euch, was ich vorhabe;
entscheidet danach, was Ihr tun werdet.
4820 Wenn Ihr allerdings nicht freiwillig
meiner Bitte nachkommen wollt,
so geschieht es ohne Eure Zustimmung.
Ihr könnt Euch nicht wehren.

Möge Euer Gefährte hinreisen,
4825 wo immer er hin will;
Ihr müsst hier bei mir bleiben.
Mehr gibt es nicht zu sagen!"

Als si seinen ernst ersach
und daz Er es von hertzen sprach,
4830 vil güetlichen sach si In an, 3840
den vil ungetreuen man,
und lachet durch schönen list.
Si sprach: „ich wäne, euch ernst ist.
Herre, zürnet ir nicht,
4835 wann euch der rede unnot geschicht. 3845
es was zwar mein wan,
Ir hettend die rede durch schimp getan,
wann es ist eur manne site,
daz Ir uns arme weib damite
4840 vil gerne triegent 3850
(Ich getar nit sprechende: liegent),
daz Ir uns vil zugute
gehaissent wider eurn mût.
davon ich dick han gesehen
4845 weiben michel lait geschehen. 3855
hette ich erfürchtet das,
ich hette euch geantwurt bas,
Wann ich, herr, niene bin
Jedoch so gar on sinn:
4850 und möcht ich mein sache 3860
ze eren und ze gemache
verwandeln, das entäte ich,
wann mein leben ist so kümerlich,
als Ir es selbs habt gesehen.
4855 vil rechte wil ich euch bejehen, 3865
wie mich von erste mein man
Ze weibe gewan:
Ich bin im nicht genossam.
meinem Vater er mich nam,
4860 wann er ist warleiche 3870
Edel und reiche.
in des hofe er dick rait.
nach kinde gewonhait
lief ich da hin und her.
4865 eines tages spilt Er 3875
mit uns. da schein wol, das kindt
leichte ze triegen sint.

4867 zetriegen

Als sie seine Entschlossenheit
und seine Aufgewühltheit bemerkte,
4830 sah sie den verräterischen
Mann überaus freundlich an
und lächelte in der Absicht, ihn zu überlisten.
Sie sagte: „Ich merke, dass Ihr es ernst meint.
Herr, seid nicht zornig wegen meiner Worte,
4835 denn diese waren ohne Wert.
Ich glaubte nämlich,
Ihr hättet mir Euer Angebot nur unterbreitet, um mich zu verspotten,
denn es ist die Art von Euch Männern,
dass ihr uns naive Frauen mit solchen Worten
4840 sehr gerne täuscht
(um nicht zu sagen: belügt)
und uns entgegen Euren eigentlichen Absichten
das Blaue vom Himmel versprecht.
Oft habe ich mit ansehen müssen,
4845 wie viel Leid Frauen daraus erwuchs.
Wenn ich dies nicht befürchtet hätte,
hätte ich mit größerem Interesse auf Euer Angebot reagiert,
denn ich bin, mein Herr, nicht
völlig dumm:
4850 Könnte ich mein Leben ändern,
sodass ich Ehre besitze und mich vergnügen könnte,
so täte ich dies,
denn meine jetzige Situation ist unaushaltbar,
wie Ihr selbst gesehen habt.
4855 Ich werde Euch nun die Wahrheit darüber sagen,
wie es dazu kam, dass mich mein Mann
zur Frau nahm:
ebenbürtig bin ich ihm nicht.
Er raubte mich meinem Vater,
4860 denn dieser ist wahrlich
ein mächtiger Adliger.
Zu dessen Hof ritt er oft.
Wie Kinder es so tun,
tollte ich dort herum.
4865 Eines Tages spielte er mit uns.
Daran wird deutlich,
wie leicht man Kinder betrügen kann.

mit listen er mich für das tor gewan:
da zugkt er mich und fůrt mich dan
4870 und hat mich also immer seit.   3880
manige kümberliche zeit
tút er mich leiden,
wann hie von můss Er meiden
daz wesen in seinem lande.
4875 schaden und schande   3885
Ich arme zu allen zeiten wone.
wer besser mich darvon
nach eren losen wolte,
gerne ich des volgen solte:
4880 dartzu vergulte es im got.   3890
Ich wante, die rede wär eur spot.
Ist, daz ir mir erscheinent,
ob Ir die rede meinent,
mit etlicher sicherhait,
4885 so bin ich eur pete berait.“   3895
Der rede was der Grave fro.
lachent antwurt Er Ir so:
„Ir mügt euch damit nicht erweren,
wann ich wil euch state schweren.“
4890 sein vinger wurden aufgelait,   3900
die frau gab im den aid.
auch gab Si im da ze stat
ze laisten, des er gepat –
Ein ungewisses phant:
4895 Ir treu an sein handt.   3905
als da die sicherhait geschach,
mit listen frau Enite sprach:
„Herre, nu rat ich euch wol,
als ein freundt dem andern sol,
4900 wann ich nu dheinen man   3910
gútes also gan.
Ir volget meiner lere,
Es enkumbert euch sere.
seidt Ir mich nemen welt,   3914
4905 damit rat ich, daz Ir | welt   XXXVIIIrb

4870 ymmerſeÿt   4876 allenntzeiten   4905 da-
mit rat ich daz Ir | welt: damit rat ich das Ir welt:

Mit einer List lockte er mich vor das Burgtor;
dort schnappte er mich, brachte mich fort
4870 und besitzt mich seitdem.
Seinetwegen mache ich eine
schreckliche Zeit durch,
denn wegen des Raubs
kann er nicht in seine Heimat zurückkehren.
4875 Not und Schande
begleiten mich Arme seitdem.
Demjenigen, der mich daraus
ehrenvoll erlöst,
würde ich gerne folgen.
4880 Zudem möge Gott es ihm lohnen!
Ich glaubte, dass Eure Worte nicht ernst gemeint waren.
Wenn Ihr mir mit einem Eid
glaubhaft machen könnt,
dass Eure Worte aufrichtig sind,
4885 so werde ich Eurer Bitte nachkommen."
Über ihre Worte freute der Graf sich.
Lachend antwortete er ihr Folgendes:
„Nun könnt Ihr nicht mehr zurück,
denn ich werde Euch Treue schwören."
4890 Er hob seine Finger zum Schwur,
die Dame gab die Worte vor.
Auch sie verpflichtete sich,
das zu tun, worum er gebeten hatte:
aber ihr Treueschwur
4895 stand auf tönernen Füßen.
Nachdem die Schwüre getan waren,
sagte Frau Enite listig:
„Herr, nun gebe ich Euch einen guten Rat,
wie man es seinem Partner schuldet,
4900 denn keinem anderen Menschen
gönne ich so Gutes wie Euch.
Wenn Ihr meinem Vorschlag folgt,
wird Euch nichts Schlechtes geschehen können.
Da Ihr mich zur Frau nehmen wollt,
4905 rate ich, dass ihr bis

untz früe morgen:
so mügt Ir on sorgen
mich nemen und on streit.
so er an seinem pete leit,
4910 so komet Ir her,   3920
wann so mag Er
euch nicht geschaden: so werdent Ir
eurs willen an mir
unbekümbert gewert,
4915 wann heinacht stil ich im das
schwert."   3925
Si sprach: „ich bin euch nu holt,
Wann das habt Ir nu wol verscholt,
und müet mich, solt Ir dulden
schaden von meinen schulden.
4920 das doch beinamen můs ergan,   3930
Ir tüet, als ich gesprochen han.
wann nemet Ir mich zehant,
es ist umb uns so gewant,
daz Er mich ungerne lat.
4925 sein schwert er bei im hat.   3935
Ich wais wol, daz Er schaden tůt."
Er sprach: „eur Rat, der ist gůt;
der gevallet mir so wol,
daz ich euch gern volgen sol."
4930 mit schonen weibes listen   3940
begunde si da fristen
Ir ere und Ir mannes leib.
Frau Enite was ein getreues weib.
süst uberredet si den man,
4935 daz er mit urlaub schiede von dann   3945
auf solhe ungewishait
als ich euch da han gesait.
als si da gessen hatten,
in ein kemenaten
4940 hies Er In petten baiden   3950
und doch die pete schaiden:
Er wolte si bei im nicht ligen lan.
schlafen begunden si da gan.

4922 ze hant

morgen Früh wartet:
so könnt Ihr mich ohne Gefahr
und ohne Kampf erringen.
Kommt her,
4910 wenn er im Bett liegt,
denn dann kann
er Euch nichts tun: so werdet Ihr
Eure Wünsche in Bezug auf mich
ohne Verluste realisieren,
4915 denn heute Nacht werde ich ihm das Schwert stehlen."

Sie fuhr fort: „Ich gehöre jetzt ganz Euch,
denn das habt Ihr Euch redlich verdient.
Daher fände ich es furchtbar, wenn Euch
etwas meinetwegen zustieße.
4920 Doch genau dies wird geschehen,
wenn Ihr nicht tut, was ich gesagt habe,
denn er wird mich nicht
freiwillig gehen lassen,
wenn Ihr mich jetzt sofort mitnehmen wollt.
4925 Sein Schwert trägt er bei sich.
Ich weiß genau, dass er damit Schaden anrichten wird."
Er sagte: „Euer Ratschlag ist vortrefflich.
Er gefällt mir so gut,
dass ich ihm gern Folge leisten werde."
4930 Mit erfolgreicher weiblicher List
rettete sie ihre Ehre
und das Leben ihres Mannes.
Frau Enite war eine treue Ehefrau.
Daher überredete sie den Grafen,
4935 das Gasthaus mit einem Abschiedsgruß
in der trügerischen Hoffnung zu verlassen,
von der ich euch gerade erzählt habe.
Nachdem sie gegessen hatten,
ließ er in einem Zimmer
4940 zwei Betten getrennt
voneinander herrichten:
Er wollte nicht zusammen mit ihr im Bett liegen.
Dann gingen sie schlafen.

Nu lagen si besúnder.
4945 ditz was jedoch ein wúnder,   3955
daz er doch durch dhainen zorn
in den mute het erkorn,
daz er ein so schön weib maid.
von sorgen grossen kumber laid
4950 der frauen gemüete   3960
durch treu und durch güete,
wie im die rede wurde kunt,
wann Er verpot, daz Ir múnd
ze sprechen icht auf käme,
4955 was si vernäme,   3965
als ich euch ee gesaget han.
doch hette Si es nicht verlan,
damit hette si In verloren,
so daz Er Ir durch den zorn
4960 zu gesellschaft nicht phlag,   3970
wann Er sunder ass und lag.
nu gedachte die gůte
also mit můte:
„es ist mir auf das zil kumen,
4965 daz mir bei namen wirt benomen   3975
der allerliebste man,
den je weibe mer gewan,
es sei dann, daz Ich In warne.
auch wais ich, daz ich es erarne,
4970 Zerbriche ich aber sein gepot.   3980
nu rat mir, herre, reicher got!
des ward mir nie so not.
Ich waiss wol, es ist mein tot,
wann er hat mirs nu zwier vertragen.
4975 was aber von dem, wirde ich
    erschlagen   3985
und nimet er mir den leib?
dannoch lebet manig frumb weib.
Ich bin auch nicht so klagelich:
so ist er edel und rich,
4980 Mein lieber herre.   3990
Ee im icht gewerre,
so wil ich kiesen den todt.“

4964 zilkumen

Jeder lag für sich.
4945 Das war doch verwunderlich,
dass er, nur weil er
zornig gestimmt war,
eine so schöne Frau in Ruhe ließ.
Die Edelfrau aber litt sehr
4950 und sorgte sich
aufgrund ihrer Treue und Güte,
wie sie ihm das mitteilen könnte, was passiert war,
denn er hatte ihr ja verboten,
über irgendetwas zu sprechen,
4955 was sie gesehen hatte
(dies habe ich euch ja bereits erzählt).
Dennoch hatte sie sein Gebot schon einmal übertreten.
Dadurch hatte sie ihn verloren,
sodass er aus Wut
4960 auf ihre Gesellschaft verzichtete,
indem er allein aß und schlief.
In dieser Situation dachte die Gute
mutig Folgendes:
„Es ist nun soweit gekommen,
4965 dass mir wahrhaftig der allerliebste
Mann genommen wird,
den je eine Frau besaß,
es sei denn, dass ich ihn warne.
Allerdings weiß ich auch, dass ich dafür büßen muss,
4970 wenn ich abermals sein Gebot übertrete.
Nun hilf mir, Herr, mächtiger Gott!
Nie zuvor hatte ich deine Hilfe so nötig.
Ich weiß genau, dass er mich umbringt,
denn er hat es mir zweimal nachgesehen.
4975 Was aber soll's, wenn er mich erschlägt

und mir das Leben nimmt?
Auch dann lebt noch so manche tadellose Frau.
Zudem bin ich nicht so viel wert;
mein lieber Herr hingegen
4980 ist edel und mächtig.
Bevor ihm etwas zustößt,
wähle ich den Tod."

Ir treu Ir das gepot,
daz si zu seinem pete gie
4985 und pot sich fur In an Ir knie 3995
und saget im die rede gar. |
von forchten ward si missefar. XXXVIIIrc
Als es im da ward erkannt,
aufstúnd Er ze hant
4990 und pat den wirt zu wachen. 4000
da begund er sich aufmachen.
des wirtes knechten Er saite,
daz man im die ross beraite.
das was schiere getan.
4995 den wirt pat Er zu im ze gan. 4005
er sprach, als er zu im gie:
„in eurem hause habet Ir uns hie
gehandelt schone und wol.
des geltes pin ich eur schol.
5000 nu vernemet, was Ir tůn solt: 4010
ich han hie silber noch golt,
da ich euch vergelte mit.
nu tůt, als ich euch pit:
die Siben Ross nemet Ir
5005 nu ze gelte von mir." 4015
der Wirt neigt im an den fůss,
als ein man gewinnen můss.
so was Er hertzenlich fro.
Zehant trůg Er im do
5010 Ze hailes gewinne 4020
Sant Gerdraut minne.
also rait Er des nachtes von dann,
der ellende mann,
und rúmpte ze hant
5015 mit seinem weibe das landt. 4025
die het den graven betrogen
und on sünd gelogen.
Ee daz sich Eereck
machte auf den weg,
5020 da gedacht daran 4030
der vil ungetreue man,
wenn Er zu der frauen solte kumen,
ob Er si wolte han genomen.
von dem slafe er wider auf erschrack,

Ihre Treue gab ihr das ein,
zu seinem Bett zu gehen,
4985 sich vor ihm hinzuknien
und ihm alles zu erzählen.
Aus Furcht wurde sie blass.
Nachdem er alles erfahren hatte,
stand er sogleich auf
4990 und bat darum, den Wirt zu wecken.
Dann brach er auf.
Den Knechten des Wirtes befahl er,
seine Pferde zu satteln.
Das war schnell erledigt.
4995 Den Wirt bat er, zu ihm zu kommen.
Als dieser vor ihm stand, sagte Ereck:
„In Eurem Haus habt Ihr uns
gut und zuvorkommend bewirtet.
Eine Vergütung schulde ich Euch noch.
5000 Hört, was Ihr tun sollt:
Ich habe hier weder Silber noch Gold,
womit ich Euch bezahlen kann.
Deshalb tut, worum ich Euch bitte:
Akzeptiert die sieben Pferde
5005 als Bezahlung.“
Der Wirt verneigte sich vor Ereck
wie jeder Mensch, der auf Verdienst aus sein muss,
denn er war überaus froh.
Rasch brachte er ihm
5010 den Trank zu Ehren der heiligen Gertrud,
um ihn für seine Reise zu segnen.
Danach ritt der Fremde
noch in der Nacht hinfort
und verließ augenblicklich
5015 mit seiner Frau das Land.
Die hatte den Grafen betrogen
und gelogen, ohne sich versündigt zu haben.
Bevor sich Ereck aus dem Staub
machen konnte,
5020 überlegte der
elende Verräter,
wann er bei der Dame erscheinen musste,
um sie zu entführen.
Aus dem Schlaf schrak er auf

5025 da Er an seinem pette lag,   4035
wann er des vorchte und hette wan,
er solte sich versaumet han.
stille schrai Er: „waffen!
wir haben uns verschlafen.
5030 wol auf, meine gesellen,   4040
die mir helfen wellen!“
Neunzehen waren Ir úberal
und Er der zwaintzigist an der zal.
als Er die zu im genam
5035 und zu den Herbergen kam,   4045
nach ungefüegem grůsse
so stiess Er mit dem fůsse
die türe, daz si zerbrach.
das was dem wirte ungemach
5040 und wolt waffen han geschrien.   4050
„nu sichstu wol, daz wirs pirn“,
sprach der ungetreue man,
„fürcht dir nicht und sage an:
was bedeutend dise liecht hie?“
5045 ditz waren, die da lie   4055
der tugenthaft Ereck,
da er sich machet auf den weg.
Der grave des nicht enweste.
„wo schlafent deine geste?“
5050 „herre, si sint geriten.“   4060
mit zornigen siten
sprach der grave: „si ensint!“
„liuge ich, herre, so wäre ich ein kint.“
„Es ist entraun dein spot.“
5055 „Nein es, herre, so helfe mir got!“   4065
„Es ist. nu weise mich dar.“
„nu haisset es selbe ersúchen gar!“
„entraun, daz ich das sol.“
„nu gan auch ichs euch wol.“
5060 „wie lang sol ich dich fragen?“   4070
„nu secht selbs, wo si lagen.
warumb solt ich euch si versagen?“
er sprach und wolt In han erslagen:

5030 wollauf

5025 und setzte sich in seinem Bett auf,
denn er fürchtete und glaubte,
verschlafen zu haben.
Er schrie in sich hinein: „Zu den Waffen!
Wir haben verschlafen.
5030 Steht auf, meine Gefährten,
wenn ihr mir helfen wollt!"
Insgesamt waren sie 19,
mit ihm 20.
Nachdem er mit ihnen allen
5035 die Herberge erreicht hatte,
trat er nach einer ungehobelten Aufforderung
gegen die Türe,
sodass sie zersplitterte.
Dadurch erschrak der Wirt
5040 und wollte um Hilfe rufen.
„Du siehst doch, dass wir es sind",
sagte der Verräter,
„fürchte dich also nicht und sag lieber,
was die brennenden Lichter zu bedeuten haben!"
5045 Das waren die,
die der tüchtige Ereck zurückgelassen hatte,
als er aufgebrochen war.
Davon wusste der Graf nichts.
„Wo schlafen deine Gäste?"
5050 „Herr, sie sind fortgeritten."
Wütend sagte
der Graf: „Das sind sie nicht!"
„Würde ich lügen, Herr, wäre ich nicht bei Verstand."
„Du machst dich doch lustig über mich."
5055 „Nein, Herr, bei Gott!"
„Doch. Nun bring mich zu ihnen!"
„Befehlt besser Euren Männern, sie zu suchen!"
„Also wirklich! Dass Ihr mir das zumutet!"
„Ich gönne Euch doch, dass Ihr sie findet."
5060 „Wie lange muss ich Euch noch fragen?"
„Überzeugt Euch selbst, wo sie geschlafen haben.
Warum sollte ich sie vor Euch schützen?"
Der Graf wollte ihn töten und sagte:

„Ich wane du ein ablaiter pist.“
5065 „Herre, si sint geriten, wissecrist!“ 4075
„das ist von deinen schulden!“
„nain es, bei eurn hulden.“
„so hetten si des tages erpiten.
sage, sint si icht verre?“ 4080
5070 „nain si, entraun herre. |
Si ritend an diser stúnd.“ XXXVIIIva
„wo sein si hin?“ „das ist mir unkunt.“
Da entzwang In sein untreu
zu grosser hertze reu. 4085
5075 dem slafe fluchet er sere.
Er sprach: „mir was ere
nicht zetaile getan,
daz ich süst verloren han
das schöneste weib durch meinen 4090
  gemach,
5080 die mein auge je gesach,
frembde oder kunde.
verflůchet sei die stůnde,
daz ich heinacht entslief!“
nach den rossen er da rüeft. 4095
5085 Er sprach: „wer seine sache
wendet gar zu gemache,
als ich heinacht han getan,
dem sol ere abegan
und schande sein berait. 4100
5090 wer gewan je frummen und arbait?
Mir ist geschehen vil rechte.“
nu komen auch die knechte
mit den rossen geriten.
da ward nicht lenger gepiten: 4105
5095 „wol auf, Ir herren!“ sprach er.
nun Schilt und sper
hetten si zu were genomen,
das was von Ir gähe komen.
Da begunde aufgeen der tag, 4110
5100 daz si den hůfschlag
und das spor wol sahen:

5101 wolſahen

„Ich glaube, dass du mich austricksen willst.“
5065 „Herr, bei Gott, sie sind fortgeritten!“
„Daran bist du schuld!“
„Nein, bin ich nicht, bitte glaubt mir!“
„Sonst hätten sie den Tagesanbruch abgewartet.
Sprich! Sind sie schon lange fort?“
5070 „Nein, sind sie nicht, wirklich Herr!
Sie sind in der letzten Stunde fortgeritten.“
„Wohin sind sie?“ „Das weiß ich nicht.“
Noch immer bereute er
seinen Verrat nicht.
5075 Er verfluchte seinen tiefen Schlaf
und sagte: „Mir war der Erfolg
nicht zugedacht,
sodass ich die schönste Frau,
die ich je sah – in der Heimat oder der Fremde –,

5080 wegen meiner Bequemlichkeit
verloren habe.
Verflucht sei die Stunde,
in der ich heute Nacht so fest eingeschlafen bin!“
Nach den Pferden rief er.
5085 Er sagte: „Wer seine Angelegenheiten
ausschließlich in Bequemlichkeit erledigen will,
wie ich es heute Nacht getan habe,
wird seine Ehre verlieren
und in Schande leben.
5090 Wer erlangte denn je zuvor nicht Mühe und Erfolg zusammen?
Mir ist es zu Recht geschehen.“
Da kamen seine Untergebenen
mit den Pferden herbei.
Es wurde nicht länger gezögert:
5095 „Auf, ihr Männer!“, rief er.
Weil sie es eilig hatten,
nahmen sie nur Schilde und Lanzen
zum Kampf mit.
Der Morgen brach an,
5100 sodass sie die Hufspuren
genau erkennen konnten:

nach Im ward michel gahen.
nu was Eregk zu der weile
geriten wol drei meile, 4115
5105 wann durch vorchten des weibes
was im von dem lande gach,
er weste wol, man rit im nach.
als im vor gahede auf der vart 4120
sovil zu reden stat wardt,
5110 Er sprach: „frau Enite,
Ir habt zu strite
zu vast wider mich gesat.
daz ich da lassen pat 4125
und es euch an den leib verpot,
5115 das ist mir ein michel not,
daz Ir des destmere tůt.
nu sag ich euch meinen můt:
Ich wils von euch nicht leiden. 4130
und welt Ir es nicht meiden,
5120 es geet euch bei namen an den leib.“
„gnad herre!“ sprach das weib,
„Ir solt mich des geniessen lan.
und het ich des nit getan, 4135
so hettend Ir den leib verloren.
5125 von deswegen were es nit gůt verborn.
ich sol es immer wol bewaren.“
nu hortend si zůfarn
mit zornigem můte. 4140
wie neulichen die gůte
5130 warnen verlobt hätte:
das gelübd belib unstäte,
wann si zerprach da zehande,
als si betzwang der treuen pande. 4145
dannoch waren si verre.
5135 Si sprach: „lieber herre,
dir reitet michel her nach.
Si wellen dir schaden, In ist so gach!“
Nun darf niemandt sprechen das, 4150
von wanne käm, das die fraue bas
5140 baide gehorte und sach.
Ich sag euch, von weu das geschach:
die frau rait gewaffens bar,
da was er gewaffent gar, 4155

sie eilten ihm schnell hinterher.
In der Zwischenzeit
hatte Ereck drei Meilen zurückgelegt;
5105 nur aus Angst um seine Frau
wollte er eiligst aus dem Land verschwinden,
denn er wusste genau, dass man ihn verfolgte.
Als es ihm trotz der Eile während des Reitens
möglich war, zu sprechen,
5110 sagte er: „Frau Enite,
Ihr habt mich
zu heftig herausgefordert.
Ich hatte Euch gebeten, es zu lassen,
und es bei Eurem Leben untersagt;
5115 ich leide sehr darunter,
dass Ihr es immer wieder tut.
Nun sage ich Euch, was ich tun werde:
Ich werde es nicht länger von Euch hinnehmen.
Wenn Ihr dies nicht lasst,
5120 werde ich Euch wahrhaftig töten."
„Gnade, Herr", sagte die Frau,
„verschont mich!
Wenn ich es nicht getan hätte,
wärt Ihr gestorben.
5125 Deshalb wäre es nicht gut gewesen, es zu lassen.
Ich werde mich in Zukunft daran halten."
Nun hörten sie,
wie jemand voll Zorn herbeiritt.
Obwohl die Gute gerade versprochen hatte,
5130 ihn nicht mehr zu warnen:
das Gelübde währte nicht lang,
denn sie erhielt es nicht aufrecht,
von ihrer Treue dazu gezwungen.
Zu dem Zeitpunkt waren die Angreifer noch weit weg.
5135 Sie sprach: „Lieber Herr,
eine große Horde reitet dir hinterher.
Sie haben es eilig und wollen dir schaden."
Nun braucht keiner zu fragen,
woher es kam, dass die Dame
5140 sowohl besser hören als auch sehen konnte.
Ich sage euch, wie das möglich war:
die Dame ritt ungerüstet,
während er gänzlich gerüstet war,

als ein gút ritter sol:
5145 des gehort er noch gesach so wol
aus der eisen wate,
also plosser tate.
des was im warnunge not   4160
und frümbt im dick | für den
todt,   XXXVIIIvb
5150 doch es im solt wesen zorn.
Er hette dick verloren
von unbesichte den leib,
wann daz In warnete das weib.   4165
nu hette si ims wol nit gesait,
5155 Ee der Grave zu im rait.
und als er In ansach,
vil unritterlichen sprach
mit ungetzemen grime   4170
nach unfrúndtlicher stimme:
5160 „sehet umb, Ir arger dieb:
wem solt das wesen lieb,
daz Ir in disen landen
nach unser aller schanden   4175
füerent ein edel süess weib?
5165 und wisset wol, daz Ir den leib
mir alsam liesset,
wann daz Ir geniesset,
daz Ir ritter seit genant: 4180
Ich hiesse euch haben hie zehant.
5170 Ir habet si under frunde danck.
Ja was es ein vil arger wanck,
daz Ir nachtes reitend von dann.
da mag man wol kiesen an,   4185
daz ir si irem Vater habt genomen.
5175 von wann were si anders komen?
es möcht an diser frauen
ein tore wol schauen,
daz si euch nicht ist ze masse.   4190
welt Ir, daz ich euch lasse,
5180 arger schalck, den leib,
so lat beleiben das weib.

———————

5145 geport   **5162** Er   **5178** zemaffe

eben einem guten Ritter gemäß:
5145 Deshalb hörte er weder noch sah er so gut
in der Rüstung,
wie er es ohne täte.
Dadurch benötigte er eine Warnung,
die ihn vor dem sicheren Tod rettete,

5150 doch machte diese ihn wütend.
Er hätte mehrfach durch seine
eingeschränkte Wahrnehmung sein Leben verlieren können,
doch hatte ihn stets seine Frau gewarnt.
Wäre der Graf nicht auf ihn zugeritten,
5155 hätte sie ihm wohl nichts mehr gesagt.
Als er ihn erblickte,
sagte der Graf gänzlich unritterlich
mit ungezügelter Wut
und Hass in der Stimme:
5160 „Schaut Euch um, Bösewicht,
wer könnte sich darüber freuen,
dass Ihr in diesen Landen
uns allen zur Schande
eine solch edle, süße Frau mit Euch führt?
5165 Seid gewiss, dass ich Euch
töten würde,
würde es Euch nicht zugutekommen,
dass man Euch einen Ritter nennt:
sonst ließe ich Euch hier und jetzt gefangen nehmen.
5170 Ihr seid mit ihr ohne die Erlaubnis ihrer Verwandten zusammen.
Ja, und es war ein übler Trick,
dass ihr Euch nachts davon gemacht habt.
Daran kann man gut erkennen,
dass Ihr sie ihrem Vater geraubt habt.
5175 Wie hättet Ihr sie anders bekommen können?
Selbst ein Narr könnte erkennen,
dass diese Dame
Euch nicht ebenbürtig ist.
Wenn Ihr wollt,
5180 dass ich Euch nicht töte, mieser Schuft,
dann lasst die Frau gehen.

          Ich wil si Irn frunden wider geben,
          si sol nicht me so schwach leben.   4195
          nu lat si und schabet eurn weg!"
5185 „Ir enthofweiset euch", sprach Eregk,
          „an mir vil sere.
          von wem habet Ir die lere,
          daz Ir scheltent einen man,   4200
          der je Ritters namen gewan?
5190 Ir seit an schwachem hofe ertzogen.
          nu schamet euch, Ir habt gelogen:
          ich bin edler, dann Ir seit."
          nu hůb sich der streit,   4205
          da ward nicht lenger gepiten,
5195 mit zorne si zusamen riten.
          davon der ungetreu man
          seines valsches lon gewan:
          ein stich zu seiner seiten,   4210
          der Ine zu manigen zeiten –
5200 seit Er – nicht verschwar,
          wann er was under dem schilde par.
          dartzů im aber der arm prach,
          da er In von dem rosse stach.   4215
          nu begůnde er sein getreuen
5205 vil sere reuen:
          die vielen úber Irn herren,
          daz im nicht möchte gewern.
          saumelich waren da,   4220
          die wolten In sa
5210 rechen mit schwerten:
          vil unlange die werten.
          Sechse Er Ir ze tode schlůg,
          den was vechtens genůg.   4225
          die andern waren alle zagen,
5215 die fluhen ane Jagen:
          da was des streites ende.
          an missewende
          rait der Ritter Ereck   4230
          vil drate den weg.
5220 Er sprach: „herre got der gůte,
          hab mich in hůte
          und hilf mir on schande
          von disem lande!   4235

Ich werde sie zu ihren Verwandten zurückbringen,
damit sie nicht länger in diesem Elend leben muss.
Nun lasst sie und verzieht Euch!"
5185 „Ihr vergesst Euer höfliches Benehmen", sagte Ereck,
„mir gegenüber.
Wer hat Euch das beigebracht,
einen Mann zu beschimpfen,
den man zu den Rittern zählt?
5190 Ihr wurdet an einem schlechten Hof erzogen.
Nun schämt Euch, dass Ihr gelogen habt:
denn ich bin von höherer Abkunft, als Ihr es seid."
Nicht länger wurde gezögert,
der Kampf begann:
5195 zornig trafen sie aufeinander.
Der Verräter erhielt
nun den Lohn für seine Bösartigkeit:
einen Stich in seine Seite,
der noch eine lange Zeit –
5200 behauptet er – nicht verheilte,
denn er war an der Schildseite ungerüstet.
Zudem brach er sich den Arm,
als Ereck ihn vom Pferd stach.
Daraufhin tat er seinen Getreuen
5205 sehr leid:
sie warfen sich über ihren Herrn,
um ihn zu schützen.
Einige wollten
ihn sogleich mit den
5210 Schwertern rächen:
doch gaben sie es bald wieder auf.
Sechs von ihnen schlug Ereck tot,
die hatten genug vom Schwertkampf;
alle übrigen waren Feiglinge,
5215 da sie flohen, ohne bedroht zu werden:
Damit war der Kampf entschieden.
Unverletzt und unverzüglich setzte
Ereck, der Ritter,
seinen Weg fort.
5220 Er sagte: „Herr, guter Gott,
nimm mich in Schutz
und hilf mir mit Ehren
aus diesem Land heraus!

wirt es dem Landtvolcke kúnt,
5225 das zeuhet mir alles nach ze stúnd."
vergeben was doch der danck,
wann es niemand vernam, 4240
Ee er wol aus dem walde kam.
das was sein grosse seligkait.
5230 also belib es ungesait: |
die Ritter, die da gefarn   XXXVIIIvc
und bei Irm herren waren, 4245
deren wolt dhainer von im komen,
von den man es het vernomen.
5235 da getorsten es die fliehenden zagen
vor Ir schande nicht gesagen,
Ee daz Eregk der herre 4250
kame von dem land verre.
die Ritter da verpunden
5240 dem Graven seine wunden
und fůrten In auf den parn
und die da tot warn 4255
hin haim mit hertze reuen.
so genos Er seiner untreuen.
5245 **A**ls Ereck da gerait
an sein gewarhait,
da er den graven nicht entsass, 4260
Nu verwise er frauen Eniten das,
daz si sein gepot so dick brach.
5250 sein zorn ward gros und ungemach
und unsenfter dann ee.
nu gelobte, daz si es nimmermer 4265
fürdermale getate;
das liess si aber nicht stäte.
5255 Was Eregk not untzheer erlait,
das was ein ringe arbait
und gar ein kindes spil. 4270
da widerumb ich euch nu sagen wil,
daz im ze leiden noch geschach
5260 baide not und ungemach
was im ze taile getan:
des ward Er nicht erlan. 4275

5253 fůr der male   **5258** wider umb

Wenn das seine Landsleute erfahren,
5225 werden sie mich sofort verfolgen."
Dieser Appell war jedoch unnötig gewesen,
denn niemand hatte gehört, was vorgefallen war,
bevor er wohlbehalten aus dem Wald heraus kam.
Das war sein großes Glück.
5230 Aus folgendem Grund verbreitete sich die Nachricht nicht:
von den Rittern, die mit ihrem Herrn dorthin gekommen
und bei ihm gewesen waren
und davon hätten erzählen können,
wollte ihn keiner zurücklassen.
5235 Die fliehenden Feiglinge aber trauten sich aus Angst
vor ihrem Ehrverlust nicht, es zu erzählen,
bevor der Herr Ereck
schon längst aus dem Land war.
Die Ritter verbanden auf der Stelle
5240 die Wunden des Grafen
und brachten ihn
sowie die Toten in großer Trauer
auf einer Bahre nach Hause.
Das hatte er von seinem Verrat.
5245 Nachdem Ereck sich dorthin in
Sicherheit gebracht hatte,
wo er den Grafen nicht mehr zu fürchten brauchte,
warf er Frau Enite vor,
dass sie sein Gebot so oft übertreten hatte.
5250 Er wurde schrecklich zornig
und unfreundlicher als zuvor.
Sie aber schwor, dies
nie wieder zu tun;
abermals brach sie diesen Schwur.
5255 Was Ereck bis hierher erleiden musste,
war eine Kleinigkeit
und ein Kinderspiel.
Dagegen werde ich euch nun erzählen,
welches Leid er noch ertragen musste;
5260 Nöte und Qualen
waren ihm vorherbestimmt:
man bewahrte ihn nicht davor.

er lite vil und genůg.
der weg In zehant trůg
5265 in ein unkundes lant;
der herre was im unerkant.
von desselben manhait   4280
ist uns wunder gesait:
Er was ein vil kurtzer man –
5270 mir sei dann gelogen daran –
vil nach getzwerges genos,
wann daz im vil gros   4285
waren Arm und pain.
da zu den prüsten er schain
5275 kreftig und dick genůg.
darundter er ein hertze trůg
volliklich manhaft.   4290
das gab im auch die kraft,
wann da stet es alles an.
5280 und wisset recht, wäre ein man
gewachsen zwelf klaffter lang
und ware sein hertze kranck   4295
und auf zaghait geporn,
das michel as were verloren.
5285 sünst was dem herren nicht.
wir müessen seiner geschicht
ein michel tail verdagen,   4300
man mochte vil davon gesagen,
wann das der rede da wurde ze vil:
5290 davon ich euch si kurtzen wil.
es het der herre gút
gelücke und reichen můt   4305
und het unvertzaget
den preis an manigem man bejaget.
5295 darumb man noch von im saget,
daz im an seiner manhait
üntz an den tag nie misselang;   4310
er were starck oder kranck,
der im mit úbel zúkam:
5300 der wenige je den sig nam.
dhain Ritterschaft er versass,

———

5274 erſchain

Er litt sehr und noch mehr.
Der Weg trug ihn sogleich
5265 in ein unbekanntes Land;
den Landesherrn kannte er nicht.
Von dessen Männlichkeit
hören wir Wundersames:
Er war ein sehr kleiner Mann –
5270 es sei denn, man hat mich belogen –
einem Zwerg gleich,
aber seine Arme und Beine
waren sehr muskulös.
Auch sein Brustkorb
5275 war breit und mächtig.
Darin trug er ein
überaus männliches Herz.
Das verlieh ihm seine Kraft,
denn allein auf das Herz eines Mannes kommt es an.
5280 Seid sicher: wäre ein Mann
auch zwanzig Meter groß,
sein Herz aber schwach
und feige von Geburt,
wäre der große Körper nichts wert.
5285 So stand es um diesen Herrn hier nicht.
Wir müssen den Großteil
seiner Geschichte verschweigen,
obwohl man viel davon berichten könnte,
doch würde die Erzählung dann zu umfangreich:
5290 deswegen werde ich seine Geschichte kürzen.
Der edle Herr hatte
Erfolg sowie ein tadelloses Wesen
und hatte unerschrocken
so manchem Mann die Ehre genommen.
5295 Deshalb erzählt man noch heute von ihm,
dass seine Männlichkeit
bis zu jenem Tag nie in Frage stand,
egal ob er nun stark oder schwach war,
der ihn in böser Absicht angriff:
5300 Der Kleine hatte immer gesiegt.
Kein Turnier versäumte er,

auch tet es niemant bas,   4315
was er Ir bei seinen zeiten
je mocht erreiten.
5305 daz Er den streit nur vant,
des ward im Ir treu erkant.
Als si In gewarnet hatte,   4320
nu sahen si also drate
dort zůreiten.
5310 nu grůeszt Er frauen Eneiten.
als Ereck so nahen kam,
daz er sein wort vernam,   4325
Er sprach: „willekomen, herre.
Ir nahen | oder verre   XXXIXra
5315 in dise Lant geriten seit.
mich bedunckt ōne streit,
Ir mügt wol ein degen sein,   4330
das ist an zwaien dingen schein:
Ir füeret, sam mir mein leib,
5320 das allerschöneste weib,
der ich kunde gewan.
wer gabe die einem bösen man?   4335
dartzů seit Ir gewaffent wol,
als ein Ritter sol,
5325 der zu dhainen stůnden
werlos wil werden funden
und der abenteure sůchet,   4340
ob sein got In růchet:
der vindet Ir hie tail,
5330 und gevallet euch das hail.
Ich wil das zwar sagen,
Ir mügt hie den preisz bejagen,   4345
des Ir wol gelobet seit.
nu werent euch, Ritter: es ist zeit!“
5335 **S**ünst antwurt im durch seinen spot
Ereck: „nu welle got,
Ritter piderb und gůt,   4350
daz Ir immer getůt
sovil wider eur treuen:
5340 es můeste euch hernach reuen.
Ja putend Ir mir eurn grůs:
wann wurde euch des lasters půs,   4355
bestuendet ir mich darnach?

zudem war niemand erfolgreicher
bei den Turnieren, die er zu seinen Lebzeiten
aufgesucht hatte.
5305 Nur dadurch, dass er in den Kampf geriet,
konnte er ihre Treue erkennen.
Nachdem Enite Ereck gewarnt hatte,
sahen sie ihn schnell
herbeireiten.
5310 Dann grüßte er Frau Enite.
Nachdem Ereck so nahe gekommen war,
dass er seine Worte vernehmen konnte,
sagte er: „Willkommen, Herr!
Ihr seid von nah oder fern
5315 in dieses Land geritten.
Mir scheint es unbestreitbar,
dass Ihr ein Held seid.
Das zeigt sich an zwei Dingen:
Bei meinem Leben, Ihr habt
5320 die allerschönste Frau bei Euch,
die mir je begegnet ist.
Wer gäbe die einem unwürdigen Mann?
Zudem seid Ihr gut bewaffnet,
wie es einem Ritter gebührt,
5325 der niemals wehrlos
angetroffen werden möchte
und das Abenteuer sucht,
wenn sein Gott ihn dazu bestimmt hat:
Abenteuer findet ihr hier einige,
5330 wenn Euch das Glück zufällt.
Ich kann Euch wahrhaftig garantieren,
dass Ihr hier Ruhm erringen könnt,
für den Ihr allseits gelobt werdet.
Nun wehrt Euch, Ritter, es wird Zeit!“
5335 Folgendes antwortete Ereck voll Spott:
„Gott behüte,
tüchtiger und edler Ritter,
dass Ihr so sehr
gegen Euren Anstand handelt:
5340 Ihr könntet es bereuen.
Ja, Ihr habt mir doch Euren Gruß entboten:
Wie könntet Ihr die Schande loswerden,
würdet Ihr mich nun angreifen?

so were euch ze gach
5345 und beleibet sein an rúmb.
Ir solt es durch got tůn
und mich mit gemache lan,   4360
wann ich hab euch nicht getan.
Ich bin verre geriten
5350 und solhe arbait erliten,
daz aller meines hertzen rat
unwilliklichen stat."   4365
Der herre dacht: „er ist verzagt,
seit er sein arbait klagt."
5355 Er sprach: „ir wert euch on not
damit, daz ich euch dienst pot.
das han ich anders nicht getan   4370
wann auf Ritterschaft wan.
Waz euch nu mer von mir geschicht,
5360 darumb dürfet Ir mich nicht
an mein treu sprechen,
die ich nimermer wil zerbrechen.   4375
Wert euch durch eur schöns weib,
welt Ir behalten den leib."
5365 **A**ls Eregk da gesach,
daz im ze vechten not geschach,
sein ross er wider kerte,   4380
als In sein ellen lerte.
Zesamen reiten zwen man,
5370 der jetweder nie gewan
Zaghait dhain tail.
es můste sterche und hail   4385
und*er* in baiden
an dem sige schaiden.
5375 die sper si aufstachen,
daz si gar zerbrachen.
die Just ward so kreftiklich,   4390
daz die rosz hinder sich
an die hächsen gesassen.
5380 da músten si lassen
die Schilte von den handen
und anders In enplanden.   4395

5373 vnd

Ihr hättet voreilig gehandelt
5345 und bliebet dadurch ohne Ruhm.
Lasst mich um Gottes willen
in Ruhe,
denn ich habe Euch nichts getan.
Ich bin von weit her geritten
5350 und habe solche Strapazen erlitten,
dass ich von ganzem Herzen
kein Interesse an einem Kampf habe."
Der Herr dachte: „Er ist feige,
da er sich so über seine Strapazen beklagt."
5355 Er sagte: „Ihr bemüht vergeblich die Ausrede,
dass ich Euch den Gruß entboten habe.
Das habe ich einzig in der Hoffnung
auf einen ritterlichen Zweikampf getan.
Was Euch auch immer durch mich widerfahren wird:
5360 deshalb braucht Ihr nicht meinen
Anstand in Zweifel zu ziehen,
den ich niemals aufgeben werde.
Um Eurer schönen Frau willen: Wehrt Euch,
wenn Ihr nicht sterben wollt!"
5365 Als Ereck sah,
dass der Kampf unausweichlich war,
wendete er mutig
sein Pferd.
Da prallten zwei Männer reitend aufeinander,
5370 die niemals auch nur ein wenig
feige waren.
Stärke und Glück
mussten zwischen den Beiden
die Entscheidung bringen.
5375 Die Lanzen stachen sie mit solcher Kraft,
dass sie zersplitterten.
Die Tjost war so gewaltig,
dass die Pferde sich auf die
Hinterhände setzen mussten.
5380 Darauf mussten sie
die Schilde aus den Händen gleiten lassen
und ihnen anderes zumuten.

Si erpaisten bede geleiche
vil múessekleiche
5385 und erfúrten die schwert.
Ir jetweder ward gewert
volliklichen an der stat,   4400
des Er lang got pat,
daz Er im sant einen man,
5390 da Er sich versuchte an.
Nu begúnden si vechten
*g*lich zwain gûten knechten.   4405
ditz húb sich umb einen mittentag.
Ereck vilderoi|lach   XXXIXrb
5395 forchte laster und den tot.
den schilt er im pot
und begúnde sich mit listen   4410
ān sleg fristen.
der gedanck was jenem unerkant
5400 und slûg im von der handt
den Schilt untz an den riemen.
wann si niemen   4415
auf der heide da schied?
zu der seiten Er In erriet
5405 und schlúg im ein wúnden.
da wand er haben fúnden
einen zagen an dem gaste;   4420
auch zweiflet vaste
die schön frau Enite,
5410 da im sein site
also sere plüetet.
vil laute schrai die güete: 4425
„Owe, lieber herre mein,
solt ich es für euch sein!
5415 Ja wäne, ich euch verloren han.“
„Frau, euch treuget eur man,“
sprach der unverzagt man,   4430
„wann da verleur ich mer an.“
vil wol bewart er Ir das:
5420 Ein wenig trat er fürbas,

—————
5392 Stich

Sie saßen beide
mit Bedacht ab
5385 und zogen die Schwerter.
Jedem von ihnen wurde
auf der Stelle gewährt,
worum er Gott lange gebeten hatte:
dass dieser ihm endlich einen Mann schickte,
5390 der eine Herausforderung darstellte.
So fochten sie
wie zwei ausgezeichnete Kämpfer.
Dies begann um die Mittagszeit.
Ereck Vilderoilach
5395 fürchtete, in Schande sterben zu müssen.
Den Schild hielt er vor sich
und teilte listig
keinerlei Schläge aus.
Eine solche Vorgehensweise war jenem gänzlich unbekannt,
5400 und er schlug ihm den Schild
bis zum Riemen aus der Hand.
Warum nur trennte sie keiner
dort auf der Heide?
Er versetzte Ereck einen Schlag in die Seite
5405 und fügte ihm eine Wunde zu.
Da glaubte er, dass Ereck
ein Schwächling sei;
auch zweifelte die schöne Frau Enite
sehr an ihrem Mann,
5410 als er an der Seite
so heftig blutete.
Gellend schrie die Gute:
„Oh nein, mein lieber Herr,
könnte ich an Eurer Stelle sein!
5415 Ja, glaube ich, Euch verloren zu haben."
„Herrin, Euer Ehemann spielt Euch etwas vor,"
sagte der tapfere Mann,
„nur verlöre ich durch Euren Tod mehr als Ihr durch meinen."
Dass er sich verstellt hatte, zeigte er ihr deutlich:
5420 Er trat ein Stück nach vorne

nicht lenger Er im vertrůg,
auf den Helm er In slůg, 4435
daz der wenige man
dardurch ein wunden gewan
5425 und daz er vor im lag.
Eregk vilderoilach
hette nach missetan, 4440
Wann er wolte In erslagen han.
„Nain“, sprach Er, „Ritter gůt,
5430 durch deinen tugenthaften můt
und durch dein schön weib,
so la mir den leib 4445
und Eere got an mir.
Vil gerne sichre ich dir.
5435 Nu emphach mich zu man
und wissest, daz ich nie gewan
dhainen herren mere, 4450
wann daz dir die ere
geschicht von deiner manhait.
5440 Ich wäre des todes ee berait,
ee es immer ergienge:
dhain edle dich verfienge. 4455
sünst ist es mir unmäre,
wer dein vater wäre,
5445 so edelet dich tugent so,
daz ich dein bin ze herren fro.“
Nu het gewert diser streit 4460
untz an die non zeit,
den Summertag also lang.
5450 do Eregken also gelang,
die gnad Er an im begie,
daz Er In leben lie. 4465
aufzugkt er In bei der handt,
den helm er im ab pant.
5455 Er sprach: „ich enmůte mere
von euch dhain ere,
wann daz Ir mir on schamen 4470
recht nennet euren namen.
Ich enmůte zu diser Zeit,

5430 deinen

und verschonte seinen Gegner nicht länger.
Auf den Helm schlug er,
sodass der Kleine
eine Wunde erleiden musste
5425 und vor ihm zu Boden ging.
Ereck Vilderoilach
hätte beinahe ein Unrecht begangen,
denn er wollte ihn töten.
„Nein“, sagte sein Gegner, „edler Ritter,
5430 um deiner Tüchtigkeit
und deiner schönen Frau willen:
verschone mich
und ehre dadurch Gott.
Ich ergebe mich dir.
5435 Nimm mich zum Lehnsmann
und lass dir gesagt sein, dass ich bislang noch nie
irgendeinen Herrn hatte.
Wäre dir diese Ehre nicht
aufgrund deiner Männlichkeit zuteil geworden,
5440 so wäre ich eher gestorben,
als dies geschehen zu lassen:
Deine edle Abkunft hätte dir jedenfalls nichts genutzt.
Es ist mir nämlich egal,
wer dein Vater ist,
5445 doch deine Tüchtigkeit zeichnet dich so aus,
dass ich froh bin, dich zum Lehnsherrn zu haben.“
Nun hatte der Kampf
bis in den Nachmittag hinein gedauert,
den langen Sommertag hindurch.
5450 Als Ereck siegreich blieb,
übte er Gnade
und ließ ihn am Leben.
Er richtete ihn auf,
band ihm den Helm ab
5455 und sagte: „Ich begehre
keine weitere Ehrerbietung von Euch,
als dass ihr mir, ohne Euch dafür schämen zu müssen,
wahrheitsgemäß Euren Namen nennt.
Ich verlange jetzt nicht mehr,

5460 wann daz ich wisse, wer Ir seit.“
     Er sprach: „herre, das sei getan.
     ich wil euch wissen lan: 4475
     ich bin künig uber Irlant,
     Gifurais Lepitis genant.“
5465 Eregk gefieng sein nicht ze man.
     Ir jetweder klagen began
     des andern ungemach.   4480
     Ereck ein pinden brach
     ab seinem Wappenrock sa.
5470 nu wo möchte anderswa
     ein frundtlicher pinden
     zu den zeiten vinden?   4485
     Gifurais Lepititz ein alsam
     von seinem wappenrock nam:
5475 einander si verpunden
     ir jetweder die wunden,
     die Er mit seiner handt schlůg.   4490
     ditz was fruntlichen genůg.
     Hie | was die frau Enite mite   XXXIXrc
5480 Vil güetlichen nach Ir site.
     Ze handen viengen si sich da,
     Ir jetweder was des andern fro   4495
     und sassen miteinander auf das gras,
     wann In reu not was.
5485 In het der streit getan vil haiss,
     baide plůt und schwais
     hette si berunnen gar.   4500
     die frau Enite gieng auch dar,
     die het lieb bei laide,
5490 als ich euch beschaide:
     nu was si Irs mannes siges fro,
     seine wúnden bewainet si aber do.   4505
     Nu erfürbte si die gůte
     von schwaisse und von plůte
5495 mit Ir stauchen orte.
     nach fruntlichem worte
     sazzen an der haide   4510
     dise herren baide
     und kůlten sich durch Ir gemach.
5500 der künig zu dem gaste sprach:
     „vernemet es, herre, fur ein spil,

5460 als zu wissen, wer Ihr seid."
Der andere sagte: „Herr, so sei es.
Ich werde es Euch wissen lassen:
Ich bin der König von Irland,
genannt Gifurais Lepitis."
5465 Ereck nahm ihn nicht zum Lehnsmann.
Jeder von ihnen beklagte daraufhin
das Unglück des anderen.
Ereck riss ein Stück Tuch
von seinem Obergewand ab.
5470 Wo hätte er denn
ein freundlicheres Verbinden
in diesem Moment finden können?
Gifurais Lepetis nahm ein ebensolches
Stück von seinem Obergewand:
5475 Jeder verband
die Wunden, die er dem anderen
zuvor mit seiner Waffe zugefügt hatte.
Dies waren große Freundschaftsdienste.
Wie es ihre Art ist, half
5480 Frau Enite in ihrer großen Güte.
Die beiden Männer nahmen sich an den Händen,
freuten sich aneinander
und setzten sich zusammen auf den Boden,
denn sie bereuten ihr Verhalten.
5485 Der Kampf hatte sie sehr erhitzt,
sowohl mit Blut als auch mit Schweiß
waren sie bedeckt.
Frau Enite kam auch dazu.
Sie war zugleich traurig und froh,
5490 was ich euch erklären kann:
Über den Sieg ihres Mannes freute sie sich,
aber seine Wunden beweinte sie.
Dann reinigte die Gute sie
mit dem Saum ihres Ärmels
5495 von ihrem Schweiß und vom Blut.
Beide Herren
saßen im freundlichen Gespräch vereint
auf der Wiese
und ruhten sich aus.
5500 Der König Gifurais sagte zu dem Fremden:
„Nehmt das, Herr, was ich Euch jetzt sagen werde,

	Hs. A	
	daz ich nu reden wil,	4515
	und lat es euch nit wesen laid:	
	mich betzwang eur manhait,	
5505	daz ich wolte werden eur man.	
	da ist euch wol gelungen an.	
	nu ist die frúmbkait an euch schein,	4520
	das ich es noch gerne wolte sein,	
	ob ich wissen mächte,	
5510	ob Irs an dem geschlächte	
	also wol hettend	
	und mir das kúndt tätend:	4525
	so wär meiner ere	
	sovil destmere,	
5515	daz mir von euch geschehen ist,	
	des ich – músse*c* an diser frist –	
	hie wardt bedwungen,	4530
	noch ist mir wol gelúngen	
	und wil es ān klag lan,	
5520	hat es ein Edel man getan,	
	und wil es immer wesen fro."	
	Ereck antwúrt im also:	4535
	„mein gepurd ich euch nennen sol:	
	ich wäne, es vil wol	
5525	von gepurd wesen mag.	
	Mein vater ist der kunig lag,	
	Ereck haisse ich."	4540
	da freiet der kunig sich,	
	also schiere und Er die märe	
5530	vernam, wer er wäre;	
	sein sitzen ward vil unlang.	
	von freuden er auf sprang	4545
	und pot sich an seinen fůss.	
	Er sprach: „wie gerne ich wesen můs	
5535	euch immer stäte als eur man,	
	mit weu ich euch gedienen kan!	
	Eur vater ist mir wol erkannt:	4550
	baide leib und lant	

W III–VI

W IIIr „[...] dienen kan!
iwer vater ist mir wol irkant:
beide mi[n] lib und min lant

Wenn nicht anders gekennzeichnet bedeuten Ergänzungen in eckigen Klammern Textverlust durch Beschnitt.

5516 múſſe **5517** bedungen

nicht allzu ernst
und seid deswegen nicht betrübt:
Eure männliche Überlegenheit hat mich bezwungen,
5505 sodass ich Euer Lehnsmann werden wollte.
Es war ein großer Sieg für Euch.
Ihr habt Eure Tüchtigkeit erwiesen,
sodass ich immer noch gerne Euer Lehnsmann wäre,
wenn ich nur sicher sein könnte,
5510 dass Ihr von Eurer Abkunft
ebenso herausragend wäret
und mir das bestätigen könntet:
Dann wäre meine Ehre
umso größer durch das,
5515 was mir von Euch geschehen ist,
das ich nämlich – jetzt müßig –
hier bezwungen wurde;
dennoch war ich erfolgreich
und habe keinen Grund, mich zu beschweren,
5520 und werde für immer glücklich sein,
wenn ein Adliger mich besiegt hat.
Ereck antwortete Folgendes:
„Ich werde Euch meine Abkunft nennen.
Ich glaube, dass meine
5525 Abkunft tadellos ist.
Mein Vater ist der König Lag,
Ereck heiße ich."
Als der König
hörte, wer er war,
5530 freute er sich;
nicht länger blieb er sitzen.
Voller Freude sprang er auf
und warf sich ihm zu Füßen.
Er sagte: „Wie gern werde
5535 ich Euch treu als Lehnsmann zur Seite stehen,
womit auch immer ich Euch dienen kann!
Euer Vater ist mir bestens bekannt:
Sowohl mein Land als auch ich

sol u wesin undertan,		sol euch wesen undertan,
ouh sult ir mich geniezen lan,	5540	auch sult Ir mich geniessen lan,
daz ih u stete triwe		daz ich euch stäte treu
w[il] le[isten] ane riwe,		laiste on reu,	4555
al die wile ich lebe.		alleweil und ich lebe.
und gewerit mich ein[er] gebe,		und gewert mich einer gebe,
da bi mane ich uch, herre.	5545	des man ich euch so verre.
wa wart je triwe merre,		wo ward je treu mere,
dan vrunt sinen vrunde sol,		dann freundt bei freunde sol,	4560
die beide getriwen ander wol?		die baide einander getrauent wol?
bi der bite ich, daz ir		Bi der man ich euch, daz Ir
durh minen willen daz entsamit mir	5550	durch mein liebe sambt mir
oufe min hus ritet		auf mein haůs reitend
und da so lange bitet,		und da so lang peitend,	4565
unze daz ir wol geruowit sit.		üntz daz Ir gerůwet seit.
daz lazit wesin ane strit,		ditz lat wesen one streit,
nuo ritit hin: is ist zit!"	5555	da handelt Ir mich wol an,
		daz ich es immer dienen kan."
Erek sprach: „ih wil is uch gewern,		Ereck sprach: „ich wil euch geweren,	4570
doh ne sult irs so lange niht gern,		doch sult Ir es nicht so lang begeren,
ir sult iz ane zorn lan:		Ir můest es on zorn lan:
ih enm[ac] niht langer hie bestan	5560	ich mag nicht lenger hie bestan
wen zuo morgen fruo		nun untz morgen früe, | XXXIXva
und sag[e iu], warumbe ih daz tuo:		Und sag euch, warůmb Ich daz tů:	4575
ichn vare nach gemache niet.		Ich far nach gemache nicht.
swaz ouh mir des nuo geschiet,		was auch mir des geschicht,
dar ouf achte ih niht vil,	5565	darauf achte ich nit vil,
wann ih nah tugindin werbin wil,		wann ich darnach nicht werben wil."
iz ge zuo erniste oder z[uo spil]."	5566a	
Der kunig was des gastis vro.		Der kunig was des gastes fro.	4580
ir urs viengin sie d[o].		Zu den rossen gieng Er do,
alse sie woldin ritin,		Er sprach: „wir sullen reiten."
do half der kunig enitin,	5570	nu half er der frauen Eneiten,
daz sie ouf ir phert gesaz –		daz si auf Ir phärd gesass;
mit zuhten tet her daz –,		mit schonen zuchten tet Er das.	4585

5542 w[...] le[...] *Schrift unlesbar*   **5548** ge/
triwen   **5557** *Lombarde nicht ausgeführt*
5562 ſagı[...]; *Text am Rand beschnitten*
5567 *Lombarde nicht ausgeführt.*

5549 Biderman

werden Euch dienen;
5540 so sollt Ihr mir zugutekommen lassen,
dass ich Euch gern
für immer treu sein werde,
solange ich lebe.
Allerdings ermahne ich Euch inständig,
5545 mir eine Gnade zu gewähren.
Wo gab es je größere Treue
als bei Freunden,
die einander vollständig vertrauen?
Bei dieser Treue ermahne ich Euch, dass Ihr
5550 um meiner Freundschaft willen mit mir
auf meine Burg reitet
und dort so lange verweilt,
bis Ihr Euch erholt habt.
Nehmt dieses Angebot einfach an:
5555 damit tut Ihr mir Recht,
dass ich Euch ab jetzt dienen darf."
Ereck sagte: „Ich werde Euch Euren Wunsch gewähren,
doch wünscht Euch keinen langen Aufenthalt.
Seid nicht verärgert:
5560 ich kann nicht länger hier bleiben
als bis morgen Früh,
und erkläre Euch auch gern, warum:
Ich suche keine Bequemlichkeit.
Sie ist mir überhaupt nicht wichtig,
5565 egal was sie mir bieten kann;
deshalb strebe ich nicht nach Bequemlichkeit."

Der König freute sich über den Gast.
Zu den Pferden ging er
und sagte: „Lasst uns reiten!"
5570 Dann half er Frau Enite
mit ausgesuchter Höflichkeit
auf das Pferd.

und fuorte sie oufe den wec,	er füert si für an den weg,
do reit der herre erek.	darnach rit Eregk,
und als sie fur die veste ritin, 5575	und als si für das haus riten,
niht langer do ne bitin	nicht lenger das vermiten
sine [...]	seine Junckherren: 4590
[...]	si liefen gegen Irem herren
[...]	aus für das Burgetor.
[...] 5580	da emphiengen si In vor
[...]	mit frolichem schalle,
W IIIv wann sie waren alle	Wann si waren alle 4595
fon eime wane gemeit,	des vil frölich gemait,
daz [er] nah siner gewonheit	daz Er nach gewonhait
den ritter hete gevangin. 5585	den Ritter het gefangen.
her sprach: „iz en ist niht so irgangin,	Er sprach: „es ist nit so ergangen,
als ir wenit, daz iz si",	als Ir wänet, das es sei", 4600
und sagete in dar bi	und saget In dabei
vil rehte die mere,	vil rechte die märe,
we iz ime irgangin were. 5590	wie es ergangen ware.
her sprach: „sweme ih nuo lieb bin,	Er sprach: „wem ich nu lieb bin,
der kere dar an sinen sin,	der kere daran seinen sin, 4605
daz her entpha vil schone –	daz er In emphahe schon –
daz ich is u iemer lone –	daz ich euchs immer lon –,
den allir thursten man, 5595	den aller teuristen man,
des ich je kunde gewan.	des ich je kunde gewan."
ouh tatin sie alle gerne daz.	auch teten si das. 4610
erek der herre wart nie baz	Erecken ward nie bas
gehandilit anderswa	gehandelt anderswo
dan ouch des selbin nahtis da. 5600	denn auch des nachtes do.
*D*es abindis, do sie gazin	als si des abents gassen
und dar nah gesazin,	und darnach gesassen, 4615
do sprach der wirt: „iz ist min rat,	der Wirt sprach: „herre, es ist mein rat,
daz ir uns einin arzit lat	daz Ir uns einen Artzet lat
gewinnen zuo unsern wundin. 5605	gewinnen zu unsern wunden.
is, daz ir zuo disen stundin	Ist, daz Ir zu disen stunden
ungeheilit scheidit hin,	ungehailet schaidet von hin, 4620
daz dunkit mich gruoz unsin.	das dunckt mich ungewin.

5575 rıtın *ist über* ~~quam~~ *geschrieben*
5577 *Nach* fıne *Textverlust durch Beschneidung*
5587 alfır   **5601** *Lombarde nicht ausgeführt.*

Er ritt mit ihr auf dem Weg voran,
Ereck folgte.
5575 Als sie an der Burg ankamen,
zögerten seine
Knappen nicht
und eilten ihrem Herrn
draußen vor dem Burgtor entgegen.
5580 Dort empfingen sie ihn
mit fröhlichen Rufen,
denn sie alle erwarteten
voller Freude,
dass er wie üblich
5585 den Ritter gefangen hätte.
Er sagte: „Es ist nicht so gewesen,
wie ihr glaubt",
und berichtete
ihnen wahrheitsgemäß,
5590 was passiert war.
Er sagte: „Bemüht
euch mir zuliebe darum,
den allerbesten Mann,
von dem ich je gehört habe,
5595 vortrefflich zu empfangen –
ich werde euch dafür immer dankbar sein."
Genau das taten sie.
Ereck war zuvor
nirgendwo besser bewirtet worden
5600 als dort in dieser Nacht.
Als sie zu Abend gegessen hatten
und danach zusammensaßen,
sagte der Gastgeber: „Herr, ich schlage vor,
dass Ihr uns einen Arzt holen lasst,
5605 der unsere Wunden behandelt.
Mir scheint es ein Nachteil,
wenn Ihr ungeheilt
von hier wegreitet.

ir sit vil sere gewunt.		Ir seit laider ser wundt.
ouh ist u daz lant unkunt,	5610	dartzů ist euch das lant unkunt
u mach vil lihte missegan.“		und mag euch vil wol missegan.“
her sprach: „nuo lat die rede stan,		Ereck sprach: „nu lat die rede stan, 4625
wand ich belibin nine mah		wann ich beleiben niene mag
langer biz an den tach.“		nun üntz an den tag.“
dise nach*t* was ime bereit	5615	nu was im die nacht berait
fur erin allir wirdicheit,		von eren alle wirdikait,
wann givreiz lipitiz	5616,1	
karte allin sinen vliz		
dar an, daz her sin schone phlac		
unze an den andern tac.		
als er des morgens [...]	5616,5	
[...]		
[...]er [...]		
[...]		
[...]		
[...]		

W IVr [...]   sage   5616,6
fon der tuginde richin zalt,
quam her in einen scho[nen] walt.
und der kunig arthus
fon tyntalion sime hus   5616,10
was geritin durh jagit –
alse uns crestiens sagit –
mit schonir massenie.
her und sin conpanie
lagin bi der straze   5616,15
also zu maze
ein vierteil einer mile.
in der selben wile
quam here waliwan geritin
und hete si[n] urs wintwalitin   5616,20
bi daz paulun gebundin.
Da he[t] iz keie vundin.
durh baniken her dar ouf saz,
he[r] waliwan irloubete daz.

5613 wandıch   **5615** nach   **5616,5** alſer;
nach morgenſ *Textverlust durch Beschneidung*

Ihr seid leider sehr schwer verletzt.
5610 Auch kennt Ihr die Gegend nicht,
sodass es Euch schnell schlecht ergehen kann."
Ereck sagte: „Spart Euch Eure Worte,
denn ich kann nur
bis zum Tagesanbruch bleiben!"
5615 Anschließend wurde ihm in der Nacht
die größte Wertschätzung zuteil,

> 5616,1 *denn Givreiz Lipitiz*
> *bemühte sich sehr darum,*
> *ihn bis zum nächsten Tag*
> *bestens zu bewirten.*
> 5616,5 *Als er am Morgen ...*

> 5616,6 *...*
> *von der Tugendreichen erzählt,*
> *kam er in einen prächtigen Wald.*
> *Und der König Artus*
> 5616,10 *war von seiner Burg Tyntalion*
> *zur Jagd ausgeritten –*
> *wie uns Crestiens erzählt –*
> *mit prächtiger Gesellschaft.*
> *Er und seine Compagnons*
> 5616,15 *lagerten*
> *eine Viertelmeile*
> *entfernt von der Straße.*
> *In der Zwischenzeit*
> *kam Herr Walwan herbeigeritten*
> 5616,20 *und hatte sein Pferd Wintwalite*
> *neben dem Zelt angebunden.*
> *Da entdeckte es Kai.*
> *Um auszureiten, saß er auf.*
> *Herr Walwan erlaubte es.*

beide sin schilt und sper   5616,25
len[te] da bi. daz nam her
und reit alleine oufe den wec.
d[o] der herre erek
geritin engegin ime quam,
fon verr[e] her sin ware nam.   5616,30
als er in rehte gesach,
do kos [her, daz her] ungemah
oufe deme wege hete irlidin,
un verr[e] hete geritin
und berunnin mit bluote.   5616,35
do wart [im] des zuo muote,
daz her gegin ime reit
und sprach in sin valscheit:
„willekume, herre, in dit lant!"
an den zoum leit er sine hant.   5616,40
herne torste in anders niht b[e]stan.
sus wolder in gewunnen han
und vrageti [...] |
W IVv   [...]
          [...]
          [...]
          [...]
„... [vol]git ane sache.   5616,44
Ih wolde, daz ir mit mir zuo gemahe
[rite]t an dirre stunt.
ih she wol, ir sit sere wunt.
der [ku]nig arthus, min herre,
lit hie niht verre.
fon [im]e und fon der kunigin   5616,50
sult ir gebetin sin,
daz ir [m]it mir fon hin
ritit und da bi in
gerowit nach [iwe]rm leide.
sie shen uch gerne beide."   5616,55
alsus was ime [ged]acht:
het er in zuo hove bracht,   5616,57

5616,31 alſer   **5616,39** wille kume   **5616,40**
leiter   **5616,44** *Vor* git *Textverlust durch Be-*
schneidung   **5616,57** heter

5616,25 Schild und Lanze lehnten daneben.
Die nahm er
und ritt allein die Straße entlang.
Als der Herr Erek
ihm entgegenkam,
5616,30 bemerkte er ihn schon von ferne.
Als er ihn aus der Nähe sah,
erkannte er, dass Erek
auf dem Weg in Schwierigkeiten geraten war,
weit geritten
5616,35 und blutüberströmt war.
Da entschloss er sich,
ihm entgegenzureiten,
und sagte voller Falschheit:
„Willkommen, Herr, in diesem Land,"
5616,40 Auf die Zügel legte er seine Hand.
Anders wagte er nicht, sich mit ihm anzulegen.
Auf diese Weise wollte er ihn in seine Gewalt bringen
und fragte ...

... ohne Aufhebens.
5616,45 Ich möchte, dass Ihr jetzt mit mir reitet,
um Euch auszuruhen.
Ich kann erkennen, dass ihr schwer verwundet seid.
Der König Artus, mein Herr,
lagert nicht weit von hier.
5616,50 In seinem Namen und dem der Königin
bitte ich Euch,
mit mir fortzureiten
und bei ihnen
nach Euren Mühen Ruhe zu finden.
5616,55 Sie sehen Euch beide gern."
Sein Plan war:
Hätte er ihn erst einmal an den Hof gebracht...

daz her danne wold [sag]in,	5617	daz er dann wolt sagen,	4630
her hete ime die wundin geslagin		Er het im die wunden geslagen	
oder solde [sin] gevangene sin.		und er solt gefangen sein.	
daran wart vollichlichin schin,	5620	daran ward volliklich schein,	
[daz] die werlt nie gewan		daz die welt nie gewan	
einen schalkhaf*t*ern man.		dhainen seltzamern man.	4635
[sin] herze was gefierit:		sein hertze was gemeret,	
ettiswenne gezierit		etwenn getzieret	
mit vil [gro]zin triwin,	5625	mit vil grossen treuen,	
daz in begonde riwin		und daz In begúnde reuen	
alliz, daz her [ie]		alles, daz er untz her je	4640
zuo unrehte begie,		Ze unrechte begie,	
also daz her fon valsche was		also daz er vol valsches was	
[lut]ir als ein spegil glas	5630	lauter sam ein spieglglas	
und daz her sich huote		und daz er sich húte	
mit wer[ken] und mit muote,		mit werchen und mit mŭte,	4645
daz her iemer missetete.		daz Er immer missetäte.	
dar an was [er u]nstete,		des was Er unstäte,	
wan dar nach quam ime der tac,	5635	wann darnach kam im der tag,	
daz her niht [de]r triwin phlac.		daz Er dhainer treuen phlag.	
so ne wolde ime niht genuogin,		so wolt In nicht genüegen,	4650
[wa]z her valschis gefuogin		waz Er valsches gefüegen	
mit allin vlize konde |		mit allem vleisse kunde	
W Vr [...]	5640	mit werchen und mit wunde,	
[...]		das riet alle sein beger.	
[...]		dartzŭ so was er	4655
[...]		kúene an etlichem tage,	
[...]		darnach ein weltzage:	
[...]	5645	ditz waren zwen dwer*he* sitte.	
[...]		da ver|schwachet er mite,	XXXIXvb
[...]		daz er den leuten allen	4660
[...] [mis]sevallin		mŭste missevallen	
und niemanne zuo guotir wis irka[nt].		und niemand ze gŭte was erkant.	
fon sime valsche her genant	5650	von seinem valsch er was genant	
keie, der quat s[ehte].		Chay, der chot sprach.	
nuo virstunt sich vil rehte		nu verstŭnd sich vil gereche	4665
erek, waz her mei[nete],		Ereck, was er *m*einde,	

sodass er dann erzählen könnte,
dass er ihm die Wunden zugefügt habe
und er gern sein Gefangener wäre.
5620 Daran zeigte sich überdeutlich,
dass es niemals einen
seltsameren Menschen auf Erden gegeben hat.
Sein Herz war durch seine
sehr große Treue gestärkt
5625 und manchmal auch geschmückt,
sodass er alles bereute,
was er bislang
an Unrecht getan hatte,
in seiner Falschheit
5630 rein war wie ein Spiegel
und sich davor hütete,
in Gedanken und Werken
jemals etwas Schlechtes zu tun.
Das hielt er jedoch nicht durch,
5635 denn irgendwann kam unweigerlich der Tag,
an dem er seine Untreue offenbarte.
Dann konnte er nicht genug davon bekommen,
durch Taten und Verletzungen
Böses mit großem
5640 Eifer zuzufügen.
Das war seine größte Begierde.
Zudem war er
an vielen Tagen tapfer,
dann jedoch der größte Feigling:
5645 dies waren zwei widersprüchliche Eigenarten.
Dadurch handelte er sich ein,
dass keiner
ihn mochte
und für einen guten Menschen hielt.
5650 Wegen seiner Falschheit wurde er
‚Kai, der Mist redete‘ genannt.
Doch begriff Ereck ganz genau,
was er im Sinn hatte,

als er ime bescheinete:
„geloubit mirs, her[re]:
zuo ritene han ih verre!
ichn mach zuo dis[in] zitin
uoz deme wege niht geritin.
were iz [an] miner muoze,
nach des kunigis gruoze
vuore [ich] thusint mile.
ir sult mich zuo dirre wile
mi[ne] straze lazin varin.
got muoze uch, herre, bew[a]rin."
keie entwurte ime do:
„herre, en redit [niht] also!
irn sult sus hinnen niht scheidin:
iz mi[ssezame] uns beidin.
ich bringe uch zuo huse
deme ku[nic] arthuse,
zware oder ichn mac."
erek filli roi l[ac]
fon der rede wart bewegit.
her sprach: „ih wene ir n[e] megit.
da fon ist u also guot,
ir habit dar um[be] ringin mut:
wan wolt ir mich dare bringin,
[ir] muozet is mich betwingin.
sit ir frume, ir brin[git] mich dar hin,
wann ich u guot zuo gewinnene b[in]." |

W Vv [...]
[...]
[...]
[...]
[...]
[...]
[...]
[...]
[...]
                [...gesche]hen."

---

als Er nu auch bescheinde.
5655 Er sprach: „herre,
ich han ze farn verre
und mag zu disen zeiten   4670
aus dem wege nicht gereiten.
wär es an meiner mů̂sse,
5660 nach des küniges grů̂sse
füere ich tausent meile.
Ir solt mich zu diser weile   4675
mein strasse lasse lassen varen.
Got muesse euch bewaren."
5665 Do sprach der valsche Chain:
„Herre, lat die rede sein!
Ir solt nit also hinschaiden: 4680
es miszame uns baiden.
Ich bring euch ze hause
5670 dem künige Artause,
Zwar oder ich mag."
Eregk vilderoilach   4685
ward ein tail davon bewegt.
er sprach: „ich wane, ir mögt.
5675 davon ist euch also gů̂t,
Ir habt darúmb ringen mů̂t:
wann welt Ir mich darbringen,   4690
Ir müesset michs zwingen.
doch seit Ir frů̂mb, Ir bringet mich hin,
wann ich euch wol ze wúnne bin."
5681 „Ich waiss wol", sprach Chain,
„daz ich frumb bin.   4695
Ee Ir mich des überstreitet,
daz Ir so hin reitet,
5685 Ir gesehet meinen herren,
wann es euch nicht mag gewern.
Ich zwinge euchs güetlichen.   4700
davon solt Ir entweichen
und meinen herren gesehen:
5690 das mů̂ss beinamen geschehen."

5654 alſer **5677** woltir   **5656** zefarn

und machte dies auch deutlich.
5655 Er sprach: „Herr,
ich muss noch weit reisen
und möchte zurzeit
nicht von meinem Weg abkommen.
Wäre es meine Entscheidung,
5660 würde ich tausend Meilen reisen,
nur um den Gruß des Königs zu erlangen.
Nun aber sollt Ihr mich
meinen Weg gemächlich reiten lassen.
Gott schütze Euch!“
5665 Da sagte der falsche Kain:
„Herr, so dürft Ihr nicht reden!
Ihr sollt nicht so fortreiten:
es stünde uns beiden nicht gut an.
Ich bringe Euch
5670 zu König Artus,
wenn ich dies kann.“
Ereck Vilderoilach
erzürnten die Worte ein wenig.
Er sagte: „Ich glaube, Ihr könnt nicht.
5675 Deswegen ist es gut für Euch,
dies nicht zu versuchen:
wenn Ihr mich nämlich dorthin bringen wollt,
müsstet Ihr mich dazu zwingen.
Doch wenn Ihr tüchtig seid, bringt Ihr mich hin,
5680 denn an mir werdet Ihr Freude haben.“
„Ich weiß genau“, sagte Kain,
„dass ich tüchtig bin.
Bevor Ihr mich überredet,
dass Ihr einfach fortreitet,
5685 werdet Ihr meinen Herrn sehen,
denn dies kann Euch nicht schaden.
Ich zwinge Euch im Guten dazu.
Dadurch werdet Ihr von Eurem Weg abweichen
und meinen Herrn sehen:
5690 so wird es mit Sicherheit kommen.“

do wart ereke allirerst zorn.	das tet Eregk allererst zorn.
sin urs [ruote er] mit den sporn:	das rosz rúert Er mit den sporn: 4705
her sprach: „zihet zuo u iwer hant!"	„Ziehet zu euch die handt!"
[uf wa]rf her daz gewant	aufwarf er das gewant
und rukte daz swert, 5695	und füert das schwert,
wann hers [wol waer]e wert,	wann ers wol ware wert,
her wolde deme argin zagin	so wolt er dem argen zagen 4710
ab die hant [han gesl]agin.	die pant han abgeschlagen.
do entzukter sie ime enzit	da zugkt er si bei zeit
und vloch [an stri]t. 5700	und floch ane streit.
swe her oufe wintwalitin	doch er auf Wintwaliten
deme bestin urse [waere ge]ritin,	zu dem pesten ross ware geriten, 4715
daz ie ritter gewan,	daz je ritter gewan,
also trage karter [dan],	also seine cherte er dan
[da]z her oufe der vart 5705	recht an die widerfart.
fon ereke irritin wart.	von Erecke Ir gevolget ward.
[als her] rehte daz irsach,	und als er recht das gesach, 4720
daz ime zuo heile geschah,	als es im ze haile geschach,
[daz her] gewefins was bloz,	daz er gewaffens was plos,
keie, der untuginde genoz,	(wie wol es Chai genos 5710
[...] [di]e erek hate.	der tugent, die Ereck hette),
vil wunderlichin drate	vil wunderlich drate 4725
daz sper umbe [er keri]t,	das sper umbkerte,
daz her in iht verserit.	daz er In nicht verserte.
her wante umbe den schaft 5715	er want im den schaft
[und stac]h in mit sulchir craft,	und stach In mit solher kraft,
daz kei sam ein sac	daz Chaim rechte wie ein sack 4730
[undir de]me urse gelac.	under dem rosse lag
	nach seinem rechte,
	ungeleich einem gůten knechte. 5720
daz urs vuorte erek dan.	das ross fúrte Ereck dan.
keie, [der scha]lchafte man,	Chaim, der schalckhafte man, 4735
ime vaste nach lief,	im vast nach lief,
lute her in an [rief]:	laute er im anrúef:
„ja, ritter vil guot! 5725	„Nain, ritter vil gůt!
durh dinen ritterlichin muot:	durch deinen tugenthaften můt:
[daz mi]r daz urs hie beste!	daz mir das ross hie bestee! 4740

5706 ır ritin

Ereck wurde nun richtig zornig.
Das Pferd trieb er mit den Sporen an:
„Nehmt die Finger weg!"
Den Mantel warf er zurück
5695 und zog das Schwert,
denn sein Gegenüber hatte dies provoziert.
Deshalb wollte er dem bösen Feigling
die Zügel durchschlagen.
Darauf riss dieser sie noch rechtzeitig herum
5700 und floh, ohne zu kämpfen.
Obwohl er Wintwalite,
das beste Pferd, ritt,
das jemals ein Ritter besaß,
kehrte er dennoch
5705 nur langsam zurück.
Ereck ritt hinter ihnen her.
Als Ereck
sein Glück richtig erkannte,
dass Kai keine Rüstung trug –
5710 dem nutzte es nun,
dass Ereck eine edle Gesinnung besaß –,
drehte er erstaunlich schnell
die Lanze um,
um seinen Gegner nicht zu verletzen.
5715 Er wandte ihm den Schaft zu
und traf ihn so schwer,
dass Kai, wie er es verdient hatte
und anders als ein guter Kämpfer,
wie ein Sack
5720 unter das Pferd fiel.
Das Pferd führte Ereck hinfort.
Der boshafte Kai
lief ihm rasch hinterher
und schrie:
5725 „Nein, edler Ritter!
Bei deiner Tadellosigkeit:
lass mir das Pferd hier!

oder ich muoz is iemer me
ge[swach]it und gehonit sin.
W VIr ja en ist iz weiz got niht | min.“
do karte der guote
mit lachindim muot[e]
[und vernam] sine clage.
her sprach: „ritter, nuo sage
rehte, wie [bistu genant],
und tuo mir irkant
disis rossis herrin.
iz en m[ac dir niht] gewerrin:
ich wil ouch wizzen dinen namen.
du [en darft] dich niht sere schamen,
iz ist geschen vil ma[nigem man],
der nie zagin muot gewan.“
keie sprach: „nein, h[erre],
[ich] bit is uch vil verre:
ist, daz ir mir gnade [tuot],
[so sit mir] vollichlichin guot
dar an, daz ir mich irlat,
[des ir] mich gevragit hat,
daz ich mich u nande.
[mich hat] an sulhe schande
braht al hie min zageheit,
d[az mir] ein gruoz herzeleit
muoz dar an al hie gesch[en].
[sol ich] u mines namen verjhen,
so hete ich garnet iw[ern spot].
nuo emper is, herre, durch got.“
*E*rek sprach: „ritter, nuo sagit an,
ir shet wol hie [nieman],
wan iwer und min.
is en mach ander rat si[n],
[oder ir] hat daz urs verlorn.“
daz sin manter [mit den sporn],
als er dannen wolde riten.
Keie bat [in biten].

5730 oder es mús immerme
verschwachet und gehonet sein.
Ja ist es waiss got | mein.“   XXXIXvc
da kerte der gůte
mit lachendem můte   4745
und vernam sein klage.
er sprach: „ritter, nu sage,
5735 wie bistu genannt,
und tů mir erkant
ditz rosses herren.   4750
es mag dir nicht geweren:
Ich wil wissen deinen namen.
du darfst dich nit so sere schamen,
5741 es ist geschehen manigem man,
der doch nie zagen můt gewan.“ 4755
Chaim sprach: „nain, herre,
ich pit euch vil verre:
5745 Ist, daz ir mir genade thut,
so seit mir volliklich gůt,
also daz Ir mich des erlat,   4760
des Ir mich habt gefragt,
daz ich mich euch nante.
5750 mich hat auf sölhe schande
hie bracht mein zagkhait,
das doch mir ein hertzelaid   4765
von den dingen mús geschehen,
sol ich euch meines namen jehen,
5755 wann ich han wol gearnet eurn spot.
nun enpert sein durch got.“
Ereck sprach: „ritter, saget an, 4770
Ja ist hie nieman,
wan nur Ir und die hausfrau mein.
5760 es mag khain rat sein,
oder Ir habt das ross verlorn.“
das sein manet er mit den sporn, 4775
als er dann wolte reiten.
Chaim pat In zu peiten.

5757 *Lombarde nicht ausgeführt.* **5763** alſer   **5764** zupeiten

Anders wird die Tat in Zukunft
herabgesetzt und verhöhnt werden.
5730 Ja, weiß Gott, es gehört mir."
Der Edle kehrte
lachend um
und hörte sich Kais Klage an.
Schließlich sagte er: „Ritter,
5735 sag, wie du heißt,
und nenne mir
den Eigentümer dieses Pferdes!
Es kann dir nicht schaden,
dass ich deinen Namen wissen will.
5740 Du brauchst dich nicht so sehr zu schämen:
Es ist schon manchem Mann widerfahren,
der kein Feigling war."
Kai sagte: „Nein, Herr,
ich bitte Euch inständig:
5745 Wenn Ihr mich gnädig behandeln wollt,
dann bitte richtig,
sodass Ihr nicht weiter
mich bedrängt,
Euch meinen Namen zu nennen.
5750 Meine Feigheit hat mich
in eine solche Schande gestürzt,
dass ich sehr
darunter leiden werde,
Euch meinen Namen zu sagen,
5755 denn ich habe Euren Spott sehr verdient.
Verzichtet um Gottes willen auf Euren Wunsch!"
Ereck sagte: „Ritter, nun sagt ihn schon,
es ist doch kein anderer hier
als Ihr allein und meine Ehefrau.
5760 Es gibt keinen Ausweg,
oder Ihr verliert das Pferd."
Sein eigenes trieb er mit den Sporen an,
als ob er fortreiten wollte.
Kai bat ihn, zu warten.

her sprac*h*: „ich wil iz iemer gote clagin,
daz ic[h muoz] min lastir sagin,   5766
des ich vil sere scheme m[ich]:
truchtseze keie bin ich.

diz urs here wali[wan mir] lech.
mir ist leit, daz hers mir niht verze[ch],
[...] der s[c]h[ande] buo[z]   5775
[...]
[...]

W VIv   [...]r weiz,
daz ich niht samfte konde lebin:
[... begon]de [ic]h [strebin],   5780
[...]
[...] der [...],
daz ich daz urs mir [lihen bat],
[daz mic]h truoch an die stat,

da mir laster solde [widervarn].
[n]ieman kan daz wol bewarn,
swaz dem [man geschen] sol.
edil ritter, nuo tuot wol,   5790
gebit mir daz [urs dur]ch got
oder ich bin allir der spot,
die mich [wider in shent gan].“
erek sprach: „daz sin getan.
ich gib iz u [mit geding]e: 5795
ir sult iz widerbringe
heren waliwane [von mir].
[mit i]wern triwen muozit ir
daz gelobin widir [mich].“
[kei] sprach: „daz tuon ich“,

Er sprach: „ich wil es got klagen,
daz ich mein laster mům̊ss sagen!
Nu sag ich euch, wer ich bin: 4780
mein namen lautet Chaim.
auch geruchet mein der kunig artus
Ze drugksazzen in seinem hus.   4770
seiner Swester Sun ein,
der Edel ritter Cawein,   4785
ditz ross er mir lech.
mir ist laid, daz Er michs nicht vertzech,
wann so were mir schande pům̊ss,
die ich nu dulden muss.
Do mein herre heut empeis –   4790
den teufl ich mir selber weis,
daz ich mir nit sanfte kunde leben:
nach laster begund ich streben,
des han ich gewunnen tail –,
da riet mir mein unhail,   4795
daz ich mir sein ross leihen bat:
da lech er mirs an diser stat.
het er do des nicht getan,   4785
so were ich schanden erlan,
die mir sunst ist widerfarn.   4800
nu mag doch des niemandt bewarn,
daz im geschehen sol.
Edel ritter, nu tům̊ so wol
und gib mirs wider durch got,
oder ich bin aller der spot,   4805
die mich wider in sehent gan.“
Ereck sprach: „das sei getan.
ich gib euchs mit gedingen:
Ir solt es widerbringen
dem herren Cawein von mir.   4810
mit euren treuen můesset Ir
das geloben wider mich.“
Chaim sprach: „das tún ich“,   4800

5765 Er sagte: „Gott sei's geklagt,
      dass ich ihn zu meiner Schande sagen muss!
      Dann sag ich Euch eben, wer ich bin:
      Mein Name lautet Kai.
      Ich bin Truchsess
5770 am Hofe des König Artus.
      Einer seiner Neffen,
      der edle Ritter Gawein,
      lieh mir dieses Pferd.
      Es schmerzt mich, dass er mir es nicht verweigerte,
5775 denn dann wäre mir die Schande erspart geblieben,
      die ich nun erleiden muss.
      Als mein Herr heute speiste –
      der Teufel ritt mich,
      dass ich mich nicht einfach ausruhte:
5780 ich suchte wohl die Schande,
      die ich nun gefunden habe –,
      riet mir mein unheilvolles Schicksal,
      ihn zu bitten, mir sein Pferd zu leihen:
      da lieh er mir's sofort.
5785 Hätte er das nicht getan,
      wäre ich nicht gerade eben
      in Schande gestürzt.
      Aber es kann sich doch niemand davor hüten,
      was ihm bestimmt ist.
5790 Edler Ritter, nun sei so gut
      und gib es mir um Gottes willen zurück
      oder alle, die mich zu Fuß zurückkommen sehen,
      werden mich verspotten!"
      Ereck sagte: „So sei es!
5795 Ich gebe es Euch unter einer Bedingung:
      Ihr werdet es dem Herrn Gawein
      in meinem Namen zurückbringen.
      Auf Eure Treue müsst Ihr
      mir das versprechen."
5800 Kai sagte: „Das werde ich"

und tet ouch sicherlichen al[so],	und tet auch also,
[wan er] was der rede vro.	wann er was der rede fro. 4815
[Als er daz] urs wider gewan,	**A**ls er das ross zu im gewan,
„ich bit uch“, sprach der edil [man],	er sprach: „ich pitte euch, tugenthafter man:
„[sit] ir mir sit gewesin guot, 5805	seit Ir mir seit gewesen gút,
daz irz nuo vollin [wol tuot],	daz Ir vol wol tůt,
[daz ich uch] muoze irkenne,	daz ich euch múesse erkennen. 4820
und geruochit uch mir [nenne]:	gerúchet euch mir zu nennen:
[iz en scha]dit u niht und hilfit mich.	es schadet euch nicht und hilft mich. |
iwern namen, [den wolde ich] 5810	Eurn namen, den wolt Ich XLra
[wizzen] durch iwer frumicheit.	wissen durch eur frumbkait.
iz ist mir iemer [ein leit],	es ist mir immer ein laid, 4825
[muo]z ich scheidin alsus hin,	můss ich also schaiden von hin,
daz ich is ungewis [... bin]	daz ich eurs namen unweise bin
[und en] weiz, we ich uch nennin sol,	und waiss nit, wie ich euch nennen sol,
so ich iwer gerne [gedaehte w]ol: 5816	so ich eur gedächte gerne wol:
durch *got* nuo sagit mir, wer ir sit.“	durch got sagt mir, wer Ir seit.“ 4830
her sprach: „herre, [... zit].	er sprach im: „nicht zu diser zeit.
iz wirt u lihte hir nach kunt.“	es wirt euch leicht hernach kunt.“
	5820 nu schieden si sich ze stund.
	Ir jetweder rait seinen weg,
	Caim und Ereck: 4835
	Chaim hin ze hove rait,
	und zwang In des sein warhait,
	5825 daz ers doch nicht verdaget,
	wann daz er recht saget
	seine schämliche märe, 4840
	wie es im ergangen wäre,
	und gab dem schaden sölhen glimph,
	5830 daz man gar für einen schimph
	sein schande gar verfie
	und man sein ungespotet lie. 4845
	als *in* da solhe manhait
	von dem ritter wardt gesait,
	5835 da nam si besonder
	alle michel wunder,
	wer der Ritter mochte sein. 4850

5817 got *fehlt*

5808 zunennen   **5833** im

und tat es auch,
denn er war erleichtert.
Nachdem er das Pferd genommen hatte,
sagte er: „Tüchtiger Mann, ich bitte Euch,

5805 da Ihr bereits so gütig gewesen seid,
dass ihr Euch als gänzlich edel erweist
und Euch zu erkennen gebt.
Sagt mir doch bitte, wie Ihr heißt:
Euch schadet es nicht, und mir hilft es.
5810 Ich möchte Euren Namen
Eurer Vortrefflichkeit wegen kennen.
Es würde mir stets leidtun,
wenn ich mich von Euch trennen müsste,
ohne Euren Namen zu kennen
5815 und zu wissen, wie ich Euch anreden soll,
wenn ich an Euch voller Zuneigung denke:
Um Gottes willen, sagt mir, wer Ihr seid!“
Er sagte zu ihm: „Nicht jetzt!
Ihr werdet es vielleicht später erfahren.“
5820 Darauf trennten sie sich.
Beide ritten ihres Weges,
Kai und Ereck:
Kai ritt zum Hof,
wo seine Aufrichtigkeit ihn dazu zwang,
5825 es nicht zu verschweigen
und seine unrühmliche Geschichte
wahrheitsgemäß zu erzählen,
wie es ihm ergangen war,
und erzählte von seiner Schande so spaßig,
5830 dass man sein schändliches Erlebnis
wie einen Scherz aufnahm
und ihn nicht verspottete.
Als sie von der außerordentlichen Kampfkraft
des Ritters hörten,
5835 zeigten sie sich verwundert
und wollten wissen,
wer dieser Ritter sein könnte.

da sprach Chaim:
„Ich möchte sein nicht erkennen:
5840 Er wolt sich nicht nennen.
sein stimme hort ich,
wann er sprach vil wider mich; 4855
als ich es daran kiesen mag,
So ist es Ereck vilderoilach."
5845 da errieten si alle geleiche,
er wer es warleiche.
der kunig Artus sprach do: 4860
„Nu wäre ich es hart fro
und lont im es mit minnen,
5850 wer mir In möchte gewinnen.
Gawein, das tů ich
an Chaim und an dich. 4865
Ir habt mich untz an disen tag
so geert, daz ich niene mag
5855 nu gesprechen wann gůt.
Ist, daz Ir nu ditz thuet,
daz wil ich vor im allen han, 4870
was Ir mir liebes habt getan.
Gawein, nu bis gemant,
5860 wie es under uns ist gewant,
daz du mein nachster frundt bist,
und saume dich dhain frist 4875
immer durch die liebe mein!
so hilf mir und der kunigein,
5865 daz wir Eerecken gesehen,
so mag mir liebers nit geschehen."
Gawein sprach: „herre, 4880
ermant mich nit so verre,
wann ich der verre willig bin:
5870 Ja lebt er icht, dann ich fúer In.
jetzo wolt sehen!
und last mir got so wol geschehen, 4885
daz ich im immer kume zů,
Ich sag euch, herre, was ich tue:
5875 ich pringe, mag ich Ins erpiten."
so zehant si do riten.

5845 allegeleiche

Da sagte Kai:
„Ich könnte nicht sagen, wer er ist:
5840 Er wollte seinen Namen nicht nennen.
Seine Stimme vernahm ich,
denn er sagte viel zu mir;
soll ich auf Grund seiner Stimme urteilen,
dann ist es Ereck Filderoilach.“
5845 Daraufhin waren sie alle davon überzeugt,
dass er es tatsächlich gewesen sei.
König Artus sagte schließlich:
„So wäre ich sehr froh,
wenn einer ihn mir bringen könnte
5850 und wäre demjenigen sehr verbunden.
Gawein, dir und Kai
werde ich so verbunden sein.
Ihr habt mir bis heute so viel
Ehre erwiesen, dass ich nichts
5855 als Gutes über euch sagen kann.
Wenn ihr dies jetzt tut,
wird mir das lieber sein
als alles, was ihr zuvor getan habt.
Gawein, sei daran erinnert,
5860 wie wir zueinander stehen,
dass du mein nächster Verwandter bist,
und zögere um meiner Liebe willen
niemals!
Hilf mir und der Königin dazu,
5865 Ereck zu sehen,
denn etwas Schöneres kann mir nicht passieren.“
Gawein sagte: „Herr,
Ihr braucht mich nicht so eindringlich zu erinnern,
denn ich reite gern auch in die Ferne.
5870 Lebt er noch, dann bringe ich ihn herbei.
Ihr werdet es jetzt sehen!
Und wenn Gott es mir zugesteht,
ihn zu finden –
ich sage Euch, Herr, was ich dann tun werde:
5875 Ich bringe ihn zu Euch, wenn er meiner Bitte folgt.“
Daraufhin ritten sie sogleich los.

Gaweinen bracht Chaim 4890
recht des endes hin,
da er In lassen hette.
5880 vil wunderlichen drate
eilten si im baide nach,
alles auf seiner slach. 4895
Und also schiere er auf der vart
von In ervolget ward,
5885 Gawein der tugentreiche
grúeste In minnekleiche
nach freundtlicher stimme 4900
und nicht mit grimme:
daran Er im bescheinde,
5890 daz ers in gút meinde.
Er gab im ein gúten tag.
als im Ereck vilderoilach 4905
do genaden | began, XLrb
da marckt er seinen namen an,
5895 Und als er In erkante,
Zehant er In nante.
vast er In zů Im gefie, 4910
als Ins die freude nicht erlie,
von liebe, die im geschach,
5900 wann er In starch und gůt sach.
Er hiess In wilkumen sein
und sein freundein. 4915
er genadet im vil sere
so freuntlicher ere,
5905 die Er im an seinem rosse pot
von treuen genot,
daz er ims wider sant. 4920
also schiere er In nant,
er sprach zu dem gaste:
5910 „wir haben euch vil vaste
durch den wald geriten nach.
fraget Ir, von weu so gach 4925
uns sei oder was ich welle,
herre, weilent geselle,
5915 das sol euch unverschwigen sein.
ich pit euch nu, lat werden schein,
ob euch mein herre lieb sei, 4930
und sag euch, wo bei.

Kai brachte Gawein
genau dorthin,
wo Ereck und er sich getrennt hatten.
5880 Mit ungeheurer Geschwindigkeit
eilten sie ihm
auf seiner Spur hinterher.
Und sobald sie ihn
eingeholt hatten,
5885 grüßte ihn Gawein,
der Tüchtige, herzlich,
freundlich
und nicht wütend:
damit machte er deutlich,
5890 dass er es gut mit Ereck meinte.
Er wünschte ihm einen guten Tag.
Als Ereck Vilderoilach
ihm Dank sagte,
bemerkte Gawein,
5895 mit wem er es zu tun hatte,
und sprach ihn mit Namen an.
Weil Ereck gesund und munter war,
drückte er ihn
aus lauter Freude
5900 und Zuneigung, die er empfand, an sich.
Er hieß ihn und seine
Partnerin willkommen.
Er bedankte sich sehr
für den Freundschaftsdienst,
5905 den er ihm mit seinem Pferd geleistet hatte,
dass er es ihm aus unablässiger Treue
zurückgesandt habe.
Sobald er ihn namentlich begrüßt hatte,
sagte er:
5910 „Wir sind eiligst durch den Wald
Euch hinterher geritten.
Wenn Ihr Euch fragt, warum wir
es so eilig haben oder was ich möchte,
so soll Euch das, Herr, alter Freund,
5915 nicht verschwiegen werden.
Hier und jetzt bitte ich Euch, zu zeigen,
dass Ihr meinen Herrn schätzt,
und sage Euch auch gern, wie.

Do unser freunt Caim
5920 hin ze hofe das ross mein
mir wider brachte
und Er eur gedachte 4935
zu also grosser manhait,
als er die mare het gesait,
5925 da nam uns wunder
alle besunder,
wer es mochte han getan. 4940
doch rieten wir auf einen wan
eurn namen mit gleichem munde.
5930 nu *bat* uns da ze stunde
an not so verre
die künigin und mein herre, 4945
daz wir euch eilten hernach –
davon ist uns gewesen gach –
5935 und euch im prächten ze haus.
wurde euch der kunig Artaus
je lieb oder wert, 4950
so secht, daz er icht werde entwert,
und gerůchet in gesehen.
5940 mag das nu geschehen,
so gewan nie jeman
grosser lieb dann er daran. 4955
ditz laistet on widerstreit,
ob Ir dienstwillig seit;
5945 dartzú sein wirs alle fro.“
Ereck antwurt im also:
„mich hat der kunig verschuldet wol, 4960
daz ich im nimmer wesen sol
meines můtes undertan;
5950 und wo ich im des gan,
daz seine gepot niene geschicht,
da wendet mich es der wille nicht, 4965
Ich tú, wes er nicht wil empern.
ditz muess ich In entwern.
5955 meinen willen ich im wol schein tů:
kumet es immer dartzů,
als es doch vil leichte getůt, 4970

5930 hat (*aus* bat *korrigiert?*) **5944** dienſt willig

Nachdem unser Freund Kai
5920 mein Pferd zum Hof
zurückgebracht
und von Eurer großen
männlichen Tat berichtet hatte,
nachdem er also das Geschehene berichtet hatte,
5925 wunderten wir
uns alle,
wer dies bewerkstelligt haben könnte.
Doch brachten wir übereinstimmend
Euren Namen ins Spiel.
5930 Darauf baten uns
die Königin und mein Herr
aus freien Stücken so eindringlich,
Euch hinterherzueilen
und Euch an seinen Hof zu bringen –
5935 deswegen haben wir uns gesputet.
Habt Ihr den König Artus
jemals geschätzt oder lieb gewonnen,
dann bemüht Euch, ihn nicht abzuweisen,
sondern sucht ihn auf.
5940 Wenn das geschieht,
hat sich nie jemand
mehr gefreut als er.
Zögert also nicht, dies zu tun,
wenn Ihr ihm den Dienst erweisen wollt;
5945 darüber würden wir uns alle freuen."
Ereck antwortete Folgendes:
„Mich hat der König gewonnen,
weil ich mich
in meinen Absichten niemals unterwerfen muss;
5950 und wo ich ihm das zumute,
dass seine Gebote nicht erfüllt werden,
da bringt mich auch sein Wille nicht davon ab,
zu tun, was er sich nicht wünscht.
Dies muss ich ihm abschlagen.
5955 Meinen Willen zeige ich ihm:
Sollte es jemals dazu kommen,
– was doch leicht geschehen kann –,

daz mir leib und gůt
durch In ze wagen geschicht,
5960 das treuget dann nicht,
Ich ertzaige im wol, wie er mir ist.
er sol mich zu diser frist   4975
mit hulden lassen reiten.
ich hab zu disen zeiten
5965 mich gemaches bewegen gar.
gerúchet, wo ich hin var,
daz ich eur dienste müesse sein.   4980
meinem herren und der kunigein
sült Ir mein dienst sagen,
5970 und mich zornes úbertragen.“
Also daz der herre Cawein ersach,
daz er so gar dawider sprach,   4985
des ward Er ein tail unfro.
seinem gesellen | winckht Er do   XLrc
5975 und raumbde im zů;
Er sprach: „edl ritter, nu thů
tugentlichen und wol,   4990
als ichs verschulden sol,
auch mein herre umb dich.
5980 dasselb rat ich:
reit drat deinen weg
und sage, daz Ereck   4995
nicht erwinden welle.
sust han ich an im, geselle,
5985 uns erdacht einen list,
der doch nu der wagist ist.
sag im, welle Er In gesehen,   5000
das můs also geschehen,
als ich dir wol gesagen kan:
5990 haiss Ins raumen von dann,
da er leit in dem walde
und daz er sich balde   5005
für mache auf den weg,
da der Ritter Eregk
5995 Jenhalb ausreiten sol.
die weile kan ich In wol

———
5979 vmbdich

dass ich meinen Besitz und mein Leben
seinetwegen aufs Spiel setze,
5960 dann gibt es keinen Zweifel,
dass ich ihm zeige, was er mir bedeutet.
Momentan aber muss er mich
mit seinem Wohlwollen weiterreiten lassen.
Zurzeit habe ich
5965 der Bequemlichkeit entsagt.
Erlaubt mir, wohin ich auch fahre,
Euer Diener zu sein!
Entbietet meinem Herrn und der Königin
Gruß und Dienst
5970 und nehmt mich vor ihrem Zorn in Schutz!"
Als Herr Gawein sah,
dass er seinen Wunsch zurückwies,
betrübte ihn das ein wenig.
Seinen Gefährten winkte er daraufhin herbei
5975 und flüsterte ihm
Folgendes zu: „Edler Ritter, jetzt handle
so anständig und gut,
wie ich es dir auch zurückzahlen werde –
und ebenso mein Herr.
5980 Folgendes rate ich:
Reite schnell zurück
und berichte, dass Ereck
nicht Halt machen will!
Kollege, ich habe
5985 mir eine List ausgedacht,
die in diesem Fall am meisten bewirkt.
Sag dem König, dass er tun muss,
was ich dir jetzt erkläre,
wenn er Ereck sehen möchte:
5990 fordere ihn auf,
das Lager im Wald zu räumen,
um sich schnellstmöglich
dorthin zu begeben,
wo der Ritter Ereck
5995 aus dem Wald herausreiten wird.
Solange kann ich

auf dem wege mit listen 5010
gesaumen und gefristen,
daz er nicht fürkumpt.“
6000 „und ist, daz uns frumbdt“,
sprach der Ritter Chaim,
„das solt mit gůtem willen sein.“ 5015
Zehant reit er und tet
als nach seinem pet.
6005 als ditz der kunig Artus vernam,
die tavel man abe nam
und eilte für vil drate 5020
nach seines Neven rate
und legt sich recht umb den weg,
6010 daz der Ritter Eregk
nindert kom*e* dabei,
Er ritte recht für sei. 5025
Gawein, der tugenthaft man,
Ereck saumen began
6015 mit listen, wo Er kunde,
untz daz er im die stunde
mit kurtzem wege abgenam, 5030
untz daz der künig wol furkam.
wie oft Er In wider reiten pat,
6020 so sprach Er: „jetzo an der stat“,
untz er mit schoner trugenhait
den wald mit im ausrait, 5035
da der künig umb den weg lag.
und als Ereck vilderoilach
6025 die paviln alle ersach,
nicht liebes im daran geschach,
wann das veld was so vol. 5040
auch erkannte er so wol,
Wann Er si dick het gesehen:
6030 „Ich wane mich verriten han!
ir habt nit wol an mir getan, 5045
Herre Gawein, ditz ist eur rat.
nu hab ich eur missetat
selten also vil vernomen.
6035 daz ich daher bin komen,

6011 komen

seine Weiterreise
listig verzögern,
damit er nicht vor euch dort ankommt."
6000 „Wenn das funktioniert",
sagte der Ritter Kai,
„tue ich das gern."
Sofort ritt er los und
führte den Plan Gaweins aus.
6005 Nachdem der König Artus in den Plan eingeweiht worden war,
hob man die Tafel auf,
eilte nach
dem Ratschlag seines Neffen voraus
und schlug das Lager am Wegrand auf,
6010 sodass der Ritter Ereck
nicht vorbeireiten konnte,
ohne ihnen in die Arme zu reiten.
Der anständige Gawein
hielt Ereck, wo er nur konnte,
6015 listig auf,
indem er ihm mit allerlei
die Zeit verkürzte,
bis der König sein Ziel erreicht hatte.
Sooft Ereck bat, dass er reiten möge,
6020 sagte er: „Ja, gleich",
bis er als erfolgreicher Betrüger
zusammen mit Ereck genau dort den Wald verließ,
wo der König sein Lager aufgeschlagen hatte.
Als Ereck Vilderoilach
6025 die Zelte sah,
freute er sich nicht,
denn das Feld war mit ihnen übersät.
Er erkannte die Situation sofort,
denn er hatte die Zelte schon oft gesehen.
6030 „Ich glaube, ich habe mich verirrt.
Ihr habt mich nicht gut behandelt,
Herr Gawein, dies ist Euer Werk.
So etwas Schlechtes
habe ich noch nie von Euch gehört.
6035 Hier vorbeizukommen,

des was mir vil ungedacht. 5050
Ir habt mich úbel her bracht.
wer hin ze hove kúmbt,
da es im so lutzel frumbt,
6040 als es mir nu hie tůt,
dem wäre da haim als gůt. 5055
wer zu hofe wesen sol,
dem zimet freude wol
und daz er im sein recht tů:
6045 da han ich nu nicht zů
und můs mich saumen daran 5060
als ein unwarnder man.
Ir secht wol, daz ich zu diser stúnd
bin müed und wúnt
6050 und so unhofebare,
daz ich wol hoves bare. 5065
het Irs mich erlan!
Ir habt nit wol an mir getan."
Gawein den zorn mit gúete rach.
6055 er hiels In zu im und sprach:
„Herre, senftet eurn zorn! 5070
ja ist ein frunt bas verloren
beschaidenlichen und wol,
denn behalten anders, dann er sol.
6060 wirt im ein tail zorn gach,
Er verstet | sich rechtes darnach XLva 5075
Und hat In lieber dann ee.
was mag ich nu gesprechen mee?
wann sol ich euch beschwart han,
6065 das ich doch durch gůt getan.
auch richtend selb uber mich." 5080
also versüende er sich
mit im vil tugentlichen,
daz im begunde entweichen
6070 ungemůt und laid.
es ward auch grosser wirdikait 5085
nach volliklicher ere
man erpoten mere,
denn im da ze hove geschach.

6051 houefbare

wollte ich nicht.
Es war nicht in Ordnung von Euch, mich hierher zu bringen.
Wem es so unangenehm ist,
zu Hofe zu kommen,
6040 wie mir jetzt,
wäre besser zu Hause geblieben.
Wer sich am Hof aufhält,
soll freudig gestimmt sein
und sich angemessen verhalten;
6045 dazu habe ich gerade nichts beizutragen
und muss unvorbereitet, wie ich bin,
auf einen Besuch verzichten.
Ihr seht doch genau, dass ich momentan
müde sowie verletzt bin
6050 und vollkommen hofuntauglich,
sodass ich mit Recht dem Hof fernbliebe.
Hättet Ihr es mir erspart!
Ihr habt mich nicht gut behandelt.“
Gawein rächte sich für den Zorn mit Güte.
6055 Er umarmte ihn und sagte:
„Herr, beruhigt Euch!
Ja, man lässt in der Tat einen Freund
besser in Güte und Zurückhaltung fortgehen,
als ihn gegen seinen Willen festzuhalten.
6060 Wenn dieser deswegen plötzlich zornig wird,
besinnt er sich jedoch gleich darauf eines Besseren
und mag den anderen noch mehr als zuvor.
Was soll ich jetzt noch sagen?
Sollte ich Euch betrübt haben,
6065 habe ich es nur in bester Absicht getan.
Doch urteilt selbst über mich!“
So versöhnte Gawein sich
sehr anständig mit ihm,
sodass Erecks Betrübnis
6070 und Unwillen schwanden.
Es wurde keinem Mann
nach einer solchen Ehrerbietung
eine noch größere Anerkennung zuteil,
wie er sie dort am Hof erhielt.

6075 daz man In da gerne sach,
des teten vil wol schein 5090
Artus und die künigein
mit der massenie gar.
Si waren willkomen dar:
6080 man emphieng si wirdikleichen
baid geleichen, 5095
Erecken und Eniten,
die zu manigen ziten
unrů hetten gephlegen
6085 auf unkunden wegen.
genovere, die künigin, 5100
tet suessen willen schein,
do Ir frau Enite kam,
in Ir phlege sis nam
6090 und fůrte si dann
al besonder von Irem man 5105
in Ir haimliche.
da ward vil weibliche
von In baiden geclagt,
6095 vil gefraget und gesagt
von ungewonter arbait, 5110
so die frau Enite erlaid.
so kumberlicher sache
ergatzte si mit ungemache
6100 die vil edel künigein,
die weile und das mochte sein. 5115
auch ward Ereck
von den rittern weg
gefüeret besonder,
6105 da er also wunder
seiner múed rue emphie. 5120
die ritterschaft zů im gie
und entwaffenten in sa.
er gewan vil reicher knaben da.
6110 dhainer da ze stůnde
dem andern nicht engunde, 5125
daz er ware für In gůt:
sich vliss von In ein gleicher můt,
was im dienst mochte sein.
6115 vil schiere kam die künigein
In zu klagen und schauen 5130

6075 Dass man ihn dort gerne sah,
zeigten ihm sehr deutlich
Artus und die Königin
sowie die gesamte Hofgesellschaft.
Sie waren dort willkommen:
6080 Man empfing sie beide
gleichermaßen würdevoll,
Ereck und Enite,
die oftmals
auf unbekannten Wegen
6085 unruhige Zeiten erduldet hatten.
Ginover, die Königin,
zeigte ihre Freundlichkeit,
als Frau Enite zu ihr kam,
nahm sie sie in ihre Obhut
6090 und führte sie fort
von ihrem Mann
in ihre Räumlichkeiten.
Dort klagten beide
in weiblicher Manier,
6095 fragten und erzählten viel
von ungewohnter Mühsal,
wie sie Frau Enite ertragen hatte.
Einen solchen Kummer
entschädigte die edle Königin
6100 mit einem sehr großen Aufwand,
solange es ging.
Auch Ereck wurde
von den Rittern weg
beiseite gebracht,
6105 wo er als Verwundeter und Erschöpfter
Ruhe finden konnte.
Die Ritter gingen sogleich zu ihm
und entwaffneten ihn.
Viele prächtige Knappen kümmerten sich dort um ihn.
6110 Keiner gönnte
es da dem anderen,
Ereck Gutes zu tun:
Alle hatten dieselbe Absicht,
ihm zu dienen.
6115 Bald schon kam die Königin
mit allen ihren Damen herbei,

mit allen Iren frauen.
ein phlaster ward mit Ir getragen.
davon wil ich euch sagen,
6120 wie gůt es zu wunden was:
manig verchwunder sein genas. 5135
wem es ward gepunden
uber seine wúnden,
dem geschwar si nie mere
6125 und hailte nicht zu sere
wann zu rechter masse genúg. 5140
dhain úbel nie dartzú geschlůg:
alles args es vertraib,
was es gůtes vant, das belaib,
6130 und die davon genasen,
die úberhúb es masen, 5145
so daz man die lich eben sach,
als da nie wunde geschach.
mit disem phlaster verpant
6135 der kuniginne handt
des Ritters seiten. 5150
die welt zu dhainen zeiten
pesser phlaster nie gewan.
wundert nu dhainen man,
6140 der es gerne vernäme,
von wannen ditz phlaster käme? 5155
das hette Famurgan,
des kuniges schwester, da verlan
lang darvor, da si erstarb.
6145 was starcher liste an Ir verdarb
von frembden sinnen! 5160
Si was | ein göttinen. XLvb
Man mag die wunder nit gesagen
von Ir, man mus Ir mer verdagen,
6150 der dieselb frau phlag.
doch so ich maiste mag, 5165
so sag ich, was si kunde,
wenn si begúnde
augen Ir zauberlist:
6155 so het si in kurtzer frist

―――――
6121 verch wunder **6126** zurechter

um nach ihm zu sehen und seinen Zustand zu beklagen.
Ein Pflaster hatte sie dabei.
Ich werde euch erzählen,
6120 wie gut es Wunden heilen konnte:
mancher tödlich Verletzte wurde durch das Pflaster wieder gesund.
Wem es auf seine
Wunden gelegt wurde,
spürte keine Schmerzen mehr;
6125 die Wunden heilten auch nicht zu schnell,
sondern gerade recht.
Nichts verschlimmerte sich:
alles Schlechte vertrieb es,
nur das, was es an Gutem fand, blieb,
6130 und die dadurch geheilt wurden,
bekamen keine Narben,
sondern eine glatte Haut,
als hätte es nie eine Wunde gegeben.
Mit diesem Pflaster verband
6135 die Königin
die Seite des Ritters.
Ein besseres Pflaster
hatte es nie auf Erden gegeben.
Wundert es nun irgendjemanden
6140 und würde jemand gerne hören,
woher dieses Pflaster stammte?
Das hatte Famurgan,
die Schwester des Königs, hinterlassen,
lange bevor sie starb.
6145 Was für ein großartiges Wissen
befremdlicher Herkunft mit ihr zugrunde ging!
Sie war eine Göttin.
Man kann die Wunder gar nicht aufzählen,
die sie wirkte,
6150 sondern muss die meisten verschweigen.
Doch so gut ich kann,
berichte ich, was sie vermochte,
wenn sie ihre Zauberkräfte
vorführte:
6155 So konnte sie in kurzer Zeit

die welt umbfarn da   5170
und kam wider sa.
ich waiss nit, wer si es lert:
ee ich die umbkerte
6160 oder zůgeschlüege die pra,
so füer si hin und schin doch sa.   5175
Si lebete ir vil werde:
im lufte als auf der erde
mochte si zu rue schweben,
6165 auf dem wage und darúndter leben.
auch was Ir das unteure: 5180
si wonte in dem feure
also sanft als auf dem taue.
ditz kunde die fraue.
6170 und so si des began,
so machte si den man   5185
Ze vogel oder ze tiere.
darnach gab si im schiere
wider sein geschäft.
6175 si kunde doch zaubers die kraft.
Si lebete vast wider got,   5190
wann es wartete Ir gepot
das gefügl zu dem wilde
an walde und an gevilde,
6180 und daz mich daz maiste –
die ubeln geiste,   5195
die da tiefln sint genant,
die waren alle under Ir handt.
si mochte wunder machen,
6185 wann Ir můsten die trachen
von den luften bringen   5200
steure zu Irn dingen,
die vische von dem wage.
auch het si mage
6190 tief in der helle:
der teufl was Ir geselle.   5205
der sant Ir steure
auch aus dem feure,
wievil si des wolte,

——————
6171 mochte   **6179** on... on

die Erde umreisen
und sofort wieder zurückkommen.
Ich weiß nicht, wer ihr das beigebracht hatte:
Bevor ich die Augenbraue hochzöge
6160 oder die Lider schlösse,
wäre sie fort und sogleich wieder da.
Ihr Leben war außergewöhnlich:
In der Luft als auch über dem Boden
konnte sie in Ruhe schweben,
6165 auf dem Wasser und darin leben.
Auch machte ihr es nichts aus,
im Feuer zu leben:
sie konnte sich dort so leicht aufhalten, als wäre es Tau.
Dies vermochte die Dame.
6170 Und wenn sie wollte,
verwandelte sie einen Menschen
in einen Vogel oder ein anderes Tier.
Anschließend verwandelte
sie ihn sofort wieder zurück.
6175 Sie verfügte halt über die Macht der Zauberei.
Sie lebte nicht in Einklang mit Gott,
denn ihre Gebote befolgten
die Haustiere und die Wildtiere
im Wald und auf dem Feld,
6180 und was mich am meisten –
die bösen Geister,
die Teufel genannt werden,
waren alle in ihrer Gewalt.
Sie konnte Wundersames wirken,
6185 denn die Drachen
der Lüfte mussten
sie in ihren Angelegenheiten unterstützen,
ebenso die Fische im Wasser.
Auch hatte sie Verwandte
6190 tief unten in der Hölle:
der Teufel war ihr Gefährte.
Der schickte ihr
auch aus dem Feuer so viel Hilfe,
wie sie wollte,

6195 und was si haben solte
von erdtriche,   5210
des nam si im angstliche
alles selb genůg.
die erde dhain wurtzen trůg,
6200 Ir ware Ir craft erkannt
als mir mein selbs handt.   5215
Seit daz sibilla erstarb
und Ericto verdarb,
von der uns Lucanus zalt,
6205 daz Ir zaůberlich gewalt,
wem si wolte, gepot,   5220
der davor was lang todt,
daz er erstůnd wol gesúnt,
von der ich euch hie zestúnd
6210 nu nicht mer sagen wil,
wann es wurde ze vil,   5225
– Si gewan das erdtrich,
das wisset warlich,
von zauberlichen sinne –,
6215 nie besser maisterinne
was dann Famurgan,   5230
von der ich euch gesaget han.
wann da were er nicht weiser man,
wer im wolte daran
6220 nemen gros laster:
auch s*i* ein phlaster   5235
für In gebrúefen kunde.
Ja wann man nindert funde,
wie sere man si wolte ersůchen,
6225 die craft aus Artztpůchen,
so kreftigkliche liste,   5240
die si wider criste
üebete, so des begerte Ir můt.
dasselb phlaster machet si gůt
6230 von allem Irem sinne,
damit die küniginne   5345
Erecken die wúnden verpant.

6195 und was sie vom Erdreich
haben wollte,
das nahm sie dem Teufel respektvoll
alles selber weg.
Es gab kein Kraut auf Erden,
6200 dessen Wirkung ihr nicht genauso gut
bekannt gewesen wäre wie mir meine eigene Hand.
Seit dem Tod Sibilles
und Erictos,
von der Lucan uns erzählt,
6205 dass sie mit ihrer Zauberkraft
alle beherrschte, die sie beherrschen wollte,
sodass sogar der lang Verstorbene
gesundet wieder auferstand,
von der ich euch hier und jetzt
6210 aber nichts mehr erzählen werde,
da es sonst zu viel würde,
– nur seid sicher:
sie eroberte die Erde,
mit Zauberkunst –,
6215 gab es keine bessere Meisterin
als Famurgan,
von der ich euch berichtet habe.
Wer daran groß Anstoß
nehmen wollte,
6220 wäre ausgesprochen unklug:
denn auch für ihn
könnte sie ein Pflaster zubereiten.
Denn man könnte nirgends,
wie eifrig man sie auch suchen wollte,
6225 diese Macht in medizinischen Büchern finden,
diese so mächtige Zauberkunst,
die sie unchristlich
ausübte, wie sie es wollte.
Dieses Pflaster,
6230 mit dem die Königin
Ereck die Wunden verband,
hatte sie mit all ihrem Wissen hergestellt.

des phlasters güete er wol empfant,
wann als Er ver|půnden ward,   XLvc
6235 da hugte er wider auf die vardt.
In dauchte, er were gar genesen,   5250
und wolt da nicht lenger wesen,
wievil si In gepaten
und rede darumb hatten,
6240 Ritter und frauen,
die komen In zu schauen.   5255
doch handleten si die nacht
vollikliche nach Ir macht
die werden geste
6245 und so si kunden peste
und hetten des gerne vil getan,   5260
wolt Ins Ereck gehenget han,
des er doch nicht thet.
des kunig Artus pet
6250 und der kunigin
mochte nicht frum gesin,   5265
daz si In mit dhainen listen
lenger mochte gefristen
dann üntz morgen vil frúe:
6255 da entstund doch dhain pete zúe.
also da es morgens ward   5270
und auch seiner fart
durch niemand wolte abestan,
ditz dauchte si alle missetan.
6260 nu enbeis der künig durch In frů.
darnach zoch man die ross zů.   5275
Ereck urlaub da nam,
als seinen züchten wolgezam,
von Rittern und von frauen.
6265 die mochte man von erste schauen
an Ir aller gepärden,   5280
daz si da lieb waren,
Wann da waint weib und man
vor leide, da si schieden dann.
6270 den künig müet so sere,

6241 zuſchawen   **6242** dienacht

Die Wirkkraft des Pflasters spürte er sofort,
denn, sobald seine Wunden verbunden waren,
6235 wollte er wieder abreisen.
Er fühlte sich vollkommen gesund
und wollte nicht länger dort bleiben,
wie sehr sie ihn auch darum baten
und auf ihn einredeten,
6240 die Ritter und Edeldamen,
die herbeigekommen waren, um ihn zu sehen.
Immerhin bewirteten sie
die ganze Nacht hindurch ihre vornehmen Gäste,
wie es in ihrer Macht stand
6245 und so gut sie es konnten,
und hätten dies auch gerne länger getan,
wenn Ereck es ihnen nur zugestanden hätte,
was er jedoch nicht machte.
Auch die Bitte von Artus
6250 und der Königin
vermochte nichts auszurichten,
sodass sie ihn mit keinerlei Argumenten
über den nächsten Morgen hinaus
zum Bleiben bewegen konnten:
6255 Keine Bitte konnte es abwenden.
Als es Morgen wurde
und er von seiner Reise
wegen keinem von ihnen Abstand nehmen wollte,
erschien ihnen allen das falsch.
6260 Nun frühstückte der König seinetwegen zeitig.
Anschließend brachte man die Pferde.
Ereck verabschiedete sich
von den Rittern und den Edeldamen
formvollendet wie immer.
6265 Diese Formvollendung konnte man zuerst an
deren Verhalten erkennen,
denn Ereck und Enite waren dort so beliebt,
dass Frauen und Männer vor Unglück weinten,
als sie schließlich losritten.
6270 Den König betrübte es so sehr,

daz er nicht mere 5285
in dem walde *wolde* bestan:
Er fůr gegen Karadigan.
nu rait der Ritter Ereck,
6275 als in beweiste der weg.
er weste selbs nit, war: 5290
sein mút stúnd núr dar,
da er abenteure vand.
nu rait er da ze stúnde
6280 ein wenige weile,
kaum ein meile: 5295
da hort er ein stimme
Jamerlichen grimme
von dem wege wúfen,
6285 nach hilfe ruefen
erparmiklich ein weib, 5300
der was bekümbert Ir leib.
Als er das ruefen vernam,
michel wunder in des nam,
6290 was die rede mochte sein.
da was doch sein manhait schein. 5305
Er hiess frauen Eneiten
sein da ze state peiten
und tete si da erpeissen zu dem wege.
6295 mit sorgen er gab si in gotes phlege,
als si der will lerte, 5310
da er von Ir kerte.
des endes húb sich Ereck
durch rauhen walt on weg,
6300 unerpauen strasse,
wann daz er die masse 5315
bei des weibes stimme nam,
untz daz er rechte dar kam,
daz si von klage michel laid
6305 in dem wilden walde erlait.
Ir růwige hende 5320
hetten das gepende
unschone abgestrauft.
zecratzet und zerrauft

6272 wolde *nicht in A*   **6284** ẃfen

dass er nicht länger
im Wald bleiben wollte:
Er reiste nach Karadigan.
Nun ritt der Ritter Ereck,
6275 wohin der Weg ihn führte.
Er wusste selbst nicht, wohin:
Er wollte nur dorthin,
wo er Abenteuer fände.
So ritt er
6280 eine kurze Zeit,
nicht mal eine Meile weit.
Da hörte er eine Stimme
in kummervoller Panik
abseits des Weges schreien,
6285 eine Frau, deren Leben bedroht war,
erbarmenswürdig
um Hilfe rufen.
Als er die Rufe hörte,
fragte er sich umgehend,
6290 was sich dort ereignete.
Jetzt zeigte sich seine Mannhaftigkeit.
Er half Frau Enite,
am Wegesrand vom Pferd abzusteigen
und dort auf ihn zu warten.
6295 Voll Sorge vertraute er sie Gott an
– wie es auch ihr das Herz eingab –,
als er sich von ihr abwendete.
Dort schlug sich Ereck
durch den wilden,
6300 unwegsamen Wald,
wobei er sich in Richtung
der Frauenstimme bewegte,
bis er genau dorthin gelangte,
wo sie kläglich
6305 in dem wilden Wald großes Leid erfahren hatte.
Ihre schmerzerfüllten Hände
hatten ihren Kopfschmuck
unansehnlich heruntergezerrt.
Zerkratzt und zerrauft

6310 het sich das liebelose weib,
daz Ir die wat und der leib 5325
mit plúte was berúnnen.
si het auch gewúnnen
von Jammer solhe schwäre,
6315 daz doch nieman wäre
also vestes hertzen, 5330
het er Ir schmertzen
zu den zeiten gesehen,
seidt ich der warhait sol jehen,
6320 si múeste im erparmen.
als er da die armen 5335
in solher ungehabe sach,
vil nach wainende sprach
der tugenthafte man:
6325 „Frau, durch | got saget an: XLIra
Was ist, das Ir wainet, 5340
Und wie seit Ir sünst verainet
in disem walde?
durch got saget balde,
6330 ob ich euch zu staten müge kumen.“
Nu het Ir benúmen 5345
die pitter laides grimme
vil nach gar die stimme.
Ir hertzen seuftz das wort zerbrach,
6335 daz si vil kaume gesprach:
„weinens geet mir michl not. 5350
Herre, mir bleibet tot
der aller liebste man,
den je weib gewan.“
6340 Ereck sprach: „Frau, wie ist das komen?“
„Herre, da habent mir In benomen 5355
Zwen Risen, die fúrtend In
des gefertes vor mir hin.
Herre, si lassen In nicht genesen,
6345 wann si sint im gewesen
veint nu vil manigen tag. 5360
Owe, wie wol ich wainen mag!“
„Frau, sein si icht verre?“
„Nein si, lieber herre.“
6350 „Nu weisent mich nach In!“
„Herre, hie ritend si hin.“ 5365

6310 hatte sich die verlassene Frau,
sodass ihr Körper und ihre Kleidung
voll Blut waren.
Auch litt sie
so außerordentlich stark,
6315 dass doch niemand,
wenn er ihre Schmerzen
damals gesehen hätte,
so hartherzig wäre –
da ich nun einmal die Wahrheit sagen muss –,
6320 sich ihrer nicht zu erbarmen.
Als er die Arme dort
in solchem Jammer entdeckte,
sagte der Untadelige
den Tränen nah:
6325 „Meine Dame, sprecht um Gottes willen:
Warum weint Ihr,
und wieso seid Ihr ganz allein
in diesem Wald?
Sagt um Gottes willen,
6330 ob ich Euch helfen kann!"
Inzwischen hatte
das wilde Leid
sie fast ihrer Stimme beraubt.
Die Seufzer des Herzens zerhackten ihre Worte,
6335 sodass sie sich kaum verständlich machen konnte:
„Die große Not lässt mich weinen.
Herr, der allerliebste Mann,
den je eine Frau hatte,
wird getötet."
6340 Ereck sagte: „Meine Dame, wie kam es dazu?"
„Herr, zwei Riesen haben ihn mir genommen,
die brachten ihn
auf diesem Weg fort von mir.
Herr, sie bringen ihn um,
6345 denn sie sind schon
lange Zeit seine Feinde.
O weh, wie heftig ich weinen muss!"
„Meine Dame, sind sie weit weg?"
„Nein, sind sie nicht, lieber Herr."
6350 „Zeigt mir die Richtung!"
„Herr, dort sind sie hingeritten."

mit dem vinger weiset si im die fart,
da er hin gefúeret ward.
Ereck sprach: „Frau, nu gehabet euch wol,
6355 Wann ich benamen sol
bei im beleiben tot,   5370
oder ich hilf im aus not.“
nu bevalch In die gúte
mit worten und mit mûte
6360 in unsers herren gewalt.
Ir gepet ward vil manigvalt   5375
und getreulich der segen,
den Si tet úber den degen.
nu was Er kumen auf Irn slag
6365 Und eilte In vil sere nach,
untz Er si begúnde sehen an.   5380
Nu hetten die zwen grossen man
weder schilt noch spere
noch Schwert, daz er
6370 von rechte genoss:
Waffens waren si blos.   5385
was Ir wer wäre?
zwen kolben schwäre,
gros und lange:
6375 den waren die stange
mit eisen beschlagen.   5390
es mochte doch einem zagen
immer vergan,
daz er getorste si bestan.
6380 auch fúrten si, die ungûten,
zwo gaiselrúten   5395
mit vinger grossen strangen:
den si da hetten gefangen,
den triben si damite
6385 nach fraislichem sitte.
Er rait on gewant   5400
und blos sam ein handt.
gelait waren im die hende
Ze ruck mit gepende

————
6389 Zeruck

Mit dem Finger wies sie ihm die Richtung,
in die ihr Mann verschleppt worden war.
Ereck sagte: „Meine Dame, keine Sorge,
6355 denn ich werde wahrlich
mit ihm sterben
oder ihn aus der Not erlösen."
Darauf wünschte ihm die Gute
in Worten und Gedanken
6360 den Schutz Gottes.
Sie betete viel
und segnete voller Hoffnung
den Helden.
Dann folgte er ihrer Spur
6365 und eilte ihnen rasch hinterher,
bis er sie erblickte.
Nun hatten die beiden großen Männer
weder Schild noch Lanze
oder Schwert, weswegen
6370 er eigentlich im Vorteil war:
Sie waren ungerüstet.
Womit sie kämpften?
Zwei schwere
und übergroße Streitkolben,
6375 deren Stangen
mit Eisen beschlagen waren.
Ein Feigling hätte sich
niemals getraut,
gegen sie zu kämpfen.
6380 Zudem hatten sie, die Bösen,
zwei Peitschen
mit fingerdicken Strängen:
Ihren Gefangenen
trieben sie damit
6385 in schrecklicher Weise vorwärts.
Er saß nackt
auf einem Pferd.
Die Hände hatte man ihm
mit Stricken auf den Rücken gefesselt

6390 und fúesse unden
Zesamen gepunden.   5405
vil manigen gaiselschlag er leit,
da er vor In hinreit.
Si schlůgen In one parmen
6395 so sere, daz dem armen
die haut abhin hie   5410
von dem haubt an die knie.
Si brachen vast ritters recht
und handleten den gůten knecht:
6400 und ware er begangen,
an diebes stat gefangen,   5415
solher zucht were zu vil.
Er was geschlagen untz auf das zil,
daz er des plůtes was erwigen
6405 und nu so gar geschwigen,
daz In schreiens verdros.   5420
das plút regensweis flos
des rosses seiten hin ze tal:
es was plútig uberal.
6410 **D**er Ritter grossen qual lait,
so unvernumen arbait, | 5425
daz nimmer man an den todt   XLIrb
mochte erleiden grosser not,
dann im da geschach.
6415 als ditz Ereck ersach,
Nu beweget des ritters schmertze   5430
so sere sein hertze,
daz er bei im Ee ware erslagen,
Ee er ins hette vertragen,
6420 und das es an seiner varbe schein.
Er sprache zu den zwain: 5435
„Ir herren baide,
ich frage euch nit ze laide,
durch got múget Irs mich wissen lan:
6425 was hat euch der man getan,
den Ir da habt gefangen?   5440
saget, was habt Ir begangen!
es schadet euch nicht und ist mir lieb:
weder ist er morder oder dieb,
6430 oder wie hat ers umb euch verholt
so swäre zucht, die er dolt?“   5445

6390 und die Füße
zusammengebunden.
Sie peitschten ihn immer wieder aus,
während er vor ihnen herritt.
Sie schlugen ihn ohne Erbarmen
6395 so heftig, dass dem Armen
die Haut vom Kopf bis zu den Knien
in Fetzen hing.
Sie brachen das ritterliche Gesetz
und misshandelten den guten Kerl:
6400 Selbst wenn er als Dieb
ertappt und gefangen genommen worden wäre,
wäre eine solche Strafe unangemessen gewesen.
Er war so lange geschlagen worden,
dass er durch die Blutungen geschwächt
6405 und zum Schweigen gebracht worden war,
sodass er keinen Laut mehr von sich gab.
Wie Regen strömte das Blut
an den Flanken des Pferdes herab:
es war über und über mit Blut bedeckt.
6410 Der Ritter erlitt große Qualen,
solch unerhörte Schmerzen,
dass niemand im Sterben
eine größere Not ertragen könnte
als er.
6415 Als Ereck dies erblickte,
bewegte der Schmerz des Ritters
auf der Stelle so sehr sein Herz,
dass man es ihm ansehen konnte
und er eher mit ihm zusammen erschlagen worden wäre,
6420 als es den Verbrechern nachzusehen.
Er sagte zu den beiden:
„Ihr zwei Herren,
ich frage nicht, um Euch zu verärgern,
doch sollt Ihr mich um Gottes willen wissen lassen,
6425 was Euch der Mann angetan hat,
den Ihr gefangen habt?
Sagt, was habt Ihr getan!
Es wird Euch nicht schaden und ich begrüße es:
Ist er ein Mörder oder Dieb
6430 oder wie hat er sich
eine so schwere Züchtigung, wie er sie erdulden muss, verdient?"

Des antwurt im der aine,
der achtet im sein frag claine:
„nu, was hast du tumbe
6435 ze fragen darumbe,
was er uns hab getan?   5450
des wellen wir dich nicht wissen lan,
rechter affe, nu sich:
du unwirdest dich,
6440 daz du fragest also vil,
daz dir niemand sagen wil.   5455
Nu, warumb jagest du mich?“
Ereck sprach: „herr, nain ich.“
dannoch redet Er mit listen
6445 und wänet In so gefristen:
„Ich hört In rúefen verre.   5460
gelaubet Ir mir, herre:
ich habs nit durch úbel getan,
daz ich euch heer gevolget han.
6450 mich wundert, was es were.
daz sei euch nicht schwäre,   5465
doch wil ich euch zwar sagen,
das mochte ich nit verdagen:
Und hat diser man Ritters namen,
6455 so möchtend Ir euch immer schamen,
daz Er des nicht geneusset   5470
und euch nicht bedreusset
der grossen unfůge.
Ja hat Er zucht genůge
6460 emphangen, was er hat getan,
mügt Ir In durch got lan.“   5475
der michel man sünst widersprach:
„dein klaffen ist mir ungemach.
erla mich deiner frag!
6465 du setzest enwage
deinen leib vil sere.   5480
möcht ich an dir dhain ere
bigeen oder dhainen růmb,
Ich zerbräche dich als ein hůn.
6470 nu, was frümmet im dein frage?
nu nim dirn ze mage   5485
und hilf im: des ist im not genůg.“
im ze sehen er In schlůg

Einer von ihnen antwortete ihm,
der schätzte seine Frage gering:
„Na, was hast du Idiot
6435 danach zu fragen,
was er uns getan habe?
Das werden wir dir nicht sagen,
du Affe, sieh es ein:
Du erniedrigst dich,
6440 wenn du so viel fragst,
was dir eh keiner sagen wird.
Also – warum verfolgst du mich?“
Ereck sagte: „Herr, das tue ich gar nicht.“
Dann fuhr er listig fort,
6445 weil er glaubte, ihn so hinhalten zu können:
„Ich hörte sein Geschrei aus der Ferne,
glaubt mir, Herr:
Ich habe es nicht in böser Absicht getan,
dass ich Euch hierher gefolgt bin.
6450 Ich fragte mich nur, was vor sich ginge.
Nehmt das nicht übel,
doch muss ich Euch etwas ehrlich sagen –
das kann ich nicht für mich behalten:
Sofern dieser Mann ein Ritter ist,
6455 werdet Ihr Euch immer dafür schämen müssen,
dass er keinen Vorteil daraus zieht
und Euch diese enorme Grobheit
nicht übertrieben erscheint.
Wirklich, er hat genug Strafe
6460 erhalten, was auch immer er getan hat,
könnt Ihr ihm bei Gott erlassen.“
Der riesige Mann entgegnete ihm:
„Dein Geschwätz nervt mich:
Lass mich mit deiner Fragerei in Ruhe!
6465 Du setzt hier ganz schön
dein Leben aufs Spiel.
Könnte ich an dir irgendeine Art von Ehre
oder auch nur den geringsten Ruhm gewinnen,
würde ich dich rupfen wie ein Huhn.
6470 Was also hilft ihm deine Fragerei?
Na komm, verbrüdere dich mit ihm
und hilf ihm, das hat er bitter nötig.“
Vor seinen Augen schlug er den Ritter

und hiess in streichen seinen weg.
6475 dannoch wolte In Ereck
mit gúete úberwúnden han,   5490
daz Er den ritter hette gelan.
die pet was vil gar verloren,
wann daz er raitzte des Risen zorn:
6480 dem Ritter teten si do wee
durch seinen hass wirser dann ee,   5495
wann si hetten vorcht noch wan,
daz er si getorste bestan;
und als Ereck, der degen bald,
6485 ersach, daz er sein entgalt,
das múete In gar sere.   5500
nu entwelte er nicht mere,
wann under den Arm schlůg er
mit gůtem willen das sper.
6490 das ross nam er mit den sporn.
an si trúg In der zorn.   5505
das hůb sich dannoch claine,
untz daz | der aine   XLIrc
von unwirde versaumbte sich,
6495 üntz daz im ein sperstich
entgegen in sein haubt kam,   5510
der im ein aug benam.
der stich ergie mit solicher kraft,
daz im wol ellenlang der schaft
6500 ausgieng vor den augen.
wie klaine ers wolt trauen,   5515
Er stach in zu der erden tot,
als es der hofische gepot.
Als sein geselle
6505 das grosse gevelle
gesach von dem micheln man,   5520
mit zorne kerte er wider dan
und begunde den kolben wenden
und gab In zu baiden henden.
6510 Ereck erpeiszte do.
des was der Rise fro   5525
und mainet In so gewunnen han.

6495 ſper ſtich

und wies Ereck an, das Weite zu suchen.
6475 Trotzdem wollte Ereck ihn immer noch
im Guten dazu bringen,
von dem Ritter abzulassen.
Aber das Bitten erreichte nichts,
außer dass Ereck den Zorn des Riesen anstachelte:
6480 Sie quälten den Ritter,
um Ereck zu provozieren, schlimmer als zuvor,
denn sie hatten weder die Sorge noch die Erwartung,
dass er sich wagen würde, gegen sie anzutreten.
Als aber Ereck, der mutige Held,
6485 erkannte, dass der Ritter für ihn büßen musste,
erzürnte ihn das sehr.
Jetzt zögerte er nicht länger,
sondern klemmte sich
mit besten Absichten den Speer unter den Arm.
6490 Dem Pferd gab er die Sporen,
der Zorn trieb ihn auf sie zu.
Das Kampftreiben begann dennoch bescheiden,
bis der eine aus Verachtung (gegenüber Erecks Fähigkeiten)
nachlässig kämpfte
6495 und ihm dann ein Speerstich
von hinten in den Kopf drang,
der ihn ein Auge kostete.
Der Stich wurde mit solcher Wucht ausgeführt,
dass ihm der Schaft bestimmt eine Elle lang
6500 vorne aus den Augen wieder austrat.
Wie wenig er es auch glauben wollte,
Ereck stach ihn tot zu Boden,
ganz so wie es der Höfische verlangte.
Als sein Kumpan
6505 den schweren Sturz
des riesenhaften Mannes sah,
drehte er sich wütend um,
justierte seinen Knüppel
und packte ihn mit beiden Händen.
6510 Ereck saß daraufhin ab.
Darüber freute sich der Riese
und glaubte, ihn nun überwunden zu haben.

In trog, ob got wil, sein wan.
Er slůg sam er wůte,
6515 wan daz sich Ereck hůte
und sich mit listen   5530
wol kunde fristen,
Er wäre zu dem ersten erslagen.
sein schnellhait kunde In austragen.
6520 den Schilt er im darpot:
über den gieng doch die not.   5535
wo Er den Schilt erraichte,
das herte pret er erwaichte,
daz es sich wol endreissig klob
6525 und hohe auf haubt lüt
aus der craft ware.   5540
der kolb was so schwäre,
also dick und er schlůg,
daz er so sere nidertrůg,
6530 daz er in so kurtzer stúnde,
ee Er In zu schlage vol errait,   5546
Erecken het sein schnelhait
an In und wider von im getragen.
also het Er im geschlagen
6535 wol vierstund zu dem paine.   5550
es húb in nie so klaine,
Er schlůge es im ze jüngst abe.
da begunde der ungefüege knabe
sigen auf die knie.
6540 Ereck im vast zůgie.   5555
dannoch facht der valant
mit unverzagter handt.
Er slůg so manigen grimmen slag,
daz uns wol wundern mag,
6545 daz Ereck vor im genas,   5560
wann daz der mit im was,
der dawider gab die kraft,
daz er ward sighaft
an dem Risen Golia:
6550 der half auch im des siges da,   5565
daz er In mit gewalte
vol gewalte
und im das haubt abslůge.
do was da vechtens genůge.

Seine Erwartung, so Gott will, täuschte ihn aber.
Er prügelte wie ein Irrer;
6515 wenn Ereck nicht aufgepasst
und sich nicht trickreich
zu schützen verstanden hätte,
wäre er sofort erschlagen worden.
Sein Geschick konnte ihm aber aushelfen:
6520 Er hielt ihm den Schild hin:
Über den brach dann das Unheil herein.
Wo er den Schild traf,
erweichte er das harte Holz,
sodass es sich dreißigfach spaltete
6525 und ihm nun mit voller Kraft
oben auf den Kopf prasselte.
Der Streitkolben war so schwer,
dass er ihn jedes Mal, wenn er zuschlug,
so gewaltig herunterzog,
6530 sodass in kurzer Zeit,
bevor ihn der Schlag erreichen konnte,
Ereck seine Gewandtheit zu ihm hin
und wieder fortgetragen hatte.
Auf diese Weise hatte er ihm
6535 sicher vier Mal Hiebe ins Bein versetzt.
Es machte ihm gar nichts aus,
es ihm letztlich ganz abzuschlagen.
Schon sank der plumpe Kerl
auf die Knie.
6540 Ereck ging ihn hart an.
Trotzdem kämpfte der Teufel
mit furchtloser Hand weiter.
Er führte so viele schreckliche Schläge aus,
dass es uns wirklich erstaunen muss,
6545 dass Ereck am Leben blieb,
jedoch war derjenige bei ihm,
der die Kraft dazu schenkte,
den Riesen Goliath
zu besiegen:
6550 Der verhalf auch Ereck zum Sieg,
sodass er ihn mit Gewalt
vollends überwältigte
und ihm den Kopf abschlug.
Damit war das Kämpfen beendet.

6555 **Al**s Eregk den Sig gewan,   5570
da het den gefangen man
das Ross in den wald getragen,
daz er niemand kunde gesagen,
wo Er im ze vinden ward.
6560 doch pracht In das auf die fart: 5575
wo Er hin geriten was,
da waren paum und gras
von seinem leibe gar
worden vil plůtfar,
6565 wo er anrůte,   5580
da In das Ross hin furte,
wann er was gepunden,
daz Er zu dhainer stúnden
den paumen mochte entweichen,
6570 er múste sich daran streichen.   5585
da spüret In der gůte
alles in dem plúte
verre, üntz daz er In vant.
da löeset er im die pant
6575 von fúessen und von henden   5590
und brachte den ellenden
wider zu seinem weibe
mit gantzem leibe
und doch anders gesunden,
6580 als Er | In hette gefúnden   XLIva 5595
mit gaiseln zeschlagen.
doch dorfte er nimmer nicht geclagen,
seit im das leben beliben was,
wann er dises schmertzen wol genas.
6585 als si in ane ersach,   5600
baide liebe und ungemach
waren in Ir hertzen schein,
doch si nit wol ensament sein.
als In die gúte
6590 berunnen sach mit plúte,   5605
da erlasch Ir hertze von,
wann si was vil ungewon
an im der hertzesere.

———

6564 plůt far   **6585** si in] fein   **6593** hertze fere

6555 Während Ereck den Sieg errang,
hatte das Pferd den gefangenen Mann
in den Wald getragen,
sodass er niemandem sagen konnte,
wo er zu finden wäre.
6560 Doch brachte ihn Folgendes auf die Spur:
Wo er entlang geritten war,
da waren Bäume und Gras
durch seinen Körper
ganz blutig verfärbt,
6565 dort, wo er aneckte
und wo das Pferd ihn auch hintrug –
denn er war gefesselt,
sodass er
den Bäumen nie ausweichen konnte –,
6570 er musste daran entlang scheuern.
Also folgte ihm der Gute
allein mit Hilfe des Blutes
sehr weit, bis er ihn fand.
Da löste er ihm die Fesseln
6575 von den Füßen und den Händen
und brachte den Fremden
zurück zu seiner Frau –
in einem Stück
und doch in anderer Verfassung,
6580 wie er ihn von Peitschen
zerschunden gefunden hatte.
Aber er hatte absolut keinen Grund zu klagen,
weil er am Leben geblieben war
und sich von diesen Schmerzen erholte.
6585 Als sie ihn ansah,
zeigte sich beides, Freude und Leid,
in ihrem Herzen,
obwohl sich diese nicht gut miteinander vertragen.
Als ihn die Gute
6590 von Blut überströmt sah,
erstarb dadurch ihr Herz,
denn es war sehr ungewohnt für sie,
um seinetwillen Kummer zu erleiden.

       Si het In nie mere
6595 in sölhen züchten gesehen.   5610
       dabei was Ir ein lieb geschehen,
       daz er den sig on laide nam:
       ditz was, daz er hin widerkam
       mit lempﬆigem leibe.
6600 hie verkerte sich dem weibe   5615
       Irs hertzen trüebe
       als ein glas, der es wol schüebe,
       daz von schwartzer varbe
       bestrichen wäre beigarbe:
6605 so die varb abkäme,   5620
       so wurde es genäme
       und slecht, daz es Ee vinster was.
       sünst ward Ir hertze ein lauter glas,
       der eren sorgen beschaben
6610 und wol ze liechte erhaben   5625
       mit unvalscher wúnne,
       sam Si nie lait gewúnne.
       die zwai gelieben waren fro.
       Erecken saget si do
6615 genad so manigvalt.   5630
       Si sprachen: „herre, in eur gewalt
       süllen wir uns fúr aigen geben:
       von euch so haben wir das leben.“
       Ereck antwurtet dem Ritter do:
6620 „herre, des wär ich immer fro,   5635
       het ich euch frummes gedienet icht,
       das, ob got wil, noch geschicht,
       wo ich es nicht han getan,
       Wann ich es gůten willen han.
6625 Ich Bit euch mere   5640
       dhainer slachte ere
       zu widergelt an diser zeit,
       wann sagt mir, wer Ir seit.“
       Sodoch er sich nannte
6630 von Bafriol dem lande   5645
       und saget im, wie das wäre ergangen,

6599 lemprigem   **6604** beÿ garbe   **6627** wider
gelt   **6629** **S**o doch

Sie hatte ihn noch niemals
6595 so zugerichtet gesehen.
Zugleich wurde ihr die Freude zuteil,
dass er den Sieg ohne weiteres Leid davontrug:
Das kam daher, dass er
lebendig zurückkam.
6600 Hier kehrte sich für die Frau
die Finsternis ihres Herzens um
wie bei Glas, das gut poliert wird,
das vorher komplett mit schwarzer Farbe
bestrichen war:
6605 Wenn die Farbe abkäme,
würde das schön
und rein, was zuvor finster war.
Genau so wurde aus ihrem Herzen ein glänzendes Glas,
von den früheren Sorgen befreit
6610 und wieder zum Strahlen gebracht
von unverfälschter Freude,
so als ob sie nie Leid erfahren hätte.
Die beiden Liebenden waren glücklich.
Bei Ereck bedankte sie sich
6615 überschwänglich.
Sie sagten: „Herr, unter Eure Herrschaft
werden wir uns als Leibeigene begeben:
Wir verdanken Euch das Leben."
Ereck antwortete dem Ritter daraufhin:
6620 „Herr, es würde mich ewig freuen,
wenn ich Euch etwas Gutes getan hätte,
was, wenn Gott will, auch wieder geschehen wird,
wo ich es (bisher) nicht getan habe,
denn dazu habe ich die feste Absicht.
6625 Ich erbitte von Euch darüber hinaus
in diesem Moment keine andere aufrichtige Ehrbezeugung
als Gegenleistung,
als dass Ihr mir sagt, wer Ihr seid."
Er hieß Sodoch
6630 aus dem Land Bafriol
und sagte ihm, wie es dazu gekommen sei,

daz In hetten gefangen
die zwen valande:
Er wolt varn von lande
6635 Zu Britanie in das land, 5650
daz er da wurde erkant,
Er und sein amie,
von des kuniges massenie.
nu was sein richt durch den wald;
6640 das was den Risen vor gezalt. 5655
die waren im lang veint genůg.
welche schulde si hin zu im trůg,
des ist mir nicht kunt,
wann si hetten In zu der stund
6645 lag all umb den weg geleit 5660
und viengen In, da er zůreit.
Als Ereck hette vernomen,
wie im sein ding was komen,
durch schone list er sprach,
6650 im ze benemen sein ungemach: 5665
„Herre, misshabet euch nicht
umb dise geschicht,
daz euch die Risen haben getan.
Ja wirt es nieman erlan,
6655 Wer so manhait úeben wil, 5670
In bringe geschicht auf das zil,
da er sich schamen leichte můs:
darnach wirt ims půs.
wie dick ich wirs gehandelt bin!“
6660 mit diser rede tröst er In. 5675
Er sprach: „ditz ist | mein rat, XLIvb
daz Ir durch niemand lat,
Ir leistend eur fart,
als si aufgelegt ward,
6665 Ze Britanie in das land. 5680
da ist also gewant,
daz ich euch wil zwar sagen:
Es mag ein Ritter nicht bejagen
in dhainem lande anderswo
6670 besser lob denn auch do. 5685

6646 erzůreit

dass ihn die beiden Teufel
gefangen genommen hatten:
Er hatte von seinem Heimatland aus
6635 in das Land Britannien reisen wollen,
damit er dort
mit seiner Freundin
der Hofgesellschaft des Königs bekannt gemacht werde.
Nun verlief seine Reisestrecke durch den Wald;
6640 das war den Riesen zuvor berichtet worden.
Diese waren ihm gegenüber schon lange feindlich gesinnt.
Welcher Anlass sie gegen ihn aufhetzte,
das ist mir nicht bekannt,
außer dass sie ihnen sogleich
6645 am Wegesrand aufgelauert
und ihn dort gefangen genommen hatten, wo er vorbeiritt.
Als Ereck gehört hatte,
wie sich seine Geschichte zugetragen hatte,
sagte er mit wohlmeinendem Hintersinn,
6650 um ihm seinen Kummer zu nehmen:
„Herr, schämt Euch nicht
wegen dieser Sache,
die die Riesen Euch angetan haben.
Es bleibt niemandem erspart,
6655 der auf diese Weise seine Männlichkeit beweisen will,
dass ihn der Zufall an einen Punkt bringt,
an dem er sich notwendigerweise blamieren muss:
Später wird es ihm vergolten.
Um wie viel schlimmer es mir ergangen ist!"
6660 Mit diesen Worten tröstete er ihn.
Er fügte hinzu: „Mein Rat ist,
dass Ihr Euch von niemandem abbringen lasst –
Ihr führt Eure Reise
nach Britannien durch,
6665 wie sie geplant war.
Dort ist es genau so,
wie ich es Euch wahrheitsgemäß berichten will:
Es kann kein Ritter
in irgendeinem anderen Land
6670 größeren Ruhm verdienen als eben dort.

wer es da gevordern kan,
der wirt schier ein selig man.
nu múte ich einer ere
von euch und auch nicht mere:
6675 Wenn Ir komet in das Land,   5690
so nemet eur Freundin an die handt
und geet für die kunigin
und saget ir den dienst min.
verkündet Ir eur sach gar
6680 und daz Ich euch Ir dar   5695
Zu ingesinde hab gesant.
Ereck bin ich genant,
vil wol erkennet si mich."
ditz gelaubet und schieden sich.
6685 Sadoch fůr hin ze hove und tet   5700
als nach Ereckes pet:
er pot der künigin ere
recht nach der lere,
als er im het vor getzalt:
6690 er ergab sich in Ir gewalt.   5705
Erecke ze lone
wunste die frau mit der krone,
die vil edel künigin,
daz er selig múeste sin.
6695 auch schied vil balde   5710
wider aus dem walde
der tugentreiche Ereck
und sůchte den weg,
da er die Frauen Eniten
6700 sein hiess piten.   5715
Nu het sich erfochten,
daz im niene mochten
die wunden gantz bestan:
die waren wider aufgetan.
6705 des plůtes was er gar ersigen,   5720
die slege hetten In erwigen,
daz im die varbe gar erblich
und im die craft so nach entwich,
daz er mit grosser arbait

6673 eıner

Wer einen Anspruch darauf hat,
der wird dort schnell zu einem glücklichen Mann.
Nun will ich eine Ehrbezeugung
von Euch und nichts darüber hinaus:
6675 Wenn Ihr dort hinkommt,
nehmt Eure Freundin an die Hand,
tretet vor die Königin
und versichert ihr meine Ergebenheit.
Erzählt ihr Eure ganze Geschichte
6680 und dass ich Euch ihr
zur Gesellschaft dorthin geschickt habe.
Ich heiße Ereck,
sie kennt mich sehr gut."
Dies versprachen sie und trennten sich.
6685 Sadoch reiste zum Hof und handelte,
wie es Erecks Wunsch war.
Er erwies der Königin Ehre
ganz nach den Vorgaben,
die er ihm gemacht hatte:
6690 Er begab sich in ihre Herrschaft.
Zur Belohnung Erecks
verlangte die Trägerin der Krone,
die über alle Maßen edle Königin,
dass es ihm gut gehen sollte.
6695 Ansonsten verließ er sehr schnell
wieder den Wald,
der tugendreiche Ereck,
und suchte den Weg,
an dem er Frau Enite
6700 auf ihn zu warten befohlen hatte.
Nun hatte er sich beim Kampf so verausgabt,
dass seine
Wunden nicht geschlossen bleiben konnten.
Diese waren wieder aufgebrochen.
6705 Er war fast ausgeblutet,
die Schläge hatten ihn so geschwächt,
dass er ganz bleich geworden war
und ihn die Kraft in einem Maße verlassen hatte,
dass er mit großer Mühe

6710 hinwider gerait, 5725
da sein die frau het erpiten.
solte er icht fürbaz sein geriten,
so múeste er beliben sein.
des ward hieran wol schein:
6715 **Al**s sich der halbtote man 5730
Zu naigen began,
als er erpaissen wolte,
wann er ruen solte,
da was er so betaubet,
6720 daz im das haubet 5735
vor den Fúessen nider kam.
ein sölhen val er nam,
daz er lag fúr tot.
Nu húb sich ein pitter not
6725 und alles laides galle 5740
von disem valle
in Frau Eniten múte.
von Jamer húb die gúte
ein klag vil parmikliche,
6730 hertzruikliche. 5745
Ir rûf gab also solhen schal,
daz Ir der walt wider hal.
Nu half Ir da niemand mer
klagen Ir hertzeser,
6735 nun der widergelt, 5750
den Ir der walt aus an das velt
mit gleichem galme pot:
der half Ir clagen Ir not,
Wann Ir was niemand mer bei.
6740 die gûte, nu viel sei 5755
über In und kussten.
darnach slûg si sich zu den prüsten
Und kust In aber und schre.
Ir ander wort was: „owe, owee".
6745 das har si vast ausbrach: 5760
an Irem laide si sich rach

6715 halb totte **6730** hertz ruikliche **6734** hertze ſer **6737** galine

6710 dorthin zurückritt,
wo die Dame auf ihn gewartet hatte.
Hätte er nur etwas weiter reiten müssen,
wäre er auf der Strecke geblieben.
Dies wurde dadurch deutlich:
6715 Als sich der halbtote Mann
beugte,
weil er vom Pferd steigen wollte,
da er sich ausruhen musste,
war er so entkräftet,
6720 dass er kopfüber
auf den Boden fiel.
Er stürzte so,
dass er wie tot dalag.
Da ergriffen bitterer Kummer
6725 und unsagbarer Schmerz
angesichts dieses Sturzes
Frau Enites Inneres.
Aus Schmerz stimmte die Gute
eine erbarmungswürdige Klage an,
6730 in tiefster Trauer.
Ihr Geschrei erreichte eine solche Lautstärke,
dass der ganze Wald davon widerhallte.
Niemand dort half ihr,
ihren tiefempfundenen Schmerz zu klagen,
6735 außer der Erwiderung,
die ihr der Wald bis an seinen Rand
mit gleichem Klang zurückgab:
Diese half ihr, ihr Leid zu klagen,
denn sonst war niemand bei ihr.
6740 Die Gute – nun warf sie sich
über ihn und küsste ihn.
Danach schlug sie sich gegen die Brust,
küsste ihn wieder und schrie.
Jedes zweite Wort war ‚weh, o weh'.
6745 Sie riss sich ungestüm die Haare aus:
Für ihr Leid verschaffte sie sich Genugtuung

nach weiblichem site,
Wann hie rechent si sich mite. |
Was In ze laide geschicht,   XLIvc
6750 dawider tůn die gůten nicht,   5765
wann daz si es phlegent enplanden
augen und handen
mit trahern und mit handtslegen,
Wann si anders nicht enmögen.
6755 davon muesse er unselig sein –   5770
des wünschet im der wille mein –,
wer den weiben laide tůt,
wann es ist weder mannlich noch gůt.
Frau Enite zürnet vast an got.
6760 Si sprach: „herre, ist ditz dein gepot,   5775
daz ein Ritter also gůt
durch seinen rainen můt
sein leib hat verloren?
so hat ein wunderlicher zorn
6765 deiner genaden parmunge genomen.   5780
daz Ich han von dir vernomen,
daz du parmhertzig seiest:
wie schwaches pild du geist
an mir vil armen!
6770 magst du dich nu erparmen   5785
úber mich: sich, des ist zeit!
Nu warte, wo mein man leit
gar oder halb tot!
Nu erparme dich, des ist not,
6775 Wann ich ein totes hertze han!   5790
nun sich, wie traurig ich stan!
erparme dich, herr, uber mich,
wann es ist erparmiklich,
daz ich verwaistes weib
6780 lenger habe meinen leib   5795
in solhem ellende!
und wann das on missewende
alles dein werch stat,
Herre, so zige ich dich missetat,
6785 daz du mich lenger leben last,   5800
seidt du mir den benumen hast,
dem ich aine solte leben!
magstu des, herre, pilde geben,

auf weibliche Art,
denn auf diese Weise rächen sie sich.
Was auch immer ihnen an Leid geschieht,
6750 dagegen unternehmen die Guten nichts,
außer dass sie es
ihre Augen und Hände
mit Tränen und Schlägen büßen lassen,
denn sie haben keine andere Möglichkeit.
6755 Deshalb soll derjenige Unglück erfahren –
das wünsche ich ihm von Herzen –,
der Frauen Leid antut,
denn das ist weder männlich noch gut.
Enite, die Edelfrau, begehrte heftig gegen Gott auf.
6760 Sie sagte: „Herr, ist es dein Wille,
dass ein so tapferer Ritter
wegen seiner Gutherzigkeit
das Leben lassen musste?
Dann hat ein merkwürdiger Zorn
6765 deiner Gnade das Mitleid gekostet.
Das aber habe ich von dir gehört,
dass du barmherzig seiest:
Davon gibst du aber ein schlechtes Beispiel
an mir Bedauernswerter ab!
6770 Wenn du jetzt in der Lage wärst, Mitleid
mit mir zu haben: Sieh her, es ist an der Zeit!
Jetzt schau doch, wo mein Mann liegt
ganz oder halb tot!
Jetzt erbarme dich doch, es ist dringend,
6775 weil mein Herz schon tot ist.
Jetzt sieh doch, wie traurig ich hier stehe.
Habe doch Mitleid mit mir, Herr,
denn es ist erbarmungswürdig,
dass ich verwaiste Frau
6780 länger in solchem Elend
leben soll!
Auch wenn deine Schöpfung
ohne Fehler ist,
Herr, so klage ich dich eines Verbrechens an,
6785 dass du mich weiterleben lässt,
obwohl du mir den weggenommen hast,
für den allein ich zu leben bestimmt war!
Wenn du, Herr, einen Beweis geben kannst,

daz dir aller hertzen grundt
6790 ist sitlichen kunt,   5805
wann dir mag nicht verborgen sein,
daz *t*u durch dein parmde schein.
und habe ich meinen man,
seit ich In von erste gewan,
6795 verworchte an ichte   5810
mit múte oder von geschichte,
also daz es nit wol gezimet,
ob mir In dein gewalt dann nimet,
dasselb recht vinde ich mir,
6800 Wann ichs von recht dann empir.   5815
han aber ich des nicht getan,
des solt du mich geniessen lan:
Herre, so erparme dich
durch dein güete uber mich
6805 und haiss mir In leben!   5820
wilt aber du mirs nicht wiedergeben,
so bis, herre, got gemant,
daz aller welt ist erkannt
Ein wort, daz du gesprochen hast,
6810 und pitte dich, daz du es stäte last: 5825
daz ein man und sein weib
sullen wesen ein leib,
und ensúnder uns nicht,
wann mir anders geschicht
6815 von dir ein unrechter gewalt!   5830
sei dein erparmd manigvalt,
so hilf auch mir des todes hier.
Wo nu hungrige tier,
bede wolf und per,
6820 Lewe, eur aines kumb heer   5835
und esse uns baide,
daz sich so icht schaide
unsere leib mit Zwain wegen!
und rúche got unser phlegen,
6825 die entschaident sich bei namen
     nicht,   5840
was dem leibe geschicht."

6792 du

dass dir die Untiefen jedes Herzens
6790 wohlbekannt sind,
weil dir nichts verborgen bleiben kann,
dann zeige das durch dein Erbarmen.
Wenn ich aber meinen Mann,
seit ich ihn bekommen habe,
6795 durch irgendetwas verloren haben sollte,
sei es durch eigenes Zutun oder durch Schicksal,
sodass unsere Beziehung nicht mehr rechtens ist,
wenn ihn mir deine Macht dann nimmt,
komme ich zum gleichen Urteilsspruch,
6800 weil ich dann zu Recht auf ihn verzichten muss.
Wenn ich so etwas aber nicht getan habe,
sollst du mich verschonen:
Herr, erbarme dich
meiner um deiner Güte willen
6805 und mache ihn mir wieder lebendig.
Wenn du mir meinen Schaden aber nicht wiedergutmachst,
dann sei, Herr Gott, erinnert,
dass alle Welt
ein Wort kennt, das du gesprochen hast –
6810 und ich bitte dich, dass du dem treu bleibst –,
nämlich dass ein Mann und seine Frau
ein Fleisch sein sollen,
und trenne uns nicht,
denn sonst widerfährt mir
6815 von dir unrechtmäßige Gewalt!
Wenn deine Barmherzigkeit grenzenlos ist,
dann verhilf auch mir hier zum Tod.
Wo sind nun die hungrigen Tiere,
Wolf, Bär,
6820 oder Löwe, einer von euch soll herkommen
und uns beide fressen,
damit so unsere Körper
nicht unterschiedliche Wege gehen!
Aber wenn Gott sich um uns kümmern will,
6825 trennen diese sich bestimmt nicht,

was auch immer dem Fleisch geschieht.“

der si dhaines komen sach,
Si rúefte *in* aber und sprach:
„Ir tier vil ungewissen,
6830 Nu habt Ir erpissen | 5845
manig Schaf und schwein   XLIIra
Und armer leute vihelein,
die euchs nicht engunnen
noch úberwinden kunden.
6835 werent Ir nu weise,   5850
Ir holtend eur speise
hie mit vollem múnde,
wann ich euch mein wol gunde.
davon müest ich euch wol getzemen.
6840 Nu kumet, Ir mügt mich gerne
nemen!   5855
wo seit Ir nu? ja bin ich hie!“
das laden si nicht verfie,
daz dhain tier es vernäme
oder darkäme.
6845 ob aber dhaines dar käme   5860
und ob es recht vernäme
Ir traurige gepärde,
so waiss ich wol zware,
wie hungrig es wäre,
6850 es müeste Ir die schwäre   5865
Ze jungest helfen wainen
und das wol erschainen,
daz si zu erparmen was.
über Irn willen si genas.
6855 **A**lso si recht ersach,   5870
daz Ir ze sterben niene geschach,
da begunde si von erste klagen
und het sich selbs nach erslagen.
man gesach nie Jamer mere.
6860 Si sprach: „lieber herre,   5875
seit ich dich můs verliesen,
so wil ich hie verkiesen
alle mann immermere
Wann ainen, den ich sere

6828 im   **6856** nıene

Als sie keines kommen sah,
rief sie abermals und sagte:
„Ihr dummen Tiere,
6830 ihr habt
so viele Schafe und Schweine
sowie das Vieh armer Menschen gerissen,
die euch das weder vergönnen
noch es verschmerzen konnten.
6835 Wenn ihr klug wärt,
würdet ihr euer Futter
hier mäulerweise holen,
denn ich gönne mich euch sehr.
Aus diesem Grund sollte ich euch zusagen.
6840 Jetzt kommt, ihr könnt mich gerne haben!

Wo seid ihr denn? Hier bin ich!"
Durch das Locken erreichte sie nicht,
dass irgendein Tier es hörte
und dorthin käme.
6845 Wenn aber eines dorthin gekommen wäre
und ihr verzweifeltes Verhalten
zutreffend gedeutet hätte,
so weiß ich ganz sicher,
wie hungrig es auch gewesen wäre,
6850 es müsste ihr das Leid
letztlich zu beweinen helfen,
und sehr wohl erkennen,
dass sie zu bemitleiden war.
Gegen ihren Willen blieb sie am Leben.
6855 Als sie einsehen musste,
dass sie nicht starb,
begann sie ihre Klage wieder von vorne
und hätte sich selbst beinahe erschlagen.
Niemals sah man größeres Leid.
6860 Sie sagte: „Lieber Herr,
wenn ich dich verlieren muss,
dann will ich hiermit für immer
auf alle Männer verzichten,
bis auf einen, den ich

6865 in meinem hertzen minne 5880
von allem meinem sinne:
dem bin ich gähes worden holt.
Ich hette umb den verscholt,
daz im geviele mein leib.
6870 dem wolte ich sein ein stätes weib. 5885
vil lieber tot, nu maine ich dich.
von deiner liebe kumbt, daz Ich
also verkere den site,
daz ich weib mannes pitte.
6875 nach deiner minne ist mir so not. 5890
nu gerůch mein, vil rainer tot!
owe, wie wol ich arme
getzim an deinen arme!
du bist vil wol zu mir gehit,
6880 und nimest du mich enzit. 5895
seit daz du mich doch nemen můst,
so rat Ich, daz du es entzeit tůst.
Ich getzim dir wol ze weibe:
Ich han es noch an dem leibe,
6885 baide schön und jugent. 5900
Ich bin an der pesten tugent.
dir mag mit mir nicht wesen ze gach.
nu was taug Ich dir hernach,
so baide alter und leid
6890 mir schöne und jugent verseit? 5905
Nu was sol ich dir danne?
noch zame ich gůtem manne.“
da si der rede vil getet
und si den tot mit Ir pete
6895 nicht mocht überwinden 5910
noch Ir willen vinden,
daz er si name in seinen gewalt,
vil weiblichen si In da schalt,
als Ir der wille gebot.
6900 Si sprach: „wee dir, vil úbler tot, 5915
daz du verflůchet seiest!
wie manig pilde du geist
deiner unbeschaidenhait!
die welt doch war von dir sait:
6905 du seiest mit valsche beladen. 5920
du vleissest dich auf maniges schaden,

6865 von Herzen liebe,
mit ganzem Verstand:
Dem bin ich ganz plötzlich zugeneigt.
Ich hätte um seinetwillen verdient,
dass ich ihm gefiele;
6870 dem wäre ich eine treue Ehefrau.
Heißgeliebter Tod, dich meine ich.
Von der Liebe zu dir kommt es, dass ich
so die Tradition verdrehe,
dass ich als Frau den Mann umwerbe.
6875 Nach deiner Minne sehne ich mich.
Komm, süßer Tod!
Ach, wie gut ich Bedauernswerte
in deine Arme passen würde!
Du bist als Ehemann gut für mich geeignet,
6880 wenn du mich bald zu dir nimmst.
Denn da du mich doch irgendwann zu dir nehmen musst,
rate ich dazu, dass du es bald tust.
Ich gehöre als Ehefrau zu dir:
Noch bietet mein Körper
6885 beides – Schönheit und Jugend.
Ich zeichne mich durch größte Tugend aus.
Dir kann es mit mir gar nicht eilig genug sein.
Was nütze ich dir denn später,
wenn Alter und Leid
6890 mir Schönheit und Jugend genommen haben?
Was soll ich dir dann bringen?
Noch passe ich zu einem guten Mann."
Als sie viel geredet hatte
und den Tod mit ihrem Bitten
6895 nicht überzeugen konnte
und auch nicht zu ihrem Willen kam,
dass er sie in seine Gewalt nehmen sollte,
schimpfte sie auf sehr weibliche Weise mit ihm,
so wie es ihr ihr Wunsch eingab.
6900 Sie sprach: „Weh dir, schrecklich böser Tod,
verflucht sollst du sein!
Was für ein facettenreiches Bild
von deiner Grausamkeit lieferst du hier ab!
Was man von dir sagt, ist doch wahr:
6905 Du stecktest voller Falschheit.
Du bemühst dich, Vielen Schaden zuzufügen,

dem nimmer solt laid geschehen.
des han ich vil von dir gesehen.
du hast vil bösen rat geben,
6910 wann du benimbst gähes das leben   5925
einem als solhen man,
den die welt nicht überwin|den
    kan,   XLIIrb
und gepeutest ainem an sein stat,
dem je die welt des todes bat,
6915 und last den werden alt.   5930
du zaigest deinen gewalt
unbeschaidenliche.
eine tugentreiche
hast du hie gevellet
6920 und mich gesellet   5935
anders, dann du soltest.
ob du gedienen woltest,
daz ich dir immer spreche wol!
Nu wais Ich nit, wohin ich arme sol.
6925 unhailes ward ich geporn,   5940
Wann nu han ich verloren
baide seel und leib
als von rechte ein weib
von so grosser missetat,
6930 die Ir man verraten hat,   5945
als ich meinen herren han.
des todes wäre er hie verlan,
ob ich In darauf nicht hette bracht.
Ja het er im nie gedacht
6935 diser laidigen vart,   5950
het ich den klagenden súnft bewart,
den ich nam so tiefe,
do ich mainet, er sliefe
des tages, do ich bei im lag.
6940 daz verflůcht sei der tag,   5955
daz ich die rede růrte,
wann ich mein hail zefůrte,
vil grosse ere und gemache!
Owe, wie übel sache!

6936 fúnſt

denen niemals Leid zustoßen sollte.
Das habe ich oft an dir beobachtet.
Du hast einen schlechten Entschluss gefasst,
6910 denn du tötest vorschnell
einen solchen Mann,
auf den die Welt nicht verzichten kann,

und lässt einen anderen an seiner Stelle durchkommen,
dem schon immer die ganze Welt den Tod gewünscht hat,
6915 und gestattest dem, alt zu werden.
Du beweist deine Macht
auf unrechtmäßige Weise.
Eine Tugendhafte
hast du hier niedergeschmettert
6920 und mir eine andere Gesellschaft verschafft,
als du solltest,
wenn du es verdienen wolltest,
dass ich jemals etwas Gutes über dich sagte!
So weiß ich nicht, wohin ich Arme gehen kann.
6925 Ich wurde unter einem Unstern geboren,
denn nun habe ich
Seele und Körper verloren,
so wie es einer Frau
durch ein so übles Fehlverhaltens mit Recht geschieht,
6930 die ihren Mann verraten hat,
wie ich an meinem Herren gehandelt habe.
Der Tod wäre ihm hier erspart geblieben,
wenn ich ihn nicht dazu getrieben hätte.
Ja, ihm wäre
6935 diese schreckliche Reise nie in den Sinn gekommen,
hätte ich mir den klagenden Seufzer gespart,
den ich so tief tat,
als ich dachte, er schliefe,
an dem Tag, an dem ich bei ihm lag.
6940 Dafür soll dieser Tag verflucht sein,
dass ich das Wort ergriff,
weil ich mein Glück zerstörte –
die große Ehre und das bequeme Leben!
Ach, was für eine schreckliche Angelegenheit!

6945 Nu was wolte ich tumbe   5960
zereden darumbe,
wie mein hertze wolte leben?
Ja het mir got gegeben,
daz mein ding ze wunsche stůnd.
6950 Ich tet, als die toren tůnd,   5965
unweises můtes,
die eren und gůtes
In selben erwunnen
und nicht vertragen kunden,
6955 so Ir ding vil schone stat,   5970
und laistend durch des teufels rat,
davon Ir hail zerstoret wirt,
wann Er Ir eren gern empiert.
Owe, liebe můter
6960 und vater gůter,   5975
nu ist euch zu diser stůnd
mein grosser kumber vil unkůnt.
es was eur baider wan,
mein ding vil wol gepessert han.
6965 auch was es vil wanlich,   5980
da Ir mich einem kunig rich
gabet zu weibe.
der wan ist meinem leibe
verkert ze ungewinne.
6970 In triegent seine sinne,   5985
wem das ze we denne ist gedacht,
es werde volbracht,
was von got geschaffen ist.
dafur gehöret kain list,
6975 man můsse im sein willen lan.   5990
der můs auch an mir ergan:
Ich můss auch unselig sein.
das ist mir wol worden schein
an grimiklicher arbait,
6980 der ich vil üntzheer erlait.   5995
er hat mir armen weibe
verteilt an dem leibe.
des bin Ich wol innen bracht.

––––––––

6971 wedenne

6945 Warum musste ich Einfältige
nur darüber sprechen,
wie es um mein Herz bestellt war?
Ja, Gott hatte mir doch geschenkt,
dass mein Leben wunschgemäß verlief.
6950 Ich handelte, wie es Dummköpfe tun,
mit unklugem Denken,
die Ansehen und Besitz
für sich erringen
und nicht ertragen können,
6955 wenn ihre Angelegenheiten zum Besten stehen,
und sie vom Rat des Teufels inspiriert tun,
wovon ihr Glück zerstört wird,
denn er kommt mit Freude ohne ihr Ansehen aus.
Ach, liebe Mutter
6960 und guter Vater,
euch ist in diesem Moment
meine tiefe Trauer völlig unbekannt.
Es war euer beider Hoffnung,
meine Lage sehr stark verbessert zu haben.
6965 Das war auch sehr wahrscheinlich,
da ihr mich einem mächtigen König
zur Frau gabt.
Diese Hoffnung hat sich für mich
ins Gegenteil verwandelt.
6970 Derjenige täuscht sich,
dem das zu seinem Schmerz zugedacht ist,
dass nicht vollendet wird,
was von Gott vorhergesehen ist.
Dagegen kann man nichts tun,
6975 man muss ihm seinen Willen lassen.
Der muss auch an mir vollzogen werden:
Ich soll auf jeden Fall unglücklich sein.
Das ist mir sehr deutlich geworden
durch schreckliche Qualen,
6980 von denen ich seither viele erlitt.
Er hat mir armer Frau
das Leben zur Strafe gemacht.
Das ist mir ganz klar geworden.

wes im zu der seele sei gedacht,
6985 des mag ich wissen nicht. 6000
was dem leibe nu geschicht,
zu ringer klage mir das stat,
wirt doch der seele rat.
daz ich dick han vernomen,
6990 des bin ich an ein ende komen: 6005
was man dem unseligen tút,
sein glúck wirt doch nimmer gút.
Wer die linden *v*on dem wege
name aus unwerder phlege 6009
6995 und si | in seinem garten satzte XLIIrc
Und si mit paue ergatzte,
daz si in dürrer erde
stüend üntz das unwerde,
und daz darauf täte,
7000 daz er gedacht hette, 6015
daz er Ir wolte warten
in seinem paumgarten
Ze gúten obes paume,
deren mochte von einem traume
7005 nicht sere sein betrogen, 6020
wann da wurde nicht an ertzogen,
wie vleissig man Ir warte,
daz si besser obes bare
dann auch ee nach Ir art,
7010 Ee daz si ausgegraben wart 6025
aus böser erde von dem wege,
da si schain in schwacher phlege.
wie schone und edel paum si ist,
michl graben und mist
7015 mag man daran verliesen. 6030
des sol man pilde kiesen
an mir vil gotes armen.
und möchte die welt erparmen
mein vil gros ungeval
7020 und krönet mich die welt all 6035
ze frauen úber alle weib,

6993 don

Was ihm mit der Seele vorschwebt,
6985 das kann ich nicht wissen.
Was nun mit dem Körper geschieht,
ist mir nur wenig Klage wert,
wenn nur der Seele geholfen wird.
Was ich häufig gehört habe,
6990 das habe ich (nun) erfahren:
Was auch immer man für den Verdammten tut,
sein Schicksal wendet sich doch nie zum Guten.
Wer eine Linde vom Wegesrand
aus unzureichender Versorgung nähme,
6995 sie in seinen Garten versetzte
und sie mit angemessener Pflege entschädigen wollte,
weil sie zuvor in kärglicher Erde
wie etwas Wertloses gestanden hatte,
und dies deshalb täte,
7000 weil er geglaubt hatte,
er würde sie
in seinem Garten
zu einem brauchbaren Obstbaum päppeln,
der könnte von einem Traum
7005 nicht mehr betrogen sein,
denn dort würde nicht erreicht,
wie sehr man sich auch im sie kümmerte,
dass sie besseres Obst bringe,
als es damals ihre Art gewesen war,
7010 bevor sie ausgegraben wurde
aus der minderwertigen Erde am Wegesrand,
wo sie so schlecht versorgt schien.
Was für ein schöner und edler Baum sie auch ist,
viel Umgraben und Dünger
7015 sind an ihr verschwendet.
Dafür soll man ein Beispiel sehen
in mir Gottverlassener.
Auch wenn die Welt sich erbarmen könnte
über mein unermesslich großes Unglück
7020 und mich die ganze Welt krönen würde
zur Herrin aller Frauen,

so hat doch got den meinen leib
so unselig getan,
daz ich kumber musse han
7025 all die weile und ich lebe, 6040
got sei, der mirs ein ende gebe.
Seit mir mein ding also ist komen,
daz mir got hat benomen
den allerliebsten man,
7030 den je frau gewan, 6045
und mein der tot niene wil,
desselben neme er im ein zil:
die state under uns baiden
sol sich so nicht schaiden.
7035 den list ich vil wol vinde, 6050
daz er mich zu ingesinde
sunder danck nemen můs.
warumb solt ich seinen fůss
so vleissiklich sůchen,
7040 seit er mein nit wil růchen? 6055
darumb ich In so sere pat,
des mag ich mich an diser stat
selbs vil wol gewern.
Ich wil es auch nicht lenger empern,
7045 es werde dann volbracht; 6060
entraun, Ich han nu wol gedacht.“
die handt Ir entgegen der erde sleif,
Irs mannes schwert si begreif
und zoch es aus der schaide,
7050 als si sich vor laide 6065
mit im wolte erstechen
und kintlich errechen
sich über mannes todt,
Wann daz Irs got verbot
7055 und gefriste 6070
mit gnediclichem liste
daran, daz si begunde
dem schwerte da ze stúnde
Flůchen, da sis gesach.
7060 daz Ir hertze nicht zerprach 6075
von laide, das was wunder.
sich teilte da besonder
von des jammers grimme

so hat Gott mich doch
so unglückselig geschaffen,
dass ich leiden muss,
7025 solange ich lebe,
wenn nicht Gott mir den Tod schenkt.
Da es so um mich steht,
dass mir Gott
den allerliebsten Mann genommen hat,
7030 den je eine Dame für sich gewann,
und der Tod mich nicht will,
so nehme er Folgendes zur Kenntnis:
Die Treue zwischen uns beiden
darf nicht auf diese Weise aufgelöst werden.
7035 Die List werde ich sicherlich finden,
dass er mich
gegen seinen Willen in seinen Hofstaat nehmen muss.
Warum sollte ich ihm
so eifrig vor die Füße fallen,
7040 da er sich nicht mit mir abgeben will?
Das, worum ich ihn so angebettelt habe,
kann ich mir an diesem Ort
ganz allein selbst gewähren.
Ich werde darauf auch nicht länger warten,
7045 es wird nun getan;
wirklich, ich habe jetzt gut überlegt."
Ihre Hand glitt auf den Boden,
das Schwert ihres Mannes griff sie
und zog es aus der Scheide,
7050 sie hätte sich nämlich aus Schmerz
mit ihm erstochen
und sich auf kindliche Weise
für den Tod ihres Mannes gerächt,
wenn Gott ihr das nicht verboten
7055 und sie mit
gnädiger List gerettet hätte,
indem sie
das Schwert sogleich
zu verfluchen begann, als sie es sah.
7060 Dass ihr Herz nicht
vor Kummer zerriss, war erstaunlich.
Ihre Stimme brach
durch das entsetzliche Leid,

recht entzwai *ir* stimme,
7065 hohe und nidere. 6080
der walt gab hinwidere
vorchtikliche, was si geschre.
da lautet dicke: „owe, owe!"
vil laut schreiende si sprach,
7070 do si das schwert an sach, 6085
mit klagelichem munde:
„awe, verflůcht sei die stunde,
daz man schmiden dich je began!
du hast ertötet meinen man.
7075 daz im der leib ist benomen, 6090
das ist von deinen schulden komen.
Ja hette er anderswo noch hie
dhain angstliche ding bestanden nie,
wann daz er es thet auf deinen
    trost. | 6094
7080 süst hastu mich sein belost. XLIIva
Er reit vil manige rais,
seines leibes enfrais,
die er hette verlan,
wär si darauf nicht getan,
7085 daz mein lieber herre 6100
dir getraute verre.
Er sprach vil dick, du wärest gůt;
nu hast du dich an im missehůt.
Ich waiss, ob es dich reue,
7090 du hast dein treue 6105
gar an im zerprochen.
daz wirt an dir gerochen:
es sol dich nicht so ringe stan,
du můst noch mer mordes began."
7095 vil wol bewarte si das wort 6110
und kerte das ort
entgegen Ir prüsten,
nach todes gelůsten,
als si sich wolt ervallen daran.
7100 Nu kam geriten ein man, 6115
der sis erwande,
den got dar gesande.

7064 entzwai ir] entzwaÿer

klang mal hoch,
7065 mal tief.
Der Wald warf
schauderhaft zurück, was sie schrie.
Dort erscholl wiederholt: „O weh, o weh!"
Sie schrie laut,
7070 und kläglich,
als sie das Schwert ansah:
„Ach, die Stunde sei verflucht,
als man dich schmiedete!
Du hast meinen Mann getötet.
7075 Dass er das Leben lassen musste,
das ist deine Schuld.
Ja, er hätte niemals
irgendeine gefährliche Sache riskiert,
wenn er nicht Vertrauen in dich gehabt hätte.

7080 So hast du ihn mir geraubt.
Er hat, sein Leben gefährdend,
sehr viele Ritte unternommen,
auf die er verzichtet hätte,
wären sie nicht deshalb unternommen worden,
7085 weil mein lieber Herr
dir vollkommen vertraute.
Er sagte sehr häufig, du seist hervorragend;
jetzt aber hast du dir an ihm einen Fehlgriff erlaubt.
Ich weiß nicht, ob es dir leid tut,
7090 aber du hast
ihm gegenüber nicht Treue gehalten.
Das wird an dir gerächt:
Du darfst nicht so billig davonkommen,
du sollst noch mehr Morde begehen."
7095 Sie hielt Wort
und richtete die Spitze
todessehnsüchtig
gegen ihre Brust,
als sie sich hineinstürzen wollte.
7100 Da kam ein Mann geritten,
der sie davon abhielt,
den Gott dorthin geschickt hatte.

ditz was ein edler herre,
ein Grave, vil unverre
7105 So stund sin was von dann. 6120
Oringles hiess der reiche man,
von Limors geborn.
den het got dartzů erkorn,
daz er si solt bewarn.
7110 Ir ze haile rit er durch den walt, 6126
nach weu, des ist mir nicht getzalt,
wann daz Ich betracht
in meines hertzen acht,
es kum von Ir selikait, 6130
7115 daz er des tages je aus gerait.
Er fůrt mit Im ritter genůg.
von geschichten In trůg
in den walt derselbe weg,
da der Ritter Ereck 6135
7120 in so grossem kumber lag
und sein die frau Enite phlag.
und dannoch do der herre
von In was vil verre,
da gehort er das weib 6140
7125 mit růffe chelen Ir leib.
und als er Ir stimme vernam,
von wúnder er dar kam
zu dem, daz er gesach,
was wunders da geschach, 6145
7130 je mitten und si das schwert
gegen Ir prüsten werdt
sich zertöten hat gesat.
Nu kam er reitende an die statt,
Und als er Ir gepärde sach, 6150
7135 daz si gegen dem leibe stach,
da ward im vom rosse gach,
wann er mochte sich vil nach
an der rede versaumet han,
daz der stich wäre getan. 6155
7140 er vieng si gähes an sich
und erwante den stich.
aus der handt er Irs brach.
er warf es von im und sprach:
„Saget, wunderliches weib, 6160

Es handelte sich um einen Adeligen,
einen Grafen, gar nicht weit entfernt
7105 lag sein Grund und Boden.
Oringels hieß der mächtige Mann,
aus Limors gebürtig.
Diesen hatte Gott dazu auserwählt,
sie zu schützen.
7110 Zu ihrem Glück ritt er durch den Wald,
wohin, das ist mir nicht erzählt worden,
wenn ich jedoch
intensiv darüber nachdenke,
dann war ihr Glück der Grund,
7115 dass er an jenem Tag ausritt.
Er führte zahlreiche Ritter mit sich.
Zufällig trug ihn
derselbe Weg in den Wald,
wo der Ritter Ereck
7120 in so großer Not lag
und seine Frau Enite sich um ihn kümmerte.
Als der Herr noch
weit von ihnen entfernt war,
hörte er die Frau dort
7125 sich laut schreiend quälen.
Als er ihre Stimme hörte,
ritt er aus Neugier
dorthin, um zu sehen,
was dort Seltsames vor sich ginge,
7130 gerade als sie das Schwert
gegen ihre edle Brust gerichtet hatte,
um sich umzubringen.
Da kam er dorthin geritten,
und als er ihre Bewegung sah,
7135 dass sie in Richtung ihres Körpers stach,
hatte er es eilig, vom Pferd zu kommen,
denn wenn er sich
mit Gerede aufgehalten hätte,
wäre der Stich ausgeführt worden.
7140 Er riss sie schnell an sich
und verhinderte den Stich.
Das Schwert riss er ihr aus der Hand,
warf es von sich und sagte:
„Sagt, irrsinnige Frau,

7145 warumb woltend Ir den leib
selbs han ersterbet
und an euch han verderbet
das schöniste pilde,
das zam oder wilde   6165
7150 je mannes auge gesach?“
die Frau Enite kaum sprach:
„Nu sehent, lieber herre,
selbs, was mir gewerre.“
„Woltend Ir euch selbs tún den tot?“   6170
7155 „Herre, des gieng mir doch not.“
„was Er eur amis oder eur man?“
„Baide, herre.“ „nu saget an,
wer hat In erslagen?“
Nu begunde Frau Enite sagen   6175
7160 vil rechte die märe,
wie es im kumen wäre.
Nu begunde der Grave achten
und bei im betrachten,
daz er bei seinen zeiten   6180
7165 nahend noch weiten
nie schöner weib hette ge|sehen.   XLIIvb
Auch begunden uns die Ritter jehen.
die Frau er von im lie,
Zu einer kurtzen sprache er gie.   6185
7170 Er sprach zu den gesellen sein:
„ein ding ist wol schein,
daz múget Ir wol schauen
an diser frauen:
wo si der Ritter hab genomen   6190
7175 oder wie si heer sei kumen –
Si ist bei namen ein edel weib,
das zaiget Ir wunneklicher leib.
Nu sprechet, was ist eur Rat?
Ir wisset wol, wie es mir stat,   6195
7180 daz ich an weib bin.
nu ratet vast mein sin,
daz ich si zu weib neme.
mich duncket, daz si wol gezeme
Ze frauen úber mein lant.   6200
7185 Ich hab kurtz an Ir erkannt,
Si ist mir genúg wolgeborn.

7145 warum wollt Ihr Euch
selbst töten
und mit Euch selbst
den schönsten Anblick zerstören,
den auf der Welt
7150 je ein Mann gesehen hat?"
Enite erwiderte schwach:
„Seht doch selbst, lieber Herr,
was mir zugestoßen ist."
„Wolltet Ihr Euch selbst töten?"
7155 „Herr, das musste ich doch."
„War er Euer Geliebter oder Mann?"
„Beides, Herr." „Jetzt sagt mir,
wer hat ihn erschlagen?"
Nun begann Frau Enite
7160 ganz genau die Geschichte zu erzählen,
wie es ihm ergangen wäre.
Indessen bemerkte der Graf
und dachte bei sich,
dass er sein Lebtag
7165 keine schönere Frau gesehen hatte,
weder von nahem noch von weitem.
Auch die Ritter erzählten uns das.
Er ließ die Frau los
und ging zu einer kurzen Unterredung.
7170 Er sagte zu seinen Gefährten:
„Eines ist wohl offensichtlich,
das könnt ihr gut
an dieser Dame sehen:
Woher auch immer der Ritter sie geholt habe
7175 oder wie sie hergekommen sei –
sie ist auf jeden Fall eine Edeldame,
das bezeugt ihr vollkommener Körper.
Also sagt, was ratet ihr mir?
Ihr wisst ja, wie es um mich bestellt ist,
7180 dass ich keine Ehefrau habe.
Jetzt drängt mich mein Verstand,
dass ich sie zur Frau nehmen soll.
Mir scheint, dass sie sich gut
als Herrin über mein Land eignen würde.
7185 Ich habe schnell erkannt,
dass sie von hinreichend edler Abstammung ist.

auch hat si mir erkorn
meines hertzen rat ze weibe.
Nu bitte ich, daz es beleibe   6205
7190 in eurem Rate one hasz;
vil gerne wil ich immer das
umb euch verschulden, úntz ich lebe,
daz euch on widerstrebe
gleich allen wol gevalle.“   6210
7195 nu Rietens si ims alle.
Des rates was der grave fro.
die Frau Eniten trost er do
vleissiklich und wol,
so man den Freundt nach laide sol.   6215
7200 Er sprach: „wunnekliches weib,
warumb cholent Ir den leib
so grimmiklichen sere?
Frau, durch gotes ere
und auch durch mich so túet das   6220
7205 und gehabet euch ein lützl bas,
dann euch doch sei geschehen.
Ich mus euch des von schulden jehen,
daz Ir weiblichen tút,
und duncket mich von hertzen gút,   6225
7210 daz Ir klagent eurn man,
wann da scheint eur treue an.
doch habt Irs nu genůg getan,
wann es mag euch nicht verfan.
ditz ist der schöniste list   6230
7215 fúr schaden, der euch wenig frůmb ist,
daz man sis getröste entzeit,
Wann langer reu nicht entgeit
wann einen bekümberten leib.
daran gedencke, schönes weib.   6235
7220 und möchtend ir im das leben
mit wainen wider geben,
so hulfen wir euch alle clagen
und eur schwäre gleiche tragen;
des mag doch leider nit geschehen.   6240
7225 als auch ich es han ersehen,

7221 mit waÿnen das leben wider geben

       Zudem hat die Stimme meines Herzens
       sie mir zur Frau gewählt.
       Ich bitte jetzt darum, dass ihr
7190 meinem Wunsch zustimmt;
       sehr gerne würde ich für immer
       in eurer Schuld stehen, solange ich lebe,
       wenn es euch allen gleichermaßen
       ohne Widerspruch gefiele.“
7195 Da rieten sie es ihm alle.
       Über diesen Entschluss war der Graf froh.
       Enite, die Edle, tröstete er nun,
       eifrig und zugewandt,
       so wie man Freunde im Unglück behandeln soll.
7200 Er sagte: „Schöne Frau,
       warum quält Ihr Euch
       so furchtbar schrecklich?
       Herrin, um Gottes Ehre
       und auch um meinetwillen handelt folgendermaßen
7205 und haltet Euch besser,
       als Euch mitgespielt wurde.
       Ich muss Euch zu Recht versichern,
       dass Ihr Euch als Frau angemessen verhaltet
       und mir herzensgut erscheint,
7210 weil Ihr Euren Mann betrauert,
       denn dies zeigt Eure Treue.
       Aber Ihr habt es nun auch zur Genüge getan,
       denn es nützt Euch gar nichts.
       Es ist der beste Umgang
7215 mit Schaden, der Euch unliebsam ist,
       dass man sich bald tröste,
       denn lange Trauer bringt nichts
       als einen gemarterten Körper.
       Denkt daran, schöne Frau!
7220 Wenn Ihr ihm das Leben
       durch Weinen zurückgeben könntet,
       würden wir alle Euch klagen helfen
       und Eure Last mit Euch teilen;
       doch das ist leider nicht möglich.
7225 Wie ich zudem festgestellt habe,

ob ich es recht erkiesen kan,
so enwas eur man
weder so edel noch so reich,
so starck noch so wackleich 6245
7230 noch so achtpare,
Ir múgt eur schwäre
wol werden ergetzt.
Er wirdet euch wol ersetzet,
ob Ir mir gevölgig seit. 6250
7235 ich wäne, in seliger zeit
Zu euch got heer gesendet hat.
Eur wirt vil gút rat.
da dicke ein man
grossen schaden nimet an, 6255
7240 das verkerte sich vil ringe
Ze lieberm dinge,
als sich, frau, eur man
heut hie hat getan:
der můss sich verkeren 6260
7245 Ze micheln eren.
sich wandelt eur armůt
bei namen hie in michel gůt.
Ich bin ein grave | genant, XLIIvc
Auch herre über ein reiches lant. 6265
7250 darüber sult Ir fraue sein.
Secht, nu wirt euch wol schein,
daz euch eurs mannes todt frumet
und euch zu allem haile kumet,
Wann euch nu erst wol geschicht. 6270
7255 Ich habe weibes nicht:
Zu weibe wil ich euch nemen.
des lebendes mag euch bas getzemen,
dann ir mit einem manne vart
über lant umbewart 6275
7260 nach dhainem eurem rechte.
Ritter und knechte,
Frauen, reich dienstman,
so Ir nie Grave mere gewan –

7259 vmb wart

sofern ich das richtig sehe,
war Euer Mann
weder so edel noch so mächtig,
weder so stark noch so mutig
7230 noch so angesehen,
dass Ihr für Euren Verlust
nicht vollkommen entschädigt werden könntet.
Er wird Euch vollkommen ersetzt,
wenn Ihr auf mich hört.
7235 Ich glaube, in einem glücklichen Moment
hat Gott mich zu Euch geschickt.
Euch wird nun Hilfe zuteil.
Wo der Mensch oft
ein großes Unglück sieht,
7240 wandelt sich dies ganz leicht
in angenehme Umstände,
so wie es, Herrin, mit Eurem Mann
heute geschehen ist:
Dieser soll sich
7245 zugunsten größeren Ansehens wandeln.
Eure Armut wird sich
hier wahrhaftig in großen Reichtum verwandeln.
Ich darf mich Graf nennen lassen,
auch Herr über ein mächtiges Land.
7250 Über dieses sollt Ihr Herrscherin sein.
Seht, jetzt geht Euch wohl auf,
dass der Tod Eures Mannes Euch nützt
und Glück bringt,
denn jetzt erst geschieht Euch wirklich Gutes.
7255 Ich habe keine Frau:
Euch möchte ich zur Frau nehmen.
Diese Art des Lebens wird besser zu Euch passen,
als wenn Ihr mit einem Mann
unbeschützt über Land zieht,
7260 so wie es Euch gar nicht angemessen ist.
Ritter und Knechte,
Edeldamen, mächtige Ministeriale,
von denen niemals ein Graf mehr unter sich hatte –

die mache ich euch undertan,   6280
7265 müget Ir noch eur wainen lan."
Nu enmochte im die gůte
vor grossem unmůte
und von hertzen sere
geantwúrten mere.   6285
7270 Si sprach, so si das hertze zwang:
„lat, herre, die rede lang.
herre, lat eurn spot
mit mir armen, durch got.
und seit Ir reich, das ist euch gůt.   6290
7275 erkennet, herre, mein můt,
das wil ich euch kurtz bejehen:
es mag nimmer beschehen,
daz Ich eur weib werde
oder jemands auf der erde,   6295
7280 uber kurtz oder über lang,
es geschehe sunder meinen danck,
mir gebe dann got wider meinen man,
den ersten, den ich je gewan,
der músse mir auch der jüngste sein.   6300
7285 gelaubet es, herre, es wirt wol schein."
Der Grave sprach zu den Rittern da:
„die weib süllen reden also,
davon man Irs nicht weisen sol.
Si bekert sich wol   6305
7290 von Irem unmůte.
Ich bring wol ze gůte."
der Frauen was er vil fro.
die knechte hiess er hauen do,
alle die da waren,   6310
7295 einen Roszparen.
die ward vil schiere bereit;
darauf ward da gelait
Ereck für einen todten man.
auf Limors fůrten si In dann   6315
7300 und gewan im ze wachte
alle, die er machte,
und hiess im liechte gewinnen,

7300 zewachte

die mache ich Euch untertan,
7265 wenn Ihr nur aufhören könntet zu weinen."
Da konnte ihm die Gute
vor lauter Unmut
und Herzschmerz
kaum antworten.
7270 Sie sagte, wie ihr ihr Herz befahl:
„Lasst, Herr, dieses Geschwätz.
Herr, hört um Gottes willen auf,
Euren Spott mit mir Armer zu treiben.
Wenn Ihr mächtig seid, ist das schön für Euch.
7275 Versteht aber, Herr, meine Haltung –
diese will ich Euch kurz erklären:
Es wird nie so weit kommen,
dass ich Eure Frau werde
oder von sonst jemandem auf der Erde,
7280 weder kurz- noch langfristig,
es sei denn, es geschähe gegen meinen Willen
oder Gott gebe mir meinen Mann zurück,
den ersten, der mein wurde,
der soll auch mein letzter sein.
7285 Glaubt das, Herr, es wird sich so erweisen."
Der Graf sagte daraufhin zu den Rittern:
„Frauen müssen so reden,
man soll ihnen daraus keinen Vorwurf machen.
Sie wird sich von ihrer Missstimmung
7290 schon abkehren.
Ich bringe das sicher in Ordnung."
Er war sehr glücklich über die Dame.
Alle seine Knechte,
die dort waren,
7295 wies er an, eine Pferdebahre zu zimmern.
Diese wurde sehr schnell fertig gestellt,
darauf wurde dann
Ereck wie ein Toter gelegt.
Sie brachten ihn auf die Burg nach Limors
7300 und er stellte zur Totenwache
alle ab, die er um sich versammelt hatte,
und befahl, ihm Kerzen zu bringen,

die ob im solten prinnen,
üntz daz man In begrúbe.   6320
7305 Bitterliche trúebe
gieng der Frauen Eniten not,
wann si het In fúr tot.
dem wirte do von Ir geschach,
da Er Ir schone recht ersach,   6325
7310 daz er so lang stuende
erpeten niene kunde,
üntz Ir man wurde begraben
Si wurde der nacht erhaben
Ze frauen seinem lande,   6330
7315 wie es doch dauchte schande
alle seine dienstman.
seine poten sant Er dan
allenthalben in das lant,
daz im kumen ze handt   6335
7320 die herren, die des Ambtes phlegen,
daz si die gotes Ee geben,
daz si im wurde gegeben,
wann er entrauetes nimmer geleben.
so gross ist der minne macht: 6340
7325 Er wolt núr prauten der nacht.
Bischof und Abte komen dar
und die phaffhait vil gar,
was man der mochte bereiten
in des tages zeiten.   6345
7330 wie es der Frauen wäre
widermůt und schware, | XLIIIra
Si ward im sonder Irs danckh gegeben.
es half auch nicht Ir widerstreben:
er wolte si zu weibe han.   6350
7335 got hat den gewalt und er den wan.
Nu was auch essens zeit,
das liess auch der wirt one streit,
Wann Er die nacht gerne sach.
Er gedacht, des leicht nit geschach,   6355
7340 mit ir vil gůte nacht han.
ich enrůche, trueg ich sein wan.

7333 wider ſtreben

    die über ihm brennen sollten,
    bis man ihn begraben würde.
7305 Bittere Betrübnis
    quälte Frau Enite,
    denn sie hielt ihn für tot.
    Ihretwegen war der Burgherr,
    als er ihre Schönheit sah,
7310 nicht mehr fähig,
    sie lange zu umwerben,
    bis ihr Mann begraben würde,
    es sei denn, sie würde noch in dieser Nacht
    zur Herrin seines Landes erhoben werden,
7315 obwohl alle seine Dienstmänner es
    für eine Schande hielten.
    Seine Boten sandte er also
    in das ganze Land aus,
    damit schnell
7320 die Herren zu ihm kämen,
    die die Ehesakramente spendeten,
    damit sie ihm zur Frau gegeben werde,
    denn er glaubte, sonst nicht mehr leben zu können.
    So groß ist die Kraft der Minne:
7325 Er wollte auf jeden Fall in der Nacht noch heiraten.
    Der Bischof und Äbte
    sowie zahlreiche Pfarrer kamen dorthin,
    so viele, wie man von ihnen
    an diesem Tag noch herbeiholen konnte.
7330 Wie sehr es Frau Enite
    auch widerstrebte und ihr Kummer bereitete,
    sie wurde gegen ihren Willen mit ihm verheiratet.
    Ihre Gegenwehr half nichts:
    er wollte sie zur Frau haben.
7335 Aber Gott hat die Macht und er nur den Wunsch.
    Nun war es Zeit zu essen,
    das ging auch dem Hausherrn nicht gegen den Strich,
    denn er sehnte die Nacht herbei.
    Er ging davon aus, was dann allerdings nicht geschah,
7340 mit ihr eine sehr angenehme Nacht zu verbringen.
    Es kümmert mich nicht, wenn ich seinen Wunsch enttäusche.

Der wiert gieng essen;
und als was gesessen,
Zwen kappelan sant er dan　　　　　6360
7345　und drei seiner dienstman
nach der Frauen, da si phlag
Irs mannes, da er auf der pare lag,
daz si ze tische gienge.
doch wäne ich, es icht verfienge,　　6365
7350　Wann si si nicht anesach,
da der aine zu Ir sprach.
das teten si dem wirte kúndt.
nu sant Er nach Ir an der stúnd
der herren michel mere.　　　　　　6370
7355　das tet er durch Ir ere,
daz si destee gerner käme,
wenn Si vernäme,
daz tisch gericht wäre.
von Ir hertzen schwäre　　　　　　　6375
7360　nam si der poten dhain war.
der wirt sprach: „Ich mŭss selbs dar.“
Also er do zu Ir kam,
bei der handt er si nam
und hiess si mit im essen gan.　　　　6380
7365　des pat die fraue sich erlan.
Si sprach: „ob Ich nu äsße
und so schiere vergäsße
des allerliebsten man,
den je weib me gewan,　　　　　　　6385
7370　das were ein unweiblich mass.
Owe, wie zäme mir das?“
Er sprach: „was ist, das Ir saget?
on not Ir euch so sere klaget.
Ir habt verloren einen man,　　　　　6390
7375　den ich euch, ob mirs got gan,
vil wol ersetze.
vil gern ich euch sein ergetze
mit liebe und mit gute.
des were mir ze mŭte,　　　　　　　6395
7380　wann daz Ir mich davon nement
mit gepären, die euch missezamen,
daz euch disen langen tag
niemand getrösten mag.

Der Hausherr ging zum Essen,
und als man sich gesetzt hatte,
schickte er zwei Kapläne
7345 und drei seiner Gefolgsleute
nach der Dame, dorthin, wo sie sich
um ihren Mann kümmerte und dieser auf der Bahre lag,
damit sie zu Tisch ginge.
Doch glaube ich, dass es nichts nützte,
7350 denn sie sah sie nicht an,
als der eine sie ansprach.
Dies berichteten sie dem Hausherrn.
Da schickte er
noch viel mehr Edelmänner nach ihr.
7355 Er handelte so, um ihr Ehre zu erweisen,
damit sie nun noch lieber käme,
wenn sie hörte,
dass das Mahl bereit sei.
Aufgrund ihres großen Schmerzes
7360 nahm sie jedoch keinen der Boten wahr.
Der Hausherr sagte: „Ich muss selbst dorthin.“
Als er dann zu ihr kam,
ergriff er ihre Hand
und befahl ihr, mit ihm zum Essen zu gehen.
7365 Die Edelfrau bat darum, dass ihr dies erspart bliebe.
Sie sagte: „Wenn ich nun essen
und so ganz schnell
den allerliebsten Mann vergessen würde,
den je eine Frau bekommen hat,
7370 wäre das unweibliches Verhalten.
Ach, wie stünde mir das zu Gesicht?“
Er entgegnete: „Was sagt Ihr da?
Ohne Not beklagt Ihr Eure Situation so sehr.
Ihr habt einen Mann verloren,
7375 den ich Euch, wenn Gott es mir gestattet,
vorzüglich ersetzen werde.
Überaus gerne werde ich Euch
mit Freude und Wohlstand für ihn entschädigen.
Das wäre meine Absicht,
7380 aber Ihr haltet mich davon ab
mit Verhalten, das für Euch ungehörig ist,
sodass Euch schon den ganzen Tag lang
niemand trösten kann.

Es ist ein unbiderber streit,   6400
7385 da Ir doch ane so stette seit.
Eur schade ist nicht so gros:
Ich bin vil wol sein úbergenos
oder doch wol als frumb als er.
Fraue mein, nů tůt her.   6405
7390 Ich wil geben in eur hant
mich und mein landt
und so kreftiges gůt,
daz Ir eur armůt
und laides mügt vergessen.   6410
7395 noch geet dann mit mir essen."
Si sprach: „das sol got enwellen,
seit daz ich mein gesellen
also můs han verloren."
des ward vil teure da geschworen: 6415
7400 „Ee erwelle ich, daz ich der erde
mit im bevolhen werde!
Ich habe immer manne rat,
seit mir In got benomen hat!"
Er sprach: „nu lat die rede sein   6420
7405 immer durch die liebe mein
und geet dan essen mit mir,
Wann ich sein bei namen nicht empir."
wievil er doch si gepat,
so wolt si dannoch nicht von der   6425
    stat,
7410 üntz er si also betzwang:
Er zoch si | hin sonder Irn danck,   XLIIIrb
Wann si mochte im nit widerstreiten.
Er setzt si nicht zu seiten:
Ir ward ein vallstúl vor gesatzt   6430
7415 Zu tische entgegen, als er pat,
damit er die Frauen
dester bas mochte schauen.
er pat si dick essen,
nu mocht si aber nit vergessen   6435
7420 Irs lieben gesellen.
trähern begunde si vellen,
der tisch ward von Irn augen nass
all des endes, da si sass.
von jammer want si Ir hende,   6440

Es ist ein ungerechtfertigter Kampf,
7385 an dem Ihr trotzdem festhaltet.
Euer Verlust ist nicht so groß.
Ich steche ihn auf jeden Fall aus
oder bin wenigstens ebenso brauchbar.
Meine Herrin, nun kommt her.
7390 Ich will mich und mein Land
in Eure Hand geben
und so großen Reichtum,
dass Ihr Eure Armut
und Euer Leid vergessen könnt.
7395 Nun geht mit mir zum Essen."
Sie sagte: „Das kann Gott nicht wollen,
da ich doch meinen Partner
auf diese Weise verloren habe."
Folgendes wurde dort eindringlich geschworen:
7400 „Eher entscheide ich mich dafür, dass ich
mit ihm begraben werde!
Ich entsage für immer allen Männern,
weil Gott ihn mir genommen hat!"
Er entgegnete: „Nun stellt dieses Reden
7405 mir zuliebe ein
und geht mit mir zum Essen,
denn darauf werde ich ganz sicher nicht verzichten."
Wie sehr er sie auch bat,
sie wollte trotzdem den Ort nicht verlassen,

7410 bis er sie auf folgende Weise bezwang:
Er zerrte sie gegen ihren Willen hin,
denn sie konnte sich nicht gegen ihn wehren.
Er platzierte sie nicht neben sich:
Ihr wurde, wie er es erbeten hatte,
7415 ihm gegenüber am Tisch ein Fallstuhl hingestellt,
damit er die Edelfrau
umso besser betrachten konnte.
Er bat sie wiederholt zu essen,
aber sie konnte ihren geliebten Freund
7420 nicht vergessen.
Sie begann zu weinen,
der Tisch wurde von ihren Tränen ganz nass
an dem Ende, wo sie saß.
Aus Kummer rang sie die Hände,

7425 die vil ellende,
Ir klage war gar stäte.
wievil der wirt gepäte,
daz si sich wolte massen,
nu mochte si doch nit gelassen.   6445
7430 Nu sprach er aber zu Ir:
„frau, Ir machet euch und mir
den jammer all ze vesten
in meinen lieben gesten,
die heer durch frauen kumen sind.   6450
7435 Und waret Ir nicht ein kind,
Ir mochtend eur klage lan,
und kundet Ir euch rechte entstan,
wie recht schone in kurtzer frist
eur ding gehöhet ist,   6455
7440 doch euch lützel noch bedros.
Ich gesach wunder nie so gros,
daz Ir nicht kündet gedagen
und nicht müget wol vertragen,
daz eur ding nit vil wol stat   6460
7445 und sich verkert hat
Zu gúter handlung.
wenn also gelúng,
als euch hie mús gelingen,
Ir möchte bas singen   6465
7450 dann wainen und klagen.
Ich mús doch die richte sagen,
Eur jammer ist all ze vester.
heute weder gester
so stet doch eur ding ungeleich: 6470
7455 Ee wart Ir arm, nu seit Ir reich,
vor wardt Ir niemandt wert,
Nu hat euch got eren gewert,
Ee wart Ir vil unerkant,
nu seit Ir gewaltig über ein reiches   6475
    lant.
7460 E in schwacher schaue,
nu ein reiche fraue,
vor múst Ir aus der achte sin,

———

7460 E in] Ein

7425 die wirklich Bedauernswerte,
ihre Klage war unermüdlich.
Wie sehr der Hausherr sie auch bat,
sie möge sich mäßigen,
sie konnte doch nicht damit aufhören.
7430 Da sprach er wieder zu ihr:
„Frau, Ihr bereitet Euch und mir
allzu großen Kummer
bei meinen lieben Gästen,
die wegen der Damen hergekommen sind.
7435 Wenn Ihr Euch nicht kindisch aufführen würdet,
könntet Ihr das Gejammer sein lassen
und würdet begreifen,
wie hervorragend sich in kürzester Zeit
Eure Lage verbessert hat,
7440 wenn sie Euch auch ein wenig schwierig schien.
Ich habe nie so Verwunderliches erlebt,
dass Ihr nicht still sein
und nicht akzeptieren könnt,
dass Eure Sache nicht zum Besten steht,
7445 sich aber stattdessen zu einem
guten Handel gewandelt hat.
Wenn es Euch so gelänge,
wie es Euch gelingen wird,
solltet Ihr lieber singen
7450 als weinen und klagen.
Ich muss es offen sagen,
Eure Trauer ist allzu groß.
Vergleicht man heute mit gestern,
so steht es um Euch doch ganz anders:
7455 Vorher wart Ihr arm, jetzt seid Ihr reich,
vorher wurdet Ihr von niemandem als würdig angesehen,
jetzt hat Euch Gott Ehre geschenkt,
vorher wart Ihr gänzlich unbekannt,
nun herrscht Ihr über ein mächtiges Land.

7460 Zuvor von geringem Ansehen,
nun eine vornehme Herrin,
vorher vollkommen unbeachtet,

nu seit Ir ein mechtige Gravin,
Ee fúrent Ir weislos,   6480
7465 üntz eur selde mir erkos,
vor warend Ir aller gnaden bar,
nu habt Ir die ere gar,
Ee litend Ir michel arbait,
davon hat euch got gelait,   6485
7470 vormals het Ir ein schwaches leben,
Nu hat euch got uns gegeben,
vor můst euch vil geweren,
nu lobet unsern herren,
daz er euchs hat úberhaben   6490
7475 und lat eur tumbes klagen.
Ee lebet Ir on ere,
der habent Ir nu mere
dann dhain eur lantweib.
Ir kestigend den leib,   6495
7480 welt Ir wissen, ān not.
Euch ist ein arm man tot,
des seit Ir ergetzet mit mir.
denselben wechsel mochtend Ir
immer gerne treiben.   6500
7485 Ich riete es allen weiben,
wann es möcht In nicht geweren,
daz si einen reichen herren
namen fúr ein sölhen man.
eur thúmbhait ich euch verban.   6505
7490 nu essent durch den willen mein!"
da sprach die edel künigein:
„Herre, Ir habt mir genúg gesaget,
das were doch | als gůt verdaget.   XLIIIrc
Vil kůrtze ich euch antwurten wil.   6510
7495 Ir mügt wol rede verliesen vil.
bei dem aide gelaubet das:
in meinem múnd kúmbt nimmer mass,
mein todter man esse ee!"
nu mochte der Grave mee   6515
7500 im selbs maister gesein:
er tet sein untugent schein.

———

7478 lannt weib

    nun eine mächtige Gräfin,
    zuvor irrtet Ihr ziellos umher,
7465 bis Euer Schicksal mich erwählte,
    zuvor fehlte Euch jede Unterstützung,
    nun genießt Ihr vollkommene Ehre,
    zuvor habt Ihr große Anstrengungen ertragen müssen,
    davon hat Gott Euch befreit,
7470 vorher hattet Ihr ein armseliges Leben,
    nun hat Gott Euch uns geschenkt,
    zuvor musstet Ihr viel aushalten,
    nun preist unseren Herrn,
    dass er Euch davon erlöst hat
7475 und hört mit dem dummen Gejammer auf.
    Zuvor lebtet Ihr ohne Ehre,
    davon habt Ihr nun mehr
    als jede Eurer Landsfrauen.
    Ihr quält Euch,
7480 dessen seid versichert, ohne Grund.
    Einen mittellosen Mann habt Ihr durch den Tod verloren,
    dafür seid Ihr mit mir entschädigt.
    Diesen Handel solltet Ihr
    immer wieder gerne treiben.
7485 Ich würde allen Frauen dazu raten,
    denn es könnte ihnen nicht schaden,
    einen mächtigen Herren
    anstelle eines solchen Mannes zu nehmen.
    Eure Naivität verfluche ich.
7490 Nun esst, weil ich es verlange!"
    Darauf erwiderte die edle Königin:
    „Herr, Ihr habt mir genug gesagt,
    was genauso gut verschwiegen hätte werden können.
    Nur kurz will ich darauf eingehen.
7495 Ihr werdet Eure Worte völlig vergeuden.
    Ich schwöre Euch:
    Niemals werde ich etwas zu mir nehmen,
    eher äße mein verstorbener Mann!"
    Da gelang es dem Grafen nicht länger,
7500 sich selbst zu beherrschen:
    Er offenbarte seine Sittenlosigkeit.

sein zorn in verleite
zu grosser torhait,
daz er si mit der handt slůg,   6521
7505 also daz die gúte vil sere plút.   6522/23
Er sprach: „Ir essent, ubel haut!"
beide stille und úber laut   6525
so dauchte es si alle gleich,
Arm und reich,
7510 ein michel ungefüege.
auch verwisen si ims genúge
under seine augen;   6530
die andern redeten es taugen,
es were torlich getan
7515 und er mochte es gerne lassen han.
er ward darúmb gestrafet vil.
Si verwisen ims üntz auf das zil,   6535
daz der schalckhafte man
vil sere zürnen began.
7520 Ir strafen was im ungemach.
vil unsenftiklich er sprach:
„Ir herren, Ir seit wunderlich,   6540
daz Ir darumb strafet mich,
Was ich meinem weibe thú.
7525 da bestet doch niemand zú
Ze reden ubel noch gůt,
was ein man seinem weibe tůt.   6545
Si ist mein und bin ich Ir.
wie welt Ir das erweren mir,
7530 ich entrau Ir, was mir gevalle?"
damit geschwaigt ers alle.
Do die frau ward geschlagen,   6550
Ir gepärde süllen wir euch nicht
  verdagen:
von dem slage ward si fro
7535 und auch des tages nie mer dann do.
was si die freude mochte nemen,
das mugt Ir gerne vernemen,   6555
Wann slege tunt selten jemand fro.
Ir freude schúf si so:

———

7526 Zereden

Seine Wut riss ihn
zu großer Torheit hin,
sodass er sie mit der Hand derart schlug,
7505 dass die Gute heftig zu bluten begann.
Er sagte: „Esst gefälligst, missratenes Stück!"
Sowohl im Stillen als auch laut ausgesprochen
erschien dies ihnen allen gleichermaßen,
Armen und Reichen,
7510 eine große Ungehörigkeit.
Auch sagten sie ihm ihre Missbilligung
direkt ins Gesicht;
andere sagten heimlich,
es wäre töricht gewesen
7515 und er hätte es besser bleiben lassen.
Er wurde deswegen heftig kritisiert.
Sie tadelten ihn, bis
der boshafte Mann
sehr zornig wurde.
7520 Ihre Kritik war ihm lästig.
Arg ruppig sagte er:
„Ihr Herren, Ihr seid seltsam,
dass ihr mich dafür tadelt,
was ich mit meiner Frau mache.
7525 Es steht doch niemandem zu,
positiv oder negativ zu beurteilen,
was ein Mann mit seiner Ehefrau tut.
Sie gehört mir und ich gehöre ihr an.
Wie wollt Ihr mir verbieten,
7530 dass ich ihr androhe, was mir gefällt?"
Damit brachte er sie alle zum Schweigen.
Als die Edelfrau geschlagen wurde –
wir werden euch ihr Verhalten nicht verschweigen:

Über den Schlag war sie glücklich
7535 wie über nichts anderes mehr an diesem Tag.
Woraus sie diese Freude ziehen konnte,
das werdet ihr mit Spannung anhören,
denn Schläge machen selten jemanden glücklich.
Ihre Freude entstand auf diese Weise:

7540 si wer gern tot gewesen
     und tausent mal gerner wann genesen,
     Und als si den slag emphie,   6560
     wann er von mannes krefte gie,
     da het si gedingen und trost,
7545 Si werde des leibes belost,
     und was si mere gespräche,
     daz ers mit slegen reche,   6565
     untz er si gar erschlúege.
     des ward vil ungefúege
7550 Ir klage und gschrai wider den site
     und mainet, dem tode da gedient mite.
     Si stŭnd im vil verre   6570
     und sprach: „gelaubet, herre,
     Ich habe auf eur schlege nicht
7555 und was mir von euch geschicht.
     und nemet Ir mir den leib,
     Ich wurde dannoch nimmer eur   6575
      weib.
     des nement euch ein zil.“
     der rede traib si so vil,
7560 untz er si an der stúnd
     sere slúg in den múnd.
     seinen schlag si nicht floch.   6580
     vil sere si sich darundter zoch,
     daz si Ir mer emphienge.
7565 Si want, Ir wille ergienge.
     Si sprach: „we mir vil armen weibe,
     wär mein geselle bei leibe,   6585
     ditz pleuen ward vil unvertragen.“
     da si laute begunde klagen.
7570 Ereck vilderoilach,
     in des todes wane   6590
     und doch des todes ane, |
     gerúet was er etwas   XLIIIva
     Und doch nit vil bas.
7575 Er lag in einem entwalme
     und erschrickte von Irm galme.   6595
     als der da wirt erwecket,
     von schwarem traume erschreckhet,
     Er fŭr auf von der pare
7580 von frombder gepäre

7540 Sie wäre gerne tot gewesen
und zwar tausendmal lieber als lebendig;
und als sie den Schlag erhielt,
empfand sie, weil er mit männlicher Kraft ausgeführt wurde,
Hoffnung und Trost,
7545 sie werde vom Leben erlöst,
und was auch immer sie sagen würde,
würde er mit Schlägen bestrafen,
bis er sie erschlagen hätte.
Aus diesem Grund übertrieb sie
7550 ihr Klagen und Schreien ins Ungehörige
und dachte, damit ihren Tod zu befördern.
Mit Eifer stellte sie sich ihm entgegen
und sagte: „Glaubt mir, Herr,
ich interessiere mich für Eure Schläge nicht,
7555 was auch immer mir von Euch angetan wird.
Selbst wenn ihr mich töten würdet,
ich würde trotzdem niemals Eure Frau.

Begreift das!"
Ihre Worte trieb sie so weit,
7560 bis er sie sogleich
heftig auf den Mund schlug.
Sie wich seinem Schlag nicht aus.
Vielmehr kam sie ihm entgegen,
um mehr Schläge zu erhalten.
7565 Sie glaubte, dass ihr Wunsch erfüllt würde.
Sie sagte: „Ach, ich bedauernswerte Frau,
wäre mein Geliebter am Leben,
würde dieses Geprügel nicht hingenommen werden."
Daraufhin begann sie laut zu klagen.
7570 Ereck Vilderoilach,
totgeglaubt
und doch lebendig,
hatte sich etwas erholt,
aber doch noch nicht sehr.
7575 Er lag betäubt da
und schreckte angesichts ihres Lärmens auf.
Wie einer, der erwacht,
aus einem bösen Traum aufschreckend,
fuhr er von der Bahre hoch,
7580 aus seinem ungewöhnlichen Zustand,

und begunde mit den augen sehen. 6600
In wundert, was im were geschehen,
und weste nit, wie er dar kam.
an der stund er si vernam,
7585 Wann si vil dicke schre:
„Owe, lieber herre, owe! 6605
deiner hilfe geer ich on not,
wann du bist aber laider tot!"
als si In da nante,
7590 Ze hant er si erkante
und vernam wol, daz si es ware, 6610
in etlicher schwäre,
Er weste nit wie oder wo.
Er lag nit lenger da,
7595 als Er erkant ir stimme,
aufsprang Er mit grimme 6615
und rauschet vast under si.
nu hiengen da nahen bei
schwerte vil an einer want,
7600 der kam im eines in die hant.
Er het zornes genůg. 6620
des ersten rausches er schlůg
den wirt selb dritten,
under den sass Er enmitten.
7605 die andern gaben die flucht.
da wartet niemand dhainer zucht, 6625
man sach da niemand hoher stan:
‚herre, welt Ir fürgan?'
von wem der weg wart,
7610 der hůb sich an die vart.
Es was In so geschaffen: 6630
die laien für die phaffen,
wie hohe Er ward beschorn,
Er ward da lützel aus erkorn,
7615 es ware Abbt oder Bischof,
hie floch der hof. 6635
zu dem turn ward vil enge
von grossem gedrenge;
der knecht für sein herren drang,
7620 der weg dauchte si vil lang,
der zu dem Turn ausgie. 6640
si komen zu solher prautlauf nie,

und blickte sich um.
Er wunderte sich, was ihm passiert sei,
und wusste nicht, wie er dorthin gekommen war.
In diesem Augenblick hörte er Enite,
7585 denn sie schrie sehr laut:
„O weh, lieber Herr!
Sinnlos bitte ich um deine Hilfe,
denn du bist ja leider tot!"
Als sie dann seinen Namen rief,
7590 erkannte er sie sofort
und begriff, dass sie
in großer Not sein musste,
wusste aber nicht, in welcher Weise oder wo.
Er blieb nicht länger dort liegen,
7595 als er ihre Stimme erkannte;
zornerfüllt sprang er auf
und warf sich heftig zwischen sie.
Nun hingen in der Nähe
viele Schwerter an einer Wand,
7600 von denen gelangte eines in seine Hand.
Er war sehr zornig.
Im ersten Angriff erschlug
er den Burgherren und zwei andere,
zwischen denen dieser saß.
7605 Die übrigen gaben Fersengeld.
Niemand kümmerte sich mehr um anständiges Benehmen,
niemanden sah man beiseite treten:
„Herr, möchtet Ihr vorgehen?"
Wer einen Ausweg sah,
7610 der machte sich davon.
So erging es ihnen:
die Laien liefen vorbei an den Geistlichen;
wie hoch auch immer einer die Tonsur trug,
er wurde nicht bevorzugt behandelt,
7615 gleichgültig, ob Abt oder Bischof,
hier floh der ganze Hof.
Zum Wehrturm hin wurde es
vor lauter Gedränge sehr eng;
der Knecht drängelte sich vor seinen Herrn,
7620 der Weg, der hinaus zum Turm führte,
erschien ihnen viel zu lang.
Eine solche Hochzeit hatten sie noch nie erlebt,

ein schrit was In ein rast,
Si begúnden vast
7625 fliehen und wenckhen.
Es lagen under den pencken   6645
vil gůter knechte
wider Ritter rechte.
eines dinges vil geschicht,
7630 des wundert mich nicht:
wer seinem leibe vorchte trait,   6650
daz Er durch seine gwarhait
dick fleuht grossen schal
auf die Burg aus dem tal,
7635 also fluhen dise aus dem hause
und sluffen ze loche sam die mause.   6655
In ward das weite Burgtor
baide darinne und auch darvor
zu wenig und ze enge,
7640 so daz si mit gedrenge
vielen über maure   6660
gleich einem schaure,
wann die grimme vorchte traib.
Limors leutlos belaib.
7645 fliehens gieng In michel not,
wann si forchten den todt.   6665
Ir flucht was on schande.
wer Ins zu laster wande,
der überspräche sich daran.
7650 nu sprecht, wo ein toter man
mit plůtigen wúnden   6670
ge|růet, in gewúnden   XLIIIvb
Haubt und hende,
fúesse an ein ende,
7655 mit einem schwerte also bar
auf ein ungewarnte schar   6675
in aller gahe liefe
und waffen úber si rúefte,
er fluhe gern, wem es wäre
7660 der leib ze ichte märe.

————

7659 gen   **7660** zeichte

ein Schritt schien ihnen eine Stunde zu dauern,
eilig flohen sie
7625 und stolperten durcheinander.
Unter Bänken lagen
viele angesehene Ritter,
gegen jede Ritterehre.
Eine Sache geschieht häufig,
7630 darüber bin ich nicht erstaunt:
Wer um sein Leben fürchtet,
flieht oft um seiner Sicherheit willen
vor dem Kampflärm
aus dem Tal in die Burg;
7635 doch aber flohen diese aus der Behausung
und verkrochen sich in Löcher wie die Mäuse.
Für sie wurde das riesige Burgtor
sowohl von außen als auch von innen
zu klein und zu eng,
7640 sodass sie vor lauter Gedränge
über die Mauern niedergingen
wie ein Hagelschauer,
denn panische Angst trieb sie.
Limors blieb entvölkert zurück.
7645 Sie mussten fliehen,
denn sie fürchteten den Tod.
Ihre Flucht war nicht schändlich.
Wer ihnen das anlastete,
der urteilte vorschnell.
7650 Nun urteilt ihr: Wenn ein toter Mann
mit blutigen Wunden
aufersteht, Kopf und Hände
bereits eingewickelt zur Beisetzung,
gar die Füße bis zu den Spitzen –
7655 wenn der mit einem blank gezogenen Schwert
auf eine arglose Menge
losstürmt
und sie mit Kampfgebrüll bedroht,
würde jeder nur zu gerne davonlaufen, dem
7660 sein Leben noch irgendetwas bedeutet.

Und wär ich gewesen darbei,   6680
Ich hette geflohen, wie kuene ich sei.
sein getorste da niemand peiten
on die frau Eneiten.
7665 den todten si vil gerne sach,
ze liebe ward Ir ungemach   6685
alles verkeret
und freude gemeret.
bei der handt er si fieng,
7670 vil genote er sůchende gieng,
untz daz Er sein eisen gewant,   6690
auch Schilt und sper vant
und waffent sich als ee,
sam im nie wurde wee.
7675 seiner rosse vant Er nicht.
„owe, diser geschicht!   6695
süllen wir nu zu Fuesse gan?
das haben wir vor selten getan.“
Nu müesse got gesenden
7680 disen ellenden,
Erecken und Eneiten,   6700
Ross, da si aufreiten.
Als Er der ross niene vant,
nu tet Er, als im was gewant:
7685 seinen Schilt nam er
und in die winstern handt das sper.   6705
an seiner zeswen seiten
fůrt Er frauen Eneiten
und gahet für das Burgetor.
7690 da ward im vor
sein ross entgegen bracht,   6710
des im doch nindert was gedacht
noch nieneme, der es rait,
als doch sein selikait
7695 volliklich daran schain;
es het des Wirtes garsun ain   6715
gefůeret ze wasser;
darauf sass er.
sein totes wanige er sanck,
7700 vil eben stůnd sein gedanck,
wann er enweste nicht   6720
umb dise geschicht.

Wenn ich dabei gewesen wäre,
wäre ich weggelaufen, so mutig ich auch bin.
Niemand traute sich, auf ihn zu warten,
außer Frau Enite.
7665 Sie freute sich sehr, den Toten zu sehen,
ihr Leid wurde
vollkommen in Freude verwandelt,
das Glück sogar gesteigert.
Er nahm sie bei der Hand,
7670 angestrengt machte er sich auf die Suche,
bis er seine Rüstung
sowie Schild und Speer fand
und sich wie zuvor rüstete,
so als ob er nie verletzt worden wäre.
7675 Er fand seine Pferde nicht.
„Oh je, diese Zustände!
Müssen wir jetzt etwa zu Fuß gehen?
Das haben wir bisher nie gemacht."
Gott möge
7680 diesen Bedauernswerten,
Ereck und Enite,
Pferde schicken, auf denen sie reiten können.
Als er keines der Pferde fand,
verhielt sich Ereck der Situation angemessen:
7685 Er griff seinen Schild
und nahm den Speer in die linke Hand.
An seiner rechten Seite
führte er Frau Enite
und eilte vor das Burgtor.
7690 Dort wurde ihm
sein Pferd entgegen gebracht,
das zwar nicht für ihn vorgesehen war
– noch weniger allerdings für denjenigen, der es ritt –,
wobei sein Glück
7695 sich darin deutlich offenbarte.
Einer der Knappen des Burgherrn hatte das Pferd
zum Wasser gebracht,
er ritt darauf.
Ohne sich der Todesgefahr bewusst zu sein, sang er,
7700 seine Gedanken waren unbeschwert,
denn er war über
die Ereignisse nicht informiert.

nu rit er auf den Burgweg.
das Ross erkante Ereck,
7705 da er es aller verriste sach.
vil liebe im daran geschach: 6725
es fuegte nur gotes wille.
Nu stúnd er vil stille,
üntz im das ross so nahen kam,
7710 daz Er es bei dem britel nam
wider in sein phlege 6730
und húb sich after wege.
fúr sich satzt er die künigin,
es mochte doch nit besser sin,
7715 die frauen Eneiten,
und gedachte reiten 6735
all für sich durch das landt.
nu was im der weg unerkant;
auch Irrte das sein fart,
7720 daz die nacht vinster ward,
auch forchte Er in dem Lande 6740
schaden und schande
von dem Landtvolck gewinnen,
Wann Si wurden innen,
7725 was Er getan hette.
nach Frauen Eniten Rate, 6745
wann si In den weg lerte,
auf die strasse Er kerte,
die Er gewert dar reit;
7730 das geschach durch gewarhait.
Es waren dise dreu lant 6750
an ein ander gewant |
Und nahen genůg, XLIIIvc
daz, da Er den Graven slůg,
7735 und von des wenigen man,
von dem Er die wůnden gewan, 6755
und des kunig Artus gewalt:
dise dreu schied nur der walt,
da er enmitten inne rait
7740 nach diser arbait.
und als si komen in den walt 6760

7703 Burg weg   **7723** gewunnen

Er ritt nun auf dem Weg zur Burg.
Ereck erkannt das Pferd,
7705 als er es von weitem sah.
Dadurch wurde ihm viel Freude zuteil,
es geschah Gottes Wille.
Er wartete nun,
bis das Pferd so nah an ihn herankam,
7710 dass er es, die Zügel greifend,
wieder in Besitz nehmen konnte
und machte sich auf den Weg.
Vor sich setzte er die Königin,
Frau Enite,
7715 besser war es nicht möglich,
und überlegte,
zügig durch das Land zu reiten.
Allerdings wusste er den Weg nicht;
außerdem behinderte es sein Vorhaben,
7720 dass die Nacht sich verfinsterte;
zudem fürchtete er in diesem Land
Schaden an Körper und Ansehen
durch die Bevölkerung zu erleiden,
wenn diese erführe,
7725 was er getan hatte.
Der Anweisung Enites entsprechend –
denn sie zeigte ihm den Weg –
wandte er sich zur Straße,
die er kampfbereit entlang ritt;
7730 dies tat er aus Vorsicht.
Die folgenden drei Länder
grenzten aneinander
und lagen in der Nähe:
das, in dem er den Grafen erschlagen hatte,
7735 das des kleinen Mannes,
von dem er verwundet worden war,
und der Herrschaftsbereich des König Artus.
Diese drei trennte nur der Wald voneinander,
in den er mitten hineinritt
7740 nach diesen Qualen.
Und als sie in den Wald kamen,

aus der sorgen gewalt
wider auf Irn kunden weg,
Nu fraget der kunig Ereck
7745 Frauen Eniten märe,
wie er kumen wäre   6765
in des Graven gewalt,
den Ich Euch geslagen han getzalt.
Nu tet si im die sache –
7750 Ir augen ungemache –
alles wainende kunt.   6770
da endet sich ze stunde
die schwäre spahe
und die frombde wahe,
7755 der Er üntz an den tag
mit Ir on sache pflag,   6775
daz Er si mit grusse meit,
seit Er mit Ir von hause reit.
durch das die spahe ward genomen,
7760 des ist er *a*n ein ende komen
Und west es recht on wan.   6780
es was durch versůchen getan,
ob si im were ein rechtes weib.
nu hette er Irn leib
7765 ersichert gäntzlichen wol,
als man das golt sol   6785
leutern in der Esse,
daz Er nu recht wesse,
daz er an Ir hätte
7770 treu und stette
und daz si wäre   6790
ein weib unwandelbäre.
Er truckhte si an sein pruste,
vil dick er si kuste
7775 wol minneklichen
und pat die tugentrichen,   6795
daz si wolt vergeben
alles ungesellikliches leben
und manige arbait,
7780 die si auf der farte lait.

—————
7760 on

aus den Fängen der Sorgen
wieder auf den ihnen bekannten Weg gelangten,
da fragte König Ereck
7745 Frau Enite danach,
wie er in die Gewalt des Grafen
gekommen wäre,
von dessen Tötung ich euch erzählt habe.
Da teilte sie ihm die Geschichte –
7750 zum Leidwesen ihrer Augen –
bitterlich weinend mit.
Damit endeten gleichzeitig
das schmerzliche seltsame Verhalten
und die befremdliche Verstellung,
7755 die er bis zu diesem Tag
völlig grundlos mit ihr getrieben hatte,
dass er sie nicht mehr angesprochen hatte,
seit er mit ihr zuhause losgeritten war.
Weshalb er dieses seltsame Verhalten angenommen hatte,
7760 wurde ihm nun klar,
er wusste es nun ganz sicher.
Er hatte so gehandelt, um zu überprüfen,
ob sie eine angemessene Frau für ihn wäre.
Nun war er sich ihrer
7765 vollkommen sicher,
so wie man Gold
in der Esse läutert,
sodass er nun genau wusste,
dass er in ihr
7770 zuverlässige Liebe und Treue gefunden hatte
und dass sie
eine tadellose Frau war.
Er drückte sie an seine Brust,
immer und immer wieder küsste er sie
7775 sehr liebevoll
und bat die Tugendhafte,
dass sie ihm sein abweisendes Verhalten
vergeben möge
und die ganzen Qualen,
7780 die sie während der Reise erduldet hatte.

pesserúng Er Ir gehiess, 6800
die er bei namen war liess.
nu vergab si ims an der stat,
wann er si des freuntlichen pat.
7785 Si sprach: „lieber herre,
Ja můte mich nit ze verre 6805
dhain ander ungemach,
der vil one zal geschach;
es húb mich alles ringe
7790 wider dem dinge,
daz ich euch múste meiden. 6810
solt ich das lenger leiden,
darumb múest ich doch mein leben
Als schier han gegeben."
7795 **Do** ditz wúnder ergie
auf Limors, nu secht hie, 6815
wo ein garsun entran,
der lief durch den walt dan,
darumb daz er zu der stúnd
7800 dem wenigen kunige tete kúnt,
der da was so unvertzagt. 6820
Ich habe euch Ee von im gesagt:
er was Gifurais genant,
derselb der mit seiner handt
7805 Erecken seine wunden schlůg.
dem garsún was der weg wol kunt 6825
   genůg,
er begunde sere gahen.
auch was es im vil nahen:
Ir zwaier gewalt
7810 enschied doch nur der walt.
Er poset an das purgetor. 6830
da welt er unlange darvor,
er ward vil drate ingelan.
Nu gieng er fúr den kunig stan
7815 und begunde im sagen,
Wie der Grave Oringles were 6835
   erschlagen,
und das het ein toter man getan.
Nu begunde sich Gifurais verstan
Ze júngst an dem märe, |
7820 daz es Ereck wäre. XLIVra

Er gelobte ihr Besserung,
was er auch tatsächlich umsetzte.
Sie verzieh es ihm auf der Stelle,
da er sie so freundlich darum bat.
7785 Sie sagte: „Lieber Herr,
so stark zugesetzt
hat mir keines der Übel,
die zahlreich waren;
das alles interessierte mich wenig,
7790 sondern einzig das,
dass ich Euch nicht nahe sein durfte.
Wenn ich das noch länger hätte ertragen müssen,
wäre ich deswegen
sicher bald gestorben."
7795 Als diese wundersamen Dinge
auf Limors geschahen – nun schaut her! –,
konnte ein Knappe entkommen,
lief daraufhin durch den Wald,
um sogleich
7800 dem kleinen König zu berichten,
der damals so tapfer gewesen war.
Ich habe euch vorher schon von ihm erzählt:
Er hieß Gifurais –
derselbe, der eigenhändig
7805 Ereck die Wunden beigebracht hatte.
Dem Knappen war der Weg hinreichend bekannt,

er beeilte sich sehr.
Auch befand er sich ganz in seiner Nähe:
Die Herrschaftsgebiete der beiden
7810 trennte ja nur der Wald.
Er klopfte an das Burgtor.
Er musste nicht lange davor warten,
er wurde umgehend eingelassen.
Daraufhin trat er vor den König
7815 und informierte ihn darüber,
wie Graf Oringels erschlagen worden war

und dass dies ein Toter getan hatte.
Gifurais dämmerte
gegen Ende des Berichts,
7820 dass es sich um Ereck handeln müsste.

Noch dann was Er nicht entslafen,   6840
vil laute schrai Er: „waffen!
Welhe ein schade múss ergan,
Und sol den leib verloren han
7825 der peste Ritter, der dar*f* leben.
Im welle got gnad geben.   6845
Wirt es dem Landtvolcke kunt,
Si ermurdent In ze stundt.
Owe, mocht ich Im vor gesein,
7830 das wurde doch meinem frúnde!
doch wirdt es versúchet,   6850
ob es got rúchet.“
Nu waffnet er sich drate
und was er Ritter hatte.
7835 nu ward Ir wol in der zal
Dreissig Ritter überal.   6855
die Ross bracht man In do.
zweifelhaft und unfro
so keerte der künig balde
7840 gegen dem Walde,
daz er dem ellende man   6860
aus dem Lande hulfe dan.
Nu gerieten si bede ainen weg
an diser seiten Ereck
7845 und jenenhalb Er,
der aine hin, der ander heer,   6865
daz si nicht mochten bewaren,
Si músten einander widerfarn.
also füegte es die geschicht.
7850 Nu weste Ir deweder nicht
umb des andern raise: 6870
des kom Ereck In grosse fraise.
da si noch waren verre,
der ellende herre
7855 ward vil wol gewar
der gewaffenden schar,   6875
Wann der schal und der dos
was von den Schilten gros.

———

7825 dars

Er war noch nicht schlafen gegangen,
laut schrie er: „Los jetzt!
Was für ein Verlust wäre es,
wenn der beste Ritter stürbe,
7825 den es gibt.
Gott möge ihm gnädig sein.
Wenn das den Leuten im Land bekannt wird,
bringen die ihn gleich um.
Ach, könnte ich ihn schützen,
7830 das sollte meinem Freund zuteilwerden.
Ich werde es jedenfalls versuchen,
wenn Gott es zulässt."
Schnell bewaffnete er sich
und alle Ritter, die ihm zur Verfügung standen.
7835 Es kamen insgesamt gut
dreißig Ritter zusammen.
Nun brachte man ihnen die Pferde.
Unsicher und unglücklich
begab sich der König schnell
7840 in Richtung Wald,
um dem ortsunkundigen Ereck
aus dem Feindesland herauszuhelfen.
Sie gelangten beide auf denselben Weg,
auf der einen Seite Ereck,
7845 auf der anderen Seite Gifurais,
der eine auf den anderen zu,
sodass sie es nicht verhindern konnten,
aufeinander zu treffen.
So richtete es die Geschichte ein.
7850 Nun wusste keiner von ihnen
um den Reitweg des anderen.
Dadurch kam Ereck in große Gefahr.
Als sie noch weit voneinander entfernt waren,
nahm der ortsfremde Herr
7855 die bewaffnete Truppe
sehr wohl wahr,
denn der von den Schilden
verursachte Lärm war erheblich.

Er sprach zu der frauen Eniten:
7860 „Fraue, Ich höre riten
entgegen uns ein michel here.   6880
Nu wil Ich one were
also zagelichen
aus dem wege nicht entwichen.
7865 vil ringe ist mein craft,
doch gib ich in Ritterschaft   6885
Zu etzlicher masse.
Nu verpeissent ze der strasse,
üntz Ir gesecht, wie es ergee.“
7870 Ich wane, der frauen lützele
Je leider geschach,   6890
Wann si sein uncraft sach.
In den weg hielt Er.
enmitten riten si dort heer,
7875 der Mone pot In schöne nacht,
der do der Wolken was bedackht.   6895
Nu ward sein der künig gewar,
wann Er was der vordrist an der schar:
Er sahe In halten in dem weg.
7880 Nu bereite sich Eregk
Je mitten ze were.   6900
nu sei got, der In nere!
nu was welt Ir, daz der künig tüe,
wann Er bereite sich auch dartzůe,
7885 als er justiern solte,
ob er nicht verzagen wolte?   6905
des ich In vil sicher sage:
Er was doch nit ein zage,
das bescheinde Er wol da
7890 und auch darvor dick anderswa.
die Sper begunden si naigen   6910
und auch Ir craft ertzaigen.
ze samen liessen si gan.
da ward ein reicher just getan.
7895 die vil gůten knechte,
nu trafen si vil rechte   6915
baide nach Ir gemercke.

———

7873 IN

Er sagte zu Frau Enite:
7860 „Herrin, ich höre, dass uns
ein großes Heer entgegenreitet.
Ich werde nicht ohne Gegenwehr
auf feige Art und Weise
aus dem Weg gehen und ausweichen.
7865 Meine Kraft ist gering,
aber ich stelle mich ihnen zum ritterlichen Kampf
in irgendeiner Weise.
Jetzt steigt am Straßenrand ab,
bis Ihr gesehen habt, wie es ausgeht."
7870 Ich glaube, der Dame
widerfuhr nie etwas Schlimmeres,
denn sie sah, dass er geschwächt war.
Er blieb auf dem Weg stehen.
Sie ritten ihm geradewegs entgegen,
7875 der Mond schenkte ihnen eine herrliche Nacht,
der vorher von Wolken bedeckt gewesen war.
Der König bemerkte ihn nun,
denn er führte die Truppe an:
Er sah ihn auf der Straße haltmachen.
7880 Ereck machte sich nun
unterdessen zum Kampf bereit.
Gott schütze ihn!
Was meint ihr, was der König tun könnte,
außer dass er sich auch
7885 für einen Lanzenkampf bereit machen musste,
wenn er nicht feige sein wollte?
Ich kann mit Gewissheit über ihn erzählen:
Er war wirklich kein Feigling,
das bewies er dort,
7890 wie er es zuvor schon häufig andernorts getan hatte.
Sie senkten die Lanzen
und demonstrierten ihre Stärke.
Sie gingen einander an.
Es kam zu einem harten Kampf.
7895 Die äußerst talentierten Ritter
trafen beide ganz genau
ihre anvisierten Ziele.

nu halfe nur In sein sterche,
den bas gearbeten man,
7900 daz Er den preis da gewan
und im also wol geschach: 6920
Eregken er da nider stach
hinder | das Ross an das gras,   XLIVrb
also lang so der schaft was.
7905 über In erbaiszt er do,
des ward die frau Enite unfro.   6925
Ditz was Ereckh nie geschehen.
es enmocht auch niemand gejehen,
Er welle In liegen an,
7910 daz In je dhain man
gestache zu der erde.   6930
auch ware es der werde
vil wol worden da ze stúnd,
und wäre Er gesunt.
7915 sunst was im entwichen die kraft,
daz er múste maisterschaft   6935
dulden von des küniges handt.
den Helm Er im abe pandt
und wolte In vol han erslagen.
7920 das mochte die frau nicht vertragen,
da si dort stŭnd verborgen   6940
in grossen sorgen.
Si entwelte dhain weile,
Si sprang aus dem zile
7925 und begunde sich vellen
úber Iren gesellen.   6945
Si sprach: „nain, ritter gút,
gewunne du je Ritters mŭt,
nicht erslag mir meinen man,
7930 Und gedencke daran,
Er ist wúnt sere!   6950
du bist sünst gar ān Eere,
was du im nu mer getŭst,
wann du es sunde haben mŭst.
7935 In *h*at der kunig Gifurais,
ob ich seinen namen wais,   6955

7901 wolgeſchach   **7935** pat

Nur seine Körperkraft verhalf
dem besser auf einen Kampf eingestellten Mann dazu,
7900 dass er den Sieg davontrug
und es ihm gut erging:
Er stach Ereck
so weit hinter das Pferd ins Gras,
wie der Lanzenschaft lang war.
7905 Er stieg über ihm vom Pferd,
was Frau Enite Kummer bereitete.
Das war Ereck noch nie passiert.
Es könnte auch niemand,
der nicht zu lügen beabsichtigte,
7910 behaupten, dass ihn jemals irgendjemand
zu Boden gestochen hätte.
Auch hätte der Würdige
da zu diesem Zeitpunkt Erfolg gehabt,
wenn er gesund gewesen wäre.
7915 So entkräftet war er,
dass er ertragen musste,
vom König bezwungen zu werden.
Er nahm ihm den Helm ab
und wollte ihn erschlagen.
7920 Das konnte die Dame nicht ertragen,
dort wo sie in großer Sorge
versteckt stand.
Sie zögerte keine Sekunde,
sprang aus dem Versteck
7925 und warf sich
über ihren Geliebten.
Sie sagte: „Nein, guter Ritter,
wenn du ritterlicher Gesinnung bist,
erschlage mir meinen Mann nicht,
7930 und bedenke,
dass er schwer verwundet ist!
Du wirst ehrlos sein,
was auch immer du jetzt noch mehr mit ihm anstellst,
denn du versündigst dich damit.
7935 Ihn hat der König Gifurais,
wenn ich den Namen richtig weiß,

verwundet in die seiten."
Gifurais die frauen Eneiten
bei der stimme erkante;
7940 auch half es, daz si In nannte.
vil gaher stůnd Er hoher dan.		6960
Er sprach: „frau, saget an,
wer diser Ritter sei,
Und saget mir dabei,
7945 wavon Ir mich erkennet!
Ich bin es, den Ir da nennet.		6965
Ich wäne, mir úbel sei geschehen.
Frau, Ir sült mir verjehen,
wie es umb euch sei gewant:
7950 ist diser herre Eregk genannt
und Ir frau Enite?		6970
daz ich icht ze lange pitte,
wann Ich bin durch In auskomen
und sage euch, wie ich han vernomen
7955 von im núr laide märe,
daz Er bekümbert wäre		6975
auf Limors hie nahen bei.
Ich fürchte, Er eu erslagen sei,
Ich schine je mitten auf der fart,
7960 als es mir gesaget ward,
Ich und meine gesellen,		6980
daz wir im helfen wellen.
Ich saume mich in dem walde,
ich solt im kumen balde;
7965 Es ist schade, wirt er erslagen."
nů begúnde Si ims aber sagen		6985
und wortzaichen geben.
des belib im das leben.
das hüetelin si im abe pant,
7970 da ward Er im recht erkannt.
vil recht gerne er In ansach,		6990
mit gútem willen Er sprach:
„Seit willekomen, herre,
und saget, ob euch icht werre
7975 oder was ware die geschicht!"
Ereck sprach: „mir gewirret nicht,		6995
Ich bin anders wol gesúnt,
Wann da ich von euch ward wůndt."

an der Seite verwundet."
Gifurais erkannte Frau Enite
an der Stimme;
7940 dass sie seinen Namen nannte, war auch hilfreich.
Schnell trat er beiseite.
Er sagte: „Herrin, sagt,
wer dieser Ritter ist,
und erklärt mir zugleich,
7945 woher Ihr mich kennt!
Ich bin derjenige, den Ihr erwähnt habt.
Ich fürchte, mir ist etwas Schreckliches widerfahren.
Herrin, Ihr sollt mir sagen,
wer Ihr seid:
7950 Heißt dieser Herr Ereck
und Ihr Frau Enite?
Um nicht länger zu fragen:
ich bin seinetwegen unterwegs
und muss Euch sagen, dass ich über ihn
7955 nur schlimme Geschichten gehört habe,
nämlich dass ihm übel zugesetzt worden wäre
auf Limors, hier ganz in der Nähe.
Ich fürchtete, dass er Euch erschlagen würde,
wenn ich mich nicht sofort auf den Weg machte,
7960 sowie es mir berichtet worden war,
ich mit meinen Männern,
um ihm zu helfen.
Ich halte mich hier im Wald zu lange auf,
ich muss schnell zu ihm gelangen;
7965 Es wäre ein Verlust, wenn er getötet wird."
Da sagte sie es ihm noch einmal
und gab ihm einen Beweis.
Deshalb blieb er am Leben.
Sie nahm ihm den Kopfschutz ab:
7970 da erkannte er ihn.
Er freute sich, ihn zu sehen,
und sagte mit Wohlwollen:
„Seid willkommen, Herr,
und sagt, ob Euch etwas fehlt
7975 oder was los ist!"
Ereck entgegnete: „Mir fehlt nichts,
ich bin überall unverletzt,
außer dort, wo ich von euch getroffen wurde."

des ward Gifurais vil fro,
7980 sein haubt entwaffnet Er do.
von freuden dise zwen man 7000
liefen ein | ander an XLIVrc
Und küsten sich mit treuen.
Gifurais stůnd mit reuen
7985 umb Ereckes ungemach,
der im von seiner just beschach. 7005
als er des begunde klagen,
Ereck sprach: „des sült Ir gedagen
und aus Eur achte lan.
7990 Ir habt an mir nit missetan.
welicher man torlich tůt, 7010
wirt es im belonet, das ist gůt.
Seidt daz ich tumber man
je von thůmbhait mút gewan
7995 so grosser unmasse,
daz ich frömbder strasse 7015
ainig wolte walten
und vor behalten
so manigem gůten knechte,
8000 da tetend ir mir rechte.
mein půsse ward ze klaine, 7020
da ich alters aine
Eur aller ere wolte han:
Ich solt bas ze puesse stan.“
8005 da man der rede gar geschwaig,
Gifurais der frauen Eniten naig 7025
und hiess Si wilkomen sein.
des gnadet im die kunigein,
und Si wurden wol gewar,
8010 daz im nicht töteliches war.
des waren Si gemaine fro. 7030
aufsassen si do
und riten doch unferre.
Gifurais der herre
8015 fúrte si aus dem wege
in gamelicher phlege 7035
an ein wisfleckhen.

8017 wis fleckhen

Darüber war Gifurais sehr erleichtert,
7980 er nahm seinen Kopfschutz ab.
Vor Freude
liefen die beiden Männer aufeinander zu
und küssten sich freundschaftlich.
Gifurais bedauerte
7985 Erecks Leid,
das ihm durch seinen Stoß zugefügt worden war.
Als er darüber zu klagen begann,
sagte Ereck: „Davon sollt Ihr schweigen
und nicht mehr daran denken.
7990 Ihr habt mir kein Unrecht getan.
Wer dumm handelt,
wird die Konsequenzen ernten, das ist recht so.
Weil ich dummer Mensch
mich aus Leichtsinn
7995 zu einer so riesigen Anmaßung entschloss,
dass ich fremdes Gebiet
allein beherrschen
und so viele tapfere Ritter
aufhalten wollte,
8000 deshalb habt Ihr mir Recht getan.
Meine Strafe fällt zu gering aus,
dafür dass ich allein
Euch allen die Ehre streitig machen wollte:
Ich müsste eine härtere Strafe erhalten."
8005 Als sie das Gespräch beendet hatten,
verneigte sich Gifurais vor Frau Enite
und hieß sie willkommen.
Dafür dankte ihm die Königin
und sie erkannten,
8010 dass Ereck sich nicht in Lebensgefahr befand.
Darüber waren sie alle zusammen glücklich.
Sie stiegen auf die Pferde
und ritten doch nicht weit.
Gifurais, der Edelmann,
8015 geleitete sie in freudiger, liebevoller Fürsorge
abseits der Straße
auf eine Lichtung.

durch den herren Erecken
beliben si da die nacht
8020 ze rue nach seiner unmacht.
Si wurden da beraten,   7040
als si des stat hatten,
mit vil gútem feure.
das was in da parteure:
8025 da was Waldes genůg,
der in nur an das feure trůg.   7045
Do si dabei gesassen
und ein tail vergassen
kummerlicher arbait
8030 und Ereckh hette gesait,
was kumbers er hette erliten,   7050
seit daz er was von im geriten,
da si bede zu ainer stúnd
von einander wurden wunt –
8035 dasselb han ich nicht verdaget,
ich hab euchs gesaget,   7055
sovil als ichs weste –,
dise lieben geste
begúnden si vil verre klagen
8040 und got grosse gnad sagen,
daz Eregk dannoch lebte,   7060
wann im vil dick schwebte
sein leib in sölicher wage,
als auf des Mers wage
8045 ein Schefprüchiger man
auf einem prete kome dann   7065
aus an das gestat gerúnnen.
oft het Er gewunnen
ein leben zweifeliches
8050 und disem wol gleiches.
nu het in an der gnaden sant   7070
aus kúmbers unden gesant
got und sein frümbkeit,
daz Er nu alles sein laid
8055 het überwúnden,

____

8024 par teúre

Um des edlen Ereck willen
blieben sie die Nacht über dort,
8020 damit er sich von seiner Schwäche erholen konnte.
Sie wurden dort,
wie es den Umständen entsprach,
mit einem annehmbaren Feuer versorgt.
Dies war außerordentlich schwierig für sie:
8025 es gab genug Holz,
das man ihnen nur zum Feuer bringen musste.
Als sie an diesem saßen
und das große Elend
ein wenig vergaßen
8030 und Ereck berichtet hatte,
welche Not er erduldet hatte,
seit er sich dort von ihm getrennt hatte,
wo sie sich beide zugleich
gegenseitig verwundet hatten –
8035 dies habe ich euch nicht vorenthalten,
ich habe es euch erzählt,
so viel ich darüber wusste –,
beklagten sie
die liebenswürdigen Gäste sehr
8040 und bedankten sich überschwänglich bei Gott,
dass Ereck trotzdem noch lebte,
denn sehr oft stand
sein Leben auf der Kippe,
so wie bei einem Schiffbrüchigen,
8045 der von den Wogen des Meeres
auf einer Planke
ans Ufer gespült wird.
Oft hatte die Rettung
seines Lebens in Zweifel gestanden,
8050 nämlich genau wie bei jenem.
Ans Ufer der Gnade
und aus den Wogen des Leids heraus
hatten ihn Gott und seine Tugendhaftigkeit geschickt,
sodass er nun sein ganzes Leid
8055 hinter sich gelassen hatte

daz Er zu disen stúnden   7075
wol frölichen sasz.
got helfe im nu fürbas!
Im ist noch gelúngen ōn streit.
8060 nu was auch slafens zeit,
da giengen die knechte   7080
spehen sam mit rechte,
Weliche stat In da tochte,
da man In peten mochte.
8065 als si da giengen súchen,
nu sahen drei púchen   7085
enhalb bei dem feure stan,
prait und wol getan,
gleich lang gewach|sen,   XLIVva
8070 mit reichen laubvachsen,
mit wol zerpreiten esten.   7090
den vil lieben gesten
pettend si darundter,
under eine besonder
8075 Erecken und frauen Eniten,
die zu manigen ziten   7095
beieinander nicht lagent
noch gesellschaft phlagen
mit slafe und mit masse.
8080 dem unbeschaiden hasse
ward ein ende gegeben,   7100
und kur*n* In ein pessers leben.
dem wirt petend Si
under die nachsten dabi –
8085 dieselb stúnd enmitten –,
den Rittern under den dritten.   7105
„Nu sag: was ware Ir pettewat?"
entraun, als es der Wald hat:
schones laup und raines gras,
8090 so es in dem walde pestes was.
was taugt das lange fragen?   7110
wann daz Si doch lagen!

____

8070 laúb vachſen   **8082** kurnen   **8087** pette
wat

und er
fröhlich dort saß.
Gott möge ihm weiter zur Seite stehen!
Bisher ist es immer noch gut gegangen.
8060 Es war nun Schlafenszeit,
also machten sich die Ritter auf,
um gemeinsam gründlich nachzusehen,
welche Stelle angemessen wäre,
ihm dort den Schlafplatz herzurichten.
8065 Während sie suchten,
sahen sie drei Buchen
jenseits des Feuers stehen,
mächtig und schön,
gleich lang gewachsen,
8070 mit üppiger Belaubung
und ausladenden Ästen.
Den lieben Gästen
errichteten sie darunter einen Schlafplatz,
unter einer von ihnen
8075 allein für Ereck und Enite,
die zu lange Zeit
weder miteinander geschlafen
noch die Gemeinschaft
von Bett und Tisch gepflegt hatten.
8080 Der rücksichtslosen Feindseligkeit
wurde ein Ende gesetzt,
und sie wählten sich ein besseres Leben.
Das Lager des Gastgebers bereiteten sie
unter der nächsten daneben –
8085 diese stand in der Mitte –,
das Lager der Ritter unter der dritten.
„Erzähle jetzt, was diente ihnen als Bettzeug?“
Nun, was der Wald hergibt:
schönes Laub und herrliches Gras,
8090 das in diesem Wald das beste war.
Was nutzt das lange Fragen?
Sie lagen doch schon!

Die nacht ein suesses end nam.
als In do der tag kam,
8095 nu riten si von dann.
der vil wenige man, 7115
Gifurais Ir wirt, fůrt si
ze pesserm gemache dabei
auf aine sein veste,
8100 da er si bewart weste
ze vollem gemache. 7120
von aller gůten sache
so was dasselb haus vol,
recht als ich euch sagen sol.
8105 es stůnd enmitten in einem See:
der gab im genůg und dannoch me 7125
der aller pesten vische,
die je ze küniges tische
dhain man gebrachte,
8110 Welher hand man gedachte.
dartzů was da daz peste jaget, 7130
davon uns je ward gesaget.
es *hete* der künig umb den See
wol zwo meil oder mee
8115 des waldes ingefangen
und mit maur umbegangen. 7135
darin gieng dhain tor me
wann nu aus gegen dem See.
mit maure was derselbe krais,
8120 als ich euch ze sagen wais,
gleich andre geschaiden: 7140
das dritte tail von den baiden
hette rot wildes genůg,
Schwartz wild das ander tail trůg.
8125 In dem dritte tail dabei –
fraget Ir, was darúmbe sei? – 7145
da waren umbe besonder
núr klaine kúndter:
Fuchse, hasen und dem gleich.
8130 es was núr vil vollikleich:
Er zuget dise wilthan 7150

8113 hete *nicht in A*   **8116** vmb begangen

Die Nacht fand zu einem angenehmen Ende.
Als der Tag anbrach,
8095 ritten sie davon.
Der kleine Mann,
Gifurais, ihr Gastgeber, brachte sie
zu besseren Gemächern in der Nähe,
auf eine seiner Burgen,
8100 wo er sie mit allen Annehmlichkeiten
versorgt wusste.
Alle guten Sachen
waren in diesem Haus überreich vorhanden,
genau so, wie ich es euch erzählen werde.
8105 Es stand mitten in einem See:
Dieser versorgte es mehr als genug
mit den besten Fischen,
die jemals von irgendjemandem
zum Tisch eines Königs gebracht wurden,
8110 an welche auch immer man dachte.
Zusätzlich gab es dort auch noch das beste Wild,
von dem uns jemals erzählt wurde.
Der König hatte rund um den See
gut zwei Meilen oder mehr
8115 Wald abgeteilt
und mit Mauerwerk eingefasst.
Dort hinein führte nur ein einziges Tor
und das auch nur vom See aus.
Mit Mauern war dieser Bezirk,
8120 wie ich euch genau berichten kann,
in gleich große Abschnitte geteilt:
Das eine Drittel – die anderen beiden abgesehen –
war voll mit Rotwild,
der zweite Teil beherbergte Schwarzwild.
8125 Im dritten Teil nebenan –
wollt ihr wissen, was es damit auf sich hat? –
da gab es gesondert vom Rest
nur Kleintiere:
Füchse, Hasen und dergleichen.
8130 Es war absolut vollkommen:
Er züchtete diese Wildhähne,

und also, daz dhain man,
der doch gerne wolt jagen,
nimmer dörfte geklagen,
8135 daz er nicht wildes fúnde.
auch het der wirt die hunde,   7155
die des mannes willen taten.
dises jägerhaus was beraten.
Und wenn er daraus nach maniges sitte
8140 daz errandte damite,
Wo er bei den zinnen sass,   7160
so sahen es jene nicht vil bas,
die damit randten.
wer solt im aber das emplanden,
8145 wann Er möchte mit den frauen | 7164
ab dem Hause schauen   XLIVvb
Laufen die hunde?
wann zu welher stúnde
das rot wild entsprenget ward,
8150 so was sein jüngste fart
je ze wasser in den see   7170
und ward auch nimmermee
erloffen nindert anderswo
Wann under dem hause da.
8155 und wes mŭt begunde gern
Jagen Schwein oder pern,   7175
der fant zu dem geniesse
vil starche preite spiesse;
und wolt er den hasen jagen,
8160 als Ir ee hörent sagen,
der mochte vinden   7180
den wunsch von hasenwinden.
Nu jage selbs, was du wilt:
hie sind hund und wild
8165 und was zu Jagen ist nútz
– netze und gŭt geschŭtze –   7185
und was fürbas begert dein mŭt.
hie was die kurtzweil gŭt.
Enefrich was ditz haus genant,

8138 jäger hauſs   **8140** er randte   **8162** haſen
winden   **8168** kurtz weÿl

sodass niemand,
der gerne jagen wollte,
jemals hätte klagen können,
8135 dass er an Wild nicht fündig würde.
Auch besaß der Hausherr Hunde,
die aufs Wort gehorchten.
Dieses Jägerhaus war gut ausgestattet.
Wenn der Mann in üblicher Weise
8140 vom Haus aus das Wild damit trieb,
während er bei den Zinnen saß,
so sahen jene das Wild nicht viel besser,
die mit den Hunden liefen.
Wer könnte ihm vorwerfen,
8145 dass er mit den Damen
von der Burg aus
dem Hetzen der Hunde zusehen wollte?
Denn immer wenn
das Rotwild aufgescheucht wurde,
8150 ging sein letzter Weg
ans Wasser zum See
und es wurde auch niemals
woanders eingeholt
als dort am Fuße der Burg.
8155 Und wessen Sinn danach stand,
Wildschweine oder Bären zu jagen,
der fand zu seinem Vergnügen
sehr stabile, dicke Spieße vor;
und wer auf Hasenjagd gehen wollte,
8160 der traf, wie ihr schon gehört habt,
dort auf
die besten Hasenhetzhunde.
Nun jage selbst, was du magst:
Hier sind Hunde und Wild
8165 und alles, was zum Jagen nützlich ist –
Netze und hervorragende Waffen –
und was du darüber hinaus nur wünschen kannst.
Hier hatte man eine gute Zeit.
Die Burg wurde Penefrich genannt,

8170 da man kain gepresten fant
und volleklichen rat: 7190
vische und wiltprat,
baide semeln und wein.
was da mer solte sein,
8175 vil lützel des da geprast.
darúmb het den werden gast   7195
der wirt in rue darbracht,
wann im was des wol gedacht,
daz er da mit seinem Weib
8180 wider kame zu leib.
auch was da gůt gerat   7200
von reicher petwat.
seiner frümbkait ze lone
so ward er da vil schone
8185 gewirdet und gehalten.
vil schone wardt gewalten   7205
sein und der künigin.
Wer solt núr sein Artzet sin,
der hailte sein wúnden?
8190 dartzů het Er da fúnden
Frauen vil reiche,   7210
edel, watleiche:
des küniges schwester zwo.
die waren doch des vilfro
8195 Und In ir hertz gemait,
daz er In also gerait,   7215
daz Er ir dienst müesse nemen.
der Artzt mocht In wol getzamen:
Si hailten seine wúnden,
8200 Wann si es wol kúnden.
auch phlag sein die gůte   7220
mit vil getreuer hůte,
die frau Enite:
davon ward seine sitte
8205 schon und wol hail:
Si hetten des phlasters ein tail,   7225
davon Ich Ee gesaget han,
daz da Famurgan
hette gemacht mit Ir hant.
8210 des het In ze gibe gesant
die Frau Ginofere einen tail;   7230

8170 dort war keine Entbehrung vorzufinden,
dafür Rundumversorgung:
Fisch und Wild,
Weißbrot und Wein.
Was es darüber hinaus noch geben könnte,
8175 auch daran mangelte es nicht.
Den lieben Gast hatte
der König zur Erholung dorthin gebracht,
weil es seine gute Absicht war,
dass er mit seiner Frau
8180 wieder zu Kräften käme.
Es gab dort ebenfalls einen ordentlichen Vorrat
kostbaren Bettzeugs.
Als Lohn für seine Tapferkeit
wurde er dort mehr als anständig
8185 geehrt und versorgt.
Äußerst umsichtig kümmerte
man sich um ihn und die Königin.
Wer könnte nur der Arzt sein,
der seine Wunden heilte?
8190 Dafür fand er dort
ganz besondere Damen vor,
edel und schön:
die beiden Schwestern des Königs.
Diese waren sehr glücklich darüber
8195 und von Herzen froh,
dass er zu ihnen kam,
um ihre Hilfe in Anspruch zu nehmen.
Diese Ärzte waren seiner würdig:
Sie heilten seine Wunden,
8200 denn dies beherrschten sie hervorragend.
Auch kümmerte sich die Gute,
Frau Enite,
mit liebevoller Fürsorge um ihn:
Dadurch wurde seine Seite / sein Wesen
8205 vollständig geheilt:
Sie hatten etwas von dem Pflaster,
von dem ich vorher erzählt habe
und das Famurgan
eigenhändig hergestellt hatte.
8210 Davon hatte ihnen die Herrin Ginover
ein Stück als Geschenk geschickt;

das was auch dises mannes hail.
Auf dem hause Ze penefrich
da entwelt der künig
8215 Ereck, hintz Er wol gehailet was
und sein wúnden genas,   7235
recht viertzehen nacht.
als im da seines leibes macht
volliklich wider wart,
8220 da hueb er wider auf die fart.
wie gůt gemach da ware,   7240
Im was da vil schwäre.
der tugenthafte man,
zwar er gedachte von dann
8225 wol als balde,
als ob Er in einem walde   7245
wäre ān obdach,
ainig on allen gemach, |
da den unvalschen Degen   XLIVvc
8230 baide wint und regen
vil ser müete.   7250
daz kam von dem gemüete,
daz im dhain weltsache
was von dem gemache,
8235 da Er Ritterschaft vand
und da Er mit seiner handt   7255
die sere můst erborn.
ditz leben hette Er erkorn.
Im was da mit nichte bas:
8240 es was sein slaf und sein mas.
die Viertzehen nacht – das ist war –   7260
dauchte In also manig jar.
Er enwolt doch da nicht entweln me
und wäre geriten, mocht er, Ee.
8245 Owe, der frauen Eniten!
was solt doch si nú riten,   7265
die schone gůte wolgeborn?
wann si het Ir phärd verloren,
als Ir ee wol hörtend sagen,
8250 da der Grave Oringles ward erslagen

8213 Zepenefrich **8233** welt ſache

das war auch für diesen Mann Glück.
Auf der Burg Penefrich
blieb der König
8215 Ereck, bis er vollständig geheilt
und von seinen Wunden befreit worden war,
genau vierzehn Tage lang.
Als seine Körperkraft dort
vollständig wiederhergestellt worden war,
8220 machte er sich wieder auf den Weg.
Wie überaus bequem es dort auch war,
er empfand es dort als drückend.
Wirklich, der ausgezeichnete Mann
imaginierte sich
8225 sobald wie möglich fort,
als ob er sich bereits in einem Wald befände,
ohne Dach über dem Kopf,
allein, ohne jeden Komfort,
wo den ehrenwerten Helden
8230 Wind und Regen
sehr quälten.
Das wurde durch die Einstellung verursacht,
dass ihm keine weltliche Sache
so angenehm war,
8235 wie die, wo er sich ritterlich betätigen
und mit seiner Hand
Leid hervorbringen konnte.
Ein solches Leben hatte er gewählt.
Es ging ihm dort mitnichten besser:
8240 Das war Schlaf und Nahrung für ihn.
Die vierzehn Nächte – das ist die Wahrheit –
kamen ihm wie ein Vielfaches an Jahren vor.
Er wollte dort nicht mehr warten
und wäre, hätte er gekonnt, früher aufgebrochen.
8245 O weh, die arme Frau Enite!
Was sollte sie denn jetzt reiten,
die Schöne, Gute, Vornehme?
Denn sie hatte ihr Pferd verloren,
wie ihr vorhin gehört habt,
8250 als der Graf Oringels auf Limors

auf Limors und davon dann 7270
Ereck mit Ir so küene entran.
daz Si es nu verlorn hat,
des solt doch werden rat:
8255 Si wirt es wol ergetzet,
wann man Irs ersetzet, 7275
daz si ditz nimmer darf geklagen,
mit einem, als Ich euch wil sagen,
das doch nie dhain man
8260 kain schöners gewan
noch solte beschauen. 7280
ditz gaben ir die frauen,
des küniges schwester zwo,
und waren des vil fro,
8265 daz sis gerůchte von In nemen.
auch möchte sis vil wol gezämen. 7285
fraget jemand märe,
ob es schöner wäre,
wann daz si üntz heer geriten hat?
8270 Ir achte vil ungeleiche stat.
also was getzieret 7290
recht gepallieret:
Schilthalb garbe
mit wol blancher Varbe,
8275 daz nicht weissers mochte sein,
und also schone, daz der schein 7295
den augen wider glaste.
es möchte niemand vaste
kain weile angesehen:
8280 des hort ich im den maister jehen.
nu hette die ander seite 7300
– die Eere ze widerstreite –
sicher allen Iren vleiss
an gäntzlichen weis.
8285 so dise schilthalb was,
von der ich euch nu da las, 7305
als schwartz was dise hie,
da die weisse abe gie.
Es was doch schwartz und weiss.
8290 *dirre* misseliche vleiss

8290 die erde

erschlagen wurde, von wo
Ereck mit ihr heldenhaft entkam.
Dafür, dass sie es nun verloren hatte,
sollte aber Abhilfe geschaffen werden.
8255 Sie wird dafür angemessen entschädigt,
denn man ersetzte es ihr,
sodass sie darüber sicher nicht klagen konnte,
durch eines, wie ich euch erzählen werde,
das so schön war, dass noch nie jemand
8260 ein schöneres besessen
oder nur gesehen hatte.
Die Damen gaben es ihr,
die zwei Schwestern des Königs,
und waren sehr glücklich darüber,
8265 dass sie es von ihnen annehmen wollte.
Außerdem passte es perfekt zu ihr.
Erbittet jemand Auskunft,
ob es schöner sei
als das, was sie bisher geritten hat?
8270 Sie sind nicht miteinander zu vergleichen.
Folgendermaßen hergerichtet
und hervorstechend war es:
Links gänzlich
von so schöner weißer Farbe,
8275 dass kein weißeres Weiß vorstellbar war,
und so schön, dass das Leuchten
die Augen blendete.
Niemand konnte es direkt
längere Zeit ansehen:
8280 Das hörte ich den Meister von ihm erzählen.
Nun hatte die andere Seite
die vorher genannte als Widerpart,
gewiss mit all ihrer Kraft.
Von so weißem Weiß
8285 wie diese linke Seite war,
von der ich euch gerade erzählt habe,
so schwarz war diese Seite,
wo alles Weiß fehlte.
Dennoch war das Pferd schwarz-weiß.
8290 Dieser auffällige Kontrast

was schone underschaiden: 7310
Zwischen den varben baiden
was ein strich über geleit
wol eines halben vingers prait.
8295 der strich grüene was
und nicht sam ein gras. 7315
an dem maule er ane vieng,
als ein penselstrich er gieng
zwischen den oren danne,
8300 vil eben über die mane,
entgegen den gufen uber den grat, 7320
untz da das phärde ende hat,
zwischen den prusten nider alsam,
als es doch wol getzam.
8305 Ditz waren seltzame ding.
umb jetweder aug gieng ein ring 7325
der selben varbe – das ist war.
weiss und raid was im das har,
nach dem tail gevangen,
8310 da es hin | was gehangen; XLVra
ze recht dicke und nicht tief, 7330
nicht vol es an die knie schwief.
der zoph was für das haubt lang,
halb schwartz, halb *planck*,
8315 als In die grüene varb schied.
der zagel alsam geriet. 7335
Seit ich nu gesaget han,
wie das phärd ware getan:
wie es anders wäre gestalt,
8320 das sol euch werden gezalt.
es was erwünschet also: 7340
weder zu nider noch ze hoch,
weder ze kurtz noch ze lang,
weder ze gros noch ze kranck.
8325 sein durr haubt es trůg
nach seinem rechte hoch genůg, 7345
mit ragenden oren nicht lang,
daz aine schwartz, daz ander planck.
daz schwartze ein weisser ring befie,

8298 ergieng **8314** lang

war sorgfältig abgegrenzt.
Zwischen den beiden Farben
führte ein Strich entlang,
etwa einen halben Finger breit.
8295 Der Strich war grün,
aber nicht wie Gras.
Am Maul begann er,
wie ein Pinselstrich zog er sich
alsdann zwischen den Ohren hindurch,
8300 lief ganz gerade über die Mähne,
über das Rückgrat der Kuppe entgegen,
bis dorthin, wo das Pferd endet,
und genauso wieder hinunter über die Brust,
wie es für ein Pferd angemessen ist.
8305 Das war eine merkwürdige Sache.
Um jedes Auge verlief ein Ring
in der gleichen Farbe – ungelogen.
Glänzend und lockig war seine Mähne,
farblich nach der Seite geraten,
8310 zu der es herunterhing.
Sie war von genau der richtigen Fülle und Länge,
sie reichte nicht ganz bis an die Knie.
Der eingeflochtene Teil war so lang wie der Kopf,
halb schwarz, halb weiß,
8315 so wie ihn die grüne Farbe abteilte.
Der Schwanz sah ebenso aus.
Da ich nun berichtet habe,
wie das Pferd (farblich) gestaltet war:
Wie es sonst gebaut war,
8320 das werde ich euch jetzt auch noch erzählen.
Es war wunschgemäß geschaffen:
weder zu klein noch zu groß,
weder zu kurz noch zu lang,
weder zu kräftig noch zu zart.
8325 Seinen schmalen Kopf trug es
gerade angemessen hoch,
mit aufgestellten, kurzen Ohren,
das eine schwarz, das andere weiß.
Das schwarze war von einem weißen Ring eingefasst,

8330 ein schwartzer umb das weisse gie.
sein kel dicke und aufgetzogen, 7350
zu rechter masse gepogen,
klain, da er an das haubt gie;
geschaffen dort und hie,
8335 daz es euch wol möcht lusten:
starch und weit zu den prusten, 7355
mit dúrrem gepaine,
ze gros noch ze klaine;
die waren flach und schlecht,
8340 als einem tiere aufrecht.
es het, seit ich es loben mŭs, 7360
kurtzen fissel und hohen fŭss:
die waren auch ze rechte
alle schwartz gleich far.
8345 und wischet es nimmer knechte,
so wär es doch schon und schlechte. 7365
Also was sein geschäft,
das doch von seiner schaft
ein weltweiser man,
8350 der aller ding achte kan,
nicht bessers betrachte, 7370
ob er in seiner achte
gantzer jar sässe
und nicht vergässe,
8355 Wann daz er brüefte seinen mŭt
ein phard schöne und volle gŭt: 7375
also was es gestalt.
und ob er dann den gewalt
von dem wunsche häte,
8360 wes er dartzú gedächte,
und wenn ers volbrächte, 7380
daz es belib städte,
daz ers fúr sich stalte
und er von seinem gewalte
8365 darabe näme,
was daran im missezäme, 7385
also was es volkomen,

8331 keldicke **8348** das doch von von ſeiner
ſchafft **8349** welt weyſer

8330 ein schwarzer verlief um das weiße herum.
Sein Hals war kräftig und aufgereckt,
genau richtig gebogen,
zierlich, wo er an den Kopf angesetzt war;
an allen Stellen gestaltet in einer Weise,
8335 dass es euch Freude bereiten wird:
Kräftig und breit war die Brust,
die Beine grazil,
weder zu lang noch zu kurz;
sie waren gerade und ebenmäßig
8340 wie bei einem schlanken Tier.
Es hatte, weil ich es loben muss,
rückwändig schmale Fesseln und hohe Hufe:
Die waren auch, wie es sich gehört,
alle von gleich schwarzer Farbe.
8345 Auch wenn kein Knecht es jemals striegeln würde,
wäre es dennoch glänzend und glatt.
Es war so geschaffen,
dass auch ein kundiger Mann,
der alles auf der Welt im Blick hat,
8350 kein besseres Werk
zu erdenken in der Lage wäre,
auch wenn er in seinen Überlegungen
ganzjährig verharrte
und niemals aufhörte,
8355 seine Gedanken auf ein vollkommen
schönes und gutes Pferd zu konzentrieren.
Genau so sah es aus.
Und wenn er dann beliebig verfügen könnte
über das Wunschbild,
8360 wie er es davor imaginiert hätte,
und wenn es ihm gelänge,
dass es von Dauer würde,
sodass er es sich vornehmen
und mit seiner Gestaltungskraft
8365 etwas davon entfernen könnte,
was auch immer daran ihm missfiele,
wäre es so vollkommen,

daz er darab nicht het gewunnen
als gros als umb ein har.
8370 spricht jemand, er hat nicht war,
dem bescheide ich die rede bas,   7390
daz Er recht erkenne, das
die rede wesen ungelogen:
es was dahaimend nicht ertzogen.
8375 Ich sag euch, wie es dar was komen:
es het der wirt selbs gewúnnen   7395
einem wilden Getzwerge
vor einem holen perge,
da er nach seiner gewonhait
8380 Ze walde nach abenteure rait.
es hette vil vaste   7400
gepunden zu ainem Aste;
da was es gangen darvon.
also vant es diser man.
8385 ab dem Aste Er es nam.
als das getzwerg wider kam   7405
und es das pherde niene vant
an dem paume, da ers pant,
gros was sein ungemach.
8390 und als es das ersach
in frombder gewalt,   7410
da ward vil | manigvalt   XLVrb
sein schreien und sein wainen
und begúnde wol erschainen
8395 des phärdes gúete.
mit grossem ungemúte   7415
wann es vil starche.
dreutausent marcke
Bot es im von golde,
8400 daz er ims lassen wolte.
Nu versprach er, was er im pot: 7420
seiner habe was im unnot.
also fúrte ers von dann.
nu húb der wenige man
8405 von Jammer also grossen schal,
daz im der perg entgegen hal.   7425

8374 da haÿmend   **8375** ICH

dass er noch nicht einmal
ein Haar daran verändert hätte.
8370 Wenn jemand behauptet, das stimme nicht,
werde ich ihm die Beschreibung verdeutlichen,
damit ihm klar wird, dass
das Berichtete ganz der Wahrheit entspricht:
Das Pferd stammte nicht aus dieser Gegend.
8375 Ich erzähle euch, wie es dorthin gekommen war:
Der Hausherr selbst hatte es
einem wilden Zwerg
vor einer Höhle weggenommen,
als er, wie er es zu tun gewohnt war,
8380 auf der Suche nach Aventiure durch den Wald ritt.
Der Zwerg hatte es fest
an einen Ast gebunden;
von dort hatte er sich dann entfernt.
So fand es Gifurais.
8385 Er band es vom Ast ab.
Als der Zwerg zurückkehrte
und das Pferd nicht mehr
an dem Baum fand, an den er es gebunden hatte,
ärgerte er sich sehr.
8390 Und als er es
in der Gewalt eines Unbekannten sah,
schrie und heulte er
gewaltig,
was sehr deutlich aufzeigte,
8395 wie groß der Wert des Pferdes war.
In großem Zorn
tobte der Zwerg aufs Heftigste.
Er bot dem König
dreitausend Goldmark,
8400 damit er es ihm zurückgäbe.
Gifurais jedoch schlug das Angebot aus:
Er hatte das Geld nicht nötig.
So führte er das Pferd davon.
Da begann der kleine Mann
8405 vor Kummer einen so großen Tumult,
dass der Berg widerhallte.

Das Sätelin, so darauf lag,
wer das mit golde wider wag,
nach seinem recht er es nicht galt.
8410 davon wirt euch nit mer getzalt,
daz ich die rede leng, 7430
wann es was doch ze eng
einem gewachsen mann.
und als ers aus dem walde dan
8415 zu Penefrich bracht,
Er gabe es, dem ers gedacht, 7435
seinen Schwestern zwain.
daran es vil wol schain,
daz er si lieb hatte,
8420 wann es trúg sanft und drate
und sag euch recht wie: 7440
wann es den fúss zu der erden lie,
so trat es also leise,
daz niemand ware so weise,
8425 der zu dhainer stúnde
den drit gehörn kúnde. 7445
wer darauf gesass –
zwar sag ich euch das,
daz er darauf lebete,
8430 recht sam er schwebete.
Wann daz es nicht recht kam 7450
und ein tail missezam
von einem phärde also vil
ze sprechen – davon ich es lassen wil –,
8435 so möcht ich wunder von im sagen.
súnst wil ich lobes mer gedagen, 7455
wann sagen, was si wellen.
Si múgen vil zelen
und sprechen Ir mút:
8440 Es kom doch phärd nie so gůt
in dhaines mannes gewalt. 7460
wann sol euch mer davon werden getzalt?
Als uns der maister saite,
ein frauen geraite
8445 ward auf das phard gelait,

8434 zeſprechen

Den filigranen Sattel, der darauf lag,
wollte man den in Gold aufwiegen,
könnte der Preis nicht angemessen sein.
8410 Davon wird euch nun nicht mehr erzählt,
um die Geschichte nicht in die Länge zu ziehen,
abgesehen davon, dass der Sattel zu schmal war
für einen erwachsenen Mann.
Und als er das Pferd aus dem Wald
8415 nach Penefrich brachte,
gab er es, wem er es zugedacht hatte,
nämlich seinen beiden Schwestern.
Daran zeigte sich deutlich,
dass er sie lieb hatte,
8420 denn es ging weich und schnell
und zwar so, wie ich euch nun darlege:
Wenn es den Huf auf die Erde brachte,
trat es so leise auf,
dass niemand so feinsinnig war,
8425 jemals
das Auftreten hören zu können.
Wer auf seinem Rücken saß –
ich sage euch wahrhaftig,
dem erging es auf ihm,
8430 als schwebte er.
Wenn es nicht unangemessen
und ein wenig ungehörig wäre,
so viel von einem Pferd
zu sprechen – deshalb werde ich es bleiben lassen –,
8435 könnte ich Unglaubliches von ihm berichten.
So aber will ich weiteres Lob zurückhalten,
abgesehen von dem, was sie (hören) wollen.
Die Leute können viel erzählen
und ihren Erwartungen Ausdruck verleihen:
8440 Es gelangte niemals zuvor ein so prachtvolles Pferd
in den Besitz von irgendjemandem.
Warum sollte euch nicht mehr davon erzählt werden?
Wie uns der Meister sagte,
wurde ein Damensattel
8445 auf das Pferd gelegt,

da maisterlicher arbait 7465
vil werches an lag.
es het geworcht vil manigen tag
der zwerg wiste man,
8450 der Satel werches je began:
Ein maister hiess umbris, 7470
der doch allen seinen vleiss
darlegte für war
wol Vierdhalb Jar,
8455 untz er In volbrachte,
darnach als er gedachte. 7475
daz ich euch recht saite
von disem geraite,
wie das ertzeuget were,
8460 das wurde ze schwäre
ainem als tummen knechte. 7480
und ob ich es abe rechte
euch nu gesagen kúnde,
so were es mit einem múnde
8465 Eu zu sagen all ze lang.
auch tút das meinem sinn ze krangk, 7485
daz ich den Satl nie gesach,
Wann als mir davon bejach,
von dem ich die rede han,
8470 so *wil ich Eu* wissen lan
ein teil, wie er geprúefet was, 7490
als ich an seinem půch las,
so ich kurtzlichist kan.
„Nu sweig, lieber Hartman!
8475 ob ich es errate?“
Ich tún. nu sprechet drate! 7495
„Ich mús gedencken Ee dar|nach.“   XLVrc
Nú vil drate! mir ist gach.
„duncke ich dich dann ein weiser man?“
8480 Ja, ir! durch got, nu saget an!
„Ich wil die märe sagen.“ 7500
daz ander lass ich euch verdagen.
„Er was gút Hagenpůchin.“
Ja, wavon mocht er mer sein?

8465 zuſagen   **8470** wil ich Eu *nicht in A*

in dessen Fertigung ein Meister
viel Mühe investiert hatte.
Der weiseste Zwerg,
dem die Herstellung eines Sattels je oblag,
8450 hatte unzählige Tage daran gearbeitet:
Ein Meister namens Umbris,
der tatsächlich seine ganze Arbeitszeit
gut dreieinhalb Jahre lang
dafür aufwandte,
8455 bis er ihn vollendet hatte,
ganz so, wie er ihn sich vorgestellt hatte.
Euch zutreffend zu erzählen
von diesem Sattel
und davon, wie er hergestellt wurde,
8460 wäre eine zu große Herausforderung
für einen einfältigen Mann wie mich.
Und auch wenn ich es euch richtig
erzählen könnte,
dann wäre es für einen allein zu viel,
8465 es euch zu erzählen.
Auch beeinträchtigt es meine Erzählkünste,
dass ich den Sattel nie gesehen habe,
aber so, wie mir davon erzählt wurde,
von demjenigen, von dem ich die Geschichte habe,
8470 will ich, so kurz es mir möglich ist,
etwas davon an euch weitergeben,
wie er gemacht war –
ganz so, wie ich es in seinem Buch gelesen habe.
„Jetzt halte mal die Luft an, lieber Hartmann,
8475 vielleicht errate ich es ja?“
Das will ich tun. Legt los!
„Ich muss erst darüber nachdenken.“
Dann los, ich bin begierig.
„Hältst du mich denn für klug?“
8480 Ja, sicher! Um Gottes willen, fangt an!
„Ich werde die Geschichte erzählen.“
Das Übrige sollt ihr meinetwegen weglassen.
„Er war aus solidem Weißbuchenholz.“
Genau, woraus könnte er auch sonst sein?

8485 „mit liechtem golde übertragen.“
wer möchte euchs doch rechte   7505
   sagen?
„vil starche gepunden.“
Ir habt es recht erfunden!
„darauf ein Scharlachen.“
8490 des mag Ich wol gelachen!
„secht, daz ichs so recht erraten kan!“ 7510
Ja, Ir seit ein weterweiser man!
„du redest, sam es sei dein spot.“
We, nain es, durch got!
8495 „Ja stet dir spotlich der múnd.“
Ich lache gern zu aller stúnd!   7515
„so habe ich es doch erraten?“
ja, da si da traten!
„ich hab leicht etwas verdaget.“
8500 ja wisset Ir heut, was ir saget?
„han ich dann nicht war?“   7520
nicht als gros als umb ein har!
„han ich dann gar gelogen?“
nicht, euch hat sünst betrogen,
8505 Wer kindtlichen wan.
Ir solt michs Euch sagen lan.   7525
Secht, wie gros ein grůs sei:
sovil was da nicht holtzes bei.
Er was von Helfenpaine
8510 und von edlem gestaine,
auch von dem pesten golde,   7530
daz je werden solte
geleutert in dem feure:
Valsch was im teure.
8515 von disen materien dreien
so het des maister sin   7535
gebrüefet ditz gereite
mit grosser weishaite.
er gab dem Helfenpaine
8520 und dabei dem gestaine
sein gevellige stat,   7540
als in die gefüege pat.

K

K 1r „han ich denne gar gelogen?“
Niht, iuch ist sus betrogen
Iwer kintliche wan.
Ir sult mich iu sagen lan.
Sehet, wie groz ein gruz si:
So vile was da ninder holzes bi.
Er was von helfenbeine
und von edeleme gesteine
und von dem besten golde,
daz je werden solde
Gelutert in dem viure.
falsch was ime ture.
von disen matheriem drin
So hete des meisters sin
Gepruvet diz gereite
von grozer wisheite.
Er gab dem helfenbeine
und dabi dem gesteine
Sine gevellige stat,
als in diu gefuge bat.

8492 weter weifer   **8516** feyn

8485 „Mit strahlendem Gold überzogen."
Wer hat Euch das denn verraten?

„Die Teile tüchtig fest verbunden."
Das habt Ihr richtig herausgefunden!
„Darauf ein edles Stöffchen."
8490 Darüber kann ich nur lachen.
„Schaut, wie gut ich das erraten kann."
Oh ja, Ihr seid ein rechter Wetterfrosch.
„Du redest, als würdest du dich lustig machen."
Aber nein, um Gottes willen.
8495 „Du verziehst aber spöttisch den Mund."
Ich lache jederzeit gern.
„Also lag ich doch richtig?"
Ja, wo jeder schon mal gestanden!
„Ich habe vielleicht etwas vergessen."
8500 Wisst Ihr heute überhaupt, was Ihr von Euch gebt?
„Habe ich denn nicht Recht?"
Kein bisschen!
„Habe ich denn etwa gelogen?"
Aber nein, Euch hat jemand
8505 mit kindlicher Einbildungskraft betrogen.
Lasst es Euch von mir erzählen.
Schaut, wie groß ein Sandkorn ist:
Noch nicht einmal so viel Holz war daran.
Der Sattel war aus Elfenbein
8510 und Edelsteinen
sowie aus dem besten Gold,
das jemals
im Feuer geläutert werden konnte.
Verunreinigungen fehlten ihm völlig.
8515 Aus diesen drei Materialien
hatte der Kunstverstand des Meisters
diesen Sattel
mit großer Erfahrung hergestellt.
Er gab dem Elfenbein
8520 und damit auch den Edelsteinen
seinen jeweils angemessenen Platz.
Wie es die Kunstfertigkeit verlangte,

Er muoste dar under	Er músset darúndter,
den goltlim besunder:	denn got in besonder:
der muste daz werc zesamen dragen. 8525	der můste das werch zesamen haben.
An dem gereite was ergraben	an disem gereite was ergraben 7545
daz lange liet von troja.	das lange lied von troja.
Zaller vorders stunt da,	zu aller vordrist stúnd da,
wie des wart begunnen,	wie das ward begůnnen,
daz siu wart gewunnen, 8530	daz si was gewúnnen,
unz daz siu wart zestoret.	úntz daz si ward zerstöret. 7550
da mit was da gehoret.	damit was da gehöret.
Dan gegene ime ergraben was,	**D**a entgegen ergraben was,
wie der herre Eneas,	wie der herre Eneas,
der vil listige man, 8535	der vil listige man,
uber se vur von dan	über See fůr von dan 7555
und wie er ze kartago quam	und wie er zu kartago kam
und wie in ir genade nam	und wie in *in ir* gnade nam
diu riche vrouwe dido	die reich Frau Dido
und er si darnach do 8540	und wie er si do
vil engesliche liêz	vil ungeselliklichen liess 7560
und enleiste niht, daz er gehiez:	und laiste Ir nicht, des er gehiess:
Sus wart diu vrowe betrogen.	súnst ward die frau betrogen.
An dem hindern satelbogen	an dem hindern satelbogen
So was innerhalp ergraben 8545	so was innerhalb ergraben
Ir vil starches missehaben	ir vil starches missehaben 7565
und wie siu ime boten sante,	und wie Si im poten sande,
Swie lutzel siu bewante.	wie lútzel Si ims bewande.
Bescheidenlichen stunt hie,	beschaidenlich stůnd hie,
waz er dinges begie, 8550	was er dinges begie,
daz sagbære wesen mac,	das sageware wesen mag, 7570
von der zit unz an den tac,	von der zeit úntz an den tag,
daz er laurente betwanc.	daz er lautende betzwang:
daz ware ze sagene al *z*elanc,	das were zu sagen ze lang,
wie *er* siu in sine hant gewan. 8555	wie ers in seiner gewalt gewann.
Innerhalp stunt dar an,	innerhalb stůnd daran, 7575
wie er die vrowen Lânam	Wie er die frauen Lavinan
Ze elichem wibe nam	ze Eelichem weib nam
und wie er ze lande was	und wie Er da ze lande was,
Geweltich herre eneas 8560	gewaltiger herre Eneas,

8544 satelbo/gen   **8554** cefagene   **8555** *Wort*   **8538** in ir] núr   **8550** erdinges   **8557** Laúnan
wegen Abriebs unleserlich   **8559** celande

schnitzte er Darstellungen hinein,
denn Gott wählte ihn aus,
8525 das Werk zusammenzuhalten.
In diesen Sattel war eingeschnitzt
das lange Lied von Troja.
Ganz vorne stand,
wie es gekommen war,
8530 dass die Stadt eingenommen
sowie danach zerstört wurde.
Damit war dies zu Ende.
Gegenüber war eingeritzt,
wie Herr Eneas,
8535 der überaus kluge Mann,
übers Meer segelte
und wie er nach Karthago kam
und ihn die mächtige
Herrin Dido in ihre Gunst nahm
8540 und wie er sie daraufhin
allein zurückließ
und nicht einlöste, was er versprochen hatte:
So wurde die edle Dame betrogen.
Am hinteren Sattelbogen
8545 war auf der Innenseite
ihr großes Leid dargestellt
und wie sie ihm Boten schickte
und wie wenig sie ihn davon abbringen konnte.
Deutlich stand dort,
8550 welche Dinge er vollbrachte,
alles, was erzählbar sein kann
von der Zeit bis zu dem Tag,
an dem er Lautende einnahm.
Es würde viel zu lange dauern zu erzählen,
8555 wie er sie unter seine Herrschaft bekam.
Weiter innen stand auf dem Sattel,
wie er die Herrin Lavinia
zur Ehefrau nahm
und sich in diesem Lande aufhielt,
8560 der mächtige Herr Eneas, der

An alle missewende	on alle misswende 7580
und an sines libes ende.	úntz an seines leibes ende.	
Da mit der satel was bedaht,	**D**amit der Satl was bedacht, XLVva
daz was ein pfellel wol geslaht,	das was ein phelle vil geschlacht,
So er beste wesen solde 8565	so er peste wesen solde
von siden oder von golde.	von seiden und von golde. 7585
der pfellel zerehte dief,	der phelle was ze rechte tief,
vil nacher er uof die erde swief.	vil nach er zu der erde schwief.
da stunden an besunder	da stůnden an besůnder
elliu diu werlt wunder 8570	aller welt wůnder
und sawaz der himel besluzet.	und was der himel besleust. 7590
Ob iuch des niht bedruzet,	ob euch es nicht verdreust,
So wil ich ir iu ein teil sagen	so wil ich euch Ir ein tail sagen
und michels me verdâgen:	und doch michels mer verdagen:
diu vier Elementa 8575	die vier Elementa
die stunden schinlichen da	stůnden scheinperlichen da 7595
in ir sunder varwe	in Ir sondervarbe
und in islichem garwe,	und in jeglichem garbe,
waz dem undertænic ist.	was dem undertenig ist.
daz meisterte ein vil starcher list. 8580	ditz maistert euch starcher list.
diu erde von den vieren	die erde von den viern 7600
Stunt mit den tieren,	stůnd mit Iren tiern,
Swaz eht dehein man	was doch der dhain man
mit sinem mute erdenchen kan	in seinem mûte erkennen kan:
In walde oder in gevilde, 8585	Walde oder gevilde,
zam oder wilde:	Zam oder wilde. 7605
da stunden tier in islicher schaft,	da stůnd die menschlich schaft,
Geworht von [...] meisterschaft,	geworcht von sölher maisterschaft,
Sam si wolden sprechen	sam es wolte sprechen
und bildes reht brechen. 8590	und pildes recht prechen.
Da bi daz mere swebete.	**D**abei das mere schwebete. 7610
dar inne, sam er lebete,	darin, recht sam es lebete,
der visch, [...] bi den besunder	der Visch, bei dem besonder
Allez daz merwunder,	alle merwúnder
under swaz buwet des mers grunt. 8595	und was da pauet des meres grúnd.
wer [...] mir den namen kunt?	der tete mir der namen kundt, 7615
K 1v welt ir si	gerne erkennen	wolt si gern erkennen
und kunde gewinnen?	und künden genennen:

8571 be/fluzet **8588** *Wort wegen Abriebs unleserlich* **8593** er bı **8595** bu/wet **8596** *Wort wegen Abriebs unleserlich*

8587 menſchlichſchafft

ohne jeden Fehler war
bis an sein Lebensende.
Der Sattel war
mit einem sehr edlen Stoff
8565 aus Seide und Gold bedeckt,
so wie er besser nicht sein kann.
Die Decke hatte genau die richtige Länge,
sie hing fast bis auf den Boden hinunter.
Dort waren, einzeln ausgearbeitet,
8570 alle Weltwunder
und alles, was der Himmel bietet, abgebildet.
Wenn es euch nicht stört,
werde ich euch von ihnen ein wenig erzählen,
dabei aber ungleich mehr weglassen.
8575 Die vier Elemente
waren genau unterschieden
in den ihnen eigenen Farben
und durch all ihre Attribute,
die ihnen zugehörig sind.
8580 Das alles stellt großer Kunstverstand für euch her.
Die Erde als eines der vier
war mit ihren Tieren zu sehen,
was man sich auch nur
vorstellen kann
8585 in Wald und Feld,
zahm oder wild.
Dargestellt waren auch Menschen,
mit solcher Meisterschaft gearbeitet,
als wollten sie zu sprechen beginnen
8590 und nicht nur Bilder sein.
Daneben wogte das Meer,
darin, ganz als ob sie lebendig wären,
Fische, darunter im Speziellen auch
alle Meerwunder
8595 und was sonst auf dem Meeresgrund zuhause ist.
Wenn mir jemand die Namen mitteilte,
dann wollte ich die Meerwunder gerne erkennen
und benennen können:

dar zu suchet einen man,	dartzů sůchet euch einen man,
der si iuch wol genennen kan.	8600 der euch si wol genennen kan.
Vindet ir sin denne niht –	vindet Ir des dann nicht – 7620
daz ouch fil lihte geschiht –,	das auch vil leichte geschicht –,
So volget minem rate	so volget meinem rate
Und machet iuch uf drate.	und machet euch auf drate,
Varet selbe zu dem mer:	8605 varent selbs zu dem mere:
da vindet ir inne des ein her.	da vindet Ir inne des ein here. 7625
Get an den statt stan	geet an den stat stan
und bitet sie her uz gan	und pittend si gan
Zu iuch an den sant:	aus zu Euch an den sant:
da werdent sie iuch erkant.	8610 da werden si euch erkant.
herre, helfe daz danne niht –	hilfet dann das nicht, 7630
daz aber lihte geschit –,	das aber leicht geschicht,
So suchet selbe den grunt:	so sůchent selbs den grůnt:
So werdent sie iuch kunt	da werden si euch dann kůnt
Mit grozzem schaden, mit lutzelm	8615 mit grossen schanden, mit lůtzelm
frumen.	frummen.
Nu rat ich minen vriunden, ob si	Nu rat ich meinen frunden sumen, 7635
dar komen,	
daz si die niugerne lan	daz si die neugerne lan
und alle hie heime bestan.	und hie haimen bestan.
Swes ein man wol allen tac	wes ein man wol allen tag
So rehte lihte engelten mac	8620 so recht leichte entgelten mag
und niht geniezen,	und nimmermer nicht geniessen, 7640
des lat iuch verdriezen.	des lat euch, freunde, erdriessen.
Da stunt ouch daz dritte dabi.	**D**a stůnd auch das dritte bei.
Fraget ir, waz daz si?	fraget Ir, was das sei?
der luft in siner ahte.	8625 der luft in seiner achte.
die vogele maneger slahte	die vogl maniger schlachte 7645
Swebeten da inne,	schwebeten darinne,
Geweben mit solhem sinne,	geweben mit sölichem sinne,
Rehte sam sie lebeten	recht sam si lebeten
und uf ze himele strebeten.	8630 und auf zu den lüften schwebeten.
daz fiur mit sinen drachen	das feur mit seinen trachen 7650
und mit andern sachen,	und mit andern sachen,
die des fiures muosen leben:	die des feures můessen leben,
die sach man ouch da inne sweben.	die sach man auch darinne schweben.

8616 urıuden   **8620** en/gelten   **8630** zehı-
mele

Sucht euch dazu jemanden,
8600 der sie euch namentlich nennen kann.
Findet ihr diesen aber nicht –
was leicht passieren kann –,
dann folgt meinem Rat
und macht euch schnell auf,
8605 selbst zum Meer zu reisen.
Dort findet ihr all das in Massen.
Stellt euch ans Ufer
und bittet sie,
heraus zu euch an den Strand zu kommen:
8610 Dort lernt ihr sie kennen.
Nützt auch das nichts,
was wiederum leicht passieren kann,
bewegt euch selbst zum Meeresgrund:
Dort werdet ihr sie dann
8615 zu eurer großen Schande mit wenig Gewinn kennenlernen.

Meinen Freunden rate ich, davon Abstand zu nehmen,

ihre Neugierde aufzugeben
und zuhause zu bleiben.
Wofür man schnell sein Leben lang
8620 büßen muss
und absolut nichts dabei gewinnen kann,
das lasst euch, Freunde, madig machen.
Auch das dritte Element war dort zu sehen.
Ihr fragt, welches es sei?
8625 Die Luft mit ihren Charakteristika.
Viele Vogelarten
schwirrten darin umher,
in einer Art und Weise gewebt,
als seien sie lebendig
8630 und stiegen in die Lüfte auf.
Das Feuer mit seinen Drachen
und anderem Getier,
das im Feuer leben muss,
sah man sich darin bewegen.

[Hs. K]

diu ende ein liste umbe vie,   8635
diu niht zu der erde engie:
diu was einer hende breit,
Mit edeleme steine beleit.
daz lachen was riche genuch,
daz juppiter so dicke druch   8640
und diu gottinne juno,
do si in ir riche hô
In brutelstule sâzen:
daz mohte sich gemazen
dem satel riche also vil,   8645
daz ich rehte sagen wil,
Sam der mane der sunnen.
Ir sult mir des wol gunnen,
daz ich sage die warheit.
beide gute und gemeit   8650
waren stegereife,
Beide goltreife,
Gebildet nach zwein trahchen.
Sie kunde wol gemachen
des guoten goltsmides hant,   8655
der sich es ze flizze underwant.
die zægele sie ze munde bugen;
Ir vedern stunden, sam sie flugen;
Ir ougen waren steine:
vier jachande cleine.   8660
Ezn was dirre darmgurteln leder.
Irn mustent daz werch jetweder
besunder durchsehen,
Irn wistet niht, wes ir soltet jehen:
Ob iz von golde wær durchslagen   8665
Oder mit siden war uberdragen.
daz ez borten solten sin,
desen wurd iuch an den bilden schin:
Irn begrifent ez mit der hant,
Ez wær iuch immer unerkant.   8670

Hs. A

die ende ein list bevie,
die nider zu der erde gie,   7655
die was einer hende prait,
mit edlem gestaine belait.
das lachen was doch reich genůg,
daz Jupiter ze decke trúg
und die göttine Juno,   7660
do si *in ir* reiche ho
im prautestúl sassen.
das mochte si gemassen.
disem Satel taug als vil,
daz ich | Euch sagen wil,   XLVvb 7665
sam der Mon der Súnnen.
Ir solt mir des wol gúnnen,
daz Ich euch sage die warhait.
baide gůt und gemait
waren die Stegraife,   7670
prait goltraife,
gepildet nach zwain tracken.
Si kunden wol gemachen
des goltschmides hant,
der sich es zu vleisse underwant.   7675
die zagel Si zu munde pugen,
Ir federn stůnden, sam si flugen;
Ire augen waren staine:
vier Jachande klaine.
Es was diser dewedere   7680
d*a*rngürtl noch stichledere.
Ir múestend das werch wol besehen,
Ee Ir westend, wes Ir soltend jehen:
ob es von golde ware durchslagen
oder mit seiden undertragen.   7685
daz es porten solten sein,
das wurde euch an den pilden schein;
oder Ir begreifet es mit der handt,
es were euch immer unerkant.

8645 dæm   **8652** golt reife   **8656** ze-
flizze   **8657** cemunde   **8663** durch ſehen
8665 durch ſlagen   **8668** anden   **8669** be-
grıfentez

8642 in ir] mir   **8652** golt raÿffe   **8662** drangürtl
ſtich ledere   **8665** durch ſlagen

8635 Der Rand war mit einer Borte eingefasst,
die zur Erde hinabreichte.
Sie war eine Hand breit
und mit Edelsteinen besetzt.
Das Tuch war ja nun sehr prächtig,
8640 das Jupiter und die Göttin Juno
als Decke verwendeten,
als sie in ihrem Königreich
auf dem Ehestuhl saßen;
das war ihnen angemessen.
8645 Zu dem Sattel passte diese Decke,
das will ich euch versichern,
wie der Mond zur Sonne.
Ihr könnt mir ruhig abnehmen,
dass ich euch die Wahrheit sage.
8650 Die Steigbügel waren
funktional und schön zugleich,
breite Goldringe,
zwei Drachen nachempfunden.
Diese waren präzise gearbeitet
8655 von einem Goldschmied,
der sehr viel Sorgfalt darauf verwandt hatte.
Die Schwänze bogen sie zum Maul,
die Federn waren ausgerichtet, als ob sie flögen;
ihre Augen waren aus Edelsteinen:
8660 vier kleine Hyazinthen.
Aus solchen wiederum waren weder
Sattelgurt noch Steigriemen.
Ihr müsstet Euch das Werk genau ansehen,
bevor ihr wüsstet, was ihr darüber erzählen könntet:
8665 ob es etwa mit Gold durchwirkt
oder mit Seide unterlegt sei.
Dass es sich um Zierborte handelte,
könntet ihr an den Darstellungen nicht erkennen;
wenn ihr es nicht anfassen würdet,
8670 könntet ihr das niemals herausfinden.

die rinchen waren silberin.	die rincken waren Silbrein.	7690
warumbe? daz man ir wizen schin	warumb? daz man weissen schein	
Von dem golde sæhe.	von dem golde sahe,	
Feste und spæhe,	Veste und spahe.	
Fil gut was daz banel, 8675	vil gůt was das panel:	
Niht eines kalbes fel,	nicht eines kalbes fel,	7695
der ich doch maneges han gesehen:	der ich doch maniges han gesehen.	
dane konde eht niemen ane erspehen	da kunde niemand an ersehen	
Leders eines fingers breit.	leders eines nagels prait.	
Ez was gut und gemeit, 8680	es was gůt und gemait,	
Als iz deme satele gezam	als es dem satl getzam	7700
und ime wol ze mazen quam:	und im wol ze masse kam,	
Gefullet prislichen wol:	gefüllet preislichen wol,	
Linde sam ein boumwol,	linde sam ein paumwol,	
daz er daz pferet niene brach. 8685	daz es das phärd nicht zeprach.	
Swaz man sin vor dem satel sach	was man sein von dem satl prach,	7705
	das was gestepet dicke.	
	ze gútem anplicke	
	was daran entworfen súst,	
	8690 Wie Tispe und Piramús –	
	betzwúngen von der minne,	7710
	behert rechter sinne –	
	ein rubig ende namen,	
	da si zu dem prunnen kamen.	
	8695 daz die vasen solten sein,	
	das was ein netze guldein,	7715
	gepraiten von goldträten	
	Vesten und staten,	
	uber die goffen zerpreit.	
	8700 darumb waren gelait	
	Edel gestaine genůg	7720
	jetzlicher fůg.	
	da sich die masse strichen,	
	kreideweis schichten,	
	8705 an jegliches knophe stat	
	Was ein Rubin aufgesat	7725
	in savrvarbe casten.	
	die sterne daraus glasten	

8672 *hinter* warvmbe *undeutbares Zeichen;
Gärtner 2006 liest es als Fragezeichen.*
8678 er ſpehen **8682** cemazen

Die Gurtspangen waren aus Silber.
Wieso das? Damit das Gold
einen hellen Schein reflektiere,
klar und geheimnisvoll.
8675 Das Sattelkissen war perfekt:
Nicht etwa aus Kalbsleder,
so wie ich schon viele gesehen habe.
Niemand vermochte an ihm
auch nur einen Hauch Leder zu entdecken.
8680 Es war prächtig und von guter Qualität,
dem Sattel angemessen
und zu ihm passend,
aufs Lobenswerteste gefüllt,
weich wie Baumwolle,
8685 um das Pferd nicht zu verletzten.
Was man davon unter dem Sattel hervorscheinen sah,
war reichlich bestickt.
Um schön anzusehen zu sein,
war darauf abgebildet,
8690 wie Tispe und Piramus –
von der Minne besiegt,
des klaren Verstandes beraubt –
ein schlimmes Ende nahmen,
dort, wo sie sich am Brunnen trafen.
8695 Wo sonst Fransen zu erwarten sind,
war ein goldenes Netz,
aus breiten und stabilen
Golddrähten geflochten,
über die Kruppe ausgebreitet.
8700 Zusätzlich waren
reichlich Edelsteine
jeglicher Art aufgebracht.
Wo sich die Stoffmassen glatt zogen
und kreideweiß abgesteppt waren,
8705 da war an jeder Schlinge
ein blau eingefasster
Rubin angebracht.
Die Sterne leuchteten daraus

     einer hande garbe,
8710 vol liechter varbe.
     Gůt und gefüege   7730
     was das fürpüege,
     starch und vil gemait,
     ein porte zwaier vinger prait,
8715 nach dem Zaume volkomen,
     der an dem pharde was genomen.   7735
     es waren verworchte darin
     mit schonem sinn
     die aindlif edlen staine.
8720 der zwelfte der was aine
     vor in dem zaum gelait   7740
     in ein scheiben, die was prait,
     die nider für den Zoph gie
     und vor dem haubt hie:
8725 der liechte Garbuncúlůs.
     da behielt er sein Ambt susz,   7745
     wann im das liecht ist gezalt:
     Ob im ze | vinstern nacht   XLVvc
     ze reiten geschach,
8730 daz man davon gesache.
     die ainlief waren hie gelait   7750
     an das fürpuege zerpreit.
     Zwischen den gehangen
     gůt goltklangen:
8735 die horte man ver klingen.
     von sünst getanen dingen   7755
     was der Satl volbracht
     und bas, dann ich es hab gedacht.
     zwar auch beduncket mich
8740 recht und billich,
     daz er mit vollem märe   7760
     vil schöner wäre
     dann dhain ander geraite,
     Wann er mit warhaite
8745 dem schönsten weib ward gegeben,
     die in den Jaren mochte leben: 7765
     der Edlen frauen Eniten.

—————

8728 ze | Ze vinſtern nacht   **8734** golt klanngen

nur auf einer Seite
8710 strahlend hell hervor.
Schön und gut gemacht
war das Brustgeschirr,
robust und nett anzusehen,
eine zwei Finger breite Borte,
8715 ganz wie der Zaum vollkommen,
der dem Pferd angelegt war.
In diesen waren
kunstfertig
elf Edelsteine eingearbeitet.
8720 Der zwölfte war einzeln
vorn am Zaum angesetzt,
in eine breite Platte eingelassen,
die knapp über dem Schopf lag
und vor dem Kopf hing:
8725 Es war der strahlende Karfunkel.
Dort wurde er seiner Aufgabe gerecht,
denn man schreibt ihm zu, dass er Licht spende:
Wenn man in tiefer Nacht
reiten musste,
8730 konnte man mit ihm sehen.
Die elf übrigen waren
über das Brustgeschirr verteilt angebracht.
Zwischen ihnen hingen
vorzügliche Glöckchen aus Gold.
8735 Diese hörte man weithin läuten.
Aus all diesen Dingen
war der Sattel hergestellt
und besser, als ich es mir ausgedacht habe.
Es erscheint mir außerdem auch
8740 recht und billig,
dass er unter allen Umständen
viel schöner wäre
als jedes andere Sattelzeug,
denn es wurde wahrhaftig
8745 der allerschönsten Frau geschenkt,
die zu dieser Zeit lebte:
der edlen Frau Enite.

Nu ist zeit, daz si reiten,
Wann In sind die ross kumen.
8750 haben si dann urlaub genomen
von dem ingesinde?   7770
Ja, von kinde ze kinde
und von des kuniges Schwestern.
man solte nie willen vestern
8755 vor noch seit beschauen
an dhainen andern frauen   7775
Ze aller schlachte gúte:
zucht was in Ir hûte.
die frauen haben es also bracht,
8760 daz Ir von recht wirt gedacht
in der vordristen zal,   7780
wo gûter weibe wirdet wal.
womit ein weib gedienen sol –
daz si got und der welte wol
8765 von schulden mûss gevallen –,
des phlagen si one gallen,   7785
mein frau Filadamúr
und Ir Schwester Guentaflur.
nu riten si von dann,
8770 Enite und dise zwen Mann,
der wirt selbs und Ereck.   7790
das phärd trúg da den weg
so sanft Frauen Eniten,
daz jener zu dhainen ziten
8775 eines hares sanfter nicht enlebet,
der auf dem eben wage schwebet,   7795
so Er den wint ze wúnsche hat
und im sein Schef on angst gat.
Si gedachten reiten da ze hant
8780 ze Britanie in das Land
zu dem künige Artus.   7800
auf welhem seinem haus
Si In bei namen fúnden,
das enwesten Si zu den stunden.
8785 **D**er künig Gifurais da sprach,
da im ze reiten geschach: 7805

8786 zereiten

Jetzt ist es an der Zeit, dass sie aufbrechen,
denn die Pferde wurden ihnen gebracht.
8750 Haben sie sich also
vom Hof verabschiedet?
Ja, von allen Jungen und Mädchen
und von den Schwestern des Königs.
Weder vor noch nach ihnen
8755 konnte man
bei irgendwelchen anderen Damen
den starken Willen beobachten, in jeder Weise gut zu sein:
Höfisches Benehmen beherrschten sie.
Auf diese Weise haben sie erreicht,
8760 dass man sie mit Recht
an erster Stelle berücksichtigt,
wo vorbildliche Frauen gekürt werden.
Alles, womit eine Frau sich würdig erweisen kann –
um bei Gott und der Welt
8765 berechtigterweise Anerkennung zu finden –,
das taten sie ohne Verdruss,
meine Herrin Filadamur
und ihre Schwester Guentaflur.
Jetzt brachen sie also auf,
8770 Enite und diese beiden Männer,
der Hausherr selbst und Ereck.
Das Pferd trug
Enite so sanft ihres Weges,
dass auch derjenige
8775 kein bisschen bequemer reist,
der bei ruhigem Seegang dahingleitet,
beste Windverhältnisse hat
und dessen Schiff ohne Zwischenfälle vorankommt.
Sie beabsichtigten, sofort
8780 nach Britannien in das Land
des König Artus zu reiten.
In welchem seiner Wohnsitze
sie ihn tatsächlich finden würden,
das wussten sie zu dieser Zeit nicht.
8785 König Gifurais sagte nun,
als er losritt:

„wir vinden In ze karidol
oder bei namen ze Zentadrol.“
sünst riten si nach wane
8790 und doch der gewisheit one
üntz hin umb Mittentag.   7810
Nu trúg si der húfschlag
auf einer schonen haide
an ein wegschaide:
8795 welcher weg ze Britanie in das Land
gienge, der was In unerkant.   7815
die rechten strasse si vermiten,
die bas gepauen si riten,
und die si nach der weile
8800 geriten wol Fúnf meile;
Ein Burg si sahen vor In stan,   7820
michel und wol getan.
Und als si Gifurais ersach,
das ward Im vil ungemach
8805 und begunde In vast beschwärn,
daz si darkomen wären.   7825
„Nu sage, warumb!“ das wais ich wol
und sage, so ich es sagen sol.
des ist noch nicht zeit.
8810 wie pitlos Ir seit!
Wer solt sein mare für sagen?   7830
Ich wil Euch nit verdagen,
Wie die Burg | geschaffen wäre;   XLVIra
das vernement an dem märe:
8815 vil gůt was das Burgstal.
als uns der abenteure zal   7835
urkunde davon geit,
so was es zwelf húbe weit.
Es was ein sinweller stein,
8820 da nindert pühel an schein,
eben, sam er were gedran,   7840
und auch rechte getan
nach des wunsches werde,
auf von der erde
8825 entwachsen wol den mangen.

8792 húff ſchlag **8799** derweÿle

„Wir werden ihn auf Karidol
oder sonst auf Zentadrol finden."
So ritten sie nach Gutdünken,
8790 jedoch ohne Gewissheit
bis um die Mittagszeit.
Hufspuren führten sie
an eine Weggabelung
auf einer schönen Heide:
8795 Welche Straße nach Britannien
führte, wussten sie nicht.
Den richtigen Weg verpassten sie,
sie nahmen den besser ausgebauten,
und folgten diesem eine Zeit lang,
8800 gut fünf Meilen.
Eine Burg tauchte vor ihnen auf,
groß und prachtvoll.
Aber als Gifurais sie erblickte,
wurde ihm ganz anders
8805 und es bedrückte ihn,
dass sie hergekommen waren.
„Jetzt sag schon, weshalb!" Ich kenne den Grund genau
und nenne ihn, wenn es passt.
Jetzt ist dafür noch nicht der richtige Moment.
8810 Wie ungeduldig Ihr seid!
Wer wird denn seiner Geschichte vorauseilen?
Ich will euch nicht vorenthalten,
wie die Burg gebaut war;
hört nun den Bericht:
8815 Der Standort der Burg war ideal.
Wie uns die Quelle
bezeugt,
war das Areal zwölf Hufe groß.
Es war ein runder Felsen,
8820 der keinerlei Unebenheiten aufwies,
glatt war, als wäre er gedrechselt,
und außerdem ganz so,
wie man es sich erträumt,
hoch über dem Tal
8825 und damit außerhalb der Schussweite von Steinschleudern lag.

den perg het In gefangen   7845
ein Burgmaure hoch und dick.
ein Ritterlich anplick
zierte das haus innen.
8830 es rageten für die zinnen
Turne von quader gros,   7850
der fuge nicht zusamen slos
kain sandig phlaster:
Si waren gepunden vaster
8835 mit eisen und mit plei,
je drei und drei   7855
nahend zusamen gesat.
da entzwischen was die stat
gezimmers nicht läre.
8840 da sazzen die Burgere
nach grosser Ir wirdikait.   7860
also was das haus zerpreit
mit den turnen, nach ir zal
so was Ir dreissig úberal.
8845 sünst was das haus gefieret:
die türne getzieret   7865
oben mit goltsknophen rot,
der jetzlicher verre pot
in das land seinen glast.
8850 das beweiste den gast,
dem dar ze varen geschach,   7870
daz er den schein verre sach
und er des hauses auf der fart
des tages nicht verirret ward.
8855 ein wasser darundter hin flos,
des Val gab micheln dos,   7875
wann es durch ungevelle lief.
dasselb tal was also tief,
wer auf die zinnen sitzen gie
8860 und er ze tal die augen lie,
den dauchte das gevelle,   7880
sam er sähe in die helle.
der schwindel In ze tal zoch,
so daz er wider In floch.

8839 gezÿmmersnicht

Der Fels war von
einer hohen und dicken Burgmauer umgeben.
Das Wohnhaus im Inneren machte
einen ritterwürdigen Eindruck.
8830 Über die Burgzinnen hinaus ragten
Türme aus riesigen Quadern,
die nicht von sandigem Mörtel
zusammengehalten wurden:
Sie waren mit Eisen und Blei
8835 haltbarer aneinander gefügt,
jeweils zwei Mal drei
nahe beieinander.
Zwischen diesen war der Platz
nicht frei von Bebauung.
8840 Dort lebten die Burgbewohner,
ihrem großen Ansehen entsprechend.
Solcher Art war das Anwesen
mit diesen Türmen bedeckt,
insgesamt waren es dreißig.
8845 Der Bau war folgendermaßen verziert:
Das Dach der Türme war
mit rotgoldenen Kugeln geschmückt,
die auf jede Entfernung
ihren Glanz über das Land verteilten.
8850 Dies sollte bei einem Fremden,
der dorthin reisen wollte,
dazu führen, dass er den Schein schon von weither sehen
und das Anwesen auf seinem Weg
tagsüber nicht verfehlen konnte.
8855 Unterhalb des Felsens rauschte ein Fluss entlang,
der tosend in die Tiefe stürzte,
denn er verlief durch eine gefährliche Schlucht.
Diese war so tief,
dass sie auf jemanden, der sich an den Zinnen niederließ
8860 und ins Tal hinabsah,
wirkte,
als blicke er direkt in die Hölle.
Der Schwindel zerrte ihn in die Tiefe,
sodass er schnell wieder ins Haus floh.

8865 **A**n der andern seiten,
da man zů mocht reiten, 7885
da stůnd ein stat vil reiche,
bezimert vil reichliche,
die ainhalb an das wasser gie.
8870 anderhalb daz undervie
ein paumgart schon und weit, 7890
daz weder vor noch seit
dhain schöner ward gesehen.
des hört ich im den maister jehen.
8875 **A**ls Ereck das haus ersach,
zu seinem gesellen Er sprach, 7895
ob Er die Burg erkannte,
und pat In, daz er si nante.
sünst antwúrt im der herre:
8880 „Ich erkante si. wir sein verre
geriten von unser strasse. 7900
daz es got verwase!
jedoch so manige zeite,
so ich disen weg reite,
8885 so ist mir boslich geschehen:
ich han mir úbl umbgesehen, 7905
getzaiget zu der vinstern want.“
Er sprach: „Britanie das landt
des endes verre hin leit.
8890 keern wir wider bei zeit!
Ich bringe euch wider auf den weg.“ 7910
da sprach der künig Ereck:
„wie zame uns daz, vil edel man,
daz wir sünst reiten dann?
8895 Seit wir so nahen komen sein,
so volget durch den willen mein, | 7915
daz Ich die Burg músse sehen. XLVIrb
daz sol bei namen geschehen.
dises haus ist so wunniklich
8900 und also schöne, daz ich
aussen daran kiese wol, 7920
ist es etwas innen vol,

8868 reich liche **8870** vnnder vie

8865 Auf der anderen Seite,
wo man hinreiten konnte,
befand sich ein prächtiger Ort,
großzügig bebaut,
der auf einer Seite bis ans Wasser reichte.
8870 Auf der anderen Seite begrenzte ihn
ein so schöner großer Baumgarten,
dass niemand jemals
einen schöneren gesehen hat.
Das habe ich den Meister berichten hören.
8875 Als Ereck die Burg sah,
fragte er seinen Gefährten,
ob dieser sie kenne,
und bat ihn, ihm den Namen zu nennen.
So antwortete ihm der Edelmann:
8880 „Ich habe sie kennengelernt. Wir sind weit
von unserem Weg abgekommen.
Verflucht!
Noch ist es mir jedes Mal,
wenn ich diesen Weg nehme,
8885 schlecht ergangen.
Ich habe nicht gut aufgepasst
und zur bedrohlichen Seite gezeigt.“
Er sagte. „Das Land Britannien
liegt weit von hier, in die andere Richtung.
8890 Kehren wir sofort um!
Ich führe Euch wieder auf den richtigen Weg.“
Da erwiderte König Ereck:
„Wie stünde uns das zu Gesicht, edler Herr,
wenn wir nun davonritten?
8895 Da wir so nah herangekommen sind,
kommt um meinetwillen mit,
damit ich die Burg ansehen kann.
So soll es sein.
Diese Burg ist so herrlich
8900 und so schön, dass ich
schon von außen erkenne,
dass sie innen voller Dinge ist,

daz man gern sol schauen:
Es ist nicht on frauen.
8905 Ich wil das haus erkunnen,
des solt Ir mir wol gúnnen."   7925
„**M**ir ist laid, daz ich euchs gunnen sol.
wie dann, so Irs bevindet wol?"
„wann mainet Ir, künig Gifurais?"
8910 „Ich maine nicht, wann das ich wais."
„durch got, nu saget was!"   7930
„nu keret wider: das kumet uns bas."
„mich wůndert, was Ir mainet."
„Es wirdt euch wol erschainet,
8915 und welt Ir nicht erwinden."
„ich mús es bei namen ervinden.   7935
es ist nicht wirsers dann der todt."
„so kumet Ir leicht in die not,
die Ir, freundt, nicht můgen verklagen."
8920 „müget Ir mir auch durch got nu
    sagen?
mich wundert, was es nu müge   7940
    sein."
„da erwindet durch die liebe mein.
Ich dien es immer, als ich sol."
„das zäme mir nicht wol,
8925 Wann so möchtend Ir haben wan,
daz ich durch vorchten hette lan   7945
dieselben raise.
auch ist es dhain fraise,
Ir möchtends mich wissen lan.
8930 und wäre si dann so getan,
darúmb ich sol erwinden,   7950
daz liesse ich an mir vinden."
der künig sprach, Gifurais:
„ich sag recht, als ichs waiss.
8935 die fraise ist nicht zu ringe,
und auf das gedinge,   7955
als eur mund gesprochen hat,
daz Ir dise raise lat,

8922 eruindet

die man einfach sehen muss.
Auch an Damen fehlt es sicher nicht.
8905 Ich will die Burg auskundschaften,
das müsst Ihr mir zugestehen."
„Es quält mich, dass Ihr darum bittet.
Was soll werden, wenn Ihr sie genauer kennenlernt?"
„Warum denkt Ihr so, König Gifurais?"
8910 „Ich denke das nicht nur, ich weiß es."
„Um Himmels willen, jetzt sagt, was los ist!"
„Kehrt um: Das ist besser für uns."
„Ich frage mich, was Ihr meint."
„Das werdet Ihr schon noch zu spüren bekommen,
8915 wenn Ihr (jetzt) nicht aufhört."
„Ich muss es auf jeden Fall herausfinden.
Schlimmer als der Tod kann es nicht sein."
„Ihr werdet schnell in Notsituationen geraten,
die Ihr, lieber Freund, nicht ertragen könnt."
8920 „Könnt Ihr es mir in Gottes Namen endlich sagen?

Ich will wissen, was dort vor sich geht."

„Das gebt mir zuliebe auf.
Ich werde es euch immer danken."
„Das würde nicht zu mir passen,
8925 denn so könntet Ihr glauben,
dass ich die Unternehmung
aus Angst habe bleiben lassen.
Auch wenn es um eine große Gefahr geht,
Ihr könnt es mir sagen.
8930 Wäre diese dann so beschaffen,
dass ich davon Abstand nehmen müsste,
täte ich das von mir aus."
König Gifurais sagte:
„Ich sage es Euch so, wie ich es weiß.
8935 Die Gefahr ist sehr groß,
aber angesichts des Versprechens,
das Ihr mir gegeben habt,
dass Ihr die Unternehmung aufgeben würdet,

so wil ich euchs wissen lan:
8940 ditz haus haisset Brandigan.
und ist vil manig Ritter gůt   7960
durch seinen gnedigen můt
auf abenteure er komen:
die alle daran haben genomen
8945 schaden zu den schanden,
die pesten von allen landen.   7965
das ist nu gewesen lang,
daz Ir dhainem nie gelang,
Wann doch allen geleiche,
8950 so daz si klägliche
alle hie sind erslagen.   7970
was mag ich euch mer sagen,
Wann ich wil und můs
mich pieten an Euren fůss,
8955 daz Ir erwindet durch *mein rat*.
ein abenteur hie stat   7975
zu sölichem angstlichen gewinne,
daz ich in meinem sinne
des vil grosse angst han,
8960 es můss eu als sam ergan,
als es allen den ergie,   7980
die noch herkomen je."
Ereck süst antwurten began:
„so wär Ich ein vertzagt man
8965 und het des misswende,
Ich enweste der red ein ende,   7985
solt ich sünst erwinden.
mügt Ir mich lan bevinden:
was ist es? oder hat es namen?
8970 ich můest mich wol immer schamen,
solt ich fürchten, Ich waiss nit was.   7990
Nu warumb tůt Ir das,
so Ir so lang mich verdaget,
daz Ir mir nicht ende saget, | XLVIrc
8975 Wann was doch mir davon geschicht,
bei namen ich erwinde nicht,   7995
úntz ich die rede nicht bas waiss."

8955 mein rat] nÿemat

werde ich es Euch erzählen:
8940 Die Burg heißt Brandigan.
Und zahlreiche hervorragende Ritter
sind aufgrund ihrer unerschütterlichen Tapferkeit
früher auf der Suche nach Aventiure hergekommen:
Sie alle haben deshalb
8945 zusätzlich zur Schande noch den Schaden davongetragen,
die Besten von überall her.
Das ist jetzt lange her,
weil nie jemand erfolgreich war,
da doch alle gleichermaßen scheiterten,
8950 indem sie alle jämmerlich
hier erschlagen wurden.
Ich kann Euch nicht mehr sagen,
sondern Euch nur noch
auf Knien anflehen,
8955 dass Ihr aufgrund meiner Empfehlung umkehrt.
Hier gibt es Aventiure
nur zu so schrecklichem Preis,
dass ich
sehr große Angst davor habe,
8960 dass es Euch ergehen wird,
wie es all denen ergangen ist,
die jemals hier gewesen sind."
Ereck antwortete ihm Folgendes:
„Ich wäre ein Feigling,
8965 und müsste in Schande leben,
wenn ich wegginge,
ohne die Geschichte vollständig zu kennen.
Ihr sollt es mich herausfinden lassen:
Was steckt dahinter? Und hat (die schreckliche Aventiure) einen Namen?
8970 Ich müsste mich für immer schämen,
wenn ich mich vor Ich-weiß-nicht-Was fürchtete.
Warum handelt Ihr nur so,
dass Ihr mich so lange hinhaltet
und mir nicht alles sagt,
8975 denn was auch immer mir deswegen zustößt,
ich kehre sicher nicht um,
bevor ich nicht besser Bescheid weiß."

Do sprach der kunig Gifúrais:
„nu wil ich euch wissen lan,
8980 wie die abenteur ist getan
und recht wie es darůmb stat,   8000
seit Irs nicht wellen haben rat:
Si ist Joied Illecurt genant.
dasselb wort ist unerkant
8985 unteutschen leuten,
durch das wil ich es bedeuten: 8005
des hofes freude spricht das.“
auch saget Er im fúrbas:
er sprach: „múgt Ir warten?
8990 sehet Ir den paumgarten,
der under dem hause leit?   8010
da hat sich nu vil manige zeit
ein Ritter gehalten inne.
Si stet zu sölhem gewinne,
8995 als ich euch recht wil sagen:
wer si hie sol bejagen,   8015
daz hat Er im ze rechte,
daz ers an im erfechte.
der Wirt ist sein öheim.
9000 als noch an Im schein,
so lebet sein gleiche   8020
nindert in dem reiche
von stercke und auch von manhait.
was im der Ritter noch widerrait,
9005 die sich wolten bejagen,
die hat er alle erschlagen: 8025
Im mocht nicht wider sein.
noch erwindet durch die liebe mein!“
Do sprangte der künig Ereck
9010 vil ser lachende auf den weg.
Er sprach: „Edler Ritter, nu wol dan!   8030
nu ist es nur ein man,
an dem si zu gewinne stat!
des möcht werden gůt rat.
9015 wo mit machet Irs so gros?
weder ist er ein perg oder perges   8035
   genos,
daz man In also fürchten sol.
ich wante, das haus were vol

Darauf antwortete der König Gifurais:
„Nun will ich Euch darüber aufklären,
8980 wie die Aventiure angelegt ist
und wie es sich damit verhält,
weil Ihr Euch partout nicht davon abraten lasst.
Sie wird ‚Joied Illecurt' genannt.
Diese Bezeichnung
8985 ist Nichtdeutschen unverständlich,
deshalb will ich sie Euch übersetzen:
Damit ist ‚Freude des Hofes' gemeint."
Weiterhin berichtete er ihm:
Er sagte: „Könnt Ihr es ausmachen?
8990 Seht Ihr den Baumgarten,
der unterhalb der Burg liegt?
Darin hält sich nun schon seit langer Zeit
ein Ritter auf.
Es steht Folgendes auf dem Spiel,
8995 so wie ich es Euch jetzt genau erklären werde:
Wer die Aventiure gewinnen will,
muss mit ihm darum kämpfen,
darauf hat er ein Anrecht.
Der Burgherr ist sein Onkel.
9000 Wie er gezeigt hat,
lebt niemand in diesem Reich,
der ihm an Körperkraft und Mut
ebenbürtig wäre.
Was auch immer ihm an
9005 kampfwilligen Rittern entgegentrat –
er hat sie alle erschlagen:
Gegen ihn ist kein Kraut gewachsen.
Also kehrt mir zuliebe um!"
Daraufhin galoppierte der König Ereck
9010 lachend den Weg entlang:
Er sagte: „Edler Ritter, dann los!
Es ist nur ein einziger Mann,
gegen den man gewinnen muss!
Das wird wohl möglich sein.
9015 Wozu blast ihr die Sache so auf?
Er ist doch weder ein Berg noch einem ähnlich,

sodass man ihn derart fürchten müsste.
Ich dachte schon, die Burg wäre voll mit

gewürmes und wilder tiere,
9020 die uns also schiere
on wer den leib nämen, 8040
so wir dar kamen.
noch han ich zu dem leben wan.
er wirt doch des nicht erlan,
9025 obs got gerůchet,
es werde an im versůchet! 8045
schlecht er mich, so bin ich todt:
das ist der welt ein ringe not."
Gifurais der künig gůt
9030 erkannte In wol also gemůt,
daz er bei namen volrite 8050
und das durch niemand mite.
davon geschach im ungemach.
da er das haus von erstem ansach,
9035 es half dhain widerstreiten,
er wolte volreiten. 8055
nu hůben si sich auf den weg.
Und als der künig Eregk
mit seinem schönen weibe
9040 ze fraise seinem leibe
und rait gegen Brandigan, 8060
die stat, die Er darúnder sach stan,
da was inne freuden vil,
tantzen und aller schlachte spil,
9045 daz jungen leuten wol getzam.
und als er zůgeriten kam 8065
und si die schönen Eniten
darvor sahen riten
und nach Ir die zwen man,
9050 nu sahen si die frauen an
und begunde des mäniclich jehen, 8070
daz er úntz dar nie gesehen
dhain frauen hätte,
von leibe und auch von wate,
9055 von phärde und auch von | geraite, 8074
so schön und so gemaite. XLVIva

9031 vol rite

Drachen und wilden Tieren,
9020 die uns sofort ohne Möglichkeit
zur Verteidigung töten würden,
sobald wir dorthin kämen.
Nun habe ich doch Hoffnung, am Leben zu bleiben.
Es wird ihm nicht erspart bleiben,
9025 wenn Gott es erlaubt,
ich werde mich mit ihm messen!
Wenn er mich erschlägt, bin ich eben tot:
Das wäre kein großer Verlust für die Menschheit."
Gifurais, der gute König,
9030 erkannte seine Absicht,
dass er es wirklich bewältigen wollte
und sich von niemandem abhalten lassen würde.
Das schmerzte ihn sehr.
Da Ereck die Burg nun einmal gesehen hatte,
9035 half kein Widerspruch,
er wollte es zu Ende bringen.
So machten sie sich auf den Weg.
Und als König Ereck
mit seiner schönen Frau,
9040 sein Leben riskierend,
auf Brandigan zuritt,
herrschte in dem darunter gelegenen Ort
eine sehr ausgelassene Stimmung,
es gab Tanz und vielerlei Vergnügungen,
9045 ganz passend für junge Leute.
Als er näher geritten kam
und sie die schöne Enite
vorwegreiten sahen,
die zwei Männer hinter sich,
9050 betrachteten sie die Dame
und eine Menge von ihnen sagte,
sie hätten noch nie zuvor irgendeine
Dame gesehen,
die sowohl was den Körper als auch die Kleidung
9055 sowie das Pferd und auch das Reitzeug anging,
so schön und reizend war.

so zu den stúnden
si alle begúnden,
Weib und mann baide,
9060 von nachgeendem laide
Ir freuden entwichen 8080
und vil jämmerlichen
klagen das wúnneklich weib,
und daz verliesen seinen leib
9065 solt ein also frúmmer man,
wann da zweifelten si nicht an. 8085
Si sprachen: „herre, reicher got!
warúmb geschůf dein gepot
einen so volkomen man?
9070 da ware vol dein gnade an,
daz du In hettest bewart 8090
vor diser laidigen fart,
daz er nicht wäre kumen!
wann hie ward im der leib benomen.
9075 Owe, du vil arms weib,
Wie du kolest deinen leib, 8095
ob du möchtest wissen wol,
was dir hie geschehen sol,
wie deine liechte augen
9080 mit trüebe sol verlaugen,
daz si so spillichen stand 8100
und kumbers nicht erkant!
und dein vil roter múnd,
der die leute hie ze stund
9085 dir entgegen lachen tút,
und wie du deinen gelfen mút 8105
mit laide verkiesest,
so du deinen man verliesest!"
si klageten et alle.
9090 ditz geschach nicht mit schalle,
es ward mit murml getan, 8110
daz er sich des nicht solte bestan.
Der rede teten si genúg.
manig weib sich zu den prusten slůg,
9095 die andern sere waindten.

9076 koteſt **9085** die

In diesem Augenblick
hörten sie alle,
Frauen und Männer,
9060 angesichts des erwartbaren künftigen Leides auf,
fröhlich zu sein,
und begannen, erbärmlich
um die wundervolle Frau zu trauern,
und auch darüber, dass ein so mutiger Mann
9065 würde sterben müssen,
denn daran zweifelten sie nicht.
Sie sagten: „Herr, allmächtiger Gott!
Warum hast du nach deinem Willen
einen so vollkommenen Mann geschaffen?
9070 Deine Gnade hättest du erweisen können,
wenn du ihn vor dieser unglückseligen
Unternehmung bewahrt hättest,
sodass er nicht hergekommen wäre.
Denn hier ist er bereits gestorben.
9075 Ach, du bedauernswerte Frau,
wie sehr du leiden würdest,
wenn du genau wüsstest,
was dir hier geschehen wird,
wie deine strahlenden Augen
9080 vor Betrübnis nicht mehr erahnen lassen werden,
dass sie einst so funkelten
und keinen Schmerz zeigten.
Das gilt auch für deinen roten Mund,
der die Leute hier gerade
9085 dazu bringt, dich anzulächeln,
und dafür, dass du deinen Frohsinn
gegen Leid eintauschen wirst,
wenn du deinen Mann verlierst."
Das beklagten sie alle.
9090 Dies geschah jedoch nicht laut,
sondern flüsternd,
um ihn nicht davon abzubringen.
Solche Gespräche führten sie zahlreich.
Viele Frauen schlugen sich gegen die Brust,
9095 andere weinten hemmungslos.

was si damit mainten,   8115
das wiste der tugentreiche
und thet dem nicht geleiche,
als er darumb icht wiste.
9100 Ereck, der mûtveste,
bedacht sich frölich und wol,   8120
als dann der unvertzagt sol,
den man nicht leicht entsprechen mag:
kaines schwachen glauben er phlag.
9105 Er wolt der weibe liessen
entgelten noch geniessen.   8125
was im getraumen mochte,
darauf hat er dhain achte.
er was kain wettersorgere:
9110 er sach im als märe
des morgens uber den weg varn   8130
die öwulen sam die musarn,
auch hiess er selten machen
dhain feure aus der spachen,
9115 daz man In daran sahe.
Er phlag dhainer spahe,   8135
Es was umb In so gewant:
im was der tisch in der hant
als mare entgegen so weit,
9120 und was ungelauben geit,
da kerte er sich nicht an.   8140
er was ein also vester man,
wie In das *folch* untroste,
daz In das nicht beloste
9125 seiner mannlichen stätikait
gegen eines hares prait,   8145
und emphieng es als für ein spot.
er gedachte: „die weile und mich got
wil in seiner hûte han,
9130 so mag mir nit missegan.
Und wil er mirs nicht peiten,   8150
so mag ich zu disen zeiten

9100 mût uefte   **9102** alſdann   **9109** wetter ſor-
gere   **9123** floch   **9130** miſſe gan

Was sie damit ausdrücken wollten,
wusste der tapfere Mann,
verhielt sich aber nicht so,
als ob er etwas davon wüsste.
9100 Der unbeirrbare Ereck
hielt sich heiter und standhaft,
so wie es sich für den Unerschrockenen gehört,
den man nicht leicht mit Gerede verunsichern kann:
Er gab sich keinen negativen Gedanken hin.
9105 Das Getuschel der Frauen
war ihm gleichgültig.
Was er auch träumte,
er achtete nicht darauf.
Er war keiner, der sich ums Wetter kümmert:
9110 Es war ihm einerlei,
ob er morgens Eulen oder Habichte
seinen Weg kreuzen sah,
er ließ sich auch nie
ein Feuer aus Spänen machen,
9115 um sich selbst in der Zukunft zu sehen.
Er kümmerte sich nicht um Übernatürliches,
es war folgendermaßen um ihn bestellt:
Aus dem Wahrsagen mit Hilfe der Handlinien
machte er sich nichts,
9120 und was Aberglauben angeht,
damit hatte er nichts zu schaffen.
Er war ein so aufrechter Mann,
dass ihn die Untröstlichkeit der Leute
in seiner männlichen Entschlossenheit
9125 kein bisschen
beeinflusste
und er das alles als Albernheit ansah.
Er dachte: „Solange Gott
mir Schutz bietet,
9130 kann mir gar nichts passieren.
Wenn er mir aber keinen mehr gewähren will,
dann kann ich jetzt

also mar sterben,
so der leib doch mûs verderben.“
9135 **Er** was et hertzen sorgen frei.
nu rait er zú und grüeszt s*i* | 8155
mit lache*n*de*m* múnde.   XLVIvb
Nú húb er da ze stúnde
ein vil fröliches lied;
9140 nu murmelten aber die diet:
„nu scheinet, du wissest nicht wol,   8160
was dir hie geschehen sol.
nu ist doch laider dar nicht lang,
daz dein fröliches gesang
9145 ein vil reuig ende geit.
das geschicht ee morgen zu diser zeit. 8165
mochtest du wissen und dein weib,
daz du deinen gelfen leib
solt als unlang han,
9150 so liessest du dein singen stan.“
also rait von In dan   8170
der vil unvertzagt man
auf das Haus ze Brandigan.
da ward im sein recht getan,
9155 **So** daz man In vil schone emphie:
der wirt gegen im gie   8175
verre für das Burgetor,
da Saluierte er In vor,
mit Im die Burgere.
9160 lieb und schwäre
was er im ze gaste: 8180
Er vorchte et des vil vaste,
im wurde der leib da benumen,
anders was er im willekumen.
9165 das tet der herre wol schein,
den zwain und der künigein,   8185
wann man Ir ze rechte phlag.
dannoch was es hoher tag.
Als dise werden geste
9170 gesassen auf der veste,
nu kurtzte In die stúnde   8190

9136 feÿ   **9137** lachemden

mit Freuden sterben,
denn der Körper muss ja sowieso vergehen.“
9135 Er war ganz sorglos.
Nun ritt er auf sie zu und grüßte sie
mit einem Lächeln.
Dann stimmte er auf der Stelle
ein fröhliches Lied an.
9140 Da tuschelte das Volk abermals:
„Du scheinst nicht ganz zu wissen,
was dich hier erwartet.
Leider wird es nicht mehr lange dauern,
bis dein fröhlicher Gesang
9145 an ein klägliches Ende kommt.
Das wird spätestens bis morgen um diese Zeit geschehen.
Wenn du und deine Frau wüssten,
dass es mit deiner stolzen Existenz
bald vorbei ist,
9150 dann würdest du dein Singen bleiben lassen.“
Damit ritt der unerschrockene Mann
fort von ihnen
zur Burg Brandigan.
Dort wurde man ihm gerecht,
9155 indem man ihn vorzüglich empfing.
Der Hausherr ging ihm
weit vor das Burgtor entgegen,
davor begrüßte er ihn
zusammen mit den Burgbewohnern.
9160 Freude und Last in einem
war er ihm als Gast.
Er fürchtete sehr stark,
dass er dort das Leben lassen würde,
ansonsten war er ihm willkommen.
9165 Dies zeigte der Herr den beiden Männern
und der Königin sehr deutlich,
denn man kümmerte sich gut um sie.
Noch war es mitten am Tag.
Während diese angesehenen Gäste
9170 auf der Burg weilten,
vertrieben der Burgherr

der wirt, so Er pest kúnde,
und seine Burgere
mit so manigem märe,
9175 daz si nicht mochte betragen.
bei einer weile begund er fragen,   8195
ob si zu den frauen wolte gan.
die frage was In lieb getan.
also fúrte Er Si dan,
9180 die Frau und die zwen man,
auf ein stiege –   8200
der maister enliege –
in ein so schonen Palas,
da die gottinne Pallas
9185 reichsende hie en erde,
des genúegte si zu Ir werde,   8205
ob si ware beraten
mit solher kemenaten.
Es was vil wol getzieret:
9190 sinewell, nicht gefieret,
gút und raine,   8210
von edlem Marmelstaine,
der je von Marmel kam,
als es Irn augen wol getzam,
9195 und als es der wunsch gepot,
geel, grüen, praun, rot,   8215
Schwartz, weiss, waitein:
dise misslich schein
so geebent und so geleutert was,
9200 daz er gelaste sam ein glas,
geworcht mit schonen witzen.   8220
hie sahen inne sitzen
den wunsche von den weiben.
Wer mochte euch die beschreiben
9205 und gelauben die zerechte gar?
man möchte so wunnekliche schar   8225
nie gleiches icht beschauen.
Es waren achtzig frauen,
alle gleiche geklait.
9210 Si hetten an sich gelait

9190 fÿnnewellnicht

und die Burgbewohner ihnen
die Zeit, so gut sie konnten,
mit vielen Erzählungen
9175 sodass sie sich nicht langweilen konnten.
Nach einer Weile fragte er,
ob sie zu den Damen gehen wolle.
Die Frage hörten sie gern.
So führte er sie fort,
9180 die Frau und die beiden Männer,
über eine Treppe –
es sei denn, der Meister schwindelt –
in einen so prächtigen Palas,
dass er der Göttin Pallas,
9185 als sie hier auf der Erde herrschte,
würdig gewesen wäre,
wenn sie eine solche Kemenate
besessen hätte.
Er war sehr schön eingerichtet:
9190 rund, nicht viereckig,
gut ausgestattet und strahlend schön,
aus dem edelsten Marmor,
den es jemals gab,
ein Vergnügen für die Augen,
9195 wie man es sich nur erträumen kann,
es gab gelben, grünen, braunen, roten,
schwarzen, weißen, blauen Stein.
Diese unterschiedlichen Oberflächen
waren so geglättet und poliert,
9200 dass sie wie Glas schimmerten,
mit großem Kunstverstand hergestellt.
Hier im Palas sahen sie
die traumhaftesten Frauen.
Wer könnte euch die beschreiben
9205 und ihnen dabei gerecht werden?
Niemals gab es die Gelegenheit, eine so anmutige Gruppe
wie sie zu bestaunen.
Es waren achtzig Damen,
alle gleich gekleidet.
9210 Sie trugen

ein wat reiche 8230
und doch unfröliche,
vil nach kostlichem site.
hie ertzaigten si sich villeicht mite,
9215 daz In das hertze ware
in etlicher schwäre, 8235
wann man si auch selten lachen sahe.
es waren Ir rocke und Ir dache
von schwartzem samite,
9220 dhain ermel noch Ir seite
was In nicht gepreiset. 8240
als ichs bin beweiset,
so was In zu den laid
hochfart und stoltzeit.
9225 Ir haubt waren gepún|den, XLVIvc
nicht so Si peste kúnden, 8245
mit winbeln, die waren weiss.
da erschain an dhain ander vleis,
wann schlecht und unwahe,
9230 ān goldes spahe.
Da die gest ingiengen, 8250
dise frauen si emphiengen
bas, dann si waren gemůt,
also dick der bescheiden tůt,
9235 der seines laides niemand
engaltet, wo ers bewaren kan. 8255
der wirt Zu In sitzen gie,
da sassen die geste hie,
Ereck mit frauen Eniten
9240 und Gifurais da bei siten.
die augen lies er uber gan. 8260
nu dauchte In aine wolgetan,
die ander schoner dabei,
die dritte verschwachet aber si,
9245 vor In was die vierde
en liebes getzierde; 8265
der Fúnften er des preises jach,
üntz er die sechsten ersach,

———

9246 enliebes

prächtige Kleidung,
die zwar nicht fröhlich,
aber sehr kostbar war.
Damit machten sie deutlich,
9215 dass sich ihre Herzen
in großer Trauer befanden,
denn man sah sie niemals lachen.
Ihre Röcke und Oberkleider waren
aus schwarzem Samt,
9220 weder ihre Ärmel noch ihre Taillen
waren geschnürt.
Wie mir versichert wurde,
waren Hochmut und Eitelkeit
ihnen darüber hinaus zuwider.
9225 Ihre Köpfe waren
ohne großen Aufwand
in weiße Tücher gewickelt.
Daran zeigte sich kein anderes Bestreben
als nach Schlichtheit und Bescheidenheit,
9230 ohne jeden goldenen Schmuck.
Als die Gäste hineingingen,
empfingen diese Damen sie
besser, als ihnen zumute war,
so wie es oft der Beherrschte tut,
9235 der niemanden mit seinem Kummer
belastet, wo er es vermeiden kann.
Der Burgherr setzte sich zu ihnen,
die Gäste nahmen gegenüber Platz,
Ereck und Frau Enite
9240 und Gifurais neben ihnen.
Dem gingen die Augen über.
Eine erschien ihm hübsch,
die nächste noch schöner,
die dritte stellte wiederum diese in den Schatten,
9245 die vierte war im Vergleich zu denen
ein Juwel,
die fünfte hob er hervor,
bis er die sechste sah,

die sibent erleschet dise gar,
9250 üntz er der Achten tet war;
die neunte daucht In gekrönet, 8270
die zehend bas geschönet
mit dem gottes vleisse;
derselben ze itweise,
9255 so was die aindlifte getan,
hette si die zwelfte lan; 8275
die dreitzehende ware wol komen,
het irs die viertzehende nicht benomen,
die Fúnftzehend was ein wunschkint,
9260 doch was ir aller schöne ein wint
wider die Sechtzehenden frauen; 8280
noch mochte er gerner schauen
die Sibenzehende, die da sass,
doch geviel im die Achtzehende bas
9265 dann dise frauen dhain,
üntz im die neuntzehende schain; 8285
do mŭst im wol gevallen
die Zwaintzigist vor In allen.
Wer mochte si gar beschreiben?
9270 die schwachest under den weiben,
die zierte wol ein Reich 8290
mit Irer watleich.
Als Er der wunneklichen schar
recht getet war,
9275 nu gedacht er in seinem mute:
„reicher got der gúte, 8295
hieran ist mir erkannt,
daz du von schulden bist genant
der vil wunderlich got,
9280 daz dein gewalt und dein gepot
an ein also enge stat 8300
so manig weib schon hat gesat,
damit vil manig weit landt,
als dir selbs ist erkant,
9285 vil schone getzieret wäre:
das last du freuden läre." 8305
zu dem gedancke er stille gedaget.

9254 zeitweÿſe

die siebte ließ sie alt aussehen,
9250 bis er die achte erblickte,
die neunte schien ihm die Krönung zu sein,
die zehnte durch
Gottes Kunstfertigkeit noch schöner geworden;
diese zu beschämen
9255 war die elfte geeignet,
hätte es die zwölfte nicht gegeben,
die dreizehnte wäre perfekt gewesen,
hätte die vierzehnte ihr nicht den Rang streitig gemacht,
die fünfzehnte war eine Traumfrau,
9260 aber die Schönheit aller dieser Damen
war nichts gegen die sechzehnte;
noch lieber schaute er die
siebzehnte an, die dort saß,
aber die achtzehnte gefiel ihm besser
9265 als irgendeine dieser Damen,
bis er der neunzehnten gewahr wurde;
allerdings musste die zwanzigste
ihm besser gefallen als die anderen.
Wer könnte sie angemessen beschreiben?
9270 Noch die Unattraktivste unter den Damen
hätte ein Königreich
mit ihrer Schönheit schmücken können.
Als er die herrliche Schar
gründlich betrachtet hatte,
9275 dachte er bei sich:
„Gnädiger, mächtiger Gott,
hier bestätigt sich für mich,
dass du mit Recht
unbegreiflich genannt wirst,
9280 weil deine Macht und dein Wille
auf so begrenzten Raum
so viele schöne Frauen zusammengeführt haben,
mit denen zahlreiche große Länder,
wie du selbst weißt,
9285 prachtvoll geschmückt wären:
Die aber lässt du ohne Freude."
Seinen Gedanken behielt er für sich.

der wirt je mitten saget
den frauen neue märe,
9290 warumb der gast wäre
mit seinem weib dar komen.　　　8310
als ditz die frauen haben vernomen,
hie mit waren si ze hant
Ires hertzenlaides ermant,
9295 des In allen was geschehen.
daz man si het gesehen　　　8315
wunneklich freudenvar,
des verlaugenten si gar:
das plút Ir hufelinen entwaich,
9300 da wurden nas und wänglin plaich,
das machet In der augen regen.　　　8320
Nu wiste Ereck der degen,
wie es hier umbe was gewant,
üntz im Gifurais thet | erkant.　　　XLVIIra
9305 Er sprach: „müget Ir schauen,
wie dise edeln frauen　　　8325
mit jammer cholent den leib?
si waren der Ritter weib,
die da hie sind erslagen.
9310 nu kunde doch ich eu nie gesagen,
daz Ir dise raise hettend lan.　　　8330
also můss hie bestan
die schöne frau Enite,
missgeet euch an dem strite.“
9315 nu beweget der frauen schmertze
Ereck so gar sein hertze,　　　8335
seit In der leib was gestalt
so gar in freuden gewalt,
daz Ir jugent und Ir leben
9320 so gar den sorgen was ergeben,
wann In durch ir treu　　　8340
der jammer was also neu,
als da si sein begunden.
je under stůnden
9325 sahen si den ellenden man
mit jammervarben augen an　　　8345

9297 freúden var　　**9315** fraw̓ en

Der Burgherr war gerade dabei,
den Frauen zu erzählen,
9290 weshalb der Gast
mit seiner Ehefrau hergekommen sei.
Als die Damen das gehört hatten,
wurden sie dadurch sogleich
an ihr Herzeleid erinnert,
9295 das ihnen allen zugestoßen war.
Dass man sie schon
fröhlich und vergnügt gesehen hatte,
sah man ihnen nicht mehr an:
Das Blut entwich ihren Gesichtern,
9300 Nase und Wangen wurden bleich,
und sie weinten.
Der heldenhafte Ereck wusste aber nicht,
was es damit auf sich hatte,
bis Gifurais es ihm erklärte.
9305 Er sagte: „Könnt Ihr sehen,
wie diese Damen
sich vor Kummer quälen?
Sie waren die Ehefrauen der Ritter,
die hier getötet wurden.
9310 Ich habe nicht die richtigen Worte gefunden,
um Euch von dieser Fahrt abzubringen.
Genauso muss
die schöne Frau Enite hierbleiben,
wenn Ihr den Kampf verliert.“
9315 Der Schmerz der Damen
berührte Ereck sehr,
weil sie geschaffen schienen
für ein Leben in Freude,
ihre Jugend und ihr ganzes Leben
9320 aber vollkommen in Trauer erstickt waren,
denn aufgrund ihrer Treue
war ihnen ihr Leid
noch genauso stark wie zu Beginn.
Die ganze Zeit
9325 sahen sie den Fremden
mit vor Leid verfinsterten Augen an,

und klagenten seinen genämen leib
und erparmet In, daz sein weib
solte bei In da bestan,
9330 Wann des waren si gewiss ane wan.
Sust gedachte der ellende: 8350
„got sei, der das wende,
daz ich so icht gefar,
daz Ich dise freudenlose schar
9335 icht mer mit meinem weibe,
so daz ich icht beleibe." 8355
hie hetten die geste beide
vil schwäre augenwaide,
Wann im tet der frauen schwäre wee.
9340 Nu ist zeit, daz man gee:
der wirt fůrte si essen. 8360
nu ward da nicht vergessen,
Si hetten alles des craft
daz man da haisset wirtschaft.
9345 nu habend si wol gessen
und sind darnach gesessen 8365
und redeten aller hande.
der kunig von dem lande
fraget si, ob icht märe
9350 auf Ir weg wäre.
da sageten im die geste, 8370
was jetwedere weste,
das doch sagbar geschach.
Ereck auch zu dem wirte sprach:
9355 „wirt und lieber herre,
nahend und verre 8375
haben mir die leute vor gezalt
Wunne vil manigvalt
von dises hauses ere.
9360 des frage ich nu nit mere,
wann ichs selbs han ersehen 8380
und můs von schulden mit jehen:
Si haben bei namen die warhait.
auch ist mir mare gesait,
9365 daz hie ein abenteure bei
mit starchem gewinne sei 8385
von einem gůten knechte.
nu west ich gern rechte,

betrauerten seinen schönen Körper
und bekümmerten sich darüber, dass seine Frau
bei ihnen bleiben würde,
9330 denn dessen waren sie sich gewiss.
Da dachte der Fremde:
„Gott möge verhindern,
dass es mir so ergeht,
dass ich diese freudlose Schar
9335 durch meine Frau erweitere,
wenn ich nicht am Leben bleibe."
Beide Gäste ertrugen hier
einen schlimmen Anblick,
denn das Leid der Damen schmerzte ihn.
9340 Nun ist es Zeit, sich zu erheben:
Der Gastgeber geleitete sie zu Tisch.
Dort fehlte es an nichts,
sie hatten alles,
was man gute Bewirtung nennt, in Fülle.
9345 Nun haben sie gut gespeist
und sich danach zusammengesetzt,
um über alles Mögliche zu reden.
Der König des Landes
erkundigte sich, ob ihnen auf ihrem Weg
9350 Neuigkeiten zu Ohren gekommen seien.
Da berichteten die Gäste ihm,
was bekannt
und interessant war.
Ereck sagte außerdem zum Burgherren:
9355 „Lieber Gastgeber und Herr,
Leute von nah und fern
haben mir zuvor
sehr viel Erfreuliches
von der Ehre dieses Hauses berichtet.
9360 Danach frage ich nun nicht mehr,
denn ich habe es selbst gesehen,
muss aus freien Stücken sagen:
Sie haben wahrhaftig die Wahrheit gesagt.
Auch wurde mir erzählt,
9365 dass es hier wegen eines guten Kämpfers
eine ritterliche Herausforderung
mit großem Preis gäbe.
Ich wüsste gerne genauer,

Wie es hierumb ware gewant:
9370 das, herre, wirdt erkannt.“
Der künig ein weile des geschwaig. 8390
das haubt im ze tal saig
und sass ein tail in reuen:
das kom von seinen treuen.
9375 und beinamen bei seiner frümbkait
was im des gastes frage laid, 8395
wann er het auch ee vernomen,
daz er dar were komen
auf der abenteure gewin:
9380 das beschwärte seinen sin,
und gedachte an manigen enden, 8400
wie er das möchte erwenden
und wie er im den rat erküre,
daz er den leib nicht verlüre,
9385 und im den můt | benäme, XLVIIrb
als In baiden zäme. 8405
ze jungst er In ansach,
belangen er zu im sprach:
„Herre, ich wil euch raten wol,
9390 als ich meinem gaste sol,
dem liebsten, den ich je gewan, 8410
dar nach und ich euch gutes gan,
daz Ir der frage habet rat
und si gar aus der achte lat
9395 umb dise abenteure.
es ist vert und heure 8415
und nu wol zwelf Jar
(als ich euch sage fúrwar)
michel schade von geschehen.
9400 auch haben wir bede ze sehen
sovil andre dinge, 8420
die uns sunst genueg ringe
die zeit mugen gemachen,
und reden von andern sachen.“
9405 Ereck im antwúrten began
als ein unverzagter man, 8425
des hertze doch vil stäte was
und vester dann der Adamas,
von dem man sölhe craft sait:
9410 und wurde der Adamas gelait

was es damit auf sich hat.
9370 Das, Herr, wird sich aufklären.“
Der König schwieg eine Weile davon.
Er senkte den Kopf
und verharrte ein wenig in stillem Kummer.
Grund dafür war seine Gastfreundschaft.
9375 Aufgrund seiner Güte
bekümmerte ihn die Frage des Gastes,
der schon vorher gehört hatte,
dass dieser dorthin gekommen war,
um das Abenteuer zu bestehen.
9380 Dies bedrückte ihn,
und er überlegte hin und her,
wie er es verhindern
und wie er ihn beeinflussen
und von seiner Absicht abbringen könnte,
9385 sodass er nicht stürbe
und es ihnen beiden keine Schande bringen würde.
Schließlich sah er ihn an
und sprach endlich:
„Herr, einen guten Rat will ich Euch geben,
9390 so wie es sich gegenüber einem Gast gehört,
zumal Ihr der liebste seid, den ich je hatte,
deshalb und weil ich Euch nur Gutes wünsche,
verzichtet auf die Frage
nach diesem Abenteuer
9395 und schlagt sie Euch aus dem Kopf.
Es ist im letzten und in diesem Jahr
und jetzt schon zwölf Jahre insgesamt
(ich sage Euch die Wahrheit)
großes Unheil durch sie geschehen.
9400 Zudem können wir beide
so viele andere Dinge erleben,
die uns die Zeit
vertreiben können,
und von anderen Sachen sprechen.“
9405 Ereck antwortete ihm
wie ein Unerschrockener,
dessen Charakter verlässlicher
und fester war als ein Diamant,
dem man folgende Kräfte zuschreibt:
9410 Würde man den Diamanten

	zwischen zwain pergen stählein, 8430
	(wie möchte das wunder grösser sein?)
	die perge zemülen klaine,
	ee man es dem staine
	9415 indert möcht erkiesen an.
	dannoch hat diser man 8435

K

K 2r ze knehtheit stæteren muot,	9417 zu keckhait stäten můt,
davon daz einer slahte bluot	davon daz einer slachte plůt
disen stein geweichen mach:	disen stain geweichen mag.
Sone kunde ane des todes slac	9420 so kunde doch an des todes slag
Niht sinen muot betwingen	nicht seinen můt betzwingen 8440
Noch uffe zageheit bringen.	noch auf zaghait bringen.
der rede begunder lachen.	der rede begunde er lachen.
Er sprach: „von welhen sachen	er sprach: „von welhen sachen
Ich niht fragen getar,	9425 Ich nit gefragen getar,
diu sint ouch ze gruwelich gar!	die sind auch ze greulich gar! 8445
daz ich dar nach gevraget han,	daz Ich darnach gefraget han,
dazn han ich niht dar uf getan,	das hab ich nicht darauf getan,
daz ich des niht gesinne,	daz Ich des icht gesinne,
daz ich dar an gewinne	9430 daz ich daran gewinne
Sundren pris vur alle die,	sunderen preis für alle die, 8450
die noch her quamen je,	die komen noch heer je,
wæn, daz mich des betraget,	wann daz mich des betraget,
Swenne mich der von fraget	wenn man mich davon fraget,
Eintweder wip oder man,	9435 baide weib und man,
daz ichz in gesagen niene kan	daz ich Ins nit gesagen kan 8455
und ich doch hie gewesen bin:	und ich doch hie gewesen bin:
dar an falscent sie minen sin.“	daran velschent si meinen sin.“
Nu wande der wirt, er meinde so.	nu wänet der Wirt, er mainet es so.
da von begunder in do	9440 davon begunde er In do
dise rede wizzen lan,	dise red wissen lan, 8460
Als ich iu e gesaget han;	als ich euch ee gesaget han,
Rehte ze der maze,	recht zu der masse,
Als ime uf der strazze	als im auf der strasse
Sin geselle sagete;	9445 sein geselle sagete,
und ob er in iht verdagete;	und ob er nicht verdagete; 8465

9417 ceknehtheit **9418** *Buchstabe nicht lesbar* **9420** *Buchstabe nicht lesbar* **9426** cegruwelich **9443** ced^s **9444** ſtrzze

zwischen zwei Berge aus Stahl legen,
(wie könnte es ein größeres Wunder geben?)
würden die Berge fein gemahlen,
bevor man dem Edelstein
9415 auch nur etwas ansehen könnte.
Demgegenüber war dieser Mann
in seiner Tapferkeit beständig,
weil eine bestimmte Sorte Blut
diesen Edelstein weich machen kann.
9420 Außer einem tödlichen Schlag
konnte aber nichts Erecks Tapferkeit brechen
oder in Feigheit verwandeln.
Über das Gesagte lachte er.
Er sagte: „Dinge,
9425 nach denen ich nicht genau zu fragen wage,
sind bestimmt zu schrecklich!
Dass ich danach gefragt habe,
war nicht deshalb,
weil ich eine Chance sehe,
9430 dass ich darin besser abschneiden könnte
als all jene,
die jemals zuvor herkamen,
vielmehr bedrückt es mich,
dass ich, wenn mich
9435 irgendjemand danach fragt,
ihnen nichts darüber sagen kann,
obwohl ich doch hier gewesen bin:
Man wird mich dann einen Lügner nennen.“
Da glaubte der Gastgeber, er sage die Wahrheit.
9440 Deshalb erzählte er ihm daraufhin
die Geschichte,
die ich euch schon zuvor wiedergegeben habe,
genau so,
wie es ihm unterwegs
9445 bereits sein Gefährte erzählt hatte;
auch wenn dieser nichts verschwiegen hatte,

Ze follen sageter ime daz	Ze vollem saget er im das
und beschiet ime daz.	und beschied In des bas.
Er sagete, der boumgarte	Er saget, der paumgarte,
der wære gevestenet harte, 9450	der were gevestnet harte,
und wie er wær umbegeben.	und wie er were umbegeben: 8470
dar in getorste nieman streben,	darin dorfte doch niemand streben,
deme *ze* ihte wære	dem zicht märe
lip und ere mære.	leib und er wäre.
Er sprach: „da wont inne 9455	Er sprach: „da wonet inne
Mit siner vrundinne	mit seiner freundinne 8475
Ein riter also manhaft,	ein ritter so manhaft,
daz eht er mit siner kraft	das doch er mit seiner craft
Alle die erslagen hat,	alle die erslagen hat,
Die des niht wolten haben rât 9460	die des nicht wolten haben rat:
fon tumbes herzen sture,	von tumbes hertzen steure 8480
Siene suhten Aventure.	si súchten die abenteure.
Swelich rite*r* gut	Ich sag euch, welch Ritter gůt
her kumet uf den selben muot,	heerkumet auf denselben můt,
Der sueche eht die porten: 9465	der súche núr die porten:
bi den ersten worten	bei dem ersten Worte 8485
So vindet er si uffen s*tan*.	so vindet er si offen stan.	
[...]n riten oder gan,	Er mag dar in reiten oder gan, XLVIIrc
die andern belibent hie vor;	die andern beleibent hie vor;
So besluzet sich daz tor. 9470	so beschleusset sich das tor.
diu rede muz sich scheiden	die rede múss sich schaiden 8490
danne under in beiden,	dann under In baiden,
wande waz jewederme geschiht,	Wann was Ir dewederm geschicht,
Sine habent eht scheidens niht.	Si haben et schaiders nicht.
Ichn weiz, wie ez nu ergê: 9475	Ich wais, wie es nu gee.
Wol ein halp jar oder mê	wol ein halb Jar oder me 8495
Ist ez, daz ime nieman quam,	ist des, daz im niemand kam,
Sit daz er den lip benam	seid daz er den leib benam
Ritern, die ich genennen chan.	Rittern, die Ich genennen kan.
Er sluc benamen hie dri man, 9480	Er schlúg bei namen hie drei man,
So man beste erkande	so man si pest erkant 8500
In decheineme lande:	in dheinem land:
der eine vernuz hiez,	der eine Venegus hiess,

9447 Cefollen **9451** vmbe/geben **9453** cıhte   **9451** vmbbegeben
9463 rıte **9467** *Loch im Pergament* **9468** *Loch
im Pergament*

erklärte erst jener es ihm nun vollständig
und eingehender.
Er berichtete, dass der Baumgarten
9450 gut gesichert
und wie er umschlossen sei.
Niemand sollte dort hinein wollen,
dem Leben und Ehre
noch etwas bedeuteten.
9455 Er sagte weiter: „Dort wohnt
mit seiner Geliebten ein Ritter,
der so tapfer ist,
dass er mit seiner Stärke
all jene erschlagen hat,
9460 die nicht darauf verzichten wollten:
Verführt von ihrer Dummheit,
suchten sie nach Abenteuer.
Ich versichere euch, welcher hervorragende Ritter auch immer
mit derselben Absicht herkommt,
9465 muss nur die Pforte zum Baumgarten aufsuchen:
Beim ersten Wort
wird er sie geöffnet vorfinden.
Er kann dann hineinreiten oder -gehen,
alle anderen bleiben draußen,
9470 und das Tor schließt sich.
Die Auseinandersetzung muss sich
nun zwischen den beiden allein entscheiden,
denn was auch immer ihnen zustößt,
kein Schiedsrichter steht ihnen zur Verfügung.
9475 Ich weiß, wie es dann weitergeht.
Gut ein halbes Jahr oder länger
ist es her, dass jemand zu ihm gekommen ist,
weil er Ritter getötet hat,
die ich Euch aufzählen kann.
9480 Er erschlug hier wahrhaftig drei Männer,
die in jedem Land
bestens bekannt waren:
Der erste hieß Venegus

der eht des niht enliez,
daz ze manheite gezoch,
Opinaus, der nie gefloch,
Tiberaht, der dritte man,
der vordes manigen preis gewan,
de*r* was fon winden geborn.
Sit die da den lip hant verlorn,
Sone durfet irz niht versuchen.
und woltet irs geruchen,
so gip ich iuch den besten rat,
daz ir des fehtens abe stat.
So gemut ist der starke man:
Swem er noch gesiget an,
deme sluc er abe daz houbet.
Ob ir des niht geloubet
und welt irz denne selbe sehen,
So muz iuch alsame geschehen.
Do sprach der kunec erech: |

K 2v „Ich wiste wol, der selbe wec
gienge in der werlte eteswa,
Ichn weste aber rehte wa,
wan daz ich in suchende reit
In gro*zz*er ungewisheit,
unz daz ich in nu vunden han.
Got hat wol zu mir getan,
daz er mich hat gewiset her,
da ich nach mines herzen ger
vinde [...] ein wunschspil,
da ich luzzel wider fil
mit einem [...].
Ich *suchtez* unz an disen tac:
Gote lop nie [...]
[...]er tusent pfunden
wage ich einen pfenninc.

der ot nicht des enlies,
9485 daz ze manhait getzoch.
Opinaus, der aine gefloch,   8505
Libaut der dritte man,
der vor des manigen preis gewan,
der was von Winden geporn.
9490 und die den leib haben verloren,
so durfent Irs nicht versůchen,   8510
und welt Irs gerúchen,
so gib ich euch den besten rat
des, daz Ir des vechtens abe stat.
9495 so gemúet ist der starche man:
Wem er noch gesiget an,   8515
dem slúg Er ab das haubt.
ob Ir des nicht gelaubt,
Und wellet Irs dann selbs ersehen,
9500 so múss euch alsam geschehen.“
Da sprach der kunig Ereckh: 8520
„ich weste wol, der selbig weg
gienge in der welt etswo,
recht weste ich aber wo,
9505 Wann daz In sůchende reit
in grosser ungewisheit,   8525
üntz daz ich nu funden han.
got hat wol zu mir getan,
daz er mich hat geweiset her,
9510 da ich nach meines hertzen ger
vinde gar ein wunschspil,   8530
da ich lutzel oder vil
mit einem wurfe wagen mag.
Ich sůch es üntz an disen tag:
9515 got sei lob, nu han ich es funden,
da ich wider tausent phúnden   8535
wage einen phenning.

9485 cemanheıte   **9489** de   **9500** al ſame
9503 weRlte   **9505** fvchnnde   **9506** *Buch-*
staben nicht lesbar   **9511** uınde [...] eın wunſch
ſpıl, *ein Wort ist unleserlich*   **9513** *nicht*
lesbar   **9514** *nicht lesbar*   **9515** *nicht lesbar*
9516 *nicht lesbar*

9511 wunſch ſpil

und ließ nichts aus,
9485 was seine Männlichkeit unterstrich.
Außerdem Opinaus, der sich als einziger zur Flucht wandte,
und Libaut als dritter,
der vorher viel Ehre errungen hatte
und Slawe war.
9490 Weil diese gestorben sind,
dürft Ihr es erst gar nicht erst versuchen,
und wenn Ihr es gestattet,
gebe ich Euch den besten Rat,
nämlich den, dass Ihr auf den Kampf verzichten sollt.
9495 Der kräftige Mann verhält sich so:
Wen er besiegte,
dem schlug er den Kopf ab.
Wenn Ihr das nicht glaubt
und Euch selbst davon überzeugen wollt,
9500 dann wird Euch das Gleiche passieren."
Da sagte König Ereck:
„Ich war mir sicher, ich hätte irgendwo
auf der Welt einen vorbestimmten Weg,
ich wusste aber nicht genau wo,
9505 doch machte ich mich auf die Suche nach ihm
in großer Ungewissheit,
bis ich ihn nun gefunden habe.
Gott hat mit etwas Gutes getan,
dass er mich hierher geführt hat,
9510 wo ich meinem dringenden Wunsch gemäß
einen Wettkampf vorfinde,
mit dem ich alles oder nichts
mit einer einzigen Aktion aufs Spiel setzen kann.
Bis zu diesem Tag suche ich danach.
9515 Lob sei Gott, jetzt habe ich ihn gefunden,
wo ich für tausend Pfund
einen Pfennig einsetze.

diz sint gn[...]chiu dinc,

daz ich finde ein sælic spil.

die rede ich baz besch*eiden* wil: 9520

Ich han von iuch ê und ê vernomen,

daz dirre herre *ist* fullechomen

An degelicher manheit.

des ist sin êre vil breit

von so grozer manheit   9524a

und ze ganzeme lobe erkant   9525

uber alle dise lant,

wand er hat wunder getan.

da wider ich leider niene han

begangen solicher dinge:

des ist min ere ringe.   9530

davon ein riter wirt erkant,

des hat noch min hant

vil lützel erworben:

An lobe bin ich ferdorben

unz an disen tac.   9535

da von ich gerne wagen mac

Mine kranc êre,

daz sich diu so hie gemere,

daz ich gar ze lobe stê,

Oder daz sie vollen zergê.   9540

Ob mir got der eren gan,

daz ich gesige an disem man,

So wird ich eren riche.

Nu merchet, wie ungeliche

uns giltet daz selbe spil: 9545

Ez giltet ime unnach so fil

zu der zwelften maze, als ez mir

  tuot.

Er sezzet wider valchs guot,

sin gu*t* wider êre.

Ez priset in borsere,   9550

---

ditz sint gnedicliche ding,

daz ich hie vinde sölich spil;

die rede ich euch bas beschaiden wil:

Ich hab von euch ee vernomen,   8540

daz diser herre ist wol komen

an degenlicher mannhait.

des ist sein ere vol berait

|

und ze ganzem lob erkant

úber alle dise lant,   8545

wann er hat wunder getan.

dawider ich laider nicht enhan

begangen sölher dinge:

mein ere wege ringe.

davon ein Ritter wirt erkant,   8550

des hat mir noch mein hant

vil lútzl erworben.

an lob bin ich verdorben

üntz an disen tag.

davon ich gern wagen mag   8555

mein krancke ere,

daz sich die hie mere,

daz ich gar ze lobe stee,

oder daz si vol zergee.

ob mir got der eren gan,   8560

daz ich gesige an disem man,

so wirde ich erenreiche.

und mercket, wie ungeleiche

uns giltet dasselb spil:

es giltet im unnach sovil   8565

Zu dem Zwelftem male, als es mir thût.

er setzet wider valsches gût,

sein golt wider ere.

es preiset In porsere,

9518 *Buchstaben nicht lesbar* **9520** *Buch-*
staben nicht lesbar **9522** *Wort unleser-*
lich   **9525** cegranceme   **9533** er/worben
9536 ger/ne   **9539** celobe   **9547** alſez
9549 *Buchstabe nicht lesbar*

9518 gne dicliche **9521** ICH **9522** wolkomen
9548 erſetzet **9550** por ſere

Es ist eine feine Sache,
dass ich hier einen solchen Wettkampf bekomme;
9520 das will ich Euch genauer erklären:
Ihr habt mir gesagt,
dass dieser Herr es
zu Heldenruhm gebracht hat.
Daher ist sein Ansehen sehr verbreitet

9525 und berühmt
in all diesen Ländern,
denn er hat Phantastisches geleistet.
Ich dagegen habe leider
solche Taten nicht vollbracht:
9530 Meine Ehre wiegt nicht so schwer.
Wodurch ein Ritter von sich reden macht,
davon habe ich mir
erst wenig erkämpft.
Ohne Kampfesruhm bin ich
9535 bis zum heutigen Tage ein Niemand.
Deshalb will ich mit Vergnügen
mein wertloses bisschen Ansehen einsetzen,
damit es hier vermehrt wird,
sodass ich überall gerühmt
9540 oder aber vollkommen vernichtet werde.
Wenn mir Gott die Ehre zugesteht,
dass ich gegen diesen Mann gewinne,
dann werde ich reich an Ansehen.
Erkennt doch, wie ungleich die Einsätze
9545 für uns beide in demselben Kampf sind:
Er hat mindestens
zwölf Mal so viel zu verlieren wie ich.

Er setzt gegen Falschgeld seinen Besitz ein,
Gold gegen Ehre.
9550 Es ehrt ihn nicht sehr,

wirt [...] ane mir verjehen,	wirt im des siges an mir verjehen, 8570
wande so ist ime ofte baz geschehen.	Wann so ist im dick bas geschehen.
Ouch bin ich fil schiere verclaget.	auch bin ich schier verklaget.
fur war si iu daz gesaget:	fúr war sei Euch das gesaget,
Ern wirt des niht verlan, 9555	er wirt des nicht erlan:
Ichn welle in bestan."	Ich welle In bestan." | XLVIIva 8575
Er sprach: „saget, herre min,	**D**er Wirt sprach: „saget, herre mein,
Wes soltent ir mir lieber sin	Wes solt Ir mir nu lieber sein,
denne ir iuch selbeme sit."	dann Ir eu selber seit?
„wirt, nu ge wir slafen, des ist zit. 9560	Nu geen wir slafen, des ist zeit.
Gelebe wir morgen den tac,	geleben wir morgen den tag, 8580
Ich bringen an iuch, ob ich mac."	Ich bringe euch an In, ob ich mag.
„doch rat ich uch mit triwen, daz	doch rat ich euch mit treuen das,
Ir iuch noch bedenket baz:	daz Ir euch noch bedencket bas.
daz selbe dunchet mich ein sin, 9565	dasselb dúncket mich ein sin,
Wande kumet ir dar in,	wann und komet Ir darin, 8585
So riwet ir mich sere,	so reuet Ir mich sere,
Wande irn gesehet uns nimmer mere.	wann so gesehet Ir uns nimmermere.
des selben nemet iuch ein zil."	desselben nemet euch ein zil."
„herre, alse got wil", 9570	„Herre, also got wil",
Sprach der riter Erech.	Sprach der Ritter Ereck. 8590
Je mitten gant sie enwech	damit giengen si den weg
Slafen ze kemenaten.	slafen ze kemenaten.
diu was wol beraten	das was wol beraten
Mit richer bettewæte 9575	mit reicher petwate
und mit anderme geræte.	und mit anderm gerate. 8595
Su was wol umbevangen	Si was wol behangen
Mit guten umbehangen,	mit gúten umbehangen,
die gemalt waren von golde rich,	der gemäle was von golt reiche,
da zu was der esterich 9580	dartzů was der Estereiche
mit guten teppeten bespreit,	mit gůten Teppichen gepreit, 8600
Als ez des wirtes richeit	als es des wirtes reicheit
wol bringen mohte,	wol verbringen mochte
Als ez sinen eren tohte,	und als seinen eren tochte,
Wand er was herre uber daz lant. 9585	Wann er was herre úber das lant,
	der künig Ivranis genant. 8605

9551 *Loch im Pergament*   **9552** wand^s   **9582** reichet   **9584** erer
9555 v^s/lan   **9566** Wand^s   **9573** cekeme-
naten   **9577** umbevan/gen   **9582** Alſez
9584 Alſez

wenn ihm der Sieg über mich zugesprochen wird,
denn er hat schon oft Besseres gezeigt.
Auch ist es um mich nicht schade.
Das soll Euch gesagt sein,
9555 es bleibt ihm nicht erspart:
Ich werde gegen ihn kämpfen."
Der Hausherr sagte: „Sagt, mein Herr,
weshalb sollt Ihr mir mehr bedeuten
als Ihr Euch selbst?
9560 Nun gehen wir schlafen, es ist Zeit.
Wenn wir den Tag morgen erleben,
bringe ich Euch zu ihm, wenn ich kann.
Aber ich rate Euch wohlwollend,
dass Ihr Euch noch eines Besseren besinnen solltet.
9565 Das erschiene mir klug,
denn wenn Ihr hineingeht,
werde ich Euch betrauern,
da Ihr uns nie wiedersehen werdet.
Seht das ein!"
9570 „Herr, nach Gottes Wille",
sagte Ritter Ereck.
Damit gingen sie
zum Schlafen in die Kemenaten.
Diese waren gut
9575 ausgestattet mit prächtiger Bettwäsche
und mit anderen nützlichen Dingen.
Die Kemenate war rundherum
behängt mit kostbaren Vorhängen,
deren Verzierung reich an Gold war,
9580 außerdem war der Boden
mit prächtigen Teppichen ausgelegt,
so wie es der Reichtum des Burgherren
möglich machte
und wie es seinem Ansehen entsprach,
9585 denn er war der Herr des Landes
und wurde König Ivranis genannt.

Er gepot den kammerärn,
daz si Ir vleissig wären,
als man reichen kunigen sol.
9590 des wurden schone und wol
geeret dise geste drei: 8610
Gifurais der kunig darbei
in einer kemenaten lag,
da man sein wol ze rechte phlag;
9595 Ereck und frau Enite
hetten gůt zite,   8615
da si ensament lagend
und gúter minne phlagend,
üntz In erschin der morgen.
9600 manlicher sorgen
was sein hertze nicht gar frei,   8620
wann man wil, daz Er nicht gar sei
gar ein volkomen man,
der im nicht fürchten kan,
9605 und ist ze toren getzalt.
es ward nie hertze also bald,   8625
im getzäme rechte vorcht wol.
wie gern ein man das fürchten sol,
wavon sein leib in wage stat,
9610 habe doch sölher vorchten rat,
die zageliche sei: 8630
der vorchten was sein hertze frei.
Seit im der tag ze kamphe stůnd,
er tet als die weisen túnd:
9615 Wann hie gehorte vorchte zů.
aufstůnd Er vil frů,   8635
mit frauen Eniten er kam,
da er messe vernam
in des heiligen geistes ere
9620 und vleget got vil sere,
daz er im behielte den leib.   8640
desselben pat auch sein weib.
ze vleisse begunde er sich warnen,
alsam ein Ritter, der sol farn
9625 kemphen einen frummen man.
nach der messe schied er dan,   8645
da was der imbis berait,
grosse wirtschaft, die er alle maid:

Er trug den Kammerdienern auf,
dass sie sich um sie bemühen sollten,
wie man es bei mächtigen Königen tut.
9590 So wurden die drei Gäste
angemessen mit Ehre bedacht:
König Gifurais
lag nebenan in einer Kemenate,
wo man ihn aufs Beste versorgte.
9595 Ereck und Frau Enite
hatten eine gute Zeit,
da sie beieinander lagen
und sich zärtlichem Liebesspiel widmeten,
bis es Morgen wurde.
9600 Erecks Herz war nicht frei
von männlicher Sorge,
denn man sagt, dass derjenige kein
ganz vollkommener Mann sei
und zu den Dummköpfen gehöre,
9605 der sich nicht fürchten kann.
Es gibt niemanden, der so kühn ist,
dass berechtigte Furcht ihm nicht zustünde.
Gerne darf sich ein Mann vor dem fürchten,
was sein Leben gefährdet,
9610 er soll sich jedoch von Furcht befreien,
die feige ist:
Von dieser Furcht war Ereck frei.
Da der Tag des Kampfes bevorstand,
handelte er klug:
9615 Dazu bedarf es der Furcht.
Er stand sehr zeitig auf,
mit Frau Enite ging er
dem heiligen Geist zur Ehre
in die Kirche
9620 und bat Gott inständig,
dass er ihn am Leben ließe.
Für das Gleiche betete auch seine Frau.
Eifrig bereitete er sich vor,
wie ein Ritter, der sich aufmacht,
9625 gegen einen tüchtigen Gegner zu kämpfen.
Nach der Messe ging er dorthin,
wo das üppige Frühstück bereit stand,
er hielt sich aber zurück.

dhaines frasses er sich vlais,
9630 ab ainem húne Er gepais
drei stúnd: des dauchte In genúg.　　8650
ein trúnckh man im dar trůg
und tranckh sant johanns segen.
Zu hant waffnet sich der degen
9635 und bereit | sich, als er solte,　　XLVIIvb
sam er enmiten wolte　　8655
in den paumgarten reiten.
nun ward der Frauen Eneiten
sorgen nie mer so gros:
9640 der regen Ir von den augen flos.
nu was die stat des mares vol,　　8660
die leute wisten alle wol,
als Ir ee habt vernomen,
daz ein Ritter dar was kumen,
9645 der sich des aus het getan,
daz er wolte bestan　　8665
den in dem paůmgarten.
des můste gewarten
der künig Ivranis von Brandigan.
9650 auch wolte hinder im nicht bestan
seine Burgare:　　8670
die Burg belib leut läre
an die traurigen schar,
die belib darauf gar,
9655 wann den was so laid geschehen,
daz si des nit wolten sehen,　　8675
daz si beschwarte märe.
von allen Ir hertzesere
was doch ditz Ir maiste not,
9660 daz Ir nicht gerůchte der tot.
Nu waren die gassen in der stat　　8680
und die dach gar besat
von den leuten, die des piten,
Wann er kam geriten.
9665 Enmitten rait Ereck
nider jenen Burgweg,　　8685
der In zu dem paůmgarten trůg.

9658 hertze ſere

Er langte kaum zu,
9630 nahm nur wenige Bissen Huhn,
drei schienen ihm genug.
Man brachte ihm einen Trunk
und trank auf den heiligen Johannes.
Gleich darauf bewaffnete sich der Held
9635 und rüstete sich, wie es sich empfahl,
denn er wollte direkt
zum Baumgarten reiten.
Frau Enite
war in unvergleichlicher Sorge:
9640 Sturzbäche von Tränen liefen über ihr Gesicht.
Die Geschichte ging überall in der Stadt herum,
die Leute wussten alle,
wie ihr schon vorher gehört habt,
dass ein Ritter dorthin gekommen war,
9645 der vorhatte,
gegen den Ritter im Baumgarten
zu kämpfen.
König Ivranis von Brandigan
konnte nur dabei zusehen.
9650 Auch wollten seine Burgleute
nicht zurückbleiben.
Die Burg lag menschenleer
bis auf die traurige Schar,
die dort zurückblieb,
9655 denn den Damen war so viel Schreckliches zugestoßen,
dass sie nichts sehen wollten,
was sie noch mehr in Trauer versetzt hätte.
Unter all ihren Qualen
war die schlimmste,
9660 dass der Tod sich nicht zu ihnen bequemte.
Die Straßen und Dächer
der Stadt waren voll
von Leuten, die darauf warteten,
dass er auftauchte.
9665 Mitten durch die Menge ritt Ereck
den Burgweg hinunter,
der ihn zum Baumgarten führte.

nu horte er untrostes genůg
und Ir stille liessen.
9670 die leut im nicht gehiessen
baz oder dhain senfte not,   8690
wann daz im gewiss were der todt.
des begunden si sovil ze sagen,
und wolt er immer vertzagen
9675 von bösen geheissen und von
starcher dro,
so were er vertzaget do.   8695
ditz vernam er für ein spil
und achte darauf lützel noch vil.
Ob uns das půch nit leuget,
9680 so was also ertzeuget
derselb paumgarte,   8700
das uns mag wundern harte,
Witzige und túmbe:
ich sag, das darumbe
9685 weder maure noch grabe gie,
noch In dhain zaun umbefie,   8705
weder wasser noch hag,
noch icht, daz man begreifen mag.
da gieng alumb ein eben an,
9690 und kunde doch dhain man
darein geen noch gereiten,   8710
nun zu ainer seiten,
an einer vil verholnen stat,
da gieng ein enges phat:
9695 das westen der leute nit vil.
wer auch zu demselben zil   8715
von geschichten in kam,
der vant da, wes In getzam
von wúnneklicher achte,
9700 die paum maniger schlachte,
die ainhalb obs paren   8720
und an der seite waren
mit wunneklicher plůde.
auch freudt im das gemúete
9705 der vogel süesser dos,

9673 zeſagen

Währenddessen hörte er viel Entmutigendes
und ihr leises Tuscheln.
9670 Die Leute sagten
ihm nichts Besseres und nichts weniger,
als dass ihm der Tod sicher sei.
Das sagten so viele so oft,
dass er, wäre er jemals
9675 von schlechten Vorhersagen und großen Drohungen

zu beeindrucken gewesen, den Mut verloren hätte.
Er aber nahm es vergnüglich hin
und kümmerte sich kein bisschen darum.
Sofern uns die schriftliche Vorlage nichts Falsches berichtet,
9680 war der Baumgarten
so angelegt,
dass es uns alle sehr erstaunen wird,
Sachkundige wie Ahnungslose:
Ich sage euch, dass um den Garten
9685 weder Mauer noch Graben verliefen
noch ihn ein Zaun,
Wasser oder Dornenhecken umgaben
oder sonst etwas, was man greifen kann.
Nur eine Ebene ging rings um ihn herum,
9690 dennoch konnte niemand
hineingehen oder -reiten,
lediglich zu einer Seite,
an einer gut versteckten Stelle,
führte ein schmaler Pfad hinein.
9695 Das wussten nicht viele.
Wer auch immer auf diesem Weg
durch Zufall hineingelangte,
der fand dort alles
was das Herz begehrte,
9700 unzählige Sorten Bäume,
die auf der einen Seite Obst trugen
und auf der anderen
in herrlicher Blüte standen.
Auch erquickte der
9705 liebliche Gesang der Vögel ihn;

auch stúnd da die erde nicht plos 8725
gegen einer hande prait,
die ware mit plůmen zerprait,
die missevar waren
9710 und süessen geschmach geparen.
Hie was der was also gůt 8730
von dem obs und von der plút
und der vogl widerstreit,
den si úebten zu aller zeit,
9715 und solich die augenwaide:
wer mit hertzenlaide 8735
ware bevangen,
käm er darin gegangen, |
Er múeste Ir da vergessen. XLVIIvc
9720 des obes mochte man essen,
wievil oder wo er wolte: 8740
er můste und solte
daz ander da beleiben lan.
es was darúmb also getan:
9725 es mochte niemand ausgetragen.
horent Ir icht gerne sagen, 8745
womit der Paumgarte
beslozzen were so harte?
Ich waiss wol, daz unmanig man
9730 den list zu disen zeiten kan,
damit ditz was getan. 8750
man sach ein wolcken darumb gan,
da niemand durch mocht komen,
Wann als Ir da hab*t* vernomen.
9735 nu rait derselbe wirt vor In
gegen demselben Paumgarten hin, 8755
daz er In beweiste an die stat
zu dem Ritter, als Ereck pat,
hin ze dem vorholen purgetor.
9740 hie belib das Volck alles darvor,
an die frauen Eneiten. 8760
auch můste mitreiten
Gifurais der herre.

9715 ſol ich augen waide **9729** ICH **9734** hab
9737 dieſtat

außerdem war dort der Boden noch nicht einmal
auf einer Fläche von der Breite einer Hand zu sehen,
sondern überall mit Blumen bedeckt,
die verschiedenste Farben hatten
9710 und einen süßen Duft ausströmten.
Es roch und klang hier
durch das Obst und die Blüten
sowie den Gesangswettbewerb der Vögel,
den sie permanent austrugen, so gut
9715 und war eine solche Augenweide:
Wer mit Kummer
beladen wäre
und hineinginge,
müsste ihn dort vergessen.
9720 Von dem Obst konnte man essen,
wie viel und wo man wollte:
Das Übrige sollte und musste man
dort zurücklassen.
Es hatte damit Folgendes auf sich:
9725 Niemand konnte es mit hinausnehmen.
Würdet ihr nicht gerne hören,
womit der Baumgarten
so fest verschlossen war?
Ich bin mir sicher, dass niemand
9730 derzeit das Wissen besitzt,
mit dem dies umgesetzt worden war.
Man sah eine Wolke ihn umgeben,
durch die niemand hindurchkommen konnte,
außer so, wie ihr bereits gehört habt.
9735 Nun ritt der Burgherr vor Ereck
auf den nämlichen Baumgarten zu,
um ihm nach Erecks Wunsch
den Weg zu dem Ritter
durch den geheimen Eingang zu zeigen.
9740 Alle Leute blieben draußen,
außer Frau Enite.
Auch der edle Gifurais
musste mitreiten.

      Ir menige ward nicht mere,
9745 nún dise viere.
      Nu kamen si vil schiere,   8765
      daz si das begunden ansehen,
      des si von schulden mûsten jehen,
      es was ein seltzames ding.
9750 hie was gestalt ein weiter ring
      von Aichenen stecken,   8770
      des wundert Erecken.
      Ir jeglicher was sünst bedacht:
      ein Mannes haubt darauf stackt,
9755 wann ainer, der was läre.
      wavon das wäre?   8775
      da hieng ein gros horn an.
      Ereck da fragen began,
      wie es hierumb were getan.
9760 „da wäre es euch pesser verlan",
      Sprach der Wirt zu dem gaste,   8780
      „und mag Euch reuen vaste,
      daz Ir heerkomen seit.
      euch hat verlaitet eur streit.
9765 nu sehet selbs die warhait,
      daz Ich nicht hab missesait: 8785
      ob Irs noch gelaubet,
      secht, das sint die haubet,
      die hat der Ritter abgeslagen.
9770 auch wil ich euch mer sagen:
      Der stecken, der noch lare stat,   8790
      der ist, der eur gepiten hat.
      da sol eur haubt aufstan.
      wurdent Ir aber des erlan
9775 oder dhain ander man,
      der disem ritter gesiget an   8795
      (das doch nicht geschehen mag,
      es saumet sich so manigen tag),
      der solte plasen ditz horen,
9780 dartzů ist es erkorn,
      drei stund vil laute,   8800
      damit er das bedeute,
      daz Er gesiget hate.
      des er wurde state
9785 und wurde auch erkant

Sie waren nicht mehr
9745 als diese vier.
Nun war es schon so weit,
dass sie zu sehen bekamen,
wovon sie zugeben mussten,
dass es eine merkwürdige Angelegenheit war.
9750 Es war ein großer Kreis
mit Eichenstangen abgesteckt;
darüber staunte Ereck.
Jeder von ihnen war folgendermaßen bekränzt:
Der Kopf eines Mannes war darauf gespießt,
9755 nur einer war leer.
Warum das so war?
Stattdessen hing ein großes Horn daran.
Da fragte Ereck,
was das solle.
9760 „Ihr solltet besser davon absehen“,
sagte der Burgherr zum Gast,
„sonst werdet Ihr sehr bereuen,
dass Ihr hierhergekommen seid.
Euer kämpferischer Ehrgeiz hat Euch fehlgeleitet.
9765 Nun überzeugt Euch selbst,
dass ich Euch keinen Unsinn erzählt habe:
Wenn Ihr es dann endlich glauben wollt,
seht hin, das sind Köpfe,
der Ritter hat sie abgeschlagen.
9770 Ich will noch etwas ergänzen:
Der Spieß, der noch frei ist,
hat nur auf Euch gewartet.
Darauf wird Euer Kopf gesteckt werden.
Bliebe dies Euch aber erspart
9775 oder auch sonst jemandem,
der diesen Ritter besiegte
(was aber nicht eintreten wird,
das hat schon zu lange auf sich warten lassen),
der müsste dieses Horn,
9780 das dazu vorgesehen ist,
drei Mal sehr laut blasen,
um bekannt zu machen,
dass er gesiegt hätte.
Dessen Ruhm wäre von ewiger Dauer
9785 und er würde

úber alle dise lant   8805
fúr alle ander man.
was sol die rede? da ist doch nicht an.
Ich wäne, er nindert sei geporn,
9790 dem zu plasen sei geschehen ditz horn.
alle Ritter, die nu sint,   8810
das ist ot wider In ein wint.
seit daz du es nicht entwesen wilt,
edel ritter, got sei dein Schilt
9795 und můsse dir der sele phlegen:
dich mag ot niemand des gewegen,   8815
es sei ein ende umb deinen leib."
Also do das schöne weib
diser fraise war genam
9800 und dartzů vernam | 8819
disen grossen untrost,   XLVIIIra
Do ward sein hertz belost
liebes und freuden gar,
ob si dhain brächte dar.
9805 die kraft Ir zu der varbe entweich
und ward totfar und plaich   8825
und viel vor laid in onmacht.
der liechte tag ward Ir ein nacht,
wann si gehort noch gesach.
9810 wie dick Ir laide geschach:
als Ir gepärde verjach,   8830
so ward Ir hertzen ungemach
nie zeitlebende mere.
der wirt und Ir herre,
9815 die labeten si do
und wurden mit Ir unfro.   8835
als si sehen began
und sich wider versan,
Ereck vil manlichen sprach:
9820 „Frau, la dein ungemach,
mein süesse Enite!   8840
Ir wainet ze untzeite.
was geet euch sölher klage not?
weder bin ich siech oder todt:

9813 zeit lebende

überall
bei allen anderen Männern bekannt.
Aber was soll dieses Gerede? Es passiert ja doch nicht.
Ich glaube, der ist noch nicht geboren,
9790 dem es bestimmt ist, dieses Horn zu blasen.
Alle Ritter, die es heute gibt,
sind gegen ihn ein Nichts.
Weil du nicht darauf verzichten willst,
edler Ritter, möge Gott dich schützen
9795 und nehme sich deiner Seele an:
Dir ist gewiss nicht zu helfen,
es wird mit dir zu Ende gehen."
Als die schöne Frau
dieses Grauen sah
9800 und zusätzlich noch
so schlechte Aussichten vernahm,
verließen sie
alle angenehmen und fröhlichen Gedanken,
sofern sie auf dem Weg noch welche gehabt hatte.
9805 Sinne und Farbe schwanden ihr,
sie wurde leichenblass
und verlor vor lauter Schmerz das Bewusstsein.
Der helllichte Tag wurde für sie zur Nacht,
denn sie hörte und sah nichts mehr.
9810 Wie oft sie auch bisher Leid erfahren hatte:
wie dieses Verhalten zeigte,
hatte sie zeitlebens
keinen größeren Schmerz empfunden.
Der Gastgeber und ihr Mann
9815 flößten ihr Wasser ein
und litten mit ihr.
Als sie die Augen öffnete
und wieder zur Besinnung kam,
sagte Ereck mannhaft zu ihr:
9820 „Edle Enite, quäle dich nicht,
meine Süße!
Ihr weint zur falschen Zeit.
Weshalb habt Ihr es nötig, so zu klagen?
Ich bin weder verletzt noch tot:

9825 Ja steen ich bei euch wol gesúnt.
Ir möchten peiten üntz an die stund, 8845
daz Ir mich sähend plůtfar
oder meinen Schilt zerhauen gar
oder meinen Helm verschroten
9830 und mich darúndter todten:
dannoch hettend Ir gůt zeit. 8850
nu haisset es doch ein streit,
daz under uns sol geschehen.
wem noch des siges werde bejehen,
9835 des haben wir dhain gewiszhait.
auch ist mir das für war gesait: 8855
got sei noch als gůt, als er je was.
hei, wie dick er noch genas,
dem er genedig wolte wesen!
9840 wil er, so trau ich wol genesen.
eur wainen ist mir schwäre, 8860
und wistend Ir, wie mir were,
so dörftend Ir nicht so sere clagen,
Wann ich wil zwar sagen:
9845 Het Ich aller manhait
nindert eines hares prait, 8865
wann der, die ich von euch han,
mir möchte nimmer missegan.
wenn mich der můt eur ermant,
9850 so ist sigselig mein hant,
wann eur gůte minne 8870
die sterckent meine sinne,
daz mir den vil langen tag
nicht wider gewesen mag."
9855 Hie můste er sich schaiden
von seinen gesellen baiden 8875
und ainig reiten fürbas.
vil sere můte si das
und hettend sorgsamen můt,
9860 Enite und der künig gůt,
umb den herren Ereckhen. 8880
In weiste für die stecken
der wirt selbs mit der handt
auf einen steig, den er da vant,
9865 der was grasig und nicht prait.
si beliben alle, er ainig rait. 8885

9825 Ich stehe doch völlig gesund neben Euch.
Ihr könntet wenigstens bis dahin warten,
dass Ihr mich blutverschmiert
oder mit durchlöchertem Schild
oder mit zerhauenem Helm
9830 und mich tot darunter seht:
Das wäre dann der richtige Zeitpunkt.
Man nennt es doch ‚Zweikampf‘,
was zwischen uns geschehen soll.
Wem der Sieg zugesprochen werden wird,
9835 das wissen wir noch nicht.
Auch bin ich mir ganz sicher:
Gott ist immer noch so gütig, wie er immer war.
Ha, wie oft ist der davongekommen,
dem er gnädig sein wollte.
9840 Will er es sein, traue ich mir zu, es zu schaffen.
Eure Tränen belasten mich;
wenn Ihr wüsstet, wie ich mich fühle,
würdet Ihr nicht so sehr jammern,
denn ich will die Wahrheit sagen:
9845 Verfügte ich über
kein bisschen mehr an Mannhaftigkeit
als über die, die Ihr mir schenkt,
könnte ich niemals bei etwas scheitern.
Wenn ich an Euch denke,
9850 ist meine Hand siegreich,
denn Eure wunderbare Liebe
stärkt mich so sehr,
dass mir den ganzen Tag lang
nichts zustoßen kann.“
9855 An dieser Stelle musste er sich
von seinen beiden Weggefährten trennen
und alleine weiterreiten.
Das bekümmerte sie sehr
und erfüllte
9860 Enite und den treuen König
mit Sorge um den edlen Ereck.
Der Burgherr verwies ihn durch ein Handzeichen
auf einen Pfad jenseits der Spieße,
den er aufsuchte.
9865 Er war mit Gras bewachsen und recht schmal.
Alle anderen blieben zurück, er ritt allein.

Ich enwais, wie es im ergie:
es was ot Ritter me nie
getröstet, denn er ward.
9870 er fůr ein angstlich vart,
des trauret sein gesellschaft.   8890
nu bewar ot In die gotes craft,
daz Im der leib belibe!
des helfend seinem weibe
9875 umb got piten alle,
daz im der sig gevalle.   8895
Hie rait der künig Ereck
ainig den grasigen weg
wol dreier roszlauf lang
9880 durch plumen und durch vogl gesang
in einen paumgarten vort.   8900
Nu sahe Er vor im dort
ein Pavilun | stan,   XLVIIIrb
Reich und wol getan,
9885 baide hoch und weit,
zwaier schlachte sameit,   8905
von strichen schwartz und weis
und gemäl mit allem vleiss.
da stúnden entworfen an
9890 baide weib und man,
und die, sam si flugen   8910
(doch si die leute daran trugen),
die tier wild und zam,
ob jeglichem sein nam,
9895 die pilde von golde.
daz der knoph wesen solde,   8915
das was ein wolgeworcht ar,
von golde durchslagen gar.
Si was gespannen úber das gras.
9900 an diser Pavilune was
ere únd gefůre.   8920
dise zeltschnůre
waren seiden garbe
und nicht von ainer varbe:

9868 f. nie : nie getröſtet   **9898** durch flagen

Ich kann nicht erahnen, wie es ihm ging:
Es war jedenfalls nie einem Ritter
besseres Geleit gegeben worden als ihm.
9870 Er war auf dem Weg zu einer gefährlichen Unternehmung,
deswegen trauerten seine Begleiter.
Wenn die Macht Gottes ihn nur schützte,
damit er überlebt!
Deshalb helft seiner Frau,
9875 Gott anzuflehen,
dass ihm der Sieg zufalle.
Nun ritt König Ereck allein
den Grasweg schätzungsweise
drei Pferdebahnen lang,
9880 durch Blumen und Vogelgezwitscher
tief in den Baumgarten hinein.
Plötzlich sah er vor sich
ein Zelt stehen,
prächtig und gut gearbeitet,
9885 es war sehr hoch und breit,
bestand aus zwei Sorten Samt,
nämlich schwarzen und weißen Stoffstreifen,
und war kunstvoll bestickt.
Darauf zu sehen waren
9890 sowohl Frauen als auch Männer
und – ganz so als flögen sie –
(doch das war eine Täuschung der Betrachter),
wilde und domestizierte Tiere,
über jedem seine Bezeichnung,
9895 in Gold gestaltet.
Wo eigentlich der Knauf hingehörte,
thronte ein prächtig gearbeiteter Adler
ganz mit Gold beschlagen.
Das Zelt war über der Wiese aufgeschlagen.
9900 Es war
ansehnlich und nützlich zugleich.
Die Zeltschnüre
waren komplett aus Seide
und nicht etwa einfarbig:

9905 Rot, grüene, weiss, geel,
Braun, geworcht sinwel.   8925
Hie under er gesitzen sach
ein weib, als im sein hertze jach,
daz er bei seinen zeiten
9910 on die frau Eneiten
nie dhain schönere het gesehen,   8930
Wann der mûste man ot jehen,
daz Ir wunniklicher leib
gepreiset wäre über alle weib,
9915 die da waren oder noch sint.
Enite was des wunsches kindt,   8935
der an Ir nichts vergas;
die frau, die nu hie sass,
was vil schone geclait:
9920 an het si gelait
einen Mantl harmlin,   8940
da het si sich gefangen In.
das doch ein reicher samit was,
var als ein praunes glas,
9925 vil wol gezobelt für die handt.
ein wimpel Ir har zesamen pandt.   8945
welch Ir rock ware,
des fraget Ir kämerare,
ich gesach In wais got nie,
9930 Wann ich nit dick fúr si gie.
auch mocht es Ereck nit gesehen: 8950
das mûst davon geschehen,
daz da fúr all umbe hie
der mantl, da si sich in vie.
9935 **D**itz pet, da si aufsass,
wol ertzeuget was das: 8955
die stollen gros silbrein,
von gútem geworchte der schein.
da Er si da sach sitzen
9940 mit züchtiklichen witzen,
so erpaiszt der gast.   8960
sein ross pant Er an einen ast,
an den stam lainte Er

9907 Hieunder

9905 Sie waren rot, grün, weiß, gelb,
braun und perfekt rund gesponnen.
Unter dem Zelt sah er
eine Frau sitzen und tief im Innern sagte er sich,
dass er sein Leben lang,
9910 abgesehen von Enite,
noch nie eine schönere gesehen hatte,
denn man musste ihr gewiss zugestehen,
dass ihre Schönheit
alle anderen Frauen ausstechen müsste,
9915 die gelebt haben oder jetzt leben.
Enite war eine Traumfrau,
an ihr blieben keine Wünsche offen;
die Dame, die nun hier saß,
war sehr fein gekleidet:
9920 Sie trug
einen Hermelinmantel,
in diesen hatte sie sich eingehüllt.
Der Oberstoff war ein kostbarer Samt
von der Farbe braunen Glases und
9925 am Ärmel mit Zobel besetzt.
Ein Kopftuch hielt ihr Haar zusammen.
Wie ihr Kleid aussah,
das müsst ihr ihren Kämmerer fragen,
ich habe es ganz bestimmt nie gesehen,
9930 denn ich bin eher selten bei ihr gewesen.
Auch Ereck konnte es nicht sehen:
Das kam daher,
dass um alles
der Mantel gelegt war, in den sie sich hüllte.
9935 Das Bett, auf dem sie saß,
war gut verarbeitet:
Die mächtigen Pfosten waren aus Silber,
sie zeigten hervorragende Verarbeitung.
Als er sie dort
9940 in höfischer Weise sitzen sah,
stieg Ereck vom Pferd.
Er band es an einen Ast,
lehnte Schild und Lanze

baide Schilt und sper,
9945 seinen Helm er abe pant
und stürtzt In auf des Schildes rant.   8965
des hüetlins ward sein haubt plos,
wann sein zucht ward vil gros.
also gieng Er für si stan,
9950 das wär Ir lieber verlan,
Wann si vorchte Irs gewerren.   8970
doch grúeste si den herren,
Wann sis die gewonhait erlie.
mit solhen worten si In emphie:
9955 „Herre, Ich grúeste euch gerne wol,
wann daz niemand den andern sol   8975
bieten ungetreuen grús.
wann daz euch sol und mús
schad und laster hie geschehen,
9960 so hette ich gern euch gesehen.
Wes rat hat euch heer bracht,   8980
oder habt Ir euchs selbs erdacht
durch eurs hertzen glust?
so traget Ir under eur prúst
9965 einen ungetreuen ratgeben,
wann er hat verraten Eu das leben.   8985
Herre, geet durch got von mir stan:
Es múss euch an den leib | gan,   XLVIIIrc
Und ersicht euch mein herre:
9970 Er ist von uns unverre.“
Ee si die red getate   8990
und In gewarnet hate,
Nu gehort er ein stimme,
starch und grimme,
9975 die lautet sam ein horn dos,
wann im was der dross gros,   8995
von dem si gie: ditz was Ir man.
von Ir was er geriten dan
gewaffent – daz ir nichts gebrast –
9980 und also wol sam der gast
durch jenen paumgarten,   9000
banichen und warten,
ob Er icht ze tún fúnde.
nu ersach Er da ze stúnde
9985 disen gast vor der frauen stan.

an einen Baum,
9945 band seinen Helm ab
und legte ihn auf die Schildkante.
Die Kappe nahm er vom Kopf,
denn sein Respekt wurde groß.
So trat er vor sie hin,
9950 sie hätte aber lieber darauf verzichtet,
denn sie fürchtete, dass es ihr Ärger bereiten könnte.
Dennoch grüßte sie den Herrn,
auch wenn sie dies üblicherweise nicht tun musste.
Sie empfing ihn mit diesen Worten:
9955 „Herr, ich würde Euch gerne richtig begrüßen,
denn niemand soll einem Anderen
einen falschen Gruß entgegenbringen.
Wenn Euch hier nicht
Schreckliches und Schande erwarteten,
9960 wäre ich Euch mit Freude begegnet.
Wessen Rat hat Euch hergeführt
oder seid Ihr aus eigenem inneren Antrieb
auf die Idee gekommen?
Dann tragt Ihr in Euch
9965 einen schlechten Ratgeber,
denn er führt einen Angriff gegen Euer Leben.
Herr, geht um Gottes willen weg von mir:
Wenn mein Mann Euch sieht,
geht es Euch an den Kragen:
9970 Er ist ganz in unserer Nähe."
Noch bevor sie zu Ende gesprochen
und ihn gewarnt hatte,
hörte er eine Stimme,
laut und zornig,
9975 die wie ein Horn lärmte,
denn der, zu dem sie gehörte,
hatte einen riesigen Schlund: Der war ihr Mann.
Er war in voller Rittermontur
von ihr weggeritten – damit es ihr an nichts fehlte –
9980 und genauso gut wie der Fremde,
um den Baumgarten zu durchstreifen
und Ausschau zu halten,
ob er nicht irgendeine Betätigung finde.
Nun sah er in diesem Moment
9985 diesen Fremden vor der Dame stehen.

      das dauchte In torlich getan   9005
      und wolt In verschmähen
      und begunde gahen
      widerümb zu dem frömbden man.
9990 nu gesach In Ereck dan
      Reiten von verre.   9010
      des paumgarten herre
      was lang und gros,
      vil nach Risen genoss:
9995 der underwant sich grosser dro.
      sein ross was gros und hoch,   9015
      starch, rot zundervar,
      der varbe was sein Schilt gar.
      sein wappenrock alsam was,
10000 er selber rot, als Ich es lass,
      gewaffent nach seinem můte.   9020
      Ich wäne, sein hertz plůte,
      Wenn er nicht ze vechten vandt:
      so mordig was sein handt.
10005 **N**u rait er zu dem gaste
      und grüeste in ein tail vaste,   9025
      geleich einem úbeln man.
      Er sprach: „valscher, nu sag an,
      Wer hiess euch der frauen so nahend
        gan?“
10010 „Was habe ich daran missetan?“
      „Es ist ot vil torlich.“   9030
      „Herre, warumb scheltend Ir mich?“
      „da duncket Ir mich der frauen ze bald.“
      „Herre, Ir sprechet eurn gewalt.“
10015 „saget, wer pracht euch heer?“
      „gůte freundt.“ „nú sagent doch,   9035
        wer?“
      „Mein hertze und mein selbs můt.“
      „da enriet es euch kain gút!“
      „Es hat mich noch geweiset wol.“
10020 „das endet sich hie.“ „es ensol.“
      „warumb sich ich euch gewaffent   9040
        sein?“

———

9999 wappen rock

Das sah er als närrisches Handeln an;
er wollte ihn verächtlich machen
und ging
auf den fremden Mann zu.
9990 Ereck hatte ihn
schon aus der Ferne herbeireiten sehen.
Der Herr über den Baumgarten
war sehr groß und kräftig,
einem Riesen nicht unähnlich:
9995 Er strahlte eine große Bedrohung aus.
Sein Pferd war breit und groß,
muskulös und rot wie Zunder,
diese Farbe hatte auch sein ganzer Schild.
Seine Rüstung hatte die gleiche Farbe,
10000 er selbst war rot, so habe ich es gelesen,
nach seinem Geschmack gerüstet.
Ich glaube, sein Herz blutete,
wenn er nichts zu kämpfen fand:
so mordgierig war er.
10005 Er ritt nun zu dem Fremden
und grüßte ihn ziemlich grob,
so wie es schlechte Menschen tun.
Er sagte: „Lüstling, sag' mal,
wer hat Euch erlaubt, der Dame so nahezukommen?"

10010 „Was ist falsch daran?"
„Es ist eben ziemlich dumm."
„Herr, warum beschimpft Ihr mich?"
„Ihr scheint mir der Dame gegenüber zu frech."
„Herr, Ihr vergreift euch im Ton."
10015 „Sagt, wer hat Euch hergebracht?"
„Gute Freunde." „Jetzt sagt schon, wer?"

„Mein Herz und meine eigene Absicht."
„Es hat Euch nicht gut beraten!"
„Bisher hat es mich gut geleitet."
10020 „Das hat hier ein Ende." „Das wird es nicht."
„Warum sehe ich Euch in Waffen?"

„Herre, da ist der Harnasch mein.“
„wildu vechten wider mich?“
„welt dann Ir, so wil auch ich.“
10025 „wes ist dir, túmber gauch, gedacht?“
„des werdent Ir wol innen bracht.“   9045
„Es wirdt dir ein vil laides spil!“
„Ir sprecht nit: ob got wil.“
„Wie verschmahet dir mein rede so?“
10030 „Ich achte doch nicht auf eur dro
und wil si wol genossen   9050
Zwaien pergen grossen,
die schwern bei Ir sinnen,
daz si wolten gewinnen
10035 In selbs ein getzames kind,
ein grosses, als auch si da sint.   9055
da verhangkte des got,
daz es ward der leute spot,
und geparen ein veltmaus.
10040 auch sein verbrúnnen grosse haus
von wenigem feure.   9060
In ist das ellen teure,
die so grimmelich wellend sein.
dasselb sol hie werden schein.
10045 Ee wir uns heut schaiden,
unser ainem oder uns baiden   9065
ist das geuden gar gelegen.“
„Ja, des wil ich dir verphlegen“,
also sprach der rote man.
10050 mit diser rede schied Ereck dan.
vil drate er hinwider gie,   9070
da Er sein rosz steende lie.
seinen helm er | aufpant   XLVIIIva
Und beraite sich zehant.
10055 auf sein Ross er drate sass.
der ander des auch nicht vergass,   9075
Er beraite sich alsam.
Ir jetweder den Schilt nam
und lainte an sich vast.
10060 dem Wirt und dem gast

10035 Jnſelbs

„Herr, das ist eben meine Rüstung."
„Willst du gegen mich kämpfen?"
„Wenn Ihr es wollt, will ich es auch."
10025 „Was denkst du Trottel dir dabei?"
„Das werdet Ihr zu spüren bekommen."
„Das wird für dich ein Trauerspiel!"
„Ihr vergesst zu sagen: So Gott will."
„Warum verachtest du, was ich sage?
10030 „Ich interessiere mich nicht für Euer Drohgebaren
und will es
mit zwei riesigen Bergen vergleichen,
die den sinnvollen Plan fassen,
ein zu ihnen passendes Kind
10035 bekommen zu wollen,
riesig wie sie auch.
Da entschied Gott aber,
dass daraus das Gespött der Leute wurde,
und sie gebaren eine Feldmaus.
10040 Es sind außerdem auch schon riesige Gebäude
durch kleine Brände zerstört worden.
Denen fehlt es an Mut,
die so abscheulich wirken wollen.
Genau das wird hier bewiesen werden.
10045 Noch bevor wir heute auseinandergehen,
wird einem von uns oder auch beiden
die Angeberei vergangen sein."
„Ja, das kann ich dir versichern!",
sagte der rote Mann.
10050 Mit diesen Worten machte Ereck sich auf.
Flink lief er dorthin,
wo er sein Pferd stehengelassen hatte.
Er band sich seinen Helm auf
und machte sich gleich bereit.
10055 Eilig schwang er sich auf sein Pferd.
Der Andere zögerte auch nicht,
er machte sich ebenfalls bereit.
Jeder von ihnen packte den Schild
und legte ihn sich an.
10060 Der Hausherr und der Fremde

begunden die Schinckl fliegen, 9080
si ertzaigten one triegen
einen grimmiklichen zorn.
die Ross si namen mit den sporn
10065 und liessen zusamen streichen
vil ungnedikleichen 9085
von aller Ir krefte
die eschinen schefte
wurden da genaiget
10070 und In die fart ertzaiget
Zu den nagln gegen der handt. 9090
Ir messen ward da wol bewant,
wann si geraichten baide.
hie ward die sperwaide
10075 vor dem leibe durch gesant
durch baide schilt üntz an die handt. 9095
die starchen schäft gantz beliben,
wie sere si wurden dar getriben.
wider zugen si die sper
10080 in mannlicher geer
und riten von einander dan, 9100
die zwen gleich gemúte man,
durch justiern mere.
die ross wurden aber sere
10085 und vast mit den sporn gemant
und wider zusamen gesant. 9105
hie hůb sich hertzeminne
nach starchem gewinne:
si minneten sunder pette,
10090 die minne stúnd ze wette.
welher nider gelage, 9110
dem ward der tod wage.
mit den scheften si sich küsten
durch die Schilt zu den prüsten
10095 mit sölher minne krefte, 9115
daz die Eschein schefte
klaine üntz an die handt zerklúben
und daz spilten aufstuben.
mit der manne laste

10074 fper waide   **10087** hertze mÿnne

trieben die Pferde in den fliegenden Galopp,
sie zeigten
echte, unbändige Wut.
Sie gaben den Pferden die Sporen
10065 und ließen
ohne Gnade,
mit aller Kraft
die Lanzen aus Eschenholz aufeinanderprallen,
die gesenkt
10070 und im Galopp ausgerichtet wurden
auf die Nägel des Schildes vor der Hand.
Ihre Präzision zahlte sich aus,
denn beide trafen das Ziel.
Die Lanzen bohrten sich
10075 vor dem Körper
bis zur Hand durch beide Schilde.
Die stabilen Lanzenschäfte blieben ganz,
wie heftig sie auch hinein gestoßen wurden.
Sie zogen die Speere
10080 in männlicher Kampfeswut wieder heraus
und ritten dann auseinander,
beide in der gleichen Absicht,
noch mehr Lanzen zu verstechen.
Wieder wurden die Pferde schmerzvoll
10085 und heftig mit den Sporen bearbeitet
und abermals gegeneinander getrieben.
Hier kam heißes Liebesverlangen auf
nach großem Lohn:
Sie trieben ihr Liebesspiel ohne Bett,
10090 diese Art ‚Minne‘ war der Einsatz:
Wer auch immer sich in die Horizontale begäbe,
der riskierte den Tod.
Sie küssten sich mit den Lanzen
durch die Schilde auf die Brust
10095 mit einer solchen Leidenschaft,
dass die Eschenschäfte
fast bis an die Hand zersplitterten
und die Späne in alle Richtungen flogen.
Durch das Gewicht der Männer

10100 komen die ross so vaste
zusamen gestossen,   9120
daz kamphgnossen
wurden Ir haubt
vil sere betaubt
10105 und daz die ross gleiche
an das erdtreiche   9125
hinder sich gesassen.
die zaum wurden lassen
und erpaisten zu der erden.
10110 got herre, nu werden
des kunig Ereckes phlegen,   9130
wann er bestet einen degen,
der hat ellen und kraft:
des bin ich umb In angsthaft.
10115 nu schieden si baide
die schwert von der schaide   9135
und wurfen si umb in der handt.
hie gieng es über der schilde rant,
daz si zusamen traten.
10120 die grimmen slege si taten,
die schilde puten si dar,   9140
die wurden auch also gar
untz an das gestelle zerslagen,
daz si Ir nicht mer getragen
10125 vor den armen mochten
und In ze were nicht tochten.   9145
da wurfen si die von der handt.
nu schirmedte in das eisen gewant
von dem todt dicke.
10130 die haissen feures plicke
frummeten die waffen,   9150
wo Si einander trafen.
hie ergie so maniger grimmer slag,
daz die welt wol wundern mag,
10135 von helmen und von schwerten,
daz si es erwerten. | 9155
Vil ofte kam es daran,   XLVIIIvb
daz der grosse man

——————

10102 kamph gnoſſen

10100 rammten die Pferde
einander so heftig,
dass den Gegnern
der Verstand
benebelt wurde
10105 und beide Pferde gleichermaßen
nach hinten einknickten
und sich aufs Hinterteil setzten.
Die Zügel ließen sie los
und sprangen auf den Boden.
10110 Gott, Herr, lasst uns
den König Ereck schützen,
denn er kämpft gegen einen Helden,
der Mut und Kraft besitzt:
Deshalb bin ich in Sorge um ihn.
10115 Beide rissen nun
die Schwerter aus der Scheide
und schwangen sie in der Hand hin und her.
Nun schlugen sie auf die Schilde ein,
sodass sie aufeinanderprallten.
10120 Wütende Schläge teilten sie aus,
die Schilde hielten sie dagegen,
diese wurden dann auch
bis auf das Gestell vollständig zerhauen,
sodass sie sie nicht mehr
10125 am Arm tragen konnten
und sie zum Schutz nicht mehr zu gebrauchen waren.
Also warfen sie sie aus der Hand.
Jetzt bewahrte sie nur noch die Rüstung
ein ums andere Mal vor dem Tod.
10130 Glühende Feuerblitze
verursachten die Waffen,
wo sie aufeinanderprallten.
Es wurden hier einige so wütende Schläge ausgeteilt,
dass man sich nur darüber wundern kann,
10135 dass die Helme und Schwerter
das aushielten.
Sehr oft kam es dazu,
dass der große Mann

den minnern vor Im dan slůg
10140 vast und verre genůg.
so slůge in aber Ereck 9160
herwider denselben weg.
der kere si sovil taten,
untz daz si gar vertraten
10145 baide plůmen und gras,
daz da nicht grůener was 9165
denn umb mitten winterzeit.
also werete diser streit
von morgen üntz nach mittemtage.
10150 „geselle, nu sage:
wie erwerete Ins der leib?“ 9170
die kraft gaben In Ire weib.
die da gegenwúrtig sass,
da geschúf Ir manne bas,
10155 ob im dhain zweifel geschach,
Wenn er si dann wider ansach, 9175
Ir schöne gab im neue kraft,
so daz er unzaghaft
sein sterch wider gewan
10160 und facht als ein gearbeter man:
des enmochte er nicht vertzagen. 9180
so wil ich euch von Erecken sagen:
Ereck, Zu welhen zeiten
Er gedacht an frauen Eneiten,
10165 so sterckten im Ir minne
sein hertze und auch die sinne, 9185
daz Er auch mit neuer macht
nach mannlichait teure vacht.
da si ditz lang genúg triben
10170 und baid gantz beliben,
da gedachte der gros daran: 9190
„mir tút zorn, daz diser klain man
also vor mir lange wert.“
mit grimme begraif er das schwert
10175 und gedacht ot vellen
seinen kamphgesellen. 9195
er warf es umb in der handt.

10147 winter zeit **10176** kamph gefellen

den kleineren heftig schlagend
10140 weit vor sich hertrieb.
Dann prügelte Ereck ihn aber
denselben Weg zurück.
Der Kampf wogte hin und her
bis sie
10145 Blumen und Gras so zertrampelt hatten,
dass es dort nicht mehr grüner war
als mitten im Winter.
Auf diese Weise dauerte der Kampf
vom Morgen bis zum Nachmittag.
10150 „Freund, jetzt sag' schon:
wie hielten sie das durch?"
Die Kraft dazu gaben ihnen ihre Frauen.
Die, die dort selbst anwesend war,
verschaffte ihrem Mann Erfolg,
10155 sobald ihn eine Unsicherheit befiel,
denn wenn er sie ansah,
gab ihre Schönheit ihm neue Energie,
sodass er mutig
seine Kampfkraft wiedererlangte
10160 und wie ein tatkräftiger Mann kämpfte:
So konnte er nicht mutlos werden.
Nun will ich euch von Ereck erzählen:
Wann immer Ereck
an Frau Enite dachte,
10165 machte ihre Liebe
sein Herz und seinen Verstand stark,
sodass auch er mit neuer Kraft
um die Aufwertung seiner Männlichkeit kämpfte.
Als sie ziemlich lange so gekämpft hatten
10170 und beide unverletzt blieben,
dachte der riesenhafte Mann:
„Es macht mich wütend, dass dieser Winzling
sich so lange gegen mich behaupten kann."
Voller Zorn umklammerte er das Schwert
10175 und beabsichtigte,
seinen Gegner nun niederzustrecken.
Er schwang es in der Hand.

        der vil michl Valant
        enkunde sich erparmen;
10180 sein hertze gab den armen
        kreftiklicher stercke genůg.   9200
        mit gútem willen er es slůg,
        auf den Helm er In erriet,
        da das schwert die mittl schied,
10185 und slůg es also vaste,
        daz von dem slage erglaste   9205
        ein praite flammen feurein,
        daz ditz feure mochte sein
        gefangen mit einem schaub.
10190 got lone im, der es gelaub,
        wann ich nicht darúmb geschwern   9210
          mag.
        dise grimmekliche schlage
        Erecken in sein haubt erschal,
        daz er vil kaum maid den val.
10195 **S**eine oren und die augen
        begunden Ires ambtes laugen,   9215
        daz er weder gehorte noch gesach.
        wann daz ditz schwert entzwai brach,
        es were gewesen sein ende.
10200 vil schiere der ellende
        sein craft er wider gewan,   9220
        daz er gesach und sich wider versan
        und gehoret alsam auch ee.
        schad und scham tet im wee,
10205 daz sein je dhain man
        sölhe oberhant gewan,   9225
        daz er von seiner maisterschaft
        in so grosse uncraft
        seines leibes was komen.
10210 des ward rache hie genomen.
        der gedanck an sein schon weib,   9230
        der kreftig*t* im den leib. | XLVIIIvc
        seinen schaden begúnde er andten
        und gab zu baiden handen
10215 das schwert mit grimmen můte

10212 krefftig

Der riesige Teufel
kannte kein Erbarmen;
10180 sein Wille verlieh den Armen
gewaltige Kraft.
Mit festem Entschluss führte er den Schlag aus
und traf ihn auf den Helm,
genau in die Mitte,
10185 und so hart,
dass durch den Schlag
eine so riesige Flamme aufblitze,
dass dieses Feuer in der Lage gewesen wäre,
ein Strohbüschel zu entfachen.
10190 Gott belohne den, der mir das glaubt,
denn ich kann mich nicht dafür verbürgen.

Dieser brutale Schlag
hallte in Erecks Kopf wider,
sodass er fast gestürzt wäre.
10195 Seine Ohren und seine Augen
quittierten den Dienst,
sodass ihm Hören und Sehen verging.
Wäre das Schwert nicht in zwei Teile zerbrochen,
hätte das seinen Tod bedeutet.
10200 Sehr schnell erlangte der Fremde
jedoch seine Kraft zurück,
sodass er sehen konnte und wieder zur Besinnung kam
und auch wieder wie zuvor hörte.
Ehrverlust und Blamage schmerzten ihn
10205 und dass ein anderer Mann
derart Oberhand über ihn gewonnen hatte,
dass er durch dessen Kampfkunst
so nah vor einer Niederlage
gestanden war.
10210 Dafür rächte er sich nun.
Der Gedanke an seine schöne Frau
stärkte ihn.
Er begann, die Schande zurückzuzahlen,
nahm das Schwert
10215 zornerfüllt in beide Hände

und facht im nach dem plûte 9235
auf das herte stalwerch.
doch er wider In schine ein perg,
da ot im der wer Zeran,
10220 da mûst er vor im dan
seinen slegen entweichen. 9240
das tet Er unlasterleichen,
Wann ich waiss beinamen das
und dhain sache bas,
10225 er wär vergeben so nicht gepert,
Er hette sich gewert, 9245
Wär im daz schwert gantz beliben.
sünst ward Er getriben
mit gewalt von dem gaste.
10230 Ereck begunde ot vaste
regken den grossen slag; 9250
er slûg nicht sam Er phlag,
sein slege waren grimmeklich,
Zagen slegen ungelich.
10235 er gab slag umb seinen slag,
daz slag gegen slag lag. 9255
sünst perte er das eisen gewant,
üntz im das schwert vor der hant
von den slegen erglûte
10240 und daz im sein gûte
umb die egke vast entwaich. 9260
sein praune varb die ward plaich
und mûste presten sam jens Ee.
nu was welt Ir, daz er thue mee?
10245 daz im sein in der handt belaib,
damit warf er, den er da traib, 9265
auf sein prust so vaste,
daz jener von dem laste
vil nach gestrauchet was
10250 und gevallen auf das gras.
Jedoch gestûnd der valant 9270
und gesach im eitel die handt
und das schwert zerprochen.
„Nu wirde ich wol gerochen",
10255 gedachte im der rote man.
mit grimme lief er In an 9275
und wolt in allen gahen

und drosch blutdürstig
auf die harte Stahlrüstung ein.
Obwohl er gegen ihn wie ein Berg aussah,
musste er nun vor ihm und
10220 seinen Schlägen zurückweichen,
da er keine Waffe hatte.
Das tat er ohne Ehrverlust
denn ich weiß Folgendes
ganz sicher:
10225 Er hätte sich nicht ohne weiteres so verprügeln lassen,
er hätte sich gewehrt,
wenn sein Schwert ganz geblieben wäre.
So jedoch wurde er
mit Waffengewalt vom Besucher zurückgedrängt.
10230 Ereck rächte sich heftig
für den harten Schlag;
er schlug nicht zu, wie er es sonst gewohnt war,
seine Schläge waren hasserfüllt,
anders als die eines Feiglings.
10235 Er teilte Schlag um Schlag aus,
einen Schlag landete er neben dem vorherigen.
So bearbeitete er die Rüstung,
bis ihm das Schwert in der Hand
von den Schlägen zu glühen begann,
10240 sodass die Klinge ihre Schärfe
schnell verlor.
Seine glänzende Farbe verblasste
und es zerbrach wie das andere zuvor.
Nun, was wünscht ihr, wie er sich weiterhin verhalten sollte?
10245 Mit dem, was er davon in der Hand behalten hatte,
warf er nach dem, den er vor sich hertrieb,
und traf ihn so heftig am Oberkörper,
dass jener durch das Gewicht
beinahe ins Straucheln geraten
10250 und ins Gras gestürzt wäre.
Der Teufel konnte sich jedoch auf den Beinen halten
und sah, dass Erecks Hand leer
und das Schwert zerbrochen war.
„Jetzt kann ich mich rächen",
10255 dachte der Rote.
Voller Zorn stürmte er ihm entgegen
und wollte ihn schleunigst

vast zu im vahen,
aufheben und stossen
10260 mit seinen kreft grossen,
daz er aller zerfüere.   9280
nu het auch zu seinem gefüere
Ereck in seiner kinthait
zu Engellandt, sam man sait,
10265 vil wol gelernet ringen
zu andern behenden dingen.   9285
auch half In, daz man eisengewant
vil múelichen mit der handt
an dem manne mag begreifen.
10270 des begunde er im entsleifen,
daz sein wille nicht ergie.   9290
vor in die gürtl er in vie,
unden Er sich von im pot:
da was dem andern dartzú not,
10275 daz er In zu im vienge,
doch des nicht ergienge.   9295
Ereck sein craft ertzaigt:
als sich jener naigt,
da satzt er sein achslpain,
10280 daz es an jenes prusten erschain,
so daz er In nicht zu im liess.   9300
vil vaste er In von im stiesse
und zugkte In so gähes wider dan,
daz der michel man
10285 seigen begúnde.
von schware er nicht enkunde   9305
sich erholen, er súchte die erde.
hie beviel in der werde:
Ereck der wunderere
10290 machet In so schwäre,
als ot In wol luste.   9310
er kniet im auf die pruste
und gab im so manigen stos,
das jenen des lebens verdros,
10295 der da | under Im lag: XLIXra
aller wer Er gar verphlag.   9315

10267 eÿfen gewant

ergreifen,
hochheben und mit seiner enormen Kraft
10260 von sich schleudern,
um ihn zu zerschmettern.
Nun hatte aber Ereck zu seinem Glück
während seiner Kindheit
in England, so erzählt man sich,
10265 zusätzlich zu anderen nützlichen Dingen
recht gut ringen gelernt.
Auch nützte es ihm, dass man Rüstungen
schwerlich am Mann
mit der Hand zu fassen bekommt.
10270 Deshalb entwischte er ihm,
sodass er mit seiner Absicht scheiterte.
Vorne in den Gürtel griff Ereck ihn,
unten an den Füßen streckte er sich von ihm weg,
sodass der Andere ihn notgedrungen
10275 hätte zu sich ziehen müssen,
doch das tat er nicht.
Ereck stellte seine Kraft unter Beweis:
Als jener sich nach vorne beugte,
platzierte er seine Schulter
10280 auf der Brust des Gegners,
sodass dieser nicht an ihn herankam.
Abrupt stieß er ihn von sich weg
und zog ihn so schnell wieder zu sich,
dass der große Mann
10285 das Gleichgewicht verlor.
Wegen seines großen Gewichts konnte er
die Balance nicht halten, er schlug auf dem Boden auf.
Dort warf sich der Vortreffliche auf ihn:
Ereck, der Wunderwirkende,
10290 hielt ihn am Boden,
wie es ihm gefiel.
Er kniete sich auf dessen Brust
und versetzte ihm so viele Hiebe,
dass der, der unter ihm lag,
10295 sterben wollte:
Er stellte jede Gegenwehr ein.

Als er zweiveln began,
da bat In der rote man
den mindern einen frid zu geben.
10300 Er sprach: „ritter, last mich leben
ein wenige stúnd 9320
und nempt mir dann den gesunt.“
„Welt Ir mir dann des siges jehen?“
„desselben mag noch nicht geschehen.“
10305 „was ist dann, daz Ir welt?“
„Edel ritter, da twelt 9325
und saget mir, wer ir seit!“
sunst antwurtet, der oben leit:
„das habt Ir selten ee gesehen.
10310 auch sol es mir nit geschehen,
wann da ergienge ein wunder an, 9330
wenn sich der obrer man
müeste dem undern ergeben.
welt Ir ein weile leben,
10315 so volget gůtem rate
und sagt mir vil drate, 9335
von wannen Ir seit oder wer;
und dartzů, wes ich fürbas ger.“
Sünst antwurt im der rote man:
10320 „euch treugt die red, wann da ist nicht an:
wie Ir mir habt angesiget 9340
Und mit gewalt obe liget,
Ich wil Ee werden erslagen,
Ir müest mir sagen,
10325 wer Ir seit oder welher hande.
Ja mag mir dise schande 9345
von solhem manne sein geschehen,
dem immer des siges wirt gejehen,
und daz Ich mich ee toten lan,
10330 hat es ein una*del*s getan:
so wolt ich durch niemand leben. 9350
hat aber es mir got gegeben,
daz Irs werd von gepurde seit,
so gerůchet lassen den streit,
10335 Wann so tun ich euch sicherhait,

———

10330 vnaldes

Voller Verzweiflung
bat der rote Mann den kleineren
um Frieden.
10300 Er sagte: „Ritter, lasst mich
noch kurze Zeit leben
und tötet mich erst später."
„Werdet Ihr mir dann den Sieg zusprechen?"
„Eben das geht noch nicht."
10305 „Was ist es dann, was Ihr wollt?"
„Edler Ritter, haltet inne
und sagt mir, wer Ihr seid."
Da antwortete der Obenliegende:
„Das ist wohl noch nie vorgekommen.
10310 Auch mir wird es nicht passieren,
denn das wäre mehr als erstaunlich,
wenn derjenige, der obenauf ist,
sich dem Unteren ergeben müsste.
Wenn Ihr noch eine Weile leben wollt,
10315 dann folgt einem guten Rat
und sagt mir schnellstens,
woher Ihr kommt und wer Ihr seid;
und außerdem, was ich sonst noch verlange."
Dies gab ihm der Rote zur Antwort:
10320 „Ihr täuscht Euch, darum geht es nicht:
So wie Ihr mich besiegt habt
und siegreich auf mir liegt,
möchte ich lieber erschlagen werden,
wenn Ihr mir nicht sagen wollt,
10325 wer Ihr seid und von wem Ihr abstammt.
Ja, diese Schande kann
mir durch jemanden zugefügt worden sein,
dem man ewig den Sieg über mich zusprechen wird,
sodass ich lieber tot sein will,
10330 wenn ein Unedler dafür verantwortlich ist:
Dann habe ich nichts mehr, wofür ich leben möchte.
Wenn Gott mir aber den Gefallen getan hat,
dass Ihr von hoher Geburt seid,
dann gestattet, die Auseinandersetzung zu beenden,
10335 denn dann ergebe ich mich Euch,

des ich gerne bin berait,   9355
allain eurem gepote.
Ich mane euch verre bei gotte
auf eur treu und wisset dabei,
10340 ob des nicht ensei,
daz Ir mein leben endet,   9360
Wo so bin ich geschendet.
mich beduncket des vil verre,
daz mir das minner werre,
10345 ob ich mit eren sterbe,
dann an den eren verderbe."   9365
Des antwurt im der gůte
mit lachendem můte:
„Ich wil mich lassen zwingen
10350 Vil gerne an disen dingen,
doch es wider dem sei getan;   9370
so wil ich euchs wissen lan:
Mein Vater ist ein kunig reich,
mein Múter wol sein gleich,
10355 über Destrigales landt.
Ereck bin ich genannt."   9375
„Sol ich des gewiss wesen?"
„Ja Ir!" „so lat mich genesen
und nemet mein sicherhait!
10360 secht, der bin ich euch berait.
so mügt Ir dienst von mir han,   9380
des euch sunst mus abegan,
ob ich von euch wurde erslagen.
Ich wil euch meinen namen sagen:
10365 Mabonagrim haisse ich."
Ereck erparmet sich,   9385
also daz er In leben lie.
also er die sicherhait emphie,
nu half er im auf bei der handt.
10370 Ir jetweder enpant
des andern Waffenriemen,   9390
wann In half | anders nieman,   XLIXrb
Und entwaffneten Ir haubte.
hie wurden Si beraubet

———

10369 beÿder handt   **10371** Waffen riemen

und gehorche nur Euren Anweisungen,
wozu ich gerne bereit bin.
Ich erinnere Euch nachdrücklich bei Gott
an Eure Verantwortung, und macht Euch klar,
10340 dass Ihr, wenn das nicht der Fall ist,
mein Leben beendet,
wenn ich so beschämt wurde.
Ich bin überzeugt,
dass es mir weniger ausmacht,
10345 wenn ich ehrenhaft sterbe,
als wenn meine Ehre stirbt."
Darauf antwortete ihm der Gute
frohen Mutes:
„Dann lasse ich mich gerne
10350 zum Gewünschten zwingen,
obwohl die Situation eine andere ist;
So werde ich Euch denn Auskunft geben:
Mein Vater ist ein mächtiger König –
meine Mutter ihm ebenbürtig –
10355 im Land Destrigales.
Ich heiße Ereck."
„Kann ich dessen sicher sein?"
„Aber ja!" „Dann lasst mich am Leben
und akzeptiert meine Unterwerfung!
10360 Seht, dazu bin ich bereit.
Auf diese Weise könnt Ihr Dienst von mir in Anspruch nehmen,
worauf Ihr verzichten müsstet,
wenn Ihr mich erschlagen würdet.
Ich will Euch meinen Namen nennen:
10365 Mabonagrim heiße ich."
Ereck erbarmte sich,
sodass er ihn am Leben ließ.
Sobald er die Unterwerfung angenommen hatte,
reichte er ihm die Hand und half ihm auf.
10370 Jeder von ihnen löste
den Waffenriemen des anderen,
denn ansonsten kam ihnen niemand zur Hilfe,
und sie nahmen die Helme ab.
So wurde ihnen

10375 haszliches mûtes.
eren und gûtes 9395
gunden si einander wol,
als ein gesellschaft sol.
Si sassen zusamen auf das gras,
10380 wann ir jetweder was
vil múede von dem streite. 9400
nu redeten si zu den zeiten
vil und maniger schlachte
von jetwederes achte
10385 und daz In ensambt geschach.
der künig Eregk da sprach: 9405
„eur ding ich wol vernomen han,
daz hie der künig von Brandigan,
der Wirt, ist eur öheim.
10390 es ist eur dinge dhain,
Ich habe es etwas vernomen 9410
und sei es an ein ende komen,
wie es umb euch sei gewant,
wann ein ding ist mir unerkant:
10395 so lang Ir hinne gewesen seit,
saget: wie vertribet Ir die zeit, 9415
eu were mer der leute bei?
wie wunneklich ot hinne sei
und wie dhainer schlachte gût
10400 so sere ringe den mût,
so daz lieb bei liebe leit, 9420
als Ir und eur weib seit,
so sol man warlichen
den weiben doch entweichen
10405 zu etlicher stúnde.
Ich hab es aus Irem munde 9425
haimlichen vernomen,
daz hinfarn und wider komen
an Ir hass mag geschehen.
10410 wie Si des nicht offenlich jehen,
Si wellent, daz man In neu sei 9430
und nicht zu allentzeiten bei.
auch zame diser frauen bas,
die dise Jar hinne sass,
10415 under andren weiben.
wie Ir múgt beleiben 9435

10375 die Feindseligkeit genommen.
Ehre und Reichtum
gönnten sie einander gern,
so wie es sich in einer Freundschaft gehört.
Sie setzen sich zusammen ins Gras,
10380 denn jeder von ihnen war
sehr erschöpft vom Kampf.
Nun redeten sie
ausgiebig und so einiges
über ihre Lebensverhältnisse
10385 und über das eben Geschehene.
König Ereck sagte:
„Ich habe über Euch gehört,
dass der König von Brandigan,
der Burgherr, Euer Onkel ist.
10390 Es gibt nichts von Euch,
von dem ich nicht so manchen
erschöpfenden Bericht gehört hätte,
wie es um Euch bestellt sei;
eine Sache aber ist mir unklar:
10395 Solange Ihr hier drinnen gelebt habt,
sagt, wie habt Ihr Euch die Zeit vertrieben,
wenn nicht mehr Menschen bei Euch waren?
Wie schön auch immer es hier ist
und wie auch keine andere Art der Freude
10400 das Herz so leicht macht,
wie wenn Liebende,
wie Ihr und Eure Frau es seid, beieinanderliegen,
so soll man auf jeden Fall
häufig einige Zeit
10405 zu den Ehefrauen auf Abstand gehen.
Ich habe aus ihrem eigenen Mund
im Vertrauen gesagt bekommen,
dass Abschied und Wiedersehen
ihnen ganz recht sind.
10410 Auch wenn sie das nicht offen zugeben,
sie wünschen sich, dass man ihnen neu begegnet
und nicht immer an ihnen klebt.
Außerdem sollte diese Dame,
die all die Jahre hier drinnen hockte,
10415 besser in Gesellschaft anderer Damen sein.
Wie könnt Ihr

ein also wagklicher mann?
wie mich des nit verwundern kan,
Wann bei den leuten ist so gůt!
10420 nu weder habt Ir disen můt
von jemands gepote?   9440
oder welt Irs lone haben von gote?
oder sult Ir immer hinne sein?"
des antwůrte im Mabonabrin:
10425 „Ich wil euch des ein ende geben:
Ich habe mir ditz leben   9445
von dhainem freien můte erkorn,
wann er nie ward geporn,
der leute gerner sähe.
10430 nu los, durch welhe spahe
ich mir dasselb leben erkos.   9450
Ich wolt dann werden treulos,
so můest ich es behalten
und solt hierinne alten,
10435 mir enschůefe sein got rat,
als er von seinen gnaden hat.   9455
heut nimbt es ende
ein tail mit miswende,
daz ich leicht sol verklagen.
10440 herre, nu wil ich euch sagen,
Wenn ich umb ditz leben   9460
mein treue han gegeben:
Ich kam also, daz ich gerait,
hie bevor in meiner kinthait
10445 von hinnen in ein ander lant,
da ich dise frauen vant   9465
in Irer můter gewalt,
ein kind wol aindlif Jar alt
von edlem künne.
10450 auch gesach ich nie grosser wunne
an kindes leibe   9470
von mann | noch von weibe,   XLIXrc
Als mir mein sinn da verjach.
und si mein auge ersach
10455 so edel und so wunneklich,

10443 ICH   **10448** kindwol

als so wackerer Mann hierbleiben?
Das kann mich gar nicht genug wundern,
denn unter Leuten ist es wunderbar!
10420 Also habt Ihr entweder diese Haltung
aus Zwang angenommen
oder Ihr wollt dafür von Gott belohnt werden?
Oder könnt Ihr hier nicht raus?"
Darauf erwiderte Mabonagrim:
10425 „Ich werde die Geschichte für Euch vervollständigen.
Ich habe mich für dieses Leben
nicht von mir aus entschieden,
denn es gibt niemanden,
der lieber unter Leuten wäre als ich.
10430 Nun höre, auf welch seltsame Weise
ich zu diesem Leben gekommen bin.
Wenn ich nicht ein Versprechen brechen wollte,
hätte ich dieses Leben beibehalten
und hier drinnen alt und grau werden müssen,
10435 wenn Gott nicht Abhilfe geschaffen hätte,
was er aus Gnade nun getan hat.
Heute hat es ein Ende,
mit etwas Schande zwar,
was ich aber leicht verschmerzen kann.
10440 Herr, ich werde Euch nun sagen,
warum ich für dieses Leben
meine Bindungen aufgegeben habe.
Ich kam damals
in meiner Jugend
10445 in ein fremdes Land geritten,
wo ich diese Dame dort
als etwa elfjähriges Kind
von edler Abstammung
in der Obhut ihrer Mutter antraf.
10450 Außerdem hatte ich noch nie größere Schönheit
bei einem Kind gesehen,
weder bei einem Jungen noch bei einem Mädchen,
so dachte ich bei mir.
Und als ich sie ansah,
10455 vornehm und wunderschön wie sie war,

da nam si mein hertz an sich 9475
wann wir, die baide, waren
Jung von gleichen Jaren.
ze hant ich umb Ir minne warb.
10460 derselbe gewerb auch nicht verdarb,
Wann si mit mir entran. 9480
als Ich si da brachte dan
auf ditz selbe haus her heim,
da wolt mir mein Oheim
10465 des nicht lenger peiten:
ich nam das schwert zu denselben 9485
zeiten.
Da nam ich schwert hierinne.
also da mein freundinne
und ich ze tische sassen,
10470 da wir wol halb gassen,
da begraif si mich sunst verre. 9490
Si sprach: ‚gedencket, lieber herre,
was ich durch euch hab getan‘,
und bat, si des geniessen ze lan.
10475 vil teure ward ich gemant
und hiess mich loben an Ir handt 9495
ze laisten, wes si päte.
des gelobt ich Ir stäte,
als mich ot die liebe zwang.
10480 auch het ich des dhainen gedanck,
daz si mich ichtes päte, 9500
wann daz Ich sanft täte.
doch ware si gewert,
wes si het begert,
10485 was ich bringen mochte
und mir zu tůn dochte, 9505
und tůn noch, wes si begert zu mir.
desselben bin ich gewiss an Ir.
was si wil, das wil auch ich
10490 und was ich wil, des gewert si mich.
wie mochte die gesellschaft 9510
haben dhain lieber craft
under manne und weibe?

______

10463 herheim   **10467** hie rÿnne

da ergriff sie Besitz von meinem Herzen,
denn wir, wir beide, waren
gleich alt.
Sofort warb ich um ihre Minne.
10460 Die Bemühungen waren auch nicht vergebens,
denn sie lief mit mir davon.
Als ich sie daraufhin
in dieses Haus heimführte,
wollte mein Onkel mich
10465 nicht länger warten lassen:
ich wurde zum Ritter geschlagen.

Hier drinnen empfing ich das Schwert.
Als meine Geliebte
und ich zu Tisch saßen,
10470 noch mitten im Essen,
beschwor sie mich eindringlich.
Sie sagte: ‚Denkt daran, lieber Herr,
was ich um Euretwillen getan habe‘,
und bat um eine Gegenleistung.
10475 Sehr eindringlich redete sie auf mich ein
und forderte mich auf, ihr in die Hand
zu versprechen, alles zu tun, was sie erbitten würde.
Das versprach ich ihr fest,
wie mich eben die Liebe dazu nötigte.
10480 Außerdem kam ich nicht auf die Gedanken,
dass sie mich um etwas bitten würde,
was ich nicht problemlos tun könnte.
Ich hätte ihr doch alles erfüllt,
was sie sich wünschte,
10485 sofern ich dazu in der Lage
und es anständig gewesen wäre,
und tue immer noch, was sie von mir verlangt.
Auf das Gleiche kann ich mich bei ihr verlassen.
Was sie will, das will auch ich
10490 und was ich will, das gestattet sie mir.
Wie könnte die Verbindung
zwischen Mann und Frau
liebevoller sein?

　　　da nun mit dem leibe
10495　scheinet gesellen gůt
　　　und da sich schaidet so Ir můt,　　　　9515
　　　daz das aine lützel oder vil
　　　begert, des das ander nit wil,
　　　daz die ungefúege geschicht,
10500　das ist under uns zwaien nicht.
　　　von heute úber húndert Jar　　　　　9520
　　　gewancte ich des nimmer umb ein har:
　　　Ir wille sei mein bestes hail,
　　　wann das ist der maiste tail
10505　rechter freude, die ich han,
　　　wo ich icht des mag began,　　　　　9525
　　　da Ir wille an geschicht.
　　　desselben wenckt si mir nicht
　　　umb des. wenn ich nicht täte
10510　gerne, wie si päte,
　　　damit mistat ich an Ir　　　　　　　9530
　　　michels harter dann an mir.
　　　und als die sicherhait ergie,
　　　von freuden si mich umbfie.
10515　Si sprach: ‚wol mir, daz ich lebe
　　　also wunneklicher gebe,　　　　　　9535
　　　der mich got hat gewert.
　　　alles, des mein hertz begert,
　　　das han ich umbfangen.
10520　es ist mir wol ergangen.
　　　auch wil Ich mich vermessen,　　　　9540
　　　wir haben hie besessen
　　　daz ander paradeise.
　　　desselben stat ich preise
10525　fúr alle paumgarten.
　　　als Ir selbs mügt warten,　　　　　9545
　　　hie ist inne michel wunne
　　　von aller vogl kunne
　　　und von misfarber plůd.
10530　hie ware das wesen aine vil gůt.‘ |　9549
　　　Si sprach: ‚hie wil Ich inne　　　　XLIXva
　　　mich nieten eurer minne.
　　　ditz ist die gabe, der ich pite:
　　　hie beherte ich wol mite,
10535　daz Ich eur mug beleiben

Während nur durch Äußerlichkeiten
10495 andere Paare harmonisch zu sein scheinen,
unter ihnen aber ganz unterschiedliche Ansichten bestehen,
sodass der eine ständig etwas
will, was der andere nicht will,
sodass sie sich andauernd streiten,
10500 ist das bei uns beiden nicht der Fall.
Weder heute noch in hundert Jahren
werde ich auch nur um ein Haar davon abrücken:
Ihr Wunsch muss mir das Höchste sein,
denn der größte Teil
10505 meines Glücks ist es,
wenn ich in meinem Tun
ihrem Willen entspreche.
Das gilt umgekehrt in gleicher Weise auch für sie.
Wenn ich nicht gerne täte,
10510 worum sie mich bittet,
täte ich ihr damit
mehr Unrecht als mir.
Als das Versprechen gegeben war,
umarmte sie mich voller Freude.
10515 Sie sagte: ‚Wie schön für mich, dass ich
ein so wunderbares Geschenk erleben darf,
das Gott mir zugestanden hat.
Alles, was mein Herz begehrt,
halte ich im Arm.
10520 Ich habe Glück gehabt.
Auch maße ich mir zu behaupten an,
dass wir hier
das irdische Paradies hatten.
Diesen Ort ziehe ich
10525 allen anderen Baumgärten vor.
Wie Ihr selbst sehen könnt,
verbreiten hier drinnen
Vögel aller Art
und bunte Blumen großes Vergnügen.
10530 Hier könnte man gut allein sein.‘
Weiterhin sagte sie: ‚Hier drinnen
will ich Eure Liebe genießen.
Das ist das Geschenk, das ich mir wünsche:
Hier kann ich
10535 ohne Eifersucht auf andere Frauen sicherstellen,

an angst vor andern weiben,   9555
daz Ir hierinne mit mir seit,
wir zwai untz an die zeit,
daz euch hierin ein man
10540 gesige alters aine an,
also daz es vor mir geschehe,   9560
daz Ich die warhait selbs sehe.'
nu warumb tet si das?
das wil ich euch beschaiden bas:
10545 des het si dhainen wan,
das es immer mochte ergan   9565
oder daz man In indert funde,
der mich überwunde.
so recht teure daucht ich si.
10550 auch bin ich es noch gewesen frei
úntz heut an disen tag,   9570
daz Ich vil wol ertzeugen mag,
ob Irs nicht wol gelaubet.
secht ot Ir die haubet?
10555 die hab ich alle abgeschlagen.
auch wil ich euch mer sagen: 9575
der stecke, der da lär stat,
daz er nicht hauptes aufhat
und da das horn hanget an,
10560 der peitet eines neuen man;
den solt ich mit euch haben bestat   9580
und eur haubt darauf gesat.
des hat uns bede got erlan.
ich wane heut erworben han
10565 ein schadelose schand,
seit mich von disem pande   9585
hat erloset eur hand.
got der hat euch heer gesant.
heut ist meines kumbers zil:
10570 nu var ich aus und war Ich wil.
Und sei euch das fürwar gesait: 9590
Ir seit zu grosser selikait
disem hove heerkomen,
wann mit mir was im benomen
10575 alle seine wúnne gar
und was ot schoner freuden bar.   9595
seit daz In mein abe gie,

dass ich Eure einzige Geliebte bleibe,
indem Ihr hier mit mir bleibt,
nur wir zwei, bis
Euch ein Mann
10540 ohne die Hilfe anderer besiegt;
auch soll der Kampf vor mir stattfinden,
damit ich einen sicheren Beweis habe.'
Warum verhielt sie sich so?
Das will ich Euch genauer erklären:
10545 Sie hoffte,
dass dieser Fall niemals eintreten würde
und dass man keinen finden könnte,
der mich besiegte.
Für so besonders hielt sie mich.
10550 Bis heute
ist mir das ja auch nicht passiert,
das kann ich Euch auch beweisen,
wenn Ihr es mir nicht recht glaubt:
Seht Ihr die Köpfe?
10555 Sie alle habe ich abgeschlagen.
Ich will Euch auch noch mehr verraten:
Der Spieß, der leer dort steht,
der keinen Kopf trägt
und an dem das Horn hängt:
10560 Der wartet auf einen frischen Mann;
diesen hätte ich mit Euch bestücken
und Euren Kopf draufspießen sollen.
Das hat Gott uns beiden erspart.
Ich glaube, dass ich heute
10565 eine unschädliche Schande erlitten habe,
da Ihr mich
von dieser Fessel befreit habt.
Gott hat Euch hergeschickt.
Heute hat mein Unglück ein Ende:
10570 Ich gehe jetzt, wohin ich will.
Und noch etwas teile ich Euch mit:
Dass Ihr hergekommen seid,
ist ein großer Segen für den Hof,
denn ihm wurde mit mir
10575 alles Glück vollständig genommen,
er war gewiss ganz ohne Freude.
Seit ich ihm fehlte,

so ward ot hier nie
dhainer slachte spil erhaben,
10580 durch das In lebender was begraben
mein Jugent und mein gepúrd.   9600
so ist ot Loiede Illecurt
gäntzlichen nider gelegen.
Nu süllen wir aber phlegen,
10585 wann nu habent si wider Irn trost.
es hat von michel sere erlost   9605
Eur ellenthafte handt
ditz vil reuiges landt
und gar zu freuden gekert.
10590 des seit Ir immer geert.
Herre, nu sult Ir aufstan   9610
und frolichen gan
blasen dasselb horn,
wann das ist dartzů erkorn,
10595 ob mich jemand uberwúnde,
daz er da ze stunde   9615
damit tete den leuten kundt,
daz er pliese drei stúnd.
das ist da nú gehangen,
10600 untz michs mag belangen,
ungeplasen manigen tag,   9620
daz ich dises haimats phlag.“
nu nam ers ab dem stecken
und pat es Erecken
10605 plasen. da ze stúnde
satzt ers ze munde;   9625
Vil michel ward der horndos,
wann es was lang und gros. |
Als si do überal   XLIXvb
10610 Horten disen hornschal,
die vor dem paumgarten   9630
des siges solten warten,
nu sahen si alle an einander an,
wann da was dhain man,
10615 der des hette dhainen wan,
daz es sunst ware ergan,   9635

10607 horn dos **10610** horn ſchal

gab es dort niemals mehr
irgendwelche Vergnügungen,
10580 weil meine Jugend und mein Adel
lebendig begraben waren.
Auf diese Weise lag Loiede Illecurt
völlig darnieder.
Nun wird es sie wieder geben,
10585 denn sie haben nun ihre Zuversicht zurück.
Von maßlosem Leid
hat Eure heldenhafte Tat
dieses Land der Trauer erlöst
und in ein Land der Freude verwandelt.
10590 Dafür werdet Ihr ewig gefeiert werden.
Herr, Ihr müsst jetzt aufstehen
und fröhlich dorthin gehen,
um in dieses Horn zu blasen,
denn es ist dazu gedacht,
10595 dass, wenn jemand mich besiegte,
dieser es sogleich
den Leuten dadurch mitteilen könnte,
indem er drei Mal hineinbläst.
Es hing dort –
10600 mir wurde die Zeit schon lang –
viele Tage unbenutzt,
solange ich hier wohnte.“
Da nahm er es vom Spieß
und forderte Ereck auf
10605 zu blasen. Sofort
führte er es zum Mund,
der Hornstoß fiel gewaltig aus,
denn es war lang und groß.
Als man überall
10610 das Hornsignal hörte,
sahen die, die vor dem Baumgarten
auf den Ausgang des Kampfes warteten,
sich alle an,
denn es gab niemanden,
10615 der auch nur die geringste Hoffnung hatte,
dass es so ausgegangen sein könnte,

daz der Ritter Mabonagrim
solt úberwunden sin;
und rieten die Burgare,
10620 daz es ein getrúgnus wäre,
úntz Ins Eregk an der stúnd   9640
mit dem horn tet khundt
und da zu dem dritten male.
nu ward on wale
10625 wider dem alten siten getan:
der künig Ivranis von Brandigan,   9645
der nam die Frauen Eniten
und fúrte si besiten
Zu jenem paumgarten in.
10630 das wiszte niemand da an In,
wo man in solte komen: 9650
das geleite ward von im genomen.
nu eilten si alle
mit frolichem schalle,
10635 da si die herren sahen an.
hie wurden dise zwen man,   9655
Ereck und Mabonagrim,
von aller diser menigin
schon gesalutieret
10640 und der tag getzieret
mit from wichgesange.   9660
dawider und in lange
das hertze was getrúebet,
so ward nu freud geuebet
10645 und Ereck schon geeret,
sein preis wol gemeret.   9665
Si rueften da ze stunde
mit gleichem munde,
baide mann und weib:
10650 „Ritter, geeret sei dein leib!
mit sälden múessestu immer leben!   9670
got hat dich uns ze trost gegeben
und in das land geweiset.
pis gefreut und gepreiset
10655 aller Ritter Ere.

10641 wich gefange

dass der Ritter Mabonagrim
besiegt worden wäre.
Nun dachten die Einwohner,
10620 dass es sich um eine Täuschung handele,
bis Ereck sie sogleich
zum dritten Mal
mit dem Horn aufklärte.
Ohne Zögern wurde jetzt
10625 gegen die alte Gewohnheit verstoßen:
König Ivranis von Brandigan
nahm Frau Enite
und führte sie an seiner Seite
in den Baumgarten.
10630 Außer ihm wusste niemand,
wo man hineingelangen konnte:
So übernahm er die Führung.
Alle eilten jetzt,
heiter lärmend dorthin,
10635 wo sie die Herren sahen.
Die beiden Männer,
Ereck und Mabonagrim,
wurden von der Menschenmenge
mit großer Freude gegrüßt
10640 und der Tag
mit fröhlichem Lobgesang gefeiert.
Nachdem sie lange
getrauert hatten,
freuten sie sich nun
10645 und feierten angemessen Ereck,
dessen Ruhm stieg.
Sowohl Männer als auch Frauen
riefen umgehend
im Chor:
10650 „Ritter, geehrt seist du,
du sollst für immer im Glück leben!
Gott hat dich uns zur Hilfe geschickt
und dich in dieses Land geführt.
Sei bejubelt und mit Ehre überschüttet,
10655 du Stolz aller Ritter.

Ja hat dich immermere   9675
got und dein ellenthafte hant
gekrönet über alle landt.
mit haile múessestu werden alt."
10660 hie was die wunne manigvalt.
Doch was zu den zeiten   9680
der schonen frauen Eneiten
hertzenlaides nicht geschehen.
des schwer ich wol und wil es jehen,
10665 daz disen frauen baiden
Ir gemúete was geschaiden,   9685
die under der Pavilune sass
und dise, der da bas
an dem streite da gelang.
10670 ich enweis, wie der múnd Ir hertze
    sanck:
die aine freuden krone trúg,   9690
die ander hette laides genúg
geladen mit hertzensere,
davon daz si nicht mere
10675 in dem paumgarten solt sein
und Ir amis Mabonagreim.   9695
auch want si die hende
umb sölhe misswende,
die irem mann da geschach.
10680 als si die frau Enite gesach
dort sitzen wainen,   9700
Nu begunde da erschainen
ein weiplich gemúete:
Ir vil grossen güete
10685 Betzwang ot die súessen,
daz si si múeste grúessen,   9705
wie doch jener schware.
manig wechselmäre
sageten si da baide
10690 von liebe und | auch von laide   XLIXvc
und geselleten sich damit   9710
nach weiplichem sit.
von Lande von Ir magen

10688 wechſel máre

Ja, für immer haben dich
Gott und dein Mut
auf der ganzen Welt ausgezeichnet:
Mögest Du glücklich und lange leben.“
10660 Die Freude war sehr groß.
Gleichzeitig
litt auch die schöne Frau Enite
nicht mehr.
Das schwöre ich und kann euch berichten,
10665 dass zwischen diesen beiden Damen
die Stimmung sehr unterschiedlich war –
zwischen jener, die unter dem Zelt saß,
und dieser, für die
der Kampf besser ausgegangen war.
10670 Ich weiß nicht, ob der Mund sprach, wie es ihnen das Herz eingab:

Die eine war von Freude gekrönt,
die andere litt sehr
unter tiefem Schmerz,
dass sie nicht mehr
10675 im Baumgarten bleiben durfte
mit ihrem Geliebten Mabonagrim.
Sie rang die Hände
über das Unglück,
das ihren Mann dort ereilt hatte.
10680 Als die Frau Enite sie
dort weinend sitzen sah,
bewies sie
ein für Frauen typisches Wesen:
Ihre große Güte
10685 drängte die Süße dazu,
die Andere anzusprechen,
obwohl jene bedrückt war.
Viele Worte
wechselten beide,
10690 sowohl über Liebe als auch über Leid,
und freundeten sich so an,
wie es unter Frauen üblich ist.
Über die Herkunft ihrer Verwandten

begunden si do fragen
10695 und sich mit rede engesten
und sageten, was si westen.   9715
ze kunden rechneten si da,
daz si geniffeln warn da.
nu wie mocht es nächner sein,
10700 Seit daz der Hertzog Imain,
der herre von Tulmein,   9720
der frauen Eniten Oheim,
der Vetter was?
auch waren si baide, als ich es las,
10705 von einer stat ze leute erporn.
secht, hie ward traurn verkorn.   9725
zesamen hielsen si sich do
und waren baide einander fro,
daz si mit er scheinden,
10710 Wann si von freuden weindten.
das wainen schier ende nam   9730
und lacheten, daz In bas getzam.
ze handen si sich do viengen,
die frauen, und giengen,
10715 da si Ire herren fúnden.
vor freuden si kunden   9735
ditz nicht lenger verdagen:
Si músten offenlich sagen,
daz si genifteln warn.
10720 nach disen neuen mären
sprachen si all geleiche,   9740
daz si got wúnderleiche
zusamen hette gesant
in ein also frombds land.
10725 nu fúren weib und man
aus dem paumgarten dan.   9745
die haubt, als Ir hortend sagen,
die darin waren abgeslagen,
die nam man ab den stecken –
10730 des ere got Erecken –
und wurden poten gesant   9750
nach der phaffhait in das land,

———
10709 erſcheinden

befragten sie einander,
10695 machten sich im Gespräch vertraut
und tauschten ihr Wissen aus.
Sie fanden heraus,
dass sie Kusinen waren.
Wie könnte man näher verwandt sein,
10700 da doch der Herr über Tulmein,
der Herzog Imain,
der Onkel mütterlicherseits der Frau Enite,
deren Onkel väterlicherseits war?
Auch waren sie beide, so habe ich es gelesen,
10705 in derselben Stadt zur Welt gekommen.
Seht nur, hier wurde das Trauern fallen gelassen.
Da fielen sie sich um den Hals
und hatten ihre Freude aneinander,
was sie würdig zeigten,
10710 denn sie weinten vor Glück.
Die Tränen versiegten schnell
und sie lachten, was ihnen viel besser stand.
Bei den Händen nahmen sich
die Damen und gingen dorthin,
10715 wo sich ihre Männer aufhielten.
Vor Freude konnten sie
es nicht länger verschweigen:
Sie mussten bekannt machen,
dass sie Kusinen waren.
10720 Angesichts dieser Neuigkeiten
waren sich alle einig,
dass Gott sie auf wunderbare Weise
beide zugleich
in ein so fremdes Land geschickt hatte.
10725 Alle verließen
nun den Baumgarten.
Die Köpfe, ihr habt davon gehört,
die darin abgeschlagen worden waren,
nahm man von den Pfählen –
10730 möge Gott Ereck dafür belohnen! –
und man schickte Boten
nach den Geistlichen des Landes,

daz man si begrúebe nach eren.
hie begunde sich erst meren
10735 die freude auf Brandigan.
ditz was von schulden getan. 9755
Wann also schier ditz erschal
in das land úberal
von sölhem märe,
10740 daz die freud von dem hove wäre
wider gewůnnen, 9760
der In was zerunnen,
des künigs mage und dienstman,
die fůren ze hove alle dan
10745 mit den Landtfrauen,
die neue gnad schauen. 9765
Hie samleten sich die pesten.
der Wirt mit seinen gesten,
die er dar mochte bringen,
10750 erpiten und betzwingen,
Si macheten ein hochzeit, 9770
die mit wirtschaft seit
werte vier wochen.
mit freuden wirt zebrochen
10755 die sware gewonhait,
die er durch seinen Neven erlaid. 9775
des wirt er hie ergetzet
und ist im wol ersetzet
mit vil wúnneklicher craft.
10760 Ereck und sein gesellschaft
Was da zu den hochzeiten; 9780
die liess der künig nicht reiten,
doch was Er on freud hie,
also daz sein hertze nie
10765 von schwaren kumber brachte.
wenn er daran gedachte, 9785
so entwich im aller sein mŮt,
als es dem Erbern hertzen tút:
dem ervollent dick die augen
10770 offenlich und taugen,
wenn Er icht des gesicht, 9790
das wol zu erparmen geschicht.
auch was ditz genúg erparmiklich:
es ward nie man so freudenrich,

um sie in Würde zu bestatten.
Nun erst steigerte sich
10735 die Freude auf Brandigan.
Das war ganz recht so.
Denn als plötzlich
im ganzen Land
sich die Nachricht verbreitete,
10740 dass die Freude des Hofes
wiedergewonnen sei,
die abhanden gekommen war,
kamen daraufhin alle
Verwandten und Dienstleute des Königs
10745 mit den Damen des Landes an den Hof,
um das neue Glück zu sehen.
Hier versammelten sich die Besten.
Der Hausherr mit seinen Gästen –
die er dort hinbringen konnte,
10750 auf seinen Wunsch oder Befehl hin –
die veranstalteten ein Fest,
das in Saus und Braus
vier Wochen dauerte.
Mit Freuden wird der
10755 leidvolle Brauch beendet,
den er dank seines Neffen erduldet hatte.
Dafür wird er nun entschädigt
und zwar mit angemessenem Ersatz
in großem Übermaß.
10760 Ereck und seine Lieben
waren bei dem Fest anwesend;
der König ließ sie nicht aufbrechen,
aber Ereck war freudlos dabei,
sodass er nie
10765 ohne schmerzlichen Kummer blieb.
Wenn er daran dachte,
wurde ihm das Herz schwer,
so wie es bei ehrbaren Menschen der Fall ist:
Deren Augen füllen sich oft mit Tränen,
10770 öffentlich und heimlich,
wenn sie etwas sehen,
was zum Erbarmen ist.
Es war ja auch mitleiderregend genug:
Niemand hat jemals so viel Freude gehabt,

10775 dem doch icht erparmen sol.
Ich | wisse das beinamen wol,   Lra 9795
Hett er die not ersehen,
im ware ze wainen geschehen.
Im erparmet die ellende schar,
10780 die Achtzigk frauen, die da gar
Irer freuden verweiset waren,   9800
Als da an Ir geparen
was vil ruigklich schein,
den der Rote Mabonagrein
10785 Ir Amis hette erschlagen.
baide trauren und klagen   9805
das was Ir Ambt allen tag.
recht als sam der has *en* jag
scheuhet sein waide,
10790 so fluhen si das von laide,
daz Si darnider komen,   9810
da si freude vernomen.
auch wolten si den man
ze allem Ir leben an
10795 mit Ir danck engesehen,
von dem In laide was geschehen.   9815
Nu half In Ereck traurig sein.
das ward doch hieran wol schein,
daz Er zu dhainen zeiten
10800 mit der frauen Eneiten
seines danckes von In kam.   9820
mit gůtem troste er In benam
Irs hertzlaides etwas.
nu was tůt dem manne bas,
10805 wann der In nach laide tröstet wol?
desselben ist freundt seines   9825
  freundes schol.
Doch begúnde er In raten,
das si vil gerne taten,
daz si da nicht mer beliben
10810 Und si Ir Jar bas vertriben
und daz si urlaub nämen   9830
und mit Im kämen

10779 IM   **10788** den   **10795** dancken gefehen

10775 dass er kein Mitleid mehr hätte.
Ich weiß es sehr genau,
hätte er dieses Leid gesehen,
er hätte weinen müssen.
Er litt mit der heimatlosen Schar,
10780 mit den achtzig Damen, die dort ganz
ohne Freude lebten,
wie dies an deren Verhalten
schmerzhaft deutlich wurde,
denen der rote Mabonagrim
10785 den Liebsten erschlagen hatte.
Trauern und Klagen
war ihr Tagwerk.
Ganz wie der Hase, der am Jagdtag
seine Futterstelle räumt,
10790 vermieden sie wegen des Leids,
dorthin herunterzukommen,
wo sie Freude hörten.
Auch wollten sie den Mann
bis an ihr Lebensende
10795 freiwillig nicht mehr sehen,
der ihren Schmerz verursacht hatte.
Ereck trauerte mit ihnen.
Das sah man daran,
dass er sich
10800 mit der Frau Enite niemals
aus freien Stücken von ihnen entfernte.
Mit gutem Zureden linderte
er ihr tief empfundenes Leid ein wenig.
Was tut einem Menschen besser
10805 als jemand, der ihn in Leidenszeiten tröstet?
Das ist ein Freund dem anderen schuldig.

Dennoch empfahl er ihnen,
was sie sehr gerne taten,
nämlich dass sie nicht länger dort bleiben,
10810 und ihr Leben angenehmer gestalten,
Abschied nehmen,
und mit ihm

zu dem künige Arthause,
wann si da ze hause
10815 nimmer wolten werden fro.
Urlaubes begerten si do.   9835
das was dem Wirte nicht laid,
wann im was wol das gesait,
daz si hetten des gejehen,
10820 im ware so laide da geschehen,
daz si auf dem haus ze Brandigan   9840
nie kain freud mochten han.
Nu wolt er In gern urlaub geben.
ob si ze pessrúng Ir leben
10825 mochten verkern
und im nach seinen ern   9845
Si wolten freude walten,
so sahe Er si ungerne alten
inder in seiner phlege.
10830 vil gern berait ers after wege.
der wirt Ir willen hůte,   9850
seit Er si nach Ir můte
ruiklichen klaite,
daz ers auch darnach beraite,
10835 so daz Ir varbe baider,
phärde und klaider,   9855
gleich und wol zusamen schain:
Schwartz reufar allain.
Die hochzeit hat ende.
10840 nu schied der elende
mit disen frauen von dann.   9860
da geschach im hofelichen an,
daz er si von danne nam,
da In ze wesen nicht getzam.
10845 Nu sass der wirt von Brandigan
auf ein schöne kastelan   9865
und die seine
auf Ir Ross von Rafeine,
so si Si hetten peste,
10850 und Confierten die geste
von dem hause genůg verre.   9870

———

10829 in der

zum König Artus kommen sollten,
denn dort auf der Burg
10815 würden sie nie wieder glücklich.
Sie wollten daraufhin Abschied nehmen.
Dem Burgherrn war das nicht unrecht,
denn ihm war gesagt worden,
dass sie erklärt hätten,
10820 ihm wäre so Schreckliches zugestoßen,
dass sie auf Brandigan
nie wieder irgendeine Freude haben könnten.
Er wollte ihnen den Abschied gerne erlauben.
Wenn sie ihr Leben
10825 zum Guten wenden könnten
und sie ihm zur Ehre
in Freuden leben würden,
wollte er sie ungern
irgendwo in seiner Obhut alt und grau werden lassen.
10830 Gerne stattete er sie für ihren Weggang aus.
Der Burgherr nahm Rücksicht,
indem er ihnen ihren Wünschen entsprechend
Trauerkleidung zur Verfügung stellte
und er es außerdem so arrangierte,
10835 dass die Farben von
Pferden und Kleidung
identisch waren und gut harmonierten:
Es gab nur tiefschwarze Trauerfarben.
Das Fest war zu Ende.
10840 Der Fremde
brach nun mit den Damen auf.
Es war höfisch von ihm,
dass er sie von dort wegbrachte,
wo ihnen zu leben nicht gut tat.
10845 Der Herr von Brandigan
schwang sich auf einen schönen Kastilianer
und seine Männer
auf ihre Araber,
die besten Pferde, die sie hatten,
10850 und sie akkompanierten die Gäste
eine angemessene Entfernung von der Burg fort.

       so pat si Ereck der herre
       mit haile da zu beleiben.
       darnach rait er mit den weiben
10855 und brachte si ze hause
       dem künige Arthause.   9875
       da was er michl willekomen
       und ward des gút wargenomen,
       daz | si so gleich waren geklait   Lrb
10860 Und ze pharden berait,
       und begúnden des von schulden   9880
         jehen,
       daz si hetten gesehen
       kain seltzamere schar,
       so manige frauen in einer var;
10865 Und die darumb nicht westen,
       die fragenten von den gesten,   9885
       wie es umb si ware gewant,
       untz Ins Ereck thet erkant.
       hie emphie der valsches frei
10870 von aller der Massenei
       seiner arbait ze lone   9890
       also der Eeren krone,
       daz er zu dem preise ward gesait,
       daz von grosser manhait
10875 niemand zu der welte käme,
       theure oder bas genäme,   9895
       Wann nie manne von den landen
       so gros ding ware erstanden
       von reicher abenteure.
10880 Wann daz frau salde Ir steure,
       seiner Ammen, die sein phlag,   9900
       da er in der wiegen lag,
       so möcht es nimmer sein geschehen.
       als si die frauen haben gesehen,
10885 das dauchte si ein frombde sache.
       Nu fúrte si ze gemache   9905
       die vil Edel künigin.
       Ir sele múesse salig sin,
       wann si vil gerne an pete

10889 anpete

Nun wünschte der Herr Ereck
ihnen alles Gute.
Anschließend ritt er mit den Frauen weiter
10855 und brachte sie
König Artus auf die Burg.
Dort war er hochwillkommen,
und es fiel auf,
dass die Damen gleich gekleidet
10860 und mit Pferden ausgestattet worden waren,
und man sagte zu Recht,

dass noch nie
eine merkwürdigere Schar gesehen worden war –
so viele gleichfarbige Damen;
10865 wer darüber nicht Bescheid wusste,
erfragte bei den Neuankömmlingen,
was es mit ihnen auf sich habe,
bis Ereck ihnen das erklärte.
Der Tadellose wurde hier
10870 vom ganzen Hof
für seine Mühen
mit der höchsten Ehre belohnt,
indem man ihn mit den Worten rühmte,
dass niemand auf der Welt
10875 größere Tapferkeit besäße,
geschweige denn Wert und Anerkennung,
denn es war noch nie jemandem
eine so große Sache
in einem derartig herausfordernden Abenteuer geglückt.
10880 Ohne den Beistand der Frau Sälde,
seiner Amme, die ihn in Obhut hatte,
als er in der Wiege lag,
wäre es niemals dazu gekommen.
Der Anblick der Damen
10885 erschien ihnen seltsam.
Nun wurden sie von der edlen Königin
in die Gemächer geführt.
Möge ihre Seele gerettet werden,
denn sie handelte gerne gut,

10890 wol tugentlich tete.
Nu weste der kúnig Artaus 9910
die geste gern in seinem haus;
und als er ir beite seit
so lang, úntz In des dauchte zeit,
10895 daz er möchte zu In gan,
hie was Ereck und Walwan, 9915
auch Gifurais, si drei
und ander die massenei
undereinander vil fro.
10900 zu In sprach der kúnig do:
„Ir herren, Wir sullen gen schauen 9920
unser neu kumen frauen
und tröstens nach Irem laide!"
aufstůnden si da baide,
10905 der kúnig Artus und Ereck.
bei handen giengen si den weg 9925
in Ir kemenaten.
da was die bas beraten
mit frauen dann vor des je.
10910 der wirt zu In sitzen gie,
die andern satzten sich auch so, 9930
der aine hie, der ander do.
und als si der künig ersach
leiden umb Ir ungemach,
10915 geleich klage, gleich reu,
gleich stäte, gleiche treu, 9935
gleicher schön*e*, gleicher Jugent,
gleicher zucht, gleicher tugent,
gleicher wate, gleicher gúete,
10920 gleicher achte, gleicher gemúete,
ditz daucht In weiplichen und gůt 9940
und beweget im den můt
und můst im wolgevallen.
Er sprach vor In allen:
10925 „Ereck, lieber Neve mein,
du solt von schulden Immer sein 9945
gepreiset und geeret,
Wann du hast wol gemeret

10917 fchóner **10926** Ẏmmmer

10890 ohne sich bitten zu lassen.
König Artus hatte
die Gäste gern an seinem Hof;
und als er so lange gewartet hatte,
bis es ihm an der Zeit schien,
10895 zu ihnen gehen zu können,
waren Ereck und Walwan
sowie Gifurais, diese drei
und auch der ganze Hof,
sehr froh darüber.
10900 Daraufhin sagte der König zu ihnen:
„Meine Herren, wir müssen
nach unseren gerade eben angekommenen Damen sehen
und sie in ihrem Leid trösten!"
Beide erhoben sich,
10905 König Artus und Ereck.
Hand in Hand gingen sie
in die Kemenate der Damen.
Diese war nun besser mit Damen ausgestattet
als jemals vorher.
10910 Der Hausherr setzte sich zu ihnen,
die Anderen setzten sich ebenfalls,
einer hierher, der Andere dorthin.
Und als der König sie
aufgrund ihres Unglücks leiden sah
10915 mit gleichen Worten, gleichem Schmerz,
in gleicher Beständigkeit, gleicher Treue,
gleicher Schönheit, gleicher Jugend,
gleicher Beherrschung, gleichem Anstand,
gleicher Kleidung, gleicher Güte,
10920 gleicher Überzeugung, gleicher Haltung,
kam ihm das sehr weiblich und gut vor,
es rührte ihn an
und musste ihm gut gefallen.
Vor allen sagte er:
10925 „Ereck, lieber Neffe,
du sollst mit gutem Grund für immer
gelobt und geehrt werden,
denn du hast

unser hofes wúnne.
10930 wer dir nicht gůtes gunne,
der werde nimmer mer fro."   9950
„Amen", sprachen si alle do,
wann si im gutes gunden.
Si wurden uberwúnden,
10935 die vil reuigen weib,
daz si Irn mút und Irn leib   9955
zu freuden verkerten
und den kunig daran ereten,
daz Er In die | wat nam,   Lrc
10940 Die In ze freuden nicht getzam,
und claite si mit solher wat,   9960
so si zu freuden peste stat,
von seiden und von golde.
Ereck, der eren holde,
10945 und Gifurais Lepititz,
die wurden da mit allem vleiss   9965
geeret und enthalten
und Ir also gewalten,
als Irn namen wol getzam,
10950 untz daz Ereck ein märe kam,
daz sein Vater ware tot.   9970
nu was des seinem lande not,
daz er sich abe tete
sölher unstäte
10955 und daz Er haim füere;
daz were gefüere   9975
seinen landen und seiner diet.
mit urlaub er da danne schied
Von dem künige Arthause,
10960 Ze varen haim ze hause.
da Er von dem hofe schied,   9980
da tröstet Er notige diet,
die seines gutes rúchten
und ob sis nimmer gesůchten,
10965 nach jegliches achte
und als ers haben mochte,   9985
also daz si ein gemainen segen
mit treuen teten úber den Degen,
daz got seiner eren wielte
10970 und im die sele behielte.

unserem Hof mehr Freude gebracht.
10930 Wer dir nicht nur Gutes wünscht,
soll seines Lebens nicht mehr froh werden."
Dazu sagten alle „amen",
denn sie wünschten ihm Gutes.
Die leidgeprüften Frauen
10935 wurden dazu gebracht,
in Stimmung und Auftreten
wieder fröhlich zu sein,
und den König dafür zu ehren,
dass er sie von der Kleidung befreite,
10940 die sich in Freudenzeiten nicht gehört,
und sie stattdessen mit solcher ausstattete,
die am allerbesten zur Freude passt,
nämlich aus Seide und Gold.
Ereck, der Ehrenhafte,
10945 und Gifurais Lepititz
wurden mit großem Aufwand
geehrt und bewirtet
und genau so behandelt,
wie es ihrem Ruhm entsprach,
10950 bis Ereck die Nachricht erreichte,
dass sein Vater gestorben sei.
Jetzt war es wichtig für sein Land,
sein unstetes Leben
aufzugeben
10955 und nach Hause zu kommen;
dies wäre ein Gewinn
für sein Land und seine Leute.
Mit dessen Erlaubnis verließ
er König Artus,
10960 um nach Hause zu reiten.
Als er vom Hof aufbrach,
half er bedürftigen Menschen,
die etwas von seinem Reichtum benötigten,
auch wenn sie nie darum gebeten hatten,
10965 er gab jedem passend zu dessen Verhältnissen
und wie er konnte,
sodass sie den Helden alle zusammen
von Herzen segneten,
dass Gott seinem Ruhm Dauer verleihen
10970 und seine Seele erretten möge.

Auch schied mit im der wenige man, 9990
der kúnig Gifurais, von dann,
entgegen seinem reiche.
nu wurden si wirdikleiche
10975 Conduwiert baide
untz an Ir wegschaide. 9995
nu schieden si sich under In,
als ich des gewis bin,
so nie gesellen zwain bas,
10980 one neitlichen hass,
Gifurais gegen Urlandt, 10000
Ereck gegen Garnant.
nu was den seinen wol kúnt
beide der tag und die stúnd,
10985 Wenn er solt ze lande kumen.
ze handen hetten si sich genumen, 10005
so man si von lande
zu den teuristen erkande,
Sechs tausent oder mere,
10990 durch Ir herren ere,
Wann si In gerne sahen: 10010
so eilten si In zu emphahen
entgegen im wol drei tage.
es sei dann, daz er missage,
10995 so mag niemand des gejehen,
daz er habe gesehen 10015
dhain willigklichern emphang.
als si Ir schuldige treue tzwang,
So emphiengen si In alle
11000 mit zuchtiklichem schalle,
mit Ir Rossen bedackten. 10020
Und die es haben machten
und Ritter waren genant,
die hetten besunder zu Ir handt
11005 Ir paner reiche,
der Covertuire geleiche. 10025
under seinem wahe
mit vil frömbder spahe
Das gevilde hie gevärbet was
11010 rot, weis, geel und als ein gras
von Ir seiden wat, 10030
so si die welte peste hat.

Mit ihm brach auch der kleine Mann,
König Gifurais,
in Richtung seines Reiches auf.
Sie wurden beide würdevoll
10975 begleitet,
bis sich ihre Wege trennten.
Sie verabschiedeten sich voneinander,
ich bin mir da sicher,
wie nie zwei Freunde es besser könnten,
10980 ohne jede Missstimmung:
Gifurais in Richtung Urlandt,
Ereck in Richtung Garnant.
Nun wussten seine Leute genau
Tag und Stunde
10985 seiner erwarteten Ankunft im Land.
Eilig hatten sich diejenigen,
die man im Land
zu den Würdigsten zählte,
sechstausend oder mehr, versammelt,
10990 um ihren Herrn zu ehren,
denn sie empfingen ihn gern.
So eilten sie ihm zur Begrüßung
mindestens drei Tage entgegen.
Ohne zu lügen,
10995 kann niemand behaupten,
er habe irgendeinen
freudigeren Empfang gesehen.
Aus ihrer rechtmäßigen Treue heraus
empfingen sie ihn alle
11000 mit einem anständigen Freudenjubel
und mit ihren mit Decken herausgeputzten Pferden.
Wer es sich erlauben konnte
und sich Ritter nennen durfte,
trug die eigene
11005 kostbare Fahne,
farblich passend dazu die Satteldecke.
Unter dem Wehen des Banners
war in wundersamer Weise
das Feld gefärbt,
11010 rot, weiß, gelb und grasgrün
von ihrer Seidenkleidung,
der besten auf der Welt.

<table>
<tr><td></td><td>sunst emphiengen die von Garnant</td><td></td></tr>
<tr><td></td><td>aus Destrigales landt |</td><td></td></tr>
<tr><td>11015</td><td>Ir herren, der wider kam,</td><td>Lva</td></tr>
<tr><td></td><td>als einem reichen künige getzam</td><td>10035</td></tr>
<tr><td></td><td>in seinem künigreiche.</td><td></td></tr>
<tr><td></td><td>da het Er selikleiche</td><td></td></tr>
<tr><td></td><td>in manigem lande das bejagt,</td><td></td></tr>
<tr><td>11020</td><td>als uns die warhait von im sagt,</td><td></td></tr>
<tr><td></td><td>das niemands lob stund so hoch</td><td>10040</td></tr>
<tr><td></td><td>under den heren, die ot lebeten do,</td><td></td></tr>
<tr><td></td><td>von mannlicher getat.</td><td></td></tr>
<tr><td></td><td>an seinen lobe das stat,</td><td></td></tr>
<tr><td>11025</td><td>daz er genannt were,</td><td></td></tr>
<tr><td></td><td>Ereck der wúndere.</td><td>10045</td></tr>
<tr><td></td><td>es was et so umb In gewant,</td><td></td></tr>
<tr><td></td><td>daz weiten über alle land</td><td></td></tr>
<tr><td></td><td>was sein wesen und schein.</td><td></td></tr>
<tr><td>11030</td><td>sprechet Ir, wie das mochte sein?</td><td></td></tr>
<tr><td></td><td>was von do? schin der leib nu da,</td><td>10050</td></tr>
<tr><td></td><td>so was sein lob anderswa;</td><td></td></tr>
<tr><td></td><td>also was sein die welt vol,</td><td></td></tr>
<tr><td></td><td>man sprach ot niemand do so wol.</td><td></td></tr>
<tr><td>11035</td><td>Als In got haim gesande</td><td></td></tr>
<tr><td></td><td>ze freuden seinem lande</td><td>10055</td></tr>
<tr><td></td><td>gepot er ein hochzeit,</td><td></td></tr>
<tr><td></td><td>daz vor des noch seit</td><td></td></tr>
<tr><td></td><td>in dem selben lande nie</td><td></td></tr>
<tr><td>11040</td><td>dhain so wunnekliche ergie</td><td></td></tr>
<tr><td></td><td>und von herren also gros.</td><td>10060</td></tr>
<tr><td></td><td>heerkom vil manig sein genos,</td><td></td></tr>
<tr><td></td><td>die ich euch gerne nante,</td><td></td></tr>
<tr><td></td><td>ob ich Ire namen erkante.</td><td></td></tr>
<tr><td>11045</td><td>hie emphieng er lobeliche</td><td></td></tr>
<tr><td></td><td>die krone von dem reiche,</td><td>10065</td></tr>
<tr><td></td><td>der sein Vater, der kunig Lag,</td><td></td></tr>
<tr><td></td><td>untz an In mit eren phlag,</td><td></td></tr>
<tr><td></td><td>wann er vil manige túgent begie.</td><td></td></tr>
<tr><td>11050</td><td>auch ward dhein frummer Vater nie</td><td></td></tr>
<tr><td></td><td>mit seinen Sun bas ersat.</td><td>10070</td></tr>
</table>

V

V 1r Daz weiten uber elleu lant
Waz sein wesen und sein schein.
Sprecht ir, wie mecht daz sein?
Waz von? schein der leib nu do,
so waz sein lob anderswo;
Also waz sein die werlt vol,
man sprach niemen da so wol.
Alz in got haim gesandt
ze vreuden seinen lande,
Nu gepot er ein hochzeit,
daz vordes noch seit
In den selben lande nie
chain so wunnichleich ergie
Und von herren also groz.
dar cham vil maniger sein genoz,
Deu ich eu gerne nande,
ob ich ir namen erchande.
Hie enphieng er lobleich
die chron von dem reich,
Der sein vater, der chunich lac,
untz an in mit ern phlac,
Wan er vil manich tugent pegie.
auch ward dhain frumer vater nie
Mit seinem sun paz ersat.

———

11039 Inden

So empfingen die Garnanter
aus Destrigales
11015 ihren Herrn, der,
wie es sich für einen mächtigen König gehört,
in sein Königreich zurückkehrte.
Glücklich hatte er
in zahlreichen Ländern das erreicht,
11020 was uns die wahre Geschichte über ihn sagt,
nämlich dass kein anderer
unter den Herren, die damals lebten,
wegen Heldentaten so gerühmt wurde wie er.
Diesem Ruhm war es geschuldet,
11025 dass er
‚Ereck der Wunderwirkende‘ genannt wurde.
Es verhielt sich so,
dass er selbst und sein Bild in allen Ländern
überall zugleich waren.
11030 Fragt ihr, wie das sein kann?
Wie das genau kam? Tauchte er selbst an einem Ort auf,
so war sein Ruhm anderswo zugegen;
so war die Welt voll von ihm,
von niemandem sprach man damals ähnlich gut.
11035 Als ihn Gott nach Hause geschickt hatte,
seinem Land zur Freude,
befahl er ein Fest,
das weder zuvor noch danach
so prächtig
11040 in diesem Land
und von einem so großartigen Herrn veranstaltet wurde.
Viele seiner Standesgenossen kamen dort hin,
die ich euch gerne aufzählte,
wenn ich ihre Namen wüsste.
11045 Er empfing dort feierlich
die Krone des Königreichs,
der sein Vater, der König Lag,
bis zur Übergabe an ihn alle Ehre gemacht hatte,
denn er hatte sehr viel Gutes getan.
11050 Auch wurde niemals ein tüchtiger Vater
besser durch seinen Sohn ersetzt.

wer zem paz an seiner stat?	wer zame bas an seiner stat?
Got segen im sein reiche,	Got segen im sein reich!
wan er hot iz pilleiche.	er hat es billeich.
Wir sullen im sein wol gunnen, 11055	wir sullen im sein wol gúnnen,
wan er hot wol begunnen	wann er hat es wol begunnen 10075
Mit vreuden und mit wiertschaft.	mit freuden und mit wirtschaft.
man macht do groz chraft	man mochte ot da grosse craft
Von ritern und von vrauen	von Rittern und von frauen
wol sechs wochen schauen, 11060	wol Sechs wochen schauen,
Also lang si werte.	sust wie lange Si werte. 10080
wes man ze vreuden gerte:	wes man zu freuden begerte:
Wie vil dez menchleich do vant!	wievil des meniclich da fant!
Hie satzt der chunich so sein lant,	hie satzt er so sein land,
Daz iz vil fridleich stuent. 11065	daz es fridelichen stůnd.
er tet, sam die weisen tuent,	Er tet, sam die weisen túnd, 10085
Die dez got gnade sagent,	die des got gnad sagend,
waz si eren bejagent	was si eren bejagent
Und iz von im wellent han.	und es von im wellent han.
so treuget manigen ein wan, 11070	so treuget maniges ein man,
Der in benamen besweichet,	der im benamen beswichet, 10090
so er sich dez muetes reichet,	so Er sich des můtes richet,
Ob im icht guetes wider vert,	ob im icht gútes widerfert,
daz im daz sei beschert	daz im das sei beschert
Nuer von seiner frumchait, 11075	núr von seiner frümbkait,
und sein got chain genad sait.	und es got dhain gnade sait. 10095
Wie leicht ein ende dez geschicht!	Villeicht on ende des geschicht.
also endet der chunich nicht:	also endet der künig nicht:
Seid in got het geret,	seit In got het geeret,
daz ward auch im gecheret 11080	da ward auch im gekeret
Ze lob in allen stunden.	Ze lob in allen stúnden. 10100
dez ward er schon erfunden,	des ward er schon gefunden,
Alz im sein hertze gerte,	als im sein hertze gert,
wan in sein ere werte	wann In sein ere wert
Untz an seinen tot, 11085	untz in seinen tot,
alz iz der himelvogt gepot	als im der himel vogt 10105
An alle missewende.	on alle misswende.
in dem ellende	in dem elende
Het diu vrau Eneite	het die frau Enite
erliten ubel zeite.	erliten úbel zite; 11090

———   ———

11081 Zelob   **11070** manigen

Wer könnte dessen Rolle besser ausfüllen?
Gott segne sein Königtum!
Er besitzt es rechtmäßig.
11055 Wir sollen es ihm gerne gönnen,
denn er hat die Herrschaft angemessen
mit großer Freude und einem Fest angetreten.
Man konnte dort eine große Menge
Ritter und Damen
11060 gut sechs Wochen lang bestaunen,
solange es dauerte.
Was auch immer man zur Freude benötigte:
Man fand alles reichlich vor.
Dabei richtete er seine Herrschaft so ein,
11065 dass sein Land Frieden hatte.
Er handelte wie kluge Menschen,
die Gott für das danken
und von ihm haben wollen,
was sie an Ruhm erlangt haben.
11070 So täuscht sich ein Mann über vieles
und betrügt sich wahrlich selbst,
wenn er annimmt,
dass er alles Gute, was ihm widerfährt,
nur aus eigener Kraft
11075 erreicht hätte
und Gott nicht dafür dankt.
Das kommt vermutlich ständig vor.
Der König endete so nicht:
Weil Gott ihn erhöht hatte,
11080 wandte er sich auch ihm
jederzeit zum Lobpreis zu.
Deshalb wurde er für vortrefflich gehalten,
wie er es sich von Herzen wünschte,
denn seine Ehre bestand
11085 bis zu seinem Tod,
als ihn der Himmel unter seinen Schutz nahm,
frei von jeder Schande.
In der Fremde
hatte Frau Enite
11090 eine schreckliche Zeit erlebt;

Daz hat si wol pewendet,

wan sich daz hie endet

Und muez sich vercheren

zu gemach und zu eren

und zu wunnen manichvalt.   11095

ze wunsch [w]uerden si paide alt,

Wan si got hat gesant

ze vreuden in ir aigen lant:

Ir [va]ter und ir mueter.

der chunich selbe nu huet er   11100

ir willen, wo er mochte,

und doch alz im tochte,

Nicht sam er e phlach,

do er sich durch si verlach,

Wand er noch eren lebte   11105

und so, daz im got gebte

Mit veterleichem lone

noch der werlt chrone

Im und seinem weibe

mit dem ewigen leibe.   11110

Durch got des pitet alle,

daz uns der lob gevalle,

Der uns got gehulde:

deu ist goldes ubergulde

Noch disem ellende.   11115

hie hat daz lied ein ende.

das hat si wol bewendet,   10110

wann sich das hie endet

und műss sich verkeren

ze gemache und ze eren

und ze wunne maniche.

ze wúnsch | wúrden si baide,   Lvb 10115

Wanns Ir got hat gesant

ze freuden in Ir aigen landt

Ir Vater und Ir můter.

der künig Ir selber nu hute

Irem willen nach, wo er mochte,   10120

Und doch als im dochte,

nicht sam Er phlag,

do Er sich durch si verlag,

Wann er nach eren lebte

und so, daz im got gepete   10125

mit väterlichem lone

nach der welt krone

Im und seinem weibe

mit dem ewigen leibe.

durch got des pittet alle,   10130

daz uns der lon gevalle,

der uns got geholde:

das ist gold uber golde

nach disem ellend.

hie hat ditz gedicht ein ende.   10135

11096 *Handschrift beschädigt*   **11099** *Hand-*
schrift beschädigt   **11104** ſeı

sie hat es zum Guten wenden können,
denn diese Zeit endet hier
und wird eingetauscht gegen
Bequemlichkeit, Ansehen
11095 und mannigfaltige Freuden.
Sie erreichten beide das höchste Glück,
denn Gott hatte ihr
zu ihrer Freude in ihr eigenes Land
ihren Vater und ihre Mutter geschickt.
11100 Der König kümmerte sich nun
ihrem Wunsch gemäß selbst um sie, wie es ihm möglich
und auch richtig erschien,
nicht so, wie er es getan hatte,
als er sich ihretwegen ‚verlegen' hatte,
11105 denn er führte ein ehrenhaftes Leben,
sodass Gott
ihn und seine Frau
nach der weltlichen Herrschaft
väterlich belohnte,
11110 indem er ihnen das ewige Leben schenkte.
Bittet um Gottes willen alle darum,
dass wir zu dem Lohn kommen mögen,
den Gott uns gnädig zuweist:
Das ist Gold über Gold
11115 nach dem diesseitigen Elend.
Hier endet die Erzählung.

Anhang

Die im Folgenden abgedruckten ‚neuen' Wolfenbütteler (W I/II) und Zwettler Fragmente (Z)[1] überliefern Bruchstücke aus dem ersten Handlungsteil des *Ereck*, die jedoch kaum Gemeinsamkeiten mit dem Text des *Ambraser Heldenbuchs* aufweisen. Gegenwärtige Forschung und Editionspraxis gehen mit großer Sicherheit davon aus, dass diese Fragmente einen eigenständigen *Mitteldeutschen Erek* greifbar machen,[2] der – so die aktuell 7. Auflage der ATB-Ausgabe des *Ereck* – „unabhängig von Hartmanns *Erec* direkt auf Chrétiens Roman zurückgeht und diesem verhältnismäßig genau folgt"[3]. In der Auflage von 1985 formulieren die Herausgeber demgegenüber noch wesentlich vorsichtiger: „ob Hartmann als Autor des in W I/II überlieferten Textes überhaupt in Frage kommt, scheint vorerst noch keineswegs entschieden"[4].

Diese eher fragende Haltung gegenüber der Autorschaftszuschreibung beizubehalten, erscheint uns auch und gerade angesichts der Kenntnis der Zwettler Fragmente sinnvoll. So ist unstreitig, dass die Fragmente W I/II und Z eine größere Nähe zum Chrétienschen Text als das *Ambraser Heldenbuch* aufweisen – dies gilt insbesondere für die Z-Bruchstücke, die das Hochzeitsturnier analog zu Chrétien darstellen –, jedoch fällt bei einer über die mikrotextuelle Ebene hinausgehenden Gegenüberstellung des französischen Prätextes mit der mitteldeutschen Fragmentüberlieferung auf, dass es zwar Motiv-, Begriffs-, Formulierungs- und Namensübereinstimmungen gibt, die Handlungsführung jedoch wesentlich abweicht.

Vor dem Hintergrund eines solchen doch recht freien Umgangs mit der Vorlage erscheint es zumindest nicht zwingend, dass der Bearbeiter der von den Fragmenten repräsentierten *Ereck*-Fassung nur den altfranzösischen Roman als Vorlage verwendet und eine womöglich bereits vorhandene deutschsprachige nicht gekannt oder gezielt nicht berücksichtigt hat. Es lässt sich also weder ausschließen, dass ein anderer deutschsprachiger *Ereck*-Autor Hartmanns Text kannte und teilweise als (zweite) Vorlage für den eigenen Text benutzt hat, noch ist zweifelsfrei sicher, dass die mitteldeutsche *Erek*-Version keine Fassungsvariante zum *Ereck* Hartmanns von Aue darstellt, für die in letzter Konsequenz auch Hartmann selbst verantworten könnte. Das Fehlen alemannischer Dialektmerkmale ließe sich mit einem mitteldeutschen Schreiber erklären, der eine alemannische Vorlage bei der Abschrift ähnlich kompetent wie Hans Ried den Ambraser Text an den eigenen Sprachgebrauch angepasst hat. Gesichert erscheint uns folglich bezüglich der Einordnung der Fragmente lediglich

---

1 Kodikologische Beschreibungen der Fragmente sowie Verweise auf Abbildungen und die einschlägige Literatur hierzu finden sich in der Beschreibung der Überlieferung, S. XXXII f.

2 Zur Forschungsdiskussion vgl. unsere Einleitung, S. XXIV–XXVI sowie die Beiträge von NELLMANN 1982, KLEIN 2007, GLAUCH 2009.

3 GÄRTNER 2006, S. XLI.

4 CORMEAU/GÄRTNER 1985, S. XVIII.

der Textbefund selbst – die größere Anlehnung des mitteldeutschen Textes an Chrétien. Es soll also keineswegs unterstellt werden, dass die These von einem ‚zweiten *Ereck*' weniger wahrscheinlich sei als die oben skizzierten Überlegungen. Vielmehr geht es uns, gerade im Hinblick auf das Wenige, was uns überhaupt noch überliefert ist, um ein Plädoyer für die prinzipielle Offenheit gegenüber allen denkbaren Konstellationen.

Zur Transkription der Fragmente

Die Texte der Fragmente sind in handschriftennaher Form wiedergegeben: Die Grapheme der Handschrift werden mit den gängigen Sonderzeichen wiedergegeben und Abbreviaturen nicht aufgelöst. Letztere typographische Entscheidung ist auch deshalb relevant, da sie den Erhaltungszustand der Fragmente spiegelt: An den Beschnittstellen der unteren Kanten der Pergamentstücke gehören die *er*-Kürzel auf Höhe der Oberlängen häufig zu den wenigen verbleibenden Indizien über den Text der dort zum größten Teil verlorenen Verse. Die möglichst handschriftennahe Wiedergabe ist insofern auch eine Hilfe für den Leser, Rekonstruktionsversuche besser nachvollziehen zu können. Im Unterschied zu einer reinen Transkription des noch sicher lesbaren Textes bietet unser Abdruck darüber hinaus also Vorschläge, die lückenhafte Überlieferung zu ergänzen, um einen möglichst lesbaren Text zu gewinnen sowie Verständnis und inhaltliche Einordnung der Fragmente zu befördern.

Zur Kennzeichnung der Buchstaben, die aufgrund von Schriftresten (Oberlängen, Unterlängen usw.) mit mehr oder weniger Sicherheit erschlossen werden können, dienen Kursivierungen; Buchstaben oder Buchstabengruppen, die auf Grundlage anderer Erwägungen nur vermutet werden können, stehen in eckigen Klammern. Punkte als Auslassungszeichen repräsentieren in der Transkription der Fragmente W I/II und Z anders als in der editorischen Aufbereitung der übrigen Überlieferung eine konkrete Anzahl an vermutlich fehlenden Zeichen. Die Zahl der gesetzten Punkte lässt demzufolge Rückschluss auf den Umfang des angenommenen Textverlusts zu. Dieselbe Funktion haben die in der Edition von Z zusätzlich verwandten Doppelpunkte. Im Unterschied zu den einfachen Punkten sind hier als Grundlage für unsere Aussagen zur vermutlichen Anzahl fehlender Zeichen allerdings noch erkennbare Buchstabenreste erhalten, die sich jedoch nicht weiterführend erschließen lassen.

Verse sind bei W durchgängig, bei Z dort, wo die deutlich schlechtere Überlieferung entsprechende Schlüsse zulässt, abgesetzt. Folglich ist eine fortlaufende Nummerierung der Verse aufgrund des schlechten Erhaltungszustands von Z für diese Bruchstücke anders als bei W I/II nicht möglich. Stattdessen bietet die Edition von Z am linken Rand eine Zeilenzählung an. An Stellen, wo Versgrenzen aus den Bruchstücken zu entnehmen sind, führt diese Nummerierungspraxis dazu, dass mehrere, nicht eigenständig nummerierte Verse auf eine Zeile entfallen können. Die Vers- und Zeilenzählungen folgen aus pragmatischen Gründen im Falle der ihm bereits bekannten Fragmente den durch die ATB-Ausgabe von GÄRTNER 2006 etablierten.[5] Bei der Textherstellung der Zwettler Fragmente wurde die Entdeckung Sonja Glauchs, dass die Fragmente Z 11 und 16 zusammengehören[6], in der Transkription berücksichtigt: Glauchs Ergebnissen folgend, verbinden wir in unserem Text erstmals die Fragmentteile 11[r] und 16[v] sowie 11[v] und 16[r] miteinander. Um eine Vergleichbarkeit mit Chrétiens Text zu gewährleisten, haben wir, wie schon GÄRTNER 2006, allerdings mit leicht von dessen Lösung abweichenden Vorschlägen zu einigen Stellen, die entsprechenden Verszahlen des französischen Prätextes aufgeführt. Wir folgen mit diesen an den rechten Rand des Textes gesetzten Angaben der Verszählung in der Ausgabe KASTEN 1979.

Die Apparate geben Auskunft über die Art der Buchstabenreste sowie der Beschädigung der Handschrift und informieren über die Lesbarkeit des nicht vollständig Erhaltenen. Zudem listen sie im Falle von Z alternative Lesarten zu den zum Teil nicht sicher zu entziffernden Buchstaben bzw. Buchstabengruppen auf und verzeichnen, von wem die in der Edition berücksichtigten Ergänzungsvorschläge stammen. Gesonderte Siglen wurden hierbei nicht vergeben, die Literaturangaben im Apparat lassen sich über das allgemeine Literaturverzeichnis auflösen. Verweise auf ‚Hammer' und ‚Reuvekamp-Felber' machen unsere eigene Arbeit für diese Edition erkennbar und sind daher nicht im Literaturverzeichnis zu suchen. Abgewiesene Ergänzungsvorschläge sind nur dann im Apparat festgehalten, wenn diese unserer Ansicht nach eine gewisse Plausibilität beanspruchen können. Sonstige von unseren eigenen oder von anderen übernommenen Ergänzungen abweichende Vorschläge aus der Forschungsdiskussion werden nicht erschöpfend aufgeführt. Weiterhin vermeiden wir eine unnötige Aufschwellung des Apparats durch den Verzicht auf die wiederholte Nennung gleicher Lesungen unterschiedlicher Editoren, indem wir nach Möglichkeit nur den mutmaßlich chronologisch ersten Urheber einer Textrekonstruktion angeben.

---

5 Für W hat, basierend auf von denjenigen GÄRTNERS abweichenden Annahmen zum Umfang fehlender Verse, NELLMANN 1982 eine andere Zählung. Zur Diskussion der diesbezüglichen Einschätzungen vgl. NELLMANN 1990, S. 245.
6 GLAUCH 2009, v. a. S. 359–364.

Die ‚neuen' Wolfenbütteler *Ereck*-Fragmente W I/II

. . . .

Bl. I,7 . . . . *d*::: *wa*[*n:*]

. . . . *p.* . . . . .

[*do*] *g*[*ien*]*g*[*in die*] | herre[n] danne ·   Chrétien 3274–76

I,10   bı handın alſe ſie ſoldın ·

ſıtzen ǒf eıne | [*koldin*]

. . . .

. . . . | *ſchone waſ geleit* ·

. . . .

I,15   . . . . | ſıch ·

ſie ſp̄chen fon manigin dıgın   3283

*a*l befund[ˢ]lingin · |

. . . .

d. . *ſ*[*ie*] *ein and*[ˢ] *nandin* · |

I,20   . . . . *were* ·

. . . .

[*daz*] | warin ekt ır mere ·

[*D*]o ſıe mit ein and[ˢ] [*vil*] |

fon froweden uñ fon ſpıl ·

I,25   geſp̄chin d[ˢ] greb[*e bot*] | ız uaſte ·   3277

deme enelendin gaſte ·

uñ . . . .

. . . .

. . . .

---

7 *Vor dem Vers sind dreieinhalb Schriftzeilen am oberen Rand des Blattes weggeschnitten.* d[ie] wa[nt] *Gärtner 1982:225;* d[ie] *„sicher falsch" Nellmann 1990:246 nach briefl. Mitteilung von Joachim Heinzle.*
11 [koldin] *Gärtner 1982:225 f. Nellmann 1982:41, 48, 65–71.*
12 [die uf ein sedel wol bereit] *Nellmann 1982:41, 48.*
13 [so rehte] schone was geleit *Nellmann 1982:41, 48;* schone was gesat *Gärtner 1982:212, 375. Die Buchstabenreste stützen die Lesung Nellmanns.*
18 *Nur Reste des oberen Teils der Schrift erhalten.* [fon v]ˢ[ren] uñ [fremdin landin] *Gärtner 1982:226, 376; „die Reste der Oberlängen würden auch andere Ergänzungen erlauben" Nellmann 1990:246.*
19 *Nur Reste des oberen Teils der Schrift erhalten.* d[o] s[ie] *oder* d[ie] s[ie] *Gärtner 1982:375 Anm. 37; …* s[ie] *Nellmann 1982:41.*
20–22 *Vermutlich Dreireim am Abschnittsende wie auch in I,61–63, V. 5553 u. 5565.*
20 *Nur Reste des unteren Teils der Schrift erhalten.* were *Gärtner 1982:226 Nellmann 1982:41; Reimpunkt sicher.*
22 [daz] *Gärtner 1982:376.*
23 *Lombarde wie auch sonst in W nicht ausgeführt.*

I,30   ·
              [*erek sp⁵ach got*] | lonıſ v ·
              v⁵zertıch zweı roſ [*oder dru*]
              [*ich selbe*] | vñ mın geſpıle ·
              ıch hetır dannoh zů uı[*le*]
I,35   [*ichn*] | weız waz ıch mite ſol ·
              ır tůt hubıſlıche[*n wol*]
                                          ˢ
              · · · · · · · · · · · · · · · ·. · · · · · ·
              · · · · · · · ·ſ· · · · · · · ·ˢ· · · · · · ·
              · · · · · · *div w:::.* · · · · · · · · · ·
I,40   ·
              · · · · · · · · · · · ·*g.* · · · · · · · · · |
              ır ſchone ın ırquıkte ·   3284–91
              ın ſıme h⁵zın bınnen ·
              ſo | daz h⁵ ſıe mınnen ·
I,45   ſtarke be*gonde*
              daz h⁵ ſıne | ougın konde ·
              fon ır nıht ge[*wenken*]
              ·   [W Iᵛ]
              ·
I,50   ·
              ·
              ·
              [*ich wil die uil sůzē*]   3296–3301
              [*mit ſchonen*] | *wortın begrůzē* ·
I,55   *uñ s̄pchen widir ſie* ·
              *undi*r mın | dıenıſt bıetın hie ·

---

31 [erek s̄pach got] *Gärtner 1982:226, 376 f.*; [got] *Nellmann 1982:42, 49.*

33 [ich] *Gärtner 2006:300*; [ich selbe] *Nellmann 1982:42.*

35 [ichn] weiz *Gärtner 1982:212*; [ich en]weiz *Nellmann 1982:42.*

36 hubisliche[n wol] *Gärtner 1982:212, 226*; hubisliche [wol] *Nellmann 1982:42.*

37 [h]er *Gärtner 1982:226*; -er *Nellmann 1982:42.*

38 *Buchstaben ergänzt aufgrund von Oberlängenresten. ... d .....[h]er ... Gärtner 1982:226.*

39 *Ergänzt aufgrund von Buchstabenresten.* [bi d⁵ want] *Gärtner 1982:226*; div w(?) *Nellmann 1982:42.*

47 ge[wenken] *oder* ge[kêren] *oder* ge[wenden] *Gärtner 1982:226, 379 Anm. 48*; ge[wenden] *Nellmann 1982:42.*

53 [Ich wil die vil sůzen] *Nellmann 1990:246.*

54 *Nur der untere Teil der Schrift erhalten.* [mit] *Gärtner 1982:381 Anm. 53*; [mit schonen] *Nellmann 1990:246*; begrůze *mit einem* „(weggelassenen?) Infinitiv-n" *Nellmann 1982:43 (mit Verweis auf 49).*

55 *Nur der untere Teil der Schrift erhalten.* sp[ra]chen *Milde 1978:54 Gärtner 1982:226*; sp[re] chen *Nellmann 1982:43, 49, Nellmann 1990:246.*

ın mın*ˢ* ſtat deſ han ıh mût · |

....
....

I,60   [*do*]|ne *b*eiter *n*iwet mere ·   3312–14
den gaſt h*ˢ* eine ſıtzen lıe · |
hin zv̊ enıden *h*ˢ *gı*e ·
*uñ ſazte ſıch benebın ſı*e · |

....

I,65   g.............ın ın ·
dıcheiner zuht an ır ge͟bch ·   3315–18
nv̊ u*ˢ*nemet | [*waz der*] *grab*e ſp̄ch ·
frowe mich ırbarmet ·
daz ır ſuſ | [*ſıt uˢarmet*]
I,70   alſıch ız nah wane han u*ˢ*nûmen · |

....
....

[*ir ſ*]*it harte betrogen*

....

I,75   [*di*]ſem man d*ˢ* uch nıht bewart · | 3330–33
[*alſız v*] rehte queme ·
vñ iw*ˢ*n eren gezeme ·
wān |.......... *priset*
daz ırſ ſo lange wıſet ·
I,80   daz ıſt |...............

....
..........*.h.*........
........*h...h..g*........
daz ır ıem*ˢ* baz getetit ·   3319–27
I,85   wān ır danne hetit ·
ere | [*manichualde*]

61–63 *Dreireim.*
64 *Unausgeführte Lombarde vermutet aufgrund des Dreireims Gärtner 2006:301.*
65 *Unterer Bogen eines g in V. 64 Gärtner 1982:213, 227; g am Anfang von V. 65 Nellmann 1982:43. ... m
in Milde 1978:54; ... in in Nellmann 1982:43. [Enide karte geg]in in Gärtner 1982:227, 383 f.*
67 *[waz d]er Gärtner 1982:213; [wie der] Nellmann 1982:43.*
73 *Nur der untere Teil der Schrift erhalten.*
75 *[di]sem Nellmann 1982:43, 49.*
76 *[alse iz u] Nellmann 1982:43, 49.*
80–83 *Nellmann 1982:44 rechnet nur mit zwei fehlenden Versen.*
82–83 *Buchstaben mit Gärtner 1982 erschlossen aufgrund von Unterlängen.*
86 *[manichvalde] Gärtner 1982:227, 389; [thusintua]ld[e] oder [mannicua]ld[e] Nellmann 1982:50.*

[*vñ*] in iwˢ gewalde ·
ſtůnde lant | [*vñ*] g[*ůt*]
[*vñ rate*] v rehte daz irz tůt ·
I,90   ſit daz ıh | ıſ gerůche ·   3328
daz ıh minne an uch ſůche ·
belıbıt ır |. . . . .

Bl. II,7 . . . . . | do lagın *da nid*[ˢ] ·   W IIʳ 3782
e ſie ot zů. . . . . |
alſe ſie ıſ *beıde* gertin ·
II,10   mıt. . . . . [*ſwertin*]   3790
. . . .
. . . .
[die] | ſnellın wig*ande* ·
durh dıe ſc[*hildeſ rande*]
II,15   [*gabin*] | ſie manıgen tıefin ſtreıch ·   3792
ſı. . . . .
. . . .
. . . . | geuohten wart ·
ſo daz ır *deſ* ıhet ·
II,20   o*b* ır daz ... | ſhet ·
fon ſlegın alſız da geſchah ·
daz nie m*a*[*nneſ*] | ouge geſach ·
ſo hertin ſtrıt undır zwein ·
grůz el*l*[*in* | *an in bei*]d[*en*] ſ[*che*]i[*n*]
II,25   *ſwilich ende ſie ıſ begundin* ·
ıch. . g. . . . .
. . . . |

---

89 [ih rate] *Nellmann 1982:44.*
II,7 *Vor dem Vers sind drei Schriftzeilen am oberen Rand des Blattes weggeschnitten.*
14 sc[hildes rande] *Gärtner 1982:214 Nellmann 1982:44, 50.*
15 [gabin] *Gärtner 1982:227, 393*; [slůgin] *Nellmann 1982:44.*
16 si *Nellmann 1990:246 nach briefl. Mitteilung von Joachim Heinzle.*
20 [ie ge]shet *Gärtner 1982:227, 396*; [wunder] shet *Nellmann 1982:45.*
22 ma[nnes] *Milde 1978:55.*
24 ell[in an in] d[o schein] *Gärtner 1982:227, 396*; ell[in an in] d[a schein] *Gärtner 2006*; ell[en an in] bei]d[en] s[che]i[n] *Nellmann 1982:45, 50.*
25 [swe]lich *Gärtner 1982:227*; swilich *Nellmann 1982:45.*

       ıh mohte v ſagin ungefůch ·

       we ſie how*in gingin* · |

II,30   ſıe gabın uñ emphingin ·

       manigin grimmigin ſwanc · | 3791

       daz tengıln ůfe dıe helme clanc ·   3794

       alſe da man *bl*[*eche* | *smidet*]

       ....*.d*........ *lın entlı*det ·

II,35   ....

       ....

       .... | ueſte waſ kůmen

       ıh we................... |

       fon manne od[s] fon wıbe ·

II,40   daz fon ſo g[*růzem libe*] |

       ıht manneſ kun[s] mohte ſın ·

       daz wart al da | uıl wol ſchın ·

       h[s] flůch den ed[*eln*]........

       ...:' |...................   W II[v]

II,45   ....

       ....

       ....

       ....

       ....

II,50   .... nt ·

       *wurdin do ſ*ıe *ſch*ıedın | [*dane*]

       .... *e* allız ane ·

       we ſie ſich undır |.......

       ....

II,55   ....

       ....

---

33 bl[eche smidet] *Gärtner 1982:227 f.*; [smidet] *als Reimwort vermutet aufgrund metrischer Erwägungen auch Nellmann 1982:51.*

34 *Nur der obere Teil der Schrift erhalten.* ... lin e. lidet *Nellmann 1982:45*; e[nt]lidet *Gärtner 1982:228, 397.*

38 ih we[ne nie han nůmen] *Gärtner 1982:228*; ih we[ne ieman habe uernomen] *oder* ih we[ne ir hat daz ie uernomen] *Nellmann 1982:51*; ih we[iz daz ieman habe uernomen]?

40 *Nur der untere Teil der Schrift erhalten.* g[růzem libe] *Gärtner 1982:228, 399*; ge[tanem libe] *Nellmann 1982:45, 51.*

43 ed[eln] *Milde 1978:56*; ed[elin] *Gärtner 2006:304.*

44 *Rest der Zeile mit Beginn von V. 44 weggeschnitten; am Zeilenende Rest einer Oberlänge und er-Abbreviatur.* [daz h]er *oder* [daz d]er *Gärtner 1982:228*; ... er *Nellmann 1982:45.*

die fie zů ir herren trůch · |
. . . . [*ge*]*n*ůch ·
daz fie ın ın fulıchen |. . . . . . .
II,60 . . . .
. . . .
. . . . *g zů g. . .h.* . . . .
. . . . *gingin fie howen ·*
:: |. . . [*sch*]*onin frowen ·*
II,65 dıe zwene wıd^swartin ·
dıe fw^st | *fie lutz*ıl fpartin ·
dıe fie ın den handın trůgin ·
dıe | fchılde fie zů flůgın ·   3797
zů ftuckelınen cleine ·
II,70 erek | *d*^s. . . . .
. . ı. . . . .
. . . .
. . . . g. h. . . . [*ko*]*nde ·*
h[^s *wande*] | ın zů ein^s ftonde ·   3827–3835
II,75 han geflagın ůze d^s were ·
daz | ahte d^s and^s eine bere ·
fwı harte ız ime u^sfmahte · |
[*erek*] do wol gedahte ·
daz fw^st h^s mıt beıdın han|[*dın vı*]enc
II,80 *deme and*^s*n h*^s *do*. . . . . . . [*gienc*]
. . . .
daz ıme ın zwı *ftucke ·* |
. . . . .g[e]*h*ılze brah ·
alfe erek do | daz gefah ·

---

57 [sie hate leides ge]nůch *erwägt Gärtner 1982:404;* [sie hete arbeit/kumber/jamer ge]nůch *Nellmann 1982:52.*

59 in sulichen [noten sach?] *Nellmann 1982:46, übernommen von Gärtner 2006:304.*

64 *Am Versanfang liest Milde 1978:56* im, *Gärtner 1982:215* nu. [fur die sch]onin *erwägt Nellmann 1982:46, 52.*

71 *Gärtner hat das* i *in V. 70.*

73 [ko]nde *unsicher Gärtner 1982:228;* ... nde *Nellmann 1982:46.*

74 h[^s wande] *Gärtner 1982:228;* h[^s wolde] *Nellmann 1982:46, 52.*

78 [h^s ime] *Nellmann 1982:47, 52;* [h^s. .] *Gärtner 1982:228.*

80 [zů gienc, naher gienc *oder* engegene gienc] *Nellmann 1982:52 f.*

81 [er gap ime solche tucke] *Nellmann 1982:53 oder* [do fůcte iz ungelucke] *Nellmann 1990:246.*

83 [daz sw^st unce anz] g[e]hilze brah *Gärtner 1982:228, 409;* [sin sw^st an dem] g[e]hilze brah *Nellmann 1982:47, 53.*

II,85   hˢ trat ıme weckırlıchen zů ·   3841–43
         waz | [we]*l*[tir] *d*[az] *dˢ* [an]*dˢ* [t]v̂
         hˢ moſte ulen durh not ·
         wān |

---

87 ulen = vlêhen; ulen = vliehen *erwägt Nellmann 1982:53.*

Die Zwettler *Ereck*-Fragmente Z

Bl. 8ʳ

1 | odˢ walkin pilgerime ·   1981–89
         ſpamerole odˢ ſmer[*line*]

2   . . . . . . | dˢ kvnic vō ri[*e*]l ·

3   dˢ *ne* worte decheinen. . . . . . | moyſel ·
         ſundˢ alliz alde lute ·
         daz ich. . . . .

4 | ſie hetin gelebit ma[*nic*] iar ·
         in waſ vil. . . . . [*daz har*]

5   [*a*]|n den orin ab geſnidin ·
         vorne gezopperit [*vñ gebridin*]

6   [*i*]|r griſit wiz alſ ein ſwane ·

7   in warin die [*bartes gr*]|ane ·
         gewaſſin langˢ dan ein eln ·

8   die al die. . . . . . |weln ·
         Er ne [*w*]vnde na[*ch*] [*si*]me ſinne·
         vze

Bl. 8ᵛ

1   . . . . . . | rede han vor numin   2012–22
         ::o: dˢ kvnic ar[*tuſ*]||

2   . . . . [*in*] ſime hus ·
         geſamnete die hˢlichen bar|[*naye*]

3   . . . . nie vro koraye ·
         vañ er allˢ tugende n|. . . . . . .

Bl. 8ʳ *Linker Teil der Schriftspalte abgeschnitten.*

1 walkin = valkin; spamerole ‚*junger Sperber*‘ *Gärtner 2004:43 f.*

3 worte = vuorte. moysel] [da]moysel ‚*junger Adeliger*‘ *Nellmann 2006:113 ff.*

4 ma[nic] *Gärtner 2004:45.* [daz har] *Gärtner 2004:45, Nellmann 2004:7.*

5 [a]n *Gärtner 2004:45.* [vñ gebriden] *Gärtner 2004:45.*

6 [i]rgrisit *Gärtner 2004:45 f.*

7 [bartes gr]ane *Gärtner 2004:45;* [gr]ane *Nellmann 2004:8.*

8 :eln *Gärtner 2004:45, Nellmann 2004:8. Ergänzung Reuvekamp-Felber.*

Bl. 8ᵛ *Rechter Teil der Schriftspalte abgeschnitten.*

1 a[rtus] *Gärtner 2004:48, Nellmann 2004:8.*

2 [in] sime *Gärtner 2004:48.* [zv pingsten in] *Nellmann 2004:8 nach Chr. 1928.* bar[naye] *Nellmann 2004:8 nach Chr. 2013 (barnage ‚Vasallenschaft‘).*

3 [im gebrast] nie vro[ˢ] koraye (= corage) *Nellmann 2004:8; er-Abbreviatur durch Loch im Pergament verloren Nellmann 2004:8 f.* vañ = wan. tugende n[amen was] *Reuvekamp-Felber.*

4   [ſwaz man] von kvnige ie gelaſ ·
        ſinen hof zv eren|[de]

5   .... zv merende ·
        ſo gab er hundˢt qnappin | [swert]

6   .... warin vñ wˢt ·
        gecleidet al nach eime ſn|[ite]

7   [daz waſ ſin] wille vñ ouch ſin ſite ·
        Daz ir wapin g:

Bl. 9ʳ

1   .... | morſ   1954–75
        dˢ greue vā yunnalun ·
        dˢ v|.............

2 | [d]ie ſagete man zv mere ·
        daz ſin amye w|[ere]
        ....

3   [die] | [e]dele wol getane ·
        Dannuz van tyntaniol d|[ar quam]

4   [uon dem] | man zorn nie vor nam ·
        her queſiuſ w:......

5   .... |che riche barneys ·
        Dru hundˢt ritthˢ :g:

6   .... |ite ·
        ſuſ ſint die gᵃuin alle cumin ·

7   alſ ir [hie wol habt vor nu]|min ·
        Nv ne lazet iſ vch nicht vor dreizē

---

4 [swaz man] *Gärtner 2006:307*; [die man] *Nellmann 2004:8.* eren[de] *Nellmann 2004:9.*

5 [vñ vroude] zv merende *Nellmann 2004:9 nach Chr. 2015.* [swert] *Heinzle 2003:34, Nellmann 2004:9.*

6 [die vrum] warin *Nellmann 2004:9.* sn[ite] *wie auch bereits Heinzle 2003:34, Nellmann 2004:9.*

7 [daz was sin] *Nellmann 2004:9.*

Bl. 9ʳ *Linker Teil der Schriftspalte abgeschnitten.*

1 [sin bruder guigo]morſ *Nellmann 2004:6 nach Chr. 1961.*

2 [d]ie *Nellmann 2004:6.* w[ere] *Gärtner 2004:47.* [fei morgane] *Gärtner 2004:47*; [die feie morgane] *Nellmann 2004:6 nach Chr. 1957.*

3 [die e]dele *Nellmann 2004:6*; [diu e]dele *Gärtner 2006:307.* d[ar quam] *Nellmann 2004:6.*

4 [von dem m]an *Gärtner 2004:47, Nellmann 2004:6.* her guersins vō [haut beys] *Nellmann 2004:6 nach Chr. 1961.*

5 [het etsli]che riche barneys (= harneis ‚Ausrüstung') *Nellmann 2004:7 nach Chr. 1962.* Dru hundˢt ritthˢ g:... *Gärtner 2004:48.*

7 [hie vor habt vˢnu]min *Nellmann 2004:7.*

8   [*ich ne welle v*] | intſleizen ·
          wie die kvnige heizen ·

Bl. 9ᵛ

1 |. . . . . ngete. . . . . *ine*. . . . . zit|
2 |:: neme · Zv reckhˢ. . . r. . ch. . . de. . . *ſite* · |
3 |. . . . . e · daz in n:ſ. . . . . . . n. . . . . . . :*a*n|
4 |:m::: ſin hˢze. . . w. . . . . er|
5 |:: den kvnic bete daz. . . . k. . . . . ſ:*t*|
6 | *g*ˢne vor endit hete. . . . . ſin|
7 |:it getete · Er ſprach. . . . . ::ine w:|
8 |::: ſ: dˢ zv z:n. . . . . ::ˢ al|

Bl. 10ʳ

1   . . . . | ſ:nne *ir* ſtunt   2479–94
2   . . . . *daz* nicht. . . . . |:*i*n ·
          enyde die i*u*nge kvnigin ·
3 |. . . . . ſleif ·
          vñ ir gedanke[*n*] warin teif ·
          . . . . [*clagete*]
4 | [*enyd*]e *ma*ñ offenbare[*n*] ſagete ·
          Allir [*wegene*]
5   [*vō erek*] | *d*eme degene ·
          Druch daz man ir. . . . .
6 | [*de*]ſ wa*r*t *ir* hˢze irw[*e*]*l*t ·
          Nicht. . . . .

---

8 [ich ne welle v] *Gärtner 2006:308. Dreireim und Abschnittsende, da Rest der Zeile nicht beschrieben.*
Bl. 9ᵛ *Linker und rechter Teil der Schriftspalte abgeschnitten. Papierreste über der Schrift weisen einen Abklatsch einzelner Druckzeilen auf, der quer über den Zeilenlauf liegt.*
1 ... ngete *Springeth u. a.;* eigete *Gärtner 2006:308.*
2 Zv reckhˢ. . . ch *Gärtner 2006:308.*
3 n:s ... :añ *Gärtner 2006:308.*
4 sin hˢze ... er *Gärtner 2006:308.*
6 hete ... se erek sin *Gärtner 2006:308.*
Bl. 10ʳ *Linker Teil der Schriftspalte abgeschnitten.*
1 sinne *oder* sunne *möglich Springeth u. a. 2005:44.*
3 fleif : teif = flief : tief. [ze dē zite niene] sl[ie]f *Nellmann 2004:10.* gedanke: *Gärtner.* [clagete] *Gärtner 2006:308.*
4 [d]ie mañ *Gärtner 2006:308.* offenbare: *Springeth u. a. 2005:44.* [wegene] *Nellmann 2004:10.*
5 [vō erek] *Nellmann 2004:10 nach Chr. 2481 f.*
6 [de]s] *auch sus möglich Gärtner 2006:308.* hˢze ir::lt *Gärtner 2006:308.*
Bl. 10ᵛ *Rechter Teil der Schriftspalte abgeschnitten.*

7 | ſie begůde weinen se*re* ·
        vñ beſach. . . . .

8 | Miniclich vñ wol *v*::::e ·
        vñ

Bl. 10ᵛ

1   *daz* ſin*t*. . . . . ez nach ::|
2   al zv vil · *war*. . . . . ir. . . . .|
3   ha*rte* vngˢne · Ir weinetet doch | 2530
4   ::nt · wen. . . . . . y zv ſtete · vñ |
5   min · er *ſ*:: dich ia ſo laſzit iz |
6   iz iſt war · ::: han ein dinc d|
7   . . . . . ::he ::weinet al da var ·

Bl. 11ʳ + 16ᵛ

1 |inn*en* warin ſie ane zwale   1874–1901
        beide zv deſ[*tregale*]
2   ſwenne ſie dar quemin ·
        da ſie ſinin [*vater vernemin*]
3   daz ſie [*i*]me ſin deineſt ſagetin ·
        vñ ime zv gewage[*tin*]
4   vā vorne dˢ *m*ere ·
        we iz ime ir gangin wˢe ·
        vmme die mait enyden ·
5   daz er karſineſidin ·
        vñ Kvradiū den ſweir ſin [·]
6   wolde beh*uſin* vñ an ime tete ſchin ·
7   Mit wilhin truwin er in meinete ·
        daz er daz an in beſcheinete ·
8   vñ. . . . .
9   *vñ daz*. . . . .

---

5 so la:zit iz *Gärtner 2006:308.* laſzit *Ziegler in Springeth u. a. 2005:45.*

7 :::e ::weinet al da van *Gärtner 2006:309.*

Bl. 11ʳ + 16ᵛ *Beide Fragmentteile gehören zusammen Glauch 2009.*

1 des[tregale] *Nellmann 2004:5 nach Chr. 1874.*

2 [vater vernemin] *Nellmann 2004:5 f.*

3 gewage[tin] *Nellmann 2004:6.*

Bl. 11ᵛ + 16ʳ

1   Miffena: ime. . . . . an eine ftate wol · ::|
2   vā ein fchok · da wart. . . . . . . getr*o*ck [·] wol ge*we*|
3   fo daz fie if all*e* wa. . . . *d*ir · i:::::. . . . . fale fazin · d*a*|
4   wart wol *we*. . . . . . . fine. . . . . ne *vā* de[*m*]e ri*ſ*|
5   nid*ˢ* ging Zv fime h. . . . . . . a. . . . . . da wart die
6   wiantfcaft · vor f. . . . . den miffe:::: · v̄ erecke
7   deme geltin · Er ne geinch. . . . . iñ:ˢ. . er*a* ::*ab* do yder · In
8   . . . . :::e :: f::: :e::bit

Bl. 12ʳ

1 |ge::et. . . . . gemer*et*. . . . .
2 |. . . n. . . . . · zv. . . . .
3 |. . . . . e. . . . .
4 |. . . . . . . :: z:. . . . . . kvnic. . . . .
5 |. . . . . . . e. . . . . . vˢt ·D. . . . .
6 |. . . . . e. . . . . . e. . . . .
7 |. . . . . fine. . . . .
8 |. . . . . fie nie. . . . .

Bl. 12ᵛ

1   brackhe in a:: *w*erche fp   2241–2265(?)
     vñ fie |. . . . .
2   zv famene *k*lingin ·
     fie leizen di[*riſ*]e fp|[*ringin*]
3   da fie vffe fazin ·
     ftarc vz er mazin · |
4   . . . . die [*sci*]lde ·
     daz if alle die bewilde ·

Bl. 11ᵛ + 16ʳ *Beide Fragmentteile gehören zusammen Glauch 2009.*
8 *Bis :::e ist nur der oberste Teil der Schrift erhalten.*
Bl. 12ʳ *Linker Teil der Schriftspalte abgeschnitten. Kaum noch entzifferbar. Auf der rechten Seite quer über den Zeilen der Abklatsch eines lateinischen Textes.*
4 *... z ... Gärtner 2006:310.*
Bl. 12ᵛ *Rechter Teil der Schriftspalte abgeschnitten. Auf der linken Seite Abklatsch eines gedruckten lateinischen Textes.*
1 werche = verhe
2 klingin *Nellmann 2004:9,* klingin] wliegen *Springeth u. a. 2005:49.* sie leizen di::e sp ... *Gärtner 2006:310.* dirise *für* durse (die orse) *Nellmann 2004:9.* sp[ringin] *Nellmann 2004:9.* leizen = liezen
4 [sie stachin vf] die [schi]lde *Nellmann 2004:9.* bewilde = bevilde

5   d*ˢ* :|. . . . . ::::: do *d*ar nid*ˢ* ſteic ·
den kvnic rucht|. . . . .

6   . . . . . . nie ſchon*ˢ* iuste wart geſein · |

7   . . . . die iein ·
die da wapin trugin ·
ouch w|. . . . .

8   . . . gin Erek ge*p*at ſere ·
ſie ſprachin ot |

Bl. 13ʳ

1 |:::h. . . . . . g. . . |

2 |. . . *daz* h*o*rte bezz|

3 |ch ::ochin ie ſch*a*lt e|

4 |. . *er*. . wol g. . . g|

5 |. . . *o*uch · w*ˢ*ſ *n*ich[*t*] |

Bl. 13ᵛ

1 |. . . . zv. . . . . |

2 |: weinete ſie da · |

3 |e trene warme · |

4 |ingin wilin · da|

5 |:h*ˢ*re · ::: w*a*che|

Bl. 14ʳ

1 |d*ˢ* qu[*e*]me · wande e:|

2 |ent*i*n · die h*ˢ*rin *m*a:|

3 |:ſ nicht weſin ſold*e*|

4 |::::: k*v*nigin · Vñ b:|

5 |. . . . . *n* cleine|

6 |. . . . . ſie gab |

7 |gebene wo:::e · d*az* |

8 |: ſit vor namin · ſie |

9 |ch ſe::lhe · ſcir h*an* |

10 |:*in* · durch daz ſie :*z*|

11 |:de g:::: :: holt w|

---

6 geſein = gesehen
7 iein = jehen
Bl. 13ʳ *Linker und rechter Teil der Schriftspalte abgeschnitten.*
5 nicht *Gärtner 2006:311.*
Bl. 13ᵛ *Linker und rechter Teil der Schriftspalte abgeschnitten.*

12	| beide · mit iniclich[s] |	
13	| s. . . o mā die phat |	
14	| heiz fich *enyden*. . . |	2031

Bl. 14[v]

1	|ng den and[s]en w[s]e *unb*|
2	|*nn*ftlich *minne* · *war*|
3	|e aldin · vñ von fini*r* |
4	| [**N**]v ftunt d*az* kvme |
5	| kis handin · daz i*m* |
6	|:in vath[s] foldin tun · :|
7	|e er *zv* eni*t*en hete · :|
8	|:*nt* begab durch fie · A|
9	|az er nirgin quā · da|
10	|e die er plac · beide *n*|
11	|[*a*]lf ich iz laf · wen daz |
12	|[*si*]*n*e gefellin · fa fchone |
13	|. . . · we er fenfe fin |
14	|:: [*m*]anz befte weile :|

Bl. 15[r]

1	|ie daz da*ne* q|
2	|*t*orftin fie nicht|
3	*k*in · vō manig[s] hand|
4	*n*ach d[s] lant wife · |
5	:: an den abint quā |
6	::[s] wol gemutin · ir bei|
7	tin · fchone vñ wol be:|

Bl. 14[r] *Linker und rechter Teil der Schriftspalte abgeschnitten.*

13 phat *Nebenform zu* phaht *stf. ‚Recht' Gärtner in Springeth 2005:52.*

Bl. 14[v] *Linker und rechter Teil der Schriftspalte abgeschnitten.*

2 unstlich *Gärtner 2006:312.*

4–5 *Vor* v *und* kis *Platz für eine zweizeilige Lombarde.*

7 eniden *Gärtner 2006:312,* eniten *Springeth u. a. 2005:53.*

13 fenfe (= senfte) *Springeth u. a. 2005:53,* scufe *Gärtner in Springeth 2005:53.*

14 s[we m]anz beste weil:: *Gärtner 2006:312.*

Bl. 15[r] *Rechter Teil der Schriftspalte und ein Teil der ersten beiden Zeilen am linken Teil der Schriftspalte abgeschnitten.*

7 *Gärtner 2006:312 kein Reimpunkt hinter* tin.

Bl. 15ᵛ

1	|dˢ :::*n*de · vñ::|
2	|z ezzin · i*ch* ...|
3	|*er* wart · vñ vor den
4	|*rt* gegebin · daz ſie
5	|m::lche warin da ·
6	|*n* deſ warin wˢt · ::ſ
7	|:: ſamit vñ ciclatin ·

Bl. 17ʳ

1	ſpr*a*ch iz*ne* w*ere* |
2	harte ſydˢ · En|
3	barme · daz :::|
4	die · vor lore :|
5	da heime *ein* |
6	wˢe d*a* nvw*in* |
7	... *n*ā in diſin |
8	. . . . . . *ll*. . . . |

Bl. 17ᵛ

1	|::: *me* vñ dechei
2	|ˢ re gebeitet irz ·
3	|ach ir ſult mirz
4	|z: · ich ſol er::e:
5	|:ic:in · ſwenne. .
6	|g*in* vbˢ lant · :*eiz*
7	|wˢe vñ na · beide
8	|. . . . .

Bl. 15ᵛ *Linker Teil der Schriftspalte und ein Teil der ersten beiden Zeilen am rechten Teil der Schriftspalte abgeschnitten.*

5 m::lche] ::::che *Springeth u. a. 2005:55.*

Bl. 17ʳ *Rechter Teil der Schriftspalte abgeschnitten.*

Bl. 17ᵛ *Linker Teil der Schriftspalte abgeschnitten.*

2 gebeitet = gebietet

5 *Gärtner 2006:314 kein Reimpunkt hinter* :ic:in.

Bl. 18ʳ

1	|er loſ nachgebure	2147–53
	hˢzeloſ vñ ane :::	
2	|dˢ in dˢ moget	
	dˢ nā mā da vil cleine [*ware*]	
3	|chin alle meiſtin da[r]e.	
	die nuwin friſ[*chen schilde*]	
4	| ieneme vilde.	
	ſach mā vō den geſtin.	
5	[*swˢt vñ scild*]|e gleſtin.	
	vñ manigin halſberic gli[*zen*]|	
6	[*die in der s*]|uñe wizen.	
	Wol eine gute mile.	
	:: ne| . . . . |:le.	
7	e dˢ iūgelinge.	
	quā :: vil *zv* ring|[*e*]	

18ᵛ

1	reit er durch iuſten	2170–80
	mit gebˢden ha:|	
2	[*ob er*] imānen wūde	
	dˢ ime intſîzzin kunde.	
3	d|[*o wart sin ander*]halp geware	
	ein *iunche*ˢ vñ quā dare ·	

Bl. 18ʳ *Linker Teil der Schriftspalte abgeschnitten. In der unteren rechten Ecke ist das Blatt beschädigt und daher die Zeilenenden 5–7 unvollständig.*

2 moget *von* mogen, *md. für* müejen *oder* mugen(*?*) *Hammer.* [ware] *Reuvekamp-Felber.*

3 da[r]e *Reuvekamp-Felber.* friſ[chen ſcilde ·] *Reuvekamp-Felber.*

5 [swˢt vñ scild]e glestin *Reuvekamp-Felber.* gli[zen ·] *Reuvekamp-Felber.*

6 [die in der s]uñe wizen *Reuvekamp-Felber.* u *durch Beschnitt am Zeilenanfang unsicher, möglich auch* i.

7 ring[e] *Reuvekamp-Felber.*

Bl. 18ᵛ *Rechter Teil der Schriftspalte abgeschnitten. In der unteren linken Ecke ist das Blatt beschädigt und daher der Zeilenanfang 5–8 unvollständig.*

1 gebˢden *Abbreviatur oben abgeschnitten.*

2 *Nasalstrich bei* wude *wurde nicht ausgeführt oder nicht mehr leserlich,* wūde = vunde. [ob er] *Hammer, Reuvekamp-Felber.*

3 d[o wart sin ander]halp *Thomas Klein (mündlich). Die ersten drei Buchstaben bei* iuncheˢ *verstümmelt, auch* wicheˢ *denkbar Hammer.*

4   ly:|[*ellus de la lande*]
der vf eime *roſſe* von yrlande
hoeg vñ | [*dabi wite spranc*]
5 | *vñ* vormezzenlichen ranc
Von g°zir rau:|
6   . . . . | *ſ*rie
ſtach in erek dˢ wˢde.
daz er wlo|[*uc zer erde*]
7   [*sa*]|*m* er wedˢen hete.
waz er deme roſſe |
8 |:: von ime .....*d*....*a*..*d*ˢ........................ |

---

4 ly:[ellus de la lande] *Hammer, Reuvekamp-Felber 2014:423 nach Chr. 2175 ‚Orguelleus de la Lande'.*
hoeg *ndd. für* hoch. [dabi wite spranc] *Reuvekamp-Felber.*
5 g°zir = grozir.
6 *Erster Buchstabe bei* ſrie *unsicher, nur Oberschaft zu erkennen.* wlo[uc zer erde] *Thomas Klein (mündlich).* wlouc = vlouc.
7 [sa]m *Thomas Klein (mündlich).* wederen = vederen.
8 *Nur der obere Teil der Schrift erhalten.*

Kommentar

Überschrift: Zur Bedeutung des Titels für eine Kompilation von Mantel- und Ereck-Handlung vgl. die Einleitung, S. XXII sowie HAMMER 2014.

Überschrift / V. 1: Das an den Schluss der Überschrift gestellte Prädikat *lesen* bezieht sich bereits auf die Verse 1 ff., das einleitende *es* in V. 1 ist daher direkt auf das bezogen, was die Überschrift als lesenswert qualifiziert, so dass sich eine enge Verklammerung von Titel und Text zeigt. Eine Konjektur in V. 1 ist daher nicht nötig.

2 Hier taucht mit *frumbkait* bereits das erste der Leitwörter auf, die die gesamte Erzählung (Mantel- wie Ereck-Teil) durchziehen; es kommen als weitere hinzu: das Erzählen (vgl. den zweiten Abschnitt des Prologs, V. 29 ff., bes. V. 42) und *abenteuer* (vgl. V. 59, aber auch V. 398). Die Mantel-Handlung ließe sich auf die Ereck-Geschichte in der Weise beziehen, dass diese genau das Abenteuer birgt, das Artus erwartet, denn durch Enites bestandene Mantelprobe wird das Erzählen der Geschichte evoziert, die hinter der so erwiesenen *triuwe* Enites steht.

4 Mit *das* ist das Erzählen bzw. das *lesen* gemeint, von dem in der Überschrift die Rede ist, und worauf sich die ersten Verse ebenfalls beziehen.

17 Es fehlt vermutlich ein *si*. Es handelt sich um eine von vielen Textstellen, an denen das Personalpronomen in hypotaktischen Satzkonstruktionen bei Hans Ried ausfällt (vgl. auch V. 509, 810, 1590, 3478, 4385, 5855 u. ö.). Solche elliptischen Konstruktionen finden sich auch in den anderen Textzeugen des *Ambraser Heldenbuchs*, insbesondere den Texten des Hartmann-Œvres (vgl. SPITZNER 1930, S. 145 f.), aber auch in Texten wie der *Kudrun* und bei Herrand von Wildonie sowie der gesamten Überlieferung des *Armen Heinrich*, allerdings mit geringerer Häufigkeit. Der Sinn solcher Sätze ergibt sich auch ohne das für nhd. Sprachgebrauch notwendige Personalpronomen problemlos und die Grammatiken geben deren Fehlen zumindest für Subjektpronomen bis ins klassische Mhd. hinein als grammatische Option an (vgl. Mhd. Gramm. § S 110, mit auffällig vielen Hartmann-Beispielen). Hinzu kommt, dass alle in § S 232.1 der Mhd. Gramm. beispielhaft genannten ‚Ellipsen‘ einfache Pronominaaussparungen sind – diese in den textkritischen Ausgaben des *Ereck* durch systematische Emendation verdeckte Eigenart des Ambraser Textes scheint also insgesamt weit üblicher, als das normalisierte Mhd. erahnen ließe, sodass wir auf jedwede Konjektur an diesen Stellen verzichtet haben. Vgl. auch den Kommentar zu V. 1743.

24 f. Wir verstehen *underwegen lassen* als feststehenden Ausdruck (durch Versendstellung verbunden), das erste *lassen* als Konjunktiv (daher *n* getilgt).

26 Eine andere Möglichkeit als die in der Übersetzung vorgeschlagene bestünde darin, *In* als Kontraktion von *ich ne* zu sehen, was bei Ried jedoch selten vorkommt.

30–37 Die ganze Passage erinnert stark an den Prolog des *Iwein*. Vgl. *Iwein* V. 8–20:

er hât bî sînen zîten / gelebet alsô schône / daz er der êren krône / dô truoc und noch sîn name treit. [...] *er hât den lop erworben, / ist im der lîp erstorben, / sô lebet doch iemer sîn name. / er ist lasterlîcher schame / iemer vil gar erwert, / der noch nâch sînem site vert.* Auch V. 30 – *krone der frümbkait* – korrespondiert mit *Iwein*, V. 10 (*der êren krone*); V. 33 (*sein nam ist bekannt*) mit *Iwein*, V. 17 (*sô lebet doch iemer sîn name*). Die Parallelen zwischen *Ereck*- und *Iwein*-Prolog sind insgesamt unübersehbar und immer wieder angesprochen worden, vgl. zuletzt MANUWALD 2015 und HAMMER 2014.

42 Diese Aussage ist wichtig für die Programmatik des Prologs in Bezug auf die Handlung: Es geht um die Unterscheidung von *sehen* und *erzählen*, wobei nachfolgend einerseits der Mantel die wahre Würde und *triuwe* der Menschen sichtbar macht, egal, was von ihnen erzählt wird. Andererseits handelt es sich ja nur um ein *erzähltes* Sehen, d. h. der Prolog macht an dieser Stelle zugleich eine poetologische Aussage, nicht zuletzt im Hinblick auf das, was von Artus erzählt wird, dessen Name in den Geschichten zwar weiterlebt, der jedoch, wie der Erzähler in V. 76 ff. beklagt, bei den Menschen nicht mehr geachtet würde.

48 Hans Ried verzichtet – wie im Frnhd. üblich (vgl. Frnhd. Gramm. § S 230) – fast immer auf klitische Verneinungspartikeln. Exzipierende Satzkonstruktionen wie im vorliegenden Fall sind entsprechend nur noch am Konjunktiv im untergeordneten Satz zu erkennen, sofern keine synkretistische Form vorliegt (vgl. auch die Verse 227, 447 f., 842, 1130, 1253, 2867, 5270, 7282, 7498 u. ö.). Wir folgen hier und im Weiteren der syntaktischen Fügung der Handschrift, die sich auch in anderen Texten des Frühneuhochdeutschen wiederfinden lässt (vgl. auch Frnhd. Gramm. § S 294). Vgl. dagegen aber auch V. 941, V. 1281 und V. 1552, wo sich die enklitische Negationspartikel im exzipierenden Satz noch erhalten hat. Auffällig ist demgegenüber allerdings, dass Ried an mehreren Stellen, an denen textkritische Ausgaben exzipierende Nebensätze nach mhd. Sprachgebrauch konstruieren, bereits die nhd. Periphrase mit ‚es sei denn‘ verwendet (vgl. V. 1121, 1477, 10994). Zudem führt eine abweichende syntaktische Interpretation und entsprechende Interpunktion von Passagen, an denen ältere Ausgaben zugunsten exzipierender Nebensätze in den Text eingreifen, oftmals dazu, dass der Text auch ohne die Eingriffe verständlich wird.

58 Hier fehlt vermutlich das proklitische Negationspartikel, was bei Ried häufig vorkommt. Zu lesen wäre also *en valbe*, wie es die Übersetzung auch wiedergibt; wir verzichten bewusst auf eine Emendation, da dieses Phänomen im Text sehr oft auftritt.

61 *zeroylannt* in der Handschrift ist zu verstehen als Zusammensetzung aus *ze roi lannt*, bedeutet also ‚Land des Königs‘. Es gibt bis heute Orts- und Flurnamen, die aus ähnlichen Kompositionen und Kontraktionen entstanden sind.

66 f. Vgl. *Iwein* V. 14–20: *sî jehent er lebe noch hiute: / er hât den lop erworben, / ist im der lîp erstorben, / sô lebet doch iemer sîn name. / er ist lasterlîcher schame / iemer vil gar erwert, / der noch nâch sînem site vert.*

85 f. Zur Wendung *seinen Namen fliehen* vgl. V. 271 *Keies Name fliehen*, V. 994 *Keies Worte fliehen*.

88 *mocht* könnte Ind. Prät. oder Konj. Präs. sein; vgl. auch V. 84.

91 Unsere Übersetzung (,Wohin er auch zog [...]‘) entspricht der Emendation von SCHRÖDER 1995: *war er fůr*. Da Rieds Diakritika grundsätzlich problematisch sind, ist diese Korrektur nicht nur semantisch plausibel, sondern auch philologisch wenig gewaltsam. Da das diakritische Zeichen über dem <u> von *fůr* allerdings kaum auf einen *uo*-Diphtong hindeutet und wir den Lesetext auch ohne den Eingriff für in diesem Sinne verständlich halten, verzichten wir darauf, die Emendation zu übernehmen.

93 Zum fehlenden Reim zu diesem Vers vgl. die anderen Waisen im Text: V. 504, 761, 812, 995, 2422, 2953, 3046, 4614, 4779, 5068, 5105, 5226, 6029, 6530, 7109, 7570. An keiner dieser Stellen wird ein Reimpartner aus semantischen oder syntaktischen Gründen benötigt; die von der Rekonstruktionsphilologie z.T. vorgenommenen Ergänzungen sind entsprechend unnötig und beliebig. Dass dies kein nur für den *Ereck* in A zutreffender Befund ist, zeigt sowohl der Blick auf andere Texte im *Ambraser Heldenbuch* (vgl. für den *Iwein* SCHÜTZER 1930, S. 217 f.) als auch in andere Handschriften (vgl. z. B. die Waisen in Herborts von Fritzlar *Trojanerkrieg* in den Versen 2015, 14392, 15549, 18412.).

101 ff. Hier werden nacheinander zwei typische Verhaltensweisen König Artus’ angesprochen: das *rash boon* (Blanko-Versprechen) und das Festessen, das nur mit einer Aventiure beginnen darf. Beides wird in der Erzählung ausgeführt und für beide Motive finden sich im Motif-Index zu weltlichen Erzählungen des deutschsprachigen Mittelalters zahlreiche Parallelstellen (vgl. Motif-Index Bd. 6.2.: M 223 *Blind promise* und M 151 *Vow not to eat before hearing of adventure*). Interessant ist, dass sich hier die Einordnung des Mantel-Teils des Ambraser *Ereck* als selbstständiger, Heinrich von dem Türlin zugeschriebener Text in der Belegstellenliste des Index, die diese beibehält, abermals in ihrer Beliebigkeit zeigt: Die veraltete Forschungszuschreibung dürfte zu einem Gutteil auf solchen Motivparallelen zwischen dem Mantel-Teil des Ambraser *Ereck* und späteren Texten wie Heinrichs von dem Türlin *Diu Crône* beruhen, berücksichtigt im Falle der Aventiureforderung vor dem Essen in unserem Text jedoch nicht, dass es neben den späten Belegen in zeitlicher Nähe zum *Ereck* auch entsprechende Stellen in Wolframs *Parzival* gibt. Für das Motiv des Blanko-Versprechens dagegen gibt es eine breite Tradition in der mhd. Artusepik vom *Ereck* bis hin zum *Rappoltsteiner Parzival*, darunter auch in Hartmanns *Iwein* und in Gottfrieds von Straßburg *Tristan*. Zu Letzterem vgl. auch die Untersuchung von HAFERLAND 2005.

150 Ist die Schreibung *malſenie* statt *maſſenie* eine Ironie des Textes, die den späteren Zustand am Hof vorwegnimmt?

152 *dauchte* ist Prät. zu mhd. *diuhen*, hier bildlich im Sinne von ,sich unter die Leute bewegen, sich hineinschmuggeln‘. Zu *zage* vgl. V. 219.

163 ff. Ginovers Rolle als Einkleiderin der Damen nimmt die Szene von Enites Einklei-
dung am Artushof vorweg.

222 Wir deuten *der tugent* als Apposition zu *Ir*. Dies ist die einzige Stelle, in der Ried
das Wort ‚eher‘ mit <-r> schreibt; sonst schreibt er immer *ee*.

230 Vgl. den Prolog V. 26 f.

234 Die Schreibweise dieses Namens ist in der Mantel-Episode stets einheitlich ohne
Nasal (außer als Flexionsendung); in dieser bekannten Form begegnet der Name
auch in W und im *Iwein* des *Ambraser Heldenbuches*. Im Ereck-Teil wird der Name
dagegen bis auf zwei Ausnahmen stets mit Nasal (*Chaim/Chain* in entsprechenden Variationen) geschrieben. Zwar variiert die Schreibung von Namen bei Ried
enorm, beide Formen lassen sich jedoch durch Reimbindung absichern. Viel
stabiler ist – wiederum parallel zum *Iwein* im *Ambraser Heldenbuch* – dagegen
die Schreibweise der Namensform Gawein, der allerdings zweimal, in V. 2146 u.
V. 10896, Walwan genannt wird (so auch die Schreibweise in W). Zu den Schreibvarianten der Namensformen im *Ereck* vgl. GÄRTNER 1982, zu Keie ebda. S. 420ff.

295 Zu den Beschäftigungen der Artusritter am Pfingsttag vgl. V. 3105 ff. sowie *Iwein*,
V. 65 ff.

319 HAUPT 1839 emendiert hier *unz*, was sehr einleuchtet; WARNATSCH 1883 und
SCHRÖDER 1995 sind ihm gefolgt. Dennoch behalten wir das handschriftliche
und bei, da auch diese Lesart die von den bisherigen Herausgebern gesehene
Deutung zulässt: Ried verwendet auch an parallelen Stellen *und* als subordinie-
rende Konjunktion in temporaler Bedeutung (z. B. V. 1143, 1841, u. ö.).

365 Das handschriftliche *Churit* ist nicht belegt, die Bedeutung ist unklar. Will man
die Reimbindung erhalten, so muss man auf Latinismen zurückgreifen, wie WAR-
NATSCH 1883 und SCHRÖDER 1995, die in *introit* konjizieren. Hierfür plädiert ebenfalls Gärtner 2019, S. 84, der dafür auch plausible kontextuelle Gründe anführt:
Zu diesem Zeitpunkt der Handlung hat die eigentliche Messe noch gar nicht
begonnen; die Gemeinde mit dem Bischof an der Spitze zieht erst ein, weshalb
an dieser Stelle erst der Introitus gesungen werden könne. Diese zweifellos starke
inhaltliche Begründung geht allerdings auf Kosten der Überlieferung: Denn es
ist kaum überzeugend herzuleiten, wie das hsl. *churit* als eine etwaige Verschreibung o. ä. aus *introit* hergeleitet werden kann. Unsere Emendation *churie* (als
leicht verderbte Form von *kyrie*, das im Frnhd. durchaus belegt ist) fügt sich
dagegen inhaltlich weniger gut in den Ablauf der (ansonsten recht genau geschilderten) Messe, folgt jedoch der Prämisse des minimal denkbaren Eingriffes, um
die hsl. Überlieferung möglichst zu bewahren. Es ist dies auch eine Abwägung
zwischen dem Versuch, den (möglicherweise) ursprünglichen Wortlaut wiederherzustellen – wofür dann auch die Reimbindung ein entscheidendes Kri-
terium wäre – und der von uns verfolgten Position, den Überlieferungsbestand
möglichst unangetastet zu lassen. Das geht dann allerdings immer wieder auf
Kosten inhaltlicher und reimtechnischer Brüche, die freilich im Ambraser Heldenbuch (nicht nur im *Ereck*) zahlreich sind und die zeigen, dass die Rezeption

des 16. Jh. damit offenbar kaum Probleme hatte. Denkbar wäre auch gewesen, für das hsl. *churit* die Lesart *kartât* (für das lat. *caritas*, vgl. Lexer, Bd. 1, Sp. 1523) zu vermuten. Auch hier fehlt, abgesehen von der schlechten Einbindung in den Ablauf der Messe, die Reimbindung, will man nicht in *carit* bessern; dies aber wäre sprachgeschichtlich problematisch, da *carit* als Abkürzung für *caritas* im Hochmittelalter nur in Inschriften belegt ist, in Texten dagegen erst sehr spät.

376 *Milkem* ist Hapax legomenon. WARNATSCH 1883 konjiziert zu einem unbelegten *Hilkem*, SCHRÖDER 1995 (mit Krux) zu ebenfalls nicht bezeugtem *milbem*.

392 *Siboroi*, handschriftlich *Siboroÿ*, meint das *ciborium*, ein Gefäß zur Aufbewahrung von geweihten Hostien. Man muss sich hier offenbar eine Prozession von der Kirche zum Hof vorstellen, mit dem Bischof und dem Hostienkelch an der Spitze. Gärtner 2019, S. 86, sieht darin das Altarziborium, die „von Säulen getragene[ ] Überdachung des Altars". Er schlägt für das darauffolgende „in eÿlin" die Konjektur *ônichelîn* (aus Onyx) vor, um die Reimbindung zu erhalten; die daraus resultierende Lesart erfordert dann jedoch noch weitere Eingriffe. Mit Lexer, Bd. 3, Sp. 1099, ist mit dem Ziborium jedoch der gefüllte Hostienkelch zu sehen, dann nämlich sind auch keine weiteren Eingriffe in den Text mehr notwendig. Ob das im ursprünglichen Text u. U. anders war, spielt für unsere Ausgabe keine Rolle; Hans Ried hat sich ohnehin mehrfach über die Reimbindungen hinweggesetzt.

447 f. Im Gegensatz zu den übrigen Sätzen im Text, die wir als exzipierende auffassen, fehlt in diesem eindeutig die Konjunktivform als letztes im Ambraser *Ereck* gewöhnlich verbliebenes Kennzeichen solcher Konstruktionen. Die syntaktisch zunächst naheliegende Möglichkeit, nach V. 446 einen Punkt zu setzen, würde das bekannte Motiv des durch Artus ausgesprochenen Verbots der Nahrungsaufnahme, das nur durch eine *aventiure* aufgehoben werden kann, variieren, indem die Passage dann aussagte, dass Artus das Essen und Trinken zugunsten der von ihm angestrebten *aventiuren* prinzipiell unterlassen wolle. *vor* in V. 447 wäre in dieser Lesart nicht als Lokaladverb, sondern als Präfix eines trennbaren Verbs aufzufassen. Da im weiteren Textverlauf jedoch erzählt wird, dass die Ritter mit der Begründung, dass es erst danach etwas zu essen gäbe, angestrengt nach einer *aventiure* Ausschau halten, behalten wir in Interpunktion und Übersetzung die gängige Interpretation bei, wenngleich wir durchaus die Möglichkeit sehen, dass der Text bereits mit dieser doppelten Lesbarkeit und damit mit der Motivtradition spielen könnte: Denn gegessen wird am Ende der Wartezeit natürlich nicht, als ‚Nahrung' bietet der Text den Artusrittern wie auch dem Rezipienten nur die Geschichte um Ereck und Enite.

485 SCHRÖDER 1995 greift massiv in den Vers ein und liest *an geschickede und waetliche*. Die Beschreibung des Knappen ist jedoch auch ohne den Eingriff verständlich, wenn man *geschicht* in der Bedeutung ‚Eigenschaft, Art und Weise' (vgl. LEXER s. v. *geschiht*) auffasst. Zur unnötigen Emendation des semantisch in allen Kontexten des Ambraser *Ereck* stimmigen *wackerleich* und entsprechender Schreibvarianten vgl. auch V. 2846 (*wagleich*), 4750 (*wackerlicher*), 7229 (*wack-*

leich) und 10417 (*wagklicher*). Im DWB (27, 491 f.) sind – in deutlicher semantischer Nähe zum mhd. Adverb *wackerlîche*, das auch ‚mutig‘ und ‚tüchtig‘ bedeuten kann – für *waglich* belegt: ‚kühn‘, ‚gefährlich‘, ‚gewagt‘, *wäglich* übersetzbar auch mit ‚abgewogen‘; die Nachweise sind aber erst für das 15./16. Jahrhundert gesichert. Erneut ist es müßig zu fragen, ob Hartmann dieses im mhd. Sprachgebrauch nicht belegte Wort verwendet haben könnte oder nicht: Der Text des *Ambraser Heldenbuches* stellt einen Sinnbezug problemlos her.

494 Der Vers ist insgesamt semantisch schwierig und in mehrere Richtungen ausdeutbar. Gestützt durch den Kontext, der an keiner Stelle Negatives über die Figur aussagt, ließen sich die dem Knappen in diesem Vers zugeschriebenen Attribute als Teil der (positiven) Beschreibung dessen innerer Qualitäten verstehen. Unsere Übersetzung nimmt den außergewöhnlichen Körper des Knappen in den Blick: *erforcht* ist daher mit ‚furchteinflößend‘ zu übersetzen.

511 Nicht ausgeführte Lombarde in A, mit Spatium in der Zeile vorher, besonders kleinem *d* am Zeilenanfang als Hinweis für den Miniator und großem Spatium danach. Der von Ried an dieser Stelle belassene Freiraum ist allerdings deutlich schmaler als bei der Mehrzahl der übrigen Lombarden, sodass der Miniator sie – insbesondere, da sich die Stelle am Spaltenende befindet – leicht übersehen konnte. Vergleichbare Fälle, allerdings ansonsten nur für Lombarden, die eher am Spaltenrand vorgesehen zu sein schienen als raumgreifend im Fließtext, sodass auch diese Platzhalter leichter zu übersehen sind, finden sich in den Spalten 33^rc, 37^rc, 43rb, 44ra, 49rb.

544 Hier fehlt entweder das Lokaladverbiale *ze* oder aus *untz* wäre *und ze* zu lesen. Da der Ausfall von Partikeln und Präpositionen im Text jedoch nicht ungewöhnlich und der Vers durchaus verständlich ist, greifen wir nicht ein.

571 Hier und an anderen Stellen (vgl. z. B. V. 1143, 1928, 4900 u. ö.) gebraucht Ried andere Kasus als zu erwarten wären. Wir sehen diese Eigenheit bei einem so gebildeten Schreiber wie Ried jedoch nicht grundsätzlich als fehlerhaft an, sondern stellen, sofern die entsprechenden Passagen ohne Eingriffe problemlos verständlich sind, die größere grammatische Freiheit und Variabilität älterer Sprachstufen in Rechnung, die für den Bereich der Kasuswahl – insbesondere für die Austauschbarkeit von Akkusativ und Dativ – auch in Grammatiken (vgl. Mhd. Gramm. § S 58, S 60, S 91) ausgewiesen ist. Zusätzlich gestützt auch durch die Forschungsergebnisse der historischen Linguistik bezüglich der Polyvalenz zahlreicher frnhd. Verben (vgl. KORHONEN 2006, S. 1497), belassen wir von Ried gewählte Formen.

590 Es ist hier entscheidend, wer spricht. Wenn es der Erzähler ist (wofür die fehlende Inquit-Formel spricht), kommt dem Mantel eine Objektivität in seiner Wirkung zu; wenn es der Bote ist (wie wir mit den Anführungszeichen vorschlagen), dann lässt sich die Behauptung über die Aussagekraft des Mantels bezüglich der Tugendhaftigkeit seiner Trägerin erst im Laufe der Erzählung verifizieren.

616 Rieds Schreibung *hāne* für md. *hône* (Normalmhd. *hœne* – ‚Hohn, Spott') entspricht einer sich bereits in mhd. Zeit von Oberösterreich aus verbreitenden Laut-
wandelerscheinung des Zusammenfalls von /a/, /ā/ und /ō/, die sich seit dem
späten 13. Jahrhundert in der bairischen Schreibsprache vermehrt in <a>-Schrei-
bungen für md. /ō/ niederschlägt (vgl. Mhd. Gramm. § E 27).

687 *genügen* aus mhd. *nîgen*. Die vorangehenden Damen verneigen sich bereits vor
dem König, als die letzten erst aus der Kammer hervorkommen.

709 Der Satz scheint uns grammatisch nur verständlich zu sein, wenn man annimmt,
dass ein Lese- oder Schreibfehler vorliegt. Am naheliegendsten scheint uns eine
Verlesung *sī* (Poss.-Pron. Mask. Sg., mhd. *sîn*, mit Nasalstrich-Abkürzung) zu *si*
(Pers.-Pron. Fem. Pl., mhd. *sie*).

748 *ouget*: SCHRÖDER 1995 übernimmt hier eine Konjektur von WARNATSCH 1883 und
liest: *der mantel so stöuwet* – doch der Mantel klagt die Königin gar nicht an,
vielmehr macht er ihre Untreue lediglich sichtbar; das Verb *ouget* korrespondiert
auf diese Weise mit einer Bemerkung des Prologs, dass es darauf ankomme, was
von einem gesehen wird, und nicht darauf, was über jemanden gesagt wird (vgl.
V. 40–42: *Wann das bas steuret / gûtes mannes wirdikait, / daz man gesihet, dann
daz man sait*).

761 Auf diesen Vers fehlt ein Reimpartner, doch liegt weder syntaktisch noch semantisch eine Lücke vor (vgl. Kommentar zu V. 93).

819 Das arthurische Fest (*hôchzît*) wird zur *hochfart*; vgl. auch die Bemerkung zu den
Sünden der Damen am Artushof in V. 628.

842 vgl. den Kommentar zu V. 48.

869 f. Mhd. und Fnhd. ‚kein' kann Nhd. ‚kein' oder ‚ein' bedeuten (Mhd. Gramm.
§ M55, Frnhd. Gramm. § 128). Daher lässt sich dieser Satz auf zwei unterschiedliche Weisen verstehen. Wörtlich bedeutet er ‚von keinem kam ihr das zu, dass sie
den Hass aller Frauen hatte / kein dritter bewirkte den Hass'. Das ließe sich nur
ironisch verstehen, denn jedem ist klar, dass Kei selbst der Grund für diesen Hass
ist. Gleichzeitig läge hier ein Wortspiel mit *kainem* und *Kai* vor; das könnte evtl.
dadurch unterstützt werden, dass das Wort in der Handschrift getrennt wurde
und die Silbe *kai* am Zeilenende steht, sodass durch den Zeilensprung unweigerlich eine Lesepause entsteht, die das Verständnis in eine bestimmte Richtung
leitet. Ein ähnlicher Fall der Austauschbarkeit von *Kei* und *kein*, die sich als Spiel
mit der Namensähnlichkeit des Artusritters mit dem biblischen Kain lesen lässt,
liegt in der gleichen Handschrift vor: fol. XIrb, *Iwein*, V. 2616, wo sich statt *Keiîs
schande*, wie in anderen Handschriften, *kaines schande* findet.

901 Die Formulierung *er lie die scham seiner hant* ist etwas apart und könnte eine
feststehende Redewendung sein. Man kann sie so verstehen, dass er die Scham
allein seiner Hand überlässt, d. h. nicht seine ganze Person von ihr erfasst wird
(*pars pro toto*).

908 Hier und in V. 925 vergisst Ried, einen *i*-Punkt auf das wort *Amien* zu setzen. Da er
es zudem beide Male groß schreibt, liest es sich wie *Anne*.

914 Der Gürtel gefällt, weil er nicht mehr vom Mantel bedeckt ist und darunter das
blanke Hinterteil sichtbar ist: Ihr entblößter Hintern stellt zugleich Keie bloß.
geleichet verstehen wir in der Bedeutung ‚gefallen, sich beliebt machen' (vgl.
Lexer, s. v. *gelîchen*). Entgegen Lexer ohne Dativ, aber entsprechend unserer
Textstelle, vgl. Wolfram, *Parzival*, V. 1, 20f. Übersetzt man (*ge-*)*lîchen* mit ‚sich
gleichen, ähneln', so wäre *si* nicht auf den Gürtel (V. 913 im Fem.), sondern auf
Keis Freundin bezogen, sie gliche den anderen Frauen, die sich vor ihr schon bla-
miert haben. *leichen, geleichen* im Sinne von ‚betrügen' (vgl. Frnhd. Wörterbuch,
Bd. 9, 773 f. und Bd. 6, 2316) ist problematisch.

925 Ried verbindet V. 925 und 926; offenbar hat er übersehen, dass hier die Verse
abgesetzt werden müssen.

941 Wie fast immer bei Ried ist hier wohl eine proklitische Negationspartikel entfallen.

947 Fehlendes Pronomen, in diesem Fall wohl *man*.

982 *ansechte*: Ried schreibt wiederholt Adjektiva, bei denen man eine *-ec/-ic*-Endung
erwarten würde, ohne die Okklusive am Ende.

995 f. Nach allgemeiner Auffassung beginnt hier, mitten im Satz und in der Handschrift durch nichts gekennzeichnet (Überschrift, Spalten- oder Zeilenwechsel,
Lombarde) Hartmanns *Ereck*. Haupt hatte in seiner ersten Ausgabe des *Ereck* den
Text erst einen Vers später (*ditz was Erec Vilderoilach*) beginnen lassen, was er aber
bereits im Vorwort zu dieser Auflage bereut (vgl. Haupt 1839, S. V) und in seiner
zweiten Auflage entsprechend korrigiert. Wir haben uns hingegen um eine Verbindung zwischen den als unorganisch angesehenen Versen bemüht, die in der
Interpunktion und Übersetzung zur Geltung kommt. Das mag den harten Szenen-
wechsel zwischen Keies Schimpfrede vor der Hofgesellschaft und Erecks Ausritt
als Begleiter der Königin nicht verdecken, doch ist es auf diese Weise immerhin
möglich, jene Verse, die landläufig als Schluss des Mantel- und als Beginn des
Ereck-Fragments bezeichnet werden, zu verbinden und auch der eigenwilligen
Lombardensetzung in V. 998 (*Durch den die rede erhaben ist*) gerecht zu werden
(vgl. zu dieser möglichen syntaktischen Variante die Überlegungen von Hess
2011 und Reuvekamp-Felber 2016). Vermutlich sind hier Verse ausgefallen.

1037 Seit Haupt 1871 ergänzen die Editoren *vrouwe* zwischen *mein* und *fraget*. Auch
ohne die nach modernem Sprachempfinden stilistisch vielleicht vorzuziehende
Hinzufügung von *vrouwe* ist die Lesart der Handschrift aber mit nur einem minimalen Eingriff ebenso verständlich.

1041 Paul 1876, S. 192, hat *ez* statt *Si*, also den Zwerg zum Subjekt des Satzes gemacht.
Leitzmann 1939 hat das Verb verneint – *ez enweste warnach si rite* – und damit
den Satz als indirekte Rede des Zwergs aufgefasst. Die Lesart der Handschrift
zeugt indes vom Selbstbewusstsein des adligen Mädchens, das nach der kom-
munikativen Verweigerung des Zwerges weiß, wohin es reiten muss, um mehr in
Erfahrung zu bringen: ‚sie wusste, wohin sie zu reiten hatte'.

1053 Lachmann hat *antwurt* statt *abenteur* in die *Ereck*-Philologie eingeführt. Der
Begriff *abenteur* scheint uns das Geschehen aber mit einem für die Erzählhaltung

des Romans sehr passenden ironischen Unterton präzise zu erfassen: ‚Mit einem solchen Abenteuer kehrte sie von dort zurück‘. So hat es auch SCHOLZ 2004 in seiner Ausgabe nach einem Vorschlag von OKKEN 2000(a), der „mit solchem Erfolg, Ergebnis" (Kommentar zu *olim* V. 59) übersetzt, aufgenommen. Vgl. hier den Kommentar zu V. 1958.

1088 Vgl. den Kommentar und die Belege in der Ausgabe von SCHOLZ 2004 (Kommentar zu *olim* V. 94, S. 625 f.) sowie RESLER 1988, S. 78. Obwohl er die handschriftliche Lesart als sinnvoll erkennt, emendiert SCHOLZ jedoch zu *schabe*. Mhd./Frnhd. *sappen* tritt einerseits in der Bedeutung „schwerfällig einhergehen, tappen, stapfen" auf (vgl. Lexer, Bd. 2, Sp. 607, DWB 14, 1796). Dann wäre die Bedeutung recht ähnlich zu verstehen wie mit der Emendation *schaben* bei Scholz, frei übersetzt etwa: „hau ab" oder „geh fort". Eine reflexive Verwendung von *sappen* ist allerdings in den Wörterbüchern nicht belegt. Andererseits käme auch die Bedeutung „ergreifen" in Frage; dann müsste der Vers jedoch ganz anders übersetzt werden, da *der sunnen hasz* dann zum Objekt wird: „Ergreife dir/zieh auf dich den Hass der Sonne" (vgl. die Übersetzung in der Ausgabe von CRAMER 1994). Dass *sabet* verlesen aus *schabet* ist, kann auch nicht ausgeschlossen werden, vgl. V. 5184: *schabet eurn weg*.

1123 Bereits HAUPT 1839 hat in seiner ersten Ausgabe *ensterbe* statt *ersterbe* und eine andere syntaktische Interpretation, die sich aus der Konjektur ergibt und die von der *Ereck*-Philologie übernommen wurde. Der Vers wird seither als exzipierender Satz ohne besondere Einleitung verstanden (daher das negierte Verb), der eine Einschränkung zum folgenden Hauptsatz macht, also: ‚Wenn ich nicht in kürzester Zeit sterbe, dann werde ich es versuchen.‘ Einen exzipierenden Satz lässt die Handschrift hier allerdings nicht erkennen. Vgl. zum generellen Problem den Kommentar zu V. 48.

1143 Der seit HAUPT 1839 vorgenommene Eingriff, *und* in *unz* zu ändern, ist semantisch sehr plausibel, aber nicht zwingend. Ebenso denkbar ist ein konsekutives Verständnis von *und daz* (vgl. unseren Übersetzungsvorschlag). Zudem ist es möglich, eine koordinierende Konjunktion anzunehmen: ‚Immer wieder begehrte er da den Abschied und (außerdem) dass die Königin ihn diesen gewährte.‘ In jedem Fall verbietet sich ein Eingriff, da Ried auch an parallelen Stellen *und* schreibt und eine temporale Übersetzung von *und* in der Bedeutung von ‚bis‘ im Text grundsätzlich möglich ist (vgl. z. B. V. 319 sowie den Kommentar zur Stelle).

1152 *waren*: Der Konjunktiv erscheint bei Ried häufig ohne Umlaut (vgl. z. B. auch V. 1201, 1224, 1462 u. ö.).

1188 Hans Ried greift an keiner Stelle auf das mhd. Adverb *niuwan* zurück: stattdessen gebraucht er regelmäßig *nun* in diesem Sinne, was bereits im Mhd. möglich ist (vgl. dazu LEXER II, Sp. 120). Hier und an anderen vergleichbaren Stellen (z. B. V. 1303) ist für *nun* folglich eine Übersetzung mit ‚nur‘ oder ‚außer‘ treffend, ohne dass ein Eingriff erforderlich wäre.

1199 *zwar*: L**EITZMANN** 1939 und ihm folgend auch die neueren *Ereck*-Ausgaben von S**CHOLZ** 2004, G**ÄRTNER** 2006, und M**ERTENS** 2008a haben *zwir*, das alle Herausgeber an den vorangehenden Vers anschließen. Mit einer anderen Syntax lässt sich der handschriftliche Wortlaut aber durchaus erhalten, indem nämlich vor *zwar* ein Punkt gesetzt wird, sodass das Wort dann als Adverb (*zewâre*) aufzufassen ist.

1253 Wir fassen *wann* hier als Konjunktion auf, die einen exzipierenden Satz einleitet.

1259 *einen*: Die textkritischen Ausgaben emendieren Präp. + Dativ gemäß der mhd. Grammatik: [...] *wan ich in einem winkel sol* [...]. Aufgrund der Kasusfreiheit im Frnhd. verzichten wir auf diesen Eingriff.

1304 *ein die schoneste magt*: wir sehen hier nicht einen gedoppelten Artikel, sondern eine durch Kasusfreiheit und Genuswechsellizenzen der älteren Sprachstufe verstellte partitive Genitivkonstruktion.

1314 Rieds *begieng* als Imperativ der 2. Pers. Sg. anstelle des von anderen Ausgaben eingefügten *begenc* ist im nicht-normalisierten Mhd. keine ungewöhnliche Form des Wurzelverbs (vgl. Mhd. Gramm. § M 105). Dass der Text an dieser Stelle *begieng* statt *begee* wählt, könnte entweder Varianz im Ausdruck gegenüber *gee* drei Verse zuvor herstellen oder über Wiederholungsstrukturen eine zusätzliche Aussageebene etablieren. So ähnelt Coralus' imperativische Formulierung *begieng* der kurz darauf im Text folgenden Schilderung von Enites Ausführung der ihr angetragenen Aufgabe durch den Erzähler, in der die gleiche Form als präteritale wiederkehrt (vgl. V. 1348: *das phärd begieng ze vleisse*), auf frappante Weise. Betont diese Wiederholung etwa, wie gewissenhaft Enite den Anweisungen Folge leistet, wie außergewöhnlich sie sich bemüht? In dem vierfachen Augenreim an derselben Stelle (*enliess : hiess : vleisse : weisse*) könnte dann eine weitere, subtile Form der Wiederholung, die fast nur der Leserezeption zugänglich ist, gesehen werden, die Enites Vortrefflichkeit abermals unterstreicht. Diese Überlegung passt nicht nur dazu, dass wir bei Ried im Allgemeinen eine Neigung zur Ästhetisierung des Schriftbildes beobachten (vgl. auch den Kommentar zu V. 1614), sondern auf inhaltlicher Ebene auch dazu, dass es gerade die Aufgaben des Pferdeknechts sind, die im weiteren Handlungsverlauf des *Ereck* mit Enites Bewährung als Ehefrau verknüpft werden.

1372 *golter und zendale*: Seit M**ÜLLER** 1862, S. 130 (mit Verweis auf Veldekes *Eneit* und Wolframs *Parzival*), wird das handschriftliche *vnd* in ein *von* emendiert und damit der Bezug vereindeutigt: Es handelt sich dann um aus Seide gefertigte Steppdecken. Es wäre natürlich denkbar, dass Hans Ried (oder bereits seiner Vorlage?) die Bedeutung eines der beiden Wörter oder gar beider nicht mehr bekannt war, was dann eine entsprechende Verlesung bewirkt haben könnte. *golter* und *zendal* können jedoch auch unverbunden nebeneinander stehen: So kann ersteres neben (gesteppter) Bettdecke auch Matratze, Kissen oder Polster bedeuten (DWB 11, 1623), *zendal* meint i.d.R. das Material (Seide), kann aber auch allgemein als Bezeichnung für Seidenstoff verwendet werden (vgl. DWB 31, 621 f.).

Die vorliegende Übersetzung versucht dies abzubilden: Ereck sollte eigentlich in einem Bett schlafen, das mit Steppdecken und Seidentuch bezogen ist.

1388 f. Seit HAUPT 1839 wird *dann man* übereinstimmend in *den man* emendiert, die Textkritik wandelt also Vers 1388 in einen Relativsatz um, anstelle eines Vergleichssatzes. *genúg* bzw. mhd. *genuoc* in Verbindung mit nachfolgendem *danne* bzw. *dan* kann jedoch ‚mehr als‘ bedeuten. Vgl. z. B. Wolfram von Eschenbach, *Parzival*, V. 486,13–17: *Parzivâl mit sinne, / durch die getriuwe minne / die er gein sînem wirte truoc, / in dûhte er hete baz genuoc / dan dô sîn pflac Gurnemanz* (‚Wegen der treuen Zuneigung gegenüber seinem Gastgeber [Trevrizent] kam es Parzival vernünftigerweise so vor, als hätte er weitaus mehr als damals bei Gurnemanz‘). Zur vorliegenden Textstelle und ihrer Programmatik aus literaturwissenschaftlicher Sicht vgl. neuerdings überzeugend RAUMANN 2010, S. 42 ff.

1424 Enites Mutter heißt nicht Karsinefîte, wie in allen *Ereck*-Ausgaben zu lesen ist, sondern Lar sine fide. Bei Chrétien heißt die Figur je nach Handschrift *Tarsenesyde* (GIER 1987, V. 6832), *Tarsenefide* (FRITZ 1992, V. 6886), *Carseneside* (FOERSTER 1896, V. 6894) oder *Carsenefide* (KASTEN 1979, V. 6894), was sich alles auf *Enide* reimt. Wolfram von Eschenbach nennt sie den Ausgaben zufolge in seinem *Parzival* ‚Karsnafîde‘ / ‚Karsnafite‘ (V. 143,30). Ein Blick in die handschriftliche Überlieferung (Auskunft zu den Schreibungen der Handschriften [brieflich] von Michael STOLZ / Bern) zeigt jedoch auch für Wolframs Text, dass diese einheitliche Lesart nach der Leithandschrift D der mittelalterlichen Überlieferung insofern nicht gerecht wird, als diese auch bei den Namensformen einen hohen Grad an Varianz aufweist: In keinem der die Stelle enthaltenden Überlieferungsträger ist die Namensgebung identisch mit der Variante in D; in M, O und Q entsprechen die für den *Parzival* überlieferten Namensformen sogar dem sprechenden Namen aus dem Ambraser *Ereck* (s. u.), ohne dass diese bei aller Varianz sehr auffällige Übereinstimmung in der Forschung bisher berücksichtigt wurde (M: *karfinafide*; O: *kafinifite*; Q: *karfinefite*). Dennoch ist LACHMANNs Edition des *Parzival* schließlich maßgeblich geworden für die Rekonstruktion der Namensform in den *Ereck*-Ausgaben. Die Herausgeber greifen einhellig auf die Namensform Chrétiens zurück, die der Wolframschen Lesart am nächsten kommt: Carsenefide. In den Ausgaben wird der Name aufgrund der Reimbindung an Enite konsonantisch verhärtet. Zum anderen rückt Rieds *-sine* an die Stelle von Chrétiens *-sene* bzw. Wolframs *-sna*. Diese Neuschöpfung des mütterlichen Namens in sämtlichen *Ereck*-Ausgaben scheint uns wegen des dahinterstehenden eklektischen Verfahrens prekär, selbst wenn sie nachträglich durch die jüngst entdeckten (und eben nicht direkt auf Hartmann zurückgehenden) Zwettler Fragmente (Bl. 11ʳ,5) teilweise bestätigt werden, wo die Namensform *karsinefidin* auftaucht. Zudem wird ein für die Textinterpretation wichtiges Verständniselement des *Ereck* aufgelöst. Enites Mutter heißt ‚Lar ohne Treue‘ (lat. *sine fide*). Dieser Namenszusatz der Mutter bei der ersten namentlichen Erwähnung Enites im Text weckt Erwartungen für das Verhalten der Tochter. Trägt sie vielleicht das mütterliche Erbe? Erfüllt sich in der

Tochter, was der Namenszusatz der Mutter verheißt? Dieser hier bereits in den Text eingespielte implizite Vorwurf der Untreue ist es, mit dem im weiteren Handlungsverlauf des Romans bekanntermaßen die Enite-Figur konfrontiert ist. Dass der Ambraser Text auf das Verfahren sprechender Namen zurückgreift, zeigt sich auch bei König Lag, dessen Name auf Erecks Verfehlung in Karnant verweisen könnte, bei Iders Vihmuot, auf dessen unedle Gesinnung mit diesem Beinamen angespielt zu sein scheint, und vor allem bei dessen Zwerg, der aufgrund seiner Schmähreden den Namen Maledicur verliehen bekommt.

1437 HAUPT 1839 setzt den Vers in direkte Rede und verneint ihn dann zwangsläufig. Uns scheint es sich vielmehr um einen Einschub des Erzählers zu handeln, der seine Rezipienten eine ausführlichere Erklärung in Aussicht stellt.

1451 vgl. Kommentar zu V. 17.

1459 An anderer Stelle (V. 1671) nennt der Erzähler den Gegner Erecks *Yders vilmůt*. HAUPT 1839 bildet die Namensform *Îdêrs fil Niut*. Als Vorbild dient wiederum wie bei Enites Mutter (vgl. den Kommentar zu V. 1424) eine Lesart in Wolframs von Eschenbach *Parzival*. Dort begegnet den Ausgaben zufolge *Idêr fil Noyt* (V. 178,12), was dem Text Chrétiens in diesem Fall sehr nahe kommt. Im afrz. *Erec* findet sich *Ydiers, li filz nut* (V. 1046). Allerdings ist auch bei diesem Namen die Überlieferung des *Parzival* reich an Varianten, v. a. die Schreibungen *vinolt* (M) und *filli not / fillinot* (I, T, U, V, W) stehen neben der Variante in D (*Ider fil Noẏt*, <N> vielleicht aus einem nicht mehr lesbaren Buchstaben korrigiert; alle Angaben zu den *Parzival*-Handschriften [brieflich] von Michael STOLZ / Bern). In der vorliegenden Stelle wertet Coralus den ritterlichen Antagonisten Erecks mit der verballhornten Namensform *Yders fihmůt* ab, indem er ihm nicht wie der Erzähler später im Text eine heldenhafte Gesinnung, sondern eine viehische Gesinnung zueignet. Diese gelungene Verbalinjurie des Ried'schen Textes wird durch die Konjekturen der Textkritik verdeckt.

1462 f. Vgl. den Kommentar zu 1152.

1468 Die Textstelle scheint korrupt. Alle Ausgaben emendieren zu *als er ims begarwe jach* (‚sobald der Alte ihm davon vollständig berichtet hatte‘). Allerdings ließe sich der Wortlaut auch ohne Konjektur als eine Form der Interaktion zwischen Erzähler und Rezipienten verstehen. Diese beginnt bereits im Vers 1434 (*Nu sagen wir auch dabei*) mit einer Pluralform als Einleitung des Erzählerkommentars und setzt sich im Vers 1437 mit der Anrede an die Rezipienten fort (*nu last euch belangen*). Die vorliegende Textstelle lässt sich möglicherweise hier einreihen.

1481 HAUPT 1839 schreibt nach LACHMANN *des iz dô benamen genôz* und meint damit, dass der Zwerg Glück gehabt habe, dass Ereck bei der ersten Begegnung unbewaffnet gewesen ist. Damit wird der selbstironische Sprechakt Erecks, er habe doch wahrlich Nutzen aus der Begegnung gezogen, aufgelöst.

1519 Die Ausgaben haben *dô* statt *die*. Wir beziehen *die* hier auf die verheißungsvolle Rede Erecks: ‚Die (Rede) schaffte es…‘

1522 Zu *ermant* vgl. OKKEN 1993, S. 80 sowie den Kommentar von SCHOLZ 2004 zur Stelle.

1614 Ried hat *Filderoilach Eregk* gegen die Reimbindung *lach* : *tag* (und vermutlich auch gegen die Vorlage) umgestellt. Lag dies etwa daran, dass mit *Filderoilach* die Zeile in der Handschrift exakt gefüllt werden konnte? Erschien ihm hier die Ästhetik des Schriftbildes bedeutender als die Reimbindung?

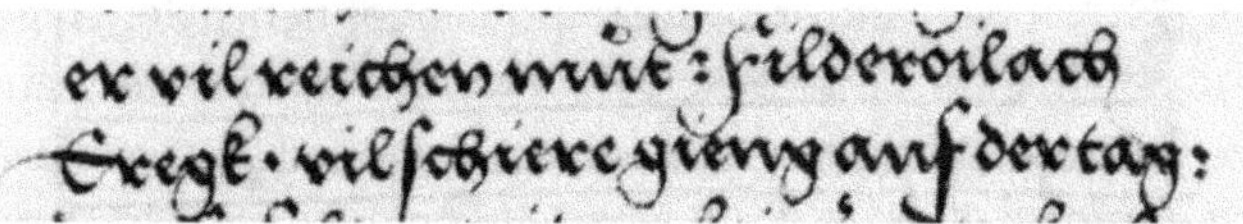

1637–43 Ereck betont hier ausdrücklich, dass Stand und innere Haltung einer Frau nicht an der Kleidung abzulesen seien – in der Mantel-Episode wird hingegen genau das Gegenteil vorgeführt, allerdings mit Hilfe des wunderbaren Requisits des Mantels. Vgl. auch im Prolog V. 42, wo ausdrücklich darauf verwiesen wird, dass man sich auf das verlassen soll, was man sieht, nicht auf das Gerede der Leute. Hier zeigt sich, wie eng die weitere Ereckhandlung auch inhaltlich mit der Mantel-Episode verklammert ist. Eine weitere Parallelstelle kann auch in der Passage V. 3988–4000 gesehen werden, in der Enite das Gerede der Höflinge zu Ohr kommt, das ihr später durch Erecks Reaktion zum Verhängnis wird.

1650 Wir fassen *ob* hier in konzessiver Bedeutung auf. Die seit HAUPT 1839 übliche Emendation zu *ode* ist überflüssig.

1663 Zur Verwendung des Akkusativs, wo eine normierende Grammatik den Dativ erfordert, vgl. den Kommentar zu V. 571.

1667 *lernen* in der Bedeutung ‚lehren‘ ist, wenn auch selten, durchaus bezeugt. Für Belege, vorrangig aus dem 14.–16. Jahrhundert, vgl. DWB 12 Sp. 769 f.

1671 Vgl. den Kommentar zu V. 1459. Mit dem Beiwort *vilmŭt* wird die große Tapferkeit von Erecks Gegenspieler herausgestellt.

1743 Die anderen Ausgaben ergänzen den bestimmten Artikel (GÄRTNER 2006, SCHOLZ 2004: *daz ros*). Es ist allerdings eine Eigenart Rieds, in Aufzählungen auf Artikel oder Possessivpronomina zu verzichten (vgl. u. a. auch die V. 2560, 2947, 3284, 3342). Laut Frnhd. Gramm. § S 4–6 kommt dies in Texten dieser Sprachstufe für Artikelwörter durchaus regelmäßig vor, ohne dass dort jedoch grammatisch analoge Fälle zu dieser Stelle genannt würden. Vgl. auch den Kommentar zu V. 17.

1745 LEITZMANN 1939 fasst V. 1745 als selbstständigen Satz auf. Daher wird emendiert: *gelücke sîn helfe im niht verzêch* (‚Das Glück hielt ihm seine Hilfe nicht vor‘). Wir sehen bei Ried eine ganz andere syntaktische Fügung: Der Vers gehört mit dem folgenden zusammen und ist ohne Konjektur verständlich: ‚Das Glück versagte seine Hilfe nicht vor allen Leuten.‘

1773 Bisherige Herausgeber greifen seit HAUPT 1839 (*olim* V. 778: *dô wart im sî gar kunt*) teilweise stark in den Vers ein (vgl. z. B. bei SCHOLZ 2004, *olim* V. 779: *diu wart im sît garwe kund*), um das überlieferte *sein* auf das Femininum *mŭte* in V. 1771 beziehen zu können. Wir belassen dagegen den Text der Handschrift, da wir davon ausgehen, dass sich *sein* auf Ereck bezieht. Diese Lesart passt auch besser zum zuvor Erzählten, weil Iders zunächst die Kampfkraft seines Gegners geringschätzt und mit der eines Kindes vergleicht (V. 1759) – in diesem Vers erfährt nun der Rezipient, dass Ereck ihn eines Besseren belehrt hat.

1779 *verwalte* geht zurück auf mhd. *vertwalen*. Die Schreibung <w-> anstatt <tw-> dürfte kein Versehen sein, denn sie findet sich mehrfach in Rieds Text (z. B. V. 2073, 3936, 4905, 7812, 10624) und koexistiert problemlos neben derjenigen mit <tw-> (z. B. V. 1016, 2396, 8214). Dies geschieht wohl im Kontext der Lautwandeltendenz, die seit dem 14. Jahrhundert <tw-> zum Teil durch <kw-> oder <zw-> ersetzt (vgl. REIFFENSTEIN 2003, S. 2931) und <tw-> im Anlaut damit als älterfrnhd. Lautkombination markiert (vgl. Frnhd. Gramm. § L 47.1).

1841 Vgl. grundsätzlich den Kommentar zu V. 319. Des in allen textkritischen Ausgaben verwendeten *unz* für *und* bedarf es nicht; der Satz ist grammatisch korrekt, sowohl inhaltlich als auch stilistisch scheint er Ried keine Probleme bereitet zu haben. Eine alternative Übersetzung mit koordinierendem *und* wäre: ‚Das Fechten und dass Iders Ereck auf den Helm schlug, sodass er von dem Schlag auf die Knie fiel, trieben sie übereifrig.‘

1861 ff. Wird hier in metaphorischer Rede auf ein historisches Brettspiel verwiesen, das mit dem Kampfgeschehen parallelisiert wird (ein rhetorisches Verfahren, das auch von Wolfram im *Parzival* sowie von Hartmann im *Iwein* verwendet wird)? Vgl. auch den Kommentar von OKKEN 1993, S. 35 f. Wir übersetzen: ‚Sie beide spielten ein Spiel, das dem Mann schnell die 15 auf dem Kopf raubt.‘ Unklar ist freilich, ob sich *auf das haubet* noch auf die Spielmetaphorik oder bereits wieder auf das reale Kampfgeschehen bezieht – aber dieser Doppelsinn ist vielleicht intendiert. Vgl. SCHOLZ 2004, Kommentar zu *olim* V. 869.

1866 HAUPT 1871, S. 338 f., erkennt im Verb *verbinden* einen spieltechnischen Ausdruck, etwa im Sinne von ‚die Spielsteine miteinander verbinden‘ oder ‚einen Bund gewinnen‘. Vgl. auch LEXER III, Sp. 75: ‚solche würfe der würfel tun, dass die steine zu bünden gestellt werden können‘. Vgl. auch V. 1934.

1936–44: Das Subjekt dieser Verse ist nicht klar und wird auch aus dem Kontext nicht vollständig ersichtlich: *jener* (V. 1936) und *dieser* (V. 1938) könnten sich jeweils auf Ereck oder auf Iders beziehen. Entscheidend ist dabei auch die Übersetzung des Wortes *weile* (V. 1940): Fasst man es wie wir als ‚Zeitpunkt‘ auf (in dieser Bedeutung bis ca. 1300 belegt, vgl. DWB, Bd. 28, 790), so ist in diesen Versen durchgehend Ereck das Subjekt. SCHOLZ 2007 sieht dagegen Iders als Subjekt und übersetzt demgemäß „eine Zeitlang“ (*weile* im Sinne von Aufschub allerdings erst ab dem 15. Jahrhundert belegt, vgl. DWB, Bd. 28, 792).

1958 Vgl. den Kommentar zu V. 1053. Anders als SCHOLZ 2004 sehen wir an dieser Stelle den Sinn nicht allein in der Bedrohung, sondern in der endgültigen Überwindung des Gegners: Ereck überwältigte ihn.

2060 f. Die Emendierung der Reimwörter von *recken : durchstreckhen* zu *strecken : durchrecken*, die HAUPT 1871 in seiner zweiten Auflage aufgrund eines Vorschlags von W. GRIMM durchführte und die bis heute sämtliche Ausgaben übernommen haben, ist unnötig. Es handelt sich um einen klassischen Fall von Kurzschluss zwischen früher Lexikographie und Edition, denn der einzige Beleg für *durchrecken* in LEXERS Handwörterbuch ist ebendiese Emendation im *Ereck* (mit Verweis auf GRIMM); am Verständnis der Verse ändert der handschriftliche Wortlaut jedoch nichts, da mhd. *recken* ebenfalls die Bedeutung ‚strecken, ausdehnen‘ hat und man auch das ansonsten unbelegte *durchstrekhen* als ‚durchprügeln‘ (evtl. im Zusammenhang mit mhd. *strîchen*?) verstehen kann.

2071 Zur Namensform Maledicur (‚Lästerer, Verwünscher‘) vgl. Kommentar zu V. 1424.

2073 Für Rieds Gebrauch von *wellen* statt mhd. *twellen* vgl. den Kommentar zu V. 1779 sowie die dort angegebenen weiteren Parallelstellen.

2122 Alle bisherigen Editoren korrigieren zu *vor leide. von* kann im Mhd. allerdings nach LEXER III, Sp. 457, auch kausal in der Bedeutung ‚aus, durch‘ gemeint sein.

2184 Es fehlt, wie so häufig, das Pronomen (vgl. Kommentar zu V. 17). Wir verstehen den Vers als Beginn eines Konditionalsatzes (eingeleitet mit *und* und markiert durch Verbersttstellung), dessen Subjekt Ereck ist.

2246 Wir deuten Rieds *ewrem* als Personalpronomen, das sich auf *schulde* (V. 2244) und/oder auf *hulde* (V. 2245) bezieht und daher im Fem. stehen sollte. Alle Herausgeber sind (seit HAUPT 1839) von der Annahme ausgegangen, dem Satz fehle das Dativ-Objekt, und haben daher *dienste* ergänzt. Wie unsicher solche Emendationen sind, zeigen die Tatsachen, dass zum einen der Satz auch ohne Ergänzung verständlich bleibt und dass man zum anderen als Dativ-Objekt ebenso gut z. B. das *haus* von V. 2023 übernehmen könnte, denn dort hatte Ereck Iders dazu aufgefordert, im Haus der Königin zu bleiben.

2282 *einen man*: Zur Kasusfreiheit vgl. den Kommentar zu V. 571.

2339 Zum Gebrauch von *schwester* ohne das hier gedanklich einzusetzende Possessivpronomen *iuwer* vgl. den Kommentar zu V. 1743. Im Rahmen einer zweiteiligen Aufzählung mit *und* fehlt im zweiten Aufzählungsglied vor einem auf ein konkretes Lebewesen referierenden Substantiv im Sg. ein Determinans, das vom Leser jedoch leicht aus dem Kontext ergänzt werden kann.

2342 Alle Herausgeber emendieren zu *baz enmoht er*. Wir teilen diese Lesart und übersetzen entsprechend, sehen jedoch von einer Emendation ab, da der Verzicht auf klitische Negationspartikeln typisch für Rieds Sprachgebrauch und das Frnhd. insgesamt ist. Vgl. dazu auch den Kommentar zu V. 48.

2357 *wart* erfordert eine Ergänzung, die in der Handschrift fehlt. Wir übernehmen mit *reicher* die Konjektur von HAUPT 1839, weil wir meinen, dass dadurch eine Verklammerung mit V. 2353 entsteht. Ein Verzicht auf die Konjektur wäre möglich, wenn man eine elliptische Konstruktion annimmt oder den Vers als Relativsatz auffasst, dann wäre jedoch das Genus von *fart* problematisch, zudem differenziert Ried fast regelmäßig zwischen Relativpronomen (*das*) und Konjunktion (*daz*).

2422 Der Vers ist eine Waise (vgl. Kommentar zu V. 93) und syntaktisch fehlerfrei. Die Ergänzung *sîn brust starck unde breit*, die SCHÖNBACH 1894, S. 324 vorschlug und die noch die neusten Herausgeber als Reimpartner einfügen, ist völlig beliebig.

2497 *sol*: Der Indikativ ist unproblematisch, weil im Frnhd. Temporalsätze im Indikativ erscheinen (Frnhd. Gramm. § S 285.2). In diesem Modus ist *sol* allerdings Präsens, während der Hauptsatz im Präteritum steht. Wir greifen dennoch nicht ein, weil ein Tempuswechsel Präs. / Prät. mehrfach in diesem Text belegt ist und überhaupt in mittelalterlichen Texten häufig vorkommt.

2502 *genosse*: Ein markantes Beispiel für das in der nhd. Schriftsprache nicht mehr existierende epithetische <e>, das bei Ried wiederholt auftritt und das wir stets beibehalten.

2575 *frävenlich*: Ried schreibt *frëuenlichñ* und repräsentiert den /ä/-Laut durch ein Diakritikum über dem <e>, sodass die bisherige Lesart *vrevenlîch* plausibel erscheint. Denkbar und interpretativ reizvoll wäre im Kontext der Einkleideszene jedoch auch, dass ‚fräulich‘ im Sinne von ‚in weiblicher Art, mit den Mitteln der Frauen‘ gemeint sein könnte oder dass der Text bewusst mit dieser doppelten Lesbarkeit spielt. Vgl. LEXER III, Sp. 541, s. v. *vrouwelîch*: *das frewlîche geschlecht*. Es gibt im *Ereck* keine Parallelstellen für *fräu-*, allerdings auch nicht für *frev-*.

2578 Frühere Editoren emendieren zu *Rîcheit sich in ir gesæze zôch*, im Sinne der Vorstellung, dass die Armut auszieht und der Reichtum an ihre Stelle tritt. Doch viel interessanter ist das Bild, das der handschriftlich überlieferte Text (wenn auch bei minimaler Korrektur) bietet: Die Armut verlässt ihren Sitz und lässt nicht passiv dem Reichtum freien Raum, sondern setzt ihn aktiv an ihrer Stelle ein. – Hat Ried bei *gésazze* das Diakritikum auf den falschen Vokal gesetzt?

2584 Die bisherigen Herausgeber fügen hier ein *si* ein, das jedoch nicht notwendig ist.

2591 Das handschriftliche *munde* wird von allen früheren Editoren in *vunde* emendiert. *munden* ist aber bei Michel Beheim zweimal belegt in der Bedeutung ‚mündlich mitteilen‘. Die Belege in Beheims *Buch von den Wienern* sind so deutlich (224,25: *vnd liessen jm uerkünden, zu sagen und auch munden* und 268,32: *der het [...]an der canczeln gemundet, gepredigt und uerkündet*), das Wort zudem an dieser Stelle und in dieser Bedeutung semantisch so unproblematisch, dass es sich verbietet, den überlieferten Text zu verändern.

2592 Alle bisherigen Herausgeber emendieren diesen Vers in *ezn sî vor dirre stunde* (mit graphischen Varianten), fügen also eine enklitische Negationspartikel ein und ändern vor allem *von > vor*; syntaktisch schließen sie den Vers an die vorangehenden an. Die Bedeutung wäre demnach folgende: ‚ich weiß nicht, welches Lob ich ihr zusprechen könnte, der nicht schon zuvor für andere Frauen besser gesprochen worden wäre‘. Aber das handschriftliche *von* ist korrekt, wenn man den Vers syntaktisch vom vorigen trennt und an die folgenden Verse anschließt.

2661 *lingo*: Das handschriftliche *lmgo* ergibt keine lesbare Silbe; daher (und weil möglicherweise einfach ein intendierter *i*-Punkt nicht realisiert wurde, ein wiederholt auftretender Fehler) greifen wir ausnahmsweise in einen Namen ein.

2721 Vom Reim her passt sich das *me* sehr gut ein. Ein genauer Blick in die Handschrift zeigt jedoch, dass dieses *me* durchaus auch als *nie* gelesen werden könnte, zumal schräg über dem *i*, im unteren Schweif eines *g* der vorangehenden Zeile, ein als *i*-Punkt deutbares Tüpfelchen zu erkennen ist. Vergleiche mit anderen <-me-> und <-nie>-Schreibungen erlauben keine eindeutige Entscheidung. Sollte es sich tatsächlich um ein *nie* handeln, würde ein Dreireim gefolgt von einer Waise vorliegen. Die Stelle würde dann lauten: „Ihr schönes Antlitz erhielt seine wundervolle Farbe nicht wieder und dennoch wurde sie schöner als zuvor." Das ist apart, aber nicht ganz unpassend.

2761 Die bisherigen Herausgeber fügen die Präp. *an* ein: *an einer vinstern naht.* Doch die Nacht kann ebenso gut Dativ-Objekt sein: ‚der Nacht sind die Sterne überdeckt'. Vgl. den Kommentar zu V. 2762–66.

2762–66 *uberdackt* ist immer in *unbedacht* geändert worden, weil man gemeint hat, *si* in V. 2763 bezöge sich auf die Sterne; wenn die Sterne bedeckt sind, kann man sie kaum *wol gesehen.* Doch das Pronomen kann sich auch auf Enite beziehen: ‚Die Sterne waren bedeckt, so dass man Enite gut sehen konnte'. Dazu passt genau, dass das Verb in V. 2765 im Konj. Sg. steht: *ware.* Erst V. 2766 erscheint wieder ein Pron. im Pl.: *in.* Aber auch bei diesem ist nicht eindeutig, worauf es sich bezieht, ob auf die Sterne, auf die Frauen oder auf die zuschauenden Männer. Vgl. den folgenden Kommentar zu V. 2767–70.

2767–70 Die morphologisch ambige frnhd. Form *man* kann sowohl ‚Mond' als auch ‚Mann' bedeuten, das auslautende /d/ für ‚Mond' ist noch selten, vgl. Frnhd. Wörterbuch, Bd. 9.1, Sp. 1740–1743. Das köstliche Wortspiel mit dem vom Topos her erforderten Mond (mhd. *mâne, mân*) und dem Mann ist unverständlicherweise immer zugunsten des ersten vereindeutigt und verflacht worden. Es zeugt doch von einer pikanten Komik, wenn hier der Mann als der bezeichnet wird, der die Schönheit der Frauen in den Schatten stellt. Es kann sich auch kaum um eine Fehlleistung handeln, denn der zweimal wiederholte Plural (V. 2767 u. V. 2770) weist deutlich darauf hin, dass an dieser Stelle die Männer gemeint sind: In V. 2767 ganz eindeutig, V. 2770 ist grammatikalisch zweideutig: Es könnte sowohl Dat. Pl (‚den Männern') heißen, als auch Akk. Sg. (‚den Mond' statt grammatisch korrekt Dat.; die Kasusfreiheit des Frnhd. sowie die häufige Verwechslung von Akk. und Dat. gerade beim Artikel sind nicht ungewöhnlich bei Hans Ried, vgl. auch Frnhd. Grammatik § M2). Gleichzeitig ist der Vergleich weiblicher Schönheit mit den Gestirnen allzu bekannt, als dass jemand (ob Autor, Publikum oder Schreiber) nicht gemerkt haben sollte, dass er diesen Versen zugrunde liegt. Zudem hat Hans Ried an allen anderen Stellen im *Ereck* die Bedeutung von mhd. *mâne* stets sinngemäß in den verschiedenen Nebenformen *man/mon* erfasst, vgl. V. 4102, 7875 u. 8647. Ob das Wortspiel von Hartmann selbst stammt oder von Hans Ried oder ob es in der Überlieferungskette entstanden ist, lässt sich nicht bestimmen; aber man sollte keine der Optionen ausschließen, auch die erste nicht. Die gesamte Stelle ließe sich daher stets doppeldeutig verstehen (so auch MILLET 2016). Ein vergleichbares Wortspiel mit *man* (Mann) und *man* (Mond) ist auch bei Fischart belegt, vgl. DWB, Bd. 12, Sp. 1298: *und ist der mon in einem bösen zeichen, wann er dasz weib schlägt.*

2784 Zum Tempuswechsel von Prät./Präs. vgl. den Kommentar zu V. 2497.

2846 *wagleich*: Eine Konjektur zu *waetlîch* scheint unnötig. Vgl. den Kommentar zu V. 485.

2852 Der Ausdruck *sich senen under* ist in den Wörterbüchern nicht belegt. Das scheint aber kein Grund, um den handschriftlichen Befund zu verändern in *diu Minne rîchsete under in*, wie alle bisherigen Herausgeber es getan haben. *die minne sich senet under In* mag etwas apart klingen, ist aber durchaus verständlich als ‚sie schaffte Sehnsucht zwischen ihnen‘.

2878 Es ist unverständlich, warum *mit verre*, das doch ohne weiteres als ‚mit Distanz‘ übersetzt werden kann, seit der Konjektur von BECH 1867 von allen späteren Editoren in *untiurre* verändert werden musste.

2910 Die Editoren lesen alle *zehenzec gesellen sein* (also ‚hundert Gefährten, Freunde etc.‘), doch in der Handschrift steht eindeutig *zehen zechgesellen sein*, was doppeldeutig ist und ein Wortspiel sein könnte: ‚zehn Formationsgefährten‘ oder ‚zehn Trinkgefährten‘, denn mhd. *zeche* ist die Reihenfolge oder Ordnung eines Systems, aber auch die Gemeinschaft von Essern oder Trinkern bzw. das Geld, das sie für diesen Zweck zusammenlegen.

2924 Es ist bezeichnend, dass alle bisherigen Editoren an dieser Stelle den handschriftlich überlieferten Text wiederum ohne weitere Erklärung geändert haben in *der wert Avalône*; konsequenterweise hat man dann V. 2927 *Marguel* in *Morgaine* verwandelt und schließlich vielfach über die Namensform und über den Grund der Veränderung diskutiert, obwohl die Identifizierung von Marguel und Morgaine allein den Philologen zuzuschreiben ist. Demgegenüber spart man sich solche Debatten, wenn man bei der Handschrift bleibt: *der werdt nach lone* ist ein sprechender Name, der auf die Korrelation von *virtus* und *fortuna* anspielt.

2953–55 Vom Reim her fehlt vor oder nach V. 2953 ein Vers. Doch eine Rekonstruktion dieser fehlenden Zeile wie die, die sich in der *Ereck*-Philologie durchgesetzt hat (*diu ros diu die jungen riten*), ist nicht nur beliebig, sondern auch unnötig, weil sich der Text auch so sehr gut verstehen lässt: Es sind die jungen Könige, nicht etwa die Pferde, die rabenschwarz gekleidet sind und die nicht traben, also nur galoppieren können.

3046 Hier fehlt ein Reim, der Satz ist jedoch vollkommen verständlich. Die von BECH 1867 eingeführte Ergänzung des Reims durch den zusätzlichen Vers *an vogelen und an wilde* ist daher unnötig.

3051 *súnder* scheint eine problematische Lesart der Handschrift, ist aber als Adverb in der Bedeutung ‚insbesondere, außerdem‘ belegt (vgl. LEXER II, Sp. 1305).

3133 Zwischen *da hurt* und *hie tanzen* ist eine deutliche Verschränkung zu erkennen, so dass die Einleitung des Verses mit *da* (lokal) in jedem Falle plausibel ist.

3160 Seit Leitzmann/Wolff 1963 ändern alle Herausgeber *gleich* zu *gelimph*. Das
ist jedoch nicht nötig, bezieht man *gleich* auf den vorausgehenden V. 3159 und
nimmt dort keine Satzgrenze an.

3181 *gesant*: Der übliche Eingriff in die Graphie des Textes ist nicht notwendig, *senden*
ist in den Wörterbüchern als Nebenform zu *schenden* verzeichnet (vgl. Lexer II,
Sp. 876).

3218 Zu unserem Verständnis von *freud* als höfische Unterhaltung, vgl. Lexer III,
Sp. 537.

3246 *were* ist bei Ried mask., vgl. V. 4823. Uns scheint daher eine Emendation unnötig.

3292 Zur Inkongruenz des Numerus zwischen Verb (*kunden*) und Subjekt (*ein mowen*,
V. 3289), vgl. Frnhd. Gramm. § S 225.

3293 Die alten Ausgaben emendieren das überlieferte *erenen* seit Haupt 1839 in *erren*
(*olim* V. 2302), berücksichtigen dabei aber nicht, dass der Text in frnhd. Sprache
geschrieben ist: Sprachhistorisch steht die überlieferte Form erkennbar zwischen
normalmhd. *êrîn* und nhd. ‚ehern‘, was auch durch weitere frnhd. Überlieferung
gedeckt scheint, wenn etwa das Kleine frnhd. Wörterbuch von Baufeld 1996 *eren /
erein* lemmatisiert. Passend zum Kontext, in dem auch für die anderen beiden
aufgezählten Schilde Farbe, Material und Schmuck genannt werden, erfährt der
Leser über den ersten Schild hier also, dass er aus Eisen bzw. mit Eisen beschlagen ist. Dies passt auch zu der Beschreibung zuvor, in der das blanke Eisen außen
am Schild metaphorisch als *ein liechtes spieglglas* (V. 3282) bezeichnet wird.

3305 Die Emendation *vor dem > vordern*, wie sie die *Ereck*-Philologie vertritt, ist sehr
plausibel; doch da der Satz verständlich ist, wenn wir von einem Enjambement
und einer Satzgrenze mitten im Vers ausgehen, greifen wir nicht ein.

3327–30 Probleme macht den meisten Herausgebern der fehlende Reim V. 3329/30
schon : allein, weswegen *schon* seit Haupt 1839 in *schein* verbessert wird. Dann
aber sind die Verse syntaktisch ganz anders aufzufassen und zu interpungieren:
V. 3327 wird dann als elliptischer Satz, bei dem das Verb *was* (o.ä.) fehlt, aufgefasst
und mit einem Doppelpunkt von den nächsten beiden Versen abgetrennt, deren
Prädikat dann das konjizierte *schein* bildete. Dann aber bedarf *sinen* in V. 3327
ebenfalls einer Emendation, vom Akk. in den Nom. *sin*. Sieht man dagegen über
den fehlenden Reim hinweg und fasst *gezieret* nicht als Adj.-Part. auf, sondern
als Verb und Prädikat eines Satzes, der alle drei Verse umfasst, werden beide
Konjekturen überflüssig. Alle Herausgeber seit Haupt 1839 korrigieren außerdem
zu (V. 3328) in *uz*: Der Engel habe aus der Krone herausgeragt, wobei *zu* als einfache Angabe (bei, in der Krone) ebenfalls möglich wäre.

3331 Das handschriftliche *kintlich* lässt sich ebenso wie das stets an seiner Statt ein-
gesetzte *kuntlich* (‚fachmännisch gearbeitet‘) auf die Qualität des Waffenrocks
beziehen und markiert dann dessen Modernität und modischen Chic. Eine
weitere Möglichkeit der Übersetzung wäre, das Adjektiv *kintlich* mit seiner Grundbedeutung ‚jugendlich‘ auf den Status Erecks zu beziehen. In beiden Fällen ist
kein Eingriff nötig.

3341 Das handschriftliche *kinle* ist nicht belegt und ohne erkennbaren Sinn. Daher scheint uns als einzige Erklärung ein Vorlagen- oder Lesefehler für das Wort *kiule*, das wir Rieds Schreibweise gemäß diphthongieren. Die Keule war darüber hinaus als ritterliche Waffe auch im Mittelalter, verstärkt ab dem 13. Jahrhundert, gebräuchlich. Das Attribut *wol beslagen* würde dann auf die Schlagblätter des Streitkolbens hinweisen (Auskunft [brieflich] von Rainer Leng/Würzburg).

3343 Zur Übersetzung vgl. auch RESLER 1988, S. 82.

3373 *ungeudeklichen* ist ein hapax legomenon; der einzige Nachweis als mhd. rück-übersetzte Form in BMZ und LEXER bildet Hartmanns *Ereck* nach dem *Ambraser Heldenbuch*.

3379 *wolkomen* ist in der Bedeutung von ‚willkommen‘ belegt (vgl. LEXER s. v. *wolkum*) und braucht daher nicht in *volkomen* emendiert werden, wie es die früheren Herausgeber tun.

3429 Im vorangehenden Vers ist von zweierlei Gnade die Rede, mit *wirdikeit* wird hier hingegen nur eine genannt. Die Konjektur von HAUPT 1871, *saelde und groze werdekeit*, die das scheinbare Problem zu lösen versucht und von den meisten Editoren übernommen wurde, halten wir für spekulativ. Da der Vers syntaktisch sinnvoll ist, verbietet sich irgendein Eingriff. Unsere Übersetzung deutet diesen Vers nicht als Relativsatz, sondern schließt koordinierend einen zweiten Haupt-satz an (V. 3430), der die zweite Gnade ergänzt.

3489 *tauret* ist wohl auf mhd. *tiuren* zurückzuführen (OKKEN 2000[a], Heft 1, S. 140).

3497 Der Vers *daz / Er ane · vnd gefell los ze velde kam·* scheint überlang. Da der vorangehende Vers mit der parallelen Formulierung *daz Er on* beginnt, könnte eine versehentliche Wiederholung vorliegen. Der gehobene Punkt könnte signali-sieren, dass sich Ried über die Verschreibung bewusst wurde. Da der Vers jedoch im überlieferten Wortlaut verständlich ist, greifen wir nicht ein.

3521 *gurwort* ist Part. Präs. zu mhd. *urborn* ‚sich hervortun‘ (s. LEXER, s. v. *urbor*), mit bairischem /b/-/w/-Wechsel.

3536 Es fehlt wieder eine proklitische Verneinungspartikel vor *liesse*: Der Gedanke, schnell wieder aufs Feld hinauszureiten, ließ ihn nicht viel essen.

3555: *kragieren* aus mhd. *kroiieren, krâiieren*.

3569 Bei Ried scheinen *die* und *des* in Verbindung mit *under* austauschbar; vgl. V. 449, 671. Offenbar ist das auch in Verbindung mit *vor* möglich.

3602 Wir verstehen *wann* hier in der Bedeutung ‚wie wenn / als ob‘.

3608 Auch hier scheint ein Pronomen – *si*, bezogen auf die Pferde – ausgefallen. Vgl. den Kommentar zu V. 17.

3628 Wie die gesamte *Ereck*-Philologie seit HAUPT 1839 vermuten wir, dass dem Vers ein Verb fehlt (*rů* als Verbform zu deuten, birgt erhebliche Schwierigkeiten). Im Gegensatz zu HAUPT 1839 und seinen Nachfolgern ergänzen wir jedoch kein Voll-verb (*warte*), sondern fügen *het* als vielleicht übersehenes oder elliptisch mitge-dachtes Hilfsverb hinzu und machen den Vers so durch einen geringfügigeren Eingriff verständlich.

3662 Ried hat ein vermutlich ursprüngliches *si* aus Reimgründen diphthongiert. Da der Text diese Eigenheit an zwei weiteren Stellen aufweist (V. 6012 und 6740), scheint es sich dabei nicht um ein Versehen zu handeln, sodass wir sie belassen. Vgl. auch V. 770 f. (*schinen : seinen*) und 955 f. (*zeiten : eniten*).

3674 Obwohl Ried *frombde* mehrfach im Sinne von normalmhd. *vremde* mit der Bedeutung ‚fremd, seltsam' gebraucht (vgl. z. B. V. 7580, 7754, 8391 sowie BAUFELD 1996 *frömbde* mit Verweis auf *vremede*) nimmt die Textkritik hier kontextbedingt und vermutlich in Anlehnung an bekannte Phraseologismen um ‚Freunde in der Not' einen Fehler an und ändert in *vriunde*. Dies ist jedoch nicht notwendig, um einen sinnvollen Text zu gewinnen, denn der überlieferte Wortlaut ist auf Erecks Reitstil zu beziehen, nicht auf seine Beziehung zu den Mitkämpfern: Er reitet so schnell, wie es im Kampf unter Fremden / Feinden angebracht ist.

3694 *untz an ir handt* verstehen wir als das Gelände einer Partei im Turnier. Vgl. LEXER s. v. *hant* als ‚Gewalt über eine Sache, Symbol eines Besitzes'. Dem auch im Nhd. noch üblichen Sprachgebrauch entsprechend weist LEXER für das Mhd. die Möglichkeit aus, *hant* im Sinne von ‚Seite' zu verwenden (Bd. I, Sp. 1170), sodass der überlieferte Text sinnvoll und verständlich ist. Gleichwohl ist es plausibel, dass ein ursprüngliches *hamît*, welches als Reimwort besser passen würde, in der Überlieferungskette irgendwann nicht mehr verstanden wurde.

3705 Wir verstehen *fulde* als abgeleitet von *füllede* (st.F.), s. LEXER III, Sp. 562.

3724 Seit HAUPT 1839 emendieren alle Herausgeber *nichts* > *nît*. Ohne Konjektur ist der Satz aber ebenfalls verständlich, die Konjekturen gehen vermutlich auf ästhetische Erwägungen zurück. Die Doppelung *niemand nichts* an dieser Stelle als eine Art grammatischer Reim ist nicht ungeschickt, sondern vielmehr die Tugend der Figur betonend inhaltlich funktional und klanglich reizvoll.

3732 Seit HAUPT 1839 ändert die *Ereck*-Philologie *wûst* > *Wunsch*, obwohl sich der überlieferte Text nicht nur verstehen lässt, sondern auch die interessantere Lesart liefert: Anhand des LEXER-Verweises von *wûst-* auf *wüest-* und mit Hilfe des Hinweises in BAUFELDs kleinem frnhd. Wörterbuch (BAUFELD 1996, s. v. *wust*) auf die Bedeutungen ‚Schutt, Verwüstung', die den Schluss erlaubt, dass das Wort auch im Frnhd. durchaus bereits die nhd. Konnotation von ‚Durcheinander, Unordnung' aufweist, ergibt sich ein ganz anderes Bild dessen, wodurch Erecks Vollkommenheit und seine Tugenden hervorgebracht sein sollen. Die von uns gewählte Übersetzung ‚Kampfgetümmel' wird dabei zusätzlich durch den Beiklang unterstützt, den das zumindest ungewöhnliche Substantiv *wust* durch die Tatsache erhält, dass *wust-* als präteritale Nebenform zum Verb *wischen* im Sinne von ‚sich schnell bewegen' belegt ist.

3741 Seit HAUPT 1839 tilgen die Herausgeber *er* und edieren den Vers so: *sô bejagete dâ niemen*. Das Wort *er* bezieht sich jedoch, anders als im nachfolgenden V. 3742, in dem es wie Personalpronomina häufig bei Ried großgeschrieben wird, gerade nicht als solches auf Ereck, sondern *er* meint hier Ehre: Außer Ereck hat kein anderer sonst so viel Ehre gewonnen wie Gawein.

3771 Wie im Mhd. ist *ger* als Substantiv u. a. mit den Bedeutungen ‚Begehren, Verlangen, Wunsch, Sehnsucht, Streben' im älteren und mittleren Frnhd. bezeugt (vgl. Frnhd. Wörterbuch VI, Sp. 964 f.).

3796 *briefte* führen wir zurück auf mhd. *prüeven*. Die übliche Emendierung in *prîste* ist gleichwohl plausibel.

3811 Alle Editionen emendieren zu *gemâzete in*, beziehen das Verb *gemazen* also auf das Subjekt *milte*: Erecks Großzügigkeit ist nur mit der Alexanders vergleichbar. Nach unserem Verständnis bezieht sich *gemasten* aber auf das Subjekt *si*, die Leute: seine *milte* stellten sie niemand anderem gleich als Alexander.

3823 Da in V. 3822 angekündigt wird, dass Enite durch Erecks *manheit lieb und lait* erfährt, der Text anschließend aber nur von zwei Leiden spricht, emendiert die Textkritik seit jeher *laides* in *liebes*. Dies scheint inhaltlich insofern plausibel, als es irritierend ist, dass Enite darunter leiden soll, dass gut von Ereck gesprochen wird. Auch hier glätten die alten Ausgaben also den Text an einer Stelle, wo er Erwartungen weckt, die dann nicht eingelöst werden: Zu diesem Erzählzeitpunkt im Ambraser *Ereck* ist auch Erecks Ruhm Enites Unglück.

3901–03 Seit Haupt 1839 ziehen alle Herausgeber diese beiden Verse zu einem einzigen zusammen und streichen *doch* (V. 3902), so dass *sich* auf *wünneklich* (V. 3903) reimt. In der Tat scheint bereits Ried aufgefallen zu sein, dass in diesen Versen ein Reimwort fehlt; die Setzung seiner Reimpunkte (*Er fein=/halb fach · fo freyet er fich doch: / Wann jr baider leib was wúnne=/klich ·*) lässt jedoch vermuten, dass er vielmehr *sach* (V. 3901) auf *doch* (V. 3902) als Reim ansah. Damit steht V. 3903 als Waise, da *wünneklich* mit keinem anderen Wort einen Reim bildet. Dieser Umgang Rieds mit seinen Reimen soll erhalten bleiben, so dass hier – entsprechend der Reimpunkte – zwei Verse und eine Waise erscheinen.

3936 Für Rieds Gebrauch von *wellen* statt mhd. *twellen* vgl. den Kommentar zu V. 1779 sowie die weiteren Parallelstellen in V. 2073, 4905 und 7812.

4124 Alle anderen *Ereck*-Ausgaben verneinen den Vers: *ouch enhete ers selbe niht ersehen*. Diese Negation ist semantisch zwingend, wenn man das, was Ereck sieht, auf die Räuber bzw. die Situation bezieht. Wie häufig im *Ereck* zu beobachten, könnte hier eine Verneinungspartikel ausgefallen sein. Der Vers bezieht sich aber möglicherweise stattdessen auf die für Ereck nicht verständlichen Gebärden Enites.

4129 Zur Inkongruenz der Pl.-Formen *forchten* und *wurden* mit dem Sg. *si* (Enite) s. Frnhd. Gramm. § S 225.1E.

4134 f. Haupt 1839 verändert in *sô nâhen gânder riuwe*, weil er die Reimbindung *riuwe : triuwe* sucht. Das müsste man etwa so übersetzen: ‚Was könnte so nahe gehendem Leid gleichen, das sie aus Treue um die Liebe ihres Mannes litt?' Die Handschrift hingegen spricht nicht von Enites Leid, sondern von *rů*, d. h. von ihrem Schweigegebot. Das Reimpaar *treu : reu* kommt etwas weiter unten vor, V. 4254 f. Vgl. auch den Kommentar zu V. 5484.

4157 f. Die beiden Verse lassen sich sowohl als Figurenrede wie auch als Erzählerrede
deuten. Wir setzen sie als Erzählerrede.

4190 Seit BECH 1867 ändert man *güete* > *geverte*, und übersetzt in folgendem Sinne:
‚Ihr könnt wohl erkennen: in ihrer Erscheinung sind sie prächtig, ihre Kleider
sind herrlich.' Wir erkennen einen Sprecherwechsel in V. 4189 (ein zweiter Räuber
befragt den ersten), setzen entsprechend eine andere Interpunktion als frühere
Herausgeber und folgen damit dem Wortlaut der Handschrift.

4247 Der Satz ist in jedem Fall verneinend zu verstehen. Ob, wie bei Ried nicht unüblich, eine Negationspartikel fehlt, oder ob vielmehr *immer* im abhängigen Satz,
der von einem übergeordneten Negativsatz abhängt, ohnehin negierende Bedeutung annehmen kann, lässt sich nicht entscheiden.

4486 f. Die *Ereck*-Philologie emendiert aufgrund der mhd. Reimbindung *vlîze : wîze*
und muss in der Folge auch *diebes* streichen. Man hat stattdessen ohne Begründung *tweheln* – ‚Tuch' eingesetzt, sodass der Junge die Nahrung in einem weißen
Tuch eingewickelt mit sich trägt. Der handschriftliche Wortlaut überzeugt jedoch.

4499 ff. Wir verstehen die Konstruktion als Apokoinu.

4595 ff. Die Passage ist beispielhaft dafür, wie im *Ereck* des *Ambraser Heldenbuchs*
die Aufmerksamkeit des Rezipienten über eine scheinbar kontextwidrige Darstellung des Figurenhandelns und irritierende Subjektwechsel gesteuert wird: Zuweilen fokussiert der Text nur das Handeln einzelner Figuren, während er ebenso
handelnde Figuren ausblendet, indem eine kollektive Handlung grammatisch
nur auf eine Figur bezogen erscheint. Diese Eigenheit des *Ereck*-Textes verviel-
facht die Anzahl unvermittelter Subjektwechsel, die auch sonst in diesem Text
und allgemein in älteren Sprachstufen häufig vorkommen und dem Rezipienten
abverlangen, aus dem Kontext zu rekonstruieren, welche Figur(en) Subjekt (oder
Objekt) des Satzes sind. So erwähnt V. 4595 nur Ereck, der dem Knappen hinterher reitet, obwohl er die ganze Zeit über mit Enite gemeinsam unterwegs ist – und
die Reduzierung des Erzählten auf Ereck erfolgt hier sogar namentlich, sodass
die Annahme eines fehlerhaft gesetzten Pronomens, die in der *Ereck*-Philologie
bisher an zahlreichen vergleichbaren Stellen zu Eingriffen in den Text geführt
hat, als Erklärung für dieses Phänomen ausscheidet. Ähnlich wird dann auch die
Begrüßung der beiden durch den Burgherrn geschildert: Zwar preist der Knappe
seinem Herrn insbesondere die Schönheit Enites an, als er diesem empfiehlt, das
Paar freundlich zu empfangen, und es wird ausdrücklich erwähnt, dass der Burgherr beide auf sich zureiten sieht (V. 4617), er grüßt jedoch nur Ereck und geht
auf ihn zu, obgleich der sich unmittelbar anschließende Willkommensgruß in
wörtlicher Rede ausdrücklich beide anspricht (V. 4619). Im übrigen fallen diese
Subjektwechsel in V. 4596 und in V. 4617 mit einer Lombarde in der Handschrift
zusammen.

4629 Die Verwendung von sein + Infinitiv an Stellen, an denen flektierte Formen zu
erwarten wären, kommt im Frnhd. häufiger vor und muss keinen semantischen
Unterschied zu den einfachen Formen bedingen (vgl. Frnhd. Gramm. § S 174).

4669 Die Erzählerrede diskreditiert den Grafen von Beginn an, daher ist es unwahrscheinlich, dass hier dessen Absicht, Enite zu entführen, positiv gewertet wird. Die *Ereck*-Ausgaben haben dies zu lösen gesucht, indem sie *wider dem* als Verneinung vor das Substantiv einfügten; der Vers lautet dann *daz was doch wider dem rehte*. Wahrscheinlicher ist jedoch, dass vor dem Verb eine Negationspartikel zu denken ist, da Ried dazu neigt, diese auszulassen: *das enwas doch rechte*. Diese Lesart macht einen Eingriff in den Text unnötig.

4750 *wackerlicher*: Vgl. den Kommentar zu V. 485.

4754 Die Ausgaben ersetzen das handschriftliche *si* übereinstimmend durch *ez*, dessen Bezugswort dann *ungemach* (V. 4752) ist. Die Passage ist jedoch auch ohne Konjektur problemlos verständlich: Wir beziehen *si* auf *Eer* (V. 4747) – der Graf betont demnach als Begründung für seine Ambitionen gegenüber Enite seine Besorgnis um die Schmälerung ihrer Ehre durch die unwürdige Behandlung als Pferdeknecht, der sie durch Ereck ausgesetzt war.

4779 Einer von zahlreichen Versen, der kein Reimpaar bildet. Die Forschung konjiziert aufgrund fester Vorannahmen über den Versbau in allen solchen Fällen einen zweiten Reimpartner, hier: *nie, sô mir der lîp*.

4787 *Meine frauen* wirkt auf den ersten Blick deplatziert und wird entsprechend von der Konjekturalkritik übereinstimmend in *ein vrouwen* verändert. Allerdings ist der Wortlaut der Handschrift im Kontext des Gesprächs, das sich um Armut, soziale Deprivation sowie die ständische Angemessenheit der landesherrlichen Ehefrau dreht (vgl. auch V. 4799 f.), durchaus gerechtfertigt. Enite bringt mit einem listenreichen Argument zum Ausdruck, dass ihre Herrin der landesherrschaftlichen Stellung weitaus mehr entspräche als sie, die in abhängiger Stellung von einer adeligen Dame sei. Wir folgen daher der Handschrift.

4790 Das vom Text zur pronominalen Wiederaufnahme von *eur lant und Eurn leib* (V. 4789) überlieferte *das* ist in seiner Numerusinkongruenz mit den Substantiven für die vormoderne Sprachstufe nicht ungewöhnlich (vgl. Mhd. Gramm. § S 138 und Frnhd. Gramm. § S 226). Der etablierten Emendation in *baz* bedarf es weder aus inhaltlichen noch aus grammatischen Gründen.

4905 Für Rieds Gebrauch von *wellen* statt mhd. *twellen* vgl. den Kommentar zu V. 1779.

5028 Die früheren Editoren wollen im ‚still schreien' einen unauflösbaren Widerspruch in der Aussagelogik erkennen. HAUPT 1839 konjizierte daher: *snelle schrei er „wâfen!"*. Seit BECH 1867 liest die *Ereck*-Philologie bis in die neuesten Ausgaben hinein: *vil lûte schrei er wâfen!*, wahrscheinlich in Analogie zu V. 7822 (Gifurais ruft laut Alarm). Damit ist die Textaussage geradezu konterkariert. Was hier nicht in Rechnung gestellt wird, ist die spezifische Rhetorik literarischer Sprache. Mit dem Oxymoron *stille schrai er* wird der Ambraser Text der geschilderten Situation auf sprachliche Weise gerecht. Die emotionale Anspannung des Grafen, die sich im Schrei manifestiert, sowie die nötige Heimlichkeit bei der Vorbereitung und Durchführung des Überfalls werden in diesem Oxymoron geradezu zeichenhaft verdichtet (zumal man die nachfolgende Rede auch als inneren, ‚geschrienen‘ Monolog lesen kann). Eine Notwendigkeit zur Konjektur besteht jedenfalls nicht. Im Gegenteil: durch eine solche wird die besondere sprachliche Leistung an dieser Stelle verdeckt.

5068 Der Vers ist eine Waise. Vgl. den Kommentar zu V. 93.

5073 *entzwang* enthält eine proklitische Negationspartikel. Auch wenn oder gerade weil solche im Text selten vorkommen, erscheint uns dieser Umstand bedeutsam: Da an dieser Stelle eine Negationspartikel gesetzt wird, bedeutet der Vers im Gegensatz zur bisherigen Interpretation der *Ereck*-Philologie, die diese streicht, nämlich gerade nicht, dass das unhöfische Verhalten des Grafen gegenüber Enite (*untreu*) ihn nun „in schmerzliches Bedauern“ (Übersetzung SCHOLZ 2004) versetzt. Der überlieferte Text sagt in Verbindung mit den folgenden Versen vielmehr aus, dass der Graf nicht etwa seine Brutalität gegenüber Enite bereut oder sich für diese als bestraft ansieht, sondern lediglich bedauert, dass er eingeschlafen ist und auf diese Weise *das schöneste weib* (V. 5079) wieder an Ereck verloren hat. Die unscheinbare Negationspartikel nuanciert auf diese Weise wirkungsvoll die zwielichtige Charakterisierung des Grafen im *Ereck*.

5085 ff. Hier könnte auf eine Sentenz angespielt werden (‚Selten erringt der Schlafende einen Sieg‘), die nur in nordischen Texten nachweisbar ist – und in der *Kudrun*, V. 1349,1. Vgl. EIKELMANN / TOMASEK 2009/2012, Bd. I, S. 16 f. und TPMA s. v. ‚Sieg‘.

5090 Alle Herausgeber ändern *und > âne*, weil sie im Vers eine Sentenz zu erkennen meinen (‚Ohne Arbeit kein Gewinn‘, TPMA, s. v. ‚Arbeit‘ und ‚Wagen‘) und ihren Wortlaut nachzubilden suchen. Der handschriftliche Wortlaut ist allerdings eine Variation dieses Gedankens.

5105 Der Vers ist eine Waise. Vgl. den Kommentar zu V. 93.

5111 Auch an dieser Stelle könnte man den Ausfall eines (Reflexiv-)Pronomens vermuten; vgl. Kommentar zu V. 17.

5127 Der häufige Ausfall von Pronomina lässt den Schluss zu, dass die grammatikalisch erwartbare Doppelung des Pronomens *si* hier fehlt: Es lässt sich sowohl auf Ereck und Enite als auch auf die Verfolger beziehen.

5147 Die meisten Herausgeber emendieren *also > als er*. Der überlieferte Wortlaut des Verses ist jedoch ohne Eingriff sinnvoll, wenn man *plosser* als Klise aus *ploss* und *er* auffasst. An der Bedeutung des Verses ändert sich dadurch nichts: *als*, *alse*, *also* und *so* werden im Mhd. häufig synonym verwendet, hier handelt es sich um einen von V. 5145 (*so wol – also*) abhängigen Vergleich (vgl. Mhd. Grammatik § 464 u. 465). Die Syntax ist durch die Stellung des Personalpronomens nach dem Adjektiv *ploss* nur scheinbar gestört; derlei Auffälligkeiten sind bei Ried nicht ungewöhnlich und kommen auch im Frnhd. bisweilen vor (vgl. Frnhd. Grammatik, § S 17 mit Verweis auf die Kanzleisprache).

5169 Wir verstehen *haben* im Sinne von ‚festhalten, gefangensetzen‘ (Frnhd. Wörterbuch, Bd. 7, Sp. 791 f.) und verzichten auf die Emendation in *hâhen*.

5200 Die alternative Lesart für *seit Er* wäre *seither* bzw. das in den Editionen übliche *sider*. Wir fassen dies als lakonischen Erzählereinwurf auf (,behauptete er') und können so auf einen Eingriff verzichten. Passagen, in denen der Erzähler sich selbst unterbricht, um in einer kurzen Publikumsapostrophe auf eine Quelle zu verweisen, sind von Beginn an in der deutschsprachigen Artusepik nicht unüblich.

5226 Der Vers ist eine Waise. Vgl. den Kommentar zu V. 93.

5231 Das überlieferte *gefarn* reimt nicht ganz rein auf *waren*; vermutlich auch deshalb nehmen alte Ausgaben einen Fehler an und emendieren in *genâren*. Wir belassen das handschriftliche *gefarn* im Sinne von mhd. *varn* als Bewegungsverb. Gemeint ist also, dass die Ritter ihren Herrn auf seinem Weg begleitet haben.

5241 Die Bahren (Pl.) sind sowohl die, auf der der verwundete Graf liegt, als auch jene, auf denen die Toten aus V. 5242 liegen.

5252 Es fehlt das Personalpronomen *si*; vgl. Kommentar zu V. 17.

5258 Andere Herausgeber greifen in diesen Satz ein, um einen syntaktischen Anschluss an den vorangehenden Vers herzustellen: *dâ wider und ich iu sagen wil*. Im überlieferten Text beginnt jedoch mit dem Vers ein neuer Gedanke.

5259–61 Apokoinu: V. 5260 bezieht sich sowohl auf den vorhergehenden als auch auf den nachfolgenden Vers.

5305 f. Hier vermuten die meisten Forscher erheblichen Textverlust, nämlich den Ausfall eines Doppelblattes in der Vorlage Hans Rieds (vgl. NELLMANN 1990). Nach Chrétiens Text müsste sich nun nämlich die Szene der Begegnung zwischen Gifurais und Ereck anschließen, mit einer ausführlichen Beschreibung von Enites Gewissensqualen, die den anderen Ritter zuerst sieht und entscheiden muss, ob sie Ereck warnen soll oder nicht Die Stelle ist freilich auch ohne die Annahme von Textverlust verständlich. Unsere Interpunktion und Übersetzung sieht in V. 5306 Gifurais als Subjekt und bezieht *Ir treu* auf die ihm erst durch den Kampf bewusst werdende Freundschaft mit Ereck. Vgl. die unterschiedlichen Positionen im Kommentar von SCHOLZ 2004 zur Stelle. Auch Scholz versucht in seiner Ausgabe, den Text der Hs. ohne Lücke beizubehalten, setzt dabei aber die Interpunktion anders, indem er V. 5305 noch auf die vorherigen Verse und damit allein auf Gifurais bezieht; V. 5306 wäre dann ein etwas abrupter Neueinsatz mit Subjektwechsel und würde die Treue Enites ausdrücken (vgl. die Übersetzung von V. 5301–06 von Susanne Held in seiner Ausgabe: „Er [Guvreiz] versäumte kein Turnier,/ – und immer war er der Beste –,/ das er, solange er lebte, irgend erreichen konnte, um sich unbedingt einem Kampf zu stellen. Ihre [Enites] Liebe wurde ihm [Erec] deutlich"). Unsere Lesart versucht demgegenüber, die Absatzmarkierung der Hs. zu berücksichtigen, die in V. 5307 eine neue Zeile mit Lombarde setzt. Ein Neueinsatz mit Subjektwechsel erscheint uns daher erst an dieser Stelle gerechtfertigt; der plötzliche Übergang und die lakonische Kürze, mit der die (in dieser Lesart bereits als gegeben betrachtete) Warnung Enites beinahe übergangen wird, bleiben problematisch.

5308 f. Das Pronomen *in* fehlt und ließe sich in beiden Versen einfügen.

5328 Der Vers in seiner überlieferten Gestalt *ob sein got In rŭchet* irritiert: Ist *in* Objekt zur Verbform von *ruochen*, liegt das Pronomen nicht im erwarteten Kasus vor. Die passende Genitivform böte *sein*, dann ist jedoch unklar, welche Funktion dem zusätzlichen Pronomen *in* zukommt. Die alten Ausgaben lösen das Problem, indem sie *nŭ* statt *in* lesen; OKKEN 2000[a], Heft 1, S. 240, schlägt *sîn gotin* vor und spekuliert, dass Fortuna als Glücksgöttin gemeint sein könne. Strebt man wie wir an, den überlieferten Text so weit wie möglich zu bewahren, bleibt nur, im Frnhd. auch hier Kasuswechsellizenzen zu vermuten und *sein* als Possesivpronomen und Determinierer zu *got* einer Nominalphrase zugehörig aufzufassen. Inhaltlich problematisch ist dabei zwar, dass solche Formulierungen sonst nur im Kontext interreligiöser Dialoge und Auseinandersetzungen verwendet werden und immer einen nicht-christlichen Gott meinen; doch ist es hier immerhin insofern nicht vollkommen abwegig, da die allgemeine, grundsätzlich auf die Eigenschaften eines Ritters bezogene Passage vielleicht auch darauf zielen könnte, dass diese Ideale kulturübergreifende Gültigkeit besitzen.

5484 Vgl. den Kommentar zu V. 4134: Während dort seit HAUPT 1839 das handschriftliche *rŭ* in *riuwe* emendiert wird, wird hier aus *reu* umgekehrt *ruwe* gemacht, was weder inhaltlich noch vom Reim her plausibel ist. Verkannt wird, dass bereits an dieser Stelle die entstehende Freundschaft zwischen Ereck und Gifurais thematisiert wird: Weil sie eigentlich Freunde sein sollten, bereuen sie bereits, miteinander gekämpft zu haben.

5516 f. Wir versuchen, im Gegensatz zu weitgreifenden Eingriffen früherer Editoren an dieser Stelle, mit einem nur minimalen Eingriff bei handschriftlich *bedungen* den Gedankengang als Parenthese zu erhalten.

5616 f. Hier ist, wie auch V. 995 f., Textausfall anzunehmen, der zu großen Teilen (57 Verse) von W III–VI ergänzt wird. In A ist zunächst keine sinnentstellende Lücke festzustellen. Erst im weiteren Verlauf wird tatsächlich klar, dass nun von Chai die Rede ist und nicht mehr von Gifurais.

5640 Textkritische Ausgaben ändern das überlieferte *wunde* seit Haupt stets in *munde*. Da der Text im überlieferten Wortlaut nicht nur sinnvoll, sondern entsprechende Phraseologismen variierend und alliterierend auch ästhetisch reizvoller sind als die Emendation, sehen wir keinen Grund, an dieser Stelle einzugreifen.

5663 *lasse lassen*: Vgl. auch V. 25. Die Lesart ist allerdings durch W nicht gestützt.

5671–74 Vom Kontext der Handlung her würde man erwarten, dass das Prädikat *mögen* in V. 5671 verneint sein müsste (*enmag). W hat hier auch tatsächlich die Negationspartikeln. Hans Ried jedoch verwendet im *Ereck* pro- und enklitische Negationspartikeln nurmehr selten, weshalb wir die handschriftlichen Lesarten belassen.

5706 Das *Ir* beziehen wir auf Chai und auf Gaweins Pferd Wintwalite.

5715 Die Ausgaben folgen an dieser Stelle entweder W (SCHOLZ 2004: *er wante umbe den schaft*) oder sie konjizieren (GÄRTNER 2006: *er wante gegen im den schaft*).

Solche Eingriffe in den Text von A sind jedoch nur nötig, wenn man *im* auf Kaie bezieht, der mit dem stumpfen Speerschaft zu Boden geschickt wird. Es ließe sich jedoch auch auf Ereck beziehen, da Reflexivpronomina im Akk. Sg. auch auf den Dativ angewandt werden können, vgl. Mhd. Gramm. § 215, A3. Gleichwohl ist die Annahme, hier sei eine Präposition wie z. B. *ze* mitzudenken, plausibel und durch die Parallelstelle in W auch von der Überlieferung bezeugt. Ried jedenfalls scheint die Stelle ohne Präposition keine Probleme bereitet zu haben, sodass wir sie, da der Text verständlich ist, nach A ohne Eingriff belassen.

5728 Alle Herausgeber stellen hier um und ergänzen: *ich muoz ez* [...]. Damit ist der Satz wieder auf Chai bezogen: *es* bezieht sich dann entweder auf Gaweins Pferd, das verhöhnt wird, oder bezeichnet allgemein die Situation, in der sich Chai befindet und über die man lacht.

5818 Hier fehlt wieder die Präposition: Ereck spricht *zu* ihm. Der Sinn ist aber klar, die Auslassung für Ried nicht untypisch.

5869 *verre*: Alle Herausgeber emendieren zu *verte*: Gawein ist bereit, die Fährte aufzunehmen bzw. (allgemeiner), ist bereit, sich auf den Weg zu machen. Man könnte den Satz ohne Eingriff jedoch auch so verstehen: Gawein sagt, er sei bereit, sich auch in die Ferne zu begeben (*verre, virre*: stf., s. LEXER III, 367), d. h., um Ereck zu finden, macht er sich auf, fern von hier zu suchen.

5870 Diesen Vers hat man auf einen Vorschlag LACHMANNs hin komplett umgestaltet: *jâ enlebet er niht den ich vür in / iezuo wolde sehen*. Das Problem liegt darin, dass auch hier wieder eine proklitische Negationspartikel zu erwarten wäre, die aber wie so oft bei Ried ausgefallen ist.

5906 HAUPT 1839 hat hier nach einem vermeintlich fehlenden Prädikat gesucht und ist zur Konjektur *von triuwen gie im not* gelangt. Das handschriftliche *genot* lässt sich jedoch adverbial auffassen und damit entweder *pot* (V. 5905) oder *sant* (V. 5907) zuordnen.

6029 Der Vers ist eine Waise. Vgl. den Kommentar zu V. 93.

6047 Wir leiten *unwarnder* von mhd. *warnen* ‚sich vorbereiten, sich vorsehen, rüsten‘ ab.

6054 Der sich auch an vielen ähnlichen unscheinbaren Stellen offenbarenden Neigung des Textes zur Ironie (vgl. z. B. V. 8024) entsprechend, übersetzen wir *rach* wörtlich.

6086–92 Wir sehen im Original eine Apokoinu-Konstruktion, die wir in der Übersetzung widerzugeben versuchen.

6180f. Die Stelle ist entweder anakoluthisch als Ausdruck der Sprachlosigkeit zu lesen oder man fügt zu Beginn von V. 6181 ein Verb hinzu, das uns jedoch nicht bestimmbar erscheint. Neben dem *dunket* aller bisherigen Ausgaben sind auch *schrecket, wundert, schînet* usw. denkbar.

6197 Die bisherigen Herausgeber ändern das überlieferte *im angstliche* in *unangestlîche*. Die hinter diesem minimalen Eingriff stehende Annahme, dass Ried sich an dieser Stelle leicht entsprechend verlesen haben könnte, ist sehr plausibel.

Da wir jedoch grundsätzlich davon ausgehen, dass Ried nur schreibt, was ihm sinnvoll erscheint, und auch wir dem überlieferten Text einen Sinn abgewinnen können, belassen wir diesen.

6202 ff. Die Ausgaben benötigen mehrere Konjekturen, um die Textstelle bei anderer Interpunktion als der unseren verständlich zu machen (V. 6212 *sô* statt *Sy*, V. 6218 *von diu* statt *wann da*, V. 6221 *ob* vermeintlich fehlend). Wir meinen, es genügt der Zusatz des Verbs *was* im Hauptsatz von V. 6216.

6221 Der Text hat an drei weiteren Stellen *sei*, wo das Personalpronomen *si* zu erwarten wäre (V. 3662, 6012 und 6740). Die vorliegende Stelle im Versinneren unterscheidet sich jedoch insofern von den anderen, als es sich tatsächlich um ein Versehen zu handeln scheint, während sich die Schreibungen in den anderen genannten Versen damit begründen lassen, dass sie Reime eines ursprünglich mhd. Textes bewahren, die in Folge der nhd. Diphthongierung ansonsten nicht mehr ohne weiteres zu halten gewesen wären (drei : sei; dabei : sei; bei : sei). Wir greifen deshalb hier zugunsten der Lesbarkeit des Textes ein, während wir es im Reim unterlassen (vgl. auch den Kommentar zu V. 3662).

6257 Auch hier fehlt ein Personalpronomen (*er*), ohne dass der Text unverständlich würde (vgl. den Kommentar zu V. 17).

6272 Die bereits von HAUPT 1839 vorgenommene Konjektur, nach *walde* ein *wolde* einzufügen, erscheint uns plausibel, da das Fehlen eines finiten Verbes aufgrund der ähnlichen Wortgestalt von *walde* und *wolde* mit der Annahme eines Augensprungs beim Abschreiben gut erklärbar wäre. Wir übernehmen deshalb HAUPTs Konjektur.

6304 Wir erkennen im *daz* eine explikative Bedeutung des abhängigen Satzes.

6503 Der Vers ist in zwei Richtungen lesbar: Wer von beiden – Ereck oder der Riese – ironisch *der hofische* genannt wird, ist nicht eindeutig zu entscheiden. Von einem ironischem Beiklang kann allerdings in beiden Fällen ausgegangen werden, denn wie bereits SCHOLZ 2004 gesehen hat, verhält sich auch Ereck hier nicht sonderlich höfisch (vgl. dort den Kommentar zu *olim* V. 5517). SCHOLZ ist zudem der erste Herausgeber des *Ereck*, der hier nicht konjiziert – zuvor wurde der Vers seit HAUPT 1839 ohne jede grammatische oder inhaltliche Plausibilität zu *als es der hövesche got gebôt* (so auch noch MERTENS 2008a) ergänzt. Vgl. auch SCHOLZ 2000 zur Stelle in der Ereckphilologie.

6530 Der Vers ist eine Waise. Schon HAUPT 1839 schlägt im Apparat zu dieser Stelle die auf einen Vorschlag LACHMANNs zurückgehende Ergänzung *in niht erziehen kunde* vor, die von den textkritischen Ausgaben bis heute in den Text übernommen wird. Aber auch ohne den konjizierten Zusatzvers bleibt die Textstelle verständlich. Vgl. den Kommentar zu V. 93.

6547 Die Textkritik erkennt im überlieferten *dawider* seit jeher den Namen Davids und greift entsprechend in den Text ein. Diese Lesart ist zwar inhaltlich insofern plausibel, als an dieser Stelle im Text eindeutig die biblische Geschichte von David und Goliath eingespielt wird (vgl. die Namensnennung *Golia* in V. 6549), da der Text jedoch auch in der überlieferten Form sinnvoll ist – *dawider* ist mit früh-neuzeitlichen Belegen in der Bedeutung ‚dagegen‘ im Deutschen Wörterbuch zu finden (vgl. DWB 2, Sp. 870 ff.) – und die Textaussage durch die Nennung Goliaths gesichert ist, gibt es keinen Grund, einzugreifen.

6585 HAUPT hat die Emendation des *als si in ane sach* in die *Ereck*-Philologie einge-führt. Sie hat keine geringe Plausibilität, wenn man davon ausgeht, dass Hans Ried das vermutete *sîn* der Vorlage diphthongiert und fälschlicherweise als Infi-nitiv ‚sein‘ aufgefasst hat, anstatt die Enklise zu berücksichtigen. Dieses Versehen Rieds begegnet durchaus auch an anderen Stellen seines Textes. Wir möchten allerdings auch eine andere Lesart sowie Interpunktion zur Diskussion stellen; man könnte die Textstelle auch ohne Konjektur belassen und ab V. 6882 wie folgt übersetzen: ‚Doch brauchte er sich nicht zu beklagen, da ihm das Leben geblie-ben war, denn über diesen Schmerz kam er hinweg, wie er sich eingestand.‘ Wie an äquivalenten Stellen (vgl. den Kommentar zu V. 17) ist das Personalpronomen ‚er‘ ausgefallen, *sein* fassen wir als Reflexivum auf.

6605–07 Seit LEITZMANN 1939 wird konjiziert: *sô diu varwe abe kaeme, / sô würdez genaeme / und* lieht, *daz* ê *vinster was* (‚Wenn die Farbe abkäme, so würde es angenehm und hell, das zuvor finster war‘). Das *daz* ist hier eine einen Nebensatz (explizierender Satz) einleitende Konjunktion und kein Relativpronomen.

6790 Fast alle Herausgeber emendieren hier *sitlichen* zu *(ge)sihteclîchen*: Gott kann in alle Herzen hineinsehen. Die hsl. Lesart mag die schwierigere sein, ist jedoch auch nicht völlig von der Hand zu weisen. Versteht man *sitlich* als ‚der Sitte gemäß‘ oder ‚wie es Gewohnheit ist‘ (vgl. Lexer, Bd. II, Sp. 942; DWB, Bd. 16, Sp. 1266–71), so wäre die Wendung so zu verstehen, dass Gott nicht bildlich in die Herzen schauen kann (so wäre die Emendation zu *gesihteclîche* aufzufassen), sondern es ihm nach seiner Gewohnheit, sozusagen aus der Natur seiner Gott-heit heraus gegeben ist, alle Untiefen der Herzen zu kennen; unsere Übersetzung umschreibt dies etwas freier.

6792 Obwohl *tun* im Frnhd. auch in zahlreichen Nebenformen mit <d-> belegt ist (vgl. Frnhd. Gramm. § M 147), belassen wir den Text nicht in seiner Lesart, zum einen weil Ried im *Ereck* sonst *tun* nie mit <d-> im Anlaut schreibt, zum anderen weil hier die Gleichheit des Imperativs *du* mit dem Personalpronomen die Lesbarkeit allzu sehr irritieren könnte.

6936 *súnft*, aus mhd. *siufte / sûft*. Zu *n*-Einschüben zwischen Tonvokal und folgen-dem Konsonant s. Frnhd. Gramm. § L 62.4.

7004 f. *deren* ist *der + en* als (bei Ried selten, vgl. Komm. zu V. 48) enklitische Negati-onspartikel; mhd. *sêre* findet als Komparativ und Superlativ Verwendung: ‚mehr, schlimmer, am meisten‘ usw.

7105 Das überlieferte *was* ergibt problemlos Sinn, wenn man es vom Substantiv *wase* (vgl. LEXER III, Sp. 702) ableitet. Wir übersetzen etymologisch kohärent mit ‚Anwesen‘. Die kursierenden Emendationen – *hûs* bei HAUPT, *wesen* nach BECH bis in alle jüngsten Ausgaben hinein – sind unnötig.

7109 Der Vers ist eine Waise. Vgl. den Kommentar zu V. 93.

7125 *kellen* ist Nebenform zu *queln* (vgl. LEXER I, Sp. 1541).

7167 Die Emendation *vnns > ims*, die seit HAUPT 1839 üblich ist, löst zwar das Problem des fehlenden Akk.-Obj., da aber die Pronomina im *Ereck* sehr oft ausfallen, lässt sich dieser Vers auch als Erzählerkommentar verstehen, in den dann gedanklich *ez* ergänzt werden müsste.

7215 Die Lesart der Handschrift hat der Textkritik des 19. Jahrhunderts große Probleme bereitet (vgl. die Diskussion bei BECHSTEIN 1880, S. 319–321 mit nicht weniger als fünf alternativen Lesarten). Dass ein Schaden wenig Nutzen bringt, wie es der handschriftliche Wortlaut darstellt, ist selbstverständlich. Der Trost Oringles operiert somit zunächst mit einer Banalität, weshalb die von BECH 1867 eingeführte Konjektur *der vür schaden waene ich vrum ist*, die die Aussage ins Gegenteil verkehrt, von allen modernen Ausgaben übernommen worden ist. Kurz darauf behauptet Oringles jedoch, dass Erecks Tod Enite eben doch einen Vorteil bringe, indem er sich als Graf identifiziert und ihr die Möglichkeit verschafft, nun ihn zu heiraten (V. 7251 ff.). Das legt nahe, dass hier eine rhetorische Konstruktion vorliegt und ein Eingriff nicht nötig ist. Vgl. HAMMER 2014, S. 429 f.

7229 Seit HAUPT 1839 ist die Emendation *wackleich > wætlîch* verbreitet (vgl. *olim* V. 6245 z. B. bei GÄRTNER 2006 und SCHOLZ 2004), obgleich sich auch ohne diesen Eingriff ein sinnvoller Text ergibt. Eine Parallelstelle in der Mantel-Episode, die neben der eingängigeren Schreibvariante *wackerleich* (vgl. V. 485 sowie den Kommentar zur Stelle) einen vergleichbaren Kontext aufweist – männliche Tugend und Körperlichkeit werden in auch ansonsten frappierend ähnlichem Vokabular beschrieben –, unterstützt unsere Entscheidung, den überlieferten Wortlaut beizubehalten.

7235 Die alten Ausgaben ändern das überlieferte *ich* in *mich*, um einen Text in dem auch von uns verstandenen Sinne zu erhalten. Da der Wegfall von für das Leseverstehen entbehrlichen Personalpronomina im *Ereck* des *Ambraser Heldenbuch*s jedoch nichts Ungewöhnliches ist (vgl. den Kommentar zu V. 17), kann auf einen Eingriff verzichtet werden.

7242 Die etablierte Emendation von *man* in *wan* ist unnötig: Der überlieferte Text ist nicht nur sprachlich sinnvoll, sondern auch inhaltlich reizvoller als die seit HAUPT 1839 (vgl. *olim* V. 6257) textkritisch hergestellte Lesart: Der Text stellt das den Kontext der Passage prägende Ansinnen des Grafen, bei Enite so schnell wie möglich Erecks Platz einzunehmen und ihr dies hauptsächlich durch die Verheißung eines materiell sorgenfreien, ihren gesellschaftlichen Status aufwertenden Lebens attraktiv erscheinen zu lassen, in der ungewöhnlichen Formulierung, ihr *man* habe sich *verkeret*, prägnant heraus.

7311 Die Textkritik liest anstelle des überlieferten *erpeten* seit HAUPT 1839 *erbeiten*, obwohl Ried sonst sehr wohl zwischen Formen von *piten* mit /e/ als Stammvokal im Sinn von nhd. ‚bitten‘ und *peiten* differenziert (vgl. V. 829 und 1539 gegenüber fünfzehn Formen von *peiten* im Sinne von ‚warten, zögern‘ in V. 385, 440, 442, 2842, 2863, 3112, 4530, 4609, 5552, 5764, 6293, 7663, 9313, 9826 und 10465). Allerdings ist diese graphische Differenzierung tatsächlich nur für die /e/-Stämme von *piten* durchgehalten, Ried verwendet ansonsten häufiger Formen von *beiten* statt *piten* (z. B. V. 3645, 4079, 5094 u. ö.).

7341 Seit HAUPT 1839 wird korrespondierend zu V. 7335 (*got hat den gewalt und er den wan*) eingegriffen, in *trüge in sîn wân* geändert und die poetologische Aussage des Textes damit getilgt.

7414 Seit HAUPT 1839 platziert die Textkritik Enite auf einen Klappsessel (*valtstuol*). Dem *Ambraser Heldenbuch* zufolge jedoch setzt Oringels Enite auf einen *vallstúl*. Die Überlieferung ist hier nicht nur angesichts der Tatsache, dass *stuol* häufig als Determinatum in Komposita mit metaphorischer Bedeutung vorkommt (LEXER II, Sp. 1270f.), der etablierten Konjektur vorzuziehen, sondern bietet auch die inhaltlich interessantere Lesart: Der Text kondensiert in dem Bild vom *vallstuol* eine facettenreiche Beschreibung dessen, was Oringels Enite mit der Heirat unterzuschieben versucht: Eine Position, die einzunehmen ihren moralischen Fall bedeutete, und die insofern auch eine ‚Falle‘ darstellt.

7433 f. Seit HAUPT 1839 lesen die textkritischen Ausgaben <u>und</u> *mînen lieben gesten /* *die her durch* <u>freude</u> *komen sint* (ebd. V. 6448 f.). Zumindest Ersteres – die Änderung des überlieferten *in* zu *und* – erscheint plausibel. Auch hier lässt sich der überlieferte Wortlaut jedoch ohne einen Eingriff sinnvoll verstehen, wenn man die Bedeutung ‚bei‘ (vgl. LEXER I, Sp. 1423) im Sinne von ‚vor meinen Gästen‘ annimmt: Der Graf wirft Enite dann nicht vor, sich selbst, ihm und den Gästen gleichermaßen Kummer zu bereiten, sondern ihn und sich selbst vor den übrigen Anwesenden zu blamieren.

7444 Der Satz lässt sich ohne Eingriff adversativ verstehen (vgl. unseren Übersetzungsvorschlag). Die in der *Ereck*-Philologie gängige Emendation *nit* > *nu* bleibt jedoch aufgrund der Tatsache, dass eine Verlesung dieser Art aufgrund der graphischen Ähnlichkeit beider Worte in mittelalterlicher Schrift gut vorstellbar ist, plausibel.

7449 Zum Schwund des auslautenden /-t/ in *möchte* vgl. Frnhd. Gramm. § L 47.4.

7504 Seit HAUPT 1839 interpretiert die Textkritik den Vers als Waise, stellt seit BECH 1867 einen beliebigen Vers als Reimpartner voran (BECH 1867: *er hete zornes genuoc*; LEITZMANN 1939: *und ûf grôzen ungevuoc*) und teilt V. 7505 in zwei Verse, die dann *guote : bluote* reimen. Die Reimpunkte in der Ambraser Handschrift markieren hingegen zwar nicht ganz reine, aber doch vertretbare Reime: *verleite : torhait* und *slůg : plút*.

7570 Der Vers ist eine Waise. Vgl. den Kommentar zu V. 93.

7613 Die metaphorische Formulierung *wie hohe Er ward beschorn* besitzt mindestens einen komischen Beiklang, der darauf basiert, dass es ihr zufolge Würdenträger gibt, deren Tonsur höher steht als die anderer, obwohl diese prinzipiell bei allen Geistlichen identisch ist.

7617 Textkritische Ausgaben sehen das überlieferte *turm* hier und in V. 7621 als fehlerhaft an und ändern zu *türn*. Der Text ist jedoch sinnvoll, wenn man wie wir davon ausgeht, dass die Burgbewohner sich in einen Wehrturm außerhalb der Wohnbereiche der Burganlage flüchten.

7659 Zum Schwund des /r/ in medialer Stellung (*gen = gern*) vgl. Frnhd. Gramm. § L 65.3. Er erscheint uns jedoch für dieses Wort nicht genügend belegt, um eine Emendation zu vermeiden. Zudem schreibt Ried stets *gern* oder *gerne*.

7699 Für die Emendation *sein totes wanige > rotruange* scheint uns der Text keinen Anhalt zu bieten. Die Folgen dieser Art von Konjekturalkritik zeigen sich deutlich im Kommentar von Scholz: Dieser reflektiert nicht im Geringsten den Eingriff und dessen hohen Grad an Spekulation, leitet aus dem konjizierten Begriff jedoch sogleich scheinbar unproblematisch rezeptionsästhetische Erwägungen ab (vgl. den Kommentar zu *olim* V. 6718 bei Scholz 2004). Dass der Knabe singt, ist jedoch nicht zu bestreiten. Wir meinen aber, dass der handschriftliche Wortlaut durchaus zu verstehen ist und leiten die überlieferte Form *wanige* von Adj. *waenec, waenic* im Sinne von ‚gedankenlos, keinen Gedanken auf etwas verschwendend' ab (vgl. Lexer III, Sp. 677).

7729 Die Editionen ändern *gewert* in *gebâret*; die Passage sagt dann aus, dass Ereck sich nun auf die Straße wendet, auf der man ihn zuvor bewusstlos auf einer Bahre entlang transportiert hatte. Der Vorschlag zu diesem Eingriff stammt von Bechstein, der das Partizip aus dem überlieferten *gewert* über *gebert* ableitet, zugleich aber selbst einräumt, dass Hartmann das Partizip möglicherweise gar nicht verwendet hat, sondern eher *gebârt* wie im *Iwein* (vgl. Bechstein 1880, S. 329). Solche Erwägungen scheinen uns angesichts der Tatsache, dass der überlieferte Text sinnvoll ist, unnötig: *gewehrt* (als Nebenform von *bewehrt*) ist zwar selten und erst im 16. Jahrhundert belegt (DWB 6, Sp. 5421 f.), es spricht folglich aber nichts dagegen, dass Hans Ried das Wort gekannt und verwendet haben könnte. Genauso bedenkenswert ist ein Vorschlag Okkens, hier einen einfachen Augensprung des Schreibers zu vermuten und statt *gewert* vielmehr *gegenwert* zu lesen: Dann hieße das, Ereck ritte einfach die Straße wieder in die entgegengesetzte Richtung (Okken 2000[a], Heft 2, S. 369). Unser Übersetzungsvorschlag basiert auf der Verwandtschaft des Part. Adj. mit dem Substantiv *gewer*, das für das Mhd. in der Bedeutung ‚Vorsicht' belegt ist (DWB 6, Sp. 4785) und auch zur Konnotation des Wortes in Richtung Bewaffnung passt.

7829 Da dem Vers das Reimwort fehlt, besitzt die übliche Emendation, *schein* ans Versende zu setzen, eine gewisse Plausibilität. Zwingend ist die Annahme eines Textverlusts jedoch nicht: Möglicherweise ist auch nur die Wortstellung gestört: *dem freunde mein* (: *gesein*). Außerdem ist *werden* als Vollverb + Dativ in vergleichbaren Konstruktionen (vgl. BMZ 7 318 I: *im wurde alles dies lant; mir wart ein krût in die hant*; vgl. auch Frnhd. Gramm. § S 96) in der Bedeutung ‚zuteilwerden, bekommen' überliefert, sodass der Text auch ohne einen Zusatz grammatisch und verständlich ist.

7876 *do* könnte sich prinzipiell sowohl auf einen vorvergangenen oder den gegenwärtigen Erzählzeitpunkt beziehen: Entweder der Mond war zuvor von Wolken bedeckt und es klart nun auf, oder der Mond ist nun, da es auch den Kampf gegen Gifurais zugeht, verhangen.

7899 *gearbet* (vgl. auch V. 10160), von den Herausgebern stets zu *geruowet* verändert, dürfte aus mhd. *arbeit* abzuleiten sein und bezeichnet dann den, der die größere Mühe aufwendet, leistungsbereiter und -fähiger ist.

8024 *par* ist abgeleitet von normalmhd. *bor-* und bedeutet ‚sehr‘. Das seit HAUPT 1839 in den Editionen an dieser Stelle zu findende und im LEXER trotz seiner Bedeutungsgleichheit mit unserer Lesart als Steigerungsadverb / -partikel + *tiure* eigenständig lemmatisierte Adjektiv *bortiure* gründet ausschließlich auf dieser Stelle. Die zweite im LEXER angegebene Belegstelle im *Armen Heinrich* B, scheinbar eine Überlieferungsvariante zu *genuoc tiure* in A (V. 1147), ist ein offenkundig aus alten Ausgaben ins Wörterbuch übernommener Fehler, der nicht dem tatsächlichen Überlieferungsbefund entspricht (vgl. *Armer Heinrich* Bᵃ: Universitätsbibliothek Heidelberg, Cod. Pal. germ. 341, fol. 250ʳ: *zu ture*; *Armer Heinrich* Bᵇ: Cologny, Fondation Martin Bodmer, Cod. Bodmer 72, fol. 263ʳ: *ze teure*). Ebenso wie bei *genuoc* scheint allerdings auch für *bor-* die ironische Lesart im Bedeutungsspektrum grundsätzlich enthalten zu sein (vgl. LEXER I, Sp. 329 s. v. ‚bortiure‘). Alternativ zur Annahme einer ironisierenden Bedeutung könnte auch hier eine ausgefallene Negationspartikel angenommen werden (Vgl. den Kommentar zu V. 48). Vgl. zudem für eine Parallelstelle im *Ereck* V. 9550 sowie zum schwankenden Gebrauch von <o>- und <a>-Schreibungen bei Ried den Kommentar zu V. 616.

8113 Es fehlt ein Hilfsverb. Wir fügen daher *hete* hinzu und übernehmen damit die Konjektur, die bereits HAUPT 1839 (vgl. *olim*, V. 7131: *het*) vorgenommen hat.

8121 ff. Zu den Problemen der Editionsgeschichte bei der Beschreibung der Aufteilung des Jagdgeländes vgl. den Kommentar von SCHOLZ 2004 zu *olim* V. 7141, S. 894 f. Das scheinbare Verwirrspiel mit Zahlen lässt sich jedoch auflösen, wenn man berücksichtigt, dass V. 8121 der Ambraser Handschrift gerade nicht überliefert, was die kritischen Ausgaben aufgrund der späteren Nennung der Zahl ‚drei‘ anbieten: Statt *gelîche endriu gescheiden* steht dort *gleich andre gefchaiden*. Versteht man dies so, wie wir übersetzen, ist es auch nicht notwendig, die Zahlennennungen im weiteren Verlauf der Beschreibung gegen die Überlieferung zu ändern: Die genannten Teile werden in der Beschreibung der in ihnen zu findenden Tiere noch einmal in Drittel unterteilt.

8204 Ob das handschriftliche *sitte* hier im Sinne von normalmhd. *sîte* oder *site* zu verstehen ist, lässt sich nicht entscheiden, eventuell ist die doppelte Lesbarkeit gar intendiert, was syntaktisch durch eine Apokoinu-Konstruktion, die wir in der Edition durch die Setzung zweier Doppelpunkte signalisieren, offen gehalten wird: Ist die *sîte* gemeint, heilt das Pflaster, geht es um Erecks *site*, heilt Enites Pflege. Der anderen möglichen Konnotation wegen nehmen wir hier die Normalisierung, die gemäß der Editionsprinzipien erfolgen müsste, wenn die Bedeutung von nhd. ‚Seite' eindeutig wäre, nicht vor.

8289 Die bisherigen Herausgeber emendieren *doch > eht*. Unseres Erachtens ist *doch* aber nur auf den ersten Blick kontraintuitiv, denn es kann sich allein auf den Inhalt des unmittelbar vorausgehenden Verses beziehen, der betont, dass die eine Seite des Pferdes keinerlei weiße Farbe zeigt. Das überlieferte *doch* streicht so ganz deutlich die Besonderheit des Pferdes heraus, die gerade darin besteht, von der einen Seite vollkommen schwarz, von der anderen Seite vollkommen weiß, aber dennoch schwarz-weiß zu sein.

8290 Wir übernehmen die etablierte Emendation *die erde > dirre*, da auch wir der Überlieferung keinen Sinn abgewinnen können. Einen weiteren Vorschlag, die Stelle zu verstehen, unterbreitet Okken mit der Minimalkonjektur *die erste* (Okken 2000[a], Heft 2, S. 396); denkbar wäre auch *die herte* im Sinne von ‚Pferdeschulter'.

8470 Eine Ergänzung des Verses scheint semantisch und syntaktisch notwendig. Wir übernehmen die seit Haupt 1839 etablierte Konjektur und fügen so *wil ich Eu* hinzu.

8449 Zum Umgang der Textkritik mit dem überlieferten *zwerg wiste[n] man* vgl. Einleitung, S. XIV.

8505 Wir fassen *wer* als Indefinitpronomen und Nebenform zu *etewer* auf (vgl. Lexer III, Sp. 767), sodass die seit Haupt 1839 vorgenommene Änderung in *iwer* unnötig wird. Zu dieser doppelten Lesbarkeit des Verses passt auch, dass an dieser Stelle in K möglicherweise *iwer* aus *swer* korrigiert wurde. Sollte der Schreiber von K *swer* vorgefunden und abgeschrieben haben, um dann der Verständlichkeit halber in *iwer* zu verbessern, dann hätte interessanterweise A die vermutlich ursprünglichere Variante beibehalten.

8524 Die Lesart von K – *Er muoste dar under / den goltlim besunder* – ist wesentlich eingängiger als der in A überlieferte Text. Will man diesen erhalten, muss man *besonder* vom Verb *besundern* ableiten, das in der Grundbedeutung ‚absondern, trennen' und mit <o>-Schreibung beim Partizip *besonder* auch im *Biterolf und Dietleib* des *Ambraser Heldenbuchs* belegt ist (vgl. fol. 173ᵛᶜ; Lexer I, Sp. 231). Die /t/-Elision bei der dann zu erwartenden Präteritalform ist reimbedingt (*darúndter : besonder*).

8592 Anstelle des in A überlieferten *es* hat K das zu erwartende *er*. Da der Bezug hier jedoch eindeutig ist und Genusinkongruenzen in vormodernen Texten nicht ungewöhnlich sind, sehen wir keine Notwendigkeit, in den Text einzugreifen.

8644 f. Die Ausgaben ändern seit Haupt 1839 in *das möhte sich gemâzen*, beziehen das Pronomen also, gedeckt durch die Überlieferung von Fragment K, das im Gegensatz zum *si* der Ambraser Handschrift *sich* hat, auf das Tuch. Da Akk. statt Dat. im *Ereck* der häufigste Ausdruck einer gewissen Kasusfreiheit ist (vgl. den Kommentar zu V. 571), ist es jedoch unproblematisch, den Text von A zu belassen und anzunehmen, dass sich *si* auf Jupiter und Juno bezieht.

8645 Durch die Parallelüberlieferung von K nicht gedeckt ist die bereits von HAUPT 1839 gegen die mit einer Form von normalmhd. *tugen* problemlos verständliche Überlieferung vorgenommene Konjektur *disem Satel taug* > *disem sateltuoche*.

8662 *darngürtel* als Variante zu *darmgürtel* ist auch anderswo belegt (vgl. z. B. LEXER I, Sp. 412), sodass wir den unseres Erachtens einzigen plausiblen Wortlaut durch den geringfügigen Eingriff der Vertauschung zweier Buchstaben aus der Überlieferung von A gewinnen können.

8703 ff. Die Ereck-Philologie hat mit sechs Eingriffen in einen Satz von sieben Versen den folgenden Text hergestellt: *dar umbe wâren geleit / edel steine genuoge, / an ieglîcher vuoge, / dâ sich die maschen strihten, / kriuzewîs sich schihten. / an ieglîches knophes stat / was ein rubîn ûf gesat / in lâzûrvarwe kasten* (GÄRTNER 2006, olim V. 7719 ff.). Wir glauben dagegen, dass man dem Text ohne Eingriffe in die Überlieferung von A Sinn abgewinnen kann, wenn man die Satzgrenze anders setzt, *die masse* als Umschreibung für die ungewöhnlich voluminösen Stoffbahnen ansieht, mit denen das Sattelkissen bezogen ist, und *kreideweis* als Farbangabe zum Garn, aus dem die Abteilungsnähte des Kissens gestickt sind, auffasst.

8985 Die bisherigen Herausgeber machen seit HAUPT 1839 aus den *unteutschen leuten* in A *uns tiutschen liuten*, da sie die Bemerkung ausschließlich als Verständnishilfe für das reale Publikum, dem der französische Name der Aventiure durch den Erzähler übersetzt wird, ansehen. Damit beschneiden sie den Text um einen leisen Scherz: Schlägt man die entsprechenden Verse Gifurais' Figurenrede zu, gilt dessen Belehrung textintern dem Bretonen Ereck, dem nebenbei außerdem mitgeteilt wird, dass die selbstverständlich höfisch gebildeten und des Französischen mächtigen Deutschen eine solche nicht nötig hätten. Zugleich unterläuft der Text seine eigene ironische Unterstellung zwischen den Zeilen, indem die Erklärung natürlich auch in dieser Lesart dem Rezipienten beim Verständnis des Französischen auf die Sprünge hilft.

9076 Das auf den ersten Blick verständlich und sinnvoll erscheinende *du kotest deinen leib* in A wird beim Blick in die Wörterbücher zweifelhaft: ein Verb *koten* ist in den diesen zugrundeliegenden Texten nicht belegt; auch erscheint eine mögliche Übersetzung desselben (wollte man es als Hapax auffassen) an dieser Stelle zumindest fragwürdig. Wir übernehmen deshalb die Emendation der alten Ausgaben und führen das Verb auch in der Edition auf eine Form von normalmhd. *queln* zurück. Allerdings ist die Annahme, der Text in A könnte von einer in die Überlieferungskette des *Ereck* involvierten Person als sinnvoll angesehen und absichtsvoll in dieser Weise tradiert worden sein, nicht vollkommen abwegig: Grimms Wörterbuch kennt aus dem Bairischen immerhin das Verb *köthen* (vgl. DWB 11, Sp. 1896) in der Bedeutung ‚sich (mit Kot / Lehm) beschmutzen‘.

9177 Da es inhaltlich sinnvoll ist, das überlieferte *ob si wolte gan* nur auf Enite zu beziehen und eine solche unvermittelte Fokussierung auf Einzelfiguren im *Ereck* des *Ambraser Heldenbuchs* häufiger vorkommt (vgl. grundsätzlich den Kommentar zu V. 4595 ff.), emendieren wir die Verbform auch hier nicht in den aus dem

Kontext heraus eher zu erwartenden Plural. Der König fragt also nur Enite, ob sie die Damen auf Brandigan kennen lernen möchte und die Männer schließen sich dem Besuch an.

9223 *zu den* in der Bedeutung ‚zusätzlich zu diesen, außerdem' zu verstehen, ist für das 16. Jahrhundert bereits unproblematisch (vgl. DWB 32, Sp. 320f.).

9339 Der irritierende Wechsel zwischen Singular und Plural in den beiden inhaltlich aufeinander bezogenen Sätzen ist charakteristisch für den Text (vgl. den Kommentar zu 4595 ff.), der auch hier eine einseitige Fokussierung auf das Innere Erecks vornimmt: Ereck und Enite sehen ausdrücklich beide etwas, aber nur Erecks Emotionen werden thematisiert.

9475 In unserer Übersetzung meint der Burgherr mit *Ich wais, wie es nu gee*, dass der weitere Ablauf der Aventiure im Baumgarten vollkommen klar ist. Die Bemerkung wäre dann eine weitere unheilvolle Vorausdeutung auf Erecks vermeintliches Scheitern im Kampf. Inhaltlich genauso plausibel ist jedoch, wie die bisherigen Herausgeber auch hier den Ausfall von Negationspartikeln zu vermuten, sodass der Burgherr betonte, keine genaue Kenntnis vom Geschehen im Baumgarten selbst zu besitzen.

9868 f. Die alten Ausgaben greifen in die schwierige Stelle ein, indem sie eines der sich auf *me* beziehenden zwei *nie* tilgen und *getröstet* verneinen, sodass die Verse dann bekräftigen, was zuvor bereits erzählt wurde: dass niemals zuvor einem Ritter so schlechte Chancen vorausgesagt worden seien. Die Stelle lässt sich jedoch ebenso gut in den Kontext passend verstehen, wenn man hier ‚Sicherheit und Schutz geben bei einer Reise, sicheres Geleit' als eine in den Wörterbüchern verzeichnete Bedeutung von *troesten* annimmt (vgl. LEXER II, Sp. 1528).

10110 Der Erzähler apostrophiert Gott und bringt sich selbst neben diesem bei erspartem Subjektpronomen ‚wir' (vgl. Mhd. Gramm. § S 110) in die Position, sich im Folgenden um Ereck zu kümmern.

10160 Zu *gearbeter* vgl. den Kommentar zu V. 7899.

10290 Wir lesen *In* als Reflexivpronomen (anstelle des zu erwartenden *im*): Ereck setzt das eigene Gewicht ein, um den Gegner am Boden zu halten; grammatisch ließe sich *In* auch auf Mabonagrim beziehen, was semantisch lediglich eine kleine Akzentverschiebung bedeutete.

10330 Das überlieferte *vnaldes* ist nicht belegt, sodass wir hier wie die textkritischen Ausgaben eingreifen und in *unadels* ändern, auch wenn ‚unalt' bezogen auf die Familie des Gegners metaphorisch in diesem Sinne ausdeutbar wäre. Schwierigkeiten bereitet weiterhin die Frage, worauf sich der attributive Genitiv der überlieferten Form grammatisch bezieht. Hier halten wir die Lösung der Textkritik, seit HAUPT 1871 *man* als Bezugswort zu ergänzen, für in der älteren Sprachstufe nicht notwendig: Das Adjektivattribut lässt sich auch ohne dessen Wiederholung auf das Substantiv *manne* in V. 10327 rückbeziehen.

10342 Die Konstruktion *Wo so bin ich geschendet*, die auch noch im Nhd. im Sinne von ‚jetzt wo' gebräuchlich ist, transportiert grundsätzlich eine kausale Semantik. Die Zukunftsungewissheit des Aussageinhalts erfordert hier jedoch die auch von LEXER gedeckte konditionale Übersetzung (vgl. LEXER III, Sp. 622).

10417 Zu *wagklicher* vgl. den Kommentar zu V. 485.

10624 Vgl. den Kommentar zu V. 1779.

10820 Der von den textkritischen Ausgaben durch die Änderung des überlieferten *im > in* hergestellte Text ist einleuchtend und ‚glatter‘. Gleichwohl belassen wir den Text der Handschrift, da auch dieser sinnvoll verstanden werden kann: Das auf den Burgherrn bezogene Pronomen ließe demnach eine persuasive Strategie aufscheinen, die den Damen dazu verhilft, Brandigan verlassen zu können, indem der Burgherr durch Dritte erfährt, dass diese um seines durch sie bedingten Unglücks willen nicht länger bleiben möchten. (so auch OKKEN 2000[a], Heft 2, S. 520).

10880 *wan* + Verbellipse ist in der 24. Auflage der Mhd. Grammatik (§ 492 E) als auch ansonsten in mittelalterlichen Texten belegte Ausdrucksmöglichkeit verzeichnet, sodass ein Verständnis im Sinne von ‚wenn Frau Sälde nicht gewesen wäre‘ auch ohne einen Eingriff hergestellt werden kann. Die Unsicherheit der Grammatik, ob die hier vorliegende Konstruktion *wann daz* + Verbellipse genauso verwendet werden könne, teilen wir nicht: Der Satz ist ein zufriedenstellender Beleg dafür, dass sie zumindest Hans Ried an dieser Stelle nicht unverständlich erschien.

11007 Der Vers ist grammatisch schwierig, sodass die Textkritik seit jeher eingreift und die schon von HAUPT 1839 vorgenommene Konjektur, das überlieferte *under sinem wahe* in *undersniten wæhe* (*olim* V. 10025) zu ändern, bis in die neusten Ausgaben hinein übernimmt. Da dieser Eingriff hochspekulativ ist, folgen wir der Handschrift, auch wenn der Text erklärungsbedürftig bleibt: Die morphosyntaktische Struktur legt nahe, dass es sich bei *wahe* um ein Substantiv im Maskulinum handeln dürfte; das am ehesten infrage kommende Substantiv ist jedoch nur als Femininum belegt (vgl. LEXER s. v. *wæhe*). Wir gehen deshalb davon aus, dass es sich um eine Substantivierung zum normalmhd. Verb *waejen* handelt (vgl. zum grammatischen Phänomen im Mhd. das Material bei KLOOCKE 1974); wir übersetzen entsprechend, auch wenn die dann zwingende Annahme eines über die Initiale in V. 11009 hinweg verlaufenden Satzes für den *Ereck* im *Ambraser Heldenbuch* sehr ungewöhnlich ist.

11086 Die Tatsache, dass *vogt : tot* kein reines Reimpaar ergibt und die Konstruktion grammatisch und lexikalisch schwierig erscheint, begründet seit HAUPT 1839 – und gestützt durch V – die Konjektur *der himelvogt gebôt* in den textkritischen Ausgaben. Der Text wird jedoch verständlich, wenn man *vogt* als personalendungslose Präteritalform des in den Wörterbüchern unter ‚vogeten, vögeten‘ lemmatisierten schwachen Verbs – ‚in Schutz u. Schirm nehmen‘ (LEXER III, Sp. 430) – auffasst.

Literaturverzeichnis

Nachschlagewerke und Hilfsmittel

BAUFELD 1996   BAUFELD; Christa: Kleines frühneuhochdeutsches Wörterbuch. Lexik aus
Dichtung und Fachliteratur des Frühneuhochdeutschen, Tübingen 1996.

BMZ   Mittelhochdeutsches Wörterbuch. Mit Benutzung des Nachlasses von Georg
Friedrich BENECKE ausgearbeitet von Wilhelm MÜLLER und Friedrich ZARNCKE,
3 Bde., Leipzig 1854–1866.

DWB   Deutsches Wörterbuch von Jakob und Wilhelm GRIMM, 16 Bde., Leipzig
1854–1954, ND 33 Bde., München 1984 (dtv 5945).

Frnhd. Gramm.   EBERT, Robert Peter / REICHMANN, Oskar / SOLMS, Hans-Joachim / WEGERA,
Klaus-Peter: Frühneuhochdeutsche Grammatik, Tübingen 1993 (Sammlungen
kurzer Grammatiken germanischer Dialekte. A. Hauptreihe 12).

Frnhd. Wörterbuch   Frühneuhochdeutsches Wörterbuch, begründet von Robert R. ANDERSON,
Ulrich GOEBEL und Oskar REICHMANN, hg. von Ulrich GOEBEL, Anja LOBENSTEIN-
REICHMANN und Oskar REICHMANN, Berlin / New York 1989 ff.

LEXER   LEXER, Matthias: Mittelhochdeutsches Wörterbuch, 3 Bde., Leipzig 1869–1878.

Mhd. Gramm.   PAUL, Hermann: Mittelhochdeutsche Grammatik, 25. Aufl. neu bearbeitet von
Thomas KLEIN, Hans-Joachim SOLMS und Klaus-Peter WEGERA, mit einer Syntax
von Ingeborg SCHRÖBLER, neu bearbeitet und erweitert von Heinz-Peter PRELL,
Tübingen 2007 (Sammlungen kurzer Grammatiken germanischer Dialekte. A.
Hauptreihe 2).
PAUL, Hermann: Mittelhochdeutsche Grammatik, 24. Aufl. überarbeitet von Peter
WIEHL und Siegfried GROSSE, Tübingen 1998 (Sammlungen kurzer Grammatiken
germanischer Dialekte. A. Hauptreihe 2).

Motif-Index   Motif-Index of German Secular Narratives from the Beginning to 1400, 7 Bde.,
hg. von Helmut BIRKHAN, Karin LICHTBLAU und Christa TUCZAY, Berlin / New York
2005 ff.

TPMA   Thesaurus proverbiorum medii aevi (TPMA). Lexikon der Sprichwörter des
romanisch-germanischen Mittelalters, 13 Bde., begründet von Samuel SINGER,
hg. vom Kuratorium Singer der Schweizerischen Akademie der Geistes- und
Sozialwissenschaften, Berlin / New York 1995–2002.

Textausgaben und Übersetzungen

BARTSCH 1871 – Konrad von Würzburg: Partonopier und Meliur, Turnei von Nantheiz, Sant Nicolaus,
Lieder und Sprüche. Aus dem Nachlasse von Franz Pfeiffer und Franz Roth hg. von Karl
BARTSCH, Wien 1871.

BECH 1867 – Hartmann von Aue: 1. Theil, Êrec der Wunderære, hg. von Fedor BECH, Leipzig 1867
(Deutsche Classiker des Mittelalters 4).

BUMKE 1999 – Die Nibelungenklage. Synoptische Ausgabe aller vier Fassungen, hg. von Joachim
BUMKE, Berlin / New York 1999.

CORMEAU/GÄRTNER 1985 – Hartmann von Aue: Erec, hg. von Albert LEITZMANN, fortgeführt von
Ludwig WOLFF, 6. Auflage besorgt von Christoph CORMEAU und Kurt GÄRTNER, Tübingen 1985
(Altdeutsche Textbibliothek 39).

CRAMER 1994 – Hartmann von Aue: Erec. Mittelhochdeutscher Text und Übertragung, hg. von Thomas Cramer, Frankfurt/Main 1994.

FOERSTER 1896 – Kristian von Troyes: Erec und Enide. Neue verbesserte Textausgabe mit Einleitung und Glossar, hg. von Wendelin FOERSTER, Halle / Saale 1896 (Romanische Bibliothek 13).

FRITZ 1992 – Chrétien de Troyes: Erec et Enide. Édition critique d'après le manuscript B.N. fr. 1376, hg. und übers. von Jean-Marie FRITZ, Paris 1992 (Lettres gothiques).

FUCHS-JOLIE / MILLET / PESCHEL 2013 – Otnit. Wolf Dietrich. Frühneuhochdeutsch / Neuhochdeutsch, hg. und übers. von Stephan FUCHS-JOLIE, Victor MILLET und Dietmar PESCHEL, Stuttgart 2013 (Reclams Universalbibliothek 19139).

GÄRTNER 2006 – Hartmann von Aue: Erec. Mit einem Abdruck der neuen Wolfenbütteler und Zwettler Erec-Fragmente, hg. von Albert LEITZMANN, fortgeführt von Ludwig WOLFF, 7. Auflage besorgt von Kurt GÄRTNER, Tübingen 2006 (Altdeutsche Textbibliothek 39).

GIER 1987 – Chrétien de Troyes: Erec et Enide. Altfranzösisch / Deutsch, übers. und eingel. von Albert GIER, Stuttgart 1987 (Reclams Universalbibliothek 8360).

HAUPT 1839 – Erec. Eine Erzählung von Hartmann von Aue, hg. von Moriz HAUPT, Leipzig 1839.

HAUPT 1871 – Erec. Eine Erzählung von Hartmann von Aue, 2. Aufl. hg. von Moriz HAUPT, Leipzig 1871 [Reprint Hildesheim / New York 1979].

KARAJAN 1843 – Michael Beheim: Buch von den Wienern 1462–1465. Zum ersten Mahle nach der Heidelberger und Wiener Hs. hg. von Th[eodor] G[eorg] von KARAJAN, Wien 1843.

KASTEN 1979 – Chrétien de Troyes: Erec et Enide, übers. und eingel. von Ingrid KASTEN, München 1979 (Klassische Texte des romanischen Mittelalters 17).

KRAGL 2006 – Ulrich von Zatzikhoven: Lanzelet, 2 Bd., hg. von Florian KRAGL, Berlin / New York 2006.

LEITZMANN 1939 – Hartmann von Aue: Erec, hg. von Albert LEITZMANN, Halle/Saale 1939 (Altdeutsche Textbibliothek 39).

LEITZMANN / WOLFF 1963 – Hartmann von Aue: Erec, hg. von Albert LEITZMANN, 3. Aufl. besorgt von Ludwig WOLFF, Tübingen 1963 (Altdeutsche Textbibliothek 39).

MERTENS 2008a – Hartmann von Aue: Erec. Mittelhochdeutsch / Neuhochdeutsch, hg., übers. und komm. von Volker MERTENS, Stuttgart 2008 (Reclams Universalbibliothek 18530).

MERTENS 2008b – Hartmann von Aue: Gregorius, Der Arme Heinrich, Iwein, hg. und übers. von Volker MERTENS, Frankfurt/Main 2008 (Deutscher Klassiker Verlag im Taschenbuch 29).

NAUMANN / STEINIGER 1933 – Hartmann von Aue: Erec / Iwein, hg. von Hans NAUMANN und Hans STEINIGER, Leipzig 1933 (Deutsche Literatur Reihe: Höfische Dichtung 3) [Reprint Darmstadt 1964].

ROQUES 1963 – Les romans de Chrétien de Troyes. Edités d'après la copie de Guiot (Bibl. nat., fr. 794), Bd. 1: Erec et Enide, hg. von Mario ROQUES, Paris 1963 (Les classiques français du Moyen Age).

SCHIROK 2003 – Wolfram von Eschenbach: Parzival. Mittelhochdeutscher Text nach der sechsten Ausgabe von Karl Lachmann. Übersetzung von Peter KNECHT. Mit Einführungen zum Text der Lachmannschen Ausgabe und in die Probleme der ‚Parzival'-Interpretation von Bernd SCHIROK, 2. überarbeitet Auflage Berlin / New York 2003.

SCHOLZ 2004 – Hartmann von Aue: Erec, hg. von Manfred Günter SCHOLZ, übers. von Susanne HELD, Frankfurt/Main 2004 (Bibliothek deutscher Klassiker 188; Bibliothek des Mittelalters 5).

SCHRÖDER 1995 – Das Ambraser Mantel-Fragment nach der einzigen Handschrift neu hg. von Werner SCHRÖDER, Stuttgart 1995 (Sitzungsberichte der wissenschaftlichen Gesellschaft an der Johann Wolfgang Goethe-Universität Frankfurt/Main 33,5).

WARNATSCH 1883 – Der Mantel. Bruchstück eines Lanzeletromans des Heinrich von dem Türlin. Nebst einer Abh. über die Sage vom Trinkhorn und Mantel und die Quelle der Krone, hg. von Otto WARNATSCH, Breslau 1883 (Germanistische Abhandlungen 2) [Reprint Hildesheim 1977].

Forschungsliteratur

ACHNITZ, Wolfgang: Die Bedeutung der Drei- und Vierreime für die Textgeschichte des *Erec* Hartmanns von Aue. In: Editio 14 (2000), S. 130–143.

BAISCH, Martin: Der entgrenzte Text. Hartmann von Aue, Hans Ries (*sic!*) und die Entzauberung der philologischen ‚Erec‘-Kritik. In: IASLonline [03.08.2020] *http://www.iaslonline.de/index. php?vorgang_id=4045* (letzter Zugriff: 03.05.2022).

BECH, Fedor: Zu Hartmanns Erek, in: Germania 7 (1862), S. 429–469.

BECH, Fedor: Allerhand Vermuthungen und Nachweise. I: Zum Erec 5270. In: Germania 22 (1877), S. 34 f.

BECHSTEIN, Reinhold: Zu Hartmanns Erec. 14. Aventiure. Conjecturen und Restitutionen. In: Germania 25 (1880), S. 319–329.

BECKER, Lorenz: Rezension von Hartmann von Aue, Ereck. Textgeschichtliche Ausgabe. In: ZfdA 148 (2019), S. 542–546.

BECKER, Peter Jörg: Handschriften und Frühdrucke mittelhochdeutscher Epen. Eneide, Tristrant, Tristan, Erec, Iwein, Parzival, Willehalm, Jüngerer Titurel, Nibelungenlied und ihre Reproduktion und Rezeption im späteren Mittelalter und in der frühen Neuzeit, Wiesbaden 1977.

BEIN, Thomas: Rezension von Hartmann von Aue, Ereck. Textgeschichtliche Ausgabe. In: editio 31 (2017), S. 285–293.

BLOSEN, Hans: Bemerkungen zur Textkritik in Thomas Cramers *Erec*-Ausgabe mit Übertragungen. In: Kopenhagener Beiträge zur germanistischen Linguistik 7 (1976), S. 59–72.

BLOSEN, Hans: ‚Assumptions about lost manuscripts?‘ – Zur *Erec*-Diskussion. In: Orbis litterarum 37 (1982), S. 367.

BRANDT, Rüdiger: Einige Bemerkungen zur neuen *Erec*-Ausgabe. In: ABäG 34 (1991), S. 153–155.

BROMMER, Peter: Ein unbekanntes ‚Erec‘-Fragment in Koblenz. In: ZfdA 105 (1976), S. 188–194 (mit Abdruck).

BUMKE, Joachim: Die Vier Fassungen der Nibelungenklage. Untersuchungen zur Überlieferungsgeschichte und Textkritik der höfischen Epik im 13. Jahrhundert, Berlin / New York 1996 (Quellen und Forschungen zur Literatur- und Kulturgeschichte 8).

BUMKE, Joachim: Der *Erec* Hartmanns von Aue. Eine Einführung, Berlin / New York 2006.

BUSBY, Keith: Codex and Context. Reading Old French Verse Narrative in Manuscript, 2 Bde., Amsterdam / New York 2002.

CERQUIGLINI, Bernhard: Éloge de la varinate. Histoire critique de la philologie, Paris 1989.

CORMEAU, Christoph: [Art.] Hartmann von Aue. In ²VL, Bd. 3, Berlin / New York 1981, Sp. 500–520.

EDRICH-PORZBERG, Brigitte: Studien zur Überlieferung und Rezeption von Hartmanns Erec, Göppingen 1994 (GAG 557).

EHRISMANN, Gustav: Textkritische Bemerkungen. 1: Zum Erec. In: PBB 24 (1899), S. 384–391.

EIKELMANN, Manfred / TOMASEK, Tomas (Hg.): Handbuch der Sentenzen und Sprichwörter im höfischen Roman des 12. und 13. Jahrhunderts, 2 Bde., Berlin / Boston 2009–2012.

FLEISCHMANN, Suzanne: Philology, Linguistics, and the Discourse of the Medieval Text. In: Speculum 65 (1990), S. 19–37.

GÄRTNER, Kurt: Der Text der Wolfenbütteler Erec-Fragmente und seine Bedeutung für die Erec-Forschung. In: PBB 104 (1982), S. 207–230 und 359–430 (mit Abdruck).

GÄRTNER, Kurt: Probleme einer Neuausgabe von Hartmanns *Erec*. In: Germanistik – Forschungsstand und Perspektiven. Vorträge des deutschen Germanistentages 1984, Bd. 2: Ältere Deutsche Literatur / Neuere Deutsche Literatur, hg. von Georg STÖTZEL, Berlin u. a. 1985, S. 27–40.

GÄRTNER, Kurt: Die Zwettler Erec-Fragmente. Versuch einer ersten Auswertung. In: Literatur als Erinnerung. Winfried Woesler zum 65. Geburtstag, hg. von Bodo PLACHTA, Tübingen 2004, S. 35–50.

GÄRTNER, Kurt: Hartmann von Aue im *Ambraser Heldenbuch*. In: cristallîn wort. Hartmann-Studien 1, hg. von Waltraud FRITSCH-RÖSSLER, Wien u. a. 2007, S. 199–212.

GÄRTNER, Kurt: Der Ambraser Erec – eine Kompilation? Zu einer Ausgabe des *Ereck* von Hans Ried. In: Kaiser Maximilian I. und das Ambraser Heldenbuch, hg. von Mario KLARER, Wien 2019, S. 75–87.

GLAUCH, Sonja: Zweimal ‚Erec‘ am Anfang des deutschen Artusromans? Einige Folgerungen zu den neugefundenen Fragmenten. In: ZfdPh 128 (2009), S. 347–371.

GLAUCH, Sonja: Rezension von Hartmann von Aue, Ereck. Textgeschichtliche Ausgabe. In: PBB 141 (2019), S. 112–127.

HAFERLAND, Harald: Das Vertrauen auf den König und das Vertrauen des Königs. Zu einer Archäologie des Skripts, ausgehend von Hartmanns von Aue *Iwein*. In: Frühmittelalterliche Studien 39 (2005), S. 335–376.

HAGEN, Paul: Zum Erec. In: ZfdPh 27 (1895), S. 463–474.

HAMMER, Andreas: Hartmann von Aue oder Hans Ried? Zum Umgang mit der Text- und Stilkritik des ‚Ambraser Erec‘. In: Literarischer Stil. Mittelalterliche Dichtung zwischen Konvention und Innovation. XXII. Anglo-German Colloquium. Düsseldorf (Bensberg) 2011, hg. von Elizabeth ANDERSEN u. a., Berlin / Boston 2015, S. 427–447.

HAMMER, Andreas / REUVEKAMP-FELBER, Timo: Ein neu gefundenes Fragment des *Zwettler Erec*. Beschreibung und Transkription. In: ZfdA 143 (2014), S. 419–426.

HART, Thomas Elwood: Zu den Abschnitten in den Hartmann-Handschriften. In: ZfdPh 91 (1972), S. 17–19.

HAUPT, Moriz: Zu Hartmann von Aue. Berichtigungen und Nachträge. I: Zum Erec. In: ZfdA 3 (1843), S. 266–273.

HEINEMANN, Otto von: Wolfenbütteler Bruchstücke des Erec. In: ZfdA 42 (1898), S. 259–267.

HEINEMANN, Otto von: Die Handschriften der Herzoglichen Bibliothek zu Wolfenbüttel, Zweite Abtheilung: Die Augusteischen Handschriften IV, Wolfenbüttel 1900 (Nachdruck unter dem Titel: Die Augusteischen Handschriften, Bd. 4: Codex Guelferbytanus 77.4 Augusteus 2° bis 34 Augusteus 4° [Kataloge der Herzog-August-Bibliothek Wolfenbüttel 7], Frankfurt a.M. 1966).

HEINZLE, Joachim: Neues zu den Nibelungen? Was wirklich in dem ‚Sensationsfund‘ aus dem Kloster Zwettl steht. In: Marburger Uni-Journal 16 (2003), S. 33 f.

HESS, Ineke: Rezeption und Dichtung im Mittelalter. Die Überlieferung des ‚Mantel‘ im Ambraser Heldenbuch. In: Lesen und Verwandlung. Lektüreprozesse und Transformationsdynamiken in der erzählenden Literatur, hg. von Steffen GROSCURTH und Thomas ULRICH, Berlin 2011, S. 155–185.

HOHMEYER, Susanne / KNOR, Inta: Zu einer umfassenden Untersuchung der Schreibsprache Hans Rieds im Ambraser Heldenbuch. In: ZfdPh 134 (2015), S. 97–103.

HONEMANN, Volker: *Erec*. Von den Schwierigkeiten, einen mittelalterlichen Roman zu verstehen. In: Germanistische Mediävistik, hg. von Volker HONEMANN und Tomas TOMASEK, Münster u. a. 1999 (Münsteraner Einführungen. Germanistik 4), S. 89–122.

JANOTA, Johannes: [Art.] Ambraser Heldenbuch. In: ²VL, Bd. 1, Berlin / New York 1978, Sp. 323–327.

JEEP, John M.: Rezension von Hartmann von Aue, Ereck. Textgeschichtliche Ausgabe. In: Mediaevistik 30 (2017), S. 404–405.

JOHNSON, L. Peter: Geschichte der deutschen Literatur von den Anfängen bis zum Beginn der Neuzeit, hg. von Joachim HEINZLE, Bd. 2/1: Die höfische Literatur der Blütezeit, Tübingen 1999.

KLEIN, Thomas: Ermittlung, Darstellung und Deutung von Verbreitungstypen in der Handschriften-überlieferung mittelhochdeutscher Epik. In: Deutsche Handschriften 1100–1400. Oxforder Kolloquium 1985, hg. von Volker HONEMANN und Nigel F. PALMER, Tübingen 1988, S. 110–167.

KLEIN, Thomas: Zur Sprache der Wolfenbütteler und Zwettler Erec-Fragmente und zur Herkunft des zweiten Erec-Romans. In: Edition und Sprachgeschichte. Baseler Fachtagung 2.–4. März 2005, hg. von Michael STOLZ in Verbindung mit Robert SCHÖLLER und Gabriel VIEHHAUSER, Tübingen 2007 (Beihefte zu Editio 26), S. 229–257.

KLOOCKE, Hella: Der Gebrauch des substantivierten Infinitivs im Mittelhochdeutschen, Göppingen 1974 (Göppinger Arbeiten zur Germanistik 130).

KORHONEN, Jarmo: Historische Fallstudie: Frühneuhochdeutsch. In: Dependenz und Valenz. Ein internationales Handbuch der zeitgenössischen Forschung, 2. Teilbd., hg. von Vilmos ÁGEL u. a., Berlin 2006 (HSK 25.2), Sp. 1494–1500.

KRAGL, Florian: Normalmittelhochdeutsch. Theorieentwurf einer gelebten Praxis. In: ZfdA 144 (2015), S. 1–27.

KRATZ, Bernd: Die Ambraser Mantel-Erzählung und ihr Autor. In: Euphorion 71 (1977), S. 1–17.

KRAUSE, Maxi: Die temporalen Relationen im ‚Erec‘ des Hartmann von Aue – und einige Anmerkungen zur herrschenden Editionspraxis. In: Un transfert culturel au XIIe siècle. *Erec et Enide* de Chrétien de Troyes et *Erec* de Hartmann von Aue, hg. von Patrick del Duca, Clermont-Ferrand 2010, S. 277–300.

LACKNER, Franz unter Mitarbeit von Alois HAIDINGER, Katalog der Streubestände in Wien und Niederösterreich, Teil 1: Nichtarchivalische mittelalterliche Handschriften und Fragmente in Korneuburg, Mistelbach, Retz, St. Pölten, Tulln, Waidhofen an der Thaya, Weitra, Wien, Wiener Neustadt und aus Privatbesitz. Katalogband und CD-ROM (Österreichische Akademie der Wissenschaften, phil.-hist. Klasse, Denkschriften 272; Veröffentlichungen der Kommission für Schrift- und Buchwesen des Mittelalters II,5), Wien 2000.

LEITZMANN, Albert: Die Ambraser Erecüberlieferung. In: PBB 59 (1935), S. 143–234.

LINKE, Hansjürgen: Epische Strukturen in der Dichtung Hartmanns von Aue. Untersuchungen zur Formkritik, Werkstruktur und Vortragsgliederung, München 1968.

MACDONALD, William C.: Sælde und grôze werdekeit? On editorial intervention in v. 2438 of Hartmann's *Erec*. In: PBB 125 (2003), S. 460–468.

MCMAHON, James V.: Enite's Relatives. The Girl in the Garden. In: MLN 85 (1970), S. 367–372.

MANUWALD, Henrike: Der *Mantel* im *Ambraser Heldenbuch* und die Frage nach dem Stil. In: Literarischer Stil. Mittelalterliche Dichtung zwischen Konvention und Innovation. XXII. Anglo-German Colloquium. Düsseldorf (Bensberg) 2011, hg. von Elizabeth Andersen u. a., Berlin 2015, S. 449–468.

MERTENS, Volker: Der deutsche Artusroman, Stuttgart 2005 (Reclams Universalbibliothek 17609).

MILDE, Wolfgang: ‚daz ih minne an uch suche‘. Neue Wolfenbütteler Bruchstücke des *Erec*. In: Neue Wolfenbütteler Beiträge 3 (1978), S. 43–58.

MILDE, Wolfgang: Zur Kodikologie der neuen und alten Wolfenbütteler Erec-Fragmente und zum Umfang des darin überlieferten Erec-Textes. In: PBB 104 (1982), S. 190–206 (mit Teilabdruck).

MILLET, Victor: Männerwitze und Fehlerphilologie in Hartmanns Ereck. In: Der philologische Zweifel. Ein Buch für Dietmar Peschel, hg. von Sonja GLAUCH, Florian KRAGL und Uta STÖRMER-CAYSA, Wien 2016, S. 175–187.

MINIS, Cola: Famurgan, ‚Erec‘ 5156. In: Neophilologus 30 (1945), S. 65–68.

MÜLLER, Stehpan: Rezension von Hartmann von Aue, Ereck. Textgeschichtliche Ausgabe. In: Arbitrium 36/3 (2018), S. 1–10.

MÜLLER, Wilhelm: Zu Hartmanns Erek. In: Germania 7 (1862), S. 129–140.

MURA, Angela: Spuren einer verlorenen Bibliothek. Bozen und seine Rolle bei der Entstehung des Ambraser Heldenbuchs (1504–1516). In: cristallîn wort. Hartmann-Studien 1, hg. von Waltraud FRITSCH-RÖSSLER, Wien u. a. 2007, S. 59–129.

NAUMANN, Hans: Zu Hartmanns Erec. In: ZfdPh 47 (1918), S. 360–372.

NELLMANN, Eberhard: Ein zweiter Erec-Roman? Zu den neugefundenen Wolfenbütteler Fragmenten. In: ZfdPh 101 (1982), S. 28–78 und 436–441 (mit Teilabdruck und Berichtigung).

NELLMANN, Eberhard: Rezension zu: Erec von Hartmann von Aue, hg. von Albert Leitzmann, fortgeführt von Ludwig Wolff, 6. Auflage besorgt von Christoph Cormeau und Kurt Gärtner (ATB 39), Tübingen 1985. In: ZfdA 119 (1990), S. 239–248.

NELLMANN, Eberhard: Der ‚Zwettler Erec‘. Versuch einer Annäherung an die Fragmente. In: ZfdA 133 (2004), S. 1–21.

NELLMANN, Eberhard: Mhd. +moysel, mndl. damoyseel. Zum Wortschatz des ‚Zwettler Erec‘. In: ZfdPh 125 (2006), S. 112–115.

NELLMANN, Eberhard: ‚Mit sorgen er gap si in gotes phlege‘. Bemerkungen zum Text von Hartmanns *Erec* (V. 5309). In: ZfdPh 128 (2009), S. 435–437.

NICHOLS, Stephen: Introduction: Philology in a Manuscript Culture. In: Speculum 65 (1990), S. 1–10.

OKKEN, Lambertus: Kommentar zur Artusepik Hartmanns von Aue. Im Anhang: Die Heilkunde und Der Ouroboros von Bernhard Dietrich Haage, Amsterdam u. a. 1993 (Amsterdamer Publikationen zur Sprache und Literatur 103).

OKKEN, Lambertus: Hartmann von Aue. Der Ambraser Erec-Roman, Transkription mit Erläuterung in drei Heften, Bildhoven (Manuskript) 2000a.

OKKEN, Lambertus: Nochmals zu Hartmanns ‚Erec‘. In: ABäG 53 (2000b), S. 167–186.

OVERGAAUW, Eef: Die nichtarchivischen Handschriften der Signaturengruppe Best. 701 Nr. 191–992, Wiesbaden 2002 (Mittelalterliche Handschriften im Landeshauptarchiv Koblenz 2).

PATTERSON, Lee: On the Margin: Postmodernism, Ironic History, and Medieval Studies. In: Speculum 65 (1990), S. 87–108.

PAUL, Hermann: Zum Erek. In: PBB 3 (1876), S. 192–197.

PESCHEL, Dietmar: Ereck, übersetzt nach dem Ambraser Heldenbuch, Wien, Österreichische Nationalbibliothek, Cod. Ser. nova 2663, Erlangen 2018. PFEIFFER, Franz: Über Hartmann von Aue. 1. Zum Erek. In: Germania 4 (1859), S. 185–237.

RAUMANN, Rachel: Fictio und historia in den Artusromanen Hartmanns von Aue und im *Prosa-Lancelot*, Tübingen / Basel 2010 (Bibliotheca Germanica 57).

REIFFENSTEIN, Ingo: Aspekte einer Sprachgeschichte des Bayerisch-Österreichischen bis zum Beginn der frühen Neuzeit. In: Werner BESCH u. a.: Sprachgeschichte. Ein Handbuch zur Geschichte der deutschen Sprache und ihrer Erforschung, 3. Teilbd., 2. vollständig neu bearbeitete Aufl., Berlin / New York 2003 (HSK 2.3), Sp. 2889–3001.

RESLER, Michael: Anmerkungen zum Textverständnis des ‚Erec‘ von Hartmann von Aue. In: Studia neophilologica 60 (1988), S. 77–95.

REUVEKAMP-FELBER, Timo: Polyvalenzen und Kulturkritik. Zur notwendigen Neuausgabe des Erec Hartmanns von Aue. In: Oliver AUGE und Christiane WITTHÖFT (Hg.): Ambiguität im Mittelalter. Formen zeitgenössischer Reflexion und interdisziplinärer Rezeption, Berlin / Boston 2016, S. 219–240.

ROTZAL, Tina: Groß- und Kleinschreibung im *Ambraser Heldenbuch* Hans Rieds, masch. Magisterarbeit, Mainz 2011.

SCHNEIDER, Karin: Gotische Schriften in deutscher Sprache. I: Vom späten 12. Jahrhundert bis um 1300, Text- und Tafelband, Wiesbaden 1987.

SCHOLZ, Manfred Günter: ‚Der hövesche got‘ und ‚der Saelden wec‘. Zwei *Erec*-Konjekturen und ihre Folgen. In: Geistliches in weltlicher und Weltliches in geistlicher Literatur des Mittelalters, hg. von Christoph HUBER u. a., Tübingen 2000, S. 135–151.

SCHOLZ, Manfred Günter: Der Erec-Text zwischen Albert Leitzmann / Ludwig Wolff und Lambertus OKKEN / Hans Ried. In: cristallîn wort. Hartmannstudien 1, hg. von Waltraud FRITSCH-RÖSSLER, Wien u. a. 2007, S. 260–279.

SCHÖNBACH, Anton Erich: Über Hartmann von Aue. Drei Bücher Untersuchungen, Graz 1894.

SCHRÖDER, Edward: Der Ambraser Wolfdietrich. Grundlagen und Grundsätze der Textkritik. In: Nachrichten von d. Gesell. der Wiss. zu Göttingen 1931, Philol.-hist. Klasse, Berlin 1931, S. 210–240.

SCHRÖDER, Werner: Irrungen und Wirrungen um den Text von Hartmanns *Erec*, Stuttgart 1996
(Akademie der Wissenschaften und der Literatur: Abhandlungen der Geistes- und Sozial-
wissenschaftlichen Klasse 1996, Nr. 11), wieder in W. SCHRÖDER: Critica selecta. Zu neuen
Ausgaben mittelhochdeutscher und frühneuhochdeutscher Texte, hg. von Wolfgang Maaz und
Fritz Wagner, Hildesheim 1999 (Spolia Berolinensia. Berliner Beiträge zur Mediävistik 14),
S. 179–200.

SCHUBERT, Martin J.: Offene Fragen zum ‚Ambraser Heldenbuch‘. In: exemplar. Festschrift für Kurt
Otto Seidel, hg. von Rüdiger BRANDT und Dieter LAU, Frankfurt / Main u. a. 2008 (Lateres 5),
S. 99–120.

SCHÜTZNER, Hubert: Die Abschrift des Iwein im Ambraser Heldenbuch. Diss. masch. Wien 1930.

SPRENGER, R.: Zu Hartmanns Erec und Kleinere Beiträge. In: Germania 27 (1882), S. 374 f. und 420.

SPRINGETH, Margarete und ZIEGLER, Charlotte unter Mitwirkung von GÄRTNER, Kurt und MÜLLER,
Ulrich: Die Stift Zwettler Fragmente. Beschreibung und Transkription. In: PBB 127 (2005),
S. 33–61.

STROHSCHNEIDER, Peter: Innovative Philologie? In: www.germanistik2001.de. Vorträge des Erlanger
Germanistentages, hg. von Hartmut KUGLER, Bielefeld 2002, Bd. 2, S. 901–924.

THORNTON, Thomas: Die Schreibgewohnheiten Hans Rieds im Ambraser Heldenbuch. In: ZfdPh 81
(1962), S. 52–82.

UNTERKIRCHER, Franz: Das Ambraser Heldenbuch. In: Der Schlern 28 (1954), S. 4–15.

UNTERKIRCHER, Franz (Hg.): Das Ambraser Heldenbuch. Vollständige Faksimile-Ausgabe im
Originalformat des Codex Vindobonensis Ser. nova 2663 der Österreichischen Nationalbibliothek, Graz 1973 (Codices Selecti 43).

VANCSA, Kurt: Wiener ‚Erec‘-Bruchstück. In: Jahrbuch für Landeskunde von Niederösterreich N.F. 29
(1944/48), S. 411–415 (mit Abdruck).

VOSS, Rudolf: ‚Der selbe wec‘ (*Erec* V. 8521): authentische Überlieferung? In: ZfdA 138 (2009),
S. 166–172.

WALLNER, Anton: Erec 7906. In: ZfdA 40 (1896), S. 60–62.

WAPNEWSKI, Peter: Hartmann von Aue, Stuttgart ⁷1979.

WARNATSCH, Otto: Heinrich von dem Türlin, der Verfasser des Gedichts vom Mantel, Breslau 1883.

WARNATSCH, Otto: Zu Erec 6895. In: ZfdPh 30 (1898), S. 247.

WEINACHT, Helmut: Archivalien und Kommentare zu Hans Ried, dem Schreiber des Ambraser
Heldenbuches. In: Deutsche Heldenepik in Tirol. König Laurin und Dietrich von Bern in der
Dichtung des Mittelalters, hg. v. Egon Kühebacher, Bozen 1979 (Schriftenreihe des Südtiroler
Kulturinstitutes 7), S. 466–489.

WENZEL, Siegfried: Reflections on (New) Philology. In: Speculum 65 (1990), S. 11–18.

WIERSCHIN, Martin: Das Ambraser Heldenbuch Maximilians I. In: Der Schlern 50 (1976), S. 429–441;
493–507, 557–570.

YOKOYAMA, Yoshihiro: Zu *Erec* V. 6125: ein Plädoyer für Haupts Konjektur. In: Mittelhochdeutsch.
Beiträge zur Überlieferung, Sprache und Literatur, hg. von Ralf PLATE und Martin SCHUBERT,
Berlin / Boston 2011, S. 42–54.

ZIEGLER, Charlotte: Neue Materialien aus der Stiftsbibliothek Zwettl. Walther von der Vogelweide,
Nibelungentext, Erec. Das Gebetbuch von 1717, ein unbekanntes Werk des Paul Troger
(Scriptorium Ordinis Cisterciensium Monasterii BMV in Zwettl VI), Zwettl 2002.

ZINGERLE, Oswald: Das Heldenbuch an der Etsch. In: ZfdA 27 (1883), S. 136–142.

ZINGERLE, Oswald: Zur Geschichte der Ambraser Handschrift. In: AfdA 14 (1888), S. 291–293

ZWIERZINA, Konrad: Mittelhochdeutsche Studien 13: Zur Textkritik des Erec (mit einem Exkurs über
das Verhältnis des *Erec* zum *Lanzelet*). In: ZfdA 45 (1901), S. 317–368.